李双元法学文丛

本书系国家社科基金重点项目:
全球治理下国际私法的功能定位研究（16AFX022）的成果。

儿童权利的
国际法律保护

第二版

李双元　李娟　著

WUHAN UNIVERSITY PRESS
武汉大学出版社

图书在版编目(CIP)数据

儿童权利的国际法律保护:第二版/李双元,李娟著. —武汉:武汉大学出版社,2016.9
　李双元法学文丛
　ISBN 978-7-307-18555-5

　Ⅰ.儿…　Ⅱ.①李…　②李…　Ⅲ.未成年人保护法—研究—世界
Ⅳ.D912.704

中国版本图书馆 CIP 数据核字(2016)第 206704 号

责任编辑:胡　荣　　责任校对:李孟潇　　版式设计:韩闻锦

出版发行:**武汉大学出版社**　　(430072　武昌　珞珈山)
　　　　(电子邮件:cbs22@ whu.edu.cn　网址:www.wdp.com.cn)
印刷:虎彩印艺股份有限公司
开本:720×1000　1/16　印张:31.25　字数:561 千字　插页:4
版次:2016 年 9 月第 1 版　　2016 年 9 月第 1 次印刷
ISBN 978-7-307-18555-5　　定价:78.00 元

作者简介

　　李双元，男，1927年生，湖南新宁人。湖南师范大学终身教授，武汉大学国际法研究所教授，博士生导师，中国国际私法学会名誉会长，《时代法学》和《国际法与比较法论丛》主编。曾任武汉大学国际法研究所副所长、中国国际私法学会副会长、湖北省国际法研究会总干事、中国法学会理事和中国国际法学会理事、国务院学位委员会（第三届）学科评议组成员、全国高等教育自学考试指导委员会委员、中国国际经济贸易仲裁委员会委员和仲裁员、中国博士后流动站管委会专家组及该管委会基金委员会专家组成员、武汉市政协委员及其法制委员会副主任、湖南省政府参事等学术与社会职务。先后主持完成国家社科基金项目、教育部哲学社会科学博士点基金项目、司法部项目、湖北省及湖南省社科基金一般及重大项目20余项；在《中国社会科学》、《法学研究》、《中国法学》等刊物上发表学术论文100余篇。独著、主编的经典著作主要有《国际私法（冲突法篇）》（已出第3版）、《国际民事诉讼法概论》（第2版为教育部审定的研究生教材）、《中国与国际私法统一化进程》（已出第2版）、《市场经济与当代国际私法趋同化问题研究》、《国际民商新秩序的理论建构》、《中国国际私法通论》（已出第3版）、《比较民法学》、《走向21世纪的国际私法——国际私法与法律的趋同化》（中国法学家自选集）、《国际私法》（全国高等教育自学考试统编教材，已出第3版）、《国际私法》（"十一五"国家级规划教材，已出第4版）、《法学概论》（"十一五"和"十二五"国家级规划教材，已出第11版）等，合译《戴西和莫里斯论冲突法》、萨维尼《现代罗马法体系（第八卷）》和《牛津法律大辞典》等世界法学经典著作。著述中获国家级及省部级一、二、三等奖及湖北省特别奖等奖励十余项。

　　李娟，女，1975生，湖南长沙人，现任教于曲阜师范大学法学院；厦门大学法学博士，副教授，硕士生导师。先后在《中国国际法年刊》等核心刊物以及其他刊物上发表论文30余篇，代表性论文有《论国际组织作为国际私法主体的法律地位》、《中国东盟自由贸易区国际投资条约的冲突与协调》、《国际金融组织监察机制及其对我国西部地区的影响》、《国际组织与私人之间贷款协议法律适用的理论与实践》等；出版著作3部，主持承担及参与科研项目13项，获得教学科研奖励7项。主要研究方向为国际私法、国际组织法以及教育法等。

出 版 说 明

为了庆祝我国著名法学家和法学教育家李双元教授 90 华诞，湖南师范大学法学院组织出版了《李双元法学文丛》。本套丛书共有 15 本，其中 1 本为新书。另外的 14 本皆为已经出版过的，因出版年代跨度较大，我们以保持原书原貌为原则，仅对一些文字标点符号的明显错误做了订正；书中有一些资料和引文因年代久远，已无法一一核查的，仍保持原样。

在已经出版过的 14 本书中，有 8 本书作者未做修改的，版次不予增加，所涉的法律法规也基本保持原样；另 6 本书作者予以了一定的修改，版次予以增加。

武汉大学出版社

2016 年 8 月

总　序

2016 年中秋，我们将迎来我国著名法学家、法学教育家李双元教授 90 华诞。

李先生历任武汉大学教授（已退休）、湖南师范大学终身教授、博士生导师、中国国际私法学会副会长和名誉会长，国务院学位委员会学科评议组（法学组）成员、中国博士后流动站管委会专家组成员、全国高等教育自学考试指导委员会（法学组）委员、中国国际经济贸易仲裁委员会委员和湖南省政府参事等学术与社会职务，为新中国法学教育、研究和实践作出了重要贡献。

李先生在青年时代，即积极参加反对国民党统治的学生运动和湖南新宁县的武装起义。但是在 1957 年却因言获罪，被划为右派分子，在大学从教的权利被完全剥夺。然而他对马克思主义法学理论的探求，却矢志不衰。1979 年武汉大学恢复法律系，他即从华中农学院马列室迅速调回武汉大学，协助韩德培、姚梅镇先生等参加法学院的恢复与发展工作，并在国内最早组建的国际法研究所任副所长。由韩德培教授任主编的第一部《国际私法》国家统编教材，也是在他的积极参与下，迅速完成并出版。在两位老先生的直接领导下，中国国际私法学会和中国国际经济法学会成立大会与它们的第一次研讨会也在武汉大学同时召开。

1993 年，李先生出任湖南师范大学终身教授，负责组建湖南师范大学法律系、法学院以及国际法研究所、环境法研究所。现在，我院已经拥有法学一级学科博士和硕士学位授权点、法学博士后科研流动站和法律硕士专业学位授权点以及教育部首批卓越法律人才教育培养基地和国家级大学生校外实践教育基地，法学学科在第三轮全国学科评估中名列第 21 位。李先生学术视野开阔，在法理学方面也有他个人的理论贡献，其中，他先后提出"国际社会本位理念"、"法律的趋同化走势"和"国际民商新秩序的构建"等理论观点，均在法学界受到重视。

为庆祝李双元教授九十华诞，在武汉大学和湖南师范大学的大力支持下，我们特别选取了李先生的十五本著作,集结为《李双元法学文丛》,隆重推出,以弘扬李先生的治学精神和学术思想,并恭祝李先生永葆学术青春。为保持原书的风格,其中《比较民法学》、《国际民商新秩序的理论建构》、《市场经济与当代国际私法趋同化问题研究》、《中国与国际私法统一化进程》、《21世纪法学大视野——国际经济一体化进程中的国内法与国际规则》、《现代国籍法》、《国际民事诉讼程序导论》和《法律冲突与法律规则的地域和时间范围》未作修改。

鉴于李先生长期在武汉大学执教,加之这套丛书中有六种原来就是由武汉大学出版社出版,因此,我们仍然选择由对法学界出版事业长期提供大力支持的武汉大学出版社出版这套丛书。在此,特别感谢武汉大学出版社和武汉大学法学院的鼎力支持!

湖南师范大学法学院

2016 年 6 月 18 日

目　　录

第一章 绪 论

第一节 儿童定义的法律界定

儿童是一个法律概念。哪一个年龄段的人可称之为儿童，关系到各国儿童法适用对象的范围，其与儿童权利的保护息息相关，故为各国儿童立法上的首要课题。

根据《牛津法律大辞典》的解释[1]，儿童（child）是指未达成年年龄标准的人，特别是指与作为其父母的特定他人有关系的未成年人。在不同的法规中，根据特定的需要，可以对儿童这个词作出不同的理解[2]。而在《英汉法律大词典》[3] 中，child（儿童）在广义是指非成年人。此词在不同的法律条文中具有不同意义。例如在教育法例中，儿童指 15 岁或以下不超过适学年龄的人；在刑事法中，儿童则指 14 岁或其以下的人。但一般而言，儿童是指未满 18 岁的非成年人[4]。从以上可以看出，对儿童的定义作出明确的法律界定的关键在于年龄。

在中外的古代法律文献中，就有关于儿童年龄的规定。中国古代的成文法典《法经》[5] 中规定："罪人年 15 以下，罪高三减，罪卑一减。"[6] 可见，

---

① ［英］戴维·M. 沃克编著，北京社会与科技发展研究所组织翻译，光明日报出版社 1998 年版。

② 《牛津法律大辞典》，第 155 页。

③ 李宗锷、潘慧仪主编：《英汉法律大词典》，商务印书馆（香港）有限公司、法律出版社 1999 年版。

④ 李宗锷、潘慧仪主编：《英汉法律大词典》，商务印书馆（香港）有限公司、法律出版社 1999 年版，第 51 页。

⑤ 《法经》约于周威烈王十九年（公元前 407 年）编成，是中国历史上第一部比较系统的封建成文法典。作者是战国初期的政治家、法学家、魏人李悝。《法经》早已失传，今天我们能见到的《法经》片断，出自《晋书·刑法志》、《唐律疏议》、明董说所著《七国考》。详情可见谢邦宇、周新铭主编：《青年法律知识手册》，甘肃人民出版社 1987 年版，第 566~567 页。

⑥ 本处引自明董说所著《七国考》引述西汉桓谭《新论》记载之《减律》。参见《十三经注疏》，中华书局 1987 年影印本，第 882 页。

《法经》是以 15 岁作为法定刑事责任的年龄。据《唐律疏议》① 记载，凡年 70 岁以上、15 岁以下及废疾，流罪以下，可以赎罪。80 岁以上、10 岁以下及笃疾②，犯"反逆"、"杀人"等死罪，可以上请减免。90 岁以上、7 岁以下，虽有死罪不加刑③。按照这一规定，《唐律疏议》关于刑事责任年龄的规定中，有保护儿童的原则。在国外，公元 534 年的《查士丁尼法典》中，也有刑事责任年龄男为 14 岁、女为 12 岁的规定④。古代法典中关于儿童年龄的规定，对后世的儿童立法也产生了影响。

当今世界各国立法中关于儿童年龄，都是视各国的地理环境、气候、人种、文化、国情及儿童权利保护现状等综合因素而定。不光儿童年龄的高低规定有别，而且其规定方式也有差异。欧美各国的立法以规定儿童为 18 岁以下最为普遍，亚洲各国的立法则以规定 16 岁者居多，如菲律宾、印度、巴基斯坦等国。芬兰、卢森堡、意大利及美国部分州的立法，甚至规定儿童的最高年龄为 21 岁。

日本《儿童福利法》第 4 条规定："本法所称儿童指未满 18 周岁者，其区别如下：（1）婴儿，未满 1 岁者。（2）幼儿，从满 1 岁至小学开始者。（3）少年，从小学开始至 18 岁者。"英国《青少年法》第一章第 1 条第 5 款规定："本条所称'少年'，指未满 18 岁者。"德国《青少年刑法》第 1 条第 2 款规定："少年是指行为时已满 14 岁未满 18 岁的人；未成年人是指在行为时已满 18 岁未满 21 岁的人。"中国《未成年人保护法》第 2 条规定："本法所称未成年人是指未满 18 周岁的公民。"中国的《民法通则》第 11 条也规定："18 周岁以上的公民是成年人，具有完全的民事行为能力，可以独立地进行民事活动，是完全的民事行为能力人。"可见，世界上许多国家的立法都把儿童年龄的上限规定为 18 岁。

但是，也有部分国家的立法作出了不同的规定。如美国《青少年犯教养法》第 402 章第 5006 节就有"青少年犯是指定罪时不满 22 岁的犯人。"加拿大《少年犯法令》第 2 条规定："在本法令中，'儿童'指明显地或实际上是

---

①　《唐律疏议》乃集中国古代成文法典之大成者，为中华法系的典型代表，由长孙无忌编纂。该法典的影响远及国外。

②　笃疾指恶疾、两肢废、两目盲。

③　转引自康树华等编著：《中外少年司法制度》，华东师范大学出版社 1991 年版，第 5 页。

④　转引自康树华、向泽选著：《青少年法学新论》，高等教育出版社 1996 年版，第 53 页。

在 16 岁以下的男孩或女孩，或者根据本条第 2 款的规定，在各个省法令所规定年龄上限以下的男孩或女孩。"古巴《青少年法典》第 1 条规定："青少年法典的宗旨是：规定 20 岁以下的青少年参加新社会建设的准绳……"印度《中央少年法》第 1 章规定："少年：未满 16 岁的少男和未满 18 岁的少女。"菲律宾《儿童及少年福利法典》规定："本法除依法排除的对象，而仅适用于未满 21 岁者。本法中使用的'儿童'、'少年'及'未成年人'，即指上述对象。"

从以上各国立法中可以看出，关于儿童年龄的规定还远未统一。虽然有学者主张，按儿童法的潮流及社会实况的演进，儿童的年龄有逐渐提高的趋势①，但目前来看，各国立法大多围绕 18 岁这一界限而展开。而且，从有关国际法律文件的规定亦可看出，国际的普遍趋势是：儿童，是指 18 周岁以下的人。联合国《儿童权利公约》第 1 条规定："为本公约之目的，儿童系指 18 岁以下的任何人，除非对其适用之法律规定成年年龄低于 18 岁。"作为国际上保护儿童权利最全面、最重要、加入国家最多的一个公约，《儿童权利公约》的规定具有极其广泛的影响力。联合国《保护被剥夺自由少年规则》也在第 11 条规定："少年系未满 18 岁者。"国际劳工组织《确定准许使用未成年人为扒炭工或司炉工的最低年龄公约》② 第 2 条规定："凡 18 岁以下的未成年人，不得受雇用或工作在船舶上充任扒炭工或司炉工。"另外，1999 年 6 月 17 日通过的国际劳工组织《关于禁止和立即行动清除最有害的童工形式公约（第 182 号公约）》第 2 条规定："就本公约而言，'儿童'一词适用于 18 岁以下的所有人员。"

综上所述，虽然各国立法上关于儿童年龄的规定尚有差异，但总的来看，以 18 岁作为儿童年龄的上限是国际社会的普遍实践与法律认同，随着包括《儿童权利公约》在内的大量保护儿童权利国际法律文件的生效和越来越多的国家的加入，更加强了这一普遍实践与法律认同的趋势。鉴于此，在本书的论述中，儿童就是指 18 岁以下的所有人。因此，不论是在法律条文当中，抑或是学者的有关论述当中，若出现婴儿、幼儿、少年、少年儿童、青少年、未成年人等不同的称谓，均属儿童的范畴，其法律上的权利义务关系与儿童的无异。甚至包括青年当中的一部分和脱离母体前的胎儿都属于儿童的范畴。虽然

---

① 朱胜群著：《少年事件处理法新论》，台湾三民书局 1976 年版，第 57 页。

② 该公约由 1921 年 10 月 25 日第三届国际劳工大会通过，1922 年 11 月 20 日生效。中国于 1984 年 6 月 11 日承认该公约。

有学者主张，若法律对胎儿的权利作出规定时，则法律保护的不是胎儿的权利，而是保护胎儿出生后应享有的权利①。对此，笔者以为，脱离母体后的婴儿是尚未脱离母体的胎儿的自然延续，其主体是同一的，因此，对胎儿的保护与对儿童的保护本质上是相同的。这似乎可以从《儿童权利宣言》的规定可以得到佐证："儿童因身心尚未成熟，在其出生以前和以后均需要特殊的保护和照料，包括法律上的适当保护。"《美洲人权公约》第 4 条更是明确规定："生命权从胚胎时起就应受到法律保护。"因此，尽量地扩大而不是缩小权利保护对象的范围，应该更有助于人权目标的普遍实现。

第二节　儿童权利保护的历史、现状与面临的问题

一、儿童权利保护的历史演进

在人类社会发展的进程中，对儿童权利予以特别的保护有着十分久远的历史。也许是由于人类天生的善性，几乎在人类的所有文化当中，都有保护儿童的内容。但是，由于人类发展的渐进性，人们对人权，包括儿童的权利的认识经历了一个由浅入深的发展过程。因此，对儿童权利的保护也经历了由野蛮到文明、由不全面保护到更全面保护的历史进程，相关的法律制度亦随着人类文明的进步而不断发展、完善。

关于儿童立法发展的历史，不同的学者有不同的见解。有学者认为可分为人道时代、理论时代和立法时代。也有学者认为可分为压抑限制阶段、特殊监护阶段和全面保护阶段。还有学者认为，可划分为四个阶段，即朴素的保护主义阶段、人道主义阶段、理论准备阶段和专门立法阶段②。如此等等，各有千秋。然笔者认为，儿童立法的产生与发展不是孤立地、独自地进行的，而是与整个人类社会发展同步、协调进行的。儿童立法的产生，从根本上讲，是人类文明发展到一定历史阶段的内在需要；而儿童立法的进一步发展，则是人类社会追求经济社会协调发展、实现社会普遍公平与正义、建设国家政治文明和提高人们思想道德水平的必然要求。本书将按照人类社会发展的自然历史进程，来探讨儿童权利保护及其法律的发展演进。

正如前文已经提到的，几乎在人类的所有文化当中，都有保护儿童的内

---

① 周振想主编：《青少年法规解读》，中国青年出版社 2001 年版，第 24 页。
② 康树华、向泽选著：《青少年法学新论》，高等教育出版社 1996 年版，第 349 页。

容，不论是东方，还是西方，都概莫能外。在古代埃及的象形文字中，就已出现了劝导未成年人不要惹祸的记载。古代奴隶制社会第一次将犯同一罪行的成年人与未成年人区别处理的法典是《十二铜表法》①。该法第八表第9条规定："如果成年人夜间在犁耕的田地上践踏或收割庄稼，则处以死刑。犯有同样罪行的未成年人，则根据最高审判官的处理，或则给以鞭打，或判处加倍赔偿使人遭受的损害。"其第14条也规定："在行窃时当场被捕之自由人，则予以体罚，并将其交给被窃者，如果是奴隶，则鞭打之，并把他从崖上抛下；但对于未成年人，则或根据最高审判官的处理，予以体罚，或要求赔偿损失。"同样是奴隶制法典，《摩奴法典》② 和《汉谟拉比法典》③ 均有对儿童权利予以特别保护的规定。《摩奴法典》第8卷第27条规定："如果儿童没有保护人，其继承财产应该置于国王保护之下，直到他完成学业，或达到成人期，即达到16岁时为止。"《汉谟拉比法典》对儿童权利予以特别保护的规定则更为详尽。该法典第29条规定："倘其子年幼，不能代父服役，则应以田园之1/3交与其母，由其母养育之。"另外，该法典的第165条、第166条、第167条、第168条、第169条、第170条、第171条、第177条、第185条、第186条等，分别对财产分配、遗产继承、非婚生子女抚养以及收养等作出了规定。

但是，在奴隶制社会，由于人类文明尚处于起步阶段，人们对人权的认识十分肤浅，因此，对儿童权利的保护在法律制度上虽然得到了某些反映，但这种保护是十分有限的和很不全面的。众所周知，在奴隶制社会，大量的奴隶毫无人身自由、个人权利可言，他们就像普通的牲口和物品一样，任由奴隶主支配，而作为弱势群体的儿童，其境况则更是可悲。有些古代奴隶制法典由于受历史的局限，大多保留了许多原始社会同态复仇等习惯的残迹和大量有失人道的规定。如，《汉谟拉比法典》第192条规定："阉人之养子或神妓之养子倘告抚养彼之父母云：'你非吾父'或'你非吾母'，则彼应割舌。"在接下来的

---

① 该法典是古罗马于公元前451~450年制定的，是世界著名的古代法典之一。

② 该法典是古印度奴隶制社会的主要法律，成文于公元前3世纪，被认为是由人类始祖自在神之子摩奴制定，故名《摩奴法典》。法典共12章2688条，详尽反映了古印度孔雀王国时代的政治、经济、宗教、法律等方面的发展情况，对印度及东南亚各国法律产生过一定的影响。

③ 该法典是公元前18世纪古巴比伦六代国王汉谟拉比颁布的。法典以楔形文字镌刻在黑色玄武石柱上，故又称石柱法。全部法典由序言、282个条款和结语构成，是迄今为止所发现的保存最为完整的一部奴隶制国家法典。法典的主要内容涉及诉讼程序、诉讼主体等方面。其中保留了许多原始社会同态复仇等习惯的残迹。

193 条规定:"倘阉人之养子或神妓之养子获知其父之家,因而憎恶抚养彼之父母,而归其父之家,则彼应割去一眼。"《十二铜表法》的第四表第 1 条更是规定:"婴儿被识别出为特别畸形者,得随意杀之。"可见,随意侵害残疾婴儿的生命权是由当时的法律明确规定而得到许可的。在中国的奴隶制社会,奴隶、妇女与儿童经常成为殉葬的牺牲品,毫无人权保障可言。

随着人类社会的发展,进入封建社会以后,对儿童权利的保护又有了进一步的改善与提高。中国的儒家经典《礼记·礼运》讲:"大道之行也,天下为公,选贤与能,讲信修睦。故人不独亲其亲,不独子其子,使老有所终,壮有所用,幼有所长,鳏寡孤独废疾者皆有所养。"① 孟子亦云:"幼吾幼以及人之幼。"在西方,亚里士多德②认为,立法的重要任务之一就是教育少年儿童。他说,儿童时期容易受熏染,任何不好的见闻都可能使儿童养成恶习,立法的首要任务是在城邦杜绝一切秽亵的语言③。亚里士多德被誉为西方立法思想的源头之一,对后世影响巨大。在基督教经典当中,有 "不可挪移古时的地界,也不可侵入孤儿的田地"④ 的规定。在圣徒的处世格言中也有 "爱自己的孩童,也爱别人的孩童" 的谆谆告诫。在伊斯兰经典《古兰经》中,有 "真主告诫我们要照顾孤儿。待他们不得残忍,必须善待"⑤ 的规定。所有这些体恤幼弱的思想,为人类社会制定对儿童权利予以特别保护的法律规范奠定了思想理论和道德伦理基础。

中国早期的成文法典《周礼》中便有 "三赦" 的规定。"三赦":一曰幼弱,二曰老耄,三曰蠢愚⑥。意思是说,幼年、老年、智障三种人犯罪可以得到赦免。汉文帝昭曰:"凡年七十以上、不满十岁有罪者完之。"北魏太武帝

---

① 《礼记·礼运》。

② 亚里士多德(公元前 384~公元前 322 年),古希腊著名的思想家、哲学家。

③ 亚里士多德著:《政治学》,中国商务出版社,第 403 页;转引自康树华、向泽选著:《青少年法学新论》,高等教育出版社 1996 年版,第 349 页。

④ 《新旧约全书》"旧约" 之 "箴言" 第 23 章,中国基督教协会印发,南京 1989 年版,第 613 页。

⑤ Suurah Baqarah, 2:220, Suurah Duhaa, 93:9, Suurah Maa'oon, 107:-1-2, SuurahNisaa, 4:10. 转引自 Maulaanaa Dr Muhammad Habiibullaah Mukhtaar, Bringing up children in Islaam, Translated by Rafiiq Abdurrahrnaan, Islarnic Book Service, Noida Printing Press, 2002, p.53.

⑥ 《十三经注疏》,第 880 页。转引自康树华著:《青少年法学》,北京大学出版社 1986 年版,第 32 页。

也制定法律：凡年十四以下减半处刑①。中国古代法律之集大成者《唐律》规定：凡年在七十以上、十五以下及废疾，犯"反逆"杀人等死罪，可以上请减免，而"九十以上、十以下，虽有死罪不加刑"②。唐以后各朝，宋、元、明、清的法律均沿袭唐朝旧制，对幼弱者作出减刑或免刑的规定。直至清朝末年颁布的《新刑律》才有了一些变化，一是未满 15 岁及 80 岁以上犯罪的得减 1 等或 2 等，二是对未满 15 岁的犯罪者施以"感化教育"③。因此看来，在中国封建社会末期，已认识到对 15 岁以下的人犯罪，虽然不处罚，但不是不管，而是要给予"感化教育"。这不能不说是一个较大的进步。

　　在西方，公元 12 至 13 世纪以后，英国监护法部分地继承了由罗马法发展而来的"国王亲权"学说④。封建时代的英国，大法官所管辖的重要内容之一，就是为那些已经继承了一定财产，而又没有能力照顾自己及其财产的未成年贵族聘请监护人，以便对少年贵族本人及其财产予以监管。人道主义的立法思想在 1532 年德国的刑法中已有体现，该法对儿童犯罪案件作了一些特殊的规定⑤。英国于 13 世纪末期出现的到 15 世纪前后逐渐形成的衡平法关于"国家是少年儿童最高监护人，而不是惩办官吏"的法学理论，则成为儿童立法的指导思想。由于最初移民到北美大陆的是英国的清教徒，所以他们也带去了英国的这一理论，并使之在北美大陆生根结果。英国萨克逊王安息尔斯坦（Athelstan）颁布对少年犯施以保护管束的法律；16 世纪荷兰、意大利等国的慈善团体纷纷设立不良少年感化院；教皇克利蒙十一世（Glement XI）设立圣·米歇尔教养院（Hospital of Saint Michael）⑥。所有这些事例，都促进了保护儿童法律思想的具体实施。

　　综上所述可以看出，在漫长的封建社会，保护儿童的法律和保护手段与奴

---

　　①　转引自朱胜群著：《少年事件处理法新论》，台湾三民书局 1976 年版，第 46 页。

　　②　肖永清主编：《中国法制史简编》（上册），山西人民出版社 1981 年版，第 312 页。

　　③　康树华著：《青少年法学》，北京大学出版社 1986 年版，第 34 页。

　　④　所谓"国王亲权"学说，可解释为：父母只是一家之主，而国王则是一国之君，他是他的国家和臣民的家长。因此，他有责任有权力保护他的臣民，特别是必须保护那些没有能力照管自己及财产的儿童。有学者认为，该学说与中国古代以"天地君亲师"为五伦的观念有不谋而合之势。在此五伦当中，君王与庶民之关系在双亲之上，此其概念与英国普通法的国家监护权地位之原始观念颇为类似。参见朱胜群著：《少年事件处理法新论》，台湾三民书局 1987 年版，第 34 页"注四"。

　　⑤　康树华、向泽选著：《青少年法学新论》，高等教育出版社 1996 年版，第 53～54 页。

　　⑥　朱胜群著：《少年事件处理法新论》，台湾三民书局 1976 年版，第 42 页。

隶制社会相比，确实有了很大的进步。这是由于封建统治阶级意识到，保护儿童的权利有利于社会经济的发展，有利于维护社会稳定，有利于对人民的统治，有利于宣扬统治者的道德观念。这才是封建统治者纷纷颁布法律对儿童权利予以特别保护的初衷。但是，这种保护是十分有限的。实际上，在整个封建社会，儿童的人权状况依然十分糟糕，他们的权利得不到应有的重视和保护。在中国，长期形成的封建伦理观念是"礼"治天下，"父为子纲"的伦理观念严重制约了儿童人权的发展，儿童的社会地位极为低下，没有独立的自主权和人格权。所以，典型的孝子受父母的指责不但不应逃避，并且应当受之怡然，虽挞之流血，亦"不敢疾怨"，任得颜色婉愉，"起敬起孝"①。这是当时儿童人权状况的生动写照。正如徐显明教授所指出的："中国的传统文化富含深厚的人文底蕴和人道精神，高度尊崇人的价值和尊严，充满着对人的苦痛和幸福的普遍而深切的关怀。但中国漫长的历史暴露出的却是保护人的价值和尊严的制度与规范的匮乏和缺失。"② 在欧洲早期历史上，对少年儿童犯罪的处理与成人无异。公元前 600 年英格兰的法律文件曾记载过 6~8 岁的儿童被处死③的案例。从中世纪开始，在基督教会的强烈影响下，7 岁以下的儿童不再被认为有独立思考的能力。美国早期的历史是从英国移民来的清教徒的历史。当时，孩子被认为是父母的产业，无论成人或少年儿童犯罪都被认为是魔鬼的作为，需以严厉惩罚来矫正④。1646 年马萨诸塞州的《不良儿童法》（ *Stubborn Child Act* ），规定了犯重罪的 16 岁叛逆少年可以被判死刑⑤。总而言之，不论东方还是西方，封建社会对儿童权利的保护由于受时代和人们认识水平的局限都是很不够的。

到了 17 世纪中叶以后，随着资本主义生产方式的发展，资产阶级革命逐步取得胜利，儿童的人权状况才逐渐得到较大的改善。欧美各国先后出现了一些人权文件，如英国 1676 年的《人身保护法》、1689 年的《权利法案》、美国 1776 年的《独立宣言》、法国 1791 年和 1793 年宪法。这些宪法性法律文件都

---

① 瞿同祖著：《瞿同祖法学论著集》，中国政法大学出版社 1998 年版，第 7 页。

② 国际人权法教程项目组编写：《国际人权法教程》（第一卷），中国政法大学出版社 2002 年版，"序言一"。

③ F. Schmallenger, *Criminal Justice Today*, New Jersey: Prentice Hall, p. 525.

④ 刘卫政、司徒颖怡著：《疏漏的天网——美国刑事司法制度》，中国社会科学出版社 2000 年版，第 235 页。

⑤ Diana Kendall, *Sociology in Our Times*, Wadsworth Publishing Company, 1995, p. 131.

包含有保护人权的内容。如美国《独立宣言》宣称："人人生而平等，他们都从造物主那里被赋予了某些不可转让的权利。其中包括生命权、自由权和追求幸福的权利。"虽然各国的生产力发展水平、历史文化传统、经济文化条件等各不相同，各国宪法所确认的人权范围也不同，但保障人权，包括儿童权利，已成为各国立宪的主要内容。所有这些人权性质的法律文件奠定了近代人权制度的基础，保护人权的法律也次第建立起来，并在19世纪末期以后得到快速发展。

1802年英国议会通过了《学徒健康及道德法案》，要求限定学徒的工作时间，成为历史上第一个保护童工的立法。1867年英国的工厂法则将适用范围扩大到生产过程中雇用50人以上的所有工厂的童工、少年工和女工。1878年的工厂和工场法还把雇用童工、少年工和女工的手工业工场和家庭作坊包括在内。在德国，很早就出现了关于童工的法律。1853年的法律规定禁止12岁以下的儿童工作并限定12~14岁的童工的工作时间为6小时。1881年工人保护法进一步规定禁止13岁以下的儿童工作①。

随着资本主义工业化大生产的进一步发展，大量的农村人口向城市转移，儿童福利、儿童犯罪等儿童保护问题日益突出，引起了社会各方面的广泛关注。继英国最早的儿童立法《1808年少年法》、《1874年未成年人救助法》和1886年《未成年人监护法》之后，终于在1899年7月1日美国伊利诺斯州第41届州议会通过了《少年法庭法》，带来了世界儿童立法史上划时代的发展进步。在此之后，各国纷纷仿效。首先英国于1908制定了《儿童法》并建立了少年法庭。德国于1908年在柏林建立了第一个少年法院并于1923年制定了《少年法院法》，1912年法国颁布了《青少年保护观察法》，1912年比利时制定了《儿童保护法》，瑞典1924年制定了《儿童福利法》。其他国家如丹麦（1907）、荷兰（1921）、西班牙（1929）、日本（1923）、印度（1920）等许多国家纷纷制定了自己的儿童专门法。

在这一时期，国际刑法及监狱会议等国际会议和组织也加入了促进儿童权利保护立法的行列。例如，1847年国际刑法及监狱会议的布鲁塞尔会议上，首次正式提出对少年犯应特设监狱，对他们的处理要做到教养保护，实行附条件的赦免制。此后，1859年的巴黎会议、1878年的斯德哥尔摩会议、1885年的罗马会议、1900年的布鲁塞尔会议等，均将儿童的司法问题列为专门议题

---

① 王益英等主编：《外国劳动法和社会保障法》，中国人民大学出版社2001年版，第26、27、80页。

进行讨论，并通过相关决议。尤其是 1910 年的华盛顿会议决议指出，少年法庭法官应具备社会学、心理学方面的知识，审理案件时态度要和气，除非迫不得已不得逮捕少年犯，对少年犯的审理与拘押与成年犯分开。1925 年的伦敦会议和 1935 年的柏林会议①分别对电影检查、委托教养、少年法庭的管辖权、少年的限制拘留、感化处分等作出了规定。1904 年 5 月签订了《提供防卫，反对少女买卖的行政措施巴黎公约》，规定缔约国承担义务监督车站和港口，搜集有关情报并尽力将被诱拐的少女运回本国。《国际联盟盟约》也要求各成员国为儿童提供公平和人道的劳动条件，国联还负责监督禁止贩卖妇女儿童的国际协议的执行情况（《国际联盟盟约》第 23 条第 1、3 款）②。

总之，在 19 世纪末到 20 世纪初这一时期，是保护儿童权利的立法发展的黄金时期。不光各国政府，还包括像国际劳工组织等国际组织和国际会议都采取了切实的立法步骤对儿童权利予以特别的保护。

但是，好景不长，随着法西斯势力的上台，第二次世界大战的爆发，国际人权形势急转直下，儿童自然也难以幸免。这一点是人所共知的，在此不再一一赘述。第二次世界大战结束以后，伴随着联合国的建立，《联合国宪章》和《世界人权宣言》等重要的国际文件的发表和生效，不论是政府还是有关国际组织，都加快了儿童权利保护的立法步伐，并取得了举世瞩目的巨大成就，真正迎来了儿童立法的第二个黄金时期。本书后面的有关章节将对此予以详细的论述。

二、儿童权利保护的现状

儿童权利之所以需要特别的保护，乃基于儿童权利的特殊性。这种特殊性源于这样一个事实：大多数儿童权利只有借助于其他主体，如父母、监护人、司法机构、教育机构等，才能得以实现。而父母、监护人或其他机构也具有自身独立的利益。

因此，在许多情况下，儿童与父母、社会等主体之间就会产生利益冲突。不仅仅为了儿童利益的存在，更为了保证儿童权利的有效行使，就必须从法律、道德、政策等各个层面对儿童权利予以特别的保护。在这一点上，世界各国的人们已经取得了高度共识。目前，几乎世界上所有的国家都采取了积极的

---

① 1925 年伦敦会议之后，国际监狱会议即告消失，取而代之者乃国际刑法及监狱会议，并首次于 1930 年在布拉格召开。

② 韩德培著：《人权的理论与实践》，武汉大学出版社 1995 年版，第 1020 页。

步骤保护儿童权利并推动儿童权利的有效实现。

许多国家都建立起了儿童津贴制度。日本的儿童津贴制度创设于 1972 年，起初只对一个家庭中第 3 个及其以后的孩子，在其年龄不满 5 岁时支付津贴。后来几经修改，到 1992 年 1 月，儿童津贴的发放对象已扩大到第 1 个孩子（不满 3 岁时），这样，1991 年 1 月 2 日以后出生的低收入家庭的儿童都可享受儿童津贴。根据日本 20 世纪 90 年代前期的统计，该项津贴总额约为 1400 亿日元，约有 300 万名日本儿童享受到儿童津贴或儿童特别津贴的资助①。在美国，1950 年国会修正的《社会保障法》（SSA），提供给不具有独立能力的儿童的母亲以"保养者"资助。与此同时，在援助非成年儿童（ADC）项目中又增加了"社会服务"（Social Service）项目，从而使儿童福利制度从农村扩展到市区，对各州的援助也开始采取部分倾斜性措施。1961 年抚养未成年儿童家庭援助（AFDC）的扩展不仅帮助了那些困难家庭，而且有助于防止失业父亲的离家出走，以便使孩子能够享受到由联邦政府提供的更为优裕的无条件援助项目而不是一般性救济。在抚养未成年儿童家庭援助项目中，1988 年，370 万个家庭中的 730 万名儿童平均每月接受援助，总金额达 170 亿美元。法国 1993 年制定的《家庭法典》也规定，国家为所有儿童提供儿童资助。加拿大从 1945 年起亦开始实施该项补助②。

在发展中国家，伊朗在 1953 年开始采用雇主责任制方式提供儿童补贴。以色列在 1959 年建立了全国性的儿童津贴制度。塞浦路斯也于 1987 年建立了该制度。在非洲的加蓬，补贴不仅包括儿童的抚养费用，而且包括学费。南非把享受津贴的范围扩大到领养子女。土耳其政府在其第 5 个"5 年计划"（1984～1989 年）的一项重要目标，就是抚养具有民族精神、道德和文化的新一代年轻人，并在慈善事业照顾、特殊需要的儿童及其教育和职业培训、儿童与卫生年轻人保障、儿童的照料等方面采取了一系列的政策和法律措施。如卫生和社会救助部、社会服务和儿童保护机构、地方机构以及一些志愿组织向被遗弃和受供养的儿童提供慈善照顾服务。埃及在青少年和儿童福利方面，主要集中在成立收养所、被忽视儿童收养机构、幼儿园和青少年中心等方面③。目

---

① 郑秉文等主编：《当代东亚国家、地区社会保障制度》，法律出版社 2003 年版，第 109、110 页。

② 杨冠琼主编：《当代美国社会保障制度》，法律出版社 2001 年版，第 53、55、78、79 页。

③ 杨光、温伯友主编：《当代西亚非洲国家社会保障制度》，法律出版社 2001 年版，第 10、126、127、128、129、157 页。

前，中国也在 29 个省、自治区、直辖市和多个市（地）县（区）成立了未成年人保护委员会。各地还普遍成立了妇女儿童工作委员会、关心下一代工作委员会、预防青少年违法犯罪领导小组等①。中国维护妇女儿童权益社会化维权机制正在逐步形成。

除了各国政府的努力之外，国际社会在许多领域采取协作，共同保护儿童权利，打击侵犯儿童权利的违法犯罪行为。如在打击性奴役儿童现象方面，欧洲采取了切实的步骤。2001 年 11 月 21 日欧洲和中亚 50 多个国家在布达佩斯达成协议，不容忍性剥削儿童的现象。欧洲理事会 43 个成员国和中亚 3 国（哈萨克斯坦、吉尔吉斯斯坦、塔吉克斯坦）保证将各种形式性剥削儿童的行为列作违法行为予以制裁。欧洲议会在 2001 年 10 月 31 日的一份建议中，要求欧洲理事会的各成员保护 18 岁以下的儿童和青少年，把儿童性剥削作为重罪来惩罚，主要打击持有恋童或者有关儿童色情性质的图片的行为。该建议还要求打击贩卖儿童和迫使儿童卖淫的行为，有利于国家之间传递数据和国际合作，重视保护受害人②。

综合分析各国情况可以看出，和发展中国家相比，发达国家对儿童权利的保护无疑更全面、更有效。发达国家的儿童权利现状要明显好于发展中国家。由于经济、政治、社会、文化等各方面的原因，在发展中国家，儿童的社会福利水平还很低，福利机构和设施普遍存在供不应求的问题。实际上，只有很少一部分儿童可以享受到福利③。目前，对作为弱势群体的儿童的权利予以特别保护已成了世界各国的共识，但在具体实施上依然面临着各种障碍。一般来讲，主要有以下三个方面。

一是某些宗教、民族的固有传统与现代社会人权保护观念相冲突。在这一点上，东方民族国家表现得尤为突出。像中国几千年的封建社会主张"礼"治天下，"三纲五常"的人伦道德观念根深蒂固，认为儿童没有独立的人格权和自主权。在这样的理念下，儿童的权利自然得不到很好的尊重和保护。即使在现代社会，这种传统观念依然在许多人的思维中存在。中国的周边国家，如韩国、日本等，也深受中国文化的影响。体罚、打骂儿童被认为是天经地义的

① 顾秀莲：《中国未成年人保护成效显著》，载《人权》2003 年第 5 期，第 13 页。

② 赵海峰、张小劲主编：《欧洲法通讯》（第三辑），法律出版社 2002 年版，第 280 页。

③ 杨光、温伯友主编：《当代西亚非洲国家社会保障制度》，法律出版社 2001 年版，第 161 页。

事。据韩国刑事政策研究院 1994 年的调查，韩国大部分家庭把打孩子作为教育手段，挨过打的孩子占 81.9%①。在南亚的一些国家，如印度，盛行一种传统的"女性割礼"，即全部或部分地切除女童的外生殖器。这种手术已表明含有损害少女身心健康的重大危险，给妇女和儿童的身心健康带来各种后果②。另外，在世界许多地区有父母偏爱男孩的传统，这种偏爱通常表现为对女孩的轻视、剥夺或歧视性对待。这也是导致溺杀女婴的重要原因。受这一影响的地区包括南亚、中东以及非洲的部分地区。在拉丁美洲的许多国家，如厄瓜多尔、乌拉圭等，也有男女死亡比率不正常的证据③。阿富汗塔利班政权时期，不准女孩上学等严重歧视性政策，是伊斯兰宗教思想的极端化表现。因此，某些民族、宗教的固有传统与现代人权观念的冲突，使改善儿童权利保护状况的难度增加。

二是广大发展中国家，尤其是最不发达国家的经济、政治状况制约了儿童人权的改善。发达国家对儿童权利的保护之所以更健全，最主要的原因是由于发达国家具有雄厚的经济实力作支撑，民主的政治体制作保障。而广大发展中国家目前还难以做到这一点。在南非，尤其是最贫困地区，父母必须支付学费才能让小孩上学，但实际上贫困的父母根本支付不起学费，这就意味着孩子们无法接受教育④。在中国，《未成年人保护法》虽然已颁布 10 多年了，在推动社会各方面维护未成年人合法权益，促进少年儿童健康成长方面发挥了重要作用，但由于中国贫困尚未消除，经济不够发达，受经济社会发展水平制约，地区之间、城乡之间儿童的生存、保护的发展的条件与水平存在很大差异，未成年人保护工作的发展仍很不平衡⑤。因此，只有大力发展经济，实行政治民主化，儿童权利保护状况才会得到根本好转。

三是威胁世界和平的因素依然存在，局部战争与武装冲突不断，儿童成为最大的受害者。当今世界，和平与发展依然是时代的主题，但和平与发展问题

---

① 郑秉文等主编：《当代东亚国家、地区社会保障制度》，法律出版社 2003 年版，第 211 页。

② ［美］爱德华·劳森著：《人权百科全书》，四川人民出版社 1997 年版，第 699 页。

③ ［美］爱德华·劳森著：《人权百科全书》，四川人民出版社 1997 年版，第 700～701 页。

④ Eric Berger, *The Right to Education under the South African Constitution*, *Columbia Law Review*, Vol. 103, Apr. 2003, No. 3, p. 618.

⑤ 《中国妇女报》2003 年 11 月 19 日，第 5 版。

迄今都没有得到解决。发展可以解决经济实力问题，已如前述；和平解决战争问题。但进入新世纪，世界各国依然战乱不断。战争与武装冲突此起彼伏，导致生灵涂炭，儿童成了最大的受害者。据《法制日报》报道，2003 年 12 月 6日美国在针对塔利班的一次空袭中炸死 9 名阿富汗儿童①。另据新华社喀布尔 2003 年 12 月 10 日电，美军在 2003 年 12 月 5 日晚间至次日上午的行动中，至少造成了 15 名儿童死亡。在利比里亚的内战中，受伤害最重的还是这个国家的弱势群体——儿童。大量的儿童参军，而童子军又轮奸妇女，其暴行令人发指。塔利班武装也大量使用童子军②。因此，战争往往是大面积严重侵犯儿童权利的罪魁祸首，是改善儿童权利保护状况的一大障碍。只有坚定地反对战争，维护和平，世界的人权，尤其是儿童的人权，才会得到根本的改善。

三、世界各国儿童面临的问题

世界上的儿童是纯洁、脆弱、需要依靠的。他们充满好奇，充满生气，充满希望。儿童时代应该是欢乐、和平、游戏、学习和生活的时代。他们的未来应该在开阔视野、增长新的经验的过程中长大成人。但是，对许多儿童来说，童年的现实却与此完全不同。正如 1990 年世界儿童问题首脑会议所通过的《儿童生存、保护和发展世界宣言》所深刻指出的：每一天，世界上有无数的儿童面临危险，使他们的生长和发展受到阻碍。他们的苦难无穷无尽：他们是种族歧视、种族隔离、侵略、外国占领和吞并的受害者；他们成为难民和流离失所的儿童，不得不离弃自己的家园和根基；他们成为残疾人或成为遭受着忽视、残暴和剥削的受害者。每一天，千百万儿童因贫困和经济危机而遭受苦难——他们遭受着饥饿和无家可归之苦、传染病和文盲之苦以及环境恶化之苦。他们因外债问题所造成的严重影响以及因许多发展中国家，特别是最不发达国家，经济不能取得长期和持久的增长而要受苦受难。确实，今天世界各国的儿童在成长的道路上依然面临着十分严峻的现实，形势很不乐观。世界各国儿童面临的各种各样的问题，主要包括以下一些方面：

贫困，以及因贫困而造成的饥饿、失学、童工等问题。贫困不仅存在于发展中国家，也存在于发达国家。据世界银行估计，1990 年世界发展中国家处于绝对贫困状态的人口有 11 亿人，约占发展中国家总人口的 30%。在经济最

---

① 《法制日报》2003 年 12 月 9 日，第 4 版。

② http://www.info.gov.hk/justice/childabduct/English/abduct-links. html#otherint. http://www.sz online.net/content/2003/200308/20030310/200391. html.

发达的美国，按照美国的贫困线标准，1992 年也有 3570 万人生活在贫困线以下①。今天，和成人相比，儿童面临着遭受贫困的更大风险。1993 年，美国的贫困率约为 15%，而 18 岁以下儿童的贫困比率却占到了约 40%。在 1992 年，美国没有获得高中文凭的白人占 19.3%，非洲裔占 44.2%，西裔占 35.5%②。幼儿死亡中，约有半数是由于不同形式的饥饿和营养不良造成的。有约 2000 多万名儿童严重营养不良，1.5 亿名儿童体重不足③。每天有 4 万名儿童死于营养不良和疾病，死于缺少干净饮用水和卫生条件不足等④。《世界儿童白皮书 1998》的资料表明，发展中国家每年有 1200 万名 5 岁以下的儿童死亡，其中 55% 即 600 万人死于营养不良⑤。从《世界儿童白皮书 2000》提供的资料看，这种状况没有明显好转。贫困导致穷人多生小孩，从而造成更大的贫困，形成恶性循环。1997 年，巴基斯坦最贫困的 10% 的家庭平均有 7.7 个成员，其中 3.3 个是 9 岁以下的儿童。一个家庭之所以要多生几个孩子，可以说是对贫困的一种敏感反应⑥。据泛非教育发展研究院的调查报告说，非洲目前至少有 4200 万名学龄儿童失学，其中女孩占 52%，这个数字约占全世界学龄儿童未能入学人数的 1/3 以上。与此同时，15 岁以上非洲人的文盲率约占总人口的 41%。为此，该报告指出，非洲之所以在世界上最穷，主要原因就是教育没有得到应有的发展⑦。据 2000 年中国第 5 次人口普查表明，全国流动人口达 1.2 亿，其中 18 岁以下的儿童为 1982 万人，占 19.37%。由于教育费用过高等原因，流动儿童的失学率为 9.3%，其中未上学的占 6.9%，辍学的占 2.5%。在入学孩子中，"超龄"比例不低，如 6 周岁未入学的流动儿童比例达 46.9%，9 周岁、10 周岁读小学一年级的占 19.7% 和 4.6%，13 周岁、14 周岁还在小学就读的人占相应年龄流动儿童的 31% 和 10%⑧。贫困也

---

① 朱凤歧、高天虹等著：《中国反贫困研究》，中国计划出版社 1996 年版，第 158 页。

② Diana Kendall: *Sociology in Our Times*, Wadsworth Publishing Company, 1995, pp. 298-299.

③ 《执行 1990 年代儿童生存、保护和发展世界宣言行动计划》第 13 条。

④ 《儿童生存、保护和发展世界宣言》第 6 条。

⑤ 日本子どもを守る会编：《子ども白书》，1998 年版，第 250 页。

⑥ 周毅著：《21 世纪中国人口与资源、环境、农业可持续发展》，山西经济出版社 1997 年版，第 60 页。

⑦ 《人权》2003 年第 2 期，第 60 页。

⑧ 《中国妇女报》2003 年 11 月 12 日，第 5 版。

是导致童工大量产生的重要因素。目前来看，世界上几乎大部分国家都存在童工问题，只是发展中国家情况更为严重。据南非劳工部的统计数字，南非至少有 20 万名儿童从事各种工作，其中 50% 在农场就业①。在印度，甚至年仅 4 岁的儿童就要在纺织厂织地毯，每天工作达 15 个小时，而仅能赚到 5 卢比或 15 美分②。据联合国儿童基金会统计，现在世界上共有 2.5 亿名童工。对童工进行统计非常困难，比如，印度政府承认该国有 4400 万名童工，但某一非政府组织推定印度的童工应该高达 1 亿人，因为大量的童工是在家里工作，或给父母帮忙，或从事农业生产等③。另外，贫困还是造成儿童性交易、儿童器官交易、艾滋病蔓延的根本原因。下文将予以详细论述。可见，贫困是万恶之源。大力发展经济，消除贫困，从根本上保障儿童人权的实现，任重而道远。

疾病，是儿童面临的又一大难题。根据联合国《可持续发展 21 世纪议程》就保护和增进人类健康而提出的有关目标，目前，儿童主要面临如下一些疾病的困扰：麦地那龙线虫病、小儿麻痹症、盘尾丝虫病（河盲症）、麻风病、麻疹、霍乱、血吸虫病、幼年腹泻、急性呼吸道感染、疟疾、艾滋病等。其中，被称为超级癌症的艾滋病是儿童的最大杀手，其感染人数之多、传播范围之广、对人体侵害之大都远远超过其他疾病。据联合国艾滋病规划署（UN-AIDS）估计，1998 年全世界有超过 300 万名儿童和青年人感染了艾滋病，其中包括 59 万名 15 岁以下的儿童和 250 万名 15～24 岁的青年人。据估计，全球的艾滋病感染者中，约有一半的人是在 15～24 岁期间感染上艾滋病病毒的，而且 12～19 岁的青少年感染艾滋病病毒的比例正在不断上升，一些地区女性青少年的发病率已经超过了成年人。1998 年，全球平均每天有 8500 名儿童感染艾滋病病毒，即每分钟有 6 人感染④。20 世纪 90 年代，艾滋病病毒在撒哈拉以南非洲和亚洲的妇女和儿童中间迅速传播，有 300 万名育龄妇女患上艾滋病，其中 80% 是在撒哈拉以南的非洲。艾滋病是撒哈拉以南非洲儿童的头号杀手，儿童艾滋病已成为了一个重大的全球性威胁。2000 年，全球有 1000 万名儿童染上艾滋病病毒，其中大多数将死于艾滋病。同样令人震惊的是，还有

---

① 杨光、温伯友主编：《当代西亚非洲国家社会保障制度》，法律出版社 2001 年版，第 182 页。

② Diana Kendall, *Sociology in Our Times*, Wadsworth Publishing Company, 1995, pp. 298-299.

③ 日本子どもを守る会编：《子ども白书》，1999 年版，第 248 页。

④ 转引自玉篁：《青少年——预防和控制艾滋病的重点》，载《长沙晚报》2003 年 12 月 1 日 B2 版。

1000 万名不满 10 岁的未被感染的儿童因为其父母死于艾滋病而成为孤儿①。在世界经济论坛中国企业高峰会上，中国卫生部官员坦诚宣告：中国现有艾滋病病毒感染者 84 万人，而且中国艾滋病流行趋势还没有得到有效控制②。艾滋病将带来一系列严重的社会问题，其中之一就是产生大量的艾滋病孤儿。据美国国际开发厅（USAID）的资料，到 1999 年，各国已有 800 万名 15 岁以下儿童的母亲或双亲因感染艾滋病而死亡，这个数字估计到 2010 年将上升至4000 万人③。从目前的情况来看，艾滋病的蔓延势头并未得到有效的遏制，依然每年有 80 万儿童一出生就带上了艾滋病病毒④。据联合国儿童基金会2003 年 11 月 26 日的报告，非洲目前已有 1100 万名儿童因艾滋病而成为孤儿，而且情况将进一步恶化。在情况严重的津巴布韦，到 2010 年，将有超过五分之一的儿童成为艾滋病孤儿，而且其中 80% 将染上艾滋病⑤。

战争对儿童的伤害问题。作为弱势群体的儿童，是战争的最大受害者，战争给儿童造成的伤害非常深。而今天，世界各地的战争与武装冲突依然不断。据联合国儿童基金会、联合国难民署、美国难民事务委员会统计，自 1989 年至 1999 年 10 年间，全世界有 200 多万名儿童被杀害，几万儿童成为地雷的牺牲品，几十万儿童被卷入武装冲突，充当士兵、性奴隶或搬运工，重伤或者致残的有 600 万人以上，成为孤儿或与家人分离的有 100 万人以上，流为难民或在国内流离失所的有 1500 万人以上，因目睹暴行或受到暴力摧残而心理受到创伤的更不计其数⑥。在利比里亚内战中，受到伤害最重的还是这个国家的儿童。利比里亚是世界上娃娃兵最多的国家之一，人们经常能看到那里的儿童扛着比他们身高还高的步枪。利比里亚有十分之一的儿童被迫当兵打仗，而童子军又轮奸妇女，暴行令人发指。阿富汗塔利班武装也曾大量使用童子军⑦。据联合国有关方面统计，目前全世界有 30 万名年龄在 18 岁以下的儿童在冲突前线作战，其中最小的只有 7 岁⑧。悲惨的儿童在一天天长大，他们终有一天会成为成人社会的一员甚至主人，人们有理由担心，这些孩子长大后将会产生什

---

① 李铁城著：《联合国五十年》，中国书籍出版社 1996 年版，第 326 页。

② 《南风窗》（半月刊），2004 年 2 月 1 日出版，第 21 页。

③ 日本子どもを守る会编：《子ども白书》，1999 年版，第 45 页。

④ 《瞭望》2003 年 10 月 6 日第 40 期，第 60 页。

⑤ http://news.tom.com/1003/3294/2003/27-478942.html.

⑥ 转引自佟丽华著：《未成年人法学》，中国民主法制出版社 2001 年版，第 217 页。

⑦ www.szonline.net/content/2003/200308/20030310/200391.html.

⑧ 《人权》2003 年第 2 期，第 60 页。

么样的社会和政治方面的影响。

成年人侵犯儿童权利的问题。由成年人实施的或与成年人有关的侵犯儿童权利的情况也十分严重，并且有愈演愈烈之势。成年人针对儿童的犯罪行为主要包括虐待儿童、拐卖儿童、儿童性交易和儿童器官交易等。据估计，自1992 年至 2000 年 4 月，中国法院共审结传授犯罪方法案件 183 件，审结绑架妇女儿童案件 6400 余件，审结拐卖妇女儿童案件 4 万余件，审结贩卖被拐卖妇女儿童案件 600 余件，审结奸淫幼女案件 6.6 万余件。1997 年 10 月新刑法实施后，法院依照新刑法的规定，审结猥亵儿童案件 2500 余件，审结拐骗儿童案件 200 件，审结遗弃儿童案件 500 余件①。上述案件中，大部分属于成人针对儿童的犯罪行为，若加上尚未审结的和尚未报案的案件，其数字可能要大得多。对儿童的虐待一般包括身体虐待、忽视、性虐待和心理虐待②。在香港，1998 年儿童福利服务受助者共 1911 人，其中 281 例（49%）为身体虐待，185 例（32%）为性侵犯，51 例（9%）为多种虐待，36 例（6%）为忽视虐待，25 例（4%）为心理虐待③。据日本厚生省的实况调查，日本 1997年虐待儿童事件有 5352 起，是 1990 年的 5 倍④。据美国统计局 1990 年的数字显示，18 岁以下的儿童当中，跟继父母家庭一起居住的占 16%，只跟母亲居住的占 21.4%，只跟父亲居住的占 2.9%，不跟父母住的占 3%⑤。残破的家庭给儿童造成严重的消极影响。在南非的公共学校里，性虐待十分普遍。据"人权观察"（Human Rights Watch）的最新研究显示，在南非校园里，被老师或其他学生性虐待的现象大量存在。往往老师只须给一点小礼物就可以从学生那里得到性满足⑥。对儿童的性侵害将带来严重的后果。据美国医学博士威廉·赫姆斯对男童被性侵害的现象的研究，10%～20%的男孩曾遭受过某种形式的性侵害。男孩被性侵害之后，有较大的可能会在成年以后沦为罪犯，或性攻击他人，并且有较强的自杀欲。少年犯罪中有 1/3 在年幼时曾被性攻击。对他人实施性攻击的成年人中约有 40%在年幼时受到性攻击，连续强奸犯中有

① 《法制日报》2000 年 5 月 31 日，转引自 http：//www. sina. com. cn。

② 日本厚生省编：《厚生白皮书》，平成 9 年版，第 91 页。

③ 郑秉文等主编：《当代东亚国家社会保障制度》，法律出版社 2003 年版，第 310页。

④ 日本子どもを守る会编：《子ども白書》，1999 年版，第 12 页。

⑤ Eastwood Atwater, *Adolescence*, 3rd ed. , Prentice Hall, 1992, p. 116.

⑥ Eric Berger, The Right to Education under the South African Constitution, Columbia Law Review, Vol. 103, Apr. 2003, No. 3, pp. 622-623.

76%在年幼时被性攻击。在 12 岁的男童吸毒者中，年幼时被性攻击的人数是没有受性攻击的人数的 12~40 倍①。国际国内拐卖儿童的现象久已有之，并且日趋严重。据 20 世纪 60 年代的统计资料表明，尽管当时国际拐卖儿童的范围相当有限，但已在 50 多个国家出现了②。据《法制日报》2003 年 3 月 17 日和 30 日刊载的消息称，广西警方连续破获两起特大贩卖婴儿案，共解救出 41 名婴儿。本案被检察院起诉的被告人达 52 人，起诉书指控，这个团伙共贩卖婴儿 118 名③。2011 年由公安部督办，聊城警方侦破两起重大贩婴团伙案，被解救的婴儿达 29 名，然而，令人惊奇的是这些婴儿多数属于家长"自生自卖。"儿童性交易在国际范围内也日益严重。在巴基斯坦和孟加拉国，8~10 岁的女孩常被强迫到妓院当性奴隶④。据悉，在过去 20 年来，东南亚国家一直是雏妓贩卖活动的焦点地区。在泰国，估计有 20 万受害儿童，其中女童占 90%；男童占 10%；斯里兰卡受害儿童 1.5 万人，女童占 10%，男童占 60%。另外，台湾受害儿童有 7 万人，印度受害儿童有 40 万人⑤。而据联合国儿童基金会估计，斯里兰卡共有 3 万名年龄介于 6~14 岁的男雏妓。非政府组织"遏止亚洲雏妓观光"（ECPAT）调查后称，亚洲国家有逾亿名 16 岁以下的雏妓。原苏联、东欧的社会主义国家阵营在 1989 年解体之后，雏妓的数量也大量增加⑥。在埃塞俄此亚，艾滋病和其他传染病广为传播并高速增长，而普遍存在的卖淫将使这种增长继续下去⑦。儿童器官交易的情况触目惊心。在墨西哥，每年约有 2 万名儿童被卖到美国，其中不少人成为人体器官黑市的牺牲品。在法国，有器官买卖非法组织，一经谈妥，"医生"就安排病人到非洲或墨西哥"度假"，回来时病人已更换了内脏器官。在非洲，有成百上千的儿童器官被移植出售⑧。

　　儿童犯罪是我们不得不面对的又一个难题。据来自中国青少年犯罪研究会的统计资料表明，现在青少年犯罪已占到全国刑事犯罪总数的 70% 以上，其

---

① 朱益民：《正视对男童的性侵害》，载《南方周末》2003 年 12 月 11 日，A6 版。

② 蒋新苗著：《国际收养法律制度研究》，法律出版社 1999 年版，第 69 页。

③ 《法制日报》2003 年 12 月 1 日，第 3 版。

④ Diana Kendall：*Sociology in Our Times*，Wadsworth Publishing Company，1995，p. 151.

⑤ 日本子どもを守る会编：《子ども白书》，1999 年版，第 20 页。

⑥ http：//web3. asia1. com. sg/sinchew/.

⑦ Philip Briggs：*Ethiopia*，The Bradt Guide Ltd.，p. 123.

⑧ 蒋新苗著：《国际收养法律制度研究》，法律出版社 1999 年版，第 368 页。

中涉案年龄在十五六岁的犯罪又占到青少年犯罪总数的70%以上①。据美国联邦调查局1989年的统计数据显示，15岁以下的谋杀犯占所有被捕人数的1.6%，强奸犯占5.6%，抢劫犯占6.6%，盗窃犯占12.6%，而在所有被捕人数中，18岁以下的谋杀犯占12.3%，强奸犯占15.4%，抢劫和盗窃分别占23%和31.9%②。目前，儿童犯罪的情况在美国似乎并未得到有效遏止。从国内情况综合分析来看，儿童犯罪、结帮犯罪日益增多，其犯罪行为的核心内容，不外乎侵财、色情、暴力。儿童犯罪已被有关人士列为世界第三大社会公害③。儿童犯罪跟整个社会大背景也息息相关，有家庭、学校、社会、儿童自身等方面因素。其中，家庭是决定一个儿童是否成为犯罪者的重要因素，是青少年适应社会的基本媒介④。

毒品对儿童的侵害也不可小视。据四川省有关部门统计，1992年登记在册的吸毒人员中，17岁以下的只有2人，占吸毒总人数的0.17%；而到了1997年，就发展到了500多人，占吸毒人员总数的3.06%，比1992年增长了17倍⑤。在美国，儿童使用毒品的比例奇高，几乎1/4的青少年在10年级之前使用过大麻⑥。在其他国家，儿童使用毒品的情况也不同程度的存在。

儿童也是环境污染的受害者之一。由于儿童的弱势群体地位，其所受伤害尤深。对于人权的践踏导致环境的恶化，而环境的恶化亦可导致对人权的侵犯⑦。工业生产造成环境污染。如20世纪50年代中期，在日本熊本县大量发生的"水俣病"就是因为工厂排泄到河里的有机水银污染了河水，进而污染了鱼类，从而导致疾病发生。其中，母亲又传给胎儿，并且可以通过乳液传给婴儿，对婴儿的大脑、肝脏、心脏等造成严重损害。在日本的许多地方先后发生了许多起类似情况⑧。众所周知的前苏联1986年切尔诺贝利核电站泄漏和

---

① 《南方周末》2004年2月12日，B10版。

② Eastwood Atwater, *Adolescence*, 3rd ed., Prentice Hall, 1992, p. 304.

③ Eastwood Atwater, *Adolescence*, 3rd ed., Prentice Hall, 1992, p. 85.

④ ［美］马丁·R.哈斯克尔、路易斯·雅布隆斯基著：《青少年犯罪》，耿佐林译，群众出版社1987年版，第67页。

⑤ 佟丽华著：《未成年人法学》，中国民主法制出版社2001年版，第292页。

⑥ Eastwood Atwater, *Adolescence*, 3rd ed., Prentice Hall, 1992, p. 326.

⑦ Fatman Zohra Ksentini, *Draft Priciples on Human Rights and Environment in Final Report Prepared by Special Rapporteur to Commission of Human Rights*, UN Doc. E/CN. 4/Sub. 2/1994/9 (6 July, 1994).

⑧ 日本子どもを守る会编：《子ども白书》，1996年版，第76~77页。

越南战争期间因美军大量使用枯叶剂导致大量畸形儿童、残疾儿童产生，并且这种影响长时间都难以消除，直到今天依然造成灾难。环境污染对儿童健康的伤害主要源于食品、空气、水等污染。2001年深圳市中小学生及幼儿园学生的血铅检测中，有大半的被检测者血铅含量超过 100mg/dl，这已达到"铅中毒"的国际标准。2016年4月，江苏常州外国语学校学生被检出血液指标异常，个别学生被检出淋巴癌、白血病，环境检测结果为该校地下水和土壤被严重污染。

儿童自杀的问题也值得关注。在荷兰，从1970年到1980年有自杀倾向的青少年增长了1倍。在澳大利亚的墨尔本，有自杀倾向的女性青少年增长了好几倍①。而且，这种情况并未得到扭转。据统计，在美国，15～24岁年龄段的青少年中，每10万人中有13人自杀②。在中国，我们也时常可以看到青少年因学习压力过大、心理健康等问题而不幸自杀的报道。

当然，也许儿童面临的问题远不止上述这些。随着社会的变迁，新情况、新问题不断出现，如：难民儿童、少女早孕、同性恋家庭对小孩的抚养等。而且，成年人往往以成年人的眼光和利益诉求来保护、照顾儿童，而不充分考虑儿童的实际需要，行侵害、剥夺儿童之实。不论是在贫困的非洲、亚洲和拉丁美洲的部分地区，还是在富裕的欧洲、北美等地，儿童的权利还远未实现。由于儿童占到整个人类社会的 1/3 以上，而且他们即将成长为世界的主人，因此，如果他们的问题没有解决好，则整个世界的问题就得不到解决，他们的人权就得不到尊重，则谈不上世界人权的发展与进步。当前世界各国儿童权利保护的严峻现实，促使我们不得不重视他们的问题，不得不倾听他们的声音，不得不了解他们的需要，不得不研究其解决之道。

第三节　保护儿童权利的重大意义

一、保护儿童权利对世界可持续发展的意义

"可持续发展"（Sustainable Development）这个概念，最早见于1987年"世界环境与发展委员会"（World Commission on Environment and Development,

---

①　G. Terence Wilson, K. Daniel O'Leary, Peter E. Nathan, *Abnormal Psychology*, Prentice Hall, 1991, p. 333.

②　Eastwood Atwater, *Adolescence*, 3rd ed., Prentice Hall, 1992, p. 368.

WCED）发表的《我们共同的未来》（*Our Common Future*）报告中。该报告将可持续发展定义为："能满足当代的需要，同时不损及未来世代满足其需要之发展"（Development that meet the needs of the present without compromising the ability of future generations to meet their own needs)。后来对可持续发展略作扩展，定义为：特定区域的需要不危害和削弱其他区域满足其需求能力，同时当代人的需要不对后代人满足其需求能力构成危害的发展①。可持续发展受到各国的高度重视，包括中国在内，许多国家都把实施可持续发展作为国家的重大战略②。

可持续发展的提出正是从包括人类当代和后代在内的全人类利益出发对实践主体——人的行为作出规范，以实现人与自然的协同进化。这种规范的必要性从根本上讲在于人类共同利益规范的客观现实性和实践活动的负效应。可持续发展应坚持经济发展与资源、环境保护相协调，应坚持以人为本③，发展经济、保护环境，都要着眼于提高人民生活水平和质量，着眼于人的全面发展和长远发展④。社会发展追求的是以人为中心的全面发展，因为一个国家的真正财富是它的人民。社会应该保障每一个人都有机会施展自己的能力，对于每一个人都能提供比较均等的参与政治、经济、文化等方面的机会，保障社会公平⑤。由于儿童占到了整个人类的1/3以上，他们正在成长，他们对可持续发展具有决定性影响。不论是社会的发展，经济的繁荣，还是人类文明的进步，都离不开儿童的参与和支持。据联合国教科文组织（UNESCO）研究资料表明，劳动者文化素质与其劳动生产率呈现出一定的相关性。以文盲的劳动生产率为基准，小学毕业可提高劳动生产率43%，中学毕业可提高108%，大学毕业可提高300%⑥。劳动者素质的提高，有赖于教育的发展，而儿童正是教育

---

① 周毅著：《21世纪中国人口与资源、环境、农业可持续发展》，山西经济出版社1997年版，第85页。

② 1995年9月，江泽民在中共十四届五中全会的讲话中指出："在现代化进程中，必须把实施可持续发展作为一项重大战略。"

③ 环境与资源保护法学界以维护整个地球生态环境平衡发展的视角提出应摒弃人本主义理念，建立以地球生命为本位的可持续发展新理念，是值得注意的观点。

④ 朱镕基："在可持续发展世界首脑会议圆桌会议上的讲话"，2002年9月3日。

⑤ 中国科学院可持续发展研究组：《2002中国可持续发展战略报告》，科学出版社2002年版，第167页。

⑥ 中国科学院可持续发展研究组：《2002中国可持续发展战略报告》，科学出版社2002年版，第163页。

的薄弱环节和关键所在。据联合国儿童基金会公布的《2004 世界儿童状况》称，全球 1. 2 亿失学儿童中，女童为 6500 万名。而女童失学的长期后果将更加严重，对她的一生甚至下一代都会有严重影响，因为母亲的受教育程度与婴儿的死亡率直接相关。母亲每多上一年学，孩子在 5 岁以内的死亡率就可下降5%～10%，若母亲受过基础教育，则她的孩子失学的可能性也随之减少。因而，一个国家女童入学率的增加，能提高经济独立女性的比例，进而有助于推动国民经济的增长①。《全球 21 世纪议程》指出："如果没有健康的人，也许不可能有健康的发展，大多数发展活动会影响环境，从而通常会引起或加剧健康问题。"一个可靠的、有效的环境保护系统的建立会有助于保证未来人类以及那些直接依靠资源生活的人们的，包括土著人或经济边缘群体的福利②。

儿童是世界的未来和希望，儿童的发展与世界的可持续发展相互制约，相互促进。因此，切实保护儿童的权利，促进儿童的健康发展，从而实现世界可持续发展的良性循环，具有十分重要的意义。

二、保护儿童权利对促进人权事业的意义

人权是指要求维护或者有时要求阐明那些应在法律上受到承认和保护的权利，以便使每个人在个性、精神、道德和其他方面的独立获得充分的最自由的发展。作为权利，它们被认为是生来就有的个人理性、自由意志的产物，而不仅仅是由实在法所授予的，也不能被实在法所剥夺或取缔③。自然人是人权的基本主体之一。生命、人格和平等是社会成员取得人权主体资格的必备条件，同时又是人权的最基本的内容。纵览人权发展的历史进程，人权之树植根于世界各地的古老文明，人权之花初绽于近代的欧美数国，人权的精神体现于普遍性与特殊性、共性与个性的有机而完美的结合之中④。当今世界，人权观念早已深入人心，人权事业蓬勃发展。但是，不论在中国还是在国外，儿童的人权状况依然十分严峻，严重影响和制约了整个社会人权状况的改善与提高。

在作为人权的国际标准之一的国民物质生活质量指数标准中，3 个基本指

---

① 《参考消息》2003 年 12 月 12 日，第 6 版。

② Michael R. Anderson, *Human Rights Approaches to Environmental Protection*: *An Overview* in Alan E. Boyle, Michael R. Anderson, *Human Rights Approches to Environmental Protection*, Clarendon Press, 1996, p. 1.

③ 邵沙平、余敏友著：《国际法问题专论》，武汉大学出版社 2002 年版，第 134 页。

④ 徐显明主编：《国际人权法教程》，中国政法大学出版社 2002 年版，序言。

数是：预期寿命、成人识字率和婴儿死亡率①。这 3 个基本指数无一不与儿童有最直接、最密切的关联。儿童作为弱势群体，是一个社会人口中须受特别保护的部分。对儿童权利保护的程度，揭示着社会的文明程度，是衡量社会状况的一把尺子②。在国际人权保护中，对儿童权利的保护占据着十分重要的地位。从本书前面可以看出，当今世界最严重的人权问题大量地存在于儿童当中。若没有儿童人权状况的改善，则整个世界人权状况的改善是难以想象的。儿童人权事业是世界人权事业的重要组成部分。国际社会应当积极行动，携手合作和采取个别行动，切实保护儿童权利，从而促进世界人权事业的发展进步。

在全球性人权公约的影响下，儿童人权保护日益受到国际社会的重视，儿童权利的观念也逐渐得以形成，并出现了专门为儿童立法的国际法律文件。同时，国际社会还通过召开各种会议，发布各种宣言和行动计划，为儿童权利的国际保护提供强有力的制度后盾。③

三、保护儿童权利对中国实现 21 世纪重大战略目标的意义

中国共产党第十六次全国代表大会确定了"全面建设小康社会"的战略目标，提出要使经济更加发展、民主更加健全、科教更加进步、文化更加繁荣、社会更加和谐、人民生活更加殷实。"全面建设小康社会"的重要内容之一，就是"全民族的思想道德素质、科学文化素质和健康素质明显提高，形成比较完善的国民教育体系、科技和文化创新体系、全民健身和医疗卫生体系。人民享有接受良好教育机会，基本普及高中阶段教育，清除文盲。形成全民学习、终身学习的学习型社会，促进人的全面发展"④。全面建设小康社会，需要牢牢把握一个宗旨，即要致力于人的全面发展，把人的全面发展当作建设小康社会的核心内容、根本基础和本质追求。身心健康，在人的全面发展中占有重要的地位。个人的健康素质会影响个人的一生，而一个民族、一个国家的整体健康素质则会影响整个民族和国家的发展。在当前，提高国民健康素质的

---

① 邵沙平、余敏友著：《国际法问题专论》，武汉大学出版社 2002 年版，第 150 页。

② 程晓霞：《〈世界人权宣言〉与中国对妇女、儿童、老年人权利的保护》，载《国际法律问题研究》，中国政法大学出版社 1999 年版，第 266 页。

③ 吴鹏飞著：《儿童权利一般理论研究》，中国政法大学出版社 2013 年版，第 106 页。

④ 转引自宋惠昌、何建华主编：《全面建设小康社会》，中央文献出版社 2002 年版，第 217~218 页。

重要途径之一就是要加强妇女幼儿保健工作，提高出生人口素质，降低婴幼儿死亡率。①

《90 年代中国儿童发展纲要》指出：“今天的儿童是 21 世纪的主人，儿童的生存、保护和发展是提高我国人口素质的基础，是中国未来发展的先决条件。”同时还指出：“儿童的健康成长关系到祖国和民族的前途和命运。”② 儿童是社会生活中的一支活跃的生力军。人是生产力的决定性因素，而儿童具有天赋的自然条件，他们具有旺盛的精力、强壮的体力、活跃的心理素质。他们只要掌握了现实的先进技术和生产工具，将来就会在社会生产中发挥出巨大的潜能和作用。儿童也是推动社会发展的重要力量。在向成年人过渡的时期，他们的心理、生理渐趋成熟，在社会化过程中，他们会逐渐意识到自己在社会中的地位和作用以及历史赋予他们的重大责任。一旦他们将社会责任内化，就会在国家的建设实践中起着不可替代的作用。儿童还是社会得以延续和发展的标志，是社会道德风尚建设的重要力量，他们既是社会财富的消费群体，更是社会财富的未来创造者③。

随着经济的发展，2010 年我国首次超越日本成为全球第二大经济体，2013 年，我国国内生产总值为 56.9 万亿元，人均国内生产总值为 6700 美元。而 2012 年中等高收入国家的人均 GDP 为 7339 美元，中等收入国家的人均 GDP 为 4564 美元，我国的人均 GDP 更接近于中等高收入国家的水平。④ 经济的持续增长，社会建设的稳步推进为儿童福利制度的建设提供了坚实的经济基础，极大地促进了我国儿童权利的保护和发展。

中国要实现 21 世纪的重大战略目标，必须着力保护儿童权利，创造一个有利于儿童健康成长的环境。中国 21 世纪重大战略目标的实现，若没有儿童的参与和发展，都将成为美丽的泡影。今天的儿童，是明天国家的建设者。因此，保护儿童权利，对中国实现 21 世纪重大战略目标具有决定性的意义。

---

① 转引自宋惠昌、何建华主编：《全面建设小康社会》，中央文献出版社 2002 年版，第 219、228、229、230 页。

② 转引自周振想主编：《青少年法规解读》，中国青年出版社 2001 年版，第 18 页。

③ 莫洪宪、康均心主编：《未成年人权益保护及救济理论与实务》，武汉大学出版社 2001 年版，第 39~40 页。

④ 王振耀主编：《重建现代儿童福利制度——中国儿童福利政策报告 2014》，社会科学文献出版社 2015 年版，第 6 页。

第四节　本书对儿童权利的国际法律保护研究的
目的及本书的体例安排与说明

一、对儿童权利国际法律保护进行比较研究的目的

尽管各国学者们有不同的认识和主张，但概括起来，比较法无非有立法上、司法上、理论上三个方面的作用：（1）有助于改进或完善本国的法律制度；（2）有助于律师和法官等法律实务工作者认识和了解国外的法律情况，以更好地适用和解释法律；（3）有助于法学理论的研究和法学教育。① 自然，对儿童权利国际法律保护进行比较研究的作用也应该包括上述三个方面。由于研究的对象是特定化的国际儿童权利保护法，因此也会有其自身独有的、不同于其他研究对象的方面或特点。本书对国际儿童权利保护法进行比较研究的目的，主要有以下几个方面：

（一）为中国儿童权利保护法律制度的建设与完善提供国际立法参考

中国清朝末年的修律大臣沈家本指出："我法之不善者当去之，当去而不去，是之为悖；彼法之善者当取之，当取而不取，是之为愚！"并主张"参考古今，博稽中外"，"择善而从"，以"模范列强为宗旨"，使中国法律"与各国无大悬绝"。从而，开创了我国研究和运用比较法的先河，中国法律从此迈进了与国际社会法律协调发展的立法轨道②。众所周知，当代中国法律制度完全是以西方法制为模式，且以西方法制为借鉴。对此，我们学习和借鉴西方法律，并非完全否定自身的传统，而是改造、发展和丰富我们的传统，是为了更好地认识和实现我们自身。况且，就法律所反映的内容来说，大部分都是人类共同具有的，它们都是社会中业已存在或应该存在的关系及相应的行为规范。因此，介绍和学习乃至接受西方法律的先进经验，实际上是加快我们自身法制发展的捷径，是借用他人已有的"发现"来"发现"自我的方法，这早已成为法学界的普遍共识③。对国际儿童权利保护法进行比较研究，正是为了更好地认识和实现我们自身，为中国儿童权利保护法律制度的建设与完善提供国际

---

① 李双元著：《走向21世纪的国际私法：国际私法与法律的趋同化》，法律出版社1999年版，第564页。

② 张晋藩著：《清律研究》，法律出版社1992年版，第218~221页。

③ 米也天著：《澳门民商法》，中国政法大学出版社1996年版，江平"序"。

立法参考。

常常是由于对本国制度的解决办法感到不满意，于是驱使人们探究别国的法律制度是否产生过较好的解决办法①。目前，中国有关保护儿童权利的立法还很不完善，司法保护体系还很不健全。《未成年人保护法》已颁布了10多年，许多规定已不适应当前的情况，有些规定过于原则，缺乏可操作性。少年法庭存在机构和人员不稳定的问题，有的基层少年法庭名不副实，对未成年被告人的法律援助多数难以落实②。更有人认为，现行未成年人保护法是对散见于宪法、刑法等法律法规中与未成年人有关内容的简单重复和汇总，对保护未成年人几乎起不到新的作用。并且，整部法律充满了政治口号，充其量只能算作"未成年人保护宣言"。在司法实践中，几乎没有适用未成年人保护法对与未成年人有关的民事、行政、刑事、国家赔偿案件作出有利于未成年人判决的条文。一部法律，在司法程序中，几乎没有被适用过，说明这样的法律是无用的摆设和花瓶。目前，中国儿童尤其缺少保障权利得到有效、充分实现的机制和程序③。因此，对中国儿童权利保护法进行修改、完善，应该尽快提上中国立法机关的工作日程。正如 K. 茨威格特所指出的："对于发展中国家的法律改革，比较法研究是极有用的，通过比较法研究可以刺激本国法律秩序的不断的批判，这种批判对本国法的发展所作的贡献比局限在本国之内进行的'教条式的议论'要大得多。"④ 由于本国实在法素材的狭窄性，使自己坐井观天，看不见几乎每一个法律问题都会有大量的可能存在的解决办法，从而使人们没有能力从内心投入并且运用批判态度对待法律现象⑤。比较法在立法上的作用是比较法最根本的价值所在⑥。写作本书的目的，也正

---

① ［德］K. 茨威格特、H. 克茨著：《比较法总论》，潘汉典等译，法律出版社2003年版，第46页。

② 顾秀莲：《中国未成年人保护成效显著——全国人大常委会执法检查组关于检查〈中华人民共和国未成年人保护法〉实施情况的报告》，载《人权》2003年第5期，第15页。

③ 温毅斌：《法律条文不应喊口号》，载《中国妇女报》2003年11月26日，第5版。

④ ［德］K. 茨威格特、H. 克茨著：《比较法总论》，潘汉典等译，法律出版社2003年版，第23页。

⑤ ［德］K. 茨威格特、H. 克茨著：《比较法总论》，潘汉典等译，法律出版社2003年版，第33页。

⑥ 李双元著：《走向21世纪的国际私法：国际私法与法律的趋同化》，法律出版社1999年版，第564页。

在此。

（二）促进和推动国际儿童权利保护法的趋同化

法律趋同化是李双元教授首先提出来的一个科学论断。它是指不同国家的法律，随着社会需要的发展，在国际交往日益发达的基础上逐渐相互吸收、相互渗透，从而趋于接近甚至趋于一致的现象。其表现是在国内法律的创制和运作过程中，越来越多地涵纳国际社会的普遍实践与国际惯例，并积极参与国际法律统一的活动①。当今国际社会法律趋同化走势加强的这种客观现象，在各国法学界已得到越来越广泛的认同。在中国，法理学界、民商法学界、经济法学界、环境法学界、诉讼法学界，甚至宪法学界、行政法学界、刑法学界等，几乎都有采纳这种观点来论析这一现象在不同法律部门的表现的。儿童权利保护法领域，法律的趋同化走势也日益加强。

儿童权利保护法的趋同化，是 19 世纪末 20 世纪初以来在各国儿童立法中出现的一种广泛的立法倾向。这种趋同化倾向在 20 世纪末叶进入了一个新的历史阶段。这种倾向除了表现为各国的国内儿童立法在目标、原则、措施和手段方面的趋同外，而且还表现在国内儿童立法与国际儿童立法在法律体系、法律结构以及法律规范上的趋同。这种现象在 1989 年联合国《儿童权利公约》的签订之后得到更快的发展，因此它的出现绝非偶然。它与当代各国儿童权利保护的现状以及国际范围内"儿童利益优先"原则的确立有着密切联系。当代儿童立法特别是发达国家的儿童立法已更多地表现出朝着"合目的性"法方向发展的倾向。各国秉承"儿童利益优先"的原则，参照有关儿童权利保护的国际立法实践，不断地制定与完善自己的儿童立法。继 1899 年美国伊利诺斯州颁布世界上第一部儿童立法——《少年法庭法》之后，世界各国的儿童法迅速发展，就是一个相互学习借鉴的明证。1989 年的《儿童权利公约》是当今世界上加入国家最多的一个公约。各国在制定、修改、完善本国儿童立法的时候，都参考该公约的规定与要求。如日本在修改其《儿童福利法》时，几乎都主张应按照《儿童权利公约》的要求来完善自己的法律②。中国某些地方的立法也表现出相同的倾向。2004 年 1 月 1 日正式实施的《北京市未成

---

① 关于法律趋同化的详细论述，可参见李双元教授的一系列专著与论文。如：《走向 21 世纪的国际私法：国际私法与法律的趋同化》，法律出版社 1999 年版；《再谈法律的趋同化问题》，载《国际法和比较法论丛》（第四辑），中国方正出版社 2003 年 1 月版，第 629~649 页。

② 日本子どもを守る会编：《子ども白书》，1996 年版，第 290~294 页。

年人保护条例》中，第一次明确体现了《儿童权利公约》中的平等原则、参与原则以及最大利益原则①。

可见，至少在目前，儿童法律的趋同化主要在各国国内法的创制过程中，通过理性的考量，有选择地，有时也是大量地吸收或移植外国的相关法律或把国际实践中那些已被公认的普遍法律实践吸收入自己的国内法。各国的和国际社会的儿童立法是一个相互学习、相互借鉴、互相渗透的过程。因此，各国的以至国际社会的儿童立法将会从旧的观念和法律制度中解放出来，继承往昔那些适应新时代需要的法律观念和法律制度，并在实践中形成各种与时俱进的新的法律观念和制度。写本书的目的之一就是要为中国儿童权利保护制度的建设与完善提供国际立法参考。在将来修改、完善中国儿童立法时，少不了要借鉴、吸收各国的和国际社会的立法成果与实践经验。中国的儿童立法也必将在更广的范围内、更深的程度上融入国际儿童立法的潮流，逐步推进和实现儿童权利保护法的趋同化与统一。正如米健教授指出的："未来人类的发展与和平，很大程度上将取决于全人类在法律法则上的沟通与趋同。"② 就此而论，我们可以断言，未来儿童权利保护法的发展与完善、儿童权利的有效实现，在很大程度上都将取决于全人类在儿童法律法则上的沟通与趋同。

（三）促进和推动国际社会本位思想在儿童权利保护领域的贯彻执行与国际合作

国际社会本位思想是李双元教授的又一大理论贡献。国际社会本位，主要是指在 21 世纪，国际法将进一步深入到某些传统上纯为国内法调整的社会关系中去，一国的法律遵循某些国际社会公认的准则成为客观要求，个人以至国家为民事法律行为或行使民事权利，都应考虑到不损害国际社会共同的利益③。国际社会本位思想要求各国的行为都应限制在不损害国际社会或人类共同利益的范围以内，正如日本国宪法在开篇所指出的："我们相信，任何国家都不应只顾本国而不顾他国。"这种思想现在已是常常可见。随着高新技术的迅猛发展和全球经济一体化的加强，已使在新的法律秩序的建立过程中贯彻"国际社会本位思想"越来越成为必要。个人与个人、民族与民族、地区与地

---

① 可参见《南方周末》2004 年 2 月 12 日，B9、B10、B11 版的相关报道。

② 米健："当代德国法学名著总序"，载［德］卡尔·拉伦茨著：《德国民法通论》，王晓晔等译，法律出版社 2003 年版。

③ 关于"国际社会本位"的详细论述可参见李双元教授的有关著作和论文。如：《走向 21 世纪的国际私法：国际私法与法律的趋同化》，法律出版社 1999 年版；《国际民商新秩序的理论建构》，武汉大学出版社 1998 年版。

区、国家与国家之间的相互依存、相互制约的关系已经并更加趋于紧密，从而各种放任的不负责任的行为，过去可能只对某一个特定的相对人，只对某一个狭小的社区，充其量只对某一个国家的利益造成影响或破坏，而现在已可能产生全球性的负面影响或破坏作用。在这种情况下，国际行为标准和国际法必将深入到那些传统上只由各国国内法调整的领域。一个国家的法律的制定与实施，也必须根据"国际社会本位思想"，遵循对全人类和国际共同的可持续发展有利的原则。在儿童权利保护法领域，更是如此。国际社会本位思想能否在儿童权利保护的立法与行动上得到贯彻执行，直接关系到儿童权利能否真正得到有效的保护和实现。

在儿童权利保护的有关国际法律文件中，国际社会本位思想已得到了深刻的体现。1989 年《儿童权利公约》在序言中就确认了国际合作对于改善每一个国家，特别是发展中国家儿童的生活条件的重要性。该公约第 23 条第 4 款规定："缔约国应本着国际合作的精神，在预防保健以及残疾儿童的医疗、心理治疗和功能治疗领域促进交换适当资料，包括散播和获得有关康复教育方法和职业服务方面的资料，以其使缔约国能够在这些领域提高其能力和技术并扩大其经验。在这些方面，应特别考虑到发展中国家的需要。"在 1990 年的《儿童生存、保护和发展世界宣言》中，也敦促所有国家，通过国家行动和国际合作，来促进增长和发展的需要。如向发展中国家转移适当的额外资源，以及改善贸易条件，进一步贸易自由化和减免债务措施①。联合国《儿童权利公约》确立的"儿童利益优先原则"已成为各国立法与行动的共识。国际社会普遍认识到，在儿童权利保护领域，如各国联合打击跨国拐卖儿童、跨国儿童器官交易、儿童卖淫以及解决难民儿童问题等，都需要贯彻国际社会本位思想才能取得良好的效果。但目前很多国家，包括部分发达国家在这一点上做得还很不够。例如，英国法律虽然明确规定移植器官的买卖是非法的，但对外国人在英国提供器官的交易却并未禁止。而对儿童器官的买卖也应以同样的立法加以禁止，否则会严重损害儿童的权益，侵犯儿童的人权②。在拐卖儿童、儿童卖淫、儿童器官交易等犯罪行为中，发达国家一直是主要的消费市场，它们应该承担起更多的国际义务，不光打击上述犯罪行为，而且应该立法惩治上述不道德的消费者。所幸的是，国际社会本位思想已在儿童权利保护的国际合作与各国行动中越来越受到重视，在有关各国的立法中已有所体现。如，在全球反

---

① 1990 年颁布的《儿童的生存、保护和发展世界宣言》第 20 条第 10 款。

② 蒋新苗著：《国际收养法律制度研究》，法律出版社 1999 年版，第 71 页。

雏妓运动中，瑞典和比利时通过立法来惩治出国期间召雏妓的国民就是一个很好的例子。泰国内阁在 1994 年通过法例草案，惩罚接受雏妓的妓院、雏妓的父母及嫖客，根据不同的情况可判处罚款和监禁①。日本也制定了专门的法律打击与儿童卖淫、儿童色情有关的行为，对国民在国外的犯罪和国际合作的推进都作出了规定②。

在儿童权利保护领域，国际社会本位思想要求发达国家和发展中国家都负起责任，彼此合作，共同推进儿童人权状况的改善。目前，发达国家的行为并非无可指责。正如新加坡的基·马赫布班尼先生在 1993 年 4 月 29 日寄给世界人权会议协调员的一份发言中说的："从许多第三世界公民的角度来看，人权运动往往具有一种不寻常的性质。……他们就如同置身于一条漏水、拥挤不堪的船上的饥饿和身患疾病的乘客，而这条船将陷入凶多吉少的漩涡激流中，险恶的急流将吞噬其中许多人的生命。……河岸上站立着一大群富裕、无忧无愁、怀有良好意愿的旁观者，随时准备'登船干预'船长的侵权行为，而一旦乘客们游向两岸那些仗义者的怀抱时却被断然驱回这条船。"③ 而发展中国家，尤其是那些还有恐怖分子容身之所的发展中国家，决不能对那些发生在别国的造成包括儿童在内的大量伤亡的恐怖袭击而幸灾乐祸。

国际社会本位思想与法律的趋同化是相互促进、协调发展的。随着国际社会本位思想的日益深入人心，法律趋同化的进程也自然会相应加快。

（四）为中国教育机构开设儿童权利保护法课程提供可供参考的教材

对儿童权利保护的学术研究在国外，主要在发达国家得到了必要的重视。但在广大发展中国家，尤其是亚、非、拉的穷国、弱国，他们对儿童权利保护的立法相对很差，其学术研究也十分滞后。据笔者了解，在亚、非、拉的一些国家，如巴基斯坦、南非、埃塞俄比亚等国书店里，几乎很难找到一本研究儿童权利的著作，更遑论在大学等教育机构开设儿童权利保护法的课程了。从总体上看，经济越发达、政治越民主、对人权越尊重的国家，儿童权利保护的学术研究和教育工作也越繁荣，取得的成果也越丰硕。在日本，研究儿童法的专门著作相当丰富，如柏女灵峰的《儿童的世界与福利》、竹中哲夫等编著的

① http：//www.web3.asia1.com.sg/sinchew.

② ［日］平井宜雄、青山善充、菅野和夫著：《六法全书》，日本有斐阁平成十五年版，第 3436～3972 页。

③ 信春鹰：《多元的世界会有统一的人权观念吗?》，转引自《国际人权法教程》（第 1 卷），中国政法大学出版社 2002 年版，第 32 页。

《儿童的权利与儿童福利法》等；研究介绍其他国家儿童法方面，有泽登峻雄的《世界各国的少年法制》、岩井宜子的《防止虐待儿童法》等①。英国有Ducan John Bloy 教授编纂的《儿童法》教程。B. I. Slomnicka 著的《儿童监护法》等。加拿大、美国、澳大利亚等国均有大量的儿童法专门著作，许多大学都开设有儿童法这门课程。

在中国国内，对儿童权利保护法的研究工作自 20 世纪 80 年代以来有了一定程度的发展，但总的来看，相关的研究工作还不够深入和全面，甚至还有大量的研究空白。而且，整个研究工作主要集中在国内法的研究上面，或者对国外某一个或几个国家的法律作一些介绍，而站在国际法的角度，全面、深刻、细致地比较研究各国儿童权利保护方面的法学著作十分罕见。20 世纪 80、90 年代，北京大学的康树华教授介绍过一些国外的青少年法，但其侧重点是对青少年犯罪的研究。而 2001 年武汉大学出版社出版的莫洪宪、康均心主编的《未成年人权益保护及救济理论与实务》一书则对国外的情况所涉甚少。湖南师范大学蒋新苗教授则专注于国际收养法律制度的研究。周振想教授主编的《青少年法规解读》充其量只能算作一种普法读物。而佟丽华律师所著的《未成年人法学》一书中，作者自己都承认"对欧、美等发达国家的 'the science of child law' 的研究状况并不十分了解"②。20 世纪 80 年代中期以来，北京大学开设了青少年犯罪的课程，主要对青少年犯罪进行研究。在其他的大学，是不是也有开设了相同或者类似课程的，似乎还不得而知。

在 2004 年中国《宪法》的修正案中，第 33 条增加了 1 款"国家尊重和保障人权"和第 14 条增加了 1 款"国家建立健全同经济发展水平相适应的社会保障制度"，体现了国家对人权，包括儿童人权的重视，社会保障制度的建立健全也将使儿童成为最大的受益者之一。随着中国权利时代的到来，对儿童权利保护法的研究必将获得更大的发展；在有关教育机构开设儿童权利保护法课程不但将成为现实，而且可能会在较大的范围内普遍实现。本书的完成，无疑可以为此提供又一种可供参考选择的教材。

二、本书的体例安排与说明

（一）各学者对法系样式的不同分类及本书的分类安排和理由

在进行比较法研究之前，有必要对大量存在的不同的法系样式按照一定的

---

① 详情可参见日本法律书经济书经营书目刊行会编：《法律图书总目录 2003》。
② 佟丽华著：《未成年人法学》，中国民主法制出版社 2001 年版，第 39 页。

标准进行分类。这种分类首先是为了进行在理论上的分类整理工作，以便把漫无头绪的大量的法律体系加以划分、归类，从而可以获得概观；同时，可以使法律的比较研究更方便一些。法国比较法学者埃斯曼提出，为了特定的目的，必须把不同国家的制定法和习惯法予以分类，把它们划分为少数的构成独特法律体系的法系或法律集团①。在这些法系或法律集团当中，都会有一个或者几个法律秩序可以作为该整体的代表，那么在一定的前提条件下，至少在现在比较法到达的发展阶段中，比较法学者可以集中力量对这些代表性的法律秩序进行调研和比较的考察②。

对法系样式进行分类有很多不同的标准，在不同的法学家那里会产生迥异的结果。当代世界影响较大的法系划分学说主要有：（1）法国勒内·达维的划分。他把世界的法系划分为罗马日耳曼法系、普通法法系、社会主义法系和其他法系（伊斯兰法、犹太法、印度法、远东法系以及马达加斯加法为代表的非洲法都松散地归拢到"其他法系"一起）。（2）德国 K. 茨威格特和 H. 克茨的划分。他们将其分为罗马法系、德意志法系、北欧法系、普通法法系、社会主义法系、远东法系、伊斯兰法系和印度教法法系。（3）美国学者莱茵斯坦、梅里曼、格兰登等主张的大陆法系、普通法法系和社会主义法系三大法系的划分方法。当然，也还有一些其他的划分方法③。

正如勒内·达维所指出的："'法系'的概念没有与之相对应的生物学上的实在性；使用它只是为了便于讲解，为了强调在各种法之间存在的相似之处。既然如此，所有的分类方法都有其优点。一切都取决于所处的背景和这些人或那些人的主要考虑。"④ 因此，本书所进行的分类，也正是基于这样的考虑。在本书中，作者将儿童权利保护法分为：发达国家儿童权利保护法、发展中国家儿童权利保护法、中国儿童权利保护法以及儿童权利保护的国际立法。

---

① 转引自高鸿钧：《论划分法系的方法与标准》，载江平主编：《比较法在中国》（第一卷），法律出版社 2001 年版，第 285 页。

② ［德］K. 茨威格特、H. 克茨著：《比较法总论》，潘汉典等译，法律出版社 2003 年版，第 99 页。

③ 关于法系的划分，可参见：（1）［德］K. 茨威格特、H. 克茨著：《比较法总论》，潘汉典等译，法律出版社 2003 年版，第二部分 "世界上的法系"；（2）李步云：《关于法系的几个问题——兼谈判例法在中国的运用》；高鸿钧：《论划分法系的方法与标准》，载江平主编：《比较法在中国》（第一卷），法律出版社 2001 年版，第 266～302 页。

④ ［德］K. 茨威格特、H. 克茨著：《比较法总论》，潘汉典等译，法律出版社 2003 年版，第 116 页。

目前从全球范围内考察，在儿童权利保护方面，不论是立法还是司法实践，发达国家总体上做得比发展中国家更好。在这一点上，发达国家具有更多的值得发展中国家学习借鉴的因素或方面。作为最大的发展中国家，中国的法律具有自身的独特性，众所周知，中国的法律可以归入"混血"法系。清朝末年中国法律西化以来，大陆法法系、普通法法系、以前苏联为代表的社会主义法系等都对中国产生了巨大的影响。还有大陆、香港、台湾、澳门这样由历史形成的特殊局面，更使得中国法律具有不同于其他发展中国家，又不同于发达国家的特点，因此，把它单独列出来做一章进行阐述，应该是不失恰当的。国际社会通过共同努力，通过的一系列国际法律文件，也是法律的重要渊源之一，它们对各国的立法和司法实践产生越来越广泛和深远的影响。儿童权利保护方面的国际立法也不例外。以联合国《儿童权利公约》为代表的一系列儿童权利保护的国际法律文件在世界儿童权利保护领域发挥着不可替代的独特作用，已越来越受到各国的重视，在各国国内立法中逐步甚至是大量地借鉴和吸收国际立法成果，促进和推动了儿童权利保护法的趋同和统一。有鉴于此，本书作者将儿童权利保护的国际立法与其他各国相关法律区别开来单独予以阐述。

（二）本书对法律的取舍标准

对儿童权予以特别的保护，已经成为各国立法的重要内容之一。目前世界各国基本上形成了以宪法为根本大法，以儿童权利保护的专门法为主干，并以刑法、民法和其他相关立法为辅助的儿童权利保护的法律体系。本书在对各国儿童权利保护的立法进行比较研究时，之所以主要选取宪法、专门法以及刑法、民法等相关法作为研究主体，是基于如下考虑：

1. 宪法的产生和发展在人权制度的形成过程中起了决定性的作用

人权制度的基础是宪法制度。近代西方资产阶级正是借助于宪法这一国家根本大法的形式，将他们在反对封建神权和专制统治的斗争中所取得的胜利成果，其中主要是他们所争取到的人权确认和巩固下来。宪法历来被称为人权保障书。无论是人权原则、人权内容还是人权的实现途径，都要通过宪法作出规定。从某种意义上讲，一国宪法和宪政制度的完备程度也就决定了该国的人权发展水平。各国在推行宪政和完善宪法中不断充实人权的内容，丰富人权的实现形式，强化人权的保障机制。保障人权已成为一项世界性的宪法原则①。儿童的人权作为整个人权的重要组成部分，在各国宪法上都有不同程度的体现。

---

① 李步云：《论宪法的人权保障功能》，载中国法学会宪法学研究会编：《宪法研究》（第一卷），法律出版社 2002 年版，第 605～607 页。

宪法作为根本大法，处于一个国家法律体系的核心，宪法的有关规定是处理儿童问题的原则和依据。宪法为儿童权利的实现提供最根本的保障。保障儿童健康成长，是一个国家得以保持活力的条件之一。把有利于儿童发展的措施规定在宪法中，使之成为一切组织、个人必须遵守的规范，使这些内容具有最高的效力，从根本上为儿童权利提供了良好的外部保障。宪法也是儿童专门法的制定和实施的依据和指针。宪法的根本法意义在于一切法律、法规必须依照宪法而产生，不得与宪法相抵触。各国，尤其是发展中国家，包括中国的儿童立法正在逐步建立与完善之中，这个过程固然不能缺少专门的法律技术和法律知识的积累，但更重要的是以宪法的有关规定为依据，来确定儿童立法的体系和内容。正是基于上述宪法的特征与功能，在讨论研究儿童权利保护的法律问题时，是不能不涉及宪法的。

2. 刑法作为实体法、公法和强行法，是关系国家、社会安宁的重要法律，它不因个人的情愿与否而一律适用

刑法所调整和保护的社会关系相当广泛，如政治的、经济的、财产的、婚姻家庭的、人身的、社会秩序的等许多方面的社会关系。可以这样说，其他部门法所调整和保护的社会关系，刑法都要进行调整与保护。刑法能保障其他部门法的实施，其他部门法的实施有助于预防刑法所规定的犯罪。由于其他部门法强制方法轻微，如果仅有其他部门法而没有刑法，则不利于预防一般违法行为，更不能阻止一般违法行为向犯罪行为转化。有刑法作为其他部门法的后盾，对危害严重的违法行为以犯罪论处，就有利于其他部门法的贯彻实施。在这个意义上说，刑法是其他部门法得以实施的后盾和保障①。《刑法典》本身代表着对公民的第一项基本保障，亦为体现某一社会之价值观之参考依据②。刑法对儿童的态度，首先是对于作为犯罪主体的儿童的刑事法律处罚措施，其次是对于作为受侵害对象的儿童的刑事法律处罚措施，再次是对于作为受侵害对象的儿童的刑事法律保护。前者主要表现在刑法中有关刑事责任年龄的规定和对其量刑的特殊规定，涉及儿童刑事责任的存在与否及其大小或者说是其质与量的实体性规定；而后者主要包括对于作为被侵害对象的儿童的保护性规定③。从学者们对刑法重要性的论述中，似乎可以说，在讨论和研究儿童权利

---

① 苏惠渔主编：《刑法学》，中国政法大学出版社 1999 年修订版，第 14~18 页。

② 米也天著：《澳门民商法》，中国政法大学出版社 1996 年版，第 12 页，脚注①；周振想主编：《青少年法规解读》，中国青年出版社 2001 年版，第 147 页。

③ 周振想主编：《青少年法规解读》，中国青年出版社 2001 年版，第 147 页。

保护的问题时，若不谈刑法，则儿童权利保护的专门法有"软骨头"之嫌。

3. 民法是一个重要的法律部门

民法是一切市场经济国家，特别是发达国家建立最早、最为完备、最为基本的法律①。在 21 世纪，民法将进一步提升其作为规范社会生活的基本法地位；还由于经济的发展应以推动社会的全面发展为终极目的，而社会的全面发展又必须以人的全面发展为中心，而人的生活最基本的是民事生活，人们最基本的社会关系是民事关系。随着人的全面发展的推进，物质生活和精神生活领域将更为拓展，民事生活的内容也将更为丰富②。从目前儿童参与民事关系的现状看，儿童尚处于生理、心理的发展阶段，在民事关系中属于弱势群体，对于自我权利的保护意识较弱，因此应在家庭、学校、社会和法律等各个层次上全方位对他们提供保护，以保障其合法权利，稳定民事关系各个环节的秩序，促进儿童的健康成长与全面发展。因此，在研究儿童权利保护问题时，民法也不容回避，更何况我国现已进入民法时代。

4. 儿童权利保护的专门法是对宪法等法律的相关规定的细化，便于操作与执行

专门法可以保障刑法、民法等法律上对儿童权利的保护规定得以实现。儿童权利保护的专门法的重要性应该说是不言自明的。在研究儿童权利保护的法律问题时，儿童权利保护的专门法必然是研究的主要对象，若舍此而为，则正合"皮之不存，毛将焉附"之叹。

儿童权利保护的法律是相当广泛的，除了上述宪法、专门法、刑法、民法之外，包括一些程序性法律，如刑事诉讼法、民事诉讼法等，都有对儿童权利予以特别保护的规定。本书限于篇幅等原因，暂时难以一一尽述。

---

① 周振想主编：《青少年法规解读》，中国青年出版社 2001 年版，第 178 页。
② 李双元著：《走向 21 世纪的国际私法：国际私法与法律的趋同化》，法律出版社 1999 年版，第 553 页。

第二章 发达国家儿童权利保护法概述

第一节 发达国家儿童权利保护的立法情况

正如本书前文已经提到过的，目前世界各国基本上形成了以宪法为根本大法，以儿童权利保护的专门法为主干，并以刑法、民法和其他相关立法为辅助的儿童权利保护法律体系。发达国家的宪法及宪法性文件、刑法、民法和其他相关法几乎都对儿童权利保护作出了专门的规定，或在其保障人权的条款当中包含有保护儿童权利的内容，本书将在后面的有关章节中予以详细介绍，本节主要就发达国家儿童权利保护的专门法情况进行综合性的概括。

中国的近邻日本，在明治维新以后，全面向西方学习，迈开了法律近代化的步伐。在儿童立法方面，于明治三十五年（1903 年）公布了《感化法》。该法规定：其收容对象为 8 岁以上、未满 16 岁的违法少年及依法被判处应到"惩治场"服役的违法犯罪少年。继美国伊利诺斯州 1899 年《少年法庭法》之后，各国纷纷仿效。日本也于 1922 年制定了《少年法》，称旧少年法，1923 年实施《矫正院法》，1933 年又制定了《少年救护法》等①。日本现行有效的儿童权利保护的立法，除了 1901 年的《禁止未成年人吸烟法》和 1922年的《禁止未成年人饮酒法》外，大多是第二次世界大战以后陆续制定的。其中，从 1947 年到 1949 年短短的 3 年时间内，日本就先后制定了 1947 年《儿童福利法》、1948 年《少年院法》和《少年审判规则》、1949 年《少年法》等四部法律。此后，又于 1962 年制定了《儿童扶养津贴法》、1964 年《母子及孀妇福祉法》、1965 年《母子保健法》、1971 年《儿童津贴法》等。进入 20 世纪 90 年代以后，为了适应国内和国际儿童权利保护的需要，日本又于 1992 年制定了《少年保护事件补偿法》、1999 年《对嫖雏妓、儿童色情行

---

① 康树华等编著：《中外少年司法制度》，华东师范大学出版社 1991 年版，第 193页。

为的处罚及儿童保护法》、2000 年《防止虐待儿童法》①。除此之外，为了进一步完善儿童立法，更好地保护儿童权利，从 1950 年开始，日本各都、道、府、县都制定了《保护青少年条例》②。日本的地方儿童立法也十分完善。在国际公约方面，日本于 1994 年 4 月批准了联合国《儿童权利公约》③。从上述可知，日本儿童权利保护的立法还是相当完善的。

作为一个联邦制国家，美国的情况有些不同。根据美国 1791 年制定的宪法修正案第 10 条的规定："举凡宪法未授予合众国政府行使，而又不禁止各州行使的各种权力，均保留给各州政府或人民行使之。"因此，除了联邦政府外，美国各州均有立法权，都有自己的法律系统，各州的法院与联邦最高法院不存在隶属关系。反映在儿童立法方面，除了联邦通过的法律之外，各州议会均可根据各自的情况制定本州的儿童法律。正如德国法学家所指出的："如国家创始人特定的政治理想，因种族、宗教和文化的差异而带来的人口构成上的多样性、广大的领土和作为其中最为重要因素的美国社会和经济发展的全部惊人的活力，所有这一切都促使美国法设计了自己的各种方法和解决办法。"④因此，应该不难理解为什么不是别的国家，而恰恰是美国的伊利诺斯州于1899 年制定了《少年法庭法》，从而开创了世界儿童立法的新纪元。在世界各国，在美国各州都纷纷仿效，相继制定了自己的儿童法。美国联邦政府也有一系列的儿童立法，如：1951 年《联邦青年矫治法》、1961 年《青少年犯罪法》、1964 年《青少年犯教养法》、1966 年《少年法庭和家庭法院的标准》、1969 年《少年法庭模范规则》、1974 年《防止虐待儿童和待遇法》（*Child Abuse Prevention and Treatment Act*）、1990 年的《儿童电视法》、1998 年的《儿童网络保护法》（*Child Online Protection Act*）等。美国各州也都有自己的儿童立法。因此，美国 50 个州加上联邦，一共有 51 个法律系统。但是，更正确的说法应该是：美国 50 个州的 50 个普通法即使从理论上说是各别的，仍然应当视为，或者从理想上说应当是一致的。这种同一性并不等于另外创造一个联邦法的概念，而是说，事实上在 50 种一致地构思的法律之间并不存在很多差别，而且存在单

---

① ［日］平井宜雄、青山善充、菅野和夫著：《六法全书》，日本有斐阁平成十五年版。

② 康树华等编著：《中外少年司法制度》，华东师范大学出版社 1991 年版，第 194页。

③ 日本子どもを守る会编：《子ども白书》，1995 年版，附页。

④ ［德］K. 茨威格特、H. 克茨著：《比较法总论》，潘汉典等译，法律出版社 2003年版，第 252 页。

一的法律，这种法律从它的适用的广度上说，可能是一种联邦的法律①。在适用国际条约方面，遗憾的是，美国至今尚未批准联合国《儿童权利公约》，除索马里外，美国是世界上唯一一个尚未批准该公约的重要国家。

英国的儿童立法有着悠久的历史。早在 1808 年英国就制定了《少年法》，被认为是英国最早的有关儿童的立法。英国先后制定了大量儿童方面的法律，并不断修改、完善。这些法律主要包括：1874 年《未成年人救助法》、1886 年《未成年人监护法》、1908 年《儿童法》和《未成年人犯罪法》、1926 年《儿童收养法》、1933 年《青少年法》、1948 年《子女法》、1956 年《性犯罪法》、1959 年《婚生子女地位法》和《精神健康法》、1960 年《猥亵少年儿童法》、1962 年《苏格兰教育法》、1937 年和 1956 年的《苏格兰教育法》、1950 年《北爱尔兰青少年法》、1958 年《（少年）婚姻诉讼法》、1980 年《儿童监护法》和《收养照管法》、1991 年《儿童扶养法》等。其中许多法律屡经修订，至今有效。如儿童法，就分别有 1908 年《儿童法》、1948 年《儿童法》、1958 年《儿童法》、1975 年《儿童法》等，现行的《儿童法》是 1989 年修订的。又如 1933 年的《青少年法》，先后于 1938 年、1948 年、1951 年、1955 年、1958 年、1959 年、1963 年、1965 年、1968 年、1969 年、1972 年、1975 年进行过修改和补充，但其主要内容和基本条款并没有发生重大改变。现行的英国青少年法一般称作《1963 年青少年法》②。虽然有人，如英国的达德列·托马斯认为，英国有关未成年人的 19 项立法中，概念混淆不清，彼此之间凌乱无系统③，但是，不可否认的是，长久以来，在儿童立法方面，英国积累了丰富的实践经验，其立法，不论从数量上还是从质量上来看，都是居于世界前列的④。

德国是较早制定儿童法律和建立相应司法制度的国家之一。该国儿童立法

---

① ［法］勒内·达维、［加］约翰·E. C. 布赖尔利：《美国法的结构》，转引自《法学译丛》1982 年第 2 期，第 15 页。

② 上述英国儿童法，均综合引自下列作品：（1）康树华等编著：《中外少年司法制度》，华东师范大学出版社 1991 年版，第 348~349 页。（2）康树华等著：《国外青少年犯罪及其对策》，北京大学出版社 1985 年版，第 107~108 页。（3）［捷］维克托·纳普主编：《国际比较法百科全书》，高绍先等译，法律出版社 2002 年版，第 1514~1515 页。（4）Ducan John Bloy, *Child Law*, Cavendish Publishing Limited, 1996.

③ 佟丽华著：《未成年人法学》，中国民主法制出版社 2001 年版，"作者的话"，第 1 页。

④ 上述英国儿童立法，若无明确说明，主要是指英格兰和威尔士的儿童立法。

除了有保护儿童的内容之外，还有培养教育方面的内容，其中主要表现在两个方面：一是规定促进全体儿童的身心健康发展；二是对"问题儿童"有针对性地改善他们的生活和受教育的环境，并采取各种措施矫治其不良心理结构。德国在 1922 年颁布了《少年福利法》、1923 年颁布了《青少年刑法》等。颁布的这些法律经过多次修改，今天依然有效。如：《青少年刑法》在 1943 年、1953 年、1974 年等分别进行了修订。目前，德国的儿童权利保护的立法主要有：《青少年福利法》、《青少年劳动保护法》、《在公共场所保护青少年法》、《禁止传播危害青少年作品法》、《青少年刑法》以及《联邦社会救济法》等。德国虽然也是联邦制国家，但在国家机构上与美国不同。在德国，各州一般不专设联邦机构，也不派出专门处理联邦事务的官员，联邦在各州的法律事务，可以委托各州的机构和官员来管理。各州的法院，不仅执行州的法律，也执行联邦法律，并且它们属于联邦高等法院的下属法院。这样，在德国，就只有全国统一的法律系统，德国的儿童权利保护的立法在全国都是实行的①。

在历史上，加拿大的法律深受英国法的影响，英国法律的原理、程序和判例等，构成了加拿大法律制度的经纬。在加拿大儿童法的发展进程中，一直存在着儿童法"双重目的"的矛盾，即既要实现福利政策，又要实现刑事政策的目的。在司法实践中往往顾此失彼，难以两全。加拿大在 1857 年公布了特殊对待少年犯的《更快地审判和处罚少年犯法令》。此后，1893 年通过了《关于防止残酷地对待和更好地保护少年儿童的法令》，该法令专门处理需要照顾、保护和监管的少年儿童。1894 年又通过了《关于逮捕、审判和监禁青少年犯的法令》。1908 年颁布的《少年犯条例》，是加拿大第一个专门处理少年犯罪的全国性法律。1982 年议会又公布了《青少年犯罪条例》。由于加拿大是个联邦制国家，各省都有立法权，因此，各省也都根据各自的情况制定了儿童权利保护的法律。如：魁北克省的《青年保护法》、《收养法》，安大略省 1985 年通过的《儿童和家庭服务法》，几乎各省都有《儿童福利与收养法》②。

其他的发达国家也都建立起了较为完善的儿童法律体系。如瑞典，早在

①　综合引自：（1）康树华等编著：《中外少年司法制度》，华东师范大学出版社 1991 年版，第 322～327 页。（2）康树华等著：《国外青少年犯罪及其对策》，北京大学出版社 1985 年版，第 91～92 页。

②　综合引自：（1）康树华等编著：《国外青少年犯罪及其对策》，北京大学出版社 1985 年版，第 91～92 页。（2）蒋新苗著：《比较收养法》，湖南人民出版社 1999 年版，第 26、36、75、305 页。（3）Nicholas Bala, Heino Lilles, Judge George Thomson, *Canadian Children's Law*, Butterworths, Toronto, 1982, Preface.

1902 年就制定了第一部与儿童福利内容密切相关的法令。在 1924 年瑞典又制定了儿童福利法，从而取代了 1902 年的法令。第二次世界大战以后，瑞典又于 1960 年制定了新的儿童福利法。随着社会的发展进步，该国儿童权利保护的法律也日臻完善，从 1982 年 1 月 1 日起，瑞典施行了新的《社会服务法》及其补充法——关于少年保护的特别法令，这两个法律取代了 1960 年儿童福利法①。

第二节　发达国家宪法及宪法性文件对儿童权利的保护

一、日本宪法对儿童权利的保护

日本是亚洲最早制定近代宪法的国家。一百多年来，日本共制定了两部宪法，一部是明治宪法，一部是战后宪法。1889 年日本制定的《大日本帝国宪法》又称明治宪法，其内容大量照搬普鲁士宪法。该宪法虽然名义上确立国家政体为君主立宪制，但是实际上仍是天皇专制。该宪法甚少涉及儿童权利保护的内容。直到第二次世界大战结束以后，在美国占领军的直接干预之下，日本于 1946 年颁布了新宪法，即《日本国宪法》。新宪法由 11 章，共 103 条组成。作为日本的最高法律，该宪法对儿童权利保护的内容作出了特别规定，或者在其国民的权利与义务的条款中包含有儿童权利保护的内容。

日本宪法在其开篇中就规定：日本国民通过正式选出的国会代表而行动，为了我们及我们的子孙，确保各国人民合作之成果及我全国获得自由之惠泽，决心根除因政府行为而再度酿成战祸，兹宣布主权属于国民，并确定本宪法。宪法第 11 条规定，不得妨碍国民享有的一切基本人权。本宪法所保障的国民的基本人权，为不可侵犯的永久权利，现在及将来均赋予国民。像这种涉及所有国民权利的条款，自然亦可适用于儿童。在接下来的一些条款当中规定：一切国民都作为个人受到尊重。对于国民谋求生存、自由以及幸福的权利，只要不违反公共福祉，在立法及其他国政上都必须予以最大尊重（第 13 条）。一切国民在法律面前一律平等。在政治、经济以及社会的关系中，不得因人种、信仰、性别、社会身份及门第不同而有所差别（第 14 条）。任何人不受任何

---

① 综合引自：（1）康树华等编著：《中外少年司法制度》，华东师范大学出版社 1991 年版，第 272~275 页。（2）谢邦宇、周新铭主编：《青少年法律知识手册》，甘肃人民出版社 1987 年版，第 166 页。

奴隶性质的拘束。除因犯罪受到处罚外，对任何人不得违反本人意志使其服苦役（第18条）。一切国民都享有维持最低限度的健康和有文化的生活权利。国家必须在生活的一切方面努力提高和增进社会福利、社会保障以及公共卫生事业（第25条）。一切国民，按照法律规定，都享有按能力同等受教育的权利。一切国民，按照法律规定，都负有使受其保护的子女接受普通教育的义务。义务教育为免费教育（第26条）。这一条关于国民受教育权的规定，应该说主要是针对儿童而言的。在接下来的第27条中，有"不得虐待儿童"的特别规定。

日本宪法中，虽然直接规定儿童权利保护的条款不是很多，但是在宪法精神的指引下，日本通过了大量儿童权利保护的专门立法，建立起了相对完善的儿童权利保护的法律体系。

二、美国联邦宪法及宪法性文件对儿童权利的保护

美国联邦宪法颁布于1787年，1791年正式生效，它是世界上第一部成文宪法。美国宪法的精神和基本框架的形成起源于独立战争时期，甚至更早。1776年大陆会议通过的《独立宣言》和弗吉尼亚会议通过的《弗吉尼亚权利法案》，1777年通过的《邦联条款》，1786年弗吉尼亚议会通过的《弗吉尼亚宗教自由法令》，甚至更早的如1641年《马萨诸塞湾自由典则》，都为1787年美国联邦宪法的制定作了必要的法律和实践准备。

在《马萨诸塞湾自由典则》① 中，对"儿童自由"专门用3个条款进行规定。

其第81条规定：当父母死亡而无遗嘱时，其长子当分得动产不动产之双份，除非大会在判断某一案件时别有规定。第82条规定：当父母死亡无遗嘱而又无子时，其诸女得为共同继承人，除非大会因公平理由别有判断。接下来的第83条规定：倘若任何父母执拗无理由地不许任何子女及时与合理嫁娶，或向子女加以不合理之严酷待遇，该子女等得自由向大会申诉请求改正。《独立宣言》更是宣布：人人生而平等，造物主赋予他们若干不可剥夺的权利，其中包括生命权、自由权和追求幸福的权利。直到1787年9月17日美国制宪会议通过了联邦宪法。该宪法在"序言"中开门见山地指出：我们，合众国

---

① 《马萨诸塞湾自由典则》（1641年12月），灰提摩尔辑：《马萨诸塞殖民时期法令》，1889年波士顿出版，第32~61页。转引自法学教材编辑部《外国法制史》编写组：《外国法制史资料选编》，北京大学出版社1982年版。

的人民，为了组织一个更为完善的联邦，树立正义，保障国内的安宁，建立共同的国防，增进全民福利和确保我们自己及我们后代能安享自由带来的幸福，乃为美利坚合众国制定和确立这一部宪法。美国宪法对人权的规定，主要体现在 1791 年 12 月 15 日由第一届国会提出并被批准的《权利法案》当中。虽然美国宪法包括其修正案——权利法案，通篇都没有关于儿童权利保护的特别规定，但应该理解为：对儿童权利的保护理所当然地融入到了整部宪法的字里行间，并通过联邦法院的审判实践和各州的立法，实现对儿童权利的相对有效的保护。本书仅对联邦宪法的权利法案作一介绍。

权利法案规定：国会不得制定有关下列事项的法律：确立一种宗教或禁止信教自由；剥夺言论自由或出版自由；或剥夺人民和平集会及向政府要求申冤的权利（第 1 修正案）。人人具有保障人身、住所、文件及财物的安全，不受无理之搜查和拘捕的权利；此项权利，不得侵犯；除非有可成立的理由，加上宣誓或誓愿保证，并具体指明必须搜查的地点，必须拘捕的人，或必须扣押的物品，否则一概不得颁发搜捕状（第 4 修正案）。非经大陪审团提起公诉，人民不应受判处死罪或会因重罪而被剥夺部分公权之审判；惟于战争或社会动乱时期中，正在服役的陆海军或民兵中发生的案件，不在此例；人民不得为同一罪行而两次被置于危及生命或肢体之处境；不得被强迫在任何刑事案件中自证其罪，不得不经过适当法律程序而被剥夺生命、自由或财产；人民私有产业，如无合理赔偿，不得被征为公用（第 5 修正案）。在所有刑事案件中，被告人应有权提出下列要求：要求由罪案发生地之州或区的公正的陪审团予以迅速及公开之审判，并由法律确定其应属何区；要求获悉被控的罪名和理由；要求与原告的证人对质；要求以强制手段促使对被告有利的证人出庭作证；并要求由律师协助辩护（第 6 修正案）。在引用习惯法的诉讼中，其争执所涉及者价值超过 20 元，则当事人有权要求陪审团审判；任何业经陪审团审判之事实，除依照习惯法之法规外，不得在合众国任何法院中重审（第 7 修正案）。不得要求过重的保释金，不得课以过高的罚款，不得施以残酷的、逾常的刑法（第 8 修正案）。宪法中列举的某些权利，不得被解释为否认或轻视人民所拥有的其他权利（第 9 修正案）。举凡宪法未授予合众国政府行使，而又不禁止各州的各种权力，均保留给各州政府或人民行使（第 10 修正案）。

三、英国宪法性文件对儿童权利的保护

英国是近代宪政的发源地，其宪法被西方学者称为"近代宪法之母"，但是，英国宪法是不成文宪法，其渊源具有多样性，包括英国历史上各个时期出

现的宪法性法律文件、宪法性惯例和宪法判例。其中，宪法性法律文件包括：1215 年《自由大宪章》，1259 年《人民公约》，1295 年《不承认课税法》，1679 年《人身保护法》，1689 年《权利法案》，1701 年《王位继承法》，1911 年和 1949 年《议会法》，1918 年、1928 年、1948 年、1969 年《人民代表法》，1937 年《内阁大臣法》和 1972 年《国家豁免法》等。其中，有些法律文件，如《自由大宪章》、《人身保护法》、1832 年和 1867 年《选举法》、1948 年《不列颠国籍法》、《人民代表法》和 1971 年《移民法》等，都包含有公民权利的规定。根据有关规定和判例，英国公民权利的自由权利主要有：选举权和被选举权；人身和财产权；言论和出版权；集会、请愿和结社自由；结婚和组织家庭的权利；信仰自由；不受溯及既往法律追究和反抗不公正审判的权利；不分种族性别一律平等的权利等①。上述各条英国公民所享有的某些权利，应当在合适的情况下同样可以适用于儿童。

在 1215 年的《自由大宪章》中就有关于儿童的特别规定。如：任何伯爵或男爵，或因军役而自余等直接领有采地之人身事故时，如有已达成年之继承者，于按照旧时数额缴纳继承税后，即可享有其遗产。……上述诸人之继承人如未达成年，须受监护者，应于成年后以其遗产交付之，不得收取任何继承税或产业转移税。凡经管前款所述未达成年之继承人之土地者，除自该项土地上收取适当数量之产品，及按照习惯应行征取之赋税与力役外，不得多有需索，以免耗费人力物力。如余等以该项土地之监护权委托执行吏或其他人等，俾对其收益向余等负责，而其人使所保管之财产遭受浪费与损毁时，余等将处此人以罚金，并将该土地转交该采地中合法与端正之人士 2 人，俾对该项收益向余等或余等所指定之人负责。如余等将该项土地之监护权赋予或售予任何人，而其人使土地遭受浪费与损毁时，即须丧失监护权，并将此项土地交由该采地中之合法与端正人士 2 人，按照前述条件向余等负责。此外，监护人在经管土地期间，应由该项土地之收益中拨出专项为房屋、园地、鱼塘、池沼、磨坊及其他附属物修缮费用，俾能井井有条。继承人达成年时，即应按照耕耘时之需要，就该项土地收益所许可之范围内置备犁、锄与其他家具，附于其全部土地内归还之。随着社会的发展进步，像《自由大宪章》等宪法性文件中有关儿童权利保护的规定虽然已并不能完全符合时代发展的实际情况，但它们所表现出来的对儿童权利予以特别保护的宪法精神与习惯法依然在今天发挥着作用。

---

① 王菲著：《外国法制史纲要》，工商出版社 2000 年版，第 157、158、164 页。

四、德国宪法对儿童权利的保护

在德国历史上，曾产生了 1871 年的《德意志宪法》和 1919 年的《魏玛宪法》。这两部宪法，尤其是《魏玛宪法》，就已经对儿童权利保护作出了较为详尽的规定。德国现行宪法是第二次世界大战以后，于 1949 年制定的《基本法》。当时联邦德国制宪会议考虑到未来德国的统一，所以只制定基本法，而不采用宪法一词，实际上，《基本法》在联邦德国的法律体系中的地位与作用，完全相同于宪法①。德国统一后，基本法遂在全德国适用。

德国《基本法》中，有大量对儿童权利予以特别保护的条款。如：婚姻和家庭受国家的特别保护。照顾和抚养儿童是父母的天然权利和主要应尽的义务。他们在这方面的努力受整个社会的监督。儿童不得在违背负抚养责任者意愿的情况下同他们的家庭分离，如因负抚养责任者不能尽责或否则儿童将处于无人照管状态时而根据法律行事的情况除外。所有的母亲都有受社会保护和照顾的权利。立法应为非婚生子提供婚生子所享有的同等的身心发展的机会和同等的社会地位（第 6 条）。关于教育方面，该国基本法第 7 条规定：整个教育体制受国家的监督。对儿童负有抚养责任者，有权决定儿童是否应接受宗教教育。在关于迁徙自由的第 11 条中，基本法规定所有德国人享有在全联邦境内的迁徙自由。这种权利只能受法律限制或依法予以限制，其中的一种情况就是：为保护少年幼儿不使处于无人照管状态。从这一规定可以看出，德国基本法把对儿童权利的保护上升到了极高的程度。类似的规定在第 13 条中也可看到：住宅不受侵犯。……在一切其他情况下，这种不可侵犯性不得被侵害或限制，但为了……保护遭受危险的少年的情况除外。该法第 12 条第 1 款规定：可以要求年满 18 岁的男子在武装部队、联邦边防军或在某一民防组织中服役。据此可以断知，18 岁以下的儿童是没有服役义务的。该条第 4 款规定：当存在防御状态时，如果民用公共卫生和医疗体系或驻守军事医院组织中的非军事性服务的需求不能在志愿基础上得到满足，可以由法律指定或依法指定 18 岁至 55 岁的妇女担负这种工作。但她们决不能提供使用武器的服务。从此款规定亦可看出，18 岁以下的女性不承担此项义务。以上这些规定，都体现了对 18 岁以下的儿童的特别保护。

---

① 王菲著：《外国法制史纲要》，工商出版社 2000 年版，第 304 页。

五、加拿大宪法对儿童权利的保护

加拿大原是英国的殖民地，其法律受英国法律的影响颇深。1867 年以后，加拿大从殖民地变成自治领，建立了全国性的联邦与领导各省的中央政府。在 1876 年制定的《不列颠北美法》作为加拿大的宪法性法律适用。到了 1981 年，加拿大众议院和参议院分别于 12 月 2 日和 8 日通过了关于加拿大宪法的决议，并送交英国议会批准生效。1982 年 4 月 17 日英国女王正式宣告已制定了《使加拿大参议院和众议院的请求生效法》，关于加拿大宪法的决议遂生效，称为《1982 年（加拿大）宪法法》。但以前各宪法文件除改名或个别条文修改外，仍继续有效，如 1876 年不列颠北美法，现改称为《1876 年宪法法》①。

在 1982 年加拿大宪法法中，其第一编"加拿大权利与自由宪章"对人民享有的各项权利作出了详细的规定，其中包括涉及儿童权利的规定。在该法有关平等权利的第 15 条规定：（1）每一个人在法律面前和法律之下一律平等，并且享有平等的法律保护和平等的法益，不受歧视，特别是不受基于种族、民族出身或者种族出身、肤色、宗教、性别、年龄或者身心缺陷的歧视。（2）第 1 款的规定并不排斥旨在改善处境不利的个人或者集体，包括由于种族、民族出身或者种族出身、肤色、宗教、性别、年龄或者身心缺陷而处境不利的个人或者集体的条件而制定的法律、规划或者活动。在这一条的规定当中，特别强调不得基于年龄而受到歧视，明显地包含了儿童权利保护的内容。关于少数民族语言的教育权利的第 23 条规定：（1）加拿大公民，（甲）如其已经学会并且仍然懂得的第一种语言，是在他们居住的省份讲英语或者讲法语的少数民族居民的语言；（乙）或者在加拿大已经以英语或者法语接受初等学校教育，而现在居住在他们已接受教育的语言是当地讲英语或者讲法语的少数民族居民语言的省份，则他们有使他们的子女在该省接受以同种语言进行的初等和中等教育的权利。（2）关于根据本条第 1 款和第 2 款，加拿大公民使子女接受以某一省讲英语或者法语的少数民族居民的语言进行的初等和中等教育的权利，（甲）如果在该省享有此项权利的公民的子女数目相当多，有理由以公共资金向他们提供以少数民族语言进行的教育时，应予实施；（乙）如果那些子女数目相当多时，应当使他们在公共资金所资助的少数民族语言的教育机构接受此种教育。加拿大作为一个移民国家，作出这样的法律规定是有利于儿童享有接

---

① 《法学译丛》1982 年第 5 期，第 52 页脚注。

受教育的权利的。

第三节 发达国家专门法对儿童权利的保护

一、日本专门法对儿童权利的保护

（一）《儿童福利法》

日本的《儿童福利法》是日本儿童权利保护最重要的基本法律之一。该法是 1947 年 12 月 12 日制定通过的①。

日本《儿童福利法》第一章总则中明确指出，一切国民皆应培养儿童，并致力于儿童身心的健康成长。一切儿童平等，其生活必须得到保障与爱护。国家与地方公共团体是儿童的保护者，负有培养儿童及其身心健康成长的责任。前两条规定亦即保障儿童福利的原理。该原理，必须在施行一切有关儿童法令时受到尊重。

在第 1 节定义当中，对儿童、孕妇、保护人、儿童福利设施在本法中的含义作出了界定。儿童是指未满 18 岁者，其区分如下：（1）婴儿：未满 1 岁者；（2）幼儿：从满 1 岁起至小学就学开始者；（3）少年：从小学就学开始至 18 岁者。产妇是指怀孕期与产后 1 年以内的妇女。

保护人是指行使亲权者、监护人以及其他正在监护儿童者。

儿童福利设施是指助产设施、婴儿院、母子宿舍、保育所、儿童保健设施、养护设施、智力低下儿童设施、智力低下儿童日托设施、盲哑聋儿童设施、残废儿童设施、严重身心障碍设施、情绪障碍儿童短期治疗设施以及教护院。

儿童起居支援是指儿童居住护理、儿童日常服务以及儿童短期入所。

儿童起居护理是指按照厚生劳动大臣的规定，对身体残疾或者智障儿童（以下称为残障儿童）的日常生活予以保障，包括其所居住家庭内的沐浴、如厕、就餐的护理和其他日常生活所必要的便利。

儿童日常服务是指，对残障儿童日常生活中使用身体残疾儿童设施、智障儿童设施和其他厚生劳动大臣规定的设施进行基本的操作指导、集体生活的适应训练以及其他厚生劳动大臣规定提供的便利。

---

① 资料来源：〔日〕平井宜雄、青山善充、菅野和夫著：《六法全书》，日本有斐阁平成十五年版，第 3959~3971 页。

儿童短期入所是指，由于保护人因疾病或其他理由对儿童进行家庭护理暂时发生困难，则将残障儿童短期送入身体残疾儿童设施、智障儿童设施或其他厚生劳动大臣规定的设施，予以必要的保护。

儿童起居支援事业是指，儿童居住护理事业、儿童日常服务事业以及儿童短期入所事业。

儿童起居护理事业是指，与儿童起居护理有关的第 21 条之 10 第 1 项的起居生活支援费的支付、第 21 条之 12 第 1 项的与特定起居生活支援费的支付和与第 21 条之 25 第 1 项的措施有关的提供儿童起居护理事业。

课后健康培养儿童事业是指，由于儿童的保护人因为上班而不在家，根据政令规定的标准，向所有不满 10 岁的小学就学的儿童在课后提供儿童福利设施，使其有一个适当的玩乐和生活场所，以实现儿童的健康培养。

短期养育儿童支援事业是指，保护人由于疾病及其他原因暂时难以养育儿童，根据厚生劳动大臣规定，将儿童送入儿童养育设施或其他厚生劳动大臣规定的设施予以必要的保护。

在接下来的第 2 节、第 3 节、第 4 节分别对儿童福利审议会、儿童福利司及儿童委员、儿童商谈所、福利事务所及保健所作出了详细的规定。鉴于本书将在第六章"儿童工作机构"中对此予以全面介绍，因此，暂时略去对这 3 节内容的介绍。

第二章是福利措施及保障。保健所长进行医疗指导等。保健所长对于残废儿童必须进行诊断，或者按照商谈进行必要的治疗。保健所长根据残废者福利法（1949 年法律第 283 号）第 15 条第 4 款的规定，受理交付残废者记录（关于未满 15 岁的残废儿童，受理交付残废者记录为该保护人，以下同），如认为具有该法第 16 条第 2 款第 1 项或第 2 项所列事由时，必须将其旨意向都、道、府、县知事报告。

治疗以及代替治疗费用的支付。都、道、府、县知事为了残废儿童获得生活能力，可供给必要的治疗培养费用，或者支付代替治疗所需要的费用。根据前款规定，除有困难的场合外，应供给治疗费用。供给的治疗费用如下：（1）诊断费用；（2）医药或治疗器材费用；（3）医学性处置、手术以及其他治疗费用；（4）住院或诊疗所费用；（5）护理费用；（6）移送费用。厚生劳动大臣根据残废者福利法第 19 条之 2 第 1 款规定，委托指定病院、诊疗所或药店（以下称"指定治疗机关"）供给治疗费用。

指定治疗机关。指定治疗机关根据厚生劳动大臣决定，必须承担交付的治疗任务。指定治疗机关的诊断、治疗方针及其报酬，依健康保险诊断、治疗方针及其报酬的一般惯例执行之。依前款规定的诊断、治疗方针及其报酬，如不能执行或认为执行不适当时，由厚生大臣决定之。都、道、府、县知事可以随时审查指定治疗机关诊断、治疗内容及其可请求的诊断、治疗报酬，并且根据前条关于指定治疗培养机关的规定，可以决定可请求的诊断、治疗报酬金额。指定治疗机关必须执行都、道、府、县知事前款的决定。都、道、府、县知事根据第 1 款规定，在决定指定治疗机关可请求的诊断、治疗报酬金额时，必须听取社会保险诊断治疗报酬支付基金法（1958 年法律第 129 号）规定的审查委员会、国民健康保险法（1958 年法律第 192 号）规定的国民健康保险诊断治疗报酬审查委员会，以及其他政令规定的有关医疗审查机关的意见。都、道、府、县对指定治疗机关的诊断、治疗报酬的有关支付事务，可以委托社会保险诊断治疗报酬支付基金会、国民健康保险团体联合会及其他厚生劳动省省令所规定的单位进行。

根据第 1 款规定所作出的诊断、治疗报酬金额决定，不得依行政不服审查法（1962 年法律第 160 号）提出不服申诉。

对指定治疗机关的监督。厚生劳动大臣或都、道、府、县知事如认为有必要调查指定治疗机关有关请求的诊断、治疗报酬是否适当时，可以要求指定治疗机关的管理者提出必要的报告，或者征得其同意，赴现场检查指定治疗机关的诊断、治疗记录以及其他账簿文书。指定治疗机关的管理者，无正当理由拒绝前款要求的报告或作虚假报告时，厚生劳动大臣或都、道、府、县知事对该指定治疗机关可以暂时停止支付或停止支付都、道、府、县的诊断、治疗报酬。

对于前项规定的属于都、道、府县知事权限的事务（限于都、道、府、县知事指定的有关医疗机构），认为有保护儿童利益的紧急必要时，厚生劳动大臣可对都、道、府、县知事发出指令。

医疗机构支付的费用额度。根据第 21 条之 2 的规定，在指定医疗机构所要求的医疗报酬的额度范围内，本人以及其扶养义务者（民法规定的扶养义务者，以下同）所不能负担的数额，即是根据第 20 条第 1 项的规定应支付的费用额。

残障用品的交付。（1）市、镇、村应向残疾儿童提供盲人安全手杖、助听器、假肢、轮椅以及厚生劳动大臣规定的其他用品，并负责维修，还应支付残疾人用品的购买和维修的费用。（2）前项规定的费用，限于残疾人用品的交付和维修有困难的情况下才予支付。（3）第 1 项规定的残疾人用品的交付和维修可委托残疾人用品制造商和维修从业人员（以下称为"从业者"）进行，也可由市、镇、村自己进行。

前条规定的接受残疾人用品的交付和维修委托业务的从业者向市、镇、村请求给报酬额的标准，由厚生劳动大臣决定。

起居生活支援费的支付手续。（1）残障儿童的保护人在根据前条第1项的规定接受居住支援费的时候，根据儿童居住支援的种类和厚生劳动省的规定，须得向市、镇、村提出申请。（2）在进行前项的申请时，市镇村应综合考量该申请的残障儿童的残疾种类及程度、该残障儿童的保护人的状况、该残障儿童的居住生活支援费用的接受情况以及其他由厚生劳动省规定的事项，以决定是否支付居住生活支援费。

支付量的变更。（1）履行居住支付决定的市镇村在出现下列情况时，必须取消该居住支付决定：①认为该居住支付决定有关的残障儿童已没有接受指定居住支援的必要；②在居住支付决定期间内，居住支付决定保护人在该市镇村以外的市、镇、村区域内拥有居住地。（2）根据前项规定取消居住支付决定的市镇村根据厚生劳动省的规定，可要求该居住支付决定保护人返还居住领受人证明文件。（3）除前两项指定起居支援事业的标准：①指定起居支援事业者从事该种事务的事务所必须遵从厚生劳动省规定的标准，并具有指定居住支援的从业者；②指定起居支援事业者必须遵从厚生劳动省规定的指定起居支援事业的设备及运营标准，提供指定起居支援。

起居护理的措施等。（1）需要提供起居支援的残障儿童的保护人，因不得已的事由根据第21条之10和第21条之12的规定接受起居生活支援费或特别起居生活费确实有困难的，市镇村可以根据政令的规定，向儿童提供起居生活支援，或者委托该市镇村以外的人提供起居生活支援。（2）对于日常生活有困难的残障儿童，认为对实现儿童的福祉有必要时，市镇村应该按照厚生劳动大臣的规定，向其提供或者租借有助于便利生活的用具，或者委托该市镇村以外的人提供或者租借此类用具。

促进放学后健康培养儿童事业的利用。为了健康培养儿童，市、镇、村与第6条之2第7项规定的有关利用放学后健康培养儿童的事业进行商谈，鼓励。并根据当地情况推进放学后健康培养儿童的事业的同时，市镇村还需与该市镇村以外的放学后健康培养儿童的事业进行合作，促进这些儿童的放学后健康培养儿童事业的利用。

助产设施的入所。都、道、府、县知事、市长以及管理福利事务所的镇、村长，对于在其分别管理的福利事务所管辖区域内的孕妇与产妇，如果尽管保健上需要，但根据经济方面的原因不能接受入院助产时，应使该孕妇与产妇入于助产设施接受助产。但附近如无助产设施等不得已事由时，不在此限。

母子宿舍的收容。都、道、府、县知事、市长以及管理福利事务所的镇、村长，在其分别管理的福利事务所管辖区域内的保护人，遇有无配偶的妇女或相当于该情况的妇女时，如认为该妇女所监护的儿童缺少福利时，应使该妇女及儿童入母子宿舍，加以保护。但附近如无母子宿舍等不得已事由时，必须适用生活保护法等使其入于其他适当设施，以便予以适当保护。

婴儿、幼儿等的保育。市、镇、村长根据保护人的工作或疾病等事由，如认为对其监护的婴儿、幼儿或第39条第2款规定的儿童缺少保育时，应使这些儿童入保育所。但附近如无保育所等不得已事由时，应予以其他适当保护。

发现需要保护儿童者通知的义务。发现无保护人的儿童或认为由保护人监护不适当者，必须将其通知福利事务所或儿童商谈所。但对于满14岁以上的犯罪儿童，不在此限。在这种场合，必须将其通知家庭裁判所。

福利事务所长应采取的措施。福利事务所长根据前条规定的通知或根据第26条第1款第3项规定受理解送的儿童，以及根据商谈，对于儿童、保护人、孕妇或产妇，认为有必要时，应采取下列各项之一的措施：（1）认为需要采取第27条措施者，以及判定需要采取医学、心理学、教育学、社会学以及精神、卫生方面措施者，必须将其解送儿童商谈所。（2）使儿童或其保护人在该福利事务所的智力低下者福利司接受指导或接受社会福利主任指导。（3）对于认为需要采取第22条至第24条措施者，必须将其分别报告或通知有权采取该措施的设施。

儿童商谈所长应采取的措施。儿童商谈所长根据第25条规定受理通知的儿童、根据前条第1项或少年法（1948年法律第168号）第18条第1款规定受理解送的儿童，以及根据商谈对儿童及其保护人或孕妇或产妇，认为有必要时，应采取下列各项之一的措施：（1）对需要采取第27条措施者，将其报告都、道、府、县知事。（2）使儿童或其保护人在儿童福利司接受指导或接受儿童委员指导。（3）如认为采取前款第二项措施适当时，将其解送福利事务所。（4）对需要采取第22条至第24条措施者，必须将其分别报告或通知有权采取该措施的设施。

都、道、府、县知事应采取的措施。根据前条第1款第1项规定的报告或根据少年法第18条第2款规定受理解送的儿童，根据命令规定，必须采取下列各项之一的措施：（1）对儿童或保护人，给以训诫，并使其提出保证书。（2）使儿童或其保护人接受福利司、智力低下者福利司、社会福利主任或儿童委员指导。（3）将儿童委托养父母或受委托的保护人，或者使儿童入婴儿院、养护设施、智力低下儿童设施、盲哑聋儿童设施、体弱儿童设施、残废儿童设施、严重身心障碍设施、情绪障碍短期治疗设施或者教护院。(4)认为将儿童交付家庭裁判所审判适当时,必须将其解送家庭裁判所。

都、道、县、府知事对于第43条之3或第43条之4规定的儿童,可以采取代替前款第三项的措施,委托厚生大臣指定的国立疗养所,使这些儿童得以进行与残废儿童设施或严重身心障碍儿童设施所进行的同样治疗等。都、道、府、县知事根据少年法第18条第2款规定受理解送的儿童,采取第1款措施时,必须根据家庭裁判所决定,遵照其指示。采取第1款第3项或第2项措施,如有对儿童行使亲权者(除根据第47条第1款规定行使亲权者为儿童福利设施领导外,以下同)或监护人时,除前条规定的情况外,不得违反行使亲权者或监护人的意见。采取第1款第3项委托保护人措施,事先必须征得儿童的同意,而且其期限规定在1年以内。都、道、府、县知事在儿童委托期满时,重新征得儿童同意,在1年以内可继续将保护儿童委托受委托的保护人。都、道、府、县知事解除、停止或者改变第1款第2项、第3项或者第2款措施,以及采取前款措施时,必须听取儿童商谈所长的意见。

向家庭裁判所的解送。都、道、府、县知事如果限制儿童行动自由或者认为需要采取类似剥夺儿童行动自由的强制措施时,除由第33条及第47条规定认可的场合外,必须将案件解送家庭裁判所。

保护人虐待儿童等场合的措施。保护人虐待由其保护的儿童,或玩忽监护责任将儿童转交他人监护,使儿童福利受到显著损害,或者采取第27条第1款第3项措施,违反对儿童行使亲权者或监护人意见时,都、道、府、县知事可以采取下列各项措施:(1)保护人为行使亲权者或监护人时,经家庭裁判所认可,采取第27条第1款第3项措施;(2)保护人不是行使亲权者或监护人时,必须将儿童引渡行使亲权者或监护人。但如认为将该儿童引渡行使亲权者或监护人,对儿童福利不适当时,经家庭裁判所认可,可采取第27条第1款第3项措施。前款的认可,视为适用家事审判法第9条第1款甲类所列的事项。

保护人虐待儿童的调查质问。都、道、府、县知事根据前款规定,如认为有必要采取措施时,可以指令儿童委员或从事儿童福利事务的官员赴儿童住所、居所或儿童就业地点,进行必要的调查或质问。在这种场合,必须携带证明其身份的证明书。

同居儿童报告的义务。使四等亲属以外的儿童脱离行使亲权者或监护人,在自己家庭同居(包括单身户)超过3个月(婴儿1个月)的人,或者使儿童连续与自己同居 2 个月以上（婴儿 20 天以上）的人，从开始同居之日起计算，在 3 个月以内（婴儿 1 个月），必须经过市、镇、村长向都、道、府、县报告。但在报告期限内，停止同居，不在此限。前款规定的报告人，根据命令规定，停止同居时，从停止同居之日起计算，在 1 个月以内，必须经过市、镇、村长向都、道、府、县知事报告。保护人由于经济等理由，抚养儿童困难时，应向儿童商谈所、福利事务所、儿童福利司或儿童委员商谈。

养父母等的报告义务。都、道、府、县知事对于养父母受委托的保护人及儿童福利设施的领导，以及前条第 1 款规定的人员，可就保护儿童事项，给予必要的指示，并令其作必要的报告。

儿童福利设施对在所儿童的措施。都、道、府、县知事，根据第 27 条第 1 款第 3 项的规定，对于入养护设施、智力低下儿童设施（国家设置的智力低下儿童设施除外）、盲聋哑儿童设施、虚弱儿童设施或者教护院的儿童，直到满 20 岁时为止；根据第 27 第 1 款第 3 项规定，对于国家设置的智力低下设施的儿童，直到可以适应社会生活为止，可以使其连续住于这些儿童福利设施。都、道、府、县知事根据第 27 条第 1 款第 3 项规定，对于入于残废儿童设施的儿童或根据该条第 2 款规定以委托方式入于国立疗养所的第 43 条之 3 规定的儿童，直到满 20 岁为止；根据第 27 条第 1 款第 3 项规定，对于入严重身心障碍儿童设施的儿童或根据该条第 2 款规定以委托方式入于国立疗养所的第 43 条之 4 规定的儿童，直到适应社会生活为止，均可连续住于这些儿童福利设施。根据第 27 条第 2 款规定，也可以连续委托或将这些措施相互调换。前款规定的调换措施，应视为适用本法第 27 条第 1 款第 3 项或第 2 款规定的措施。在第 1 款或第 2 款场合，都、道、府、县知事，必须听取儿童商谈所长意见。

都、道、府、县知事委任儿童商谈所长的权限。都、道、府、县知事可将采取第 27 条第 1 款或第 2 款措施的权限全部或一部委任儿童商谈所长。都、道、府、县知事或市、镇、村长可将采取第 22 条至第 24 条措施的权限全部或一部分委任由其管辖的福利事务所领导。

儿童商谈所长暂时监护的权限。儿童商谈所长认为有必要时，甚至可以采取第 26 条第 1 款的措施，对儿童暂时加以监护或者委托适当的人暂时加以监护。都、道、府、县知事认为有必要时，甚至可以将采取第 27 条第 1 款或第 2 款措施的权限，委托儿童商谈所长对儿童暂时加以监护或者委托适当人暂时加以监护。

儿童商谈所长对暂时监护儿童携带物品的保管。对于暂时加以监护的儿童所携带物品，儿童商谈所长可令暂时监护人保管。但对于可能损害儿童福利的物品，儿童商谈所长可以代为保管。儿童商谈所长根据前款规定所保管的物品，如发现该儿童以外的人，明显具有返还请求权者时，应将该物品返还其权利人。儿童商谈所长不知何人具有前款规定的返还请求权或不知其住所时，必须发出公告，载明使具有返还请求权者于 6 个月以内提出申请的旨意。在前款规定期限内，如无前款规定的申请者，该物品归属于设置该儿童商谈所的都、道、府、县。儿童商谈所长解除暂时监护时，除根据第 3 款规定返还物品外，必须将其保管物品返还该儿童。在这种场合，为了儿童福利，如认为将该物品交付儿童不适当时，可以将其交付该儿童的保护人。根据第 1 款规定的保管物品、根据第 2 款规定的出售物品，以及根据第四款规定的公告物品，其所用款项，如有接受该物品返还人时，由其负担。儿童商谈所长对暂时加以监护的儿童，在监护期间逃跑或死亡时，如有保管的遗物，根据前条第 3 款规定，除必须将其返还权利者外，应将其交付该儿童的保护人、亲属或继承人。

除本法规定者外，关于暂时监护所需要的事项，以命令规定之。

解除措施的说明。都、道、府、县知事，市、镇、村长，福利事务所长、儿童商谈所长在下列各款规定的解除保育措施的情况下，应向各该款有关的人员说明解除保育措施的理由，并需听取其意见。但是，各该款有关人员提出解除保育措施或者厚生劳动省另有规定的情况下，则不在此限：（1）第 21 条之 25、第 25 条之 2 第 2 款、第 26 条之 1 第 2 款以及第 27 条第 1 项第 2 款和第 9 项规定的措施及与该措施有关的儿童保护人；（2）实施助产，与此相关的孕、产妇；（3）实施母子保护及保育，与此相关的儿童保护人；（4）第 27 条第 1 项第 3 款及第 2 项的措施，及与此有关的行使亲权者或未成年人监护人。

儿童商谈所长请求宣告丧失亲权。儿童亲权者滥用其亲权或有显著不法行迹时，除根据民法第 834 条所规定的请求宣告丧失亲权外，儿童商谈所长也可以提出请求。另外，儿童商谈所长对于无行使亲权者及无监护人的儿童为了福利需要，应向家庭裁判所请求选任监护人。还有，儿童的监护人有不正当行为、有显著不法行迹，以及有其他不适于担当监护任务的事由时，除根据民法第 845 条规定请求解除监护外，儿童商谈所长也可以提出请求。

为保护儿童禁止的行为。任何人一律不得进行下列各项行为：（1）使残废、畸形儿童供公众观看展览的行为。（2）使儿童乞食或者利用儿童乞食的行为。（3）使未满 15 岁的儿童，充当以公众娱乐为目的的杂技或者马戏演员的行为。（4）使未满 15 岁的儿童出户或者在道路以及其他不准许的场所，从事卖唱或其他演出的行为。（5）之 1：使儿童从晚 10 点到翌日晨 3 点这段时间串户或在道路以及其他不准许的场所，贩卖、分发、展示物品的行为；之2：为了使未满 15 岁的儿童串户或在道路以及其他不准许的场所，贩卖、分发、展示物品而进入娱乐营业等管理法（1948 年法律第 122 号）第 1 条第 1 项至第 6 项所列经营场所的行为。（6）使未满 15 岁儿童从事饭店招待业务的行为。（7）使儿童进行卖淫的行为。（8）将儿童交给有可能进行前列行为者的行为、将儿童交给有可能触犯刑罚法令的行为，以及明知有可能造成前列各项后果而将儿童交给的行为。（9）正当职业介绍机关以外的人，以营利为目的，从中斡旋介绍抚养儿童的行为。（10）对儿童身心给予有害影响以便使儿童受其统治的行为；养护设施、智力低下儿童设施、盲聋哑儿童设施、残废儿童设施以及教护院，不得违反第 41 条至第 43 条之 3 及第 44 条所规定的目的，残暴驱使入所儿童。除本法规定者外，关于福利措施及其保障的必要事项，以政令规定之。

国家、都、道、府、县以外者支援儿童起居生活。（1）都、道、府、县知事可以根据厚生劳动省的规定预先向都、道、府、县知事申报，实施儿童起居生活支援活动。（2）国家及都、道、府、县以外者需要变更前项规定的申报事项时，自变更之日起 1 个月内须向都、道、府、县知事申请变更登记。（3）国家及都、道、府、县以外者需停止或中断对儿童的起居生活的支援时，须预先向都、道、府、县知事呈报厚生劳动省规定的有关事项。

保密义务。从事残障儿童商谈支援事业的职员应严守工作中所了解到的个人秘密。

都、道、府、县知事的监督。（1）都、道、府、县知事认为对儿童的福利有必要时，可以要求儿童起居生活支援的执行人员报告有关事项，质询其职员，或者进入事务所或设施，检查其设备、账簿文书及其他物件。（2）第 18 条之 16 第 2 项及第 3 项准用前项规定。

在儿童起居生活支援从业者违反本法或者基于本法发布的命令或基于此而作出的处分时，或者该从业者希图获得不当利益，或者在有关儿童的处遇上有不当行为时，都、道、府、县知事可对其加以限制或者令其停业。

接受委托向身体残障儿童提供方便。根据第 21 条之 25 第 1 项、第 26 条第 1 项第 2 款、第 27 条第 1 项第 2 款和第 9 款的规定，儿童起居生活支援事业和儿童生活自立援助事业者接受委托时，除非有正当理由，否则不得抗拒。

市、镇、村、社会福利法人放学后对儿童的健康培养。市、镇、村、社会福利法人等可根据社会福利法的规定，从事儿童放学后的健康培养。

市、镇、村对儿童培养的短期支援。市、镇、村可根据厚生劳动省的规定，进行儿童培养的短期支援。

第三章是儿童福利措施的详细规定。国家根据其他法律规定，设置儿童福利设施。都、道、府、县根据命令规定，必须设置儿童福利设施。市、镇、村及其他人根据命令规定，经都、道、府、县知事认可，可以命令市、镇、村设置儿童福利设施。都、道、府、县知事听取都、道、府、县儿童福利审议会意见，可以命令市、镇、村设置儿童福利设施。儿童福利设施可附设培养儿童福利设施职员的设施。市、镇、村及其他人欲废除或停止儿童福利设施时，根据命令规定，必须取得都、道、府、县知事的认可。

儿童福利设施分别有：（1）助产设施是使保健上需要，但由于经济原因而不能入院的孕妇与产妇入所，以使她们接受助产作为目的的设施。（2）婴儿院是以婴儿入院进行养护培育作为目的的设施，根据前款规定对婴儿进行的养护培养，如有必要时，可继续至满2周岁。（3）母子宿舍是使无配偶妇女或相当于该情况的妇女与由其监护的儿童入所，以保护他们作为目的的设施。（4）保育所是以保育缺乏保育的婴儿、幼儿为目的的设施。保育所不问前款规定，如有特殊需要时，可接受日托保护者的委托，也可以保育缺乏保育的其他儿童。（5）儿童保健设施是以教导儿童、健全游戏，增进儿童健康，或者丰富儿童情操作为目的的设施。（6）养护设施，除婴儿外，是使无保护人的儿童、受虐待的儿童，以及其他环境方面需要养护的儿童入所，以养护这些儿童作为目的的设施。（7）智力低下儿童设施，是使智力低下儿童入所，在保护他们的同时，以教导独立生活所需要的知识技能作为目的的设施。（8）智力低下儿童日托设施是使智力低下儿童由日间保护者处入园，在进行保护的同时，以教导独立生活所需要的知识技能作为目的的设施。（9）盲聋哑儿童设施是使盲童（包括强度视力衰退儿童）及聋哑儿童入所，在进行保护的同时，对他们的独立生活，予以必要的指导或进行帮助作为目的的设施。（10）虚弱儿童设施是教导身体虚弱儿童适应环境，以增进其身体健康作为目的的设施。（11）残废儿童设施是在对残废儿童进行治疗的同时，及教导他们独立生活所需要的知识技能作为目的的设施。（12）严重身心障碍儿童设施是使患有严重智力低下与严重残废病症的儿童入所，在予以保护的同时，以进行治疗及指导他们的日常生活作为目的的设施。（13）情绪短期治疗设施是对患有轻度情绪障碍，大体未满12岁的儿童，进行短期收容或使其从保护处来所，以治疗其情绪障碍作为目的的设施。（14）教护院是使具有不良行为或可能有不良行为的儿童入院，及教护这些儿童作为目的的设施。（15）儿童家庭支援中心。儿童家庭支援中心是指以下列各项为目的的设施：关于地区儿童福利的各种问题，依据与儿童、母子家庭及其他家庭、地区居民的商谈，有必要予以帮助，同时根据第 26 条第 1 项第 2 款及第 27 条第 1 项第 2 款的规定进行指导，同时与儿童商谈所、儿童福利设施等进行联络协调，以及综合履行其他由厚生劳动省规定的援助。

设施设备、经营最低标准。厚生大臣听取中央儿童福利审议会意见，就儿童福利设施的设备、经营、养父母进行的养护培育，以及受委托的保护人所进行的监护，必须规定最低标准。行政厅为了维持前条的最低标准，可令儿童福利设施领导、养父母及受委托的保护人作必要的报告，并可使从事有关儿童福利事务的官员到现场进行监督。行政厅认为儿童福利设施的设备或经营，未达到前条规定的最低标准时，可对该设施的设置者，提出必要的改善建议，如认为该设施的设置者不服从其建议，并且对儿童福利有害时，可以命令其进行必要的改善。行政厅认为儿童福利设施的设备或经营未达到前条规定的最低标准，并且对于儿童福利显著有害时，听取儿童福利审议会的意见，对该设施的设置者，可以命令其事业。

禁止拒绝的委托。儿童福利设施领导受都、道、府、县知事或市、镇、村长根据本法规定所采取措施的委托时，只要无正当理由，不得拒绝。

设施领导的代行亲权。儿童福利设施领导，对于无行使亲权者或无监护人的入所儿童，直至有了行使亲权者或监护人期间，代行亲权。但根据民法第 797 条规定，对于结婚的应允，根据命令规定，必须取得都、道、府、县知事的认可。儿童福利设施领导，对入所儿童即使有行使亲权者或监护人者，为了该儿童福利的需要，就监护、教育及惩戒，可以采取必要的措施。

入所儿童的教育。养护设施、智力低下儿童设施、盲聋哑儿童设施、虚弱儿童设施，以及残废儿童设施的领导，等于学校教育法规定的保护人，必须使入于该设施的儿童就学。教护院的领导根据在院中等学校教育法规定，对于学习相当于小学或中学课程的儿童，可以颁发证明事实上已学完课程的证明书。教护院领导关于前款规定的有关课程事项，必须遵照本文部大臣的建议。根据学校教育法规定，设置的有关学校，学完相应教育课程而颁发的第 2 款规定的证明书与各学校领导颁发的毕业证书及其他证书，具有同等效力。但根据第 3 款规定，由于教护院领导未遵照文部大臣的建议，或者文部大臣与厚生劳动大臣协议，认为该教护院教育事项有明显不适当情况时，不在此限。

保育所向地区居民披露信息。保育所须向利用该保育所地区的居民提供与保育有关的信息，并不只限于保育，还须努力进行与婴、幼儿保育有关的商谈及咨询。

除本法规定者外，有关儿童福利设施职员及其他儿童福利设施所需要的事项，以命令规定之。

第四章是关于费用的详细规定。首先是国库支付的费用。市、镇、村长或都、道、府、县知事根据第 22 条至第 24 条或第 27 条第 1 款第 3 项规定的措施，使儿童入于国家设施的儿童福利设施，其入所后所需费用，由国库支付。

都、道、府、县支付下列各项费用：（1）都、道、府、县儿童福利审议会需要的费用。（2）儿童福利司及儿童委员需要的费用。（3）儿童商谈所需要的费用（第 8 项及第 10 项费用除外）。（4）采取第 2 条及第 21 条之 6 措施所需费用。（5）采取第 21 条之 9 措施所需费用。（6）之 1：市、镇、村长关于都、道、府、县设置的助产设施，母子宿舍或保育所，根据第 22 条至第 24 条规定采取措施的场合，为了维持第 45 条所规定的最低标准，关于入所后进行保护所需费用；之 2：都、道、府、县知事根据第 22 条及第 23 条正文规定而采取措施时，为了维持第 45 条所规定的最低标准，关于入所后进行保护所需费用（关于入于国家设施的助产设施或母子宿舍的儿童，其入所后所需要费用除外）。（7）之 1：都、道、府、县知事根据第 27 条第 1 款第 3 项规定而采取措施时，为了维持第 45 条所规定的最低标准，关于入所或委托（受委托的保护人除外，以下同）所需要费用及入所后进行保护或委托后养护培育费用（关于使儿童入于国家设施的婴儿院、养护设施、智力低下儿童日托设施、盲哑聋儿童设施、虚弱儿童设施、残废儿童设施、严重身心障碍儿童设施，以及情绪障碍儿童短期治疗设施或教护院所需费用除外）；之 2：都、道、府、县知事根据第 27 条第 2 款规定而采取措施时，关于委托及委托后进行治疗所需费用。（8）儿童商谈所进行商谈、调查、判定及指导所需费用。（9）暂时监护所需费用。（10）儿童商谈所设备及都、道、府、县设置的儿童福利设施设备及培养职员设施所需的费用。

市、镇、村支付下列各项费用：（1）市、镇、村长采取第 22 条、第 23 条正文以及第 24 条正文规定的措施时，为了维持第 45 条所规定的最低标准，关于入所儿童所需要的费用以及入所后进行保护所需费用（入于国家及都、道、府、县设置的助产设施、母子宿舍或保育所，其入所后所需费用除外）；（2）市、镇、村设置的儿童福利设施的设备及培养职员设施所需费用；（3）市、镇、村儿童福利审议会所需费用。

国库担负的费用。国库对第 50 条第 10 项及前条第 2 项所规定的费用，根据政令规定负担其 1/2（负担第 50 条第 10 项费用中，关于母子宿舍、保育所、智力低下儿童日托设施、盲聋哑儿童设施、虚弱儿童设施及残废儿童设施设备的费用 1/2 乃至 1/3）。但第 50 条第 10 项及前条第 2 项所规定的费用中，由于本人及其扶养义务者不能负担费用，而使儿童入于以养护培育儿童为目的的婴儿院以外的具有婴儿院及儿童保健设施设备者，不在此限。除根据前条规定者外，对于第 50 条（第 1 项至第 3 项除外）及第 51 条（第 3 项除外）所规定的由地方公共团体支付的费用，根据政令规定，国库负担其中 8/10。

事务处理情况的当地调查。厚生劳动大臣关于第 50 条第 6 项至第 7 项之 2 或第 51 条第 1 项之费用的支付，是否公正，可以派官员赴当地对都、道、府、县或市、镇、村的事务处理情况进行调查；都、道、府、县知事关于第 51 条第 1 项费用的支付，是否公正，可以派官员赴当地对市、镇、村的事务处理情况进行调查。

都、道、府、县担负的费用。都、道、府、县对于第 51 条第 2 项费用，根据政令规定，必须负担 1/4（对于母子宿舍、保育所、智力低下儿童日托设施、盲聋哑儿童设施、虚弱儿童设施及残废儿童设施的费用，负担 1/3 乃至 1/4）。但本人及其抚养义务者，由于不能负担入院费用而使婴儿入于以养护培育婴儿为目的的婴儿院以外的具有婴儿院及儿童保健设施设备者，不在此限。都、道、府、县对第 51 条第 2 项的费用，根据政令规定，必须负担 1/10。

费用的征收、负担。主管大臣对于第 49 条之 2 规定的费用，都、道、府、县知事对于第 50 条第 4 项至第 7 项规定的费用，市、镇、村长对于第 51 条第 1 项规定的费用，应向本人或其抚养义务人征收。前款规定的征收费用，对于应由主管大臣或都、道、府、县知事征收的费用；由都、道、府、县知事听取儿童福利司、社会福利主任或儿童委员意见；关于应由市、镇、村长征收的费用，由市、镇、村长听取儿童福利司、社会福利主任或儿童委员意见，如认为本人及其抚养义务不能负担该费用全部或一部时，该费用按前款区分，由国家、都、道、府、县或市、镇、村替代负担。根据规定，如被征收费用人，在指定期限内未缴纳时，可按延滞缴纳国税处分的惯例处理。

都、道、府、县根据第 35 条第 3 款的规定，对于市、镇、村以外的人设置的儿童福利设施。凡属下列各项情况者，对其新设（根据社会福利事业法第 29 条第 1 款规定，只限于社会福利法人新设置的儿童福利设施）、修缮、改造、扩建所需要费用，可以补助不超过 3/4：（1）根据社会福利事业法第 29 条第 1 款规定，有社会福利法人、日本红十字会或根据民法第 34 条规定由法人设置的儿童福利设施；（2）根据本法规定，在主要利用地区，按儿童及其保护人或孕妇与产妇需要措施的分布状况，尽管需要同类儿童福利设施，但在该地区，国家、都、道、府、县或市、镇、村未设置同类儿童福利设施或者即使设置而不充分，因而设置的儿童福利设施。根据前款规定，对儿童福利设施需要补助时，厚生劳动大臣及都、道、府、县知事，为了确保其补助达到有效的目的，对该儿童福利设施，除第46条及第58条规定者外，具有下列各项权限：（1）为了取得补助效果，如认为该儿童福利设施的预算不适宜时，就其预算，有权作出旨在进行必要变更的指示；（2）该儿童福利设施职员，违反本法或基于本法颁发的命令以及为此而受处分时，有权作出旨在开除该职员的指示。根据第1款规定，国库可以补助都、道、府、县的补助金额不超过2/3。都、道、府、县对于儿童福利设施设置者领取发给的补助金，如有下列情况之一时，可以命令返还补助金的全部或者一部：（1）违反补助金发给的条件；（2）以欺骗或其他不正当手段领取发给的补助金；（3）经营儿童福利设施，有图谋营利的行为；（4）儿童福利设施违反本法或基于本法颁布的命令以及为此而受处分者。国库在第50条第2项规定的儿童委员所需要的费用中，就厚生劳动大臣所决定的有关事项，在预算范围内，可以补助一部分。

地方公共团体相互联络及协调。（1）为了增进儿童福利，为了适当履行第21条之10、第21条之12规定的起居生活支援费用和特别起居生活支援费的支付、第21条之25、第27条第1款和第2款规定的措施及实施保育及其他福利的保障，地方公共团体必须相互联络和协调。（2）儿童起居生活支援和放学后健康培养儿童事业的从业者，以及儿童福利设施的设置在从事其工作、运营其设施的同时，应相互协作，根据儿童及其家庭的商谈和地区的实际情况努力进行积极的支援。

为了满足不断增长的保育需要，市、镇、村借贷公有财产的措施。（1）为了满足不断增长的保育需求，市、镇、村可以借贷公有财产（指地方自治法第238条第1项规定的公有财产）和采取其他必要的措施，灵活利用社会福利法人和其他各界业者的能力，促进保育所的建设和运营，高效地有计划地推进保育的供给。（2）国家和都、道、府、县对于前项规定的市、镇、村所采取的措施应予以必要的支持。

免税。都、道、府、县，市、镇、村和其他公共团体；对于下列各项所示的建筑物和土地，免纳租税和其他税赋，但是，有偿使用者不在此限：（1）主要用于儿童福利设施的建筑物；（2）前款所示的建筑物的占地和其他主要用于儿童福利设施的土地。

第五章关于杂则的规定也很重要。取消认可的设施及停止事业的命令。根据第35条第4款规定，设置的儿童福利设施，违反本法或基于本法颁发的命令以及为此而受处分时，都、道、府、县知事，可以取消该款的认可。都、道、府、县知事对于以第36条至第44条各条所规定的事业作为目的的设施，不接受第35条第3款的认可或根据前款规定的有关取消儿童福利设施的认可，听取都、道、府、县审议会意见，可以命令停止其事业或封闭该设施。

第六章是罚则。对违反禁止行为罪、违反保密义务罪、妨碍职务及玩忽呈报罪、违反停止事业命令罪等作出了严厉的处罚规定①。

（二）日本《少年法》

日本于1948年7月15日公布了《少年法》，翌年1月1日开始施行。为了对日本《少年法》获得进一步认识，我们就日本《少年法》的主要内容做一介绍②。

日本《少年法》全文68条，分为5章。第一章为总则。第二章为少年保护案件，这一章分为三节，第一节为通则，主要规定家庭裁判所审理的对象和管辖范围；第二节为调查和审判，主要规定家庭裁判所审理程序方面的问题；第三节为抗告。第三章为成年人刑事案件。第四章为少年刑事案件，这一章也分为三节，第一节为通则，主要规定少年刑事案件。明文规定，除本法规定者外，按一般惯例处理。第二节主要规定关于少年刑事案件解送、拘留、保护处分的时效、审理方针以及在拘留所分离监禁等问题。第三节为处罚。第五章为杂则，主要规定禁止报纸等印刷品刊载家庭裁判所审判少年的消息或照片。综合起来说，日本《少年法》是由两大部分组成，一部分为实体法，一部分为程序法。具体来说，日本《少年法》主要包括四部分内容：一部分为少年保护处分案件；一部分为少年刑事处分案件；一部分为危害少年福利的成年人刑事案件；一部分为诉讼程序。由于日本《少年法》关于诉讼程序方面的一些规定与一般刑事诉讼大致相同，所以我们主要介绍前三个部分内容。

第一部分为少年保护处分案件。

第一，日本《少年法》的目的性。依据日本《少年法》第1条的规定："本法对于少年违法行为，实行改造其品性以及调整环境的保护处分，并对危害少年福利之成年人刑事案件，研究特别措施，以便达到健康培养少年之目

---

① 北京大学法律系国外法学研究室编：《国外保护青少年法规与资料选编》，群众出版社1981年版，第66~92页。

② 资料来源：〔日〕平井宜雄、青山善充、菅野和夫著：《六法全书》，日本有斐阁平成十五年版，第3516~3522页。

的。"由此可见，日本《少年法》的目的，在于"健康培养少年"，并不是对于违法少年进行报复和惩戒，更不是借对违法少年的处理，达到威慑的目的。因此，为了达到"健康培养少年"的目的，它采取了两种手段，一是改造违法少年品性；二是调整违法少年的环境。这两种手段，在法律上的性质叫做"保护处分"。它既不是偏重于社会防卫的"保安处分"，也不是制裁性质的刑罚。这反映了日本《少年法》立法精神和少年法之特征。

第二，日本《少年法》适用的对象。日本《少年法》第2条规定："本法所说的少年，是指未满20岁的人；所说的成年人，是指满20岁以上的人。"也就是说，凡未满20岁的少年，皆为该法适用的对象，同时对年满20岁的成年人所实施的危害少年福利的实践案件也为该法适用的对象。日本《少年法》第3条对于该法适用的少年对象，更进一步做了具体规定。它规定："下列少年，交付家庭裁判所审判：（一）犯罪少年；（二）未满14岁触犯刑罚法令的少年；（三）参照少年的品性或环境，具有下列理由，可能触犯刑罚法令的少年：（1）具有不服从监护人正当监督之恶习的；（2）无正当理由不接近家庭的；（3）与具有犯罪性质的人或者不道德的人交往的，或者出入于可疑场所的；（4）具有损害自己或者他人品德行为的。"由此可见，日本家庭裁判所审判的少年，既包括犯罪少年和触法少年，也包括虞犯少年。虞犯少年与犯罪少年、触法少年一样，都作为家庭裁判所审判的对象，其目的是在于防止少年犯罪于未然。可见日本《少年法》是将事前的教育、劝导置于比事后处置更为重要的地位。

第三，家庭裁判所的调查。不论任何人，发现应当交付家庭裁判所审判的少年时，都应通知家庭裁判所。警察或监护人对于第3条第1款第3项所列少年（虞犯少年），可以直接将其解送家庭裁判所。家庭裁判所调查官发现应当交付家庭裁判所审判的少年时，应向审判官进行报告。家庭裁判所调查官在进行上述报告以前，可以调查关于该少年及监护人的情况。家庭裁判所依据通知或报告，如果考虑对该少年应当审判的时候，应对案件进行调查，或者命令家庭裁判所调查官对少年、监护人或者可以提供参考材料的人员，进行其他必要的调查。调查时，务必调查少年、监护人或者有关人员的人格、经历、素质、环境，特别要有效地运用少年鉴别所提供的关于医学、心理学、教育学、社会学以及其他专门知识的鉴定结果。也就是说，由家庭裁判所调查官进行的是社会调查；由少年鉴别所进行的是身心调查。而家庭裁判所进行的审判，正是以上述两方面调查为依据进行的。至于家庭裁判所由于调查或审判上所需要进行的传唤与拘传、询问证人、鉴定、翻译、勘验、检查证据、扣押或搜查等，与一般刑事诉讼大致相同，只是家庭裁判所为可进行审判所采取的保护观察措施具有独特性。例如，日本《少年法》第 17 条规定："家庭裁判所为了进行审判，如果认为需要的时候，可以作出裁定，采取如下保护观察措施：（一）交付家庭裁判所调查官保护观察；（二）解送少年鉴别所保护观察。关于拘传少年的保护观察措施，从到达之时起计算，至迟必须在 24 小时内进行。收容于少年鉴别所的时间，不得超过两周。如有特殊情况，需要延长的时候，可以重新作出裁定，延期一次。"显然，这些措施与成年人刑事案件比较是大不相同的。

第四，家庭裁判所调查后的措施。家庭裁判所调查后所采取的措施，大体上说，采取下列四种之一：（1）认为采取儿童福利法措施适宜，则作出裁定，将少年移送于有处理该案件权限的都、道、府、县知事或儿童商谈所长。（2）认为不宜于审判的少年案件，则作出不开始审判的裁定。（3）对于犯有相当于死刑、徒刑或监禁罪行的少年案件，调查的结果，按照罪行性质及情况，认为给予刑罚处分为宜的，则作出裁定，将该少年移送于该管辖地方裁判所相应的检察厅检察官，但对于不满 16 岁者的案件，则不得移送。（4）认为审判适宜的少年案件，则作出开始审判的裁定。

第五，家庭裁判所的审判方式。家庭裁判所对于少年案件审判的方式，有两大特点：一是审判应以诚恳态度作为宗旨，在温和的气氛中进行；二是审判不公开进行。日本有的少年法学者甚至主张应以"圆桌会议"方式进行，主要目的是使受审少年不至于心情紧张，胡说八道，更由于珍惜少年名誉的目的，所以才明文规定，对于少年案件不公开进行审判。同时，也防止少年在公开审判时，出于破罐破摔或在无羞愧与"英雄好胜"思想支配之下，宣扬其犯罪行为，反而造成不良后果。

第六，家庭裁判所审判后的措施。家庭裁判所审判后的措施，大体上说有两种：一是对于认为不给予保护处分适宜的少年案件，作出不给予保护处分的裁定。不给予保护处分，又分为下列两种：（1）采取儿童福利法所规定的措施；（2）采取移送检察官的措施。二是对于认为给予保护处分适宜的少年案件，则作出给予保护处分的裁定。保护处分裁定分为下列 3 种：（1）交付保护观察所进行保护观察；（2）送交教养院或其他教养设施；（3）送交少年院。家庭裁判所审判后，对于具有不良行为的少年，不论作出采取儿童福利法所规定的措施，或者作出不开始审判的裁定，也不论不采取保护处分裁定或采取保护处分裁定，出于保卫社会安全的目的，均得没收该少年下列物品：（1）构成触犯刑罚法令行为的物品；（2）供触犯刑罚法令行为或者准备触犯刑罚法令行为的物品；（3）由于触犯刑罚法令行为产生或获得的物品，或者作为触犯刑罚法令所获得的报酬物品；（4）作为上述各种物品的等价所得物。没收只限于属于本人的物品，但在本人触犯刑罚法令以后，本人以外的人知情而取得其物品的时候，也应将其没收。

第七，对于保护处分裁定的抗告。对于保护处分裁定，只要以在认定事实上具有重大错误或者处分明显不当以及违反法令达到影响裁定为理由，少年及其法定代理人或者照管人，在两周以内，可以提出抗告。违反抗告程序或者抗告无理由时，应驳回其抗告。对于驳回抗告的裁定，只要以违反宪法或错误地解释宪法，或者与其上级裁判所或最高裁判所之判例相反之理由，少年及其法定代理人或者照管人在两周以内，可以向最高裁判所提出特别抗告。抗告没有停止执行的效力，但是原裁判所或者受理抗告的裁判所，可以作出裁定，停止执行。

以上所述，为日本《少年法》关于处理少年保护案件一些主要规定。

第二部分为少年刑事处分案件。

关于少年刑事处分案件，日本《少年法》第40条明文规定："关于少年刑事案件，除本法规定者外，均按一般惯例处理。"因此，少年刑事案件经检察官提起公诉后，则按一般刑事诉讼程序由普通法院进行审理。但应该指出，日本《少年法》对于少年刑事案件的审理与成年人刑事案件审理比较，规定了下列3点主要区别：

第一，限制羁押。非在万不得已的情况下，不得对少年发出押票，如有羁押少年之必要时，则应收容于少年鉴别所，或者拘押于少年院或拘留所。

第二，分离处理。少年犯罪嫌疑人或被告人羁押后，应与其他犯罪嫌疑人或被告人分离开来处理。务必避免接触。少年被告案件即使与其他被告案件有牵连的时候，只要不妨害审理，仍应将他们在程序上分离开来。必须将在拘留所羁押的少年与成年人分离开来羁押。

第三，审理方针不同。关于少年案件的审理方针，必须按照第9条规定的宗旨进行审理。也就是说，应该就少年被告的主观原因，进行与上述少年保护案件同样的调查之后，才能进行审理。少年刑事案件审理以后，如认为少年被告有罪时，除与成年人犯罪一样，都应作出科刑之判决外，但其判处徒刑之方法与成年人刑事案件也不大相同，主要有下列6点区别：

1. 死刑与无期徒刑的缓和

所谓死刑与无期徒刑的缓和，就是说，对于未满18岁的犯罪少年，应当判处死刑时，判无期徒刑；应当判处无期徒刑时，判10年以上15年以下惩役

或监禁①

2. 采用相对的不定期刑

所谓采用相对的不定期刑，就是说，日本所采用的不完全是美国所采用的不定期刑。美国所采用的不定期刑，是对于少年犯罪不宣判刑期，视少年的表现好坏而确定其刑期长短。日本采用的是，对于少年应判处 3 年以上的惩役或监禁的时候，在其刑罚范围以内，宣判所规定的最高刑期与最低刑期，但是应判处的最低刑期不超过 5 年时，则应将最低刑期缩短为 5 年，并且根据这一规定，应当宣判的刑期，最低不得超过 5 年，最高不得超过 10 年。

3. 禁止换刑处罚

日本《少年法》第 54 条明文规定："对于少年不得宣判拘押于劳役场所。"这一条规定，并不是反对通过劳动改造犯罪的少年，而是指在劳动场所，由于少年正处于成长阶段，辨别是非能力差，好学善仿，易受外界影响，所以与成年犯人混在一起劳动改造，反而不利于对少年的改造，甚至有可能使少年进一步变坏。更明确地说，它所反对的是将少年与成年犯人拘押于同一劳动场所。

4. 隔离执行惩役或监禁

由于上述原因，日本《少年法》第 56 条规定："对于宣判科以惩役或监禁的少年，要在特别设置的监狱或者在监狱内设置与成年犯人隔离开的场所执行其刑期。在执行其刑期过程中，本人虽已年满 20 岁，但尚未满 26 岁时，仍应按照上述的规定继续执行。"

5. 宽大的假释条件

日本《少年法》第 58 条规定："少年犯被宣判惩役或监禁，经过如下期间后，可以准许假释出狱：（一）判处无期徒刑，已经经过 7 年；（二）根据第 51 条规定，宣判有期徒刑，已经经过 3 年；（三）根据第 52 条第 1 款及第 2 款规定，宣判刑期，已经超过了宣判的最低刑期 1/3。"假释的主要目的，是为了鼓励犯人改过自新，它最初出现于英国，后为各国所效仿。日本《刑法》第 28 条规定："被判处惩役或监禁而有悔改表现的，有期刑逾其刑期 1/3，无期刑逾 10 年后，得以行政机关的决定，准许假释。"可见，日本《刑法》所规定的假释条件已相当宽大，而日本《少年法》关于假释条件的规定，更为宽大。

---

① 所谓惩役或监禁都是自由刑，都拘禁在监狱内执行。区别在于：惩役还应服劳役，而监禁则不服劳役。

6. 关于人格法律的适用

日本《少年法》第 60 条规定："少年犯刑期执行完毕或免予执行，适用有关人格法规的规定，在将来得视为未受过刑罚处分。"此外，该法第 61 条还规定："报纸及其他印刷品，不得刊登被提起公诉少年的姓名、年龄、职业、住所、容貌等资料，也不得刊登可能推断出该人是被交付家庭裁判所审判的少年的消息或照片。"这些规定，都是从珍惜少年的名誉，鼓励其改过自新出发，以便不留污名或者不在法律上使其丧失或停止一定资格。特别是禁止报刊等宣传，它维护了少年名誉。

第三部分为危害少年福利的成年人刑事案件。

日本《少年法》不仅规定了少年刑事案件，而且还在第三章中专门就危害少年福利的成年人刑事案件做了应向家庭裁判所提起公诉的规定。例如违反禁止未成年人吸烟法与违反饮酒法规定，成年人向未成年人出售烟、酒的案件；再如违反劳动基准法第 56 条关于禁止雇用未满 15 岁儿童作为工人的规定；违反劳动基准法关于禁止雇用未满 18 岁少年或女子，从事在坑道内劳动的规定，以及违反学校教育法关于妨害子女受义务教育等规定，皆向家庭裁判所提起公诉。但经家庭裁判所审理后，如认为应判处监禁以上刑罚的，则应作出裁定，移送于具有管辖权的地方裁判所。从上述日本《少年法》关于成年人刑事案件的规定，可以清楚地看出，它主要的目的是从保护少年出发，防止成年人向少年出售烟、酒或者雇用未成年人从事力所不及的劳动等行为损害少年的健康成长，因而将这类与少年有牵连的成年人刑事案件交由家庭裁判所审理，并在《少年法》中作出相应的规定，显然是有道理的①。

（三）日本《少年院法》

日本《少年院法》是整个日本儿童权利保护法律体系，尤其是少年司法制度中的主要法律。该法是 1948 年 7 月 15 日制定通过的。

该法首先规定少年院的宗旨，它既是收容家庭裁判所解送的受监护处分者的设施，又是他们进行改造教育的设施。

少年院分为初等少年院、中等少年院、特别少年院以及医疗少年院。初等少年院以收容身心无显著毛病的 14 岁以上未满 16 岁少年为宗旨。中等少年院以收容身心无显著毛病的 16 岁以上未满 20 岁少年为宗旨。特别少年院以收容

① 参考文献：（1）萧榕主编：《世界著名法典选编·刑法卷》，中国民主法制出版社 1998 年版，第 587~594 页。（2）康树华等编：《国外青少年犯罪及其对策》，北京大学出版社 1985 年版，第 275~284 页。

身心无显著毛病，但有进行犯罪倾向的 16 岁以上未满 23 岁少年为宗旨。医疗少年院以收容身心有显著病症的 14 岁以上未满 26 岁少年为宗旨。少年院按照收容的所有人员男女性别采取隔离措施。但是，关于医疗少年院男女隔离的设施，在某些场合不在此限。少年院是国立的，由法务大臣进行管理。法务大臣负有维持少年院并进行全面监督、检查的责任。

为了使在院人员适应社会生活，少年院的改造教育应在自觉纪律生活下，教导下列课程以及进行职业教养，并给予适当的训练和进行医疗：（1）初等少年院以小学及中学使用的教科书作为必要的教材；（2）中等少年院及特别少年院以初等少年院所使用的教科书作为必要的教材，如有必要，可以进一步将相当于高中、大学或者高等专门学校的教科书作为教材；（3）医疗少年院以保育学校及其他进行特殊教育的学校的教科书作为必要的教材。少年院领导不得使在院人员从事与前款规定的改造教育无关的劳动。

关于少年院的课程，该法规定，少年院领导关于在院人员改造教育的有关课程事项，必须按照文部大臣的建议执行。少年院领导对于学习完了前条各项所列课程者，可以颁发证明学习完了的证书。前款证书与根据《学校教育法》（1947 年法律第 26 号）所规定的各学校校长按照学生学习完了相应课程颁发的毕业证书以及其他证书，具有同等效力。

在院人员的处遇设有等级，根据其改造和进步情况，采取顺序提高的措施，但对于成绩特别不好者，可以采取降级处遇。少年院领导对于在院人员具有善良行为、提高成绩或者学会一定技能的时候，可以给予奖励。前款的奖励，可以颁发证书、纪念章或准予特别外出等特殊待遇。经法务大臣认可，少年院领导也可以给予其他奖励。一旦给予奖励，无论在任何情况下，皆不得收回。但是少年院领导对于违反纪律的在院人员，也可以进行下列惩罚：（1）加以严厉训诫；（2）在成绩方面，给予比平常减少的分数；（3）在不超过 20 日期限内，可以使其在卫生性质的单独室内反省。进行惩罚时，必须注意本人的身心状况。

在院人员接受改造教育过程中，受伤、患病以及因此而死亡时，或者治愈病症却明显留有残疾时，根据法务省令的规定，可以给予津贴。在院人员死亡场合的津贴，给予死亡者的家属。少年院领导对于在院人员存放的金钱、衣服以及其他物品，必须进行妥善保管。

少年院领导根据改造教育方便或者其他理由，认为需要将在院人员移送其他少年院时，在得到管辖其少年院所在地区的改造管区领导认可的情况下，可以将在院人员移送其他少年院。根据前款规定，将在院人员移送其他少年院时，移送的少年院领导必须迅速将其通知移送本人的裁判所，并说明移送的旨意。根据上述有关规定，将在院6个月以上的在院人员移送其他少年院时，移送的少年院领导必须迅速将其决定通知管辖其少年院所在地区的地方更生保护委员会，并说明移送的旨意。

关于退院与继续收容，该法有明确规定，在院人员达到20岁时，少年院领导必须使其退院。其中，收容后未经过1年者，可以继续收容。少年院领导在前款情况下，如果认为在院人员身心有显著毛病，或者对其犯罪倾向尚未进行改造，因而认为从少年院退院不适当时，必须向解送本人的裁判所提出申请，说明应继续收容的旨意。受理申请的裁判所在其审理时，必须听取具有医学、心理学、教育学、社会学及其他专门知识以及收容本人的少年院职员的意见。裁判所认为本人存在上述规定情况时，必须规定期限，作出继续收容的决定。但是，规定的期限不得超过23岁。裁判所基于少年院领导的申请，如果认为已满23岁的在院人员精神存有显著毛病，为了公共福利使其从少年院退院不适当时，必须作出决定，规定在不超过26岁期限内，将其继续收容于医疗少年院。少年院领导对于在院人员，认为已达到改造的目的时，必须向地方更生保护委员会提出退院申请。少年院领导为了将在院人员的处遇提高到最高阶段，如认为允许暂时退院合适时，必须向地方更生保护委员会提出暂时退院的申请。

少年院领导对地方更生保护委员会、监护观察所的领导或者解送少年的裁判所，可以要求就少年身心情况、家庭及交友关系以及其他环境情况，提出必要的调查书以及给予其他必要的帮助。少年院领导对警察、儿童福利司以及其他工作人员，可以要求给予必要的帮助。少年院领导经管辖其少年院所在地区的改造管区的领导认可，可以委托学校、医院、办事处或者具有学识经验者，帮助进行改造教育在院人员。少年院的领导委托办事处或者具有学识经验者，在少年院以外的设施，对在院人员帮助进行职业教养时，需要按照《劳动基准法》（1947年法律第49号）及《劳动安全卫生法》（1973年法律第57号）的规定进行，对于支给在院人员的奖金，必须将其全部交给本人。

在院人员逃跑时，少年院的工作人员可以将其带回。少年院的工作人员如带回遇到困难的时候，少年院领导可以请求警察带回。从在院人员逃跑开始计算，经过48小时后，如果审判官还没有发出带回状，可以着手带回。带回状，是根据少年院领导的请求，由管辖其少年院所在地区的家庭裁判所的审判官发出。带回及带回状，只要不违反带回的性质，可以援用第17条之2及《少年法》（1948年法律第168号）第4条及第36条规定。在这种情况下，第17条之 2 所规定的"收容于少年院的人"应改为"从少年院逃跑的人"。

另外，该法对使用手铐的情况亦作出十分明确的规定。为了预防在院人员逃跑、暴行或者自杀，在不得已的情况下，可以使用手铐。未经少年院领导许可，不得使用手铐。但在紧急情况下，无暇取得其许可时，不在此限。手铐应根据法务省令规定的样式制定。

关于在院人员的处遇所需要的其他事项，除本法规定者外，皆以法务省令为准。少年院领导关于在院人员的处遇，可以制定细则。

最后，该法对少年鉴别所作出了规定。少年鉴别所根据《少年法》第 17条第 1 款第 2 项规定，既是收容由家庭裁判所解送少年的设施；同时为了使家庭裁判所对于少年进行调查和审判以及执行监护处分，它又是基于医学、心理学、教育学、社会学以及其他专门知识，对少年素质进行鉴别的设施。少年鉴别所除根据家庭裁判所、少年院领导、地方更生保护委员会以及监护观察所的领导要求鉴别少年素质外，遇有其他人员要求鉴别素质时，在不妨碍鉴别少年素质时，在不妨碍前条规定的业务范围内，可以应允其要求。关于前款的鉴别，根据法务省令规定，征收实际花用的经费。少年鉴别所是国立的，由法务大臣进行管理。关于同行场合的暂时收容规定，收容于少年院或少年鉴别所的人，遇有其同行的场合，在不得已的情况下，可以暂时将收容于少年院的人收容于就近的少年鉴别所或特别区别于拘留所［根据《监狱法》（1908 年法律第 28 号）第 1 条第 3 款规定，不包括代用监狱。以下同］的场所；可以暂时将收容于鉴别所的人收容于就近的少年院或特别区别于拘留所的场所。

由少年院退院或者暂时退院的人，或者由少年鉴别所退所的人，其回家旅费以及遇有未带相当数量的衣服时，在预算范围内，可以给予旅费或衣服。少年院或者少年鉴别所领导，对于在收容过程中死亡者所遗留的金钱与物品，如有亲权人、监护人或亲属请求时，必须将其交付请求人。遗留的金钱与物品，从死亡之日起计算，在 1 年以内尚无前款规定的请求时，归属国库。收容于少年院或者少年鉴别所的逃跑者，其所遗留的金钱与物品，从逃跑之日起计算，在 1 年以内，本人的住所不明时，归属国库①。

（四）《禁止针对儿童的买春和色情法》

日本参议院全体会议 2014 年 6 月 18 日凭借自民、公明、民主等各党的多

①　参考文献：（1）［日］平井宜雄、青山善充、菅野和夫著：《六法全书》，日本有斐阁平成十五年版，第 3545～3546 页。（2）北京大学法律系国外法学研究室编：《国外保护青少年法规与资料选编》，群众出版社 1981 年版，第 59～65 页。

数赞成通过了《禁止针对儿童的买春和色情法》修正案，并从 7 月起施行。

新法加大了对日益频发的儿童色情案件的打击力度，明令禁止个人因兴趣而持有儿童色情图片和视频的"单纯持有"行为，同时也明确规定动漫和电脑动画（CG）不属于限制对象。

新法规定，基于自身意愿为满足性好奇心持有未满 18 岁儿童的色情图片将被处以 1 年以下有期徒刑或 100 万日元（约合人民币 6 万元）以下罚金。新法实施后第一年作为个人用于销毁处理现有色情图片的宽限期，不适用上述罚则。

新法对儿童色情物做了更加严格的界定，明确规定"故意暴露或强调儿童与性有关的部位"均属于儿童色情物。法律除了处罚偷拍制作儿童色情物的行为外，还要求网络服务提供商配合调查机关开展调查并采取措施防止其扩散。

日本参议院通过的此项修正案首次将个人持有儿童色情照片等行为列为违法。此前的儿童色情禁止法只规定，向他人出售未满 18 岁者的猥亵照片、录像等的行为违法。日本共同社说，新法规定，基于自身意愿为满足性好奇心持有未满 18 岁儿童的色情图片将被处以 1 年以下有期徒刑或 100 万日元（约合人民币 6 万元）以下罚金。

（五）日本儿童权利保护的地方立法

日本都、道、府、县的保护培养青少年条例名称不完全一样，有的称为《保护培养青少年条例》，有的称为《健康培养青少年条例》，有的称为《保护青少年条例》，有的称为《净化青少年环境条例》，有的称为《整顿青少年环境条例》，等等。名称的差异，在某种程度上反映了条例制定的背景和所包括的内容的侧重点不同。例如以净化、整顿社会环境为目的的条例与以健康培养青少年为目的的条例，所包括的内容显然是有很大区别的。但从根本上说，所有的条例的目的都是完全一致的，也就是说，它们都是以保护培养青少年作为目的的。例如，《京都府健康培养青少年条例》第 1 条规定："本条例旨在明确健康培养青少年的观念，制定和推行府的基本措施，并在府民的参加下，促进整顿包围青少年的社会环境，以便从可能妨害青少年健康成长的行为中保护青少年，达到健康培养青少年的目的。"再如《山黎县关于为保护培养青少年净化环境条例》第 1 条规定："本条例为保护培养青少年，防止妨害和可能妨害保护培养青少年的行为，以净化青少年环境为目的。"两者提法不同，一个明确健康培养青少年的观念，制定措施，促进整顿包围青少年的社会环境，达到健康培养青少年的目的；一个是为了保护培养青少年，防止妨害和可能妨害保护培养青少年的行为，以净化青少年环境为目的。尽管提法有所不同，但出发点却是一致的，都是为了保护培养青少年。所以我们统称其为日本的保护培养青少年条例。保护培养青少年条例通常是由 30 条左右的条文组成，其中都有前言。前言的主要内容好像是号召书。例如东京都《关于健康培养青少年条例》的前言说："我们都民作为社会一员，热爱肩负未来社会重任的青少年，并且期望他们在良好环境中，身心健康成长。我们都民必须铭记，无论在家庭、学校或者工作岗位以及其他场所，都要竭尽对青少年予以正确指导，以便对青少年人格的形成作出贡献。我们都民必须深刻认识自己担负培养身心健康青少年的责任，以便致力于使青少年成为遵守生活纪律，具有自觉性和责任心的社会成员。"

在前言之后一般地说，都是第一章总则，主要规定的是目的、定义、适用注意事项等。第二章为优秀图书等的推荐与表彰。凡是有益于健康培养青少年的图书、电影、戏剧、曲艺、音乐、舞蹈、杂技以及玩具等，皆可推荐。所谓有益于健康培养青少年的优良内容，按照东京都所规定的推荐认定标准为：（1）有助于培养社会善良风尚和道德观念的；（2）增加正确知识和加强教养的；（3）培育人类之爱情操的；（4）培养高尚美学趣味的；（5）优秀的、健康的娱乐作品；培养思考力、批判力、观察力的，等等。对于为健康培养青少年而积极开展活动，成绩卓著的；对于知事所推荐的图书、电影和玩具的作者，提供群众阅览或观看者，以及参加这些方面工作的其他人员，被认为特别优秀的；作为自我限制者，被认为对于健康培养青少年起了特别重大作用，皆予以表彰。第三章是对不健康的图书类等销售的限制。主要规定的是进入调查，此外，还规定了健康培养青少年审议会这一咨询机构的设置、组成、任期，以及咨询工作等。

下面，我们对日本保护培养青少年条例所规定的净化有害环境和对青少年有害行为的限制两个方面介绍一下其主要内容。

A. 对青少年有害环境的净化

日本保护培养青少年条例对于净化有害环境，作了种种规定。

1. 关于贩卖方面的限制

（1）限制贩卖有害图书类。图书类的定义，有相当多的县包括了唱片、录音磁带等，大多数县列举了带有"刺激性感"、"助长粗暴性"、"助长残暴性"等内容的有害于健康培养青少年的图书类。所谓明显"刺激性感"，其认定标准是：①露骨地表现男女肉体的全部或一部分，给人一种庸俗卑劣感觉的；②露骨地表现或易于联想起性行为，给人一种庸俗卑劣感觉的；③在医学、民俗学、其他学术内容上，关于性的描写、表现，刺激青少年性的卑劣情感的。所谓"助长粗暴性"、"助长残暴性"，其认定标准是：①确认、赞美违反社会道德和法律的暴力描写；②表现残暴杀人、伤害、暴行、处刑等以及用杀伤性肉体的痛苦或语言等刺激性精神痛苦的描写（包括拷打、私刑、虐待）；③带有刺激性详细描写杀人、伤害、暴行行为，使人有可能模仿的，等等。限制这类图书最普遍的做法，首先是知事指定有害图书类，然后对向青少年贩卖有害图书类者，以罚则的形式（40个县）予以限制。此外，有规定自我限制条款的（京都、大阪、广岛），也有不规定罚则的（枥木县）。怎样进行自我限制呢？一是不将这类图书杂志向青少年出售；二是不出借或提供阅览。还有将罚则改变为公布措施的（青森、岩手）。

关于规定有害指定的县，几乎所有的指定都需要经过审议会的咨询。其中，大多数县规定，在紧急情况下，可以不经过审议会咨询就可以采取有害指定的紧急指定措施。另外，由于知事个别指定所有有害图书有困难，特别是在指定时，存在着图书已被出售等问题。所以有12个县规定了不由知事进行个别指定，而通过规定等予以限制。凡发现黄色照片（绘画）的页码占半数以上等要件，便自动地规定为有害图书（所谓被视为规定）。

违反上述限制，按罚则规定，处以罚金。此外，在岩手、茨城等十几个县，关于有害图书，以出售场所作为区别，就贩卖方法等进行了限制。

（2）贩卖有害玩具类的限制。有43个县对青少年贩卖玩具类进行了限制。几乎所有的县都列举了危害人的生命和身体（财产）的有害性要件。大多数县认为，由于刺激青少年性感，有可能妨害健康培养青少年。具体说，其原则如下：①枪等射击玩具、飞行玩具和以投掷为目的的玩具，有可能危害身体的；②具有爆发火花等机能的玩具，有可能危害身体的；③其结构或机能刺激性感或诱发投机心理的玩具，对于青少年精神面貌，有可能造成恶劣影响的；违反上述限制，按罚则规定，处以罚金。

（3）贩卖其他物品的限制。除了有害玩具类外，限制对青少年贩卖的是有害药品。限制的县，几乎都不仅是限于营业者自己限制贩卖，但私人相互转让也作为限制的对象。此外，在京都、大阪，关于贩卖汽车类、汽车零件等也规定了自我限制条款。

2. 对自动售货机的限制

（1）对贩卖图书类自动售货机的限制。关于收纳有害图书类自动售货机，有42个县规定了限制条款。一般来说，作为限制的方式，在收纳有害图书情况下，虽然已由县进行了有害指定，在未撤除该图书时，都采取有关罚则的处理措施。此外，在京都、广岛只有自我限制条款，在青森、枥木规定公布措施以代替罚则。并且，在一些县对于自动售货机规定了申报义务、表示义务以及设置管理者等条款，特别是对于欲设置收纳图书类的自动售货机者，在一些县规定，必须向知事提出包括下列事项的申请：①自动售货机设置人的姓名（如为法人时，提出法人的名称及其代理人的姓名）和住所；②设置自动售货机的地点；③自动售货机贩卖图书类经营者的姓名（如为法人时，提出法人的名称及其代理人的姓名）和住所；④其他以规则规定的事项；违反上述限制，按罚则规定，处以罚金（罚款）。在规定罚则的同时，也有的县规定由知事发布命令，在这种情况下，违反命令并不是处罚要件。

（2）对贩卖玩具与刀具类自动售货机的限制。关于玩具与刀具类自动售货机，有25个县规定了限制条款，几乎都采取的是限制自动售货机收纳的有害玩具和刀具类的方式。一般来说，作为限制的方式，都是对于收纳有害玩具、刀具类，采取有关罚则的处理措施。在一些县对于自动售货机，还规定了申报义务，表示义务以及设置管理者等与限制图书类自动售货机同样的措施。

（3）对贩卖卫生用品的自动售货机的限制。对于贩卖避孕用具或卫生用品自动售货机，有滋贺、京都等12个县进行了限制。此外，在静冈、鸟取县对于贩卖物品的自动售货机，规定了自我限制条款，作为限制的内容，多是关于设置场所的限制，例如对于贩卖卫生用品自动售货机，规定了不得在学校周围设置的内容；规定了设置于室内可能经常监视的内容等。在奈良、冈山、爱媛、长崎、熊本，关于应该采取必要措施的内容，由知事发布命令加以规定，对违反命令者，规定了罚则（罚金）。

3. 进入限制

（1）限制观看有害演出。对于青少年观看有害演出，在所有的县都规定了限制的条款。有害演出主要指带有"刺激性感"、"助长粗暴性"、"助长残暴性"等内容，有可能妨害健康培养青少年的电影、戏剧、曲艺、舞蹈、杂技等。作为限制的做法，最一般的是，首先由知事指定哪些为有害演出，然后对于使青少年观看有害演出者，以罚则的形式予以限制。此外，也有只规定自我限制条款的（山梨、京都、鸟取、广岛），也有的虽有有害指定的规定，但却无罚则规定（枥木、千叶），而以公布措施的规定代替罚则（青森、岩手）。违反上述限制，按罚则规定，处以比较多的罚金。

另外，在进行限制有害演出的县，对营业主附加了关于在入口等易见的场所悬挂禁止青少年观看牌子的义务，如果违反这一义务，在许多场合，都是科以罚金。

（2）限制进入有害设施。在风俗营业法中规定，经营风俗营业者，要限制未满 18 岁者作为营业场所客人进入。在各县保护培养青少年条例中规定：要限制青少年进入有害于健康培养青少年的设施。有 9 个县规定限制青少年进入蒸汽浴，其中 6 个县规定了罚则；有 8 个县规定限制青少年进入大人玩具店，其中有 5 个县规定了罚则，有 10 个县规定限制青少年进入带车库的简易旅馆与同伴吃茶店等异性同伴设施，其中有 5 个县规定了罚则。此外，在神奈川、大阪、兵库，知事既指定具有带锁设备客室的饮食店，也指定带有明显刺激性感装置的饮食店，并对于这些饮食店规定了以罚则限制青少年入场的内容。

让青少年进入这些有害设施时，处以数额不等的罚金。

（3）对有害游艺的限制。以诱发投机心理为理由，对于有可能妨害健康培养青少年的游艺，在 22 个县以条例的形式进行了限制。作为限制的形式，有各种各样，其中有的县限制青少年进行有害游艺或者限制使用有害游艺机；有的县限制他们进入有害游艺场或者与同伴一起入场；有的县一般地限制诱发投机心理的行为；也有的县规定游艺机经营者负有防止违法行为的义务。后两者为还没有规定罚则的例证。规定罚则的县，罚金一般较重。

4. 净化有害环境

（1）限制有害广告品。关于有害广告品，在所有的县都规定了限制条款。作为有害性要件，大多数县都列举了与有害图书、有害演出相同的"刺激性感"、"助长粗暴性"、"助长残暴性"的有可能妨害健康培养青少年的有害广告品。关于有害广告品的限制，采取了以知事发布拆除等措施为内容的命令，在违反命令时，最多的是采取罚则的形式。此外，也有相当数量的县，采取知事对于有害广告品指定和采取发布拆除等措施为内容的命令。另外，也有没有规定发布命令而只有有害指定的县（静冈），也有没有规定罚则却规定了公布措施的县（青森、岩手、栃木），也有只规定自我限制条款的县（京都、鸟取、广岛）。关于罚则，比较多的县规定了较重的罚金。

（2）其他净化环境的限制。福岛、新潟和歌山等县对带车库的简易旅馆营业，规定营业者无论在设置场所方面或者在建筑物设计方面，都负有不妨害健康培养青少年所需要环境的义务。除福岛外，其他 3 县都规定，知事可以要求经营者采取妥善措施的内容。另外，在兵库县凡设置于学校周围的旅馆、饮食店、饭馆等营业的内容，在有害于（或者可能有害于）教育环境净化等，知事可以建议这些营业者采取必要措施。

B. 对青少年有害行为的限制

1. 限制淫行

关于以青少年为对象的淫行，在 43 个县都规定了限制的条款。淫行通常所指的是："淫乱的性行为"、"猥亵行为"、"不纯的性行为"。在日本，许多县的保护培养青少年条例中，都明文规定，任何人不得以提供金钱、其他财产上的利益或者给予工作作为诱饵，或者与上述相反，任何人不得以限制提供金钱、其他财产上的利益或者不给予工作的手段，乘青少年未成熟或情绪不稳定，对其行为淫行或猥亵行为。另外，除北海道、大阪外，有 41 个县作为限制的对象，不仅是淫行，而且还有教唆，使之看见淫行的内容。关于罚则，除山口县外，在所有的县都有规定，其中规定惩役的有 25 个县。

2. 限制文身

对于青少年进行文身，或者劝诱、斡旋文身的行为，有 15 个县进行了限制。关于罚则，除福岛外，有 14 个县规定了罚则，其中有 4 个县规定了惩役刑。

3. 对其他有害行为的限制

对于青少年的其他有害行为，如劝诱组成不良集团、脱离监护、劝诱饮酒、吸烟等都进行限制。

4. 为有害行为提供场所的限制

关于为青少年有害行为提供场所，除岩手、东京外，有 44 个县都规定了限制。其中，也有只限于为淫行提供场所的限制（北海道、神奈川、岛根）。有 30 个县规定了罚则。

5. 对深夜外出的限制

关于青少年深夜外出，除东京、大阪、岛根外，有 43 个县规定了限制条款。作为限制的内容，监护人无正当理由，在深夜负有必须努力不使青少年外出的义务。并规定无论任何人无正当理由，均不得深夜带领青少年外出的内容。许多县都是将上述二者予以合并规定的。限制青少年深夜外出的县约有一半，规定了罚则。

6. 对深夜进入演出场所的限制

关于限制在深夜进入演出场所等，几乎都对演出者同时附加了负有悬挂禁止青少年进入招牌的义务。关于罚则，以北海道、东京为首有 16 个县都做了规定。

7. 限制以青少年为对象收买旧物、典当、贷款

关于收买旧物、典当、贷款的限制，通常是在有监护人承诺等正当理由时，明文规定不作为限制对象。对于违反者，有 30 个县规定了罚则。日本保护培养青少年条例针对保护培养青少年所出现的一些主要问题，都比较明确地

做了规定。那么，这些规定如何施行呢？

第一，许多县都设置了健康培养青少年审议会，或者叫做儿童福利审议会、社会环境调查委员会等。名称虽不完全一致，但其主要任务是进行社会环境调查，审议或支持知事的意见，以便实行保护培养青少年条例。

第二，所有的保护培养青少年条例，都有进入调查的规定。所谓进入调查的规定，就是指知事为了施行保护培养青少年条例，认为必要时可以派出官吏，在营业时间内进入书店、演出场所（电影院、剧院、舞场、深夜餐馆等场所）进行调查。调查时必须携带证件，向有关人员出示，可向有关人员询问，并可以要求有关人员提供必要的资料。什么人可以进行进入调查呢？保护培养青少年条例规定为"知事指定的职员"充当进入调查员，警察也可以被任命为进入调查员。此外，考虑到进入调查是强制进行的，有可能侵犯基本人权，所以保护培养青少年条例对进入调查规定了附加条件。这些条件，一是认为有必要时，也就是说必须是有干涉必要时，才进行进入调查；二是在营业时间内；三是得到有关人员许可；四是进入调查员出示身份证的义务。许多保护培养青少年条例进一步规定了注意条款。这些注意条款，一是进入调查需要在最小范围内进行，不得妨碍有关人员正常的业务活动；二是"不得将进入调查解释为犯罪搜查"，等等。

众所周知，任何法律如果没有罚则，就等于一纸空文。因此，日本的保护培养青少年条例对于上述种种限制规定都是以强制力作为后盾的。也就是说，对违反者，都规定了处罚的条款，轻者罚金，重者判刑。此外，日本的保护培养青少年条例在处罚方法上也有些特色，值得加以说明。根据日本保护培养青少年条例规定：

第一，凡违反保护培养青少年条例的，不得以不知该青少年年龄为理由而免予处罚。例如，进入调查员到深夜餐馆进行进入调查，如果发现有未满 18 岁的青少年 11 点以后在餐馆里时，一方面要追究青少年监护人的责任；另一方面要追究餐馆老板的责任。保护培养青少年条例明文规定，经营者不得以不知该青少年年龄为理由而免予处罚。

第二，对违反保护培养青少年条例的，采取两罚原则。日本许多法律都采取两罚原则。什么叫两罚原则呢？就是除处罚行为人外，对法人也给予处罚。例如，进入调查员在深夜餐馆发现未满 18 岁的青年在那里吃东西时，既要处罚餐馆负责这方面工作的人员，又要处罚餐馆的法人代表。因为法人代表代表餐馆行使权利，承担义务。

第三，对于青少年违反保护培养青少年条例的，则不适用保护培养青少年条例所规定的罚则。青少年违反了保护培养青少年条例，则要依据其他法律的规定，对青少年加以处理①。

（六）日本其他专门法对儿童权利的保护

正如本书在前面已经提到过的，日本的儿童权利保护的专门性法律在数量上是十分丰富的。除了前文已经详细论述过的《儿童福利法》、《少年法》、《少年院法》和大量的地方立法之外，重要的全国性法律还有 1947 年 1 月 1 日起施行的《少年审判规则》、1962 年的《儿童扶养津贴法》、1964 年的《母子及媚妇福祉法》、1965 年的《母子保健法》、1971 年的《儿童津贴法》、1992年的《少年保护事件补偿法》、1999 年的《对嫖雏妓、儿童色情行为的处罚及儿童保护法》、2000 年的《防止虐待儿童法》等，以及《禁止未成年人吸烟法》和《禁止未成年人饮酒法》。

鉴于当前日本嫖雏妓以及与儿童有关的色情行为的日趋泛滥，为了有效地保护儿童，日本在平成十一年，即 1999 年制定了《对嫖雏妓、儿童色情行为的处罚及儿童保护法》②。当前，世界许多国家，包括中国，嫖雏妓以及儿童色情行为也日益严重，日本为有效遏制这种犯罪行为的立法无疑为其他各国提供了借鉴。

该法开篇就明确指出，鉴于针对儿童的性剥削以及性虐待给儿童的权利造成显著侵害的严重性，本法规定，对与嫖雏妓、儿童色情有关的行为予以处罚的同时，并规定对因上述行为身心遭受有害影响的儿童的保护措施，以有助于保护儿童权利目的的实现。该法中的"儿童"是指未满 18 岁者。该法的有关定义的规定中，对"嫖雏妓"和"儿童色情"作出了较为宽泛的界定，以利于更好地打击这种犯罪行为。嫖雏妓是指以提供对价，并受这种对价约束，针对儿童的性交等。其中，性交包括类似性交的行为，或者为满足对性的好奇心的目的，与儿童的性器官，包括生殖器、肛门和乳房，进行接触，或者让儿童接触自己的性器官等。"儿童色情"是指通过照片、录像等，以儿童为对象，或者以与儿童的性交或类似性交的行为为对象，在视觉上可以感受出儿童的形象的描述；或者他人接触儿童的性器官或儿童接触他人的性器官，在视觉上以激起性欲或刺激的描述；通过脱除衣服的全部或一部分，显露儿童的身体，在

①　康树华等编：《国外青少年犯罪及其对策》，北京大学出版社 1985 年版，第 325～338 页。

②　［日］平井宜雄、青山善充、菅野和夫著：《六法全书》，日本有斐阁平成十五年版，第 3436～3437 页。

视觉上以激起性欲或者刺激的描述。

对于上述犯罪行为，该法规定了相当严厉的惩罚措施。对于嫖雏妓者，处3年以下的惩役或100万日元以下的罚金，对于嫖雏妓的中介人，处3年以下惩役或300万日元以下的罚金；对以此为业者，则处5年以下惩役及500万日元以下的罚金。对于劝诱他人嫖雏妓者，处3年以下惩役或300万日元以下罚金；对于以此为业者，则处5年以下惩役及500万日元以下的罚金。对于发布、贩卖、出租或者公开展览儿童色情制品者，处3年以下惩役或300万日元以下罚金。为上述目的，制造、所有、运输、进口或出口儿童色情制品者，和从国外进口或向国外出口儿童色情制品的日本国民，亦处3年以下惩役或300万日元以下的罚金。对于以嫖雏妓、与儿童性交和制造儿童色情制品为目的而买卖儿童者，则处1年以上10年以下惩役。为前项目的，掠取、诱拐外国儿童，为买卖目的而将其移送至其居住国以外的日本国民，处2年以上有期徒刑惩役。上述两项犯罪的未遂者亦罚之。对于使用儿童者，不能以不知儿童的实际年龄为由而免除处罚。法人代表，法人代理人、使用者及其从业人员，其行为与法人的业务有关，犯了上述有关罪行者，除处罚行为人外，还需对该法人依本法规定并处罚金刑。

该法特别规定了侦查及公判的注意事项。与上述有关犯罪行为有关的侦查以及公判在职务上有关系者行使职务时，在注意儿童的人权及特点的同时，应注意不损害其名誉与尊严。国家及地方公共团体，应努力对职务关系者训练和启发其加深对儿童的人权和特点的理解。另外，该法禁止通过新闻、照片、播放的节目、报纸及其他出版物登载、报道上述有关犯罪行为的儿童的姓名、年龄、职业、就读学校、住所、容貌等内容以及其他可以推知该儿童的内容。

鉴于嫖雏妓、儿童色情制品的发布等行为对儿童身心发育造成重大影响，为把这些行为防患于未然，国家和地方公共团体应努力教育和启发国民加深对儿童权利的保障，并应努力推进为防止嫖雏妓、儿童色情制品的发布而进行的调查研究。

关于对身心受到有害影响的儿童的保护，该法规定，有关行政机关，对于已经由于嫖雏妓、儿童色情描述等行为使身心受到有害影响的儿童，应相互协作，根据儿童的身心状况，所处环境，采取商谈、指导、临时保护、送入保护设施以及其他必要的保护设施，使儿童从所遭受的影响中恢复身体和心理健康，享有个人尊严地成长。

国家及地方公共团体对于因嫖雏妓、儿童色情等使身心遭受有害影响的儿童，应在专业知识的基础上进行适当的保护，应在下列各方面努力对必要的体制加以调整；推进与保护这些儿童有关的调查研究；提高保护这些儿童的执行者的素质；在这些儿童需要紧急保护的情况下强化有关机构的协调合作机制；改进与保护儿童的民间团体的协调合作机制等。

此外，为了防止上述罪行的发生及对相关事件的正确、迅速的侦查，国家应努力确保紧密的国际合作、推进国际调查研究和其他国际合作。

另外，如《日本少年审判规则》是《少年法》的配套法规。该规则在总则中指出，本规则为了妥善处理少年监护案件，必须根据《少年法》的目的与精神，予以解释及运用。并且，在调查、审判以及处理监护案件时，必须以诚恳、真挚的态度，关心保护少年的情操，力求使自己受少年及监护人信赖。除第一章为总则外，第二章和第三章对调查及审判、上诉作出了详细的规定。在调查及审判的规定中，涉及解送家庭裁判所的方式、通知的方式，报告的方式、家庭裁判所调查官报告前的调查、调查的方针、陈述的记录与制定调查书、传票的记载要件、传票送达、简易传唤、拘传的记载要件、拘传的执行和执行后的处置、委托调查、观察监护方式、审判场所、出席的许可、审判官的回避、审判调查书等许多方面。在第三章有关上诉的规定当中，规定了上诉的方式、收容中的少年上诉、上诉状的送交、上诉的通知、执行停止决定的裁判所、上诉审裁判所的调查、上诉审裁判所对事实的调查、驳回或撤销决定、决定的效力、退回或移送后的审判、关于再上诉的决定、援用的规定等内容。该少年审判规则的最后一章为杂则，就撤销监护处分案件的程序、领回状的请求、领回状的记载要件、援用的规定等方面作出了明确的规定。该规则共58条，最近的一次修订是在平成十四年，即2002年进行的①。

《母子及孀妇福祉法》共8章47条，最近的一次修订是在平成十四年，即2002年进行的。该法的目的就是为了明确母子家庭以及孀妇福祉的原理，并对其生活的安定与改善采取必要的措施，以促进母子家庭及孀妇的福祉。该法的基本理念之一，就是要保障所有母子家庭中的儿童身心都能健康成长。该法第一章为总则；第二章为基本方针的规定，包括由劳动大臣制定与母子家庭及孀妇生活的安定与改善措施有关的基本方针，这些基本方针应包括与母子家庭及孀妇的家庭生活和职业生活有关的事项、为母子家庭及孀妇生活的安定与改善所采取的政策措施事项等；第三章为针对母子家庭所采取的福祉措施；第

---

① 资料来源：（1）［日］平井宜雄、青山善充、菅野和夫著：《六法全书》，日本有斐阁平成十五年版，第3522~3526页。（2）北京大学法律系国外法学研究室编：《国外保护青少年法规与资料选编》，群众出版社1981年版，第42~58页。

四章为针对孀妇的福祉措施；第五章为福祉资金发放的特别会计等；第六章为母子福祉设施；第七章和第八章分别为费用和杂则①。

《儿童津贴法》共分4章31条，分别为总则、儿童津贴的支付、费用和杂则。该法的目的是通过向养育儿童的人支付儿童津贴、维护家庭生活的安定，同时促进儿童的健康成长以及素质的提高。而且，该法特别规定，儿童津贴只能用于上述目的，而不得挪作他用。该法最近的一次修订是在平成十四年，即2002年②。

《儿童扶养津贴法》也是为了通过向生计困难的抚养儿童的家庭发放儿童津贴，促进家庭生活的安定和自立，以达到增进儿童福祉的目的。该法的最近一次修订也是在平成十四年，即2002年③。

（七）日本儿童权利保护专门法简评

综上所述，不难看出，不论从数量上看，还是从质量上看，日本的儿童权利保护专门法都堪称世界一流。目前，中国的儿童权利保护法律体系亟待完善，而日本的成功实践无疑为我们提供了极好的借鉴。总括起采，日本儿童权利保护法具有以下几个重要特征。

1. 立法数量极为丰富，法律保护的内容涉及儿童权利保护的方方面面

早在1898年3月7日，日本就制定了《禁止未成年人吸烟法》，1922年3月20日又制定了《禁止未成年人饮酒法》。这两个法律在1947年予以了修订，至今依然有效。第二次世界大战以后，日本百废待兴，但日本政府把完善儿童权利保护法律体系，加强对儿童权利的保护放在了优先的重要位置。这无疑体现了日本政府和人民的远见卓识，恐怕这也是日本能够迅速从战后的废墟上恢复并在不长的时间内成长为世界经济强国的原因之一吧。

从1947年到1949年短短的3年时间内，日本就制定了《儿童福利法》、《少年院法》、《少年审判规则》、《少年法》等四部法律。此后，又制定了《儿童扶养津贴法》、《母子保健法》、《儿童津贴法》。进入20世纪90年代以后，为了适应国内和国际的发展需要，日本又先后制定了《少年保护事件补偿法》、《对嫖雏妓、儿童色情行为的处罚及儿童保护法》、《防止虐待儿童法》

---

① 资料来源：［日］平井宜雄、青山善充、菅野和夫著：《六法全书》，日本有斐阁平成十五年版，第3980～3983页。

② 资料来源：［日］平井宜雄、青山善充、菅野和夫著：《六法全书》，日本有斐阁平成十五年版，第3973～3976页。

③ 资料来源：［日］平井宜雄、青山善充、菅野和夫著：《六法全书》，日本有斐阁平成十五年版，第3976～3979页。

等。除了全国性的法律外，从 1950 年开始，日本各地先后制定了大量儿童权利保护的地方立法。

2. 日本儿童权利保护的专门法各有侧重，分工明确，但又相互配套，彼此协调，具有较强的可操作性

如《儿童福利法》是综合性的儿童权利保护法，它是制定其他有关法律的重要法律根据，后面制定的儿童权利保护法律都非常注意与《儿童福利法》的兼容配套。1947 年 12 月 12 日公布的《儿童福利法》与半年之后公布的《少年法》就是一例。《儿童福利法》就儿童福利保障问题作了较为详细的规定，其目的在于"使一切国民皆应培养儿童，并致力于儿童身心的健康成长。一切儿童平等，其生活必须得到保障与爱护"。而《少年法》的目的在于"健康培养少年"。两法的目的相同，对象也相似。

3. 日本儿童权利保护的立法工作与时俱进，对伴随着社会发展而出现的新情况、新问题作出迅速的反映和调整

比如，随着世界色情旅游业的发展和互联网上儿童色情制品的泛滥，日本在 1999 年制定了《对嫖雏妓、儿童色情行为的惩罚及儿童保护法》，及时地加大对嫖雏妓和儿童色情行为的处罚，加强了对儿童权利的保护。另外，日本儿童权利保护的法律既注意保持法律的相对稳定性，又不因循守旧，根据现实的需要及时地加以修订和补充，使之更趋完善。

4. 日本儿童权利保护的专门法各具特色

本书仅以日本《少年法》来加以说明。日本制定《少年法》的时候，许多法学家都把它当做刑事特别法看待，事实也正是如此。其所以有对立存在的价值，就是因为它以普通刑法的例外法的地位而起作用。如果它不具有这种"例外法"地位，它本身就失去了存在的价值，因为普通刑法就可以解决问题，它既然以刑事特别法的姿态出现，自然具有和一般刑法不同的特征，如果以一般刑法与日本《少年法》比较的话，我们认为日本《少年法》除了具有一般少年法的主要特征外（这些主要特征，即审理的对象不同；调查的方法不同；审理机关不同；审理方式不同；处罚的方法不同以及各国青少年法规一般都明确规定的禁止刊登被审判青少年姓名、照片等资料），还有一些独自具有的特征，或者说尽管其他国家少年法也有所规定，但却没有日本《少年法》规定的如此完善。这些特征，可以综合为下列几点：

第一个特征是日本《少年法》管辖的范围相当广泛。从对象来看，它既包括犯罪少年、触犯刑罚法令少年，也包括虞犯少年。从内容来看，它既包括构成刑法上的犯罪应受刑事制裁的刑事案件，也包括未构成刑法上犯罪，或者

虽然构成刑法上犯罪而不应受刑事制裁之保护案件（例如未满 14 岁的少年，虽然具有触犯刑罚法令之行为，或者现在并未犯罪，而将来具有可能触犯刑罚法令的虞犯少年）。

第二个特征是日本《少年法》既包括实体法，又包括程序法的规定。在一部法律中既有实体法又有程序法，早在 1899 年美国伊利诺斯州所制定的世界上第一部青少年法——《少年法庭法》，就进行了这方面的尝试。1975 年生效的联邦德国一部近 3 万字、内容详尽的青少年刑法，也是既有实体法的规定，又有程序法的内容。但像日本《少年法》这样在一个法律中，既有实体法，又包括程序法的内容，而且规定得比较完善，这不仅在刑法中罕见，即使就少年法而言，也是很少有的。

第三个特征是日本《少年法》规定的对象，虽然主要是指未满 20 岁的少年，但它还设有专章规定危害少年福利的成年人的刑事案件。这种规定，在少年法中也是很少有的。

第四个特征是设置了儿童商谈所，专门从事儿童福利事项和指导儿童活动，特别是就家庭裁判所作出保护处分决定移送来的少年保护案件进行监护，这是处理少年保护案件的一个特点。儿童商谈所也是其他国家所没有设置的机构。

第五个特征是保护优先主义。所谓保护优先主义，就是由家庭裁判所优先审理少年保护案件并决定是否给予保护处分。即使对于少年刑事案件，原则上也由家庭裁判所优先审理。只有家庭裁判所认为给予少年刑事处分适当时，作出决定，移送检察官，检察官才能向该裁判所提起公诉。日本法学家称之为保护优先主义。

日本虽仿照美国家庭法院建立了家庭裁判所，但从职权上看，它大大超过了美国家庭法院的职权，更为其他国家所没有。因此，应当列为日本《少年法》特征之一。

总之，日本《少年法》根据少年特点，明确规定了日本《少年法》的目的是在于"健康培养少年"，对少年的身心健康给予特别保护，因而确定了保护处分优先与家庭裁判所审理优先的基本结构。它无论给予少年保护处分，还是给予刑罚处分，都充分考虑导致少年犯罪的原因、犯罪本身的素质和社会环境，以及根据犯罪者的社会危险及重新回到社会的可能性来决定给予何种处分为宜，而不是对犯罪少年单纯地施以报复性的惩罚。正因如此，日本法学家都将日本《少年法》视为刑事特别法，并认为日本《少年法》不仅具有行政法规的性质，而且是保护社会安全的重要法律。日本《少年法》在实际执行中确曾收到了很好的效果。在国外少年法中堪称比较完善的典型。它对我国制定有关保护儿童的法规和建立、健全少年司法制度也有很强的借鉴意义①。

除了上述主要特征之外，与中国的法律相比，日本的儿童权利保护的专门法鲜有假话、大话、空话、套话、废话。这恐怕也是值得我们学习的一个地方。总之，我们有必要加强对日本儿童权利保护法的比较研究，进而加快我国儿童权利保护法律体系完善的步伐。

二、美国专门法对儿童权利的保护

（一）1899 年美国伊利诺斯州的《少年法庭法》

世界上第一部青少年法规 1899 年产生于美国的伊利诺斯州。它是在 1899 年 7 月 1 日美国伊利诺斯州第 41 届州议会通过的。它的名称为《少年法庭法》。这部法律一共 21 条，它规定了该法律的管辖范围、少年法庭的设置、少年法庭的审理程序与监护问题，以及对违法少年的处理、保护措施、教养和监护机构、宗教选择和少年法庭的权力，等等。

1. 美国伊利诺斯州《少年法庭法》规定的对象

美国《少年法庭法》规定的管辖对象主要是 16 岁以下的三类少年儿童：一类是无人抚养的 16 岁以下的儿童；一类是被遗弃的少年儿童；一类是违法犯罪的少年儿童。

根据该法第 1 条第 2 款的规定，无人抚养和被遗弃的少年儿童是指：（1）贫困的、无家可归的，或者被遗弃的；（2）依靠救济生活的；（3）没有家长的适当照管和监护的；（4）经常乞讨或者接受施舍的；（5）同名声败坏的家庭或者同腐化堕落的人一起生活的；（6）8 岁以下叫卖兜售物品或沿街演唱歌曲、演奏乐器或者从事任何公共娱乐活动的，等等。

所谓违法犯罪的少年儿童，是指 16 岁以下违反伊利诺斯州任何法律或者州内城镇、乡村任何法令的少年儿童。

2. 伊利诺斯州《少年法庭法》规定的对上述少年儿童的审理机构

根据美国伊利诺斯州《少年法庭法》第 6 条的规定，凡是人口超过 50 万的县，都可设立"少年法庭"，审理少年儿童案件。少年法庭在审理少年儿童案件的时候，必须通知被审理的少年或儿童的家长、监护人或亲戚参加诉讼。参加诉讼的人必须按法庭传票规定的时间和地点将孩子带到法庭。如果被传唤的人

---

① 参见康树华等编：《国外青少年犯罪及其对策》，北京大学出版社 1985 年版，第 289~292 页。

不按时出庭，法庭可以采取强制措施甚至发出拘捕令。少年法庭除有一名少年法官外，设一名或者几名监督员。按照《少年法庭法》的规定，监督员必须是名声良好和行为谨慎的人。监督员是义务职。监督员的职责大致是 3 项：第 1 项是法庭审理以前，根据法庭要求，对被审理的少年进行调查；第 2 项是审理案件时，监督员可以代表被审理少年的利益出庭，并根据少年法官的要求向法庭提供情况和帮助；第 3 项是在审理前和审理后负责照管被审理的儿童。

3. 伊利诺斯州《少年法庭法》规定的对上述少年儿童的处理

《少年法庭法》对无人抚养和被遗弃的少年儿童规定了以下几种处理：第一，将年龄在 16 岁以下的无人抚养和被遗弃的少年儿童送交适合的州立机构照管；第二，送交某个名声好的公民照管；第三，送交某个教养学校或者工农劳作学校照管；第四，送交某个愿意接受的社会团体照管。上面所说的这些团体或个人负有监护少年儿童的责任，并且可以通过法院办理收养他所照管的这个少年儿童的手续。

《少年法庭法》对违法的少年儿童规定了如下几种处理措施：法庭将被判决犯有刑事罪的 10 岁以上的男孩子，送交州教养所照管；将女孩送交犯罪少女养育所照管。这些孩子应受上述机构的管理委员会管理，管理委员会有权根据一定条件将被管理的少年儿童予以假释。根据该委员会的建议，法庭可以释放被照管的孩子，或者交由某一社会团体照管。

为了很好地管理被假释的孩子，教养机构的代理人应负责调查被释放出来的孩子的家庭情况，以便向少年法庭报告被释放孩子的家庭对孩子进行照管是否合适。教养机构的代理人还应负责协助为从这个机构释放出来的孩子寻找适当的就业机会，还应负责监督假释期间的孩子。可见教养机构是要负责到底的。

4. 美国伊利斯诺州《少年法庭法》规定的对上述少年儿童处理措施的监督

根据美国伊利诺斯州《少年法庭法》的规定，由慈善机构的专门人员对接受这些少年儿童和各社会团体进行视察、检查和监督。而这些社会团体每年必须向慈善机构专门人员报告管教少年儿童的各种情况。

与此同时，各县都成立县视察委员会。视察委员会由 6 名居民组成，每年对接受少年儿童的所有社会团体进行一次视察。显而易见，这种视察实际上是对于上述的社会团体的监督。

采取上述所列举的一系列处理措施，根据《少年法庭法》第 21 条规定，它的目的就在于：对少年儿童的照管、监督尽可能像其父母对该少年儿童的照管与监督一样，并且经过合理收养或其他办法，使少年儿童成为被安置家庭中的一个成员。也就是说今后能有人继续照管和监督这个少年儿童①。

（二）美国《青少年犯教养法》

美国的《青少年犯教养法》包括 3 大部分，即总则、联邦青年教养法令、少年犯罪。该法将青年犯罪和少年犯罪分别以两章作了规定，把青年犯罪和少年犯罪明确区分开来，这不仅因为青年犯和少年犯在年龄上不同，而且因为青年犯罪和少年犯罪在诉讼程序上也截然不同。两种案件的管辖和处理也不一样，青年犯一般由普通法院、巡回法院和高等法院管辖，而少年犯则由少年法院和少年法庭审理。

按照该法规定，"青年犯"是指犯罪时未满 22 岁的人；"少年"是指不满 18 周岁的人。而"少年犯罪"是指少年在 18 周岁以前实施的违反国家法律的行为，此种行为如果是成年人实施的，则已构成犯罪。由此可见，该法所称的青少年是指年龄为 22 岁以下的人。对青年犯的处理既不同于少年犯，又不同于成年犯。下面我们扼要地叙述联邦青年教养法令和少年犯罪的诉讼、审理与处置。

1. 《联邦青年教养法令》

按照联邦青年教养法令规定，青年教养决定由假释委员会及其授权代表负责。假释委员会及其授权代表，可以按本章规定批准或拒绝有关附条件释放的任何申请和建议，可以变更、撤销对任何被判刑者附条件释放的命令，并履行法律所要求的其他义务和责任。

青年犯的判决必须通过法院。按照联邦青少年教养法令第 5010 节的规定，法院对青年犯可以做以下处理：（1）如果法院认为青年犯不需要监禁，可以暂缓判决的强制执行，并对他宣告缓刑。（2）如果法院发现被定罪的人是青年犯，其罪行适用于本分节不同的法律条款，应处以徒刑的，法院可以不依其他法律规定的徒刑行刑，而按照联邦青年教养法令的规定，判决将青少年犯交由司法部长监管，以进行治理和监督，直至委员会（假释委员会）依联邦青年教养法令第 5017 节（3）的规定予以释放。（3）如果法院认为青年犯由委员会治理，自定罪之日起至 6 年期满之前不可能取得最佳效果时，法院仍可以不依其他法律规定的徒刑处罚，而按照联邦青年教养法令的规定，判决将青年犯交给司法部长再监管一个时期，以进行治理和监督，其期限可依确定其罪行的法律规定，或依联邦青年教养法令第 5017 节（4）的规定，直至委员会予以释放时为止。（4）如果法院对该青年犯以本分节（2）、（3）规定治理不可

①　参见康树华著：《青少年法学》，北京大学出版社 1986 年版，第 289~292 页。

能取得成效时，法院可以根据其他刑法条款判决。（5）如果法院期望得到有关青年犯依本分节（2）、（3）的规定进行治理是否有效的进一步材料时，法院可以决定将该青年犯交付司法部长监管，以便在适当的鉴别中心或鉴别所进行观察和考查，从决定之日起60天之内，或在法院同意延长的期限之内，委员会应当向法院报告其考查结果。

该法对监管青年犯的监狱局局长规定了相应的义务和权限。监狱局局长应当在监管部门设立鉴别中心和鉴别所，因为每个被送交的青年犯首先应送到鉴别所或鉴别中心。鉴别中心或鉴别所的任务是对每一个被送交的青年犯进行全面考察，其中包括对青年犯智力和健康状况的检查，必须查明青年犯的个性特点、智能，在学校和家庭生活的有关情况，过去有无违法犯罪的经历，在智力上或身体上有何缺陷，以及促使他犯罪的其他因素，等等。如果没有特殊情况，这种考察必须在30天以内完成。鉴别中心或鉴别所应当向监狱局局长和假释委员会及时送交有关对青年犯的考查结果和治理建议的报告。局长收到鉴别机构的报告后，可以：（1）向假释委员会建议，将送交的青年犯假释；（2）将送交的青年犯分配和指定转送到某一治理机构或单位；（3）在他认为对维护公众利益最有好处的情况下，可以决定对该青年犯予以关押和进行治理。同时，监狱局局长有权随时将被送交的青年犯从某一机构或单位转移到另一机构或单位。

该法对青年犯的假释问题作出了相应的规定。如果假释委员会通过对青年犯的考察认为该青年犯应当附条件释放时，应当适当提前通知监狱局局长，然后可以随时将被送交的青年犯附条件释放，予以监督。同时，监狱局局长审查认为某个被送交的青年犯应当附条件释放予以监督时，也要向委员会提出这样的报告和建议。附条件释放的青年犯，从其被释放之日起经过监督1年后，委员会可以予以无条件释放。已判决交由司法部长监督以进行制理和监督的青年犯，应当在自定罪之日满4年时，予以释放；或自定罪之日起满6年时，予以无条件释放。被送交的青年犯不应当享有根据国会法令减刑的权利；其减刑只能依照局长制定的并得到假释委员会认可的条例给予处理。

根据该法规定，青年犯在监督下保留自由或附条件释放时，应当将其置于美国缓刑监督官、司法部长指定的监督代理人和委员会批准的监督代理人监督之下。在送交的青年犯无条件释放以前的任何时候，如果委员会认为把该青年犯放在某个机构或其他设施中作进一步治理对其有效时，委员会可以命令对他恢复监管。如果必要可发出拘捕证，恢复对他的监管。青年犯在原判的最高刑期届满前被委员会无条件假释时，原定罪即自动取消。委员会应向该青年发出取消定罪的证明书。

2. 少年犯罪的诉讼、审理与处置

前面已经说过，少年犯罪系指未满 18 周岁的人所实施的违反美国法律的行为。某些少年犯罪虽然在性质、情节和社会危害程度上也许与成年人犯罪无多少差别，但在对待少年犯罪的处理上，却与成年人犯罪有很大的差别。

少年犯与青年犯在诉讼的程序上有很大的区别。首先，青年犯的诉讼和审理在普通法院、联邦法院中进行，而少年犯罪一般在少年法院、各级法院的少年法庭、家庭法院等处诉讼和审理。按照该法第 5032 节中的有关规定："对指控犯有少年犯罪的少年，不得在美国的任何联邦法院起诉。除非司法部长经过调查之后，向一个适当的美国地方初审法院确认，州的少年法院或其他有关法院没有审判权或拒绝承担对该少年被指控的犯罪行为的审判管辖权，或没有适合少年需要的有效的工作方案和业务。""如果司法部长不作这样确认，该少年应该被解送该州有关的法律当局。"就当前的情况来看，美国已有 30 个州设立少年法院或少年法庭，有的州设立家事法庭，有的州将巡回法院作为少年法院审理少年案件。有少数州将少年案件交由区法院、巡回法院、高等法院和普通法院审理。

如果没有按照本节规定将被指控的少年犯解送州的当局或哥伦比亚特区当局，就应当在适当的美国地方初审法院对他提起诉讼。该法院可以在任何时候在本地区的任何地方，在法官的议事室或其他场所开庭。司法部长应当进行告发起诉，而不应当对被指控的少年犯罪行为提起刑事诉讼。

16 岁和 16 岁以上的少年被指控在满 16 岁以后犯有罪行，此种罪行如果是成年人应判处最高刑期为 10 年或 10 年以上徒刑、无期徒刑或死刑的重罪时，司法部长可以在美国适当的地方初审法院提出移交刑事公诉的动议，如果该法院在听取答辩后判定此项移送是合乎公正的，则根据上述指控的刑事公诉就可以开始。

对于下列事实的证据应予重视，有关每一件事实的调查结果应记录在案，以判断移送刑事公诉是否公正：少年的年龄和社会背景；被指控罪行的性质；少年过去的违法经历的程度和性质；少年现在的智力发展和思想成熟状况；过去为治理少年品行问题而指定的工作方案的有效性。

关于移送审理的通知应适当提前交给少年、他的父母、监护人、监管人和他的律师。在移送审理期间和诉讼活动的每一个关键阶段，少年都应得到律师的帮助。

按照第 5033 节的规定，凡因少年犯罪行为而被指控的少年受到监禁时，执行拘捕的官员应当立即用少年理解的语言把少年法庭的诉讼权利通知该少年，并且立即把少年被监禁的事由告知司法部长和少年的父母、监护人和监管人。同时还应当把少年的诉讼权利和被指控的罪行性质告诉其父母、监护人和监管人。应当迅速将受监禁的少年送交治安法官。送交治安法官前，少年受监禁的时间无论如何不能超过规定的时限。治安法官必须保证少年在诉讼各关键阶段的应诉活动中的律师作代理人。

被指控为违法的少年只能被羁押在少年教养所或由司法部长指定的其他适宜场所。羁押期间，既不能将少年与已定罪或候审的成年罪犯关在同一个设施内，又不能将该少年和已判决的少年犯关在一起。并且要保证每一个被指控为违法的少年的足够食品、取暖、照明、卫生设施、寝具、衣服、娱乐、教育、医护等方面的供给。

受羁押的少年，除特殊情况外，如果在 30 天以内没有提交审判，应当根据该少年的申请或法院的法令，驳回起诉。按规定的起诉，不得再次提起。这就是所谓对犯罪少年的快速审判。

该法对少年档案的使用作了详细的规定。在少年犯罪的整个诉讼过程中，该法对少年应保护档案，防止泄密。当少年犯罪的诉讼完结之后，不论是否判决，地方初审法院应当指令将诉讼过程的全部卷宗和档案封存。封存之后，法院不得再开启这些档案，在特别情况下必须开启者除外。同时还规定，未经法官书面同意，不得印取少年犯的指纹拍摄照片。任何少年犯的名字、相片不得公诸于众。

被监管的少年犯均不得投入成年犯的监狱和教养场所。要保证他们必需的给养。假释委员会对交付监管的少年可以随时予以假释①。

（三）《美国儿童网络保护法》

《美国儿童网络保护法》是 1998 年 10 月 7 日通过的。该法主要就互联网的使用过程中如何防止有害信息对儿童的侵害、保护儿童的权利作出了详尽的规定。

该法第一篇是关于保护未成年人不受有害信息侵害的规定。国会发现：（1）因儿童需要监护、照顾和养育而与父母一起居住，广泛使用的互联网为未成年人通过万维网接触信息提供机会，从而削弱了父母对未成年人的监管和控制；（2）保护未成年人身心健康，使他们不受有害信息的侵害是一项强制

---

① 参见康树华等编：《国外青少年犯罪及其对策》，北京大学出版社 1985 年版，第 78～84 页

性政府利益（compelling governmental interest）；（3）虽然现在网络行业已开发出帮助父母和教育工作者通过控制、保护和自我监管的方式限制未成年人接触有害信息，但这种努力并未能为未成年人在万维网上接触有害信息提供一个全国性的解决方案；（4）通过合法防护措施禁止发布对未成年人有害的信息是目前符合强制性政府利益的最有效且限制性最小的措施；（5）虽然保护性措施限制了通过万维网发布对未成年人有害的信息，但是父母、教育工作者和网络行业必须继续努力寻找方法以保护儿童不接触互联网上的有害信息。

关于限制未成年人接触通过万维网发布的对未成年人有害的商业信息的要求，该法规定，修改《1934 年通信法》第二篇第一部分，增加如下条款，以加强对未成年人的保护。

限制传播有害信息的规定：（1）禁止性行为——任何知悉信息特征的人，如在国内或国际商业交易中通过万维网为商业目的而进行任何未成年人均可看到的并且包含对未成年人有害的信息的信息传播行为将受到不超过 5 万美元的罚款或者不超过 6 个月的监禁或两者并罚；（2）故意违规行为——除第（1）项规定的处罚外，无论谁如故意违反该项规定，则每一违规行为将受到 5 万美元的罚款。根据该项目的，每一天的违规行为构成一个独立的违规行为单位；（3）民事处罚——除第（1）项和第（2）项规定的处罚外，无论谁违反了第（1）项的规定，每一违规行为将受到不超过 5 万美元的民事罚款。根据该项目的，每一天的违规行为构成一个独立的违规行为单位。

营运商（carriers）和其他服务提供商的非适用性——根据（a）款的规定，在一定程度上不得从事商业目的的信息传播的人包括：提供电信服务的电信营运商；提供互联网服务的人；提供互联网信息定位工具（information location tool）的人等。

关于积极辩护，被告出于善意通过如下方法限制未成年人接触对其有害的信息是对根据本节规定提起诉讼的一项积极辩护：（A）要求使用信用卡、借贷账户、成人准入代码或成人个人身份证号码；（B）采用可证实年龄的电子证书；（C）根据技术可行性采取的任何其他合理性措施。

对利用辩护的保护——可以在任何法院或主管机构以任何活动为理由对任何人提出无因之诉，即便该活动并未违反可导致民事或刑事处罚的任何法律，并且该人已诚实履行本款所许可的辩护或者已切实限制和预防本节所规定的信息的传播。

关于隐私权保护规定：（1）信息披露限制——一个根据（A）款进行信息传播的人：（A）在没有获得下列人员的书面或电子同意之前不得向 17 岁以

上的个人披露限制接触的信息：有关个人，且该个人是成年人；个人的父母或监护人，因该个人不满 17 岁；（B）应采取必要行动防止未经信息发布者和接收者的授权而接触信息的行为。

一个根据（A）款发布信息的人可以披露该信息，只要该披露行为：（A）使信息传播行为成为一项与发布信息有关的合法的商业活动；（B）遵循法院允许披露的规定。

根据本款规定，定义如下：

通过万维网方式——通过万维网方式即指在计算机服务文档中处理信息，使公众通过使用超文本转让协议或任何后续协议在互联网上获得该类信息。

商业目的与从事的业务：（A）商业目的——如果从事信息传播业务活动，则该人被认为是为商业目的进行信息传播；（B）从事的业务——从事的业务是指通过万维网传播或试图传播含有对未成年人有害的内容的信息的人花费时间、精力和劳力从事这种括动，并将之作为日常经营业务，其目的是为了从该种活动中获取利益（但牟利并非必要条件，或者传播或试图传播该类信息并不必是该人唯一的或主要的业务或收入来源）。如果一个人故意将对未成年人有害的信息发布在万维网上或者故意导致将该类信息发布在万维网上，则该人可以被认为通过万维网为商业目的从事传播对未成年人有害信息的业务活动。

互联网——互联网是指计算机设备、电磁传送媒介以及相关设备和软件的结合，包括利用《传输控制协议》、《互联网协议》或其他协议传送信息的计算机互联网络系统。

互联网准入服务——互联网准入服务是指使用户能够接触到内容、信息、电子邮件或互联网提供的其他服务并且还可以接触到独家内容和信息的服务以及向消费者提供的作为系列服务一部分的其他服务。该术语不包括电信服务。

互联网信息定位工具——互联网信息定位工具是指，在互联网上将用户与网上地点联系起来的服务。该术语包括目录、索引、参考符合、指示器超文本联系。

对未成年人有害的信息——对未成年人有害的信息是指任何信息、图片、影像、图解文件、文章、记录、信件或其他文件，并且其中的内容猥亵或者：（A）普通人运用现今共同标准即可发现将信息作为一个整体并且针对未成年人是为了获得色情利益；（B）以明显对未成年人有害的方式描绘实际发生的或模拟的性行为或性接触、实际发生的或模拟的正常的或变态的性行为或者猥亵的展示生殖器或青春期女性的乳房；（C）作为一个整体来说，对未成年人缺乏严肃的文学、艺术、政治或科学的价值。

未成年人是指不满 17 岁的人。

计算机互动服务责任——计算机互动服务提供商在与客户签订提供计算机互动服务协议时，以提供商认为适当的方式通知客户，告知其父母控制保护装置（如计算机硬件、软件、过滤服务器等）可以通过商业途径获得，该种装置可以帮助客户清除对未成年人有害的信息。这种通知能使客户找到当前该种装置的提供商或为客户提供识别信息。

特此设立一个临时委员会即儿童网络保护委员会（在本节中简称为委员会），根据本节规定，专门研究有关减少未成年人接触互联网上有害信息的方法。委员会由如下 19 名成员组成：（1）行业成员——委员会须包括：（A）2 名从事互联网过滤或模块化服务或软件供应业务的成员；（B）2 名从事互联网准入服务业务的成员；（C）2 名从事信息识别或评估服务业务的成员；（D）2 名从事互联网进入和搜索服务的成员；（E）2 名从事域名登记服务业务的成员；（F）2 名专业技术领域的专家；（G）4 名从事互联网内容提供业务的成员。

本项所规定委员会成员人数，分别由众议院议长和参议院多数党领袖任命，双方任命的人数相等。委员会兼职成员须包括如下官员：（A）助理国务卿（或助理国务卿的特使）；（B）司法部长（或司法部长的特使）；（C）联邦贸易委员会主席（或主席的特使）。

委员会应研究技术或其他方法，以便：有助于减少未成年人接触互联网上有害信息；满足根据《1934 年通信法》第 231 节（c）规定进行积极辩护的要求。任何方法均可作为根据 D 款（3）的规定向国会提出立法建议的基础。

在研究过程中，委员会应鉴别和分析各种技术工具和方法以保护未成年人不受有害信息侵害，这些方法包括（但不限于）：（A）帮助父母保护未成年人的共同办法（如"点击消除"办法）；（B）过滤或模块化软件或服务；（C）信息识别或评估系统；（D）年龄核实系统；（E）设立一个域名以发布那些对未成年人有害的任何信息；（F）为减少未成年人接触这类信息的任何其他已存的建议的技术和方法。

在分析各种技术和方法时，委员会应检查：（A）该类技术和方法的费用；（B）该类技术和方法对法律执行机构的影响；（C）该类技术和方法对隐私权的影响；（D）如对未成年人有害的信息在一定程度上已在全球范围内发布，则该类技术和方法对这种发布的影响；（E）该类技术和方法对父母们的可使用性；（F）委员会认为相关的和适当的其他因素和问题。

本法制定一年后，委员会应向国会递交一份包含根据本节进行研究的结果的报告，报告应包括：（1）对通过研究识别出的技术和方法以及对该类技术和方法进行分析得出的结论进行描述；（2）委员会关于该类技术或方法的结论和建议；（3）建议采取立法或行政措施执行委员会的结论；（4）对通过研究识别出的技术和方法进行描述，这种描述，可以满足根据《1934年通信法》第231节（c）的规定作为积极辩护使用的要求。

商业部通信与信息助理秘书应为委员会提供人力和物力，使委员会能根据本节规定有效履行职责。委员会根据（d）款提交报告30天后即行终止。《联邦咨询委员会法》不使用于本委员会。

本法通过后30天内该篇以及该篇的修正案即行生效。

该法第二篇是有关儿童的网络隐私权的保护。在本篇中：儿童指不满13岁的人。

经营者是指任何在万维网上为商业目的经营网址或其他网上服务的人，包括通过该网址或网上服务销售产品或服务的人，该商业行为：（A）发生在几个州之间或者与一个或多个外国有关；（B）发生在美国境内任何区域或者哥伦比亚特区，或者发生在该种区域与如下区域之间：另一个该种区域；或者任何州或外国；（C）发生在哥伦比亚特区与任何州、区域或外国之间。

根据本篇规定，"经营者"不包括不受《联邦贸易委员会法》第5节范围影响的非营利性组织。

委员会是指联邦贸易委员会。

披露是指关于个人信息：（A）经营者出于任何目的，以可辨认的形式发布有关儿童的个人信息，但该信息是提供给某个人而不是经营者，经营者只是为网址的内部操作提供支持而不是为其他目的而披露或使用该信息的情况除外；（B）通过网站或针对儿童的网上服务搜集儿童的个人信息，或者确知该信息来自儿童，而将该信息以可辨认的形式通过包括公开发布的方式在内的方法，通过互联网或如下途径使公众获得该信息：网站主页；交友服务；电子邮件服务；留言板；聊天室。

联邦机构是指《美国法典》第五篇第551节（1）所定义的机构。

互联网是指无数的计算机和电信设备的集合，包括硬件装置和操作软件，构成国际互联网络，适用《传输控制协议》、《互联网协议》或其前后的协议，以有线或无线的方式交流各种信息。

父母包括法定监护人。

个人信息是指在网上搜集的关于个人的可个别辨认的信息，包括：姓名；家庭或其他地址，包括街道名称以及城市或城镇的名称；电子邮件地址；社会保障号码；委员会决定的任何其他鉴定人允许与一特定个人进行实际的或网上的联系；在网上搜集的并且与本款所述的鉴定人相结合的有关儿童或儿童父母的信息。

可证明的父母同意指任何合理的努力（考虑现行技术因素），包括要求授权进行信息的未来收集、利用和通知中所述的披露，以确保儿童的父母收到经营者的个人信息收集、利用和披露行为的通知，并且在适当时，在从儿童处搜集到信息之前授权对个人信息进行收集、利用和披露并且允许随后使用该信息。

针对儿童的网站或网上服务一般情况下指：以儿童为目标的商业网站或网上服务和商业网站或网上服务以儿童为目标的部分。

商业网站或网上服务，或者商业网站或网上服务的一部分，通过使用包括目录、索引、参考符合、指示器或超文本联系在内的信息定位工具确认只是与针对儿童的商业网站或网上有联系，则不被认为是针对儿童的。

人是指任何个人、合伙、公司、企业联合、社会集团、合作社、社团或其他实体。

网上联系信息是指电子邮件地址或其他可与该人在网上直接联系的实质相似的辨认器。

对在互联网上收集和利用来自儿童并与儿童有关的个人信息的不公平和欺骗性行为和实践的监管，该法规定，禁止性行为，一般情况下，针对儿童的网站或网上服务的经营者，或明知自己正从儿童收集个人信息的经营者，以违反（b）款规定的方式收集个人信息，则该行为是违法的。

关于受保护的向父母披露个人信息的行为，无论是该网站或网上服务的经营者还是经营者的代理人如根据（b）款（1）项（B）（iii）善良且应要求以合理程序向儿童的父母披露个人信息，则不应受任何联邦或州法律的制裁。

一般情况，本法通过1年之内，委员会应根据《美国法典》第五篇第553节公布监管规定：（A）要求针对儿童的网站或网上服务的经营者，如向儿童收集个人信息或明知自己正在向儿童收集个人信息，则应：在网站上发布通知，告知向儿童收集了何种信息，如何使这些信息以及经营者披露该类信息的实践；获得可证实的父母的同意，以收集、使用或披露源自儿童的个人信息；（B）如儿童已向该类网站或网上服务提供个人信息，则应该儿童父母的请求，要求经营者：提供向儿童所收集的个人信息的具体类型的详细说明；提供任何时候可拒绝经营者以可恢复的形式进一步使用或保存或者进一步在网上收集该儿童个人信息的机会，尽管法律另有规定；为父母获得该儿童个人信息提供合理的方式；（C）禁止有条件让儿童参加游戏，提供奖品或通过其他活动让儿童披露比参加该游戏所需的更多的个人信息；（D）要求该类网站或网上服务的经营者设置并维护一些合理的程序以保护向儿童收集的个人信息的机密性、安全性和完整性；（E）允许该类网站或网上服务的经营者收集、使用和传播该类信息，以保护其网站的安全性和完整性；以对不利条件采取预防措施；以应对司法程序；为执法机关提供信息或者为有关公众安全的调查提供信息。

在如下情况中，不要求：款（A）（ii）规定的可证实的父母的同意；（A）向儿童收集的网上联系信息仅被一次性直接用于回应儿童的具体要求，而不是用于再次联系儿童并且没有被经营者以可恢复的形式保存；（B）要求获得父母或儿童的姓名或网上联系信息，仅为获得父母同意或发送本节规定的通知，并且在一段合理时间之后如不能获得父母同意，则经营者不得以可恢复的形式保留此类信息；（C）向儿童收集的网上联系信息，仅被用于多次直接回应儿童的要求，而不被用于在要求范围之外再次联系儿童：在第一次向儿童作出回应之后，在作出最后的额外回应之前，经营者通过合理努力向父母通知从儿童处搜集到的网上联系信息，告知信息使用的目的，并且父母可以要求经营者不得进一步使用该信息，不得以可恢复的形式保存该信息；在本款规定的监管之下，考虑到接受信息和服务对儿童的益处以及对儿童的安全和隐私权产生的风险，在委员会可以决定的情况下，可以不向父母发出通知；（D）儿童的姓名和网上联系信息（在一定程度上对保护儿童参与者的安全是必要的）：仅用于保护此种安全；不得用于再联系儿童或任何其他目的；不得现场披露。

如果经营者通过合理努力向父母通知从儿童处收集到的网上联系信息，告知信息使用的目的，并且父母可以要求经营者不得进一步使用该信息。

关于安全港，该法规定：经营者可以通过遵守营销或网络行业代表或（b）款规定的监管要求。

鼓励自律诱导——在制定第202节的监管规定时，委员会应为经营者进行自律以履行根据本节b款规定的监管要求为儿童提供保护的责任提供诱导。

视为遵守监管规定——如果一个人在通知和说明之后遵守委员会批准的规则，且这些规则符合第202节监管规定的要求，则该人应被认为遵守了第202节监管规定的要求，自律诱导应包括这种规定。

对要求的快速回复——委员会应有寻求安全港待遇的要求注册后180天之内采取行动，并且应对该要求作出书面结论。

上诉——如委员会对根据（b）款递交的同意准则的要求作出的最后决定或者对该要求没有在180天之内采取行动，则可以向根据《美国法典》第五篇第 706 节有适当管辖权的美国地区法院上诉。

关于州诉讼，该法规定，一般情况，在州检察长有理由相信任何人违反第 202 节（b）款委员会监管规定的行为已经或将会对本州居民的利益产生威胁或不利影响时，该州作为政府监护可以代表本州居民在有管辖权的美国地区法院提起民事诉讼：（A）以规范该行为；（B）以使其遵守监管规定；（C）以代表本州居民获得损害赔偿或其他赔偿或者令其恢复原状；（D）以获得法院认为恰当的其他救济。

一般情况，在根据第（1）项提起诉讼之前，州检察长应向委员会提供：书面诉讼通知、起诉状副本。如果州检察长认为在提起诉讼之前发出（A）规定的通知是不可行的，则（A）不适用于州检察长提起诉讼的情况。

在上述规定的诉讼中，州检察长应在提起诉讼的同时向委员会发出通知并提供起诉状副本。一旦收到规定的通知，委员会应有权参与所通知的诉讼。

如果参与（a）款规定的诉讼，委员会应有权：（A）就诉讼中出现的任何问题提出意见；（B）提出上诉请求。

关于法庭之友（协助法庭解决某种法律问题的人——译者注），该法规定，一个人如果其自律规则已由委员会批准并且被本节规定的诉讼中的被告用作辩护的理由，则该人可以向法庭提出在该诉讼中适用法庭之友的申请。

为提起上述规定的任何民事诉讼，本篇中的任何规定不应被解释为阻碍州检察长行使该州法律赋予他的如下权力：（1）进行调查；（2）宣誓或事实陈述；（3）强制证人出庭或提供书面证据和其他证据。

在因违反第 202 节的监管规定而由委员会或代表委员会提起诉讼的情况下，任何州在该诉讼未决时不得就该诉讼中的被告提起（a）款规定的诉讼。

根据前款提起的诉讼可以根据《美国法典》第 28 篇第 1391 节规定在符合审判地要求的美国地区法院提起。根据前款提起的诉讼，传票可以在任何地区送达，只要被告：（A）是本区居民；（B）可以找到。

最后，该法对法律的执行与适用、检查、生效日期作出了规定①。

（四）《亚当·沃尔什儿童保护与安全法》

早在 20 世纪 40 年代，美国加州等地区便已经开始对性侵案犯罪者采取登记制度，但直至 90 年代发生了若干影响广泛的儿童性侵案件，性犯罪者登记与公开才逐步发展为全国强制性制度。1994 年，新泽西州的 7 岁女童梅根·康卡被邻居强奸并杀害，而其父母事先并不知道住在对面的是已有两次性侵犯

---

① 资料来源：www.ncl.gov.cn/disk4/xiezuo/foreignlaw3.html.

罪前科的恋童癖患者。于是在持续游说之下，新泽西州同年通过了 9 条关于性侵罪犯信息登记与公开的规定，即为《梅根法》。1996 年，美国国会通过了联邦《梅根法》，强制所有州制定法律，要求性侵犯者假释或刑满出狱后，必须向警方登记住所，并公布给社区知悉。

根据美国 NGO 组织全国失踪与受虐儿童中心 2012 年统计的数字，美国全国共有 74.7 万余名性侵犯罪者登记在册，而人数最多的加州就有超 10 万人的记录。随着性侵犯登记与公开制度的扩张，除较严重的性侵犯罪，美国各州将一些程度较轻的犯罪也列为适用对象。例如有至少 5 个州将性交易列入，29 个州将自愿发生性关系的未成年人列入，32 个州将露阴癖者也列入，更有甚者将偷窥、散发猥亵图片或持有儿童色情书刊等也列为登记适用范围。

2006 年由小布什亲笔签署通过了《亚当·沃尔什儿童保护与安全法》（Adam Walsh Child Protection and Safety Act，AWA），该法案对性侵罪犯信息登记的要求更为严格，并创建了一个全国性的性罪犯登记系统，命令各州采用相同的标准在互联网上发布罪犯数据，一朝施罪，终生记录。根据该法案，性侵犯者被要求在登记表格上提供更多的信息，例如社保编号、电子邮件以及其他网络账号、工作或学校信息、每日必经路线、驾照、使用车辆信息、犯罪细节、近照、DNA 以及指纹、掌纹等。此外，外貌上除肤色、体重等基本特征，诸如伤疤、刺青等具有标示性的特征也必须一一登记。性犯罪者还被禁止接近儿童聚集的场所。在佐治亚州，性罪犯须远离学校、教堂、公园、滑冰场或泳池 300 米开外。

《亚当·沃尔什儿童保护与安全法》根据犯罪种类将性侵犯分为三个级别，并根据级别确定资料登记时间及更新频率。性虐待、绑架或性侵儿童等被划为最严重的犯罪级别，即第三级罪犯必须要终生登记，且每 3 个月要亲自到执法机关更新自己的住所等资料。划为第二级的犯罪包括强暴、引诱未成年人从事性交易或散布儿童色情产品等，这一级罪犯有 25 年的登记期，每半年要更新一次行踪。程度较轻的第一级罪犯有 15 年的登记期，每年更新一次数据。另外第一级罪犯如果 10 年内保持"干净记录"，则可免除剩余 5 年的登记义务。

联邦和各州都提供性侵犯信息搜索页面，居民若想获知是否有性侵犯入住社区或学校附近，查询网站是目前最方便的方式。如佛罗里达州还提供邮件订阅服务，及时向居民提醒性侵犯入住社区的信息。除此之外，各州还有各自传统的通知方式。如华盛顿州的执法人员会挨家挨户打电话通知居民，有性犯罪者已经在他们附近居住。而自 1995 年以来，路易斯安那州要求依法登记的性侵犯应自行主动通知附近居民、学校或公司，自费在当地报纸刊登公告并以标志、传单贴纸或其他法院认为的适当方式通知小区。

对于未按要求进行信息登记或提供虚假信息的性犯罪者，各州在主观因素及处罚轻重上各有规定。而《性犯罪者登记和信息披露法》出台后，要求各州就违反登记规定的行为制定 1 年以上有期徒刑的刑事罚则，各州处罚也开始倾向于"重罪"。如根据《性犯罪者登记和信息披露法》的规定，所犯之罪为联邦性侵害罪，并未按规定登记者，或为州法规定之性侵害罪，而有跨州行为但并未按要求进行登记者，皆处以美金 25 万以下罚金、10 年以下有期徒刑。①

《亚当·沃尔什儿童保护与安全法》规定，绑架或诱拐儿童犯罪最低刑期是 25 年，与低于 12 岁的儿童发生性关系或性侵 13～17 岁儿童的最低刑期是 30 年。有的州还对罪犯实施了"民事关禁"（civil commitment）。"民事关禁"是将刑满释放的罪犯交由社会机构继续对其实行监管，实质是对危险的性暴力侵害犯罪人员与社会进行隔离的一项措施。《亚当·沃尔什儿童保护与安全法》规定，以下人员即使被刑满释放，联邦法官仍有权力判处其接受民事关禁：（1）有证据表明他们曾经有性暴力行为或可能有性骚扰儿童行为的人员；（2）患有精神病、心理变态、行为失常的人员；（3）曾经被释放后仍有过性暴力行为或性骚扰儿童行为的人员。法院会为不愿接受关禁的人员举行听证会，审议他们是否应该被关禁；也会为被关禁的人员每 6 个月提供一次听证会，重新审议他们是否继续被关禁。拥护这项措施的人们认为此措施在很大程度上使社区中的犯罪分子减少了，他们相信严厉的惩罚已产生了威慑作用。

（五）美国儿童权利保护专门法简评

正如前面已经提到过的，美国伊利诺斯州 1899 年的《少年法庭法》是世界上一部具有划时代意义的儿童立法。它的体系新颖，内容丰富，并且切合实际需要。它既包括实体法，又包括程序法；既包括法院组织法，还包括矫正机构，甚至宗教选择等广泛的内容。

该法明文规定了少年儿童若犯了与成年人相同的罪，对少年儿童的刑法要轻于成年人。这一对少年儿童的处罚原则，集中体现了对少年儿童权利予以特别保护的思想，已成为当今儿童立法的一条基本原则，许多国家的相关立法都作出了相同的规定。其他的如：该法第 1 条第 2 款对什么是无人抚养和被遗弃

---

① http：//acwf.people.com.cn/n/2014/0129/c99013-24259848.html，2016 年 4 月 5 日访问。

的少年儿童的规定，今天在许多国家的少年法中都可以看到相似的规定，尤其是埃及和印度的少年法，几乎和这些规定在遣词造句上都完全相同。

美国伊利诺斯州的《少年法庭法》是罗马法古典学说的一种新发展，而罗马法古典学说则成为儿童立法的理论基础。该法制定以后，迅速为法律界所普遍承认，到1920年，也就是该法制定20年后，美国几乎所有的州都制定了少年法庭法，建立起少年法庭。由于该法在法律体系和社会生活中起着不可忽视的积极作用，世界其他许多国家都先后仿效该法制定自己的有关儿童的立法。这一法律的实施和少年法庭的建立，在司法制度上被有些西方法学家称之为自英国大宪章以来的重大变革。他们指出："对于少年违法行为，一般社会和国家的态度，进入本世纪（指20世纪——笔者注）已有了根本性的变化。其导火线是美国1899年创立的世界上第一个少年法庭，继而1908年在英国、1917年在法国与比利时等均建立了处理少年与成年人分离的审判制度。""少年法院诞生以来，一贯为了保护少年福利，并且，其所采取的手段可以说更具科学性。因而这一传统，最近受到了很好的评价。"①

而上文介绍过的美国青少年犯教养法，并且不是一般的青少年教养条例或青少年保护法，而是属于刑事诉讼法规一类的法律，也就是说，它是程序法。从上文的介绍可知，该法主要是规定青少年犯的刑事诉讼程序，所以它被编纂于美国法典第十八篇《犯罪和刑事诉讼》第四部分。该法对青少年犯与少年犯分别作出了不同的规定。该法规定，法院对青年犯应采取分别不同的处理方式，这种处理既不同于对成年犯的处理也不同于对少年犯的处理，它有其本身的特点：其目的在于矫正青年犯的反社会倾向，以维护社会利益。该法对青年犯主要规定了法院、监狱和假释委员会对青年犯判刑、监管和假释的法律程序。从这些程序可以看出美国对青年犯治理、矫正和教养的基本情况，但该法对如何教养青年犯并没有作出相应的规定。

虽然某些少年犯罪在性质、情节和社会危害程度上也许与成年人犯罪没有多大的差别，但在对待少年犯罪的处理上，却与成年人犯罪有很大差别。美国青少年犯教养法的各项规定，体现了美国对待青少年犯罪和处理青少年犯罪者的基本原则和精神。

美国根据社会的发展需要，根据新出现的问题，及时制定法律予以调整。《儿童网络保护法》的出台正是适应了新的需要。这部法律在世界上都是处于

---

① 《战后少年犯罪史》，日本酒井书店1977年版，第86页；转引自康树华著：《青少年法学》，北京大学出版社1986年版，第295页。

领先地位的，为别国提供了很好的借鉴。

三、英国专门法对儿童权利的保护

（一）《1989 年儿童法》

《1989 年儿童法》于 1991 年 10 月 14 日生效。该法给儿童方面的法律带来了巨大的变革。第一次把儿童方面的公法和私法规定在一个法律文件当中。法条和程序的设计都合理而简洁。

父母责任（parental responsibility）是 1989 年儿童法的一个全新的概念，而以前的法律，如 1975 年儿童法则为"父母权利和义务"，在其他的法律中甚至为"权力与义务"。而"父母责任"这个新的词语所传达出的信息就是，把父母在儿童之上的"权利"变为对儿童应负的"责任"。父母责任在该法 S.3（1）定义为：法律所规定的，父母对儿童及其财产所具有的所有权利、义务、权利、责任和职权。负有父母责任的人不得放弃或转让该责任的任何部分。但是，他可以就该责任的部分或全部安排由一个或多个他人来共同完成，如学校、地方当局、教堂等。父母责任的实施可以通过父母间的协议或法院的裁决而予以减损或取消。比如，法院可以对限制实施父母责任的协议作出特别规定。涉案父（母）不允许违背法院的裁定。该法允许负有责任的父母单独而非与他人共同履行其责任。但是，如果有特别的法律要求这种责任的履行需获得他人的同意，则按该法的规定办理。

哪些人负有父母责任呢？其中有一种自动产生的父母责任。父母责任自动授予儿童的母亲，而不考虑她结婚与否。父亲也可负有这种责任，主要看他在儿童出生时是否与其母结婚。如果他缔结了这种婚姻，那么他也自动获得父（母）责任。即使该父与其母并未成文合法的婚姻关系，他依然应被作为特别情况下的结婚对待。这种自动产生的父母责任只有在儿童被收养的情况下才能被剥夺。

另一种是未婚父亲如何获得父（母）责任。在儿童出生时，该父未与其母结婚，也不符合该概念的扩展解释，那么，可以初步判定该父不对此儿童负有父（母）责任。但是，遇有下述情况之一时，他则负有父（母）责任：（1）按照法定格式与其母签订"父（母）责任协议"。该法定格式应符合《1991 年父（母）责任协议规则》（*Parental Responsibility Agreement Regulation 1991*）的规定；（2）向法院申请父（母）责任裁决；（3）申请并获得一个居住裁决，在该裁决中法院按照 1989 年儿童法第 4 条第 1 款（a）项的规定作出父（母）责任的裁定；（4）被法院指定为儿童的监护人；（5）被其母或其他监护人指定为儿童的监护人。

按照 1989 年儿童法 S. 4 的规定，未婚父亲提出申请，法院应该根据儿童的最大利益原则确定该父是否负有父（母）责任。在上下文里，"福利"一词的含义没有被明确界定，以便于法院根据儿童的最大利益自由作出裁量。不寻求父（母）责任的未婚父亲依然负有抚养儿童的责任。

关于父（母）责任协议和裁决的终止，该法规定，父（母）责任协议或裁决在该儿童达到 18 岁时自动终止。在儿童的 18 岁到来之前，法院将撤销该协议或裁决，如果法院认为这样做比不这样做更有利于儿童福利的话。任何负有父（母）责任的人可以请求撤销该裁决或协议，事实上，儿童本人若具有足够的年龄和理解力并且法院认为合适的话，也可以提出申请撤销。但是，在居住裁决依然存在的情况下，父亲所负的责任不得撤销。实际上，如果居住裁决不是针对儿童的父（母）或监护人作出的，那么该人在居住裁决生效期间必须继续履行父（母）责任。

关于父（母）责任的获得，1989 年儿童法规定了不同的途径，以使许多不同的人像未婚父亲一样能够获得父（母）责任。比如下述一些方式：（1）监护人可获得父（母）责任，他们就相当于非婚生父母；（2）收养人可以通过收养令获得父（母）责任；（3）地方当局可以通过监护令等获得父（母）责任；（4）一个被授予居住令的人在该居住令有效期内可自动获得父（母）责任。

能够获得父（母）责任的人在任何一个时段都没有数量上的限制，一个人不会因为他人提出同样的要求而失去父（母）责任。虽然地方当局可以通过监护令获得父（母）责任，但儿童的父母依然不会失去其责任，而是与其共同分享。

继父（母）也可以像其他的儿童非婚生父（母）一样用同样的方式获得父（母）责任。虽然继父（母）不是通过继父（母）身份而获得父（母）责任，但是，他如果是有关儿童所在的家庭中的缔婚一方（不管这种婚姻是否持续），那么他就负有抚养儿童的责任。这种情况是不考虑该继父（母）是否负有父（母）责任的。监护儿童的继父（母）应采取一切合理手段以保护和促进儿童福利。另外，该法还就儿童的事实监护人作出了规定。不负有父（母）责任的儿童事实监护人也应尽其所能维护和促进儿童福利。

1989 年儿童法 S. 8 提供了一系列的命令，用以解决抚养儿童方面的私人争端。这些命令有：

（1）居住令：用以解决与儿童共同居住的人方面的安排；

（2）探视令：该令要求，跟儿童共同居住的人应允许儿童看望该探视令中规定的人，并允许他们互相联系；

（3）禁止采取措施令：该令要求，未获法院的应允，同意负有父（母）责任的父（母）不得采取任何措施；

（4）特别争端令：该令给任何与父（母）责任有关的、已经或可能发生的特别问题提供解决的指导。

关于上述命令的期间，该法是这样规定的：

（1）作为一般规则，除非被法院撤销或儿童达到 16 岁，上述命令持续有效；

（2）在儿童达到 16 岁后，除有特殊情况，法院不得作出终止上述命令的决定；

（3）一旦儿童达到 16 岁，除非有特殊情况，法院不得作出决定变更或撤销上述命令；

（4）如果上述命令是在儿童达到 16 岁后延展或制定的，那么它在该儿童达到 18 岁时终止；

（5）就像收养程序中的收养令一样，监护令的发布将撤销所有上述命令。

关于上述命令的变更，该法规定，法院有权不断发布新的命令，变更或撤销有效的命令。寻求变更有效命令的一方必须提交适当的申请，并请求听证。在原命令发布后，若情况没有发生任何变化，法院自然不会发布新的命令。

居住令只是对儿童与谁居住作出安排，它不会在父（母）责任问题上对父母任何一方产生任何效力，仅此而已。居住令可以以多人为对象作出，如果他们不是居住在一起的话，则居住令可以规定该儿童与他们每一个家庭共同居住的期间。

该法对变更儿童的姓氏也作出了限制性的规定。若未获得对该儿童负有父（母）责任的每一个人的书面同意或法院的许可，不得随意变更该儿童的姓氏。一个获得居住令的人确实想变更该儿童的姓氏的话，他应该首先与负有父（母）责任的其他人联系，以获取他们的书面同意。否则，必须获得法院的许可。

关于把儿童从管辖区域转移的限制性规定，1989 年儿童法 S.13（1）规定，未得到对该儿童负有父（母）责任的每一个人的书面同意或法院的许可，有效居住令中所指的儿童不得被带离联合王国。但是有一个例外，可以允许获得居住令的人把儿童带离管辖区域不超过一个月，而无须遵守前面提到的两个要求。这就是说，允许进行短期旅行，而对短期旅行的次数未作限定。如果有必要向法院请求获准许可的话，儿童的福祉是法院的首要考虑。一般情况下，不难说服法院许可申请短期带离儿童，除非有情况证明申请者将非法地把儿童永久带离管辖区域。关于居住令与父（母）责任，1989 年儿童法 S. 12（2）规定，任何获得居住令的人均可自动取得父（母）责任。但是，该条第 3 款规定，非儿童父母或监护人的人可以通过同意收养、解除收养和被指定为该儿童的监护人而不受前款的规定约束。

该法第 14 条规定了执行居住令的方法。如果某人（不论其是否为居住令所指的对象或其他人）违反了居住令的规定，那么，获得居住令的人可以依照《治安法官法院法》（*Magistrates' Courts Act* 1980）第 63 条第 3 款的规定予以执行。为此，他应向他方相对人提供居住令的复印件。这种救济方式的运用并不妨碍该人寻求其他可能的救济方式。

关于居住令的解除，通常在儿童达到 16 岁后，居住令终止。如果居住令是以儿童的父母为对象作出的，而该父母又都对该儿童负有父母责任，那么在他们连续共同居住满 6 个月后，居住令失效。

探视令取代原来的接触权令（access order）。探视令要求跟儿童共同居住的人允许该儿童探视该探视令中所指的人或与其共处，或者让他们互相探视。如果双方不能就探视问题达成合意的话，那么，非与儿童居住的一方可以要求法院作出探视的安排。此即所谓"指定探视"申请（an application for "defined contact"）。该申请通常由欲探视小孩而未获得允许的非与小孩同居的一方父（母）提出。但是，即使指定探视令已经发出，如果与儿童同居的父（母）一方认为探视将对儿童产生不良影响，那么，它可以申请作出重新指定的决定或予以终止。一般地，探视令限于定期探视，但是，如果定期探视取得令人满意的效果，那么可以要求法院解决特殊情形下的探视问题，如是否允许圣诞节的探视。

探视令通常允许的是合理探视，如果由于某些原因儿童不适合或不可能去探视相关人员，那么可以由法院决定其他的探视方式，如电话交谈、信件交流或者由相关人员对儿童进行探视。根据最近的一些案例法原则，不可以拒绝父（母）与儿童之间的探视，除非对儿童的利益有绝对的必要。但是，有时可能出现这种情况，即有足够说服力的理由来拒绝儿童与其父亲之间的探视。有时候，母亲对父亲怀着难以平息的敌意，这就意味着，如果强迫该母亲违背其意愿而接受儿童与其父亲之间的探视，则可能使儿童面临感情遭受极大伤害的风险。另外的情况是，儿童自己可能有着探视其生父的强烈愿望，那么，法院就应该充分考虑儿童的意愿。

获得探视令的人如何维护儿童的福利呢？如果儿童探视一个对他负有父

（母）责任的人，或与其共处，如父（母）、监护人或获得居住令的人，那么，该人就应该履行其父（母）责任，以求与按 1989 年儿童法的规定作出的命令相符合。如果儿童探视一个对他不负有父（母）责任的人或与其共处，如祖父（母），那么，该人也应采取合理的行动以维持或促进儿童的福利。

关于探视令的解除，1989 年儿童法 S.9（7）和 S.11（6）规定：除非有例外情况，在儿童达到 16 岁以后，法院不得为其作出探视令；另外，如果父母连续共同居住满 6 个月，那么，要求父（母）一方允许儿童探视父（母）另一方的探视令自动失效。

禁止性措施令指父母在履行其对儿童的责任时不得采取的并且不是指令中特定种类的措施。在没有获得法院同意时不得采取。其目的在于将监护管辖权中最有价值的特征之一融入到《1989 年儿童法》的诉讼中去。因为禁止性措施令现在有可能得到运用而不是监护管辖权，所以监护权已从本指南（Guide）中省略。当一个儿童受法院监护时，一个自然结果就是在其生活中如无法院同意不得采取重要措施。禁止性措施令与监护权的不同之处在于前者被禁止的诉讼或法院无法控制的领域必须在指令中特别指出。其目的在于希望本指令的可获得性与特别争端令一道将在许多案件中排除诉诸监护权的需要。本指令可以单独作出，也可与居住令和探视令一道作出。例如，在无居住令可行的案件中，本指令可以用于防止一方父（母）在无另一方父（母）同意的情况下将家中的儿童带走。

最近，禁止性措施令已在 Re H（Prohibited Steps Order）［1995］1FLR638 中通过上诉法院的检验。在该案中，地方当局已获得对 4 个孩子的监管令，并且在最小的孩子受到性虐待之后又获得一个看护令。孩子们继续与其在一起的该母亲的前任同居者被认为是虐待者，尽管他不是诉讼的当事方。法官首先对该母亲发出禁止性措施令，禁止她允许孩子们与其前任同居者保持联系。在监管令中也会出现相似的情况，但也不会对前任同居者作出直接指令，因为他不是诉讼的当事方。

关于对禁止性措施令运用的限制：（1）禁止性措施令不适用于儿童年龄已满 16 岁的情况，但例外情况除外。（2）禁止性措施令不能被用作达到某种结果的"间接"方法，而该种结果本应通过居住令或探视令获得。

特别争端令如禁止性措施令一样，既可以单独作出，也可以与居住令和探视令一道作出。它使法院指导决定与父母对儿童的责任有关的已经出现或可能出现的特别问题，例如，改变儿童名字的决定、学校的选择、宗教信仰、医药治疗等。

这项新规定扩展至涉及非父母的争端，包括一些有关地方当局，例如，有关儿童的绝育或堕胎，法院既可以自己作出相关决定，也可以指令由他人作出决定，例如儿童的治疗由某一特定医生决定。

关于对作出特别争端令的限制，限制性规定与禁止性措施令的限制性规定一致。

关于补充规定与临时裁决令，《1989 年儿童法》S. 11（3）和（7）中的补充规定其目的在于保持法院权力的最大灵活性，以便法院作出临时裁决令，延缓指令的执行或者在情况有必要时对指令附加其他特殊条件。例如，法院可以指示某一指令在特定阶段有效或者包含在某一特定阶段有效的规定。法院最近在作出探视令时援引这些规定，但这些条件的范围已受到挑战。例如，在 ReM（A Minor）（Contact：Conditions）［1994］1FLR272 中，法院规定如果条件可以附于一项指令并且该指令要求居住方父（母）应及时通知另一方父（母）儿童的处所以便探视，但法院不能指令儿童的母亲向其父亲报告儿童的进展情况。与此不同的是，在 Re O（A Minor）（Contact）［1995］2FLR124 中，上诉法院驳回了一位母亲对一项间接探视令的上诉，该探视令是由哈图普尔县（Hartelpool）法院的福克斯（Fox）法官作出的以 S. 11（7）为由包括一系列的条件。上诉法院同意以下要求，即母亲应：（1）每 3 个月向儿童的父亲发送一次儿童的照片；（2）从儿童上幼儿园开始向其父亲发送进展报告；（3）儿童染有重大疾病时通知其父亲，并向其发送医疗报告；（4）为儿童收取卡片和礼物。

在《1989 年儿童法》的这一部分支持探视中不存在法定的假设情况，法院将运用该法 S. 1 中的原则处理申请。

何时提出临时申请合适呢？《1989 年儿童法》S. 11（3）规定，如果法院有权作出 S. 8 中的指令，则法院可以在诉讼中的任何阶段作出，即使它无权最终处理该诉讼。

如果当事人无法就住所和探视达成一致，律师则应考虑申请临时指令。当事人无住所或探视的时间越长，长远申请带来的损害就越大，因此律师应提出临时申请以保证在全面审理之前当事人的居住和探视。然而，值得强调的是法院对住所的临时审理的一般方法是维持现状，除非有改变现状的重大原因。因此，如果一方当事人已实际和儿童居住在一起，那么法院在全面审理前不可能指令将儿童移交另一方。

法院更有可能发出临时探视令而不是改变儿童的住所。如果父（母）一方寻求长期居住或探视令的申请被否决，那么他（她）通常应提出临时探视申请以确保他的全面申请不会因他与儿童失去联系而不利。

如果在案件审理前有几次临时探视，这对于法院审理最终探视申请是非常有意义的。如果真正关心儿童对探视的态度，那么法院可以指令这些探视行为须由一位儿童福利官员进行监督，然后由该官员向法院报告。

如果已获得居住令的父母一方被指令向另一方提供合理的探视或规定的探视，那么此后她就不应该自动停止这种探视。如果她停止了就是违反探视令，就会因藐视承诺而受到起诉。如果她担心探视无法继续，正确的做法是她应提出一项停止探视的申请并且同时寻求一项有此效果的临时裁决令。在实践中，真正担心探视对儿童的影响的父母一方一般会简单地拒绝让儿童去，而将问题留给另一方，让其决定是将事情再诉至法院以获取一项规定的探视令还是强制执行已有的探视协议。然而必须警告已停止探视或打算停止探视的父母一方，如果她这样做而没有充分的理由，那么在任何有关儿童的申请中她将处于极为不利的地位。

关于家庭援助令，这是《1989 年儿童法》新引入的，该令旨在婚姻破裂时有一位监护官对家庭提供短期帮助。

家庭援助令仅用于特殊情况并须获得 S. 16（3）和（7）中所有有关人员的同意（儿童除外）。法院不必以 S. 8 中的指令作为作出家庭探视令的前提，但如果存在 S. 8 中的指令，那么监督官可以将事件提交法院重新处理。然而，他只能提交与 S. 8 中指令有关的问题而不能就儿童的看护约定采取措施。如果案件重新提交法院，那么法院可以根据 S. 9 中的限制性规定作出 S. 8 中的任何指令。如果该官员关心儿童的健康成长，那么他应根据《1989 年儿童法》S. 47（1）（b）将案件提交地方当局进行调查。

家庭援助令仍然相对较少。在 Leeds County Council v. C［1993］1FLR269中，布斯（Booth）法官明确表示如果法院愿意发出一项受监督的探视令，获取监督的正确方法是发出家庭援助令；法院首先声明根据 S. 11（7）发出附条件的探视令并且该种探视令将受到监督，这种做法是错误的。

关于一般原则，《1989 年儿童法》包含一些一般原则，这些原则特别适用于解决私人之间有关儿童的争议。

儿童福利至上。《1989 年儿童法》第 S. 1（1）规定，法院在决定下列问题时，儿童的福利应是法院的首要考虑：（1）儿童的教养；（2）儿童财产的管理或者从财产中所产生的收益的运用。儿童是指 18 岁以下的任何人。

关于法定核对清单，当法院考虑特别是考虑是否作出、变更或撤销一项S. 8 中的指令并且该指令的作出、变更或撤销受到诉讼中某一方当事人的反对时，《1989 年儿童法》的 S. 1（3）要求法院注意各种因素的"法定核对清单"。在任何其他案件中，法院均可使用法定核对清单作指导。核对清单包括以下因素：（1）儿童的可探知的愿望和感情（根据他的年龄和理解力）；（2）儿童情况的改变对他可能产生的影响；（3）法院认为有关的儿童的年龄、性别、背景和其他任何特征；（4）儿童所遭受的任何伤害或伤害风险；（5）儿童的父母和法院认为有关的其他人满足儿童需要的能力；（6）根据《1989 年儿童法》，法院在诉讼中的权力范围。

本清单的目的旨在为法院提供指导，旨在保持全国的法律的一致性以及帮助法律顾问和当事人将注意力集中在影响儿童的问题上。

关于儿童的愿望与感情，如果儿童表示希望与父或母居住或希望与父母中的一方联系，那么法院必须着重考虑这一因素。当决定如何重视这些愿望时，法院将考虑儿童的年龄和成熟度。法院将会注意儿童可能会有意识地受与他一起居住的父或母的影响。儿童可能会因害怕伤害父母中的任何一方而不敢表达自己的观点。即使他明白表示自己强烈的愿望，但这些愿望可能并不代表他的利益。

法院可以通过很多途径了解儿童的愿望（例如由父母提供证据）。儿童愿望的最佳证据是通过儿童福利报告获得，如法官见过儿童，则可从法官对儿童的个人评估中获得。法院的儿童福利官员一般会在他的报告中提及儿童向他表达过的任何愿望，对于稍长一点的儿童，他可以直接询问儿童对案件的感受。如有必要，法官可在审理期间私下会见儿童。法官是否会这样做取决于他的习惯和儿童的年龄。法官不可能会见一个不满 8 岁的儿童。年龄越大的儿童，法官越有可能会见他，并且他的愿望就越有可能受到重视。

这一方法在 1992 年 3 月 3 日 Re W（Minors）（Residence Order）中，在上诉法院得到确认，上诉法院认为法官正确地考虑了两个 10 岁和 12 岁儿童的意见。同样，在 Re P（a Minor）（Education：Child's views）［1992］1 FLR 316 中，上诉法院认为法院有责任关注年长儿童的愿望和意见，特别是当这些儿童明理、成熟又聪明。

关于儿童的身体、情感和教育需求，事实上，物质条件优越的一方父母或能为儿童提供愉悦环境的一方父母在儿童该与谁居住的争议中并不占优势。法院通常通过发出赡养令或者当有离婚裁决时通过辅助救济令的方式来平衡父母之间在这方面的差距。

然而，如有证据表明父母中有一方的居住条件不理想，那么这对判决儿童与谁居住有影响。法院需要知道居住处是否拥挤、脏乱、卫生差等情况。尽管在提供证据时父母双方也可能就问题发表评论，但这种信息主要由儿童福利报告提供。自然，法院不会愿意将儿童交给居住条件不令人满意，并且对改善状况又无计划的一方照顾。

另一个应考虑的因素是在可预知的将来是否会迁移。即使父（母）目前提供的居住条件可以接受，但在将来儿童移交给一个短期内将搬迁的父（母）之前，法院会犹豫，因为儿童面临更换学校、再交新朋友等巨变。

此居住条件更重要的是父母所能提供的日常照顾的标准。人们发现无懈可击的父母很少。因此，法院不会理会父母一方对另一方照顾儿童的抱怨（例如，他们直到 8 点才睡觉而他们本应在 7 点上床，或者他们可以在所有人用完餐之前就离开餐桌等）。但是，如有证据表明儿童常处于脏乱、饥饿或无人看管的情况或者该父（母）对儿童就无纪律可言，那么这将与儿童与谁居住的问题有关。

在考虑儿童的感情需要时，法院将重视儿童与父母或兄弟姐妹联系的亲密程度，并且会考虑打破这种联系会造成的精神创伤后果。法院是不愿意让儿童兄弟姐妹分离的。然而只有在极少数情况下，在特殊案件中，这种分离措施令才是正确的。

一般并无规则要求母亲应与儿童一起居住。然而，在实践中，母亲一般比父亲更有机会获得居住令，尤其是当儿童年幼或尚为婴儿时更是如此。

在过去很少有案件表明儿童的教育需求具有决定性意义。从广义的角度看，"教育需求"可以包括与儿童成长有关的任何事情。但如教育取"学校教育"之义，那么这仍是一个重要因素。如果儿童因某种原因需就读特殊学校，那么无论儿童年龄几何，这都是一个重要因素。

关于环境改变对儿童可能产生的影响。法院总是不愿让儿童从其目前之家搬迁，除非这样做有充足的理由。在儿童该与谁居住的争议发生时，正照顾儿童的父母一方一开始便占有巨大的优势。这种状况持续越长，优势也就越大。这通常被称为"维持现状"争议。例如，父母双方优势兼具，而其中一方已照顾儿童相当长一段时间，那么法院几乎不可避免会将居住令赋予该方父（母）。

儿童的年龄、性别、背景和相关特征。在决定儿童最佳利益时，年龄常是一个重要因素。例如，对一个婴儿来说，与母亲一起生活是最大的满足，而对一个 15 岁的少年来说，他已成熟，能决定该与谁一起生活。儿童的年龄和成熟度在法院决定如何重视儿童的愿望时是两个重要的因素。

儿童的性别是另一个平衡因素。例如，在探讨青春期时，母亲的帮助对一个 10 多岁的女孩是非常重要的。

儿童的背景可以包含许多不同的因素，例如，他的宗教信仰、家庭环境等。

同样，儿童的相关特征也范围广阔，例如，残疾或严重疾病，还可包括宗教、运动或智力因素。

如果儿童的父母文化背景不同时，法院应考虑儿童将与之一起生活的父母一方的文化背景中普遍的看法和习惯。法院可以通过探视协议以确保儿童从父母双方的宗教信仰中获利。

关于儿童已受的或将受的伤害，"伤害"是一个范围很广的词，它包括肉体伤害和精神创伤。

儿童的父母和其他有关人员满足儿童需要的能力。法院必须评估愿照顾儿童的人在儿童保育方面的能力。如果争议发生在两个都胜任、都能照顾儿童的父母之间，那么决定性因素就是一个是全职工作而另一个则不是。

不言而喻，如果父母一方曾虐待过孩子，这在孩子该跟谁一起生活的争议中是一个重要的因素。

法院可以考虑的其他因素有：（1）精神疾病和身体疾病——父母的精神疾病与儿童保育争议有关。但这是否与案件的结果有关取决于精神疾病的性质。如果有证据证明疾病导致该父（母）的行为对儿童的身体或精神状况有害，或者，如果该父（母）可能需要医院的常规治疗，很明显这是要着重考虑的一点。如果提出精神疾病问题，而该父（母）事实上感觉自己很好或治疗非常成功，那么，明智之举是提供医疗证据以证明效果。身体疾病仅仅只在阻碍该父（母）正常照顾儿童的情况下与案件有关，例如，父或母卧病在床或残废或需住院治疗等情况。（2）宗教观点——父母的宗教观点在儿童保育案件中重要性不强。然而，法院不可能愿意将儿童的抚育交给一个属于一个极端宗教派别的人，且如能证明该派别的影响对儿童是有害的。值得考虑的是，法院有着广泛的权力对 S.8 中的指令附加条件，并且可以通过这种方法确保儿童不受其父（母）信仰坏的方面的影响。法院还有必要考虑"法院认为与问题有关的任何其他人的"能力。例如，包括配偶一方的新伴侣、儿童的祖父母或家庭的其他成员、儿童的照看者、保姆等。

法院的权力范围。对律师来说，注意 S.1（3）（9）中规定的因素尤为重要。该规定要求法院注意自身在有关诉讼中的权力范围。因此，即便无人申请，法院也可以选择发出对案件适当的指令。这使法院可以在比旧法更广的范围内处理事件。例如，即使没有向法院提出正式申请，法院也能向某人发出

S. 8 的指令。

法院还有权防止向法院提出进一步申请以获得《1989 年儿童法》中规定的任何类型的指令，如父母责任令、监护权令和未经同意的 S. 8 中的指令。

关于无指令假设，《1989 年儿童法》S. 1（5）规定："在法院考虑是否根据本法作出有关儿童的指令时，法院不应作出指令，除非它认为作出指令比不作出指令对儿童更有利。"这一原则对律师的重要性怎么强调也不过分。当当事人在法庭达成和解时，法院渐渐倾向于不作出指令。如果法院认为当事人已就发生的一切达成一致协议，那么，在父母之间执行达成的协议要比执行法院指令对儿童更有利。这种解决方法可以防止父母一方因接受法院强制安排而感到痛苦。父母越少感到痛苦，他们将来的合作就越容易，而儿童就可以面临更少的不安。《1989 年儿童法》中一条贯彻始终的原则是法院应尽可能不干涉父母就儿童达成的协议，除非为了儿童的利益而有必要干涉。

当然，还可能发生的情况是达成的协议破裂，结果案件重返法院，指令仍须作出。但这说明父母双方至少已尽一切可能在无须法院干预的情况下努力解决问题。

如果负责照顾儿童的人没有正式法律地位并且发现他们的意见被（如教育当局）忽略，那么法院可以发出指令。

关于延缓原则，《1989 年儿童法》S. 1（2）要求法院"在任何与儿童有关的诉讼中"注意"一项普遍原则，即在决定问题时的任何延缓可能对儿童的福利不利"。这条规定意义重大，律师必须注意法院希望尽可能快地审理有关儿童的申请。为了使该规定适当有效，《1989 年儿童法》S. 11 要求法院拟订案件进展时间表，以便消除对诉讼不适当的拖延。经验已表明法院希望能遵守时间表并将采取措施强制遵守时间表。这有时意味着，如果法院认为快速审理对儿童的益处超过了无福利报告进行诉讼对儿童的不利，那么，法院将在无福利报告的情况下审理案件。

法院指令地方当局进行调查的权力。如果在审理 S. 8 指令的诉讼过程中，法院明显认为就儿童的状况应作出看护或监管令，那么，法院有权指令地方当局进行调查。如果法院决定发出该指令，那么地方当局必须就儿童的问题进行适当调查，并且必须考虑是否应该采取如下措施：（1）申请看护令或监管令；（2）为儿童或其家庭提供服务或援助；（3）就儿童采取任何其他行动。

如果地方当局决定不申请看护令或监管令，那么他们必须在法院发出调查令之后 8 周内通知法院如下事件：（1）他们作出决定的理由；（2）对儿童或其家庭已提供的或打算提供的任何服务或援助；（3）就儿童已采取或建议采取的任何其他行动。

如果地方当局决定不申请看护令或监管令，那么他们必须考虑今后是否有必要复查案件，如果必要，何时复查为佳①。

（二）《英国青少年法》

这里所谓英国青少年法的"立法"，系指 1933 年至 1963 年各青少年法。根据现行《英国青少年法》第 65 条规定："援用本法时可称《1963 年青少年法》。"《1963 年青少年法》包括 3 章 65 条。第一章"对青少年的照管和监督"，第二章"青少年的就业"，第三章"一般附则"，这里的"青少年"指未满 18 岁的人，即"未成年人"。

根据《1963 年青少年法》的规定，地方政府有义务接纳那些没有必要送去监管或送交少年法庭的任何少年，并向他们提出福利建议和指导，包括实物救助和现金救助。

父母或监护人对于需要照管、保护或监督的青少年，不得以无法监督为理由将青少年送交少年法庭；但如果青少年的父母或监护人向该青少年居住地的地方政府提出了书面申请，要求将该青少年送交少年法庭，而地方政府予以拒绝或在从提出申请之日起 28 天内不予办理，该父母或监护人可以向少年法庭起诉，要求发布地方政府送交少年法庭的命令。地方政府应将有关该少年的家庭状况、在校记录、健康状况和性格表现等转送法庭，以有助于少年法庭审理案件，为此还要进行必要的调查。但在法庭审理时，该少年不得在场。

少年法庭可以发布将该青少年置于缓刑官监督下的监督令。监督令也可以指定地方政府作为监督人。如果在地方政府照管下的青少年确实难以管教，而法庭认为适宜时，可以：（1）命令将该少年送交青少年犯教养院；（2）将该少年委托除当地政府以外的愿意管教的适当人照管，但监督期限不得超过 3 年。管教程序是为了解决下列两类少年的管教问题而采取的折衷办法：一方面是少年犯，另一方面则是需要管教和保护的少年或父母管不了的少年。因此，如符合下列 7 个条件之一，法院得下达管教令：（1）少年的正当成长本来不必受到而事实上却已受到阻挠和懈怠者；（2）同一家庭中的另一少年处于上述情况者；（3）任何因犯一个或一个以上的特定罪行而被定罪的人已经或可能成为与该少年为同一家庭的成员者；（4）少年有蒙受道德危险之虞者；（5）

---

① 综合参考：（1）Ting Bond, Jill M. Black, A. Jane Bridge, *Family Law*, 4th ed., Blackstone Press Limited, 1997, pp. 259-276. （2）Ducan John Bloy, *Child Law*, Cavendish Publishing Limited, 1996.

少年非其父（母）或监护人所管得了的；（6）少年在应受义务教育之学龄而又不在受与其学龄、才能和能力相适应的全日制有效教育者；（7）少年犯有杀人罪以外之罪行者。

管教令包括：（1）要求少年之父（母）或监护人具结保证，给予该少年以妥善的管教和管理之命令；（2）要求把少年置于地方当局或缓刑监督官的监督之下的命令；（3）把少年交由地方当局管教的管教令；（4）依《1959年精神病保健法》要求把少年交付地方社会服务当局或其他经批准的人员监护的命令。

青少年法所规定的教养院是15岁以下的犯人被收容并去接受有利于改造和预防犯罪之训练和教育的处所。凡是必须送往教养院的青少年，青少年法都作了具体的程序规定。青少年在教养院的留置期限为2年。

本法对青少年法庭和有关青少年的诉讼也作了规定。青少年法庭由记录官员和2名少年法庭法官组成合议庭，后者以陪审官身份参加审理。如果只有1名上述陪审官在场，记录法官又认定推迟审理将不利于审判时，则可以单独开庭。协助记录法官审理案件的其他两名法官必须男女各一，他们应从该地法庭中遴选。

凡青少年因有被控犯罪或因其他原因被送交法庭时，在诉讼的各阶段中均可要求其父母或监护人到庭听取审理和判决；在任何阶段中，只要法庭认为适宜，即可邀其父母或监护人到庭。

少年法庭审理时，或者对少年法庭判决的上诉案件，除犯罪案件以外，一切经过完备注册手段的开业医生签发的有关青少年身心健康状况的证明文件，应视为有关此项状况可采取的证据。

治安法庭对任何性犯罪案件进行起诉预审时，（1）不得传唤少年作为起诉证人；（2）将少年的口证作为证据所作的书证或其口头陈述所制作的书证，均可视为可以采取的证据。

凡向未满16岁的人出售烟草或卷烟纸者，不问是否供未满16岁人本人使用，均系犯罪；初犯处25英镑以下的罚金；再犯处50英镑以下的罚金；三犯处100英镑以下的罚金；警察和穿制服的公园管理人员如发现显然未满16岁的人在街道或公共场所吸烟时，得抄收未满16岁人的卷烟和卷烟纸。当铺收受未满16岁人之典当，系违反《1872年典当业法》之犯罪行为。向未满17岁的人出售或出借火器弹药者为犯罪。供给或出借给未满16岁人某种火器者也为犯罪。

青少年法对青少年就业问题也作出了具体规定。在下述场合，不得雇佣少年：（1）少年未达到规定的年龄，即 16 岁；（2）在任何少年必须上学的日子，学校尚未放学的；（3）在星期天雇佣时间超过 2 小时者；（4）少年所搬运之物品，其重量足以伤害该少年者。

地方章程中规定了少年不能受雇之最高年龄；少年受雇每天可达几小时和在什么时间；用膳时间、休假以及其他雇佣条件。

关于街头贸易（包括在街头和公共场所贩卖报纸，火柴、鲜花以及其他物品和卖艺、擦皮鞋及从事其他行业），地方当局有权制定规章，调整或禁止未满 18 岁人的贸易活动；除地方规章规定未满 17 岁人得受雇于其父母者外，未满 17 岁者一律不得从事街头贸易。违反者初犯罚 10 英镑；再犯罚 20 英镑；其雇主初犯罚 20 英镑，再犯罚 50 英镑。

同时对少年的娱乐也作了规定，少年不得参加任何演出，已按规定许可的或颁发了演出执照的除外。任何违反该项的有关规定者，应受简易审判，判处不超过 100 英镑的罚金或不超过 3 个月的监禁，或者并处。

本法对少年的研究工作和财政援助也作了具体规定①。

（三）《1991 年儿童抚养法》

《1991 年儿童抚养法》于 1993 年 4 月生效。该法结构宏大，规定细致，其中一些已被修订过。该法的目的是希望建立一种制度，确保非婚生子女能够从其缺位父母（absent parent）那里得到抚养费。

在本法中，非婚生儿童是指，父母当中一方或双方不是其生父母的儿童。包括收养的儿童和已婚夫妇通过捐精者提供的精子进行人工受精生育的儿童（除非能证明未获得其丈夫的同意）②。适用该法的儿童是指 16 岁以下或者正在接受全日制初级教育的 19 岁以下的儿童，已婚者除外。

缺位父（母）是指未与子女住在一起的父（母），或者子女跟照顾他的人住在自己的家里。照顾该子女的人是指，该子女有自己的房子，而此人向其提供日常的照顾（不论是否单独或与其他人共同进行），并且不是法定范围内的照顾人。每一个非婚生儿童的父（母）都有责任抚养他们。本法规定的抚养费应定期支付。为此，还专门成立了儿童抚养机构，监督和敦促父（母）支

① 综合参考：（1）康树华等编：《国外青少年犯罪及其对策》，北京大学出版社 1985 年版，第 108～112 页；（2）萧榕主编：《世界著名法典选编·刑法卷》，中国民主法制出版社 1998 年版，第 154～167 页。

② 《1990 年人工授精受孕法》（*Human Fertilisation and Embryology Act* 1990）S. 28（2）。

付抚养费。关于儿童抚养费的计算，该法规定，儿童的父母均应充分、详细地提供其收入的信息。并提供了一个计算程式，用以算出每个案件中抚养费的适当水平。由于计算程式极为详尽，因而在确定儿童抚养费应缴额方面十分有效。该法接着详细介绍了计算抚养费的两个步骤。

关于法院的作用，该法第 8 条第 1 款和第 3 款已清楚规定，总的来说，法院无权作出、变更或使任何与儿童和父（母）有关的抚养决定。但是，法院有权宣告抚养决定无效。在下述情况下，为了儿童利益，法院具有司法权：（1）对于正在接受初级教育或贸易、专业，或职业训练的 16 岁或 16 岁以上的儿童；（2）由于《1991 年儿童抚养法》规定下的抚养费支付的水平是有最高限额的，符合上述规定的健康父母的子女；（3）儿童的教育费用；（4）残疾儿童的特别需要。

另外，综合起来看，法院还是有权作出儿童抚养决定，并由儿童抚养官来执行抚养费的缴付的。

当履行监护义务的父（母）由于缺少收入或残疾不能工作，就可以要求国务秘书（the secretary of state）采取行动从缺位父（母）（the absent parent）那里获取儿童抚养费。如果履行监护义务的父（母）拒绝授权儿童抚养机构（代表国务秘书工作）寻求抚养费，或拒绝向该机构提供缺位父（母）具有支付抚养费能力的信息，则儿童所能获得的补助费可能减少。

履行监护义务的父（母）应填交抚养申请表，并提供可以辨认和追索到缺位父（母）的信息。如果该父（母）拒绝合作，他或她将被给予一次机会来解释其观点。如果儿童抚养官认为若强迫其提供有关信息，有足够的理由相信请求人或儿童将会遭受伤害或不当的痛苦时，可以不再采取行动。当出现这种情况时，儿童所能获得的补助将会减损。这种减损将维持最多 18 个月，若随后予以合作则可中止。

当承担监护义务的父（母）没有收入来源时，可以为儿童申请抚养费，她可以：（1）申请由儿童抚养机构执行抚养费的支付，这种申请是一个新的法律步骤；（2）与缺位父母达成抚养协议；（3）依《1993 年儿童抚养（协议）令》办理。

一般地，每两年要对由儿童抚养机构执行的抚养金额进行一次审查。在确定了抚养金额后，缺位父（母）（或照顾人）在任何时候都可以根据情况的变化申请重新审查抚养金额。当缺位父（母）认为由于某原因抚养金额有误，他应该书面向儿童抚养官提出对决定进行审查。这项申请应在收到抚养金额通知书后 28 日内作出。

如果申请审查的要求被拒绝，或者审查结果不能令缺位父（母）满意，那么，可以向儿童抚养上诉法庭起诉。具体程序规定在《1992 年儿童抚养上诉法庭（程序）规则》（SI1992/2641）中，应该在通知交付或寄送给上诉人之日起 28 日内提起诉讼。在法庭听证阶段不提供法律援助。

关于抚养费的收取和执行，该法和有关规则制定了详细的条款以及确保按照规定的抚养金额足额支付。总之，由儿童抚养机构接受和收取儿童抚养金，但目前的有关原则是收取抚养金额确定的货币。儿童抚养机构规定的付款方法包括有按现行规定付款，用支票或现金。抚养费的执行方法包括：（1）收入扣除命令（此乃行政程序，无须法院决定）；（2）责任命令（由治安官法庭作出）；（3）强制执行；（4）拘押令。值得指出的是，根据《1992 年儿童抚养（抚养金的欠款、利息和理算）规则》（SI1992/1816）第 3 条的规定，国务秘书可以要求就欠款支付利息，利息按欠款超过 28 天累加。

该法还规定了过渡安排。1993 年 4 月 5 日到 1997 年 4 月 6 日这四年间为过渡期。虽然过渡安排是《1991 年儿童抚养法》的一大特色，但鉴于其对现在已无多大意义，故本书对此不予详细介绍①。

（四）2003 年《性犯罪法案》

2003 年《性犯罪法案》（*Sexual Offences Act* 2003）是英国的议会法案之一，于 2003 年通过，2004 年 5 月 1 日正式生效。该法案取代了旧有的性犯罪法，新法案使用了更具体、详尽的用语，另外亦把窥淫（Voyeurism，第 67 条）、插入对方身体侵犯（Assault by Penetration，第 2 条）、让儿童观看性行为（Causing a Child to Watch a Sexual Act，第 12 条）、插入尸体（Sexual Penetration of a Corpse，第 70 条）等定为罪行。"儿童色情"的年龄定义加入了 16 岁及 17 岁，但法定承诺年龄仍维持在 16 岁或以上。这无疑是一部严厉的法案：亲吻、爱抚以及性交等举动，只要牵涉到 16 岁以下儿童，都属于非法行为，即使涉案双方都是这样的年龄也不例外。根据这项法律，如果母亲知道自己未成年的女儿已经有了性经历，就不能允许她带男朋友去自己的房间。

新法案规定，成年人不论是通过互联网还是亲自与儿童接近，只要有意图对他们进行性侵犯，都将面临蹲 5 年大狱的惩罚，成年人为了与儿童发生性行为而对其进行所谓的"性教导"也将成为犯罪行为。如果是引诱儿童脱去衣

---

① 资料来源：（1）Tina Bond, Jill M. Black, A. Jane Bridge, *Family Law*, 4th ed., Blackstone Press Limited, 1997, pp. 165-172. （2）Ducan John Bloy, *Child Law*, Cavendish Publishing Limited, 1996, pp. 138-148.

服做模特，即便没有肉体接触，最高也可被判 10 年徒刑，有肉体接触者则判 14 年。

《性犯罪法案》同样规定必须记录性侵犯者的姓名、地址及信息变动。起初这些信息由地方警察记录，并没有完全联网和集中化。后来，英国政府建立了一个名为 VISOR（VIolent and Sex Offender Register）的覆盖全国的性侵犯者信息系统。新系统要求性犯罪者在一个地点逗留时间超过 7 天即须告知警察。美国的《梅根法》也有它的英国的版本《莎拉法案》，又名"儿童性侵犯信息披露计划"。但是相比之下，内容相对有限。性罪犯的照片、名称、住所等信息联网记录，但并不允许公民自主进入系统查询。

（五）英国儿童权利保护专门法简评

英国是世界上最早制定法律对儿童权利予以特别保护的国家。经过 100 多年的发展与实践，英国的儿童权利保护方面的法律已相当完善，除了十分丰富的判例法外，儿童权利保护方面的成文法也堪称世界的典范。法律一般结构宏大，条文缜密，规定细致入微，具有极强的可操作性，因而在实践中也取得了良好的效果。

《1989 年儿童法》大概可算得上是当前世界上规模最为宏大的儿童立法，对儿童权利保护的方方面面都作出了非常详细的规定，而且在该法中，有很多是英国儿童法上独有的概念和保护方法。这一点，从本书前面的介绍当中即可见其一斑。因此，该法为其他国家树立了一个良好的榜样，那就是，不管采取多少措施来保护儿童的权利都不为过。

《1969 年青少年法》，对于 14 岁以上未满 17 岁的少年犯的待遇的规定最为完善，也就是说，该法以保护主义和福利主义为核心，把保护与福利置于儿童法制的顶峰地位，已经引起社会的广泛重视。

四、德国专门法对儿童权利的保护

（一）《德意志联邦共和国青少年刑法》

1974 年 12 月 11 日颁布的《德意志联邦共和国青少年刑法》（以下简称《青少年刑法》），对 1953 年制定和实施的《少年刑法》进行了某些修改和补充。

该《青少年刑法》包括 5 编 125 条，其中对刑法适用范围、少年犯的过错及其法律后果、少年法庭组织法和少年刑事诉讼程序、刑罚的执行、取消刑事污点、刑法对未成年犯的运用等都作了详细而具体的规定。下面就该刑法的具体内容作一概述。

1. 少年犯

（1）少年犯的过错及其后果

按照《青少年刑法》第 1 条的规定，对少年或年长少年犯有依照一般法规应受刑罚处罚的过错，都适用本法的规定。这里的少年是指行为时已满 14 岁不满 18 岁的人。

《青少年刑法》对少年违法行为和年长少年违法行为的法律后果、次要法律后果、改造和保安措施都作了具体规定。

少年和年长少年违法行为的法律后果，主要是指：①对少年违法行为可以规定管教措施。②对少年违法行为，如处以管教措施还不够，则给予训诫或处以少年刑罚。③已羁押在精神病院或少管所因而没有必要经过法官宣告处罚的，可以免除训诫手段和少年刑罚。所谓次要法律后果，是指：①不得作出关于不能担任公共职务，不享有公共选举中的权利或公共事务中的权利或在公共事务中没有选举权或投票权的判决。不得作出公布判决的规定。②不得有损于担任公共职务和享有公共选举权。

作为一般刑法意义上的改造和保安措施，可以作出羁押在精神病院或少管所，以及监视行动或没收驾驶执照等规定。

从上述内容可以看出，少年和年长少年违法行为的法律后果，主要是管教措施、训诫手段和少年刑罚。按本法规定，除上述法律后果外，法官可以判决本法许可的附加刑和次要法律后果。

管教措施主要分为指令、监护管教、教养院教养。指令就是指示和禁令，其目的在于改变少年犯的生活作风，从而促进和保证对他们的教育。指令包括遵守关于居住地的指令；在某个家庭里或在某个院所里居住；同意在某个学习或工作单位学习或工作；完成工作量；不得同某些人交往或进入旅社和娱乐场所；如违反交通规则，必须上交通规则课，等等。经家长和法定代理人同意，法官可以规定少年犯接受专门的医疗教育治疗或毒品戒除治疗。如少年犯已满 16 岁，这种医疗必须经过本人同意后，才能进行。指令期限由法官确定，但不得超过 2 年。如果出于管教原因上的必要，可以将期限延长为 3 年；如果违反指令，则处以少年禁闭，但禁闭总期限不得超过 4 周。监护管教和教养院教养按青少年福利法的规定处理。

训诫手段主要适用于没有必要判处少年刑罚，但又必须使少年犯深刻地意识到要对所犯的违法行为负责的情况下，法官使用训诫手段来处罚违法行为。训诫手段可分为警告、强制性义务、少年禁闭。警告就是指责少年犯的行为是非法的。强制性义务教育包括尽力赔偿行为所造成的损失，亲自向被害人赔礼道歉，向公益机构赔款。但是，不应当向少年犯提出不切合实际的要求。

少年禁闭分为业余时间禁闭，期限为 1 周到 4 周；短期禁闭，总计时间不能超过 6 天；长期禁闭，期限为 1 周以上 4 周以下。

少年犯的行为已造成危害，对其处以管教措施或训诫手段还不足以达到管教的目的时，或因罪行严重有必要处以刑法的，则要判处少年刑罚。少年刑罚是指在少年监狱执行的监禁。少年刑罚的期限一般为 6 个月以上 5 年以下，最严重的犯罪可判处 10 年的最高刑。同时，如果少年的行为已造成危害，因而必须判处至多 4 年的少年刑罚，但又不能预见用执行刑罚的方式来教育少年犯罪者具有正直的生活的方式究竟需要多长的时间时，法官可以判处少年犯不定期少年刑罚。不定期刑罚的最高刑为 4 年。法官可以降低最高刑或者提高最低刑。最低刑和最高刑之间的差距不得少于 2 年。

对判处 1 年以下有期徒刑的少年犯，在考虑到少年个性、经历、作案时的情势、发案后的态度、生活环境等时，认为缓刑对他可能产生积极效果，那么就可以对他判处缓刑。法官也可以对判处 2 年以下有期徒刑的少年犯，实行缓期执行，规定一个考验期。考验期的长短由法官决定，考验期为 2 年以上 3 年以下。也可根据情况缩短为 1 年或延长为 4 年。在考验期内，法官应当通过指令的方式对少年考验期内的生活方式进行管教，也可以对他规定强制性义务，也可以不下达相应的指令或规定强制性义务。

考验期内，法官应当把少年交由专职考验期监督人监视和管教。监督人监督指令，强制性义务的实施和保证少年犯自愿承担的义务的实施。监督人应当和少年犯的父母和法定代理人共同合作，促进对少年的管教。如果少年犯在考验期间违反指令和强制性义务的规定，或者重新犯罪或有可能重新犯罪的，法官可以取消其缓刑，交付执行判处的刑罚。

按照少年刑法第 27 条规定，对少年犯的犯罪行为做完可能做的侦查之后，仍不能确有把握地断定少年犯的违法行为是否已造成非判不可的危害时，法官可以给少年犯定罪，但是判刑的决定在确定的考验期内暂不作出。也就是说，在这种情况下，法官虽然可以给该少年定罪，但暂不作出决定，而只规定一个考验期。考验期可以为 1 年以上 2 年以下。在考验期间，少年犯由考验期监督人监视和管教。如果该少年在考验期间表现不好，法官可以对该少年宣布刑罚判决，不许缓期执行。如果在考验期间，不存在上述情况，则撤销原判。

按照该法第 31 条规定，如果少年犯有数罪，法官也只能合并地规定管教措施、训诫手段或者少年刑罚，可以同时规定不同种类的管教措施和训诫手段或者管教措施同刑罚相结合，但不得超过少年禁闭和少年刑罚的法定上限。

（2）少年法庭组织法和少年刑事诉讼程序

《青少年刑法》对少年法庭组织法和少年刑事诉讼程序作了具体规定。下面我们分别叙述。

①少年法庭组织法

少年法庭判决犯有过错的少年。少年法庭包括担任少年刑事法官的刑事法官、合议庭（少年刑事合议庭）和刑事法庭（少年刑事法庭）。审判时，少年刑事合议庭由 1 名少年刑事法官和 2 名少年陪审官组成，由少年刑事法官担任审判长。少年刑事法庭由 3 名刑事法官和 2 名少年刑事陪审官组成，由其中 1 名法官担任审判长。少年刑事陪审官中必须有 1 名女陪审官参加审判。

少年刑事法官的任务是：A. 担负初级法院法官在刑事诉讼中所担负的一切任务；B. 应尽可能兼任监护法官。

监护法官对违法少年负有管教任务，其中包括：A. 采取适当措施协助家长、监护人和照管人对该少年进行管教；B. 采取措施预防少年犯罪；C. 作出关于管教监护和教养院教养的决定。

少年刑事陪审官由福利委员会提名，通过陪审官选举委员会选举产生。委员会所提出的候选人名单中，男女应有同样数量。候选人应当是有管教能力的、在少年教育方面有经验的人。选举时，必须要有参加选举的 2/3 的人同意后方能当选。

少年法庭要任命少年刑事检察官。少年刑事检察官应当是有管教能力的、在少年教育方面有经验的人。

为了使少年刑事诉讼程序更符合少年犯的实际，使违法犯罪少年经过管教、训诫和刑罚的处罚，尽快回归社会，少年法庭组织法规定了少年刑事诉讼协理制度。少年刑事诉讼协理制度由少年福利局在少年教养联合会的协作下执行。少年刑事诉讼协理机构的代表，在少年刑事诉讼程序中起着特殊的作用，他们向少年法庭提出教育、社会和教养等方面的观点和看法。因此，他们重点研究被告少年的个性、发育和周围环境，并以此协助有关当局审理少年案件，对应采取的措施提出自己的见解。在没有为少年犯任命考验期监督人的情况下，他们具有监督少年执行指令和强制性义务的权限。如果少年严重违反指令和强制性义务，他们负责通知法官。在考验期间，他们将同少年犯保持联系，并负有帮助他们重新回到社会中来的义务。

少年法庭组织法还规定了少年刑事法官、少年刑事合议庭、少年法庭以及地区对少年案件管辖的范围。例如，少年刑事法官只能管辖仅限于预计到可能判处管教措施、训诫手段、本法许可的附加刑和次要的法律后果，或者没有驾驶执照的少年过错案件和检察官向刑事法官提出起诉的少年过错案件。少年刑事法官不能判处 1 年以上或不定期刑罚，也不能将少年犯羁押在精神病院等。

②少年刑事诉讼程序

《青少年刑法》对少年刑事诉讼程序作了详细规定。少年刑事诉讼程序包括侦查程序、主要程序、上诉程序、缓刑考验程序、暂不作判刑决定的程序、补充决定、共同性程序决定、简化少年诉讼程序、不运用一般程序法的规定等内容。

A. 侦查程序

侦查程序包括侦查范围、讯问被告人、免予起诉和将侦查的主要结果写入起诉书等。在侦查程序开始之后，应当尽快地对有助于判断被告人道德、思想和个性特点的情况，如被告人生活家庭情况、成长过程、迄今为止的行为以及所有其他情况进行侦查。如有可能，应当听取家人、法定代理人、学校、师傅或其他培训领导者的意见。如果该少年犯担心听取师傅或培训领导者的意见会给他带来不利，甚至会使他失去工作时，可以不去听取他们的意见。如果少年犯是教养院的孩子，教养机关应当得到发表意见的机会。如果必要，特别是为了确定被告人的发育状况或者其他对程序来说是很重要的特征时，可以对被告人身体进行检查。这种检查应委托对少年犯进行犯罪心理检查方面有专门知识的人来进行。

如果预计到可能对被告人处以少年刑罚，检察官或少年刑事法庭庭长应当在提起诉讼之前对被告人进行讯问。

如果被告人认罪，检察官又认为通过判决进行惩罚是必要的，那么检察官就可以向少年刑事法官建议，给少年犯规定强制性义务，完成一定工作量，听交通规则课或者向他提出警告。如果少年刑事法官采纳了检察官的建议，检察官就可以免予起诉。

如有下列情况之一的，即便没有法官的同意，检察官也可以免予起诉：（A）已经确定管教措施，因而没有必要通过法官处罚的；（B）根据少年的过错，不需要给予少年刑罚，而且已给予训诫的。检察官应将侦查的主要结果写入起诉书，在文字上尽量避免不利于少年管教的措词。

B. 主要程序

当检察官将起诉书送交法官，法官认为惩罚没有必要，给被告人规定强制性义务、警告等措施更适宜，或者被告人没有成熟，不负刑事责任时，法官可以宣告终止程序。终止程序必须得到检察官的同意。当法官已经作出终止程序的决定时，应当注明理由，而且不准申诉。如果该决定作出后，又发现少年犯的新的犯罪事实或证据，可以重新起诉。

按照该法第48条的规定，受理少年案件的法庭在进行审判时，不得公开审理和宣判。在审理少年案件时，除参与程序的人员外，可以允许被害人刑事法官、被告的管教监督人和管教监护人等出庭。出于特殊原因，例如为了教育的目的，审判长可以允许其他人出庭。判决时，对被告人的道德、思想和身体的特点应当予以考虑。

C. 上诉程序

少年犯在法庭宣布判决后，如果对该判决不服，可以提出上诉，其家长和法定代理人经许可后也可以提出上诉，但是他们都无权对上诉后的判决再提出复审。家长或法定代理人未经被告人同意，不能撤回他们的上诉。如果是数罪并罚，而被告人只对其中某一罪行的判决不服提出上诉，其他部分判决照常交付执行。

D. 缓刑考验程序

少年缓刑考验可以在判决中规定，如刑罚还没有开始执行，也可以在事后通过决议的形式来规定。如果法官已拒绝缓刑考验，但根据实际情况认为判处缓刑考验是正确的，也可以重新规定缓刑考验。如果已规定缓刑考验，审判长应将已宣告的指令和强制性义务归纳于缓刑考验期计划里，并把这个计划交给少年犯，同时要讲明缓刑的意义、考验期长短、指令和强制性义务的内容以及撤销缓刑的可能性。在宣布缓刑考验期以后，应当指定考验期的监督人，并将其姓名写入考验计划。在少年犯保证愿意执行指令和强制性义务时，其家长和法定代理人应在考验期计划上署名。

经检察官同意，在考验期满后，即使没有经过审判通过决议的方式，也可以撤销原判。

E. 共同性的程序规定

家长和法定代理人的法律地位。根据该法第67条的规定，家长和法定代理人享有以下权利：（A）只要被告人享有陈述、发问和提出申请或者在侦查行动时出席的权利，家长和法定代理人也享有这些权利。（B）如向被告人发出通知，相应的通知也应当抄送家长和法定代理人。（C）家长也享有法定代理人享有的选择律师和提出申请或上诉的权利。（D）如家长和法定代理人有参与被告人过错的嫌疑或者因参与这种过错而判行，法官可以剥夺他们在这方面的权利。（E）如有数名家长，他们之中的每个都可以行使本法为家长规定的权利。

必要的辩护。在审判时，在被告未请律师或辩护人的情况下，审判长可以指定一名律师为被告辩护。被告辩护人可以查阅本案材料。在审判时，他享有一个律师该享有的权利。

拘留和羁押观察。在临时性的管教规定或其他措施不能达到目的时，可以对少年宣告执行拘留。少年犯被逮捕拘留后，诉讼程序必须加速进行。为了准备对被告少年的发育状况进行鉴定，法官在听取了有专门知识的人和律师的意见后，可以把被告少年羁押在专门看守所进行观察。羁押在专门看守所的时间不得超过 6 周。

除此之外，少年诉讼程序还有其他一些程序规定，我们不再赘述。

（3）交付执行和执行

少年犯被宣判后，采取以下的处理方法：

①少年禁闭

少年禁闭的执行应当激发少年的自尊心，并让他深刻地认识到必须对自己所犯的不法行为负责。少年禁闭应当在州司法机关的少年禁闭所或者业余时间禁闭室执行。执行官是执行所在地的少年刑事法官。对已在教养院教养的少年犯，可以在教养机关进行禁闭。少年禁闭不能缓期交付和规定考验期。如果出于管教原因，少年禁闭已部分地执行，交付执行主持官可以免除执行剩余的刑罚。如果判决发生法律效力后超过 1 年，少年禁闭就不许再交付执行。

②少年刑罚

根据《青少年刑法》第 88 条的规定，某些少年犯罪分子已执行一部分刑期，如果可以假释，考验他在不执行少年刑罚的情况下生活作风是否正派，交付执行的司法官可以宣告缓刑，以便考验他。某些少年犯的刑罚执行不到 6 个月，出于特殊原因，尚未执行完毕的刑期缓期执行；已服完判处 1 年刑罚的 1/3 刑期的少年犯，可以暂缓执行剩余的刑期。

根据《青少年刑法》第 89 条的规定，对判处不定期刑罚的少年犯罪分子，已服满其最低刑的刑期，可以将不定期改为定期，并宣告缓刑，以便考验。根据《青少年刑法》第 91 条的规定，执行少年刑罚时的任务是：A. 通过少年刑罚的执行，应当使被判刑的犯罪分子受到教育，使之今后生活作风正派，对社会负有责任感；B. 纪律、劳动、体育和有意义的业余活动，是这种教育的基础。必须促进被判刑的犯罪分子的职业技能训练，必须建立实习工厂，在拯救灵魂方面，确保有人照顾；C. 为了达到教育的目的，执行可以放松一点，在适当的情况下，可以采取灵活的方式；D. 执行官必须胜任执行方面的管教任务，并且是受过专门训练的。

③少年监狱

少年刑罚必须在少年监狱中执行。对不适于执行少年刑罚的被判处的 16

岁以上的少年犯，其刑罚可以不在少年监狱执行，其刑罚可按成年人刑罚执行的规定来执行。

（二）年长少年犯与联邦国防军士兵犯罪的特别规定

《青少年刑法》除对少年犯作出专门的规定外，对年长少年犯和国防军士兵犯罪适用的刑法、法庭组织法和程序、交付执行等也作了相应的明确规定。这些规定中有很多内容同对少年犯的规定相同，但也体现了对上述两类罪犯在适用该法时的特点。

1. 年长少年犯

前面已经说过，该法中所指的年长少年犯是年满 18~21 岁的犯罪者。如果年长少年犯遇有依照一般规定（即刑法规定），应受到刑事处罚的过错，有下列情况之一的，法官相应地援引对少年犯的有关规定，给予处罚：（1）作案人在行为时，按其道德发展和智力发育来看还同少年一样。（2）按其行为方式、情况或动机来看，属于少年过错。

对年长少年的刑罚的上限一般为 10 年。同时该法规定，对年长少年判刑时，应从宽处理。例如，按一般刑法对年长少年犯应判处无期徒刑的，法院可以判处其 10~15 年的有期徒刑。法官对少年犯不能规定作为预防措施的羁押。少年法庭组织法中的有关规定对年长少年相应地适用。关于少年法庭管辖的规定，也相应地适用于年长少年犯。少年刑事诉讼程序的规定，也相应地适用于审理年长少年犯案件。从年长少年犯的利益出发，如有必要，也可以不公开审理，等等。另外，关于少年刑法中交付执行和取消刑事污点的规定，对年长少年犯也相应地适用。但是，年长少年犯一般由普通法院审理。由此可见，对年长少年犯的审理程序基本上与少年犯审理程序相同。

2. 对联邦国防军士兵的特殊规定

《青少年刑法》对服役期间的少年或年长少年犯罪作出特殊规定，这些规定包括：（1）不得规定管教监护和教养院教养。（2）如少年犯或者年长少年犯在其道德或思想发展方面需要进行特别教育的，法官可以规定管教措施，由军纪长官对他进行管教帮助。（3）法官在下达指令和强制性义务时应当考虑到服役的特殊情况。（4）可以指定任何士兵为考验期监督人。考验期监督人活动时不接受法官的指示。（5）必须由军纪长官负责处理的少年犯和年长少年犯的事务，不能由考验期监督人监视。军纪长官所规定的措施必须优先执行。

如果法官规定了管教措施，则由军纪长官对少年犯或年长少年犯进行直接监视和照管。管教措施的时限为达到管教的目的为止，但最多 2 年，或者在士兵年满 22 岁或即将退役时终止。在判处少年刑罚的同时，也可以规定管教措施。犯罪的少年或年长少年士兵的案件，一般由普通刑事法院审理①。

（三）原民主德国《儿童与少年保护条例》

随着两德的统一，原民主德国的法律大多失效，统一适用联邦德国的法律，其儿童立法也不例外。但是，作为历史上曾存在过的一部儿童立法，其优点、不足、得失成败的经验应该依然具有一定的借鉴价值，尤其对于今天社会主义国家的相关立法的借鉴价值尤大。若把本法与其他社会主义国家的儿童立法加以比较，就不难发现它们之间似有某种事先达成的默契，政治化、口号化、空洞无物、可操作性很差，是它们的共同特色。故本书予以介绍，以为史料。

《德意志民主共和国儿童与少年保护条例》共 18 条，是 1969 年 3 月 26 日颁布的。

本条例指的儿童是未满 14 周岁者，少年系指 14 周岁以上、未满 18 周岁的人。

在第 1 条的原则中规定：保护儿童和少年免遭有害于或有损于沿着社会主义方向发展的影响，是德意志民主共和国全体公民的任务，尤其是家长、老师、教育工作者、徒工培训人、企业领导人、国家机关和部门的负责人、合作社、理事会和社会团体领导者的任务。上述所列举的人员有责任不让儿童和少年接触主要是由印刷品、电视和收音机传播的帝国主义思想的影响，不容许他们逃学和旷工以及具有堕落、道德败坏和妨害社会利益的生活方式和行为方式，不容许其酗酒、吸烟或无纪律的行为。对培养和教育少年儿童负有责任的人，必须采取适当的措施预防帝国主义思想的影响，克服消极的社会生活和行为方式，并努力消除其产生的根源和条件。由企业领导人、国家机关和经济指导部门的负责人以及合作社理事会采取的促进少年首创精神的措施必须包括下述任务：对少年儿童进行政治思想和道德教育，加强其国家和法律观念，保护其免遭有害思想的影响并预防消极的行为方式。尤其应当包括在业余时间内生活要有目的的措施。这些措施应同地方人民代表大会决定的防止危害少年儿童和预防刑事犯罪的纲领相一致。国家机关和经济部门的负责人，企业、文教事业和商业部门的领导人以及合作社理事会在其职责范围内有责任遵守保护儿童

---

① 资料来源：（1）康树华等编：《国外青少年犯罪及其对策》，北京大学出版社 1985 年版，第 153～165 页。（2）萧榕主编：《世界著名法典选编·刑法卷》，中国民主法制出版社 1998 年版，第 490～506 页。

和少年的法律规定。第 3 条是监护人、儿童和少年。监护人系指父母或根据《家庭法典》的规定，承担长期或临时教管义务的人。

抵制低级下流和危害少年儿童的作品。不准制作、进口和传播低级下流的作品。不准制作、复制、翻印或以其他方式再版和传播危害少年儿童的作品。监护人、老师、教育工作者和徒工培训人有责任向少年儿童说明低级下流作品和危害少年儿童作品的腐败性质和有害的影响，并要求他们不要占有此类作品。少年儿童拥有上述作品时，监护人应将其没收并予以销毁。老师、教育工作者和徒工培训人有义务没收少年儿童拥有的上述作品，并将其转交给少年儿童的领导人。学校、职业培训学校、中学生和学徒工的寄宿学校、教养院和假期活动站的领导人有义务同自由德国青年联盟、少先队组织和其他社会力量密切合作，以便对少年儿童占有低级下流和危害少年儿童的作品情况实行监督。一旦发现这类作品，上述领导人应将其没收，并向少年儿童说明这些作品的危害性，然后通知监护人。国家机关，尤其是德国人民警察有权单独没收低级下流和危害少年儿童的作品。没收此类作品不予补偿。

第 7 条规定，成年人尤其是监护人、老师、教育工作者和徒工培训人、饭店的领导人和所有人、服务员以及商业或类似部门的销售人员必须遵守以下规定：（1）不准向 16 岁以下的少年儿童递送、销售或以其他方式出让含有酒精的饮料和烟草制品。禁止向儿童出售易燃易爆物品。（2）对 16~18 岁的少年只许少量地出售、递送或以其他方式出让酒精含量不超过 20% 的饮料。不准教唆少年喝酒。16 岁以下的少年儿童吸烟有损于健康，并妨碍个人的全面发展，因而是不允许的。少年儿童必须采取与上述规定相适应的态度，并不准诱使其他少年儿童享用含有酒精的饮料和烟草制品，尤其不得采取欺骗服务员和售货员的方法获得含有酒精的饮料和烟草制品。商业部门的领导人、饭店的领导人、少年俱乐部和其他少年机构的负责人以及国家与工会俱乐部和文化馆领导人有责任在其设施内提供足够的无酒精饮料和酒精含量少的饮料。

公共电影院的领导人或所有人只许少年儿童观看中央国家主管机关准予向其放映的影片。在非营利的娱乐场地放映电影的主办人负有同样的责任。中央国家主管机关在其职责范围内作出准予放映的规定。该机关有义务以适当的方式向公众公布准予放映的影片。准予放映的影片应分别注明下列标记：（1）不准 6 岁以下儿童观看的影片；（2）不准 14 岁以下儿童观看的影片；（3）不准 16 岁以下少年观看的影片；（4）不准 18 岁以下少年观看的影片。监护人、电影院、俱乐部、小型歌舞院、杂耍剧院和流动舞台的领导人或所有人，公共娱乐设施的服务人员以及饭店的领导人、所有人和服务人员有责任遵守下列规定：（1）只准儿童在电影院、俱乐部、小型歌舞院、杂耍剧院、流动舞台、娱乐场所和饭店（包括儿童舞会）逗留到 19 点。（2）只准 16 岁以下的少年儿童在电影院、俱乐部、小型歌舞院、杂耍剧院、流动舞台、公共娱乐场所和舞会上逗留到 22 点，在饭店逗留到 21 点。（3）只准 16 岁以上、18 岁以上的少年在电影院、俱乐部、小型歌舞院、杂耍剧院、流动舞台、公共娱乐场所和舞会上逗留到 24 点，在饭店逗留到 22 点。少年儿童如在监护人或其他成年人的陪同下观看文艺演出，允许他们逗留到演出结束；在第 1 款所列举的其他场所，停留的时间允许比规定的时间晚 2 个小时。但上述限制不适用下列情形：（1）少年儿童旅行途中在饭店停留。（2）由党组织、社会团体、全德阵线、企业、合作社和学校举办的活动。举办人同样需要遵守对含有酒精的饮料所作的限制规定，并保障活动的内容和过程必须符合社会主义国家的培养目标和教育方针。对举办上述规定的活动报告负有批准职责的机关，可以对少年儿童参加此类活动作出遵守相关规定的命令。举办上述有关的活动以及举办不负有报告义务的此种活动时，对少年儿童停留的时间，监护人和举办人必须遵守本法上述的规定。为确认年龄，下列人员在履行本法规定的任务时，有权查看德意志民主共和国公民的身份证：（1）商业部门、饭店、俱乐部或其他类似机构的领导人，售货员和服务人员；（2）电影院、杂耍剧院、小型歌舞院或其他类似部门的检票人员。

儿童与少年的监督，国家机关和经济部门的领导人、企业的领导人，合作社理事会、职业培训部门、假期活动站和教养院的负责人、文化团体、饭店和其他烹调服务行业的领导人、中小学校和寄宿学校的领导人，必须定期同各方面的义务工作人员，特别是咨询委员会共同对遵守本条例的情况以及采取的预防措施进行监督。

成年人故意或疏忽犯有下列某种行为，可处以警告或罚金：（1）制作、引进或传播低级下流作品；制作、复制、翻印或其他方式再版或传播危害少年儿童的作品等。（2）违反本法规定，向 16～18 岁的少年递送、销售或以其他方式出让含有酒精的饮料或向儿童出售易燃易爆物品。（3）违反规定向 16 岁以下的少年儿童出售或赠送、递送酒精含量超过 20% 的饮料，引诱他们大量喝酒。（4）违反本法的其他规定。16 岁以上的少年故意违反本法有关规定，如果违法的方式和方法或其迄今的态度需要运用处罚形式才能取得适当的教育效果或违法的少年拥有自己的劳动收入，可对其处以警告或 10～100 马克的罚金。由各市的市长、各乡的乡长以及各县、县级城市、城市各区和乡镇政府中管辖此项事务的专职委员负责执行处罚程序。违反法规的行为一旦被德国人民警察的成员所确认，德国人民警察分局的领导人就有权执行处罚程序。如果属于情节较轻的违法行为，地方政府主管委员所授权的同僚以及德国人民警察局所授权的警察有权宣布处以 1、3、5 或 10 马克罚金的警告。工商业经营如屡次违反法律规定的义务，可在处罚程序中吊销其营业执照。负有规定职责的领导人如不履行本条例对其赋予的义务并不听劝告者，可对其执行惩戒程序。

必须以适当的方式在所有有关的公共场所张贴本条例。张贴本条例并未解除负责人遵守和执行本条例规定的义务①。

(四) 德国其他专门性法律对儿童权利的保护

1961 年 4 月 29 日德国颁布了禁止传播危害青少年作品法，同时还颁布了关于在公共场所保护青少年法。

根据禁止传播危害青少年作品法的规定，凡传播有伤风化、具有粗野影响、助长青少年使用暴力和犯罪、煽动种族仇恨，以及美化战争的书刊、录音带、绘画等，一律要受到刑事法院判处 1 年有期徒刑或罚金的处罚。

德国关于在公共场所保护青少年法中，对青少年、儿童在公共场所停留的范围和活动进行了明确的法律规定，目的在于预防青少年和儿童遭受社会环境中的各种不良影响和污染。该法第 1 条第 3 款规定："本法所谓的儿童，系指未满 14 岁的公民。该法所谓的青少年系指已满 14 岁未满 18 岁的公民。"该法规定饭店和商店不准向少年儿童和 18 岁以下的青少年出售酒类；禁止 14 岁以下的儿童和青少年在公共场所吸烟；不准 16 岁以下的少年儿童参加公共场所举行的舞会，16 岁和 16 岁以上的青少年，可以参加 24 点以前公共场所举行的舞会，但从 22 点开始，一定要有监护人在场；少年儿童和青少年不准观看杂要、时事讽刺剧、黄色歌舞；凡不利于青少年身心健康发展的、不利于培养社会才干的影片，一律不给青少年放映，6 岁以下的儿童不准观看公共场所放映的电影。对 6 岁以上至 12 岁、12 岁至 16 岁、16 岁至 18 岁的少年儿童和青少年分别不同年龄段，规定观看影片的限制；禁止少年儿童和青少年进行赌博和到带有粗野活动的场所去，等等。该法第 13 条明确规定，作为举办人或经营人违反了上述规定，至少以轻率的行为严重损害儿童或青少年的身体、思想或品德方面的成长论处，将受到 1 年以下剥夺自由或交付罚金的惩罚②。

(五) 德国儿童权利保护专门法简评

德国的儿童权利保护专门法不论从数量还是从质量上来看，都是处于世界

---

① 参见张美英译作，载《国外法学》1985 年第 5 期。

② 参见康树华著：《青少年法学》，北京大学出版社 1986 年版，第 315~316 页。

先进行列的。儿童方面的立法主要有：《青少年刑法》、《青少年福利法》、《青少年法院法》、《青少年劳动保护法》、《在公共场所保护青少年法》、《禁止传播危害青少年作品法》等，形成了保护儿童权利的相当完善的法律体系。其中，《青少年刑法》集中体现了对儿童权利予以特别保护的思想。从该法的条文可以看出，立法者处处都考虑到基于儿童自身的特点而具有的特别需要，虽然名曰《青少年刑法》，但对违法犯罪少年的处罚只是维持在一个必要的限度内，并且着眼于对违法犯罪少年的改造与教养，有利于其将来融入社会做准备。而像《在公共场所保护青少年法》、《禁止传播危害青少年作品法》等，则基本上不涉及青少年违法犯罪案件的审理和对违法犯罪青少年教养改造等问题，只是从国家和社会各个方面规定对保护少年儿童健康成长所承担的责任，并且对于成年人危害少年儿童健康成长的行为予以严加取缔乃至明文规定给予法律制裁。

从上述德国儿童权利保护的专门立法的介绍可知，该国的相关立法相互配套，可操作性强，保护面广，因而在实际的社会生活中，对儿童权利能起到有效的保护作用。

五、加拿大专门法对儿童权利的保护

(一)《青少年犯罪条例》

《青少年犯罪条例》所贯穿的基本原则是：（1）青少年应对他们自己的品行负较多的责任，但并不完全由他们自己负责，因为他们尚未成熟；（2）社会有义务保护他们；（3）青少年应像成年人那样，同样有权享受正当的法律诉讼和公平待遇，对这些权利必须由特殊保证的条款予以保障。

关于《青少年犯罪条例》所适用的范围，按该条例规定，它将只适用于被指控触犯了刑法典和联邦其他法令、法规的特殊罪行的青少年。该条例不适用于被指控违反了各省法律的那些青少年。按照条例规定，青少年的刑事责任年龄将从 7 岁提高到 12 岁。12 岁以下的儿童违法不追究其刑事责任，只能按各省有关法律对其进行适当处理。但是关于最高年龄该条例规定为 18 岁，而各省却不统一，有的省最高年龄规定为 16 岁，有的规定为 17 岁，这是该条例允许的。

按该条例的有关规定，除严重的少年案件外，一般较轻微的少年犯罪，采取其他有效办法进行处理，在大多数场合，不必送交少年法院处理。当少年犯罪案件交由少年法院审理时，从起诉、下达审讯通知、羁押到判决，都有一整套严格的程序。（1）将所有诉讼程序通知少年犯的家长，鼓励他们，必要时

指示他们出庭，一旦他们的孩子被判有罪，他们可以向法院陈述他们对判决的意见。（2）在整个诉讼过程中，包括法院以外任何形式的诉讼，少年都有合法的申诉权。（3）法官必须向受审理少年说明他们应享有的权利。（4）在判决前，如果法官考虑把该少年送交成年人法院，或对该少年要进行判决，必须准备一份报告。这是对少年犯有关事项和法案的鉴定。（5）如果法官考虑到这个少年正在生病，或者患有精神病，或者正处于精神错乱之中，无思维能力或反应迟钝，他可以要求进行医学、心理学和精神病学的鉴定。审判前的羁押必须严格遵守程序，少年法院要通知该少年的家长，将少年与成年犯分开关押，受理少年提出的保释申请，在保证该少年按时出庭的情况下，将少年予以释放，交由可靠的成年人（家长和法定代理人）照管等。按照该条例规定，碰到罪行性质和情节十分严重的少年案件时，为了少年本人和社会安全的需要，可将该少年案件交成年人法院审理。这些案件包括强奸、杀人和武装抢劫等严重犯罪。因此，成年人法院也受理 14 岁以上少年的严重犯罪的案件。按照该条例规定，少年法院在审理少年犯时，必须考虑该少年罪行的严重程度，少年本身的成熟程度和性格特征以及他是否有前科等因素。

《少年犯罪条例》第 20 条中规定了处理的选择，对犯罪少年的处理方式有：

（1）释放和终止。当少年因一般较轻微的犯罪行为而被起诉以后，法院认为该少年罪行轻微，不需要送交法院处理，而应以其他有效办法处理时，则将该少年予以释放或终止诉讼程序。

（2）罚金。《青少年犯罪条例》规定最高罚金为 1000 美元。

（3）缓刑。缓刑是所适用的处理选择中最常用的一种方法。

（4）赔偿损失。少年犯罪者要归还或赔偿因犯罪造成的物质损失。在作出这种决定时，法官要考虑该少年的收入或偿付能力。判定以实物偿还或是以该少年为受害者提供服务的方式进行；可以要求少年犯为公共事业的服务项目完成一定定额的劳动，例如在教堂、公共场所或中心区、市政厅、公园、公寓、医院、邮局等场所劳动。

（5）其他。如果法官发现少年精神不正常，按其具体精神状态，可以送往精神病院治疗，也可以把少年送往教养院、救护团体、团体之家等进行抚养管教，还可以送往工读学校和训练学校进行教育、训练。

（6）监禁。法院可以判处少年犯徒刑，按条例规定，对少年可以判处无期徒刑。在判刑以后，可以将少年送往一个专门指定的居住设施，限制他们同外界接触。这些设施主要有集中地、集中训练中心、儿童保育机关、少年犯罪教养所、拘留中心、惩治机构和荒郊营地等。少年在其宣判的监护性处置结束以前，对少年罪犯保留管辖权。一旦少年法院宣布监禁，就将少年犯交给省的有关当局。被监禁的少年经各省当局可以被假释。假释有两种类型：①由于医疗上和人道主义的原因，可获准最长期为 15 天的临时假释；②白天假释，使少年照常上学或受训，继续工作或参加一项自我改造计划。

除此之外，该条例规定了对少年案件判决的复审程序。其目的在于：（1）保证对少年的处理不脱离实际，同时使之符合事实，以便促进少年犯的进步；（2）使每个人，包括罪犯、家长、地方执法官和总检察长都不仅有机会提出复审，而且有机会参加和旁听复审；（3）既保护了少年的权利，又维护了社会的公共利益，同时又保留了少年法院司法权。新的复审程序的目的在于发挥更大的积极作用。判处一定监禁期的少年犯可以委托进行复审。复审或者由少年法院，或者由省指定的复审部门来处理。监护处理的长短和性质只有少年法院能改变。复审必须根据各省执法官、少年犯以及他们的家长或公诉人的请求定期进行。复审时，少年法院可以维持原来的处置或者减轻原来的处置，也可以解除少年犯的监禁，对他们处以缓刑，如果这些少年犯不按给予的处置服刑时，少年法院可以对他们作出更严厉的判决。根据该条例规定，少年犯享有上述的权利，但是必须征得特殊许可，才能上诉。

《青少年犯罪条例》还规定，少年法院对少年犯的审判应该公开，这样，不仅使审判公正，而且会受到社会公众的监督。但是报刊不允许刊登少年犯、少年受害人和证人的姓名①。

（二）《加拿大少年犯法令》

"儿童"指明显地或实际上是在 16 岁以下的男孩或女孩，或者根据本条第 2 款的规定，在各个省法令所规定年龄上限以下的男孩或女孩。"少年犯"指任何触犯《刑法典》的有关条款、省的法规、自治区的条例或法则的儿童；或者他是具有性的不道德或别的类似恶行的儿童；或者因为他已经具有违反别的有关法令的行为，根据联邦或省的有关法律规定，应当将他送往工业学校或者少年改造所的儿童。议会议长可以经常通过文告，指令：本法令中"儿童"这一词，在该省可以指明显地或实际上是 18 岁以下的男孩或女孩，这种文告也可以适用于男孩或仅适用于女孩或男孩和女孩两者都适用，并且当本法令中所指"儿童"在该省也是指任何明显地或实际上是 16 岁以下的男孩或女孩

① 康树华等编：《国外青少年犯罪及其对策》，北京大学出版社 1985 年版，第 94~100 页。

时，各省根据本条规定以文告形式发出的指令应当取消。

任何儿童如果具有关于"少年犯"的定义中所举列的任何行为，这种行为即叫做少年犯罪，对这样的儿童将根据以下规定进行处理。如果某个儿童被确认已经具有犯罪行为，那么将对他进行处置。但不是作为一个罪犯进行处置，而是作为一个处于少年犯罪的不良环境中，需要帮助、监护和适当监管的儿童进行处置。

关于法庭管辖，第4条规定，除了第9条规定的内容外，少年法庭对少年犯罪案件具有唯一的管辖权，包括那些在对少年犯罪案件作出判决后，儿童的年龄已经超过了在定义中的"儿童"上限年龄的案件。除了下面有所规定者外，根据本法令所提起的诉讼和审理将是速决的，将比照《刑法典》有关迅速审判条款的规定办理，被告人的行为是否构成所控罪名也将比照对成年人速决案件的规定办理，但是以下情况除外：（1）有关上诉条款的规定不适用于少年法庭的诉讼程序；（2）在本法令或有关对特殊案件进行规定的法律没有特别对迅速审判案件中的提起控诉或为定罪量刑准备资料的期限作出规定的情况下，对其相应内容所作出的规定只适用于对成年人迅速审判案件中也适用的诉讼程序。但是，根据本法令第4条的规定所审理的成年人案件除外。如果是触犯了《刑法典》的犯罪行为提起诉讼，《刑法典》中有关期限规定的条款也适用于少年法庭。在一些条款中出现的"治安法官"，在根据本法令所适用的诉讼中指"少年法庭法官"或经过联邦或省的权力机构依法特别授权处理少年犯罪案件的法官。

每个少年法官在审理少年案件时具有执法官的一切权力。除了本法有所规定者外，在处理少年犯时，少年法庭法官具有与《监狱和改造法》中所规定的法官、薪俸制法官和治安法官相同的一切权力。少年法庭法官关于对少年犯进行审理期限的裁决不受本法规定的限制。少年法庭经过其所在省总检察长的批准，可以聘请1名法官助理。在少年法庭法官缺席、生病或因别的原因缺乏能力行使其职权的情况下，法官助理具有少年法庭法官的一切权力。总检察长有权决定法官助理的任期并有权随时决定免去其职务而不需要作出任何解释，经过总检察长的批准，法官也具有这一权力。聘请法官助理的法官和总检察长均可接受法官助理的辞职申请。

对儿童实行有证逮捕或无证逮捕后，应当将儿童送交少年法庭而不是送交治安法官。如果根据发出的传票或逮捕证，或由于别的原因，儿童被送交治安法官，那么，治安法官有责任将该案件转往少年法庭，而对儿童处于控制状态的官员的责任则是负责将儿童带往少年法庭。对这类转交的案件，少年法庭应当像自己一开始就接手的案件一样进行审理和判决。但是上述的规定不适用于本来就是少年法庭法官的治安法官，或者根据所在省的任何现行法律规定，有权处理少年案件的治安法官。

在第9条中规定了根据《刑法典》或其他有关法律的规定，如果被控告人的行为属于刑事犯罪且被控告的儿童是明显地或实际上超过了14岁，那么，法庭可以在裁决中命令将该儿童转往普通法院，按《刑法典》的有关规定提起公诉。但是，除非法庭认为从儿童的利益和社会的利益考虑，需要对儿童提起公诉，一般情况下是不应当采取那样的转移措施的。在普通刑事法院对儿童提起公诉前的任何时候，法庭可以裁决撤销以前的移送命令。

在对任何被控儿童的少年犯罪行为进行审理前，都应当通知儿童的父母或监护人；如果该儿童既没有父母也没有监护人，或者不知道其父母或监护人的住址，可以通知住在该市、镇或县、知道确切地址的儿童的某个近亲属。在对案件进行审理时，被通知的人具有与其父母的同等的权利。法官可以根据本条的规定对通知的某人发出指令，根据指令而发出的通知具有指令同样的效力。

书记员的权利和书记员的职责是：（1）管理有关誓约事务是每个少年法庭书记员之当然的权利，在法官和法官助理缺席的情况下，书记员还有权作出延期审理案件的决定，但决定延期的期限不得超过10天。（2）少年法庭书记员的责任是：当已经决定将儿童提交法庭审理时，预先通知缓刑官或总缓刑官。

第12条对不得报道儿童姓名或公布儿童的身份作了详细的规定：（1）对儿童的审理不得在公共场合进行，并且必须对儿童被告人与别的被告人分开进行审理，因此，应当将审理安排在适当的时间进行。（2）对儿童的审理可以在法官的私人办公室或法院的某些秘密房间里进行；或者安排在某些合适的市政建筑或拘留之家里进行；如果没有这类合适的房间或地方，可以安排在普通法庭对儿童进行审理。但是如果在审理儿童之前在该法庭刚刚对某成年人案件进行过审理，那么，必须在审理成年人案件结束半小时以后才能开始对儿童案件的审理。（3）一切有关儿童实施少年犯罪行为的报告、有关儿童已经实施少年犯罪行为的报告、有关对被控告儿童进行审理和判决的报告或者根据第33条或第35条少年法庭对被控告成年人进行审理的报告，在这些报告中，对儿童、儿童的父母或监护人的名字、儿童被控告前所在的非寄宿制学校或机构或寄宿制学校或机构的名字，没有经过法官的特别允许，一律禁止在任何报纸或别的出版物上予以发表。此款适用于在加拿大任何地方出版的所有报纸和别的出版物，不管本法令在该出版地的实施情况如何都是如此。

根据本法令进行审理前，不应当将儿童安置在任何县的拘禁场所、监狱或别的关押或可能关押成年人的地方，而应当将儿童拘留在拘留之家、儿童庇护所或根据法官的指令对他进行安置，在法官缺席的情况下，可以根据行政司法长官的指示对儿童进行安置，如果法官和行政司法长官两者都缺席，则根据市、镇、县或地方的市长或行政首长的指示对儿童进行安置。任何官员或任何人在对儿童进行安置时，如果违反了上述规定，则可由少年法庭或执法官进行速决审理后，对他科处不超过 100 元的罚款或判处不超过 30 天的监禁或两者并罚。但本条不适用于第 9 条中所规定的儿童。对于明显地在 14 岁以上的儿童，如果法官缺席的情况下，行政司法官认为，或在法官和行政司法官两者都缺席的情况下，市、镇、县或地方的市长或地方行政首长认为，除了将儿童拘禁在监狱和拘留所外，拘禁在别的任何地方都不能确保其安全，对于这类儿童不适用于本条的规定。

关于为确保儿童出庭的措施，该法第 14 条规定，如果对儿童的逮捕令状已经发出，或者儿童已经被无证逮捕，但在该县或该地区又没有建立为儿童专设的拘留之家，而在没有经过法官同意，或在法官缺席的情况下，没有经过行政司法官同意的情况下，又不能对儿童采取监禁措施，则必须另外采取确保儿童按规定出庭的措施。如果可能，为了避免对儿童采用监禁措施，可以接受以上有关条款所规定的通知其参加诉讼的父母、监护人或其他确保儿童按法庭的规定出庭负有责任的人员，对于使儿童按法庭要求按时出庭所作出的口头的或书面的保证，如果违反以上保证，将被认定为犯有藐视法庭罪，除非法庭认为儿童不按法庭的要求出庭存在合理的原因。

如同对待其他被控告人一样，少年法庭在对被控告犯罪少年进行审理前，为了让被控儿童按时出庭受审，可以接受对该儿童的保释。法庭可以在他认为合适的一段时间内推迟或延期审理。

根据本法令所进行的诉讼程序，包括对案件的审理和判决在内的有关儿童案件的诉讼程序将尽可能采用非正式的形式，但必须考虑与正当的司法管理相一致。对于少年法庭根据儿童的最大利益而对被控告儿童作出的判决和所采取的有关措施，都不能由于它的不正式或者不规则而被废除或者加以排斥。除第 5 款规定外，任何人不论他是儿童还是成年人，如果少年法庭已经发出了逮捕他的令状，而他又不在发出令状的少年法庭的管辖范围内，或被怀疑是在加拿大的别的地方，那么，他所在或被怀疑所在管辖区的少年法庭法官或法官助理，如果该管辖区没有有管辖权的少年法庭，则他所在或被怀疑所在管辖区的任何治安法官，可根据少年法庭法官或别的签署逮捕令状的官员所提供的经过发誓的证据或书面确证的证据，对该逮捕令状予以认可，签上他的名字并授权在他的管辖区内对该逮捕令状予以执行。这种认可对于持有逮捕令状的人以及执行该逮捕令状所有的别的直接责任人员都具有充分的效力，对于少年法庭或对逮捕令状予以认可的地区法院的缓刑官、警察和别的治安法官也具有同等的效力。这种认可被签署后，他们应当在各自的职责范围内对逮捕令状予以执行，一旦根据令状对命令逮捕的人予以逮捕，即应负责移送至发出逮捕令状的少年法庭。如果少年法庭决定将已经在少年法庭出庭的儿童和仍处于法庭监管之下的儿童安置在法庭管辖范围外的寄养之家，或将他们委托给法庭管辖范围以外的缓刑官、别的合适的人或某工业学校对他们予以照管或监管，法庭可以对这样的儿童采取法庭所能采取的任何措施，如果是属于法庭的管辖范围内，为了安置儿童的目的，可以对处于加拿大任何地方的儿童发出传票或令状，对于已经发出的传票或令状，在法庭所管辖范围以外的加拿大的任何地方都可以执行而不受上述规定的限制。

在确定其程序的合法性时，不需要任何印章或附录任何资料、传票、逮捕令状、定罪书、裁决书或别的诉讼过程中出现的或根据本法令所采用的已经归档、登记或发出的传票和文件。在少年法庭的诉讼中，如果需要一个尚处于需要照料年龄的儿童作为证人出庭作证，只要法官认为，该儿童已经具有足够的智力认识到他作证的后果，能够理解他应说实话的责任，但对发誓的性质不能理解，那么，该儿童来经过发誓所作的证词是可以采纳的。但是不得仅仅根据一个尚处于需要照料年龄儿童的未经过发誓所作的证词而对任何人定罪，除非这个儿童的证词在某些重大方面已经经过证实。

该法第20条对准予缓刑作出了详细的规定：（1）在对被认定为少年犯的儿童进行审理后，法庭在判决时可以采取以下所列举的一种或几种措施，法庭可以根据具体案情在审判中适当决定：延期判决；有限期地或无限期地对案件延期审理或判决；科处不超过25元的罚款，其支付方式可以采用定期定额的方式或别的方式；将儿童交给缓刑官或别的任何合适的人照管或监督；允许儿童仍住在他自己家里，由缓刑官经常对他进行访问，这样的儿童必须按规定经常向法庭或缓刑官的友好监管以及继续服从法庭的命令；可以对少年犯进一步采取一些法庭认为合适的措施或附加一些别的条件；将儿童交付给根据有关省立法机关的法令或经过议会议长助理正当批准成立的儿童援助会，在一些没有儿童援助会的自治区，如果设有监管主任所管辖的机构，可以将儿童交付给监管主任；或者将儿童交付给经过议会议长助理正当批准建立的工业学校。（2）在每个案件中，法庭可以对儿童的父母或儿童所属的自治区就有关抚养儿童事项作出裁定。如果裁定是对自治区作出的，自治区可以在某一时候对于由他根据法庭裁定所付出的抚养费向儿童的父母追回。（3）如果某个儿童被确认为少年犯，无论他是否根据第 1 款的任何方法被处理，在他满 21 岁以前，除非法庭有不同的裁定，法庭都可以在任何时候通过发出通知、传票或逮捕令状使少年犯到法庭重新出庭，然后，法庭可以对他采取第 1 款中规定的任何措施，或者根据本法第 9 条对他作出裁决，或者可以裁决将拘留中的儿童予以假释或释放。但是，在设有监管主任的省，如果没有监管主任的释放建议书，法官不能作出从工业学校释放儿童的裁决，法庭在根据本条的规定作出从工业学校释放少年犯，或者将少年犯从工业学校转移到寄养之家或从一个寄养之家转移到另一个寄养之家的裁决时，被裁决的少年犯不需要出庭。（4）如果某个儿童根据第 3 款的规定在法庭重新出庭，法庭可以根据缓刑官或别的对儿童进行照管的人，或儿童援助会的书记、监管主任或儿童所在工业学校的主任所作出的报告决定对儿童所应采取的处理措施，既不需要别的证据，也不需要进一步对儿童进行审理。（5）在对案件进行审理后，法庭决定对儿童所采取的措施应当是法院认为根据儿童的切身利益和社会的最大利益的需要而采取的措施。

如果根据本条的规定发出指令，将某个儿童委托给儿童援助会、监督中心主任或训练学校，并且那样的指令是由儿童所属省的部长发出的，那么即可以根据该省的法律，在各方面都以类似的方法对这个儿童进行安置和处理，就像根据该省有关法规规定，对其案件依法作出的裁决一样有效。根据本法令，自指令发出之时起，除非存在新的犯罪行为，法庭将不再进一步对该儿童作出处理。各省部长可以预先发出指令，这样的指令适用于本条所提及的所有案件。且可以命令父母或监护人支付罚款、赔偿损失。

尊重儿童的宗教信仰。第 23 条规定：（1）对于根据本条处理的信仰基督教的儿童，不能将他们委托给天主教的儿童援助会加以照管或将他们安置在天主教徒的家里作为他们的寄养家庭。同样，也不能将根据本条例处理的信仰天主教的儿童委托给基督教的儿童援助会加以照管或将他们安置在基督教徒的家里作为他们的寄养家庭。（2）如果一个基督教儿童被委托给一个天主教的儿童援助会加以照管或被安置在一个天主教徒家里作为他的寄养家庭；或者一个天主教儿童被委托给一个基督教的儿童援助会加以照管或被安置在一个基督教徒的家里作为他的寄养家庭，法庭应当根据任何能代表儿童利益的人的申请发出命令，根据上述的规定对儿童作出适当的安置。（3）对于一个其宗教信仰与基督教和天主教不同的儿童，不得将他委托给基督教或天主教的儿童援助会加以照管或者将他安置在任何基督教徒或天主教徒的家里作为他的寄养家庭，除非在这个自治区里没有像儿童或他的家庭所声称的那种相同宗教信仰的儿童援助会或合适家庭作为他的寄养家庭，如果没有任何那种宗教信仰的儿童援助会或合适的家庭可以对儿童进行正当的安置照管，那么则根据法庭的判决对儿童进行安置。

不允许儿童出庭。在对被控犯罪的任何人的审讯期间或者任何诉讼开始期间，不允许儿童出庭观看，即使已经出庭，也应当命令他离开，除非他是被控告的犯罪嫌疑人，或者需要他作为证人，或者在其他情况下，为了司法的目的需要他出庭。本规定不适用通讯员、书记员以及别的由于他的职业的原因要求他出庭送交训练学校为非法的人。

将一个明显地处于 12 岁以下的少年犯送交任何训练学校的行为都是不合法的，除非已经对少年犯采取过有关矫治的措施仍不能达到矫治的效果。例如，已经将儿童安置在他自己家里或某个寄养家庭或儿童援助会或已经送交监管主任进行照管而没有效果，在这种情况下，可以考虑将儿童送交训练学校。另外，如果法庭认为，为了儿童的最大利益和社区的利益需要将儿童送交训练学校，在这种情况下也可以将儿童送交训练学校。在任何情况下，无论是在对少年犯定罪前或定罪后，都不能将少年犯关押在监狱、拘留所、警察局或别的关押或可能关押成年人的地方。关于少年法庭委员会，第 27 条规定：（1）在少年法庭义务服务的市民委员会，可以看做"少年法庭委员会"。（2）如果既有基督教的儿童援助会也有天主教的儿童援助会，那么基督教儿童援助会的委员会或他的附属委员会将是基督教儿童的少年法庭委员会，天主教儿童援助会的委员会或它的附属委员会将是天主教儿童的少年法庭委员会。（3）如果在市或镇里没有适用本法令的儿童援助会，法庭可以根据由该自治区 15 名有关居民签名的申请书，聘请 3 名或 3 名以上的人组成基督教儿童的少年法庭委员会，另外聘请 3 名或 3 名以上的人组成天王教儿童的少年法庭委员会，当这些被聘请的人组成联席委员会时有自主权。（4）对于其宗教信仰与基督教和天主教不同的儿童，如果在该自治区内有与该儿童的宗教信仰相同且各方面条件也合适的人，并且他们本人愿意，法庭也认为他们是组成少年委员会合适人选，法庭将为那样的儿童聘请 3 名或 3 名以上的人组成少年法庭委员会。委员会的职责是：（1）少年法庭委员会应当根据需要经常开会，就少年犯的有关问题同缓刑官商量，通过缓刑官或别的途径，向法庭提供有关情况，就处理少年犯的最好模式向法庭提出建议，这些都是少年法庭委员会的职责。总之，少年法庭委员会应在自己的权利范围内，通过各种措施帮助和矫治少年犯。（2）作为少年法庭委员会的成员，少年法庭委员会的代表可以出席少年法庭的任何开庭。(3) 对于少年法庭委员会认为应当由少年法官进行专门审理和判决的案件，任何法官助理都不得对这样的案件进行审理和判决。另外，法庭可以聘请缓刑官。如果省政府没有聘请缓刑官而在该省又已经通过市政府拨款、公共捐款或别的途径支付给缓刑官以薪金，在这种情况下，法庭应当在征得少年法庭委员会的同意后，聘请一名或几名合适的人作为缓刑官。缓刑官的权利是，每一个根据本法令或根据任何省的有关法规规定而被正当聘请的缓刑官履行职责时具有警察的一切权利，他在根据本法令的授权而忠实地履行职责过程中所实施的一切行为都不受民事制裁。缓刑官的责任为：(1) 根据法庭的要求进行调查；(2) 在案件被审理时代表儿童的利益出庭；(3) 根据要求给法庭提供资料和帮助；(4) 根据法庭发出的指令，在对儿童进行审理前或审理后，对儿童进行照管。为了实现本法令的宗旨，每一个被聘请的缓刑官都应当接受法官的控制并服从法官的指令，缓刑官的工作是同那样的指令联系在一起。

在对少年法庭委员会、委员会的职责、缓刑官的权利、责任等作出规定之后，特别规定了促成少年犯罪的成年人的义务。(1) 任何人无论他是儿童的父母、监护人或既不是儿童的父母也不是儿童的监护人，只要他是故意或放任：①促使、引起、教唆或纵容儿童实施少年犯罪行为；或者，②实施任何引起、推动或促成儿童成为、将成为或可能成为一个少年犯的行为；他就有责任接受少年法庭或执法官的迅速审判，少年法庭或执法官可以对他科处不超过500 元的罚款或为期不超过 2 年的监禁或两者并罚。(2) 无论是儿童的父母还是监护人，作为父母或监护人，他们有责任不让儿童去实施少年犯罪行为或成为一个少年犯，有责任排除导致或可能导致儿童变成少年犯的条件。对于那些有能力履行父母或监护人的责任而又不认真履行其责任的人，少年法庭或执行法官将通过迅速审判程序对他们科处不超过 500 元的罚款或判处为期不超过 2 年的监禁或两者并罚。(3) 根据本条的规定，法庭或执法官可以决定将案件延期或推迟一段他自己认为合适的时间进行审理，或无限期地延期或推迟审理。对于根据本条被认定有罪的任何人，法庭或执法官都可以发出附条件的指令，对于遵守指令的被认定有罪的人，可以延期进行判决，如果有确凿证据证明他们已经违反了指令，在任何时候都可以对他进行判决。(4) 被告方辩护人关于儿童太年幼，不能理解和认识到被控告行为的性质和后果，则不构成少年犯的辩护，根据本条提出的起诉，也不是有效的起诉。(5) 即使存在与第 5 条或刑法典第 5 节第 1 条第 1 款不相符的情况，仍然可以在从所控犯罪行为实施之日起 1 年内，根据本条对犯罪提起诉讼。对教唆使儿童离开有关机构的行为人也规定了惩罚措施。对于引诱或试图引诱儿童离开拘留之家、工业学校、寄养家庭或任何别的根据本法令而将儿童进行安置的地方的人，或者没有经过少年法庭的批准而帮助或试图帮助儿童从以上所述地方离开的人，或者当儿童非法地逃离某机构或寄养家庭的监管时，不将儿童的所在地方通知法庭、有关机构或地方警察当局，而故意收留或藏匿儿童的人，少年法庭或执法官将通过迅速审判程序依法对他进行审理，可以对他科处不超过 100 元的罚款或判处不超过 1 年的监禁或两者并罚。

第 37 条对特许上诉作出了规定。最高法院法官经过对某些申请上诉的特殊理由进行审查后，可以裁决特许对任何少年法庭或执法官判决不服而向最高法院法官提出的上诉。对于这些特许上诉的案件，其上诉程序与普通刑事案件的上诉程序相同，刑法典关于刑事案件上诉程序的规定，在这类少年案件的上诉程序中可以比照执行。此外，经过上诉法院的特别允许，少年犯还有权进一步向上诉法院提起上诉。法官或法院根据本条所特许上诉的案件，只限于法官或法院认为，根据案件的特殊情况，上诉对于保护公共利益或正当的司法管理是很必要的，除此之外，对任何案件都不得允许上诉。

该法第 38 条特别强调指出，为了实现本法令的宗旨，对本法令的解释宜从宽。应当像父母对待自己的孩子一样决定对少年犯所采取的照管、监督和惩戒措施，体现在实际司法中为：应当对每一个少年犯进行处理，但不是作为一个罪犯，而是作为一个误入歧途的儿童，一个需要援助、帮助、鼓励和支持的人进行处理①。

（三）加拿大儿童权利保护专门法简评

从上述加拿大的儿童立法可以看出，该国十分注重对儿童权利的特别保护，不论是《青少年犯罪条例》，还是《少年犯法令》，处处都体现了儿童权利保护的原则。像《青少年犯罪条例》，是在原来有关儿童立法的基础上，总结经验，进行了大量研究和争论，结合加拿大的具体情况制定出来的。从该法所贯穿的基本原则以及所规定的少年法庭的审判程序和对少年犯罪的处理方面来看，它算得上是一部比较完善的儿童立法。加拿大的儿童立法及其司法制度有其自身的特点，并在不断发展、完善。其中提出的许多问题值得我们研究借鉴。当然，加拿大的儿童立法在各方面受美国的影响颇深。就加拿大的犯罪学研究来说，其主要的理论观点受美国犯罪学流派的影响，特别是美国犯罪学的社会学观点、心理学观点基本上被它接受，例如，不同接触论、亚文化群论、

---

① 资料来源：《国外法学》1987 年第 5 期；第 56 页、62~66 页；第 6 期，第 56~59 页。

异常论、烙印化论以及临床犯罪学观点等①。

在加拿大，除了中央政府享有立法权，制定了一系列的儿童立法外，地方各省也享有很大的立法权，并且大多制定了自己的儿童立法。可以说，加拿大儿童权利保护的法律体系是相对比较完善的。但是，在司法实践当中，也并非十全十美。如关于儿童抚养问题，1990年加拿大司法部的报告证实，抚养责任不合比例地落在有抚养权的父母一方身上，而这一方通常是母亲。法院命令父亲为儿童抚养支付其收入的18%，或每月为每个孩子支付约250加元。在加拿大，支付儿童抚养费的人可享受收入免税，但受益方则须为此付税。司法部的报告认为，即使不考虑支付抚养费者享受免税的待遇，多数无监护权的父亲在从收入中扣除抚养费后，仍过着贫困线以上的舒适生活，而多数抚养孩子的妇女，即使加上抚养费，其收入亦只能使她们维持贫困线以下的生活②。

六、其他发达国家专门法对儿童权利的保护

（一）新加坡《儿童与少年法》

新加坡的《儿童与少年法》不是单纯的少年刑法，而是兼有儿童与少年福利法和少年刑法两方面内容的综合性少年儿童法规。因此，该法不仅对违法犯罪少年的司法程序、处理措施和矫正措施作了明确而详尽的规定，而且对少年儿童的保护问题也作了各种各样的规定。本节重点论述对儿童与少年的保护问题。

该法所涉及的受保护、监督和抚养的少年儿童，一般来说，最大年龄是未满18岁的少年，18岁以下的少年儿童均在该法规所规定的保护、监督和抚养的范围之内。

按照该法第4条规定：（1）凡是故意对保护、监护和抚养的儿童和少年施以暴行、虐待、放任、遗弃之原因或作媒介或故意允许上述事实而造成儿童或少年健康受损害或伤害（包括对视力、听力、肢体或身体器官的伤害以及精神错乱）者，一律有罪，应判处两年徒刑或不超过1000美元的罚金，或者徒刑与罚金并科。为了本条所规定之目的，凡少年儿童的双亲或在法律上负有抚养少年儿童责任的其他人员，故意不供给所抚养的儿童或少年充足食物、衣服、医疗费用，或者不提供居住条件，均视为对儿童或少年以放任方式造成健

---

① 康树华等：《国外青少年犯罪及其对策》，北京大学出版社1985年版，第100页。

② 黄列：《九十年代家庭法的变革和发展》，载《外国法译评》1997年第4期，第87页。

康的损害。（2）凡雇佣儿童或少年者，如故意对该儿童或少年施以暴行或虐待，或者作为媒介或故意允许使该儿童或少年受到暴行或虐待，因而造成其健康受伤害，则一律有罪，应判处两年徒刑或 1000 美元的罚金，或者徒刑与罚金并处。（3）只要犯罪已造成儿童或少年死亡时，根据本条例即可宣判犯罪者有罪。（4）凡不满 14 岁者因过失造成受保护、监督和抚养的儿童或少年死亡，或者不满 18 岁者因过失造成受保护、监督和抚养的儿童或少年死亡，如果法院认为被告人按本条有关规定犯有罪行，则对该被告人的上述罪行应依法判决有罪。

根据该法第 5 条之规定，不论以任何借口，凡由于请求或劝诱使受保护、监督和抚养的儿童或少年站立街道、商店或广场演出歌舞、演奏、演剧的任何人，或者保护、监督和抚养儿童或少年的人允许儿童或少年从事上述行为者，判处 3 个月徒刑或 250 美元的罚金，或者徒刑与罚金并处。

根据上述情况，保护官、监督官、警察官或下级法官和治安法官，如果确认某儿童或少年进行本条所规定的犯罪，或者他人进行了上述犯罪而使儿童或少年身体造成伤害，可以将儿童或少年带到保护所。然后，按程序将儿童或少年移交轻罪法官法院，法院经过审理后，可以对其宣告有罪判决或宣告无罪释放。法院按法律有关规定，可以下达抚养该儿童或少年的必要命令。如果伤害儿童或少年的犯罪者被判有罪时，宣布其有罪判决的法院，在不超过 20 天的时间内，可以向愿意保护该儿童或少年的其他任何人下达抚养和收容的命令。

根据该法第 10 条规定，不得让未满 12 岁的任何儿童参加为经营者或负责人或为两者的利益而举办的公开表演；无监督官的许可证，不得使未满 17 岁的儿童或少年参加任何公开表演。凡违反上述规定者，均判处 6 个月监禁或 500 美元的罚金，或者监禁与罚金并科。

该法对委托儿童作了明确规定。所谓委托儿童，是指与自己亲生父亲或母亲分居的不满 14 岁的儿童。但不包括下列情况的儿童：（1）与祖父母，或与父母或异父母的兄弟姐妹同居的；（2）超过 12 岁，已结婚并与丈夫或丈夫的父母或祖父母同居的女子；（3）法律上承认的养子并且与收养父母同居的；（4）与法律上承认的照管人同居的；（5）在政府设置的孤儿院、医院、收容所或保护所收容的；委托儿童的一切事宜，均由保护官负责处理。如果接受委托儿童不履行保护官根据法律规定所下达的命令或不遵守提供的条件，例如，虐待或放任该儿童，或者不道德或不法方式雇佣、使役、或训练该儿童，保护官可用署名的令状将该命令涉及的儿童，从其抚养、保护或监督者的约束下解放出来，并委托其亲属或其他适当人员监护。

保护官在任何时候都可以访问和调查委托儿童的生活和居住的场所，了解委托儿童的处境、待遇及工资（如有的话）、食物和生活条件的一般情况。保护官在调查时可以对与此有关的任何人提出讯问，被讯问者在法律上负有诚实回答的义务。对于妨碍、阻止或企图妨碍、阻止保护官执行公务者，以作为违反本法之犯罪，予以论处。

该法第 25 条、第 26 条、第 30 条、第 31 条等，对儿童人身买卖问题作了规定。根据第 25 条规定：（1）一切以金钱为目的或作为目的之一，将儿童暂时或永久转让或授予他人监督和支配者，均判处 2 年以下的徒刑。（2）一切以从他人之手获得金钱为目的，将儿童暂时或永久窝藏于法律上无权监督或支配者处，判处 2 年以下徒刑。

第 26 条规定，任何使用伪证、欺骗或以伪善手段带走或帮助带走儿童者，一律处 2 年以下徒刑或 500 美元以下罚金，或者徒刑和罚金并科。

根据该法规定，现在或曾经收容委托儿童者，或者曾约定或保证收容未满 18 岁的女子者，无保护官书面方式同意，不得以任何形式与之缔结婚约。

以上各条规定的目的在于保护委托儿童，无论在任何情况下，都不能使儿童的身心健康受到损害，更不能以获得金钱为目的买卖儿童。这些具体规定，体现了该法的一个最主要特征，即把保护少年儿童和儿童福利放在首位①。

（二）瑞典《社会服务法》及其补充法——《关于少年保护的特别规定》

根据瑞典现行的法律和当前的实践惯例，少年违法犯罪者的问题主要由社会福利当局负责。处理违法犯罪少年的这种体制及其所遵守的基本原则，是以社会服务法和关于少年保护的特别规定为依据的。社会服务法是 1980 年 6 月 29 日公布的，1982 年 1 月 1 日开始施行。关于少年保护的特别规定是作为社会服务法的补充法而制定的，它与社会服务法相同，都是在 1982 年 1 月 1 日开始施行的。

瑞典处理少年违法行为的主要不是作为司法机关的法院，而是作为行政机关的社会福利委员会。因此，我们说瑞典对少年违法的处理方法，带有极其明显的社会福利色彩，就是指它并不是由何种处理机关决定的，也就是说并不是由于违法少年不在法院处理，而主要是由社会福利委员会如何处理这一点所决定的。瑞典社会福利委员会处理违法少年问题，不是着眼于单纯地处理个别犯罪少年干了什么，而是将有关少年的各种问题，例如酗酒、旷课、离家出走、

---

① 参见康树华等编：《国外青少年犯罪及其对策》，北京大学出版社 1985 年版，第 410~413 页。

偷盗、精神障碍等，摆在广泛的社会领域里，寻找造成的原因，然后加以解决，而对少年本身则完全采取一种保护的姿态。

社会服务法的特征是：第一，社会服务法是作为定向目标的框架法。法律本身由于是社会服务性质的，所以仅仅抽象地列举了应该达到的目标。至于社会服务的具体内容和实现的详细条件，则与其他任何法律一样都未予以规定，而是由社会服务机关与对象协议自由实现的。但是，由于期望服务公平和要求法的稳定性，所以在处理案件的程序、上诉制度，乃至上级机关的监督等，都要求制度化。第二，要求自由地实现所给予的保护。根据这次法律的修改，对于个人有关社会福利方面的措施，完全废除过去那些强制因素。社会服务法第1条第3款规定："服务活动，必须是以人类自决权和对人格的尊重作为基础。"这样，就明确地反映了这一宗旨。法律案起草者认为，以个人为对象的措施，以个人自发性合作开始，它可以调动个人和家族所具有的潜在力量，提高待遇的效果，并且，根据这种合作，也可以使个人对其本身情况承担责任。第三，采取措施应以当事人同意作为要件。以这样性质的社会服务法作为依据，考虑处理违法犯罪少年时，是否在任何情况下都采取强制措施？这是遇上的一个基本性问题。由于采取社会服务法所规定的一切个别的措施，都是以当事人同意作为要件，所以未得到当事人同意而采取措施，就成为社会服务法的例外。

站在这样的立场上，社会福利调查会就要重新研究儿童福利法所规定的一切个别性保护措施。其结果，关于警告等援助措施、生活状况的指示、监督等儿童福利法上的措施，都带有强制性要素，而在社会服务法中则属被排除之列，代替它的则是运用社会服务法上所规定的个别措施。

在上述过程中，作为社会服务法的补充法制定了关于少年保护的特别规定。它与社会服务法相同，都在1982年1月1日开始施行。该法律（以下称本法）与过去的儿童福利法的区别如下：（1）在忠告、警告的保护措施中，排除了指示、监督的措施。（2）任意措施占主导地位。（3）对于行为上仍有问题的少年，排除了作为干预措施所依据的社会防卫。（4）州法院有关基于本法所采取的措施，是根据社会福利委员会的申请而作出的决定。但直接措施（相当于儿童福利法上为了进行调查的措施），可以由社会福利委员会决定。（5）缩短在处理案件程序中采取措施的有效期限，特别是为了请求审查直接措施的决定期限从10天缩短为7天。（6）限制社会福利委员会为了进行调查而得到警察帮助进入少年家庭的权限。（7）加强公选照管人和口头审理的权利。（8）废除公共保护条件所附加的终了制度，替代它的是在保护期间规定可能回家的条件。（9）基于少年的行动执行干预措施时，根据本法所规定的保护，应该在每6个月重新进行审查。（10）基于家庭的缺陷，根据本法的规定，在注意进行保护时，社会福利委员会每年都要听取关于所进行的保护状况、少年及其双亲的变化的报告。

本法与过去的儿童福利法比较，除了具有上述10点区别之外，还从法律的稳定性出发，就保护要件与保护措施作了详细规定。

（1）保护要件。有社会福利委员会征得少年及监护人的同意，以任意的方式提供对儿童采取的个别措施，这是社会服务法所规定的原则。但是，它却经常得不到少年及其监护人的同意，特别是在少年违法犯罪的场合，更是普遍地得不到同意。为此，本法第1条规定："关于对未满18岁的少年的必要的保护，由于未得到对少年具有监护人员的同意，或者少年尚未达到15岁时，由于未得到少年本人的同意，如果考虑给予保护时，基于本法的规定，可以准备保护。"

在下列场合，可以准备保护：①对少年养育上的缺陷或其他家庭条件造成对青少年健康或成长有危险的场合；②由于少年乱用药品进行犯罪活动，或者由于类似的其他行动对自己的健康和成长造成重大危险的场合。根据第2款第1项的保护，参照少年的需要和个人条件，如果断定在社会服务内保护比其他保护更适宜时，即对于18岁以上未满20岁者也可以准备进行保护。

根据上述规定，保护要件大致可以分为3种：①无论存在任何问题；②其状况有可能对少年健康与成长造成危险；③必要的保护，在不自由的情况之下，是不得进行准备的。

儿童福利法所规定的第25条干预要件是："未满18岁的少年受家庭虐待，或者其肉体、精神健康遭受危险处理时，或者由于双亲和其他养育人员的不合格或对儿童养育能力不充分，危害该儿童成长时"；"未满20岁者按照其犯罪行为、不道德的人品和能力，不能正常生活，基于乱用酒或药品或类似事由，需要从社会方面给予特别改善手段时"。

将上述规定与本法规定加以比较，则会发现，将少年家庭环境的缺陷和少年本身行动上的问题作为干预的要件，没有什么不同。最大的不同，就是少年行动上的问题。

第1条第2款第2项所规定的是：①乱用药品；②犯罪活动；③其他类似行为，并且是对少年的健康成长有重大危险的行为。

第一，所谓"重大危险"的要件，在儿童福利法中没有规定。众所周知，该法是在改造少年的同时，以社会防卫为目标的。与此相反，本法放弃了社会防卫，它是专门以预防少年自身的危险作为目标的。

第二，对于 18 岁以上未满 20 岁者，适用本法的领域变得狭小了。也就是说，未满 20 岁的年龄界限，是违反社会福利调查会当初的意图。所以，在第 3 款中所规定的适当场合的要件，乃重复了第 2 款所规定的要件。例如，18 岁前作为社会服务法的对象时，列举了少年成熟极其迟缓等情况。

第三，乱用药品的场合，包括乱用酒精、麻醉药、致幻剂等。而在有必要加以保护的问题上（对少年自身的危险），则未包括年长少年乱用药品等情况。对此，则由社会福利委员会综合少年年龄、药品种类、乱用程度以及其他情况来加以判断。

第四，对于犯罪活动，增加了依据少年年龄加以判断的规定。对于未满 15 岁的少年，只有警察才能作为有关机关来加以限制：①明确犯罪者是否达到刑事责任年龄；②收回有关犯罪所得的物品；③只有在其他特殊情况下，才可以进行搜查活动。此外，只有对少年从危险状态下予以暂时保护时，才由社会福利委员会完全承担保护的责任。

对于 15 岁以上未满 18 岁的少年，有追究刑事责任的可能性，但是，第一次追究责任是由社会福利委员会承担的。也就是说，根据有关违法少年的特别规定，以社会福利委员会处理该案件作为前提，检察官几乎对整个案件放弃了起诉的职权。就这一点而言，本来是本末倒置的，但却完全没有改变。问题在于，根据这次对法律所进行的修改，社会福利委员会放弃了社会防卫职能，并且丧失了儿童福利法所规定的监督、指示、警告等职能。也就是说，新的社会福利立法缺少社会管制的职能。因此，检察官和法院是否对案件还向从前那样处理？或者说这是否意味着增加了检察官的起诉和法院的判决了呢？特别是在有必要监督的情况下，它说明有必要作出保护观察的判决。

如上所述，对于 18 岁以上未满 20 岁的青年，适用本法或社会服务法是要受相当限制的，并且所作出的保护决定在其接近 20 岁的时候还可以继续 6 个月，所以最大的年龄界限是 20 岁零 6 个月。

第五，在有其他类似行为的情况下，在儿童福利法中，取消了不道德行为等要件。例如，卖淫行为要根据少年行为的全部状况来加以判断。也有人指出，有必要严格解释干预措施的强制性。

（2）保护措施。确认上述任何一种要件存在时，社会福利委员会都可以向州法院申请作出保护决定，这一申请被审查后，州法院可以作出保护决定。这一点与儿童福利法大不相同。儿童福利法规定，儿童福利委员会在没有监护人同意的情况下决定采取公共保护措施时，州法院要重新审查该案件。

决定保护之后，由社会福利委员会实施保护，实施时适用社会服务法。社会福利委员会必须在每个月对继续保护的必要性进行审查。保护的终结期，基于第2条第1项，原则上规定为18岁，在该条第2项的情况下则规定为20岁。

保护虽然是在家庭外开始的，但以后仍然要回到家庭。另外，与儿童福利法所规定的情况相同，都可以将少年收容于设施，然而正如上面所述，废除了监督等措施。

保护设施有如下几种：第一，家庭收容所。它是基于社会福利委员会的委托，继续保护、训练与收养少年的个人家庭。第二，保护与居住收容所。它是使少年居住，并给予保护、养护、监督的地方。按照对象的实际需要，设置了各种设施。第三，进行特别监督收容所。它是基于本法第12条而设置的，只有社会厅可以指定设置该收容所。该设施相当于儿童福利法上规定的少年福利学校，它所收容的是依据少年行为方面的问题需要特别保护与监督的少年。与少年福利学校不同，对收容少年的保护责任由社会福利委员会全面地承担，特别是退院的决定，不是由该设施作出，而是由社会福利委员会作出。

社会福利委员会基于本法规定，在保护期间，对被保护的少年的待遇全面地承担责任。

以上我们比较详细地介绍了瑞典对违法犯罪少年处理的两个现行法规。从这两个现行的法规的规定中，我们清楚地看出，瑞典对于违法犯罪少年的处理，主要是由社会福利当局负责，就司法系统的作用而言，相对来说是次要的。因此，瑞典对违法少年的处理，带有极其明显的福利色彩，这是瑞典少年司法制度的一个突出特点。这种由社会福利当局主要负责处理违法犯罪少年问题的特点，大约经历了一个世纪的历史性变迁过程才形成的①。

第四节　发达国家相关法对儿童权利的保护

一、日本相关法对儿童权利的保护

（一）《日本刑法典》对儿童权利的保护

日本现行刑法典是1907年4月24日公布，于1908年10月1日起施行的。它以1870年《德国刑法典》为样板而制定。这部将近使用了一个世纪之

---

①　参见康树华等编：《国外青少年犯罪及其对策》，北京大学出版社1985年版，第173~183页。

久的刑法典到 2003 年底已经修改了 14 次，最近的一次修改是在平成十三年（2001 年）。从 1907 年至今，日本国内的政治、经济形势已发生了翻天覆地的变化，却一直没有通过新的刑法典。日本高素质的司法人员在罪行法定原则思想指导下，将现行刑法的作用发挥得淋漓尽致；学者们也在宪法精神指导下，对刑法典充分进行客观的解释、目的论解释、同时代的解释①。从而使这部 90 多岁高龄的刑法典仍然能基本适应现在的需要。当然，日本刑法典也并非完美，从历次对它的修改来看，不断地对它进行修订也是其保持生命力的一个重要原因。1956 年日本司法省设立"刑法修正准备令"，1963 年和 1967 年先后在法制委员会和法制审判议会设立了"刑事法特别小组"，1974 年公布了《日本改正刑法草案》②。本书将就儿童权利保护的内容，分别对《日本刑法典》和《日本改正刑法草案》予以介绍。

在《日本刑法典》第二十三章有关"猥亵、奸淫和重婚罪"的规定中，就涉及儿童的犯罪规定得较为详细。第 176 条至第 179 条分别规定：以暴行或者胁迫手段对 3 岁以上的男女实行猥亵行为的，处 6 个月以上 7 年以下惩役；对未满 13 岁的男女实行猥亵的，亦同。以暴行或者胁迫手段奸淫 13 岁以上的女子的，是强奸罪，处 2 年以上有期惩役；奸淫未满 13 岁女子的，亦同。另外，乘他人心神丧失或者不能抗拒，或者使他人心神丧失或者不能抗拒而实行猥亵行为或者奸淫的，则按照上述的规定处断。最后规定，若上述 3 条犯罪未遂的，也应当处罚。

关于遗弃儿童的犯罪，《日本刑法典》第三十章规定，遗弃因年老、年幼、身体障碍或者疾病而需要扶助的人的，处以 1 年以下惩役。另外，对于老年人、幼年人、身体障碍或者病人负有保护责任而将其遗弃，或者对其生存不进行必要保护的，处 3 个月以上 5 年以下惩役。关于遗弃罪，最后在第 219 条强调指出：犯前两条之罪，因而致人死伤的，与伤害罪比较，依照较重的刑罚处断。

在《日本刑法典》第三十七章"诈骗和恐吓罪"中，第 248 条就准诈骗作出了规定：利用未成年人的知虑浅薄或者他人的心神耗弱，使之交付财物，或者取得财产上的不法利益或者使他人取得的，处 10 年以下惩役。犯罪未遂的也应当处罚。

在《日本改正刑法草案》中，规定对儿童权利予以特别保护的条款更多、

---

① 张明凯译：《日本刑法典》，法律出版社 1998 年版，第 1~6 页，"译者序"。

② 王菲著：《外国法制史纲要》，工商出版社 2000 年版，第 359 页。

更详尽。利用刑法典加强对儿童权利的保护，应该说是日本刑法发展的一个重要方面。该草案第 10 条有关少年的特别规定指出，对于少年，除适用其他有关少年的法律规定外，适用本法。关于责任年龄，第 18 条规定：不满 14 岁的人的行为，不处罚。

该法案第 276 条和第 277 条分别规定：未受妊娠中的女子的嘱托，或者未得其承诺，而使其堕胎的，处 6 个月以上 7 年以下惩役。前项之罪的未遂犯，也应当处罚。另外，犯上述之罪，其结果伤害女子的，处 1 年以上 10 年以下惩役；致女子死亡的，处 3 年以上有期惩役；虽然此处并不能体现出是对儿童权利予以特别保护的规定，但根据本书的观点，胎儿也属于儿童的范畴，对胎儿的保护，也就是对儿童的保护。并且，保护胎儿的母亲，也直接关系到胎儿的健康与利益。

《日本改正刑法草案》中有关遗弃儿童的犯罪的规定，与前述《日本刑法典》的规定大致相同，只是加重了对这种犯罪的惩罚力度。

该草案第二十九章对略取、诱拐未成年人的，规定应处 7 年以下惩役。

关于奸淫罪，草案第三十章规定：奸淫不满 14 岁的女子的，处 2 年以上有期惩役。对不满 14 岁的人实施猥亵行为的，处 6 个月以上 7 年以下惩役。犯罪未遂的，也应当处罚。若犯前述罪行，其结果伤害他人的，处 3 年以上有期惩役；致人死亡的，处 5 年以上或者无期徒刑。关于奸淫被保护者的，第301 条明确规定：对于基于身份、雇佣、业务或者其他关系由自己所保护或者监督的不满 18 岁的女子，使用诡计或者威力进行奸淫的，处 5 年以下惩役①。

(二)《日本民法典》对儿童权利的保护

日本古代的法律多师从中国，诸法合体，重刑轻民。明治维新之后，为了适应经济关系和社会发展的要求，明治政府开始着手编纂民法典。日本现行民法典是 1898 年公布并施行的。在内容编排上，它不用罗马式而采用德国式，分为总则、物权、债权、亲属、继承 5 编，共 1146 条②。日本民法典施行以来，为了适应社会发展上的要求，进行了数十次修正，最近一次是平成十三年（2001 年）进行的。在日本民法典中，儿童权利保护的规定主要集中在它的第

---

① 参考文献：(1) 张明凯译：《日本刑法典》，法律出版社 1998 年版。(2)［日］牧野英一，陈承泽译：《日本刑法通义》，中国政法大学出版社 2003 年版。(3) 萧榕主编：《世界著名法典选编·刑法卷》，中国民主法制出版社 1998 年版，第 568~586 页。
② 王书江译：《日本民法典》，中国人民公安大学出版社 1999 年版，"译者序"，第 4 页。

四编"亲属编"中，当然，在它的其他部分，如"总则"、"继承"中也都有涉及。

在《日本民法典》第一编总则有关"能力"的条款中规定：满20岁为成年。未成年人实施法律行为，应经其法定代理人同意。但是，可以单纯取得权利或免除义务的行为则不在此限。违反了上述规定的行为，法律规定可以撤销。关于营业的许可，第6条规定：被许可从事一种或数种营业的未成年人，关于其营业，与成年人有同一能力。对于前述情形，未成年人有尚不胜任其营业的事实时，其法定代理人可以依亲属编的规定，撤销其许可，或予以限制。

在《日本民法典》第四编"亲属编"中，对父母子女、亲权、监护、抚养等作出了详细规定。关于亲生子女，第772条规定：妻于婚姻中怀胎的子女，推定为夫的子女。自婚姻成立之日起200日后或自婚姻解除或撤销之日起300日以内所生子女，推定为婚姻中怀胎的子女。并且在第776条关于婚生性的承认当中特别强调，夫于子女出生后承认其为婚生时，即丧失其否认权。关于准正：（1）父认领的子女，因其父母结婚而取得婚生子女的身份。（2）婚姻中的父母认领的子女，自认领时起，取得婚生子女的身份。（3）前2款的规定，准用于子女已死亡情形。关于子女姓氏的规定是：婚生子女，称父母的姓氏。但父母于子女出生前离婚的，称离婚之际父母的姓氏。而非婚生子女，则称母的姓氏。这种规定，能有效保障子女姓名权的实现。关于姓氏的变更，子女与父或母的姓氏不同时，经家庭法院许可，可以称其父或母的姓氏。子女未满15岁时，其法定代理人可以代其实施上述行为。依法律规定变更了姓氏的未成年子女，自其达成年时起1年以内，可以恢复从前的姓氏。

在收养子女的条款中规定：只有已达成年者，才可以收养子女。若违反了该条规定的收养，养父母或其法定代理人可以请求法院撤销。但是，养父母达成年后经过6个月或已进行追认时，则不在此限。出于伦理方面的考虑，不得把尊亲属或年长者收养为子女。若违反了该规定的收养，各当事人或其亲属可以请求法院撤销。将成为养子女者系未满15岁时，其法定代理人可以代其承诺收养。法定代理人为前述承诺，如令有成为养子女的父母且因应对其实行监护者时，应得其同意。若违反该条规定的收养，不同意收养者可以请求法院撤销。但其追认时，养子女达15岁后经过6个月或养子女自行追认时，则不在此限。把未成年人收养为子女，应经家庭法院许可。但是，把自己或配偶的直系卑亲属收养为子女时，则不在此限。若违反该规定的收养，养子女、其生方的亲属或代养子女承诺收养者，可以请求法院撤销。但是，养子女成年后经过 6 个月或已进行追认时，则不在此限。

关于收养的效力，养子女自收养之日起，取得养父母的婚生子女的身份。养子女称养父母的姓氏。收养当事人一方，若出现被他方恶意遗弃等情形时，可以提起收养终止之诉。

在昭和六十二年（1987 年）第 101 号法律中，追加了有关特别养子女的规定。首先对什么是特别收养作出了规定：凡具备本法下述规定的条件时，家庭法院可以依将为养父母者的请求，准许成立终止与亲生方血亲的亲属关系的收养，称为特别收养。特别收养成立的基准是，父母对为养子女者的监护显著困难或不适当，或有其他特别情事，认定为子女利益有特别必要时，可以准许特别收养。关于夫妻共同收养，将为养父母者应为有配偶者。夫妻一方于另一方不为养父（母）时，不得为养父（母）。但是，夫妻一方为另一方的婚生子女的养父（母）时，不在此限。对养父母的年龄也作出了限制。未达 25 岁者不得为养父母。但是，将为养父母的夫妻的一方未达 25 岁，但已达 20 岁时，则不在此限。另外，成立特别收养，应得为养子女者的父母的同意。但是，父母不能表示其意思时，受父母虐待、恶意遗弃或有显著害及为养子女者利益之事由时，不在此限。关于特别收养的终止，规定有下列情形之一，认定于养子女利益有特别必要时，家庭法院可以依养子女、亲生父母或检察官的请求，令当事人终止特别收养：（1）受养父母虐待、恶意遗弃或有其他显著害及子女利益之事由时；（2）亲生父母可以实施相当的监护时。并且特别指出，除了前款规定情形外，不得终止特别收养。

在《日本民法典》第四编第四章有关亲权的规定当中，首先对亲权人作出了规定。未到成年的子女，服从父母的亲权；子女为养子女时，服从养父母的亲权；父母于婚姻中，亲权由父母共同行使，但是父母一方不能行使亲权时，则由他方行使。关于离婚时亲权人的裁定：（1）父母协议离婚时，应以其协议确定一方为亲权人；（2）于裁判离婚情形，法院确定父母一方为亲权人；（3）父母于子女出生前离婚时，由母行使亲权，但是，于子女出生后，可以以父母的协议，确定父为亲权人；（4）对父认领的子女的亲权，限于以父母协议确定父为亲权人的情形，由父行使；（5）上述第 1 款、第 3 款或第 4 款的协议不成或不能协议时，家庭法院因父或母的请求，可以以审判代替协议；（6）认定为子女利益所需要时，家庭法院因子女亲属的请求，可以变他方为亲权人。

关于亲权的效力，首先规定，行使亲权人有监护、教育子女的权利和义务。行使亲权人管理子女的财产，并就有关该财产的法律行为代表子女。但是，如果产生以其子女的行为为标的的债务时，应经本人同意。关于行使亲权的父或母与其子女利益相反的行为，行使亲权人应请求家庭法院为子女选任特别代理人。行使亲权人对数名子女行使亲权时，对于某一子女与其他子女利益相反的行为，如为其中一方的利益，准用前款规定。行使亲权人，应以为自己同样的注意，行使其管理权。子女达成年时，行使亲权人应从速进行管理计算，但是，子女养育及财产管理的费用，视为与子女财产的收益抵销。就第三人给予子女的财产的管理，该法第 830 条规定：（1）无偿给予子女以财产的第三人，表示了不让行使亲权的父或母管理；（2）对前款财产，父母均无管理权，而第三人又未指定管理人时，家庭法院因子女、其亲属或检察官的请求，选任其管理人；（3）第三人虽指定管理人，而管理人的权限消灭或有必要改任管理人时，如果第三人未重新指定管理人，亦与前款同。

关于亲权的丧失，父或母滥用亲权或有显著劣迹时，家庭法院因子女的亲属或检察官的请求，可以宣告其丧失亲权。因行使亲权的父或母管理失当而危及子女财产时，家庭法院因子女的亲属或检察官的请求，可以宣告其丧失管理权。

《日本民法典》第四编亲属的第五章，是有关监护的规定。当对未成年人无行使亲权者或行使亲权人无管理权限时，监护开始。关于监护人，第 839 条规定：（1）对未成年人最后行使亲权的人，可以以遗嘱指定监护人，但是，无管理权者，不在此限。（2）行使亲权的父母一方无管理权时，他方可以依前款规定指定监护人。下列人员不得为监护人：未成年人，禁治产人及准禁治产人，被家庭法院免职的法定代理人和保护人、破产人，对被监护人提起诉讼或曾提起诉讼的人及其配偶和直系血亲，去向不明的人。若监护人有不正当行为时、显著劣迹或其他不适任监护的事由时，家庭法院可以因监护人、被监护人的亲属或检察官的请求或依职权，将其解任。

关于监护人的事务，监护人应从速着手调查被监护人的财产，于 1 个月以内完结其调查并制作财产目录，但是家庭法院可以延长此期间。财产及目录制作，如有监护监督人时，除非同监护监督人进行，否则为无效。监护人于目录制作完结前，只有实施紧急必要行为的权限，但是，不得以之对抗善意第三人。监护人对被监护人有债权或负有债务时，如有监护监督人，则监护人于着手财产调查前，应申报给监护监督人。监护人知道对被监护人有债权而不申报时，则丧失其债权。前述规定，准用于监护人就职后被监护人取得概括财产的情形。未成年人的监护人，就本法有关规定的事项，与行使亲权人有同样的权利义务。但是，如果变更行使亲权人确定的教育方法及居所，将未成年人送入惩戒场、许可营业、撤销许可或予以限制，有监护监督人时，应经监护监督人同意。

监护人于其就职之初，应预定每年为被监护人的生活、教育、治疗护养及财产管理所需要消费的金额。第 863 条规定了对监护事务的监督：（1）监护监督人或家庭法院，可以随时要求监护人报告监护事务或提出财产目录，或者对监护事务或被监护人的财产状况进行调查；（2）家庭法院可以因监护人监督人、被监护人的亲属或其他利害关系人的请求或依职权命令就监护人的财产管理及其他监护事务实行必要处分。监护人受让被监护人的财产或第三人对被监护人的权利时，被监护人可以撤销。并且，第 867 条规定：监护人可以代未成年人行使亲权。

在监护终止的条款中规定，监护人应向被监护人返还的金额及被监护人应向监护人返还的金额，自监护人计算完结之时起，应附加利息。当监护人为了自己而消费被监护人的金钱时，自消费时起，应附加利息。如有损害，则负赔偿责任①。

（三）日本其他法律对儿童权利的保护

除了宪法、儿童专门法、刑法、民法之外，儿童权利保护的规定还散见于许多其他的法律法规，如《户籍法》、《学校教育法》、《民事诉讼法》、《刑事诉讼法》、《劳动基准法》等许多法规中，都可以找到有关儿童权利保护的规定，它们共同构成了日本儿童权利保护的比较完整的法律体系。

如日本《户籍法》中，关于户籍的申报，该法第 31 条规定：应为申报者系未成年人时，行使亲权人或监护人为申报义务人。但是，不妨碍未成年人申报。第 52 条规定：婚生子女的出生申报，应由父或母实行。父母于子女出生前离婚时，应由母实行申报。非婚生子女的出生申报，应由母实行。前述规定的应进行申报者不能进行申报时，应由下列人按下列顺序进行：（1）同居人；（2）分娩时临场的医师、助产妇或其他人。依上述有关条款规定的申报者不能申报时，则其人以外的法定代理人也可申报。第 53 条有关婚生子女否认之诉与出生申报中特别强调，虽于提起婚生子女否认之诉以后，亦应进行出生申报。另外，该《户籍法》第 55～59 条分别对航海中出生的人、于公设场所出生的人以及弃儿的户籍申报作出了详细的规定。上述所有关于户籍申报的规定，对保障儿童拥有户籍并且实现儿童基于户籍而产生的各项权利具有十分重要的作用。

---

①　主要参考文献：王书江译：《日本民法典》，中国人民公安大学出版社 1999 年版。

另外日本《学校教育法》对学费、校长及教员的资格、对学生的惩戒以及健康诊断等作出了相应的规定。并且就从小学、初中、高中到大学等不同学习阶段的学习目的、教育目标、教科书、就学义务等作出了详细的规定，为儿童受教育权的实现发挥着不可替代的积极作用①。

二、美国相关法对儿童权利的保护

（一）美国刑法对儿童权利的保护

美国刑法由联邦法和州法两部分构成。根据联邦宪法的规定，有关叛国罪的宣判和惩罚、有关弹劾的规定、有关海盗罪和违反国际公法的罪的界定和惩罚，以及伪造合众国证券和通行货币的惩罚等，属于联邦的立法范畴。而除此之外的其他犯罪和刑罚的规定，属于州刑事法律范畴，其立法权由各州行使②。因此，美国并不存在统一的刑法典。但是，自20世纪50年代以来，美国开始了刑法改革运动。美国法律协会和美国法律研究所经过多次起草、修改，于1962年提出《模范刑法典》（*Model Penal Code*），对美国联邦及各州的刑法改革运动，起了巨大的推动作用。1966年美国国会建立了联邦刑法改革全国委员会，该委员会1971年提出了《美国联邦刑法典草案》，国会对这个法案多次审议，但都没通过。但是，这两部刑法典，尤其是《模范刑法典》颁布后，虽未被各州采用，却对各州刑法的统一有重要意义，多数州都以它为蓝本修改或制定自己的刑法。因此，本书将主要介绍美国《联邦刑法典》和《模范刑法典》中有关儿童权利保护的内容。

美国《联邦刑法典》是把历年来美国国会通过的有关刑法的一些单行法令搜集、整理而成的一部法律文献。美国的法律制度，是按照英美法系的法律传统建立起来的，刑法典只是一些法规汇编，而不是真正意义上的刑法典③。经过1877年、1909年和1948年3次整理和编纂，形成了美国联邦刑法的基础。该法典对涉及儿童权利保护的内容不是很多。

该法典第400条对以妨碍风化为目的引诱运送18岁以下的妇女作出了规定。任何人以引诱或胁迫，或使他人引诱或胁迫18岁以下的妇女为娼妓或使

---

①　主要参考文献：（1）王书江译：《日本民法典》，中国人民公安大学出版社1999年版。（2）沈重译：《日本学校教育法》，载《国外法学》1983年第3期。（3）［日］平井宜雄、青山善充、菅野和夫著：《六法全书》，日本有斐阁平成十五年版。

②　王菲著：《外国法制史纲要》，工商出版社2000年版，第224~225页。

③　萧榕主编：《世界著名法典选编·刑法卷》，中国民主法制出版社1998年版，第1页。

其为猥亵行为的目的，而故意劝说、引诱、勾引或胁迫上述妇女自一个州、地方或哥伦比亚地区出发至另个州、地方或哥伦比亚地区，并且为了达到上述目的，而故意引诱其或使其在任何运送人的路线上作为州际贸易的旅客而被自一地运送至另一地者，构成重罪，由法院酌处1万元以下罚金或10年以下徒刑，或两刑并处。对违反上述规定者，由犯罪地及违反上述各条规定而将妇女作为旅客，在州际或对外贸易中或在任何地方或哥伦比亚地区运送的出发地、经过地或到达地等地区内有权管辖犯罪的法院追诉处罚。

该法典第402条规定：为了规定并禁止在国外贸易中以奸淫或猥亵为目的而运送外国妇女，以及为了依照和执行1902年7月25日各国代表在巴黎会议通过送请各国政府批准、于1904年5月18日在巴黎正式签订、经美国政府于1908年6月8日批准并由美国总统于1908年6月15日公告的禁止贩卖妇女为娼妓协定的条款，兹规定移民局局长为美国接受并集中关于以奸淫为目的而获取外国妇女情报的机关，并分别对于上述妇女施行监督，接受她们的申诉，确定她们的身份，并向她们调查引诱她们离开本国的人；移民局局长有义务接受上述外国妇女所为的陈述或申诉，以及嗣后有关在我国为娼妓的外国妇女的文件，并作为局中档案保管，对于提出本法第397条至第404条所规定的陈述与申诉文件者，应分别给予收据。

任何人以奸淫为目的，或为其他妨害风化的目的，在外国妇女自外国（参加上述禁止贩卖妇女为娼妓协定的国家）进入美国后3年以内将其幽禁、控制、蓄养或隐匿于任何房屋或地点者，应向移民局局长提出书面陈述上述妇女的姓名、现在幽禁地点、她进入美国的日期、到达的港口、她的年龄、国籍和家系以及她所知关于她来到美国的一切事实，而任何人在开始以奸淫为目的或为其他妨害风化的目的而幽禁、控制、蓄养或隐匿外国妇女于任何房屋或地点后30日以内，不向移民局局长提出上述关于该妇女的陈述，而该妇女自外国（参加上述禁止贩卖妇女为娼妓协定的国家）进入美国后在3年以内者，或故意为虚伪的陈述，或于陈述中不暴露他所知关于上述妇女的年龄、国籍或家系，或关于她来到美国的事实者，构成重罪，由法院酌处2000元以下罚金或2年以下徒刑，或两刑并处。可见，上述规定对打击跨国、跨地区妇女、儿童卖淫是很有必要的。

美国1962年的《模范刑法典》是美国法律协会和美国法律研究所组织专家编撰的，它并不是一部具有法律效力的法典，而只是按照法典的形式研制出的刑法典的模型，并力图按照这个模式制定刑法典。《模范刑法典》问世于美国刑法改革时期，反映了一些先进的刑法思想和刑法理论研究的成果，对美国及其他国家的刑事立法有较大的影响①。鉴于对美国每个州的刑法都予以介绍实在是差强人意，因此，介绍一下《模范刑法典》中有关儿童权利保护的内容当是必要的。

该法典第 40 条规定：（1）无论何人，在下列所定情形，不受审判或有罪之认定：①为被追诉犯罪行为时，其年龄未满 16 岁者。②为被追诉之犯罪行为时，其年龄为 16 岁或 17 岁者，但少年裁判所对本人无裁判权或少年裁判所决定放弃其裁判权而承认对被告开始刑事程序时，则不在此限。（2）不得依第 1 项规定对其实施刑事程序者，无论任何裁判所，无对之为审判及认定有罪之权限。被追诉实行犯罪者，依第 1 项规定，因其年龄对其有不得为刑事程序之疑问时，裁判所关于此点应为审判，检方应对被告并无年龄上理由被禁止刑事程序一事，对裁判所负举证责任。裁判所认为应禁止刑事程序时，应将被追诉者交由少年裁判所看管，并连同书类与令状将案件移送少年裁判所。第 77 条规定：被告未满 22 岁，就实犯罪被认定有罪时，裁判所非预先对被告作判决前调查且对调查报告书作充分的考虑后，不得为有罪之认定。

该法典第 212 条对掳人罪作出了规定：不法将他人自其住所或营业场所带走，或将他人自现在所在地送往有相当距离之地方，或将他人监禁于隔离之场所相当时间者，即犯掳人罪。掳人罪为第一级重罪。对于未满 14 岁的人，未得其双亲之一，监护人或其他对被害人之福祉负一般监督责任者之同意，而为之掳走或监禁即为不法所为者。该条还对监护权之侵害作出了规定。（1）儿童之监护。无正当权限，而故意或轻率地将未满 18 岁之儿童自其双亲之一、监护人或其他有正当监护权人之监护下带走或引出者，即系犯罪。但行为人确信有将儿童自危害儿童福祉之危害予以保护之必要而为者，或行为时儿童已 14 岁以上，未被诱惑而由儿童自己要求被带走，且行为人与儿童或对儿童并无犯罪之目的者，即可以此作为积极抗辩。儿童被证明为未满法定年龄时，推定行为人知悉儿童之年龄，或轻率地忽视其年龄而为行为。本项之罪为轻罪。但行为人并非儿童之双亲之一或与双亲属于同一地位之人，且知悉其行为对于儿童之安全将产生重大的危惧，或轻率地忽视有产生此种危惧之可能性时，属第三级重罪。（2）被收容者之观护。无正当权限，而故意或轻率地将被收容于设施者，自正当之拘束带走或诱出者，即犯轻罪。所谓"被收容于设施者"系指除依裁判所之令状收容于设施者外，尚包括由公认之社会福祉

① 萧榕主编：《世界著名法典选编·刑法卷》，中国民主法制出版社 1998 年版，第 35 页。

机关，或基于法律之规定，委托他人监护之孤儿、被忽视之少年、非行少年、精神有缺陷之人、精神病人或其他需要保护或无能力人在内。

《模范刑法典》第二百一十三章对性犯罪作出了详细规定。关于强奸，与妻子以外之女性，包括未满 10 岁的女性性交之男子，即犯强奸罪。强奸罪为第二级重罪。以威力或类似之手段所为之场合，与他人变态性交或使他人为变态性交而该他人未满 10 岁时，即属第三级重罪。在败坏未成年人之德性及诡计性交之一款规定，与妻以外之女子性交之男人。或为变态性交或使他人为变态性交之人而有该当于下列各款情形之一者，即犯败坏未成年人之德性及诡计性交之罪：（1）对方系未满 16 岁而行为人至少比对方年长 4 岁以上时；（2）对方未满 23 岁，而行为人系其监护人或其他对于对方之福祉负一般之监督责任时。在强制猥亵的规定中，指出：与非配偶之他人作性的接触，或使他人与自己作性接触，而行为人至少比对方年长 4 岁以上时，或对方系未满 21 岁，而行为人系其监护人或其他对于对方之福祉负一般监督之责任时，即犯轻罪的强制猥亵罪。性接触系指以刺激或满足任何一方之性欲为目的，接触他人之性器或其他身体之秘密部分之一切行为而言。另外，本章对儿童年龄之错误作出特别规定。在本章，儿童之年龄因未满 10 岁之故而致某行为成为犯罪时，行为者不得以不知儿童之年龄或以有相当理由足信儿童为 10 岁以上作为抗辩，儿童之年龄因未满 10 岁以外之年龄（例如 16 岁）之故而致某行为成为犯罪时，如以优越的证据证明有相当理由足以相信儿童已达其年龄时，得以之作为抗辩。

对于助长卖淫的行为，不管行为人知其年龄与否，助长未满 16 岁的儿童为卖淫或行为人助长妻、子、被监护人或其他对之负有监护、监督、抚养义务之人卖淫时，属于第三级重罪。于执行短期拘禁刑之设施中，未满 22 岁之受刑人与比其年长之受刑人，应相互隔离。

在该法典第四百零一章有关矫正局之组织设立的条款中规定应设立青年矫正部。青年矫正部职掌为青年犯罪人之保安、管理、处遇及更生而设立设施及设备之监督事务，并与矫正审议会协力职掌筹划与制定有关青年犯罪人之处遇及更生之特殊化之设备及计划事务。并且规定，青年矫正部长在青少年之辅导、矫正处遇及更生之领域应有相当之经验或在被认定之大学关于相关联之科学受相当之训练。遇有青年矫正部长之请求，矫正审议会应召开会议，对于执行青年犯罪人之设施及设备之必要性及其发展以及对于青年犯罪人之矫正处遇之效果之评鉴所必要且有用之研究予以审议，并对矫正局长提出建议。

（二）美国其他法对儿童权利的保护

美国许多职业和部门明确禁止或严格限制使用童工，比如，《公平劳动标准法》第 212 条规定雇佣童工是非法的，但又允许农业雇主有条件地雇佣 16 岁以下的童工从事某些农业劳动。这些条件包括：第一，1 年内农业工人劳动不超过 500 人/天；第二，雇主雇佣儿女或其他亲属；第三，雇工只从事收获性作业；第四，16 岁或 16 岁以下的童工进行收获性作业，其工资水平应与农场其他雇工一样；第五，主要从事畜牧业生产。《公平劳动标准法》第 213 条第 3 款第 1 项规定农业领域可以雇佣 14 岁和 15 岁的童工，经受雇于农场的父母的同意，该农场可以雇佣 12 岁和 13 岁的子女从事农业劳动，其工资不受联邦最低工资法的限制；劳工部允许在短期农业作物收获作业中，只要不影响工人的健康，可以雇佣 10 岁和 11 岁的童工。

1977 年国会对《公平劳动标准法》进行了修正，增加了 1 项，即第 213 条第 3 款第 4 项，规定农业雇主可以申请放弃雇佣 12 岁以上童工的权利，而雇佣 10 岁和 11 岁的童工，利用他们的课余时间种植草莓和土豆，但受雇时间每一作物年度不超过 8 周，而且雇主在申请时应提供客观真实的材料，证明该作物的收获季节短，难以雇佣到 12 岁以上的工人。且该作物的收获作业过去也使用 10 岁和 11 岁的童工。

除受雇于父母外，联邦法禁止雇佣 16 岁以下的童工从事有关农业化学作业，以免身体受到伤害，《公平劳动标准法》第 218 条第 1 款规定，州有关使用童工的立法严于联邦立法时，雇主应遵守州的规定。比如，州法对雇佣 12 岁或 14 岁以下童工劳动的条件和作业时间长短有限制性规定时，应当遵守这些规定①。

三、英国相关法对儿童权利的保护

（一）英国刑法对儿童权利的保护

英国是世界上少数几个至今没有颁布成文刑法典的国家之一。英国刑法的发展，经历了复杂的过程，英国法是英美法系的典型代表，早期主要是习惯法和判例法。1215 年颁布《自由大宪章》以后，刑事法也开始从习惯法发展成制定法。主要是把习惯法加以整理、修订、补充和发展而成的。如 1351 年的《叛逆法》、1381 年的《强行闯入法》、1494 年的《夜间偷猎法》、1721 年的

---

① 资料来源：权昌会等主编：《美国农业立法》，经济科学出版社 1997 年版，第 109~110 页。

《海盗法》、1797 年的《煽动兵变法》等①。资产阶级革命以后，英国的刑事法律在原来的基础上进一步发展，逐步适应时代发展的要求，废弃封建时期残酷野蛮的刑罚方法，采纳形式社会学派的理论。18 世纪中叶，英国在刑法上有了一些重大改革，主要原则体现于 1861 年的统一刑法法令中。此后，从 19世纪末开始，注重刑罚的个别化，议会也开始颁布大量的刑事立法，一方面对原有的杂乱的普通法进行整理，另一方面也根据社会发展的需要增加一些新的原则和制度。在现代英国，刑法主要由制定法规定，只有在制定法没有规定的场合才由普通法加以补充。这些法律如 1861 年的《侵犯人身罪法》、1861 年的《共同犯罪和教唆犯罪法》、1957 年的《杀人罪法》等。但是，刑事立法的适用仍然离不开法院的判例，需要法官的解释②。有关刑法的法令与判例越来越多，又不断地修改和补充，使刑法体系繁琐而复杂，但始终没有一部完整的刑法典。本书仅根据《英国刑法汇编》，对其中有关儿童权利保护的内容予以介绍。

《英国刑法汇编》第 6 条规定：男犯年满 16 岁或年在 16 岁以上，经判决服苦役者，在行刑期间，须服第一类之苦役，每日工作 10 小时以下，或 6 小时以上（饮食时间除外），由视察法官依法定情势酌定之。但该条同时规定，女犯及年在 16 岁以下之男犯，经判决服苦役者，应使服第二类之苦役，每日工作 10 小时以下或 6 小时以上（饮食时间除外），由视察法官酌定之。

关于笞刑，如无特别规定时，其鞭挞之数与鞭挞用具，由法官酌定之。法官令处笞刑时，必须于命令中详记应行鞭挞之数与鞭挞用具，犯罪者年龄不满14 岁时，鞭挞不得过 12 下，鞭具须为桦杖。对于同一犯罪，只准处笞刑 1次。对于未满 16 岁之犯罪者，因暴行而处刑，且为累犯，除处他种刑法外，鞭挞不得过 25 以下，鞭具须为桦杖。

有关犯罪之习惯的第 26 条规定，陪审员未发现下列证据时，不得视犯人为有犯罪之习惯：（1）年满 16 岁，于被控犯罪之前，业已犯罪 3 次以上均经判决确定，且仍继续有不忠实及犯罪之行为者，其以前犯罪，系在预防犯罪条例施行前或在施行后构成者在所不同。（2）于被控犯罪前之犯罪，被判为有犯罪记录之习惯，经处预防之拘留者。另外，第 27 条规定：就应处受惩役或监禁之处罚，年龄在 16 岁以上 21 岁以下者，法院应不施以惩罚或监禁之处

---

① 萧榕主编：《世界著名法典选编·刑法卷》，中国民主法制出版社 1998 年版，第139 页。

② 王菲著：《外国法制史纲要》，工商出版社 2000 年版，第 165 页。

分，而判令拘留于感化院以受训练，其期间为 2 年以上或 3 年以下。

少年犯之处罚与 12 岁以下童犯之处置方法，在第 28 条中作了详细的规定。12 岁以上 16 岁以下之少年犯，其犯罪行为，如为成年犯，应处惩罚或监禁者，法院除依法处以他种刑罚或不处刑外，得判令送入注册之感化学校。但送入感化学校，以不加处监禁者为限。对于 14 岁以上之少年犯，为上项之判决，而注册之感化学校负责人不愿收容时，国务大臣得命以犯罪者移送原法院或有同等管辖权之法院，另为处分；此项处分，应与第一次判决所得为者相同。12 岁以下之童犯，被控于巡回裁判所，其犯罪行为，如为成年犯应处惩役或较轻之刑者，受诉法院认为适度时，得令送入注册之实业学校或注册之实业学校。法院除为上项之处置外，亦不得送入实业学校，而依照儿童条例 1908 第二篇之规定，判令交付其亲戚或由法院指定之相当人员，妥善管束，并适用该篇之适合规定。亦得判令交执行监视官监视之。判令少年犯童犯送入或拘留于注册学校之命令，谓之拘留命令，须依照下列规定，指定实行拘留之期间：（1）少年犯送入感化学校者，其期间为 3 年以上 5 年以下，但不得超过犯罪者年龄到达 19 岁之时。（2）童犯送入实业学校者，其期间以足以教诲者为度，但不得超过犯罪者年龄到达 16 岁之时。

该刑法汇编第 29 条是免除童犯少年犯之刑罚及其处置方法的规定。童犯少年犯之判罪，因其与犯重罪之资格不符，不作重罪判决论。儿童犯罪，不得处以监禁或者惩役，其未缴罚金或赔款者亦不得羁押之。但法院认定犯罪者，行为粗暴，不能拘留于拘留处所或品性卑劣不堪拘留者，不在此限。对于童犯少年犯不得宣告死刑，或为死刑之登记，但法院应处以拘留至恩赦时止。此项拘留，认为法律之拘留，其处置方法，纵本例另有规定，仍应该由国务大臣指挥之。幼童或少年被判为犯预谋杀人罪，或非故意杀人罪，或故意伤人罪，经法院认为本条例规定之罚则，犹为未足者，得处以相当期间之拘留。拘留期满，再依前项规定办理之。童犯与少年犯，其犯行为，如为成年犯应处惩役或监禁者，或未缴罚金赔款，如为成年犯亦应处羁押者，法院认为此种处罚，均不适时，得不为监禁或羁押处分，而依照本条例第五篇之规定，判令拘留于拘留处所，并于命令中规定拘留之期间。其拘留期，须依照本篇之规定，不得超过应行监禁或羁押之期间，亦不得依他种之规定，超过 1 月之期限。

在具结与缓刑的规定中，受监禁判决之犯罪者，经法院考核其性情、身世、年龄、健康、精神状况、犯罪之性质或其犯罪可得减刑之情状，认为可以处较轻之罪或宣告缓刑时，得于令其具结后宣告 3 年以下之缓刑，并得令其加具妥保。犯人于缓刑期中，应操行优良，随传随到。令具结之法院，认为犯人未能遵守有关各款的规定时，得不俟有犯罪证明，径行判以原罪应得之刑。犯人年龄于 12 岁之下者，应即送入实业学校。

《英国刑法汇编》在第三章的普通例行规定中特别指出，未满 7 岁幼童之行为，不为罪。7 岁以上 14 岁以下幼童之行为，不为罪。但已有充分能力，足知其行为错误者，不在此限①。

（二）英国民法对儿童权利的保护

英国也没有成文的民法典。本书根据英国民法汇编的材料，就其中涉及儿童权利保护的内容予以介绍。

在英国，人之法律能力，始于出生，但因特定的目的，胎儿可视为已出生。法律能力，非属成年，不得完成。满 21 岁始为成年。在英国民法下，未成年人的法律能力受到不同程度的限制。关于未成年人的住所，父在时，以其父之住所为住所。其父已死，而与其母同居者，以其母之住所为住所。但其母因欺骗之目的，已变更其住所者，不在此限。非婚生未成年人的住所，母在时，以其母住所为住所。未成年人不得以其自己之行为变更其住所。

未成年人所立之遗嘱，因金钱借贷与之清偿，或因债务（非为必需品）之供给或受给，所订立之一切契约，及关于未成年人之一切账目无效。未出生之胎儿，得因不动产遗赠及继承关系，所得财产，其将来之利益，得用书据证明以此为限，但其现在利益依多数判例，不得用书据订明以此为限。法律行为之当事人为财产管理人对于受益人，父母对于未成年子女，监护人对于曾受监护的人及其他有特别信任关系的相互人之间，所成立者，推定其为不正当之压迫。于此情形下，欲确定该种法律关系者，应证明其为公允。在其他情形下主张不正当压迫之存在者，应证明之。妻获得其父的同意，或由于其夫产生的乖行而与其夫分居者，得以其夫的信用为质而取得供给其妻之己身及同居子女所应用的必需品。

死亡人遗有孀妇与子女者，该孀妇取得其动产中未经处分部分的 1/3，而其子女取得其 2/3，平均分配之。死亡人遗有孀妇而无子女者，该孀妇取得其动产的一半。死亡人遗有子女者而无孀妇者，其子女取得其动产之全部而平均分配之②。

---

① 萧榕主编：《世界著名法典选编·刑法卷》，中国民主法制出版社 1998 年版，第 139~143 页。

② 法学教材编辑部《外国法制史》编写组：《外国法制史资料选编》，北京大学出版社 1982 年版，第 401~413 页。

四、德国相关法对儿童权利的保护

（一）《德国刑法典》对儿童权利的保护

德意志帝国建立之后，对于北德意志联邦刑法典进行修改，于1871年5月15日作为德意志帝国刑法典公布，1872年1月1日起在全帝国范围内正式实施。德意志联邦共和国成立之后，仍然沿用了1871年《刑法典》。1969年对《刑法典》进行全面的修改，分别公布了总则、分则，然后合并为一部刑法典，即《德意志联邦共和国刑法典》，于1975年1月1日生效。两德统一以后，对刑法典又进行了一些修订。本书介绍《德国刑法典》中有关儿童权利保护的内容，以1998年11月13日公布的为准，该新公布的刑法典于1999年1月1日生效①。可见，《德国刑法典》是一部有着较长历史，经历了较丰富的实践的刑法典。

该刑法典第10条首先对少年和正在成长者作出特别的规定，即只有在少年法院没有不同规定时，本法才适于少年和正在成长者的行为。

该法典第131条规定，行为人向18岁以下的人提供、转让或者让其得到以表达对暴力活动的美化，或者低估的方式描述针对人的残暴的，或者其他非人道的暴力活动的，或者以损害尊严的方式描述其过程的残暴性或非人道的文书的，处1年以下的自由刑或者金钱刑。针对身份、婚姻和家庭的犯罪行为，该法典第十二章分别从伪造身份、侵害抚养义务、侵害照顾或者教育义务、亲属间的性交等方面作出规定。关于伪造身份，行为人换移儿童或者向负责管理身份簿或者判断身份的机关虚假地提供或者隐瞒他人的身份的，处2年以下的自由刑或者金钱刑，并力图可罚。关于侵害抚养义务，若行为人逃避法律上的抚养义务，以致给有权要求抚养者的生活需要造成了危险，或者无他人的帮助就会造成危险的，处3年以下的自由刑或者金钱刑。若行为人有义务抚养孕妇却以受谴责的方式不给她提供抚养和因此造成妊娠中止的，处5年以下的自由刑或者金钱刑。关于侵害照顾或者教育义务，若行为人严重侵害其对16岁以下的人负有的照顾或者教育义务，或因此给受保护者造成了严重损害其身体或者心理的发展的，导致其走向犯罪生活的或者从事卖淫的危险的，处3年以下的自由刑或者金钱刑。关于亲属间的性交，若行为人与血缘的后裔发生性交的，处3年以下的自由刑或者金钱刑。行为人与血缘的先辈的亲属发生性交的，处2年以下的自由刑或者金钱刑；这也适用亲属关系消除之后。血缘的兄

---

① 参见冯军译：《德国刑法典》，中国政法大学出版社2000年版。

弟姐妹互相发生性交的，同样处罚。但如果他们在行为时为尚未满 18 岁的，则对后裔和兄弟姐妹不根据这一规定予以处罚。

对于与儿童有关的性的行为，该法典作出的规定动作十分周详，这一点在世界各国的刑法典中都堪称典范。该法典第 174 条是对受保护者进行性的乱用的规定，行为人对被委托其教育、培训或者在生活管理上进行照顾的、16 岁以下的人，或者对被委托其教育、培训或者在生活管理上进行照顾的或者在职务上或者在工作关系的范围从属于他的 18 岁以下的人，适用与教育、培训、照顾、职务工作关系相联系的依附性，或者对其血缘的或者收留的不满 18 岁的儿童，实施性行为或者让受保护者与自己性交的，处 5 年以下的自由刑或者金钱刑。行为人在上述所列情形的前提下，在受保护者面前实施性行为或者促使受保护者在自己面前实施性行为，为了借此对自己或者受保护者进行性刺激的，处 3 年以下的自由刑或者金钱刑。

该法典第 176 条就对儿童进行性的乱用、对儿童进行严重的性的乱用、对儿童进行的具有死亡后果的性的乱用分别进行了规定。

首先是对儿童进行性的乱用进行规定。行为人对 14 岁以下的人（儿童）实施性行为或者使儿童对自己实施性行为的，处 6 个月以上 10 年以下的自由刑，在较轻的严重情形中处 5 年以下的自由刑或者金钱刑，如果行为促使儿童对第三者实施性行为或者促使第三者对儿童实施性行为，则给予同样的处罚。如果行为人在儿童面前实施性行为，或者促使儿童对自己实施性行为，或者通过出示色情画片或者描述物，通过播放色情内容的声响，或者通过相应的言谈影响儿童，则处 5 年以下的自由刑或者金钱刑。

接下来就对儿童进行严重的性的乱用作出规定。对儿童进行性的乱用，如果 18 岁以上的人与儿童发生性关系，或者对儿童实施或者使儿童对自己实施类似的与插入身体相关的性行为或（和）该行为由多人共同实施，或（和）行为人通过其行为给儿童造成严重的健康损害的或者身体的或者精神的发展的明显损害的危险，或者行为人在最近 5 年内因为这种犯罪行为被具有法律效力地判决过，在第 176 条第 1 款和第 2 款的情形中处不低于 1 年的自由刑。如果行为人在第 176 条第 1 款至第 4 款的情形中作为行为人或者其他的参加人，以使行为成为第 184 条第 3 款或者第 4 款规定的应该散发的色情文书的对象的意图而行为，则处不低于 2 年的自由刑。如果行为人在第 176 条第 1 款和第 2 款的情形中对儿童在行为时进行身体上严重的乱待或者由其行为造成死亡的危险，则处不低于 5 年自由刑。

最后，就对儿童进行的具有死亡后果的性的乱用规定，如果行为人通过该性的乱用，至少轻率地造成儿童的死亡，那么，处终身自由刑或者不低于 10 年的自由刑。

该刑法典第 180 条是有关促成未成年人的性行为的规定。行为人通过其介绍或者通过提供或者弄到机会，怂恿 16 岁以下的人对第三者或者在第三者面前进行性行为，或者第三者对 16 岁以下的人实施性行为的，处 3 年以下的自由刑或者金钱刑。行为人促使 18 岁以下的人，作为回报，对第三者或者在第三者面前进行性行为，或者使第三者对其进行性行为，或者通过其介绍怂恿此种行为的，处 5 年以下的自由刑或者金钱刑。行为人乱用与其教育、培训、照顾、职务或者工作关系相关的从属性，促使被委托他教育、培训或者在生活管理上进行照料或者在职务或者工作关系范围内从属于他的 18 岁以下的人，对第三者或者在第三者面前进行性行为，或者使第三者对其进行性行为的，处 5 年以下的自由刑或者金钱刑，并力图可罚。如果行为人为进行卖淫活动的 18 岁以下的人提供住处、职业地提供寄宿处或者职业地居留的，处 3 年以下的自由刑或者金钱刑。如果行为人对 21 岁以下的人发生影响，以促使其接受或者继续卖淫，或者造成其接受或者继续卖淫的，处 6 个月以上 10 年以下的自由刑。

该法典第 128 条是有关少年人的性的乱用的规定。18 岁以上的人，通过利用强迫状态或者作为回报对其实施性行为或者使其对自己实施性行为，或者利用强迫状态使第三者对其实施性行为，而对 16 周岁以下的人进行乱待的，处 5 年以下的自由刑或者金钱刑。21 岁以上的人，通过对其实施性行为或者使其对自己实施性行为，或者促使其对第三者实施性行为，或者使第三者对其实施性行为，而对 16 岁以下的人进行乱待和同时利用被害人在性的自我决定上有缺陷的能力的，处 3 年以下的自由刑或者金钱刑。在上述情形中，该行为只有根据请求才予以追究。但是，刑罚追究机关因为刑罚追究上的特别的公共利益，认为根据职务干预有必要时，则不在此限。

第 184 条对散发色情文书和危害少年的卖淫方面作出了规定。行为人用下列方式向 18 岁以下的人散发色情文书的，处 1 年以下的自由刑或者金钱刑：（1）提供、转让给 18 岁以下的人或者使其得到。（2）陈列、张贴、展览 18 岁以下的人能够进入或者能够被他们观看的场所或者以其他方式使色情文书到达该场所。（3）除了在 18 岁以下的人不能进入的和不能由他们观看的商店外，以对使用进行商业性出租或者类似商业的提供的方式向他人提供或者转让。（4）公开地在 18 岁以下的人能够进入或者能够被他人观看的场所或者通过与有关的贸易相联系的商业交往之外的文书的散发予以提供、预告或者宣扬等。如果行为人通过广播散发色情性描述，也处与上面相同的刑罚。行为人如果散发或者公开陈列、张贴、展览或者以其他方式使人得到，或者使用它和由它产生的具有上述意义的片段或者使他人能够使用它而从事制作、取得、供给、贮存、提供、预告、宣扬、输入或者输出，以暴力活动对儿童的性滥用或者人与动物的性行为为对象的色情文书，如果该文书以儿童的性的滥用为对象，处3个月以上5年以下的自由刑，否则，处3年以下的自由刑或者金钱刑。如果在上述有关的情形中，色情文书以对儿童的性的乱用为对象，处3个月以上5年以下自由刑，否则，处3年以下的自由刑或者金钱刑。如果在上述有关的情形中，色情文书以对儿童的性的乱用为对象和再现事实的或者似乎真实的事件的，处6个月以上10年以下的自由刑，如果行为人是职业地或者说作为继续实施该种行为而结成的团伙的成员而行动的话。行为人为自己或者说第三者弄到以对儿童的性的乱用为对象的色情文书，如果该文书再现了实事的或者近乎真实的事件，处1年以下的自由刑或者金钱刑。关于危害少年的卖淫，如果行为人在学校附近或者其规定由18岁以下的人居住的住宅里，以风俗上危害这些人的方式从事卖淫的，处1年以下的自由刑或者金钱刑。

第235条对使未成年人脱离的犯罪行为作出规定。如果行为人使用暴力，通过带有明显害恶的威胁或者通过诡计使18岁以下的人或者不是其亲属的儿童脱离父母、父母之一、监护人或者照管人或者扣留，则处5年以下的自由刑或者金钱刑。如果行为人使儿童与父母、父母之一、监护人或者照管人脱离，其目的在于把儿童带往国外，或者在儿童被带往国外，或者在儿童被带到国外或者在儿童带到国外之后，将儿童扣留在外国，则也处5年以下的自由刑或者金钱刑。在上述各有关情形中，力图可罚。如果行为人通过该行为给被害人造成死亡或者严重的健康损害或者身体或精神发展的显著损害的危险，或者作为回报或者以使自己或第三者获利的意图实施该行为，则处以1年以上10年以下的自由刑。如果行为人通过该行为导致被害人死亡，那么，处以不低于3年的自由刑。在上述有关情形中根据请求对使未成年人脱离者进行追究，但是，刑罚追究机关因为刑罚追究上的特别的公共利益认为根据职权进行干预是必要的时候，则不在此限。

第236条是有关儿童交易的规定。行为人在严重忽视其照顾和教育义务之下将其尚非14岁的儿童持续地移交给他人，并且是作为回报或者说以使自己或者第三者获利的意图而行动的，处5年以下的自由刑或者金钱刑。如果某些在前一句的情形中持续地接纳儿童和为此而提供回报的，同样处罚。如果行为人无权地给18岁以下的人介绍收养，或者实施目的在于使自己或者第三者获利的意图而行动的，处 3 年以下的的自由刑或者金钱刑。如果行为人在前一句的情形中引起被介绍者被带进国内或被带往国外的，处 5 年以下的自由刑或者金钱刑，并力图可罚。如果行为人是出于贪欲、职业地或者作为继续实施儿童交易所结成团伙的成员而行动，或通过该行为给儿童或者被介绍者造成身体或精神发展的显著损害的危险，则处 6 个月以上 10 年以下的自由刑。

（二）《德国民法典》对于儿童权利的保护

现行的《德国民法典》是 1896 年制定，1900 年 1 月 1 日起正式实施的。该法典共分为 5 编 2385 条，各编依次为总则、人法、债法、家庭关系和继承，另有施行法 218 条。该法是 19 世纪末一部规模最大的民法典。在法理与立法技术方面比法国民法典更为成熟。被大陆民法法系视为立法典范，对世界许多的国家的民事立法均产生过直接影响①。在用语、技术、结构和概念构成方面——连同由此而产生的所有优点和缺陷——《德国民法典》都不失为德国学说汇纂学派及其深邃、精确而抽象的学识的产儿。这部法典不是要用之于普通公民，而是要用之于法律专家；它有意识地放弃了通俗易懂性和民众教育的作用，却以一种抽象概念的语言取代了具体清楚的逐章逐节规定。而这类语言不仅对于门外汉甚至常常对外国的法律专家也都必定不可理解，但是对于受过专门训练的专业人员来说，随着与这部法典的交道日深，便不能不每每为其精确和思想上的严谨而赞美②。它对法律材料的思想加工、它在概念轮廓上的清晰度以及表达方式的精确性，可以与任何一部重要法典匹敌。也许正是因为它具有这些形式上的优越性，《德国民法典》才成为立法的范本③。有学者将《德国民法典》称为民法以及整个私法领域最重要的法律渊源④。但是也有的学者认为，《德国民法典》"是逆向地汲取着安稳悠闲的思想并把自身局限于现状的守成，而这种守成是与长久以来在政治上和经济上遭受打击的阶级的利益相一致的。《德国民法典》就是这种保守而又有特点的法典之一：用拉德布鲁赫（Radbruch）的话来说，它'与其说是 20 世纪的序曲，毋宁说是 19 世纪

---

① 萧榕主编：《世界著名法典选编·民法卷》，中国民主法制出版社 1998 年版，第855 页。

② ［德］K. 茨威格特、H. 克茨著：《比较法总论》，潘汉典等译，法律出版社 2003 年版，第 219 页。

③ ［德］卡尔·拉伦茨著：《德国民法通论》，王晓晔等译，法律出版社 2003 年版，第 35 页。

④ ［德］卡尔·拉伦茨著：《德国民法通论》，王晓晔等译，法律出版社 2003 年版，第 21 页。

的尾声'；或如齐特尔曼（Zitelmann）所言：'一个历史现实的审慎终结，而非一个新的未来的果敢开端'"①。

学者们的观点见仁见智。但不管怎么说，该法典至今仍然有效，不过经过多次修改，所涉条款已超过整个法典的 1/3，内容发生重大的变化，已有 800 多条被修改，有些规定被宪法法院宣布为不符合《基本法》而失效。在家庭方面，根据《基本法》的原则进行了诸多改革。1946 年盟国管制委员会第 16 号法律《婚姻法》、1957 年 6 月 18 日公布的《平等权利法》等，对《德国民法典》的许多条文进行了修改，尤其是 1977 年公布的新《新婚姻法》还特别强调对因婚姻关系破裂所引起的儿童权利的保护②。本书将对 1896 年制定的《德国民法典》中涉及儿童权利保护的内容进行介绍，以求原汁原味，管中窥豹地体会世界著名法典的风采。

《德国民法典》③ 在开篇就规定，人的权利能力从出生完成时开始。开始满 21 岁为成年人。未成年人满 18 岁者，依监护法院的决定，得宣告其为成年。经宣告为成年的未成年人取得成年人的法律地位。成年的宣告，仅限于未成年人本人同意的情形，始得为之。未成人处于亲权保护下者，并应取得亲权人的同意，但行使亲权人对于未成年人的身体或财产没有管理权者，不在此限。成年的宣告，只限于增进未成年人的福利时，始得为之。关于住所，第 11 条规定，婚生子女以父的住所为住所，非婚生子女以母的住所为住所。养子女以养父母的住所为住所。子女在有效废止此种住所前，仍保留该住所。在子女成年后所为的认领或收养，对于子女的住所不发生影响。

关于行为能力的一节规定，未成年人非纯为取得法律上的利益而为意思表示，须得其法定代理人的同意。未成年人未取得法定代理人的同意所订立的契约，应经法定代理人追认始生效力。如相对人催告法定代理人为追认的意思表示时，此项意思表示只得向相对人为之。催告前，对于未成年人所表示的追认或拒绝追认失其效力。追认须在接催告后两星期内为之；过期不为意思之表示，视为拒绝追认。未成年人有完全的行为能力后，得以其自己所为追认，替代法定代理人的追认。契约未经追认前，相对人有撤回的权利。撤回亦得向未

---

① ［德］K. 茨威格特、H. 克茨著：《比较法总论》，潘汉典等译，法律出版社 2003 年版，第 218 页。

② 王菲著：《外国法制史纲要》，工商出版社 2000 年版，第 312~313 页。

③ 参见萧榕主编：《世界著名法典选编·民法卷》，中国民主法制出版社 1998 年版，第 855~979 页。

成年人表示之。相对人知有未成年的事实时，只限于未成年人违反真实情况，伪称已得法定代理人的同意者，始准撤回之；于此情形，如相对人在订立契约时明知其未得同意者，仍不得撤回其契约。

法定代理人经监护法院的同意，允许未成年人独立营业者，未成年人关于其营业内的一切法律行为有完全的法律行为能力，但法定代理人须得监护法院同意的法律行为，不在此限。法定代理人非经监护法院同意，不得撤回前项的允许。法定代理人允许未成年人担任工作或劳务者，未成年人就所允许的工作或者劳务的种类，有关工作或劳务关系的订立或取消，或因此种关系所生义务的履行的一切法律行为，有完全的行为能力。但法定代理人须得监护法院同意的契约，不在此限。前项允许，法定代理人得撤回或限制之。如法定代理人为监护人而拒绝允许时，监护法院得依未成年人的申请代为允许。监护法院于允许对被监护人有利时，应代为允许。就特定事项所为的允许，在有疑义时，视为其进行同类关系的一般允许。

关于意思表示，向无行为能力人所为的意思表示，于到达法定代理人以前不发生效力。向限制行为能力人所为的意思表示亦适用前项的规定。但意思表示纯粹为限制行为能力人的法律上利益，或已经法定代理人同意者，于意思表示到达限制行为能力时，发生效力在关于结婚的一节中规定，男未成年，女未满16岁者，不得结婚。限制行为能力人结婚，应得其法定代理人的同意。法定代理人为监护人者，如拒绝同意时，监护法院因受监护人的申请得代行同意。结婚于受监护人有利益者，监护法院应代行同意。婚生子女未满21岁前结婚应得父的同意，非婚生子女于同一年龄前结婚，应得其母的同意。

第1585条规定，夫对共同子女应予以抚养者，妻应自其财产及其劳动或其所经营的独立营业的收入中给付相当的金额与夫，以分担子女的抚养费用，但夫自其子女的财产的收益足以支付抚养费用者，不在此限。夫的请求权不得让与。抚养子女的权利属于妻者，如对于子女的抚养有不能维持的重大危险时，妻为供给自己抚养子女的费用，得将前项分担金额保留之。

在有关婚生的一节中规定，妻在结婚前或婚姻关系的存续中受胎，而夫于受胎期间曾与妻同居者，结婚后所生的子女，如依情形妻显然不能由夫受胎者，其子女为非婚生子女。在受胎期间中，推定夫曾与妻同居。受胎期间在结婚前，以夫已经死亡而未曾否认所生子女为婚生子女为限，适用此项推定。从子女出生日回溯第181日至第302日止，包括第181日及第302日在内，为受胎期间。能证明受胎在从出生日回溯第302日以前者，为子女的婚生的利益，以其期间为受胎期间。在婚姻关系存续中或在婚姻解除后302日内所生子女，或未丧失其否认权而死亡者，不在此限。否认婚生子女仅得于 1 年之内为之。前项期间自夫悉知子女出生之时起算。期间的进行准用第 203 条及第 206 条有关时效的规定。否认婚生子女，在子女的生存期间以提起否认之诉为之。其诉应以子女为相对人而提起之。诉经撤回者，视为未否认。夫于诉讼终结前承认子女为自己的子女者，亦同，诉讼终结前不得以其他的方法主张子女为非婚生子女。

关于抚养义务，该法典规定，在不能抚养自己的限度内，有受抚养的权利。未婚的未成年人子女，虽有财产，以自己财产的收益及劳动的收入不足以抚养自己的限度内，亦得请求其父母抚养。因自己负担其他的义务，如抚养他人即不能不危及与自己身份相当的抚养者，不负抚养的义务。父母处于前项的状况者，对其未婚的未成年人子女有将一切可处分的资财平等使用于自己及子女的抚养的义务。抚养的程度依需要抚养人的社会地位定之（即给予抚养应与受抚养人的身份相当）。抚养包括生活上的一切需要，如需要抚养人需要受教育者，抚养亦包括受教育及职业训练的费用。父母对未婚的未成年子女应给予抚养者，父母得指定抚养的方法与时间而预先给予之。有特别的理由时，监护法院依子女的申请得变更父母的指定。子女从父姓。

子女在未成年期间受亲权的监督。本法典把父的亲权与母的亲权分别作出规定，其中包括对母的歧视的成分，现在当然已被修改。关于父权，该法规定，父依其亲权有保护子女的身体及管理其财产的权利和义务。保护子女的身体包含教育与监督子女及指定子女的居所的权利和义务。父依其教育子女的权利得对子女施以相当的惩戒。监护法院依父的申请应施适当的惩戒以帮助之。保护子女的身体包含对非法拘留子女之人请求返还子女的权利。女已结婚者，保护女的身体只限于对其身体有关的事务有代理权。除父外，母于婚姻关系存续中有保护子女的身体的权利和义务。母死亡时子女的财产或嗣后归属于子女的财产属于父管理者，父应编制财产目录，并担保其准确及完全，将清册提交监护法院。关于家庭日用器具，只需记载其总价额。父不得代表子女而为赠与，但合于道德或风俗的赠与不在此限。由父管理的子女的金钱，除为支付费用所必要者外，父不妨害第 1653 条的规定范围内，应依第 1807 条及第 1808 条规定关于监护人存放被监护人的金钱的规定存放生息。监护法院因特别的理由，得准父依其他方法存放生息。父未经监护法院的许可，不得以子女的名义开始新营业。父以子女的资财取得动产者，其所有权于取得时转移于子女，但父并无为子女的计算而取得的意思者，不在此限。此项规定于无记名证券及以空白背书的指示证券亦适用之。父以子女的资财取得前项规定种类的物件上的权利，或只需让与契约即得移转的其他权利者，准用前项规定。父依其亲权对子女的财产有用益权。专供子女个人使用之物，特别是衣服、饰物及工作用具，不属于用益权范围（自由财产）。父以子女的名义经营的营业属于父有用益权的财产者，只以此项营业的每年纯益归属于父。如有亏损者，以后数年中的收益应归属子女，至其亏损补足为止。

父的亲权停止者，或监护法院剥夺父保护子女的身体及管理其财产的权利者，子女的扶养费用，在应由父负担的限度内，得于收益中扣除之。父不能行使亲权者，除母依法行使亲权外，监护法院为子女的利益，应采取必要的措施，因父滥用其保护子女的身体的权利，或不照顾子女，或有丧廉耻或不道德的行为的过失，致子女的精神上或身体上的利益遭受危害者，监护法院应采取必要措施除去其危害。监护法院得以子女的教育为目的命令将其送入适当的家庭或教养院或感化院。父侵害子女请求抚养的权利，且其将来扶养权利有不能实现的严重危险者，监护法院得剥夺父的财产管理权及用益权。因父违反附随于财产管理或用益权的义务，或因父成为支付不能，致子女的财产处于危害状态者，监护法院应采取必要处分除去其危害。监护法院得命父提出财产目录及其管理的计算书。父对于财产目录的正确性和完备性应提供保证。如处分尚不充分时，监护法院得命父就其所管理的财产提供担保。提供担保的方法及范围依监护法院的认定定之。

地方孤儿保护委员会在知有监护法院应干涉的情形时，应通知监护法院。父没有行为能力者，其亲权应予停止。经监护法院认定父于相当长的时间内事实上不能行使亲权者，父的亲权应予停止。经监护法院认定停止亲权的理由不复存在者，亲权的停止终止。父因对子女犯重罪或犯故意的轻罪被判处重惩役或6个月以上轻惩役者，丧失其亲权。如因同时犯有其他罪名而被判处合并刑者，决定亲权是否丧失，仅以对子女所犯的重罪或轻罪而被处的刑为准。亲权的丧失，自判决确定时起发生效力。父的亲权终止或停止者，或父的财产管理权因其他原因而终止者，父应将财产返还子女，并提出其管理的计算书。

关于无效婚姻所生子女的法律地位，该法典规定，无效婚姻所生的子女，如婚姻有效时应为婚生子女者，以夫妻双方于结婚时不知婚姻无效者为限，视为婚生子女。子女虽因夫妻双方于结婚时明知婚姻无效而不得视为婚生子女，但在父的生存期间仍得向父请求与婚生子女同一的抚养。

关于非婚生子女的法律地位，非婚生子女对于母及母的血亲有婚生子女的法律地位。非婚生子女从母姓。母对于非婚生子女没有亲权。但母有保护非婚生子女的身体的权利义务。非婚生子女之父对子女负供给与母身份相当的抚养义务，至子女满 16 岁时止。抚养包括生活的一切需要以及教育与准备职业的费用。非婚生子女子满 16 岁时因身体上或精神上的疾病不能扶养自己者，父在此时期仍须继续予以扶养。第 1603 条第一项的规定在此情形适用之。父先于非婚生子女之母及母方的血亲而负抚养义务。母或负扶养义务的母方血亲对非婚生子女予以扶养者，子女对父的扶养请求权移转于母或该血亲。但权利移转的主张不得损害子女的利益。

抚养以支付定期金为之。定期金应按 3 个月预行支付。父就将来的期间预行支付者，并不免除其义务。非婚生子女于每季的开始时出生者，应支付该季全部的金额。抚养请求权不因父死亡而消灭。父虽于非婚生子女出生前死亡，子女仍有抚养请求权。父的继承人得以非婚生子女如果为婚生子女时所应得的保留分数额给付于非婚生子女。非婚生子女有数人者，应一律作为婚生子女而计算其给付的数额。虽在非婚生子女出生之前，因母的请求，得以临时处置命父于子女出生之后立即以子女最初 3 个月的抚养费付与母或监护人，并于子女出生之前相当时期提存必要的金额。应母的申请，亦得以同一的方法命父向母支付依第 1715 条规定的通常费用额，并将必要的金额预先提存之。前项临时处置不以释明请求权有不能实现的危险为必要。在母受胎期间与母同居之人视为第 1708 条至第 1716 条所称非婚生子女之父，但在此期间他人亦与母同居者，不在此限。如依情形，母的受胎显非由于某项同居者，即不认为此项同居与受胎有关。从非婚生子女出生日回溯第 180 日起至第 302 日止为受胎期间，第 181 日及第 302 日均算入之。在非婚生子女出生后以公文书承认对该子女有父的身份者，不得更以他人在受胎期间曾与母同居的事实作为主张。

关于收养，没有婚生的直系卑血亲之人，得与他人缔结契约，收养该他人为养子女。此项契约应得主管法院的批准。婚生子女未满 21 岁之前，须得其父母的同意，始得被收养；非婚生子女未满同一年龄前，需得其母的同意，始得被收养。

关于未成年人的监护，是《德国民法典》规定的一个重要内容。未成年人未受亲权的监督者，或父母关于未成年人子女的身体或财产的事务没有代理子女的权利者，应为未成年人设置监护人。监护法院应主动命令设置监护。下列之人得拒绝接受监护职务：（1）女人；（2）满 16 岁之人；（3）有超过 4 个婚生的未成年子女之人，但子女为他人收养者不算入此数；（4）因疾病或残废而不能适当执行监护职务之人；（5）因住所地远离监护法院的所在地，执行监护职务有特别困难之人；监护人有保护受监护人的身体与管理其财产，及代理受监护人的权利和义务。监护人不信仰受监护人应受教育的宗教者，监护法院得取消监护人监护受监护人的宗教教育的权利。监护人应将监护开始时所有的财产及嗣后归属于受监护人的财产编制目录，并于保证其正确及完备后提交监护法院。有监督监护人者，监护人应邀请监督监护人一同编制财产目录；监督监护人对于目录的正确和完备亦应提供保证。监护人于编制财产目录时得请官员、公证人或鉴定人协助。监护人不得为自己的利益而挪用受监护人的财产。监护人应将属于受监护人的财产的金钱，除为支付费用所必要者外，存放生息。

《德国民法典》还对地方孤儿保护委员会的职务作出了相当详细的规定。地方孤儿保护委员会应向监护法院推举于特定情形适于为监护人、监督监护人或亲属会议会员的人选。地方孤儿保护委员会应协助监护法院督察监护人依照职务保护在其区域内居住的受监护人的身体，特别是受监护人的教育与体格的保养。地方孤儿保护委员会在发现缺点或违反职务时应报告监护法院，并应依请求，报告受监护人的健康与品行。地方孤儿保护委员会知有危及受监护人财产的事实时，应报告监护法院。监护法院应将关于地方孤儿保护委员会区域内居住的受监护人设置监护的事实通知地方孤儿保护委员会，并记明监护人与监督监护人的姓名，嗣后监护人与监督监护人的更换亦应通知之。受监护人的居所迁移至其他地方孤儿保护委员会的区域内者，监护人应将迁移的事实通知前居所所在地的地方孤儿保护委员会，并由该地方孤儿保护委员会通知新居所所在地的地方孤儿保护委员会。

五、加拿大相关法对儿童权利的保护

《加拿大刑事法典》是 1892 年正式颁布的。这部法典可说集中反映了英国在 19 世纪占主导地位的刑事法原则，不失为一部研究英国刑法史的必备资料。此外，由于加美之间的邻邦关系及美国文化对加拿大的覆盖渗透，《加拿大刑事法典》的演变及其在判例法中的解释，又受到美国法的影响。由此，通过对加拿大刑事法的研究，还可以了解到美国刑事法的某些情况。以比较法的眼光来读《加拿大刑事法典》，可以看到它的四个特征：（1）这部法典在加拿大全国统一通用，从而与英美的情形迥然不同。（2）这是一部包括刑事实体法与程序法在内的综合法典，显然与为国内学者所熟悉的大陆法系诸国的情况不同。（3）这部法典虽然是加拿大刑事立法的主干，但在适用时又直接受制于宪法，特别是《加拿大权利与自由宪章》，由此它又有别于那些在刑事诉讼中不直接适用宪法规定的国家所施行的制度。（4）这部法典历史悠久，多

数条文风格古板，用词晦涩，叠床架屋，但多少年来却又经历不断的局部更新，通篇看来，仍不乏新意。从法律的渊源上讲，《加拿大刑事法典》虽然是最重要的刑事法律文件，但在加拿大还有其他一些重要的刑事法律和刑事法律规定。近几年来，对刑事法全面重新法典化的工作没有取得显著进展，虽然局部的，对个别条文的修订仍在不断进行。今后的趋势，仍是要以新的刑法典和刑事诉讼法典取代现行的《加拿大刑事法典》，并要求新法典能够充分表现加拿大社会的基本价值观念，分章逻辑结构合理，文字表述简明扼要，以解决现行法典老旧、臃肿、含糊不清的问题①。《加拿大刑事法典》中有关儿童权利保护的内容还是相当丰富的，有不少值得我们学习、借鉴的地方。

该法典第 13 条规定，12 岁以下的儿童不得因其作为或不作为被判决有罪。关于武力纠正儿童，该法典第 43 条规定，学校，教师，或处于家长地位之人，为纠正其照看的学生或儿童，使用武力，只有武力在具体情况下系未逾越合理之程度，方能视为正当。

法典的第五章是有关性犯罪、公共道德与违禁行为的规定。为奸淫目的，用身体的一部分或物体直接或间接地触摸未满 14 岁的人的身体的任何部分者，构成可诉罪，处 10 年以下监禁，或构成按简易定罪处罚的犯罪。为奸淫目的，引诱、劝说或激励未满 14 岁的人用身体的一部分或物体直接或间接地触摸任何人的身体（包括引诱、劝说或激励者的身体以及未满 14 岁人的身体）者，构成可诉罪，处 10 年以下监禁，或构成按简易定罪处罚的犯罪。处于委托或托管青少年位置上或青少年有依赖关系的人有下列行为者，构成可诉罪，处 5 年以下监禁，或构成按简易定罪处罚的犯罪：（1）为奸淫目的，用身体的一部分或物体直接或间接触摸青少年身体的任何部分；或（2）为奸淫目的，引诱劝说或激励青少年用身体的一部分或物体触摸任何人的身体（包括引诱、劝说或激励者的身体）及该青少年的身体。本条中"少年"是指已满 14 岁未满 18 岁的人。

在未满 14 岁的人面前犯兽奸罪或诱使未满 14 岁的人犯兽奸罪者构成可诉罪，处 10 年以下监禁，或构成按简易定罪处罚的犯罪。

被控对未满 14 岁的人犯了本法有关条款规定的罪或按照第 736 条缓刑令中规定的条件被免除刑事处罚，判处罪犯或指令被告被免除刑事处罚的，法院除了对罪犯施加其他刑罚或免除刑事处罚令中规定的其他条件，应根据上述条

---

① 杨诚：《〈加拿大刑事法典〉：评价与借鉴》，载卞建林等译：《加拿大刑事法典》，中国政法大学出版社 1999 年版，第 3~8 页。

件或法院发出的免除令发出命令禁止罪犯前往未满 18 岁的人常去和可能常去的公园或公共游泳场所或儿童日托中心、校园、游乐场或社区中心；或者，寻求、获取或继续从事有关未满 14 岁的人委托或托管的职业，不以该职业是否有报酬或是否具有行为能力的志愿者为界。该禁令可以是终身的，也可以是法院认为合适的较短的期间（在该禁令非终身时）。被控对未满 14 岁的人犯了本法有关条款规定的罪行或按照第 730 条缓刑令中规定的条件被免除刑事处罚，判处罪犯或指令被告被免除刑事处罚的法院除了对犯罪施加其他刑罚或免除刑事处罚令中规定的其他条件之外，应根据上述条件或法院发出的免除令发出命令禁止罪犯前往未满 14 岁的人常去或可能常去的公园、公共游泳场所、儿童日托中心、校园、游乐场或者社区中心；或者寻找、获取或继续从事有关未满 14 岁的人委托或托管的职业，不以该职业是否有报酬或是否具有行为能力的志愿者为限。

"儿童色情物"是指：（1）照片、影片、录像或其他可视图画，不管其制成系电子方法或机械方法，显示未满 18 岁人或被描述为满 18 岁人正在从事或被描绘正在从事明显的性行为，或为奸淫目的以未满 18 岁人的性器官或肛门部位描述为主题。（2）任何宣扬或倡导与未满 18 岁人进行本法规定为犯罪行为的性行为的印刷品或图画。制作、印刷、出版或为出版而持有儿童色情物者，构成可诉罪，处 10 年以下监禁，或按简易定罪处罚的犯罪。进口、发行、出售或为发行或出售而持有上述色情物者，构成可诉罪，处 10 年以下监禁；或按简易定罪处罚的犯罪。持有儿童色情物者，构成可诉罪，处 5 年以下监禁；或按简易定罪处罚的犯罪。

未满 18 岁的人的父母或监护人诱使其他人。（非父母或监护人）非法奸淫，构成可诉罪，若被诱者未满 14 岁，处 5 年以下监禁，若被诉者已满 14 岁未满 18 岁，则处 2 年以下监禁。不动产所有人、占有人或管理人或其他管理或协助管理不动产的人故意准许未满 18 岁的人利用其不动产从事非法奸淫活动，构成可诉罪。若被准者未满 14 岁，处 5 年以下监禁；若被准者已满 14 岁未满 18 岁，处 2 年以下监禁。于儿童的住所参与通奸或不道德的性行为，或沉溺于习惯性的酗酒或任何其他劣行，因而危害儿童的品德或使其住所不适于儿童居住者，犯可诉罪，处 2 年以下监禁。本条中"儿童"是指年岁或外观未满 18 岁的人。

于任何场所为了性欲目的而对未满 18 岁的人暴露生殖器者，构成按简易定罪处罚的犯罪。全部或部分利用未满 18 岁人卖淫为生者，构成可诉罪，处 14 年以下监禁。有偿在任何所得到或企图得到未满 18 岁人性服务者，构成可诉罪，处 5 年以下监禁。

该法典第八章规定的是侵犯人身与名誉的犯罪。首先是对有关法律名词的定义。第 214 条规定，本条中，"遗弃或丢失"包括：对于儿童有照顾的法律责任而故意不照顾，以及对于儿童的态度足以使其丢弃在无保护的危险中。儿童包括收养的与非婚生的儿童。

任何人在以父母、养父母、监护人或家长的身份对未满 16 岁的儿童供给生活必需品的情形下负有法律责任。有法律责任的人在应受照顾者为赤贫或有必需的情形，或不履行责任足以危害其生命，或使其健康遭受永久的危害的情形下不履行责任，又不能证明有合法原因的人，为犯罪行为，构成可诉罪，处 2 年以下监禁，或按简易定罪处罚的犯罪。于本条诉讼程序中，以任何方式承认儿童为其子女者，无反证时，其证据系证明该儿童为其子女的表面证据；男子脱离其妻逾 1 个月，不为其妻及未满 16 岁子女提供生活费用，无反证时，其证据系证明其无合法原因不为其供给生活必需品的证据；不得以妻子或子女接受或曾接受无法律责任的他人供给生活必需品的事实为抗辩的理由。另外，在第 218 条规定，非法遗弃或丢弃未满 10 岁的儿童，因此危害（或可能危害）其生命，或永久伤害（或可能永久伤害）其健康，构成可诉罪，处 2 年监禁。

关于杀人罪，对于儿童或病人故意施行恐吓使人死亡为有罪杀人。婴儿以生存状态完全脱离母体时，成为本法所称的人，无论其是否曾经呼吸、血液独立循环或切断脐带。婴儿出生前或出生中施以伤害，致其出生后死亡，为杀婴罪。妇女以故意的行为或不行为致使新出生的子女死亡，而其行为或不行为时生产尚未完全复原或受哺乳的影响致使其情绪紊乱者，为杀婴罪。妇女杀婴者构成可诉罪，处 5 年以下监禁。任何于生产行为中致未出生的人于死亡者，依其情况，如被告人为儿童，达到杀人程度者构成可诉罪，处终身监禁。本条的规定，于善意者以其认为必要的方法以保全分娩妇女的生命致未出生婴儿于死者，不适用。

该法典第 242 条是关于分娩人疏于求助及隐藏婴尸的规定。怀孕即将分娩的妇女意图使婴儿死亡或隐藏其出生的事实，于分娩时未进行合理求助致使婴儿永久伤害或于分娩前、分娩中或分娩后即时死亡者，构成可诉罪，处 5 年以下监禁。

"监护人"是指法律上或事实上保护或照管他人的人。无合法权利拐带未满 16 岁未婚者或致使其被拐带、脱离其父母、监护人或任何其他合法保护或照管人的监护，并违反其意志者，构成可诉罪，处 5 年以下监禁。非未满 14

岁儿童的父母、监护人或其合法照管人意图妨害其父母、监护人或任何其他合法保护或照管人对该儿童的监护，诱离、隐藏、拘留、收留或窝藏该儿童者，构成可诉罪，处 10 年以下监禁。未满 14 岁儿童的父母、监护人或合法照管人意图妨害另一父母、监护人或合法照管人对该儿童的监护，违反加拿大任何地方法院对该儿童发出的监护令中的监护条款，拐带、诱离、隐藏、拘留、收留或窝藏该儿童者，构成可诉罪，处 10 年以下监禁，或按简易定罪处罚的犯罪。未满 14 岁儿童的父母、监护人或合法照管人对该儿童的监护、拐带、诱离、隐藏、拘留、收留或窝藏该儿童（无论加拿大任何地方的法院是否对该儿童发出过监护令》者，构成可诉罪，处 10 年以下监禁，或按简易定罪处罚的犯罪。所有上述诉讼中，不得以青少年同意或向被告建议为由作为辩护。

该法典第 658 条规定，在适用本法的任何诉讼中，在有关儿童或少年被带进加拿大时曾负责或照料过他们的社团及其职员的登记或记录，如果这些登记或记录是在被指控的犯罪实施之前制作的，是关于该儿童或少年年龄的证据。在缺乏其他证据的情况下，或者通过其他证据来补强，陪审团、法官、治安官根据情况可以根据该儿童或少年的外表推测其年龄。关于儿童的证据，第 659 条规定，关于法庭在陪审团根据儿童的证据对被告人定罪前应对陪审团作出警告的要求一律废除。

第 733 条规定：（1）当某青少年被根据本法或国会制定的其他法律判处监禁时，经省行政总监批准，可将其送往关押所执行刑罚，但在任何情况下，在关押所关押的青少年在其 20 岁后，不得再关押在关押所。（2）当省行政总监确认根据第 1 款被送往关押所的青少年犯没有重大脱逃嫌疑或有意影响关押所内其他青少年犯的改造或悔过，不能再关押在关押所的，剩余刑期可在如果不是因为第 1 款的规定他本应关押的场所执行。（3）本条中，"成年人"、"省行政总监"、"青少年"的含义同于《少年犯罪法》的规定，并且"关押所"指该法中第 24（1）条的"开放关押所"或"安全关押所"。

对犯有一级谋杀罪或二级谋杀罪的人判处终身监禁，犯罪人在犯罪时不满 18 岁，主持庭审的法官应当在终身监禁的判决中明确服完 5 年至 10 年监禁刑后才有假释资格。

任何有合理根据担心某人会对一个或一个以上 14 岁以下的人实施本法有关条款规定的犯罪行为的，都可以向省法院的法官告诉，不论是否指明了犯罪行为将针对的人的姓名。收到上述告诉的省法院的法官应当令当事人到其面前。当事人到场的，省法院的法官如果根据控告人提出的证据认为他的担心是合理的，可以裁定被告人作出具结书，并遵守法官确定的条件，包括在一定期限内禁止被告人参加任何有 14 岁以下的人在场或能合理预见会在场的公用公园或公用游泳区、日托中心、学校、娱乐场所或公共会堂。所确定的上述保证期限不超过 12 个月。

第三章　发展中国家儿童权利保护法概述

第一节　发展中国家儿童权利保护的立法情况

和发达国家一样，大多数发展中国家也都建立起了各自的儿童权利保护的法律制度。儿童立法主要体现在宪法、刑法、民法等法律的相关条款的规定和专门的儿童立法中。只是由于广大发展中国家的政治、经济、文化、传统等诸方面因素的影响，它们对儿童权利的保护很不全面，也很难落实。许多发展中国家的儿童立法中，大部分内容是有关如何惩罚违法犯罪儿童的规定，重惩罚而轻保护是其突出特点之一。社会主义国家属于发展中国家，社会主义国家的儿童立法大多呈现出法律政治化、口号化的共同倾向，"虚"的多，"实"的少，可操作性差。从本书后面有关章节的介绍中，相信读者能有所体会。

菲律宾的儿童立法在发展中国家中，相对而言，算得上是较为完善和颇有特色的。自从 1565 年西班牙侵占菲律宾后，到 1898 年 6 月 12 日菲律宾宣布独立，成立其历史上第一个共和国为止，西班牙法（罗马法）一直处于统治地位。1899 年在美西战争之后，美国进而发动对菲律宾的战争，1901 年菲律宾沦为美国殖民地，因此，菲律宾法又受着美国法的强烈影响。尽管如此，但在目前，菲律宾的成文法仍然残留着西班牙法影响的痕迹。该国的儿童法律制度的建立和完善是比较晚的，到 20 世纪 70 年代中期才有相对独立的、系统完整的儿童法规①。1974 年 12 月 19 日，菲律宾前总统马科斯发布第 603 号宣言，公布了《儿童与少年福利法典》，主要规定了国家对儿童与少年的政策以及儿童与少年的权利义务、学校的教育以及父母对子女的权利与义务、对违法犯罪少年的处罚与改造教育等问题。根据《儿童与少年福利法典》的规定，菲律宾设立了为少年服务的社会服务与开发部。社会服务与开发部在少年福利

---

① 康树华等编著：《中外少年司法制度》，华东师范大学出版社 1991 年版，第 225～226 页。

方面，广泛地行使着职权，在青少年工作中占有重要地位。根据第 603 号总统宣言，菲律宾社会服务与开发部为了青少年福利事业，通过青年福利局制定了《综合人类资源开发计划》。该计划是为了使青少年实现三个主要目的，即经济独立、对地区社会承担责任、为需要特别津贴的少年提供帮助①。

在印度，虽然一切近代法都是仿效英国法律制定的，但以前印度习惯法和穆斯林习惯法还是具有很大影响的。由于印度各邦均享有制定法律的独立性，再加上复杂的宗教因素的影响，印度的法律并不完全统一，儿童权利保护方面的法律也是一样。以英国法作为榜样，将违法少年与成年犯罪者区别开来进行处理是从 1920 年开始的。印度于 1920 年在马德拉斯邦开始制定了少年法，据说这是亚洲的第一部少年法。其他各邦，许多也相继制定了自己的少年法。如马哈拉斯特拉邦（1948 年）、北方邦（1951 年）、新德里（1960 年）、中央邦（1970 年）等。印度于 1960 年制定了《中央少年法》。《中央少年法》仍成为各邦和中央直辖区的样板。1960 年《中央少年法》在获得承认的各邦有效，而在其他尚未获得承认的地区则无效②。在印度，儿童权利保护方面的法律还有 1956 年第 32 号法令颁布的《印度教徒未成年人和监护法》，1956 年第 78 号法令颁布的《印度教徒收养和扶养法》；1978 年第 2 号法令颁布的《限制童婚法（修正案）》等③。《印度教徒收养和扶养法》规定了只适用于印度教徒的收养法。这是第一个准许印度教徒女儿和儿子被收养的法律。《限制童婚法》将男性结婚年龄提高到 21 岁，女性结婚年龄提高到 18 岁④。

其他发展中国家也相继制定了自己的儿童方面的立法。如，1974 年埃及制定了《埃及青少年法》，1978 年古巴制定了《古巴共和国青少年法典》。斯里兰卡于 1939 年制定了少年法后，1944 年和 1945 年进行了两次修改，1952 年又分别颁布了两个法令，这些法令涉及关于设置少年法院、监督少年犯、保护儿童和少年等有关事项，从而形成现行的《儿童与少年法令》。在斯里兰卡，与儿童权利保护有关的法律还有 1956 年第 47 号法颁布的《雇用妇女、少

---

① 陆青：《东盟几国的青少年法》，载《国外法学》1987 年第 5 期，第 29~30 页。

② 康树华等：《国外青少年犯罪及其对策》，北京大学出版社 1985 年版，第 346~349 页。

③ ［捷］维克托·纳普主编：《国际比较法百科全书（第 1 卷）：各国法律制度概况》，高绍先等译，法律出版社 2002 年版，第 619、629 页。

④ ［印度］科蒂·辛哈著：《印度实现妇女权利的障碍》，黄列译，载《外国法译评》2000 年第 1 期，第 19 页。

年儿童法》、《母亲权利保护法》等①。在土耳其，1983 年通过了《需要特殊教育儿童法》（第 2926 号）、《社会服务和儿童保护机构法》（第 2828 号）、1983 年的《婴儿照料中心和幼儿园法规》、1987 年的《托儿所法规》等②。

第二节　发展中国家宪法对儿童权利的保护

一、菲律宾宪法对儿童权利的保护

《菲律宾共和国宪法》③ 是 1986 年 10 月 12 日制宪委员会通过，1987 年 2 月 2 日由全国公民投票通过生效的。该宪法在开篇的序言中就指出：我们独立自主的菲律宾人民，祈求全能上帝的佑助，为建立公正、人道的社会和体现我们的理想与欲望的政府，促进共同福利，保存和开发本国资源，保证我们和我们的后代获得法治下的独立和民主，并生活在真诚、正义、自由、仁爱、平等、和平制度下的幸福，谨制定并颁布宪法。

接下来，在宪法的第二章第 12 条就有关于儿童权利保护的规定。该条规定，国家承认家庭生活的神圣地位，把家庭作为一种基本的社会自治单位予以保护和加强。国家保护母亲和包括胎儿在内的婴儿的生命。培养青少年成为有能力有道德的公民是父母的自然基本权利和义务，应得到政府的支持。紧接着第 13 条规定，国家承认青年在国家建设中的重要作用，并促进和保护他们生理上、道德上、精神上、知识上的发展及他们的社会福利。国家应向青年灌输爱国主义和民族主义，鼓励他们参与公共事务和民间事务。

该宪法第十三章有关卫生方面的第 11 条规定，国家应采取全面的综合性的办法推行卫生发展计划，致力于使全国人民能以他们负担得起的价格获得必需品、卫生服务和其他社会服务，并优先照顾贫困的老弱病残和妇女儿童的需要。国家将尽量为贫民提供免费医疗。

该宪法第十四章是关于教育、科学、技术、艺术、文化和体育的规定。其中教育部分占有大部分的篇幅，规定较为详尽。明确规定，国家保护和促进全

---

① ［捷］维克托·纳普主编：《国际比较法百科全书（第 1 卷）：各国法律制度概况》，高绍先等译，法律出版社 2002 年版，第 1349 页。

② 杨光、温伯友主编：《当代西亚非洲国家社会保障制度》，法律出版社 2001 年版，第 127~128 页。

③ 参见姜士林、陈玮主编：《世界宪法大全》（上卷），中国广播电视出版社 1989 年版，第 191~211 页。

体公民接受各级良好教育和权利，并采取适当步骤使人人都能受教育。国家应该：（1）建立、保持和支持一个适应人民和社会需要的、完全的、综合的教育制度。（2）建立和保持免费公立中小学制度，对一切学龄儿童实行小学义务教育，但不限制父母教养子女的天然权利。（3）为公立和私立学校符合条件的学生特别是贫苦学生，设立奖学金、学生贷款计划、津贴和其他奖励制度。（4）鼓励不正规的、非正式的和因地制宜的学习制度，以及自学和举办业余教育，特别是适应社会需要的业余教育。（5）为成年公民、残疾人和社会青年提供公民训练、职业培训和其他技能的培训。另外，所有教育机构应把学习宪法列入正式课程。

第十五章关于家庭的规定当中，第 3 条规定，国家应保护：（1）夫妻按照他们的宗教信仰和应尽的做父母的责任，建立家庭的权利。（2）儿童得到抚养和特别保护的权利，包括获得适当的关怀和营养，避免无人照管、凌辱、虐待、剥削和其他种种有害于他们发展的情况。（3）家庭得到足以维持生活的工资和收入的权利。

在第十六章一般条款的第 7 条规定，国家应向参加过战争和军事行动的退伍军人及其遗孀和孤儿提供及时充分的照顾、抚恤和其他形式的帮助。国家应为此拨出专项基金，并在分配公有农田和利用自然资源时对退伍军人及其家属给予应有的照顾。

二、印度宪法对儿童权利的保护

《印度宪法》[①] 是 1949 年 11 月 26 日制宪会议通过，1979 年 9 月 25 日第 44 次修宪令最后修改的。该宪法序言指出：我们印度人民已庄严决定，将印度建成为主权的社会主义的非宗教性的民主共和国，并确保一切公民：在社会、经济与政治方面享有公正；思想、表达、信念信仰与崇拜的自由；在地位与机会方面的平等；在人民中间提倡友爱以维持个人尊严和国家的统一与领土完整。

该宪法第 23 条规定，禁止人口买卖和强迫劳动。第 24 条明令禁止工厂雇佣童工——不得雇佣 14 岁以下儿童在工厂或矿场中工作，或从事其他危险工作。第 39 条规定，国家应使其政策致力于保证：不滥用男女工人，儿童之健

---

① 资料来源：（1）姜士林、陈玮主编：《世界宪法大全》（上卷），中国广播电视出版社 1989 年版，第 514～588 页。（2）萧榕主编：《世界著名法典选编·宪法卷》，中国民主法制出版社 1997 年版，第 192～249 页。

康和体力不受摧残，不使公民迫于经济需要而从事与其年龄或体力不相称之职业；使儿童享有在自由与尊严的条件下健康成长的机会和环境，保护儿童与青年不受剥削，在道义上与物质上不受遗弃。

第42条是关于适当的人道的工作条件和优待产妇的规定。国家应作出规定确保适当与人道之工作条件及对产妇之优待。

第45条是对儿童实行免费义务教育的规定。国家应尽力在本宪法实施后的10年内，对14岁和14岁以下的所有儿童实施免费义务教育。

在有关官方语言文字的第十七篇第四章的特殊规定中，第350条（甲）明确指出，应为小学阶段的母语教育提供方便。各邦及各邦地方政权应尽力为少数语种集团的儿童提供在小学阶段进行母语教育的方便条件。总统认为必要和适当时，可以向各邦发出指示以保障提供这种方便。

三、古巴宪法对儿童权利的保护

《古巴共和国宪法》① 是1976年2月15日经全民投票赞成，同年2月24日公布的。

该宪法第6条规定：共产主义青年联盟——先进青年的组织——在党的领导下管理培养本组织成员成为未来共产主义者的工作，并利用介绍青年参加学习、参加爱国主义的、劳动的、军事的、科学的以及文化的活动等方法，推动用共产主义思想教育青年一代。第7条规定，古巴社会主义国家承认、保护和鼓励大学生联合会、中学生联合会、古巴少先队联盟等群众社会团体的活动。第8条指出，社会主义国家作为人民的政权并为人民服务，保障：所有的儿童都有可能上学、得到营养和衣服；任何男女青年都有可能学习；所有的人都有可能受教育、学文化、参加体育运动。并力求使每个家庭都有舒适的住宅。

该宪法第三章是关于家庭的规定。国家保护家庭、母性和婚姻。婚姻是以夫妻具有绝对平等的权利和义务为基础，夫妻必须共同努力关心维护家庭，全面教育子女，不要妨碍夫妻双方社会生活的发展。婚生子女和非婚子女享有平等的权利。取消由于出身证件所设的任何限制。不承认出生的差别；不承认出生证登记的父母公民权的差别以及有关家庭出身的任何文件所记载的父母公民权的差别。国家保证通过有关的法律手续确定和承认父子关系。父母有抚养自己的子女、帮助他们维护其法定利益以及实现其正当的志愿的义务，并且也有

---

① 资料来源：萧榕主编：《世界著名法典选编·宪法卷》，中国民主法制出版社1997年版，第83~87页。

义务在教育子女并使其全面成长为能为社会主义社会生活的、受过训练的有用的公民。子女一方，有尊重自己父母和赡养父母的义务。

该宪法第四章是有关教育和文化的规定。国家在教育和文化方面的政策中应遵守的原则有：教育是国家的职能；保证对新的一代进行共产主义教育并培养儿童、青年和成年人参加社会生活；教育是免费的；以共产主义精神教育儿童和青年是全社会的义务；家庭、学校、各种国家机关和群众性的社会团体有责任特别注意儿童和青年的全面发展。

对平等作出规定的第五章要求各种国家机关从幼年就根据人人平等的原则教育一切公民。国家宣布革命取得的神圣权利，一切公民按照此项权利，不分种族、肤色和民族成分，可以在为一切人开放的国立学校中学习，享受从小学直到大学的教育；在一切医疗机构得到医疗救助。妇女在经济的、政治的、社会的各个方面和家庭内享有同男子平等的权利。为了保障此项权利并特别吸收妇女参加社会有益劳动，国家关心使妇女根据其体力获得工作，享受产前产后的支付原薪的休假；设立幼儿园、保育院并努力为实现平等权利创造一切条件。

四、斯里兰卡宪法对儿童权利的保护

斯里兰卡宪法①是 1978 年 8 月 16 日由斯里兰卡议会通过，并于同年 9 月 7 日正式生效的。后经多次修改。该宪法共有 24 节 172 条。

该国宪法在序言中，确认代议制民主政治这一不可改变的共和原则，确保各族人民的自由、平等、正义、基本人权和司法独立，这些无形的遗产是斯里兰卡人民和世界各国人民世世代代尊严和幸福的保障，他们将继承我们这一代人的努力为创造并维护公正和自由的社会而奋斗。

该宪法第 27 条规定，国家保证在斯里兰卡建立一个民主的社会主义社会，其目标包括：提高人民的道德和文化水平，保证人的个性的全面发展；彻底消除文盲，保证全体公民享有接受各级教育的普遍和平等的权利。国家承认并保护作为社会基本单元的家庭；国家特别关心促进儿童和青年的利益，以保证他们的身体、智力、道德、宗教和社会的全面发展，并保护他们免受剥削和歧视。

---

① 姜士林、陈玮主编：《世界宪法大全》（上卷），中国广播电视出版社 1989 年版，第 382~411 页。

五、其他发展中国家宪法对儿童权利的保护

几乎所有发展中国家的宪法中都有儿童权利保护的条款。1982 年通过的《越南社会主义共和国宪法》① 第 40 条规定：国家、社会、家庭和所有公民都有义务保护和关心母亲与儿童，并执行计划生育政策。第 59 条规定：初级教育实行免费和义务制度；国家和社会鼓励有天赋的儿童和学生努力发展其才能；国家提供学校经费和授予奖学金；国家和社会为残疾儿童享受适当的普通教育和职业教育提供适宜的条件。第 63 条还规定要确保妇女家庭、儿童医疗监护、托儿所、幼儿园和其他社会福利设施的发展。第 64、65、66 条分别规定：父母有义务教养子女成为对社会有用的公民。国家和社会不允许在家庭中歧视儿童。国家、社会和家庭有义务保护、关怀和教育儿童。国家、社会和家庭为青少年的学习、工作、创造以及为其文化智能和体能的发展创造有利的条件。没有家庭生活来源的老人、残疾人和孤儿有权得到国家和社会的帮助。

1974 年的《缅甸联邦社会主义共和国宪法》② 第二章第 10 条规定：国家培养青年，使他们在体育、智育和德育方面得到全面发展。

1972 年的《朝鲜民主主义人民共和国社会主义宪法》③ 第 58 条也规定：公民享有免费医疗的权利。因年老、疾病或残废而丧失劳动能力的人以及无人照顾的老人和儿童，有获得物质帮助的权利。这种权利由免费医疗制度、不断增加的医院和医疗所等医疗设施、国家的社会保险和社会保障制度来保证。同时，该法第 62 条也规定：国家通过保障产前产后休假，缩短多子女的母亲的工作时间，产院、托儿所和幼儿园的扩充，以及其他各种措施，特别是保护母亲和儿童。

1982 年的《土耳其共和国宪法》④ 第 41 条规定：国家应采取必要的措施和建立必要的组织，以维护家庭的和睦和幸福，特别是保护母亲和儿童，推行家庭计划生育。第 42 条规定：全体男女公民必须在公立小学接受免费初级义

---

① 萧榕主编：《世界著名法典选编·宪法卷》，中国民主法制出版社 1997 年版，第 624～629 页。

② 萧榕主编：《世界著名法典选编·宪法卷》，中国民主法制出版社 1997 年版，第 328 页。

③ 中国社会科学院法学研究所等编：《宪法分解资料》，法律出版社 1982 年版，第 209、226 页。

④ ［美］爱德华·劳森著：《人权百科全书》，四川人民出版社 1997 年版，第 1438～1447 页。

务教育。在关于劳动的规定中，第50条指出：任何人都不得被要求从事不适合其年龄、性别和能力的工作。儿童、妇女以及身体和智力不健全的人在劳动条件方面应受到特殊的照顾。

在非洲国家，1980年的《埃及宪法》① 第10条明确指出：国家保障维护母亲和儿童，关怀青少年，并为提高其才能提供必要的条件。第18条规定：国家保障受教育权，小学是义务教育。国家把义务教育将提高到更高阶段。第20条进一步明确：在国家教育机构中各阶段的教育均为免费。

1987年的《埃塞俄比亚宪法》② 第37条第2款规定：儿童、不论婚生或非婚生，均享有平等的权利。第40条第2款亦有规定：国家应逐步确保学龄儿童的义务教育，并扩大各种类型和各种层次的学校和职业教育机构。

另外，1990年制定的《纳米比亚宪法》③ 对儿童权利的保护性规定在非洲国家中是非常丰富和全面的。该宪法第12条关于公平审判的规定中特别指出，刑事案件的判决应公开宣判，但因青少年的利益或道德另有要求者除外。该国宪法第15条全部是有关儿童权利的规定：（1）儿童从出生起即享有姓名的权利、获得国籍的权利，以及除依照为了儿童的最佳利益而制定的法律之外，尽可能地享有认识的权利和受母亲照料的权利。（2）儿童有权受到保护，不受经济剥削；不得受雇于或被要求从事对他来说可能危险的或妨碍其受教育的或危害其健康或身心、精神、道德或社会发展的工作。根据本款的意旨，儿童是指16岁以下的人。（3）除依照国会法令规定的条件和环境外，任何儿童均不得受雇在厂矿工作。本款的规定不得解释为以任何方式减损前款的规定。（4）任何农场或其他企业的受雇协定或方案，其目的或后果强迫一雇员的未成年儿童为了该雇员的雇主的利益而工作者，应按本宪法第9条的意旨被视为迫使从事强迫劳动的协议或方案。（5）任何授权预防性拘禁的法律，均不得允许拘禁16岁以下的儿童。纳米比亚的宪法第20条是关于教育的规定，其中第3条特别强调指出：除因健康或其他有关公共利益的理由而经国会法令授权者外，儿童在完成初等教育之前或在满16岁之前的任何时候，均不得被允许退学离开学校。

---

① ［美］爱德华·劳森著：《人权百科全书》，四川人民出版社1997年版，第424~426页。

② ［美］爱德华·劳森著：《人权百科全书》，四川人民出版社1997年版，第450~452页。

③ ［美］爱德华·劳森著：《人权百科全书》，四川人民出版社1997年版，第1113~1127页。

第三节　发展中国家专门法对儿童权利的保护

一、菲律宾专门法对儿童权利的保护

（一）《儿童与少年福利法典》

《儿童与少年福利法典》共分为 9 编 213 条。第一编为总则，主要规定的是政策宣言以及儿童与少年的权利义务等方面的问题。该法典第 1 条宣称："儿童是国家最重要财产的一部分。国家要为促进儿童的福利及为其提供更多的优裕、幸福生活机会而作出最大的努力。"又说："儿童不单纯是国家的隶属者，因此，在不与公共福利相抵触的限度内，国家要尽最大可能培养儿童的个性和优良素质。"法典第 3 条关于儿童的权利规定了 12 个方面，其中主要的是：所有儿童，享有满足身体基本需要之权，包括含营养的饮食、相应的衣服、充足的住房、适当的医疗保健等健康和活泼生活的所有需要，以及所有儿童，均享有受教育权和发挥自己能力的权利……法典在规定儿童享有广泛权利的同时，也规定了所有儿童皆应遵守的义务。其中主要的是：热爱、尊敬并服从父母、长辈的教育，遵守法律，并特别强调接受与自己能力相适应的正规教育，等等。

第二编为儿童及少年的福利与家庭。主要规定的内容是：亲权、收养、双亲的权利与义务以及双亲的责任和国家对双亲的帮助等。其中第 43、44、45条明文规定，父母有亲近自己孩子的权利，享有并承担培育儿童的基本权利和义务，并有权行使民法典所规定的对儿童身体与财产有关的权利；父母为了使儿童形成所期望的人格，有权施行与此相应的必要的惩戒。

与此同时，该法典设有专章明文规定父母对儿童负有的义务。该法第 46条规定："父母承担以下规定的一般义务：（1）对儿童给予爱护、亲近及理解；（2）对儿童进行道德和自我修养的指导……（3）监督儿童包括娱乐在内的所有活动；（4）训谕儿童形成勤劳、俭朴及自信的美德；（5）教育儿童关心公民活动，使其了解作为公民的义务，鼓励其对国家的忠诚；（6）在对儿童的成长和福利有影响的事项上，应对其提出适当的忠告；（7）经常以模范行动示范之；（8）依民法典第 290 条的规定，对儿童予以适当的保护；（9）在儿童领有财产的情况下，应依民法典第 320 条的规定，以最大可能地维护儿童利益为目的，进行财产管理。此外，第 51 条还规定，父母有义务培养儿童读书的习惯，"父母应尽可能经常地考虑儿童的年龄及精神的发展，给予健康及优秀的读物，父母更应防止淫秽图书及其他不健康出版物进入家庭"。第 52

条规定："父母应鼓励儿童与其他能使儿童有益及健康为主体的普遍利益得以发展的同时代儿童进行交往。父母要了解儿童的朋友及其行动，并有防止儿童加入不良团伙的义务。不应允许儿童有损健康、道德和勤奋本性的夜间外出。"第55条规定："父母应对儿童进行特别保护以防止其沉醉于滥用酒精饮料及麻醉药品、吸烟、赌博以及其他恶癖或有害的行为。"

同时，该法明文规定，"在下列情况下，追究父母的刑事责任：（1）企图使其丧失公民地位而隐秘、遗弃儿童；（2）由于不给予必要的爱护、保护和关心而遗弃儿童；（3）将儿童卖给他人或遗弃之而获取相应报酬者；（4）不对儿童进行家庭的生活状况和经济条件所允许的教育而放任之；（5）无正当理由不按第72条的规定（义务教育）允许儿童入学或拒绝者；（6）引起、教唆、容忍儿童擅自逃学者；（7）以乞讨或者其他有损于儿童的利益和福利的其他行为之目的，直接或间接地利用儿童而非法得利者；（8）对儿童施加残暴及异常的惩罚，或者故意地施加侮辱或困惑、屈辱之类的过度惩罚者；（9）迫使儿童过不道德和放荡的生活或助长之；（10）不问儿童有无所有权，而允许其占有、使用及携带杀人凶器者；（11）无驾驶证开车又为父母所知而不管，则视为其父母对此种行为的许可或命令"。这里所说的"父母"，包括监护人及监护儿童的机关和领养家庭的家长。凡是违反上述规定的父母，均可由法院科处拘禁刑或罚金，或两者并处。

第三编为儿童及少年的福利及教育。主要规定的内容是：儿童享有受教育权以及学校与家庭密切配合搞好儿童的培养与教育。

第四编为儿童及少年的福利及教会。主要规定的内容是：教会的权力、学校的设立、宗教教育等问题。

第五编为儿童及少年的福利与地方社会。主要规定的内容是：地方社会对儿童的一般义务，诸如为儿童提供精神与体魄正常发展与幸福的环境，致力于设置有适当设施的运动场、公园和其他娱乐设施，以及协助政府预防和减少违法犯罪少年儿童，并对不服从管教的少年儿童进行更生教育，以及就贫困儿童、被遗弃和受虐待儿童、被放任儿童、生理或心理存在缺陷儿童的保护、训练及爱护的问题，向公立、私立的儿童福利机关提供帮助，等等。该法典第95条对于不健康娱乐活动与广告做了专门规定。例如，"促进当局对淫秽展览和性描写出版物发行、流通充分注意，是公民协会①和少年协

---

① 公民协会指与儿童福利计划及各种活动直接或间接相关的年满21岁的个人组成的俱乐部、组织和各种协会。

会①的义务。检查委员会和广播管理委员依市民协会的主张，应禁止用语、行为等方面欠妥的电影、电视和广播节目的上演与播出。有暴力、邪恶、犯罪等不道德场面，或能引起不正当联想的对 18 岁以下少年儿童来说是不健康的商业广告或预告片，不应允许其主要场面在小学生经常出没的电影院上演，而且在面向儿童的电视或电视节目前后时间，也禁止使用或放映"。像这类禁止不利于少年儿童健康成长的电影、电视等向少年儿童上演与播出的规定，许多国家都制定了专门法律，显然是十分必要的。

第六编为儿童及少年的福利与就业。主要规定的内容是儿童就业的年龄、条件以及享有的权利等方面的一些规定。

第七编为儿童及少年的福利与国家。主要规定的内容是：儿童与少年福利机关的类别，其中包括如下一些设施：

（1）儿童保护设施——是为年满 9 岁以上的智能超群少年、需要保护少年、被遗弃、虐待、放任少年、心理及生理机能存在障碍的少年和少年犯提供肉体的、精神的、社会的、宗教的全天服务的保护机构。

（2）拘留机构——是对等待少年与家庭关系法院判决的少年和准备向其他机关或管辖区移送的短期拘留保护的机构。

（3）监管、保护设施——是对因突然的事件，被父母遗弃，处于危险的放任状态或者由机构内虐待而要求紧急收容的，或由家庭的危机而丧失成年人保护的儿童和将儿童作为重要的证人而予以收容，提供临时保护的设施。

（4）收容机构——是受社会福利部的委托而对儿童进行 10~20 日观察与研究，并给予临时保护的机构。

（5）养护院——是对未满 6 岁的儿童提供全天或部分时间保护的儿童设施。

（6）产妇机构——是向孕妇及胎儿、幼儿提供保护为主要职务的居住设施和场所。

（7）恢复中心——是收容、改造少年犯罪者和情绪不安定儿童的设施。

（8）收容与研究中心——是对少年进行研究和收容的保护设施。第一，它作出适当的保护决定和以长期处遇和重返社会教育为目的而进行研究、诊断。第二，为了临时处遇而将少年收容。

（9）儿童委托机构——是指对被委托于儿童保护设施和机构的儿童或基

---

①　少年协会指直接或间接参加俱乐部、团体的福利计划及活动的实施的未满 21 岁的个人所组成的协会。

于收养、监护或养育目的而被置于一人或一些人的保护和监督之下的儿童承担保护、监护、照管、扶养的设施。

该法第 118～132 条规定了上述机构工作人员的标准、机构环境、适当的饮食、衣物以及对儿童提供适当医疗和护理等问题。

第八编为儿童的特殊类别。主要规定的内容有：（1）对需要保护、被遗弃与放任少年的收容申请，儿童与家庭法院的审理等问题；（2）对弱智、身残、心理障碍与精神病儿童的训练和治疗等问题；（3）对少年犯审理程序、处罚以及服刑场所等规定。本书将重点介绍对违法犯罪少年的处理。

该法规定，犯罪时 9 岁或 9 岁以下的儿童免除刑事责任，将其交给父母、近亲属或法院指定的亲友保护，并作为监督对象。上述措施，适用于超过 9 岁未满 14 岁的儿童。但宣判缓刑者，另当别论。

警察在逮捕少年后，负有义务使政府义务员或保健官对被逮捕少年的身体和精神进行诊断，在明确身体和精神有何种缺陷需要治疗时，应立即采取相应的措施。对于诊断和治疗所记载的诊断书和治疗书应成为少年犯案件正式记录的一部分。

少年与家庭关系法院（以下称法院）在进行证据审查程序之后，发现少年犯罪者本人具有应该追究刑事责任的行为时，对少年应作出包括追究市民责任刑罚的判决。但是，法院判断对少年犯适用刑罚，较之将犯罪少年收容于政府的训练设施更有利时，法院可以宣布缓刑执行，将该少年收容于社会福利部进行观护或保护，或者收容于政府管理的任何训练设施进行观护或保护，如果法院判断适当时，直至少年满 21 岁为止，也可以将少年交付其他负有责任的收容所收容。

对于少年犯在适用宣判缓期执行之后，法院对于社会福利部，可以要求准备、提出关于犯罪者及家属的社会环境的调查报告书。

犯罪少年应由法院指定的社会福利部或政府训练设施的代理人进行讯问和监督。

社会福利部、政府训练设施或收容、保护犯罪少年的个人，每 3 个月应提出多次关于青少年犯罪者的智育、身体、道义、社会方面、情绪方面发展情况的报告书。

如果法院判明少年犯罪者故意不遵守本人所制定的更生计划条件，或者继续留住于训练设施不适宜时，应宣判将该儿童交付于法院重新处理。

被收容的少年犯罪者满 21 岁时，法院根据所附的手续条款，决定是否使本案终结，是否宣判有罪，如果认为应该宣判有罪，根据总统第 968 号宣言的规定，可以宣判缓刑。

被宣判缓刑的少年，如果年龄小，则不问其性别如何，在犯有严重或比较严重的罪行时，如果年龄在 16 岁以下，法院在履行应该履行的程序和对于证据进行审判之后，对于该年龄小的儿童，不宣判有罪判决，而作出交付公共或私人进行保护与保护的决定。为了保护儿童，可以将其收容于根据法律而设置的慈善或博爱性质的设施，或者将孤儿、无家儿童、智力低下儿童以及有不良行为儿童收容于矫正、教育措施，或者由其他负责人观护或保护，如果年龄小的已满 16 岁时，可以交由公立学校校长或者校长代理人观护或保护。

公共福利局长或者代理其权限者，或者机关、公立学校及代理人，每 4 个月应将观护或保护收容的年龄小的少年的特殊情况、少年善恶行为和对他们进行教育的发展状况进行报告。

关于年龄小的少年的缓刑，按着公共福利局长或者代理其权限者，或者机关、公立学校校长及其代理人的建议，法院根据该年龄小的少年的行为好坏、本人是否遵守了制定的改造的条件等，可以延长或缩短其期限。然而，上述关于每个月进行报告的规定，不受这里所表述的事项影响。任何设施，只要获得公共福利局长认可，并且，根据所附的法庭认为适当的条件时，可以允许在其他场所由该少年的负责人对其进行保护。

如果该少年在收容过程中表现较好，并且充分完成了制定的更生计划所附条件，则应将本人交付法院宣告最终的释放命令。如果该少年在收容过程中表现不好，或者未遵守更生计划所附条件，或者明确认定继续将该少年留住于该设施不适当时，为了不使本人重新犯罪，应将其送回法院，重新处理①。

（二）《综合人类资源开发计划》

根据《儿童与少年福利法典》，菲律宾设立了为少年服务的社会服务与开发部。社会服务与开发部在少年福利方面，广泛地行使着职权，它在青少年工作中占有重要地位。

根据第 603 号总统宣言，菲律宾社会服务与开发部为了青少年福利事业，通过青年福利局制定了《综合人类资源开发计划》。该计划是为了使青少年达到三个主要目的：（1）经济独立；（2）对地区社会承担责任；（3）为需要特别津贴的少年提供帮助。具体地说，该计划的目标如下：

----

① 参考文献：（1）康树华等编著：《中外少年司法制度》，华东师范大学出版社 1991年版，第 226~230 页。（2）陆青：《东盟几国的青少年法》，载《国外法学》1987 年第 5期，第 29~31 页。

（1）做好青少年能力和社会自觉性的准备工作，帮助青少年提高个人志趣、才能和素质。

（2）帮助青少年从事经济方面的生产活动，使青少年学习有关工作的课程。为此，不仅提供设备，而且要给予机会。

（3）从根本上确保与加强社会方面、道德方面、文化方面的价值，以便提高青少年的社会作用。为此，筹建机构，制定以青少年的社会责任、市民责任为内容的改善本人与家属和地区社会关系的计划。

（4）通过和平的有秩序的活动，在土地开发、人口问题、性教育、经济发展、社会服务、社会活动和社会事业的建设中，为青少年最大限度地发挥作用创造条件。

（5）筹建保护、更生和训练患精神病的青少年、违法犯罪青少年以及具有弱点和错误等青少年的特别机构。

（6）在一切方面和地区社会的一切方面，实施为青少年与政府和民间机构之间的有效地、相互支援与合作的计划。

《综合人类资源计划》通过社会服务与开发部的地区、地方、城市等单位的官员在全国推行。它服务的对象，除了一般的青少年之外，还专门对残疾儿童与少年和对少年犯进行服务。

1. 对残疾儿童与少年的服务

（1）根据《儿童与少年福利法典》第175条（开发与服务的计划）的规定："要以扩大国内所有地区的开发与服务的计划为基础，选定对残疾儿童与少年最为需要的项目进行先期开发，设立地区服务中心、并在特定地区内对所有残疾儿童与少年的不同年龄层实行一系列服务计划。"

（2）对从事残疾儿童与少年开发与服务的机构和组织的捐赠，予以免税。

（3）扩大或改善对残疾儿童与少年的专门教育机构，以为他们创造更多的学习机会。

（4）职业更生教育和人力保护机构，要为残疾儿童与青少年提供接受劳动、服务、贩卖等特殊训练的机会，以为将来获得就业创造条件。

（5）社会福利部或国家承认的儿童与少年受托机构或个人，有权提出申请将残疾儿童与少年收容于能对儿童与少年提供保护、训练、更生教育的设施。

2. 少年犯的服务

社会服务与开发部以地区社会为基础的为犯罪少年服务计划如下：

（1）最初的调查。社会服务与开发部代替警察或地方法院对少年犯进行最初调查。其中，主要的工作是代替法院引渡少年，特别是轻微犯罪的少年，使其在双亲、观护人或地区社会负责人的保护下进行释放的准备工作。在这一个工作中，社会服务与开发部需要与警察、法院、少年犯及其家属协商，一旦作出安置在社会服务与开发部监督之下的决定，那么社会与开发部对于接受的少年犯，则要针对其实际情况，制定出综合人类资源开发计划。

（2）非形式性的缓刑。所谓非形式性的缓刑，是在本人承认犯罪事实的情况下，不交付审判，而使犯罪少年定期向作为监督者的社会服务与开发部报告。这是犯罪少年本人及其家属与有关人员一起进行的关于社会开发部培养少年的社会事业，是社会服务与开发部进行的一项主要的社会服务工作。

（3）缓刑服务。社会服务与开发部对于少年犯的缓刑服务，在正式作出决定之后，不是将该少年收容于国立或地方青少年更生中心，而是将其安置于家属、监护人或者在地区社会内负责人收容之下，由社会服务与开发部直接监督，以此作为释放的起点，并由社会服务与开发部提出妥善建议，直至矫正终结之时。

（4）社会事业服务。这一服务是对宣判缓刑和被命令收容于更生中心的犯罪少年所进行的。犯罪少年一旦从设施获得释放，社会服务与开发部的社会事业工作者，通过现有的青少年俱乐部或其他青少年服务机构，为犯罪少年重返地区社会创造一切条件。

（5）招收工作人员和进行训练。为了对犯罪少年有效地进行服务，社会服务与开发部意识到必须适当地训练实施计划的工作人员。

训练的第一阶段为12天，主要目的在使社会事业工作者为帮助少年犯将来与其家属一起进行劳动做好准备。课程内容主要是对少年的心理治疗、使少年犯对自己行为的理解、确立少年与其双亲解决问题的典型、制定少年犯的个别改造计划、带领少年犯到地区社会进行实际服务等。

第二阶段的时间是3个月，主要是作业训练，其目的在于使少年犯能在地区社会内与家属一起进行劳动。

第三阶段训练的内容是评价3个月的作业训练。实际上是总结执行计划的经验，目的在于确认社会事业工作者对犯人及家属进行社会服务的能力。

（6）与其他机关及个人之间的协作。社会服务与开发部需要经常与其他政府机关和非政府机关密切合作，其中也包括与少年犯进行合作。根据第603号总统宣言，社会服务与开发部可以命令包括行政组织机构开展为儿童与少年服务的工作。因此，它不仅履行服务工作，而且统辖调整儿童与少年机构之间的工作和组织之间的合作。

综上所述，菲律宾的社会服务与开发部，无论在培养青少年健康成长方面，或者在处理与改造少年犯罪者这一问题上都起着重要作用。这是其他国家所没有设置的机构，可谓一大特点。

（三）菲律宾儿童权利保护专门法简评

从上述对菲律宾儿童权利保护专门法的介绍可知，该国的《儿童与少年福利法典》是属于综合性的儿童立法。它既有关于儿童和少年福利问题的一系列规定，也有关于对少年犯罪的处理和教育改造等各种具体内容。因此可以说，该法是儿童与少年福利法、少年刑法、诉讼程序法以及矫正院法等相结合的产物。事实上，1899年美国伊利诺斯州的《少年法庭法》早已开创了这方面的先例。许多国家的儿童立法，都将刑法、诉讼法、对儿童的保护以及儿童福利方面的内容，综合规定于一部法律文件当中，属于综合性较强的儿童立法。这类法规的优点在于全面、详尽，缺点则是略显庞杂、繁琐[1]。

菲律宾根据《儿童与少年福利法典》而设立的为少年儿童服务的社会服务与开发部，无论在培养儿童健康成长方面，或者是在处理与改造少年犯罪者这一问题上都起着重要作用。这一机构是其他国家所没有设置的，可谓是菲律宾在儿童权利保护方面的一大特色。通过青年福利局制定的《综合人类资源开发计划》则相当于菲律宾青少年工作的行动纲领，在实现青少年的经济独立、对地区社会承担责任和为需要特别津贴的少年儿童提供帮助方面必将起到重要的积极作用[2]。

综上所述，菲律宾对儿童权利保护至少在立法上受到了较为足够的重视，在广大发展中国家当中，算得上是做得比较好的国家之一。

二、印度专门法对儿童权利的保护

（一）印度1960年《中央少年法》

首先介绍《中央少年法》对少年具有管辖权的机关和社会团体的规定。

根据印度1960年中央少年法第二章的规定，印度对少年具有管辖权的司法机关和社会团体是少年法院、少年福利委员会、少年收容所、特别学校、观护收容所、安置机构等。这里所指的"少年"，主要是违法少年、放任少年和具有"乞丐行为"的少年，与此无关的少年不包括在内。

---

① 康树华等编著：《中外少年司法制度》，华东师范大学出版社1991年版，第230~231页。

② 陆青：《东盟几国的青少年法》，载《国外法学》1987年第5期，第30~31页。

1. 少年福利委员会和少年法院

少年福利委员会（以下简称"委员会"）在印度是一种具有审判职能的机关，而不是一般的社会福利组织。根据印度《中央少年法》第4条第2款的规定，委员会享有根据刑事诉讼法典赋予长官的职权。该条第3款规定，委员会具有简易法院的作用，享有刑事诉讼法典赋予大城市简易法院或第一审司法简易法院的职权。委员会由议长1人和几名委员组成，其中至少要有1名妇女参加委员会。在公布该法时的公告上记载的任何地方，均可设置一个或一个以上少年福利委员会。

少年法院由大城市法院或第一审司法法院的成员组成。根据实际情况，也可由事务次官认为适合于任命的人组成，但其中要有人被任命为首席审判官。少年法院享有根据刑事诉讼法典所赋予大城市法院或第一审司法简易法院的一切职权。少年法院至少要有妇女1人参加，并设陪审员2名，他们由名誉社会事业家充任，由事务次官任命。设立少年法院的规定同设立少年福利委员会的规定相同。

该法第6条规定，在审理少年案件时，在委员会成员之间或少年法院审判官之间如果意见不一致，则按多数人意见执行。在没有多数人意见时，应按照议长或首席审判官的意见执行。

按该法第6条规定，在审理少年案件时，在委员会成员之间或少年法院审判官之间如果意见不一致，则按多数人意见执行。在没有多数人意见时，应按照议长或首席审判官的意见执行。

按该法第7（2）条的规定，凡未设立少年福利委员会或少年法院的地区，其一切职权则由如下法院行使：（1）地方简易法院；（2）简易法院分院；（3）大城市法院或第一审司法法院。凡上诉案件，不问重审还是驳回，均由高等法院和治安法院行使该法院赋予委员会或少年法院的职权。

2. 少年收容所

少年收容所是为收容放任少年而设立的。少年收容所的任务是：（1）对被收容少年提供为对其进行教育所需要的住宿、生活和教育设备；（2）完善促进被收容少年人格和能力发展的设备；（3）给予少年对抗精神污染、精神诱惑的必要训练，切实保障这些少年的人格健康发展。

3. 特别学校

特别学校是为收容管理违法少年而设立的。特别学校主要是对违法少年进行教育、扶养，培养他们的性格和能力，并对他们进行必要的训练，以便使他们的个性健康发展。

4. 观护收容所

观护收容所是为暂时被收容进行审查的少年而设立的。少年被移送到观护所以后，必须对少年在医疗检查和待遇方面提供方便，同时还要对他们提供扶养设备和有利于工作的设备。

5. 安置机构

该法第 12 条规定，为了保护从少年收容所或特别学校出来后的少年过正直、勤奋、有益的生活，可设立安置机构，并可以对少年规定安置进度表。对于刚从少年收容所或特别学校释放出来的少年，由安置机构的缓刑官向他们报告安置机构的必要性、性质、在安置机构的时间以及关于监督等问题，并且就少年的发展问题提出报告。安置机构还规定了为有效地完成少年安置进度表所需要的其他事项。很显然，安置机构的作用在于巩固和进一步提高少年在少年收容所和特别学校取得的教育效果，使他们作为正常的少年重新回到社会。

在印度马德拉斯邦少年法第 38 条 A，古吉拉特邦少年法第 92 条，迈素尔邦少年法第 82 条，西孟加拉邦少年法第 20 条等都有同样的规定。在政府直辖区，以中央少年法为样板，也都制定了有关法律条款，并建立了安置机构，今后类似的立法还会陆续出现，安置机构必将随之而增加。

按照印度 1960 年《中央少年法》的规定，该法处理的少年有违法少年、放任少年、具有"乞丐行为"的少年。少年法对这三类少年规定了区别处理的条款。

所谓违法少年，根据《中央少年法》第 2 条第 14 项的规定，是指违反现行法律，可以科以刑罚的犯罪少年。所谓放任少年，根据上条第 12 项规定，是指：（1）明显贫困的少年；（2）明显没有任何家庭或一定住所或正当谋生手段的少年，或者是孤儿，即使不是孤儿，也被认定为贫穷的少年；（3）其父母资格不适合法律规定或其父母对该少年不能进行适当的保护和监督，或者其父母、监护人不进行保护和监督的少年；（4）居住于妓院或与卖淫妇同居，或者经常去作为卖淫使用的场所，或者被认为与卖淫妇、不道德的人、酗酒者、生活堕落者交往的少年。所谓具有"乞丐行为"的少年，是指在公共场所乞讨或领取施舍品，或者以唱歌、跳舞、表演技艺、占卜等为手段乞讨施舍物品，以及将身体弄伤、弄畸形供作玩物，以达到获取施舍物品之目的的少年。

古吉拉特邦、北方邦以及西孟加拉邦等少年法都作了与中央少年法相同的规定。

《中央少年法》第 17 条规定了对"管教不了"的少年的保护与监督。"管教不了"的少年，是指少年双亲或监护人向少年福利委员会告诉自己不可能妥善保护或监督的少年，少年福利委员会进行调查后，认为对该少年应履行各种手续时，可以将该少年移送到观护收容所或其他安全场所。《孟买少年法》第 47 条也规定了对"管教不了"的少年的保护和观护。这里所谓对少年的保护和观护，是指少年的双亲或监护人自己"管教不了"，因而将该少年带至少年法院对该少年进行必要的观护或采取必要的处置。《迈素尔少年法》第 43 条、古《吉拉特邦少年法》第 14 条、《马德拉斯少年法》第 30 条、《西孟加拉邦少年法》第 34 条，都有类似规定。

此外，《孟买少年法》第 48 条对被害少年规定了进行保护和观护的措施，在其他邦的少年法中也有同样规定。

关于印度《中央少年法》中少年法院审理案件的程序，其第 24 条规定，对于少年的任何犯罪都不得与成年人一起审理。即使少年与成年人共同犯罪被告发，在审理时，法院也必须将少年与成年人分开进行审理。《马德拉斯邦少年法》第 38 条 B，《迈素尔少年法》第 10 条，《西孟加拉邦少年法》第 28（1）条，《古吉拉特邦少年法》第 18 条，《孟买少年法》第 10 条，都有同样规定。但是，《北方邦少年法》第 36 条规定，对于犯罪少年可以与成年人一起进行审理，不过，判决一定要按照少年法的规定。印度《中央少年法》第 19 条规定，少年被逮捕后，拘留该少年的警察署长应在限定的时间内迅速进行如下报告：（1）向少年的双亲或监护人发出被逮捕的通知，并指示其在少年出庭前到少年法院出席；（2）为了获取该少年经历、家族经历以及对少年法院调查可能起重要作用的情报，务必向缓刑官报告该逮捕事宜。

少年被逮捕后，少年法院须按中央少年法第 39 条的规定进行调查。在调查清楚案件的基础上，由少年福利委员会或少年法院指定地点、日期、方式开庭审理。根据委员会命令或案情，行使第 7 条 2 款所规定的少年法院职权的简易法院，在与民事、刑事法院普通开庭建筑物或房间不同的场所、日期以及与这类法院普通开庭不同的时间开庭审理少年案件。《中央少年法》第 28 条规定，除本法规定的情况外，任何人在管辖当局开庭期间都不得出庭。在例外的情况下，下列人员可以出庭：（1）管辖当局的任何官员；（2）管辖当局询问的当事人，少年的双亲或监护人以及包括警察官、法律专家和与审判有直接关系的其他人员。（3）管辖当局许可出庭的人员。在审理过程中，管辖当局认为不需要被审少年出庭时，也可以缺席审判。对于管辖当局调查的该案件的任何情况，都应保密。在法院判决少年有罪时，可以宣布下述命令：（1）进行忠告或说服教育后，可以准许该少年回家。（2）以少年必须保持善行为条件附以缓刑命令，予以释放，并且可以要求取保或不要求取保。但该法院可以要求少年父母、监护人或其他适合的亲属遵守誓约，然后发布将少年置于其监护之下的命令，以保证该少年的善行和福利，监护期不超过 3 年。（3）提出将该少年移送特别学校的命令：①对超过 14 岁的男少年或超过 16 岁的少女至少要 3 年的时间；②对于其他少年在特别学校的时间至少超过少年期，但法院根据少年犯罪性质和案件情况，可以缩短其收容期，也可以延长其收容期，但男少年的收容期不得延长至满 18 岁，少女不得延长至满 20 岁。（4）如少年超过 14 岁，命令其从劳动所得中支付罚金。

为了少年和公共利益，少年法院可以发布将少年在特定情况下置于被指定的缓刑官监督之下不超过 3 年的命令。但是，如果该少年在监督期间未能保持善行，少年法院经过调查后可以命令将该少年移送特别学校。

根据《中央少年法》第 22 条的规定，不论现行有效的其他法律有任何规定，对任何违法少年都不得宣判死刑或监禁，或者以未交付罚金或保证金为理由而将少年收容于监狱。《古吉特拉邦少年法》第 67 条规定，判决死刑或不能交付罚金的少年，都不得宣判送交监狱。《马德拉斯少年法》第 22 条，《迈素尔少年法》第 62 条、第 63 条，《北方邦少年法》第 27 条、第 8 条，《孟买少年法》第 68、70 条，都有同样的规定。

但是，《中央少年法》第 22 条第 2 款规定，满 14 岁的少年犯罪，少年法院判断犯罪性质严重，或者从少年行为或行动考虑，认为将其移送特别学校对少年本身不利，或者对特别学校的其他少年不利，而且认为以本法规定的其他手段都不适宜或不充分时，少年法院可以发布将他监禁于法院认为相当的场所或采取其他手段以保持安全的命令，并将该案件向事务次官报告。受理少年法院报告的事务次官认为对该少年的报告符合法律规定，并认为收容该少年的场所及条件适宜时，则可命令对其进行监禁。

印度《中央少年法》第 25 条规定，关于依据少年法各种规定处理的犯罪少年，不得以犯罪作为理由剥夺少年资格或根据其他法律剥夺其劳动权和选举权。

印度《中央少年法》对少年警察也作出了较详细的规定。印度中央少年法和各邦少年法都明确规定了警察对于违法少年、放任少年的作用。警察判明某少年为放任少年时，负有责任将其带到少年福利委员会。在接到发现放任少年的报告后，警察署长要将报告要点记录在册，如无意保护该少年时，应将全部记录副本交送少年福利委员会。《孟买少年法》第 40 条明确规定，警察具有将贫困少年、乞讨食物少年、变态和与娼妇交往少年、与行为不良者交朋友的少年，以及有犯罪危险的少年带到法院的职责，但无权处理少年。在其他各邦的少年法中，也都有同样的规定。印度《中央少年法》第 49 条规定，警察对于从特别学校或少年收容所以及根据少年法规定所委托的监护人处逃跑的少年，可以进行逮捕。警察享有逮捕少年的职权，但是，为了使这一法律上规定的警察职权，不给违法少年留下警察不好的印象，印度《中央少年法》规定，即使轻微的被拘留的少年，也要由管理当局询问。并且规定，这一询问调查，必须在拘留后 24 小时之内完成，警察不得穿警察制服到少年法庭出席，对少年不得戴手铐，对于少女禁止拘留于警察署，等等。《北方各邦少年法》第 61 条、《新德里少年法》第 45 条等也都规定不得对少年使用手铐。

关于缓刑，缓刑官对于少年审判具有重大作用。根据《中央少年法》第 19 条规定，逮捕少年时，警察官必须将逮捕事实向缓刑官报告。该缓刑官接到报告后，开始对少年进行社会调查。根据《新德里少年规则》第 23 条、第 27 条规定，缓刑官的报告对于少年委员会、少年法院处理案件起着重要作用。在其他邦的少年规则或少年法中都有同样的规定。少年不应该置于警察监视之下，而应该置于少年亲友或缓刑官监视之下，缓刑官的责任，特别是在少年被收容于设施以前是非常重大的，因为缓刑官在监督少年的同时，还有帮助少年进行重返社会的工作。1960 年印度《中央少年法》第 53 条规定缓刑官负有如下义务：（1）为了辅助法院当局，要调查犯罪少年的经历和家族历史；（2）缓刑官认为适当，可以在任何时间访问放任少年和违法少年；（3）向管辖当局就有关放任少年和违法少年的状况进行报告；（4）对放任少年和违法少年给予帮助和建议，可能时可以代为寻找工作；（5）对放任少年和违法少年在附有条件进行监护时，要监督该少年是否履行了该条件；（6）履行其他适当任务。

在其他邦的少年法中都有同样的规定。例如《马德拉斯少年法》第 39 条 B 规定了在少年审理前后缓刑官的义务。《古吉拉特邦少年法》规定了在原来的处分决定前缓刑的义务。《北方各邦少年法》第 35 条规定，可以在观护官员的名义下，设置同样的机关。《西孟加拉邦少年法》第 21 条规定，为了监督从设施释放的少年，需要任命缓刑官，等等。

最后，该法对危害少年的成年人特别犯罪作出了规定。印度《中央少年法》对危害少年的成年人特别犯罪专门设立了一章，其中包括虐待少年罪——实际保护或观护少年者对少年施以暴行、遗弃或者故意不予以保护，或者使用某种可能引起该少年痛苦的行为，判处监禁、罚金或并科；对少年供给酒类与麻醉药品之罪——在公共场所使少年饮酒或供给麻醉药品和纸烟，除有资格者采取的医疗措施外，一律判处罚金；雇佣少年行乞（以唱歌、舞蹈等方式）或者实际保护或观护少年者对少年教唆行乞者，均判处徒刑、罚金或并科；雇佣少年进行剥削罪——以雇佣为目的，对少年公开进行斡旋，剥削少年工钱，或者为了自身的目的使用少年干活者，判处罚金。所有印度各邦少年法也都有以上类似的规定或部分类似的规定①。

（二）《中央少年法》简评

印度是亚洲最早制定儿童权利保护方面的专门法律的国家之一。印度政府1960年颁布的《中央少年法》属于综合性法律，既有实体法的内容，也有保护、防止不良社会因素和教唆犯对少年儿童的危害等条款。并且，其出发点和落脚点都是为了对儿童的权利予以特别的保护。该法律中有一系列保护少年儿童的规定，即使是对少年犯的处罚，也十分注重教育改造的内容。其目的绝不是侧重于处罚，而更主要的在于保护少年健康成长。特别是从该法中所规定的关于危害少年福利的成年人特别犯罪的内容中，更可以清楚地看出，它的目的在于保护少年儿童，防止成年人损害少年儿童健康成长。

由于印度各邦均享有制定法律的独立性，虽然许多邦和中央直辖区都以中央少年法为样板制定了各自的相关法律，但各邦的规定依然难以完全统一，给具体的司法实践造成相当的困难。如，关于少年年龄的规定，因邦而异。一般说来，大多数邦都是男16岁以下，女18岁以下。然而，旁遮普邦的少年法规定，少年男女都是16岁以下，泰米尔纳德邦规定少年男女都是14～18岁，《马德拉斯少年法》将其年龄规定为14岁以上16岁以下。在一个国家中少年年龄的规定如此不统一，将容易造成一系列的问题。其中如遇到移送案件，则可能发生少年在这个邦到了应负刑事责任的年龄，而在另一个邦，却是尚未达到负刑事责任的年龄的问题②。

三、古巴专门法对儿童权利的保护

（一）《古巴共和国青少年法典》

《古巴共和国青少年法典》是1978年6月28—30日通过的。该法典共8章116条。在第一章的总纲中，该法典首先指出，青少年法典的宗旨是：规定

---

① 康树华等编：《国外青少年犯罪及其对策》，北京大学出版社1985年版，第349~360页。

② 康树华等编著：《中外少年司法制度》，华东师范大学出版社1991年版，第242~246页。

20 岁以下少年参加新社会建设的准绳，制定献身于青少年教育的个人、机关和设施的职责以促进青少年时期树立共产主义高尚品德。

第二章的主题是：青少年时期树立共产主义高尚品德。有关条款指出，社会和国家认识到家庭对下一代德、体、思想教育的作用和权威。因此，家庭对社会负有义务辅导青少年全面发展，扶植他们行使自己的权利与义务。革命的发展和有关国家机关的援助，带来了家庭的经济、文化、社会水平的提高，从而促进了上述任务的具体落实和家规的实施。社会和国家监督有关青少年的教育工作者，使他们为青少年树立共产主义高尚品德作出表率，并表彰公民在上述努力中作出的成就。社会和国家为有效地保护青少年免受一切同树立共产主义高尚品德相抵触的影响而努力奋斗。国家应尽一切力量，保障青少年在正确考虑社会利益和个人利益相结合情况下，在整体的、协调的体制范围内，谋取自己的地位和福利一样，有意识地去争取向青少年的经济、政治、社会生活过渡，并确保其地位。在青少年的教育上，必须把对他们的精神、物质奖励，当做社会对他们的努力成果的承认而正确地加以结合起来。

该法典第三章是关于学童和学生的组织活动的规定。社会主义国家对青少年进行综合性教育，就是从家庭外部为各家庭的财源逐步创造必要条件的过程。因此，国家应发展教育事业，在青少年中培养读书和学习的良好习惯，教育他们树立热爱劳动的良好习惯，满足他们文化生活上的兴趣和需要，安排适应青少年的体育运动、健康的娱乐、休息和消遣，特别关心他们的健康。教育部、高教部通过国民制度：特别关心学生树立科学世界观和共产主义高尚品德；依照经济发展规划，保证青少年在文化上、生产上、技术上做好准备；在青少年中唤起各方面特别是在教育领域里的钻研热情；努力做到学生的教育过程延伸到家庭，为使积极的家庭影响扩及学校而奋斗。为发挥上述各项职能作用，教育部、高教部应得到地方人民政权机关和政治、社会、群众组织的协助。

少年设施应为保证全面保护学龄儿童的机构，并通过这些设施提高少年的能力，使他们能够渡过同环境、家庭和一般社会有密切关系的幸福的少年时代而奋斗。少年设施特别关心本设施职员的进步。为达到此项目的，对加强少年的体育和智育要进行调查研究工作。国家保护在少年设施而尚未入学的少年，这是社会主义革命的内容之一。这也就有可能赢得劳动妇女的协助，提高他们的文化水平，这也有助双亲增加家庭收入，从而使这些设施得以维持下去。

以法律规定青少年应进入国民教育制度组成部分的学校学习时期，并规定义务教育的年龄及其程度。双亲和教员负有责任来保护入学的青少年。学校是教育的基本设施，其工作要适应社会发展、科学教育的进步和科学技术发展的需要，为学生树立共产主义高尚品德作出决定性的贡献。社会特别是家庭和教育部、地方人民政权机关以及同维护社会主义法制有关的机关、设施，都有义务监视青少年在国民义务教育制度学校上学的情况，同时这项任务，应当受到政治、社会、群众组织的支持。适合国民义务教育制度规定的青少年，必须坚持学习直至为走上岗位或为社会生活做准备，才能宣告训练结束。在履行这项过程中，失败或无故放弃学习，都将被看做是一种过错（demerit）。

国家应通过地方人民政权机关，为学习差或脱离国民义务教育制度的 13 岁到 17 岁的少年，开办可享有更多奖学金或职业训练的特种学校。这些特种学校在办理上述事宜时，应能得到政治、社会、群众组织的协助。国家行政机关应推进、鼓励和支持青年组织为促进学生参加有助于国家的特殊问题的解决和青少年全面发展的科学技术活动而努力奋斗。

该法典第四章对青年参加劳动和创造性作出了规定。青少年遵循"各尽所能，按劳分配"的社会主义原则，领取一份劳动报酬，是为了刺激他们争取更高水平的生产效率，掌握更高的技术。

安排青少年参加劳动时，要给他们制定纪律和工作守则。原则上，上述安排能够在具有圆满地完成工人职责所需要的知识的技术工人和中、高级技术工人得以安排妥当之后进行。社会和国家要关心残废青少年的成长，不为其缺陷所阻挡，给他们安排有利于生产、有利于社会的力所能及的工作，并组织他们参加社会活动。青少年达到劳动年龄而又未在国民义务教育制度编制内，则有义务参加劳动。国家为这些少年安排就业机会、依照本人的能力和国民经济的需要进行分配。国家和行政机关为技术不熟练的青少年工人提供方便，使他们能够达到圆满完成任务所需要的文化、技术水平。青少年在某些部门以不熟练的身份从事劳动，称为学徒。学徒及其雇佣企业，都应遵守有关工种、报酬、劳动条件、休息所规定的准则以及有关双方的权利与义务的准则。

法典的第五章规定：保卫祖国和社会主义是青年的荣誉和最高义务。遵照法律规定，每个青年满 16 岁时，应一律参加军事服务的活动。

第六章的标题为"青年向文化生活进军"。国家机关保证适合开展文化、体育、娱乐活动的设备敞开使用，并通过青少年组织安排这些设备，以便于正常使用。文化机关要支持创作以青少年为对象的作品的作家、艺术家的努力和成果；鼓励青少年探讨有关古巴文化的根源、最优秀的艺术传统和文学艺术领域上的民族传统。

戏剧、芭蕾舞、舞蹈、民间艺术、电影小组的领导人、画廊、图书馆、管弦乐团、博物馆、学校和其他文化中心，要鼓励和指导青少年对艺术的爱好。

教育界领导人应保证从幼儿园到这些设施都要有这样一种教学气氛，就是教育青少年在社会生活中自己应当这样表现才好。

宣传机器为青少年的全面发展服务。古巴广播电视研究所、文化部和有关印刷出版单位，保证这些宣传机器的作用不断发展，保证这些宣传机器的高度技术和文化特色得以发扬。

该法典第七章指出，要发展青年体育运动及其充满欢乐的生活。参加体育运动是由宪法所保障的权利。国家的体育运动政策的基本目的之一，就是着重促进参加体育运动的实践。体育运动是青少年生活所不可缺少的因素之一，它有助于培育出负担学习、工作、军事重担的健康、强壮的青少年，并培养耐劳、友谊、团结精神和纪律观念。青少年必须参加教育纲要所包含的体育活动，参加体育运动的实践。

发展群众性体育运动，有助于增强青少年的体质和精神力量，增强他们的意志和性格，为我国运动员参加国际比赛赢得优秀成绩奠定基础。全国体育运动和文娱研究所负责下述青少年工作：组织青少年参加体育训练，对运动员进行政治思想教育；促进体育运动和校际竞赛；把体育运动和儿童游戏结合起来；支持政治、社会、群众组织，向他们提供技术援助，为他们参加体育运动提供方便；有组织地开展体育运动，对创造新纪录的给予奖励；同国家机关和政治、社会、群众组织共同建立参加体育运动和体育比赛制度；制定全年体育运动程序表，保证各项活动按计划执行；要特别关心青少年娱乐活动的开展，并支持政治、社会、群众团体为开展这项工作而努力。文化娱乐是青少年的兴趣同欲望相结合的重要因素，有助于他们健康地欢度业余时间。国家为满足青少年的兴趣和欲望，应通过体育和各种娱乐有关的机关、设施和企业，有组织地大力开展有充分选择幅度的文体活动。国家旅游机关特别要注意到青少年有着了解本国情况的要求，有着利用现有的文化娱乐设施的愿望。

以法律建立适当的经济制度，以便解决青年组织对旅游活动的要求。社会和国家在特别关心儿童对游戏要求的同时，还要通过人民政权的市、镇、乡自治机构，保证发展、维护、管理游戏场和儿童公园。

受中央国家机关和群众、政治、社会机构支持的地方人民政权机关，在制定青少年休假计划，给他们有权选择自己的爱好的同时，还有帮助他们健康地利用业余时间，并保证初中生和劳动妇女的孩子，只用占家庭收入的一点费用，就能优先享受适当的娱乐活动和设施。

最后，法典在第八章规定了国家青年政策所负担的任务。有关青年政策所负担的任务，是政府工作的重要组成部分。国家机关为带动青少年全面发展，同共产主义青年联盟及其有关的群众团体以及其他社会组织保持适当的关系。该法典比较有特色的地方是依照宪法规定，16 岁以上青年在一切选举和全国大选中享有选举权。青年在上述年龄或超过 18 岁时，可以分别被选为地方人民政权机关代表或人民会议代表，从而积极参与社会主义的民主生活，参与制定代表国家意志的宪法。

国家准许共产主义青年联盟、何塞·马蒂少先队、高中学生联盟、大学生联盟代表全体青年或分别代表儿童、青年和各班学生，办理下述各项事宜：（1）在教育、职业、军事、文化、体育、娱乐等各项活动中，谋取组织成员的利益；（2）努力改善青少年的生活；（3）讨论有关青少年的法规；（4）发表决议，赞同国家通过的有关青年的基本法规和措施。

国家特别关心给青少年安排享受预防疾病、医疗，为重返工作岗位的疗养和牙科医疗，也关心帮助他们能够治疗慢性疾病。

卫生部各单位为上述目的，将会得到学校和政治、社会、群众组织的协助。国家在特别中心重新教育未成年人的犯罪行为或者有预备犯罪迹象反映的未成年人，并特别慎重对待他们。对上述未成年人，为使他们能够重返工作岗位，在上述设施实行一般监护。

地方人民政权机关、中央机关派驻地方的机构和公共机关的工作人员，负责履行国家对青少年的义务，并负责下述各项工作：为展开青少年活动，保证领导干部的训练和质量；各个时期的经济规则，要包括青年工作项目；支持青少年各组织的工作，并向他们报告政府工作情况；考虑共产主义青年联盟和少先队代表的建议和意见。

国家对共产主义青年联盟和少先队每年拨给预算，充作他们的政治、文化、体育、娱乐、研究和其他活动的经费。

该法典最后规定：第一，国家机关、企业和公共机关的工作人员，同本法典各项准则所适用的未成年人及其双亲或监护人一样，有义务严肃履行这些准则。

任何对上述各项准则的侵犯，将依照情节轻重，分别由教育、行政或司法机关加以惩处。

第二，中央行政机关就本法典的施行将另作补充规定。

第三，一切同本法典的履行相抵触的法令和规定，一律废除①。

---

① 参见北京大学法律系国外法学研究室编：《国外保护青少年法规与资料选编》，群众出版社 1981 年版，第 238~258 页。

（二）《古巴共和国青少年法典》简评

古巴是社会主义国家中最早制定儿童权利保护专门法的国家之一，《古巴共和国青少年法典》也是较早出现的社会主义性质的儿童立法之一。该法典对保护古巴少年儿童和青年人的权利，促进他们的健康成长，具有一定的积极意义。

但是，该法典具有明显的不足，主要体现在以下几个方面：

（1）法典具有极强的法律政治化、口号化倾向，大部分法律条文充斥着意识形态的说教和鼓动。比如，该法典第3条规定：青少年时期树立共产主义高尚品德，是在日常的社会主义建设中不断进行工作的国家、家庭、教员和政治、社会、群众组织的崇高愿望，是青少年作为革命事业接班人或积极分子应具备的共产主义的意识形态，这些在他们当中自然而然地发展、渗透。并且要求青少年献身于社会主义和共产主义，忠于工人阶级及其马克思列宁主义先锋队古巴共产党，具有进步与发展动力的革命精神和忠烈、牺牲、谦虚精神。要求青少年热爱和景仰社会主义祖国及其象征和英勇传统，有决心随时准备牺牲一切抵御任何侵略，等等。

（2）该法典的许多规定与相关的国际公约和当今时代潮流明显不符。比如，反对使用童工已是绝大部分国家的共识，但是，该法典第四章却明确规定要安排青少年参加劳动，并给他们制定法律和工作守则，该法典第59条更是规定：青少年参加执行为发展国民经济奠定基础的紧急计划，是具有深远的政治思想意义的，也是对现实经济计划的贡献，是劳动教育战线上的功绩、光荣和重要因素。另外，反对招募儿童加入武装部队是联合国《儿童权利公约》明确规定的，该公约第38条第3款要求，在招募已满15岁但未满18岁的人时，缔约国应致力首先考虑年龄最大者。但是，古巴的《青少年法典》第67条规定，每个青年满16岁时，一律参加军事服务活动，等等。该法典对儿童所应该享有的权利规定较少，而规定儿童所应该承担的义务较多。

（3）该法典在社会生活中可操作性差，权利义务规定不明确，难以对儿童权利起到有效的、充分的保护作用。

四、埃及专门法对儿童权利的保护

（一）埃及《青少年法》

关于青少年犯罪与处罚，按照埃及《青少年法》的规定，所谓青少年是指那些在违法犯罪时年龄不满18岁的未成年人。青少年如果有下列行为构成对社会的危害：

　　（1）以卖不值钱的小东西为名谋生，或为别人干无聊的事，或翻跟头耍把戏，或以其他不正当渠道变相乞讨谋生。

　　（2）从废物垃圾堆里捡烟头等脏物。

　　（3）参与伤风败俗、淫荡、赌博、吸毒等活动，或为此提供方便。

　　（4）无固定住处、露宿街头马路边。

　　（5）与不正经的人或有此嫌疑的人鬼混在一起。

　　（6）经常从管教、训练所逃跑。

　　（7）品行不好又不听父亲、抚养人、监护人的管教。父亲死后或不在家或无能为力时，不听母亲管教。但在未取得其父母、抚养人、监护人同意的情况下，不能对这种少年采取任何处理措施，哪怕是调查性措施。

　　（8）无正当谋生手段或无可靠的供养者。

　　对不满 7 周岁的儿童，有上述行为或引起刑事案件者，也被视为对社会构成危害。患有精神病或精神不健全的青少年，按法律规定，证明他们以全部或部分失去自制力，不顾及个人或他人安全，有可能对社会构成危害时，应依法将他们送进专门医院。如果青少年有上述行为，就被认为已构成社会危害，就是违法犯罪行为，根据《青少年法》的有关规定，就要受到处分或刑罚。

　　根据《青少年法》规定，一般来说，首先是将违法青少年扣留，青少年检察院可向他们的监护人发出书面警告，使其观察他们以后的表现。在监护人接到书面警告后的 10 天内，可以向青少年法院提出反驳，法院依法经过研究和判断，作出最后裁决。

　　如果书面警告生效后，青少年再犯上述不轨行为，则要对他们处以《青少年法》规定的处分或刑罚。

　　根据《青少年法》的规定，一般刑法中规定的处分或刑罚。不适用于未满 15 岁的少年，对于他们只能给予以下的处分：（1）训诫；（2）交保人管教；（3）强行职业训练；（4）施加必要的限制；（5）实行司法考验；（6）安置在社会管教所；（7）送往专门医院。上述各项具体处分措施，实际上是对行为不轨的违法的青少年给予的刑事处罚。带有明显的强制性。对于不同的违法青少年采取不同的处分措施，这些处分都是由青少年法院裁决的。例如，训诫就是法院向违法青少年提出申斥和警告，目的在于制止其违法行为，使其不要重犯。交保人管教就是法院责成违法者的父母、抚养人、监护人对违法青少年严加管教。如果他们难以担当管教的责任，就将违法者交其他人或家庭管教。但对保人要支付青少年的生活费用，就由法官来决定。交保管教的期限不超过 3 年。

强行职业训练，就是法院将违法青少年交由专门的职业训练中心、工厂、商行、农场负责，对他们进行职业训练。训练的时间，法院不确定，但一般不超过 3 年。

施加必要限制，就是禁止青少年到一些不正当的场所，强制他们在特定的时间内，不能离开指定的人或机构，并按时听取训导会训导，要严格遵守社会部长所作出的各项规定。这种处分实际上限制了违法青少年自由行动的时间和地方，把他们置于严格的监督之下。这种处分的时间不少于 6 个月，但也不得超过 3 年。

实行司法考验，类似于缓刑的刑罚，即法院将违法青少年放回他们原来的生活环境，予以训导和规定必要的限制，使他们在原来的生活环境中悔过自新，也就是说考验失败了，法院可以再次对违法青少年进行审理，采取新的处分和影响措施。

安置在社会管教所是最严厉的处分。当根据青少年违法的危险程度、具体情节、社会危害性，采取上述措施已不合适的时候，法院可以判决将违法青少年送交由社会事物部管辖或承认的社会管教所。法院在判决中不确定时间，但是，安置在管教所的少年重罪不超过 15 年，轻罪不超过 5 年，不轨行为不超过 3 年。管教所每隔 6 个月要向法院报告 1 次青少年违法者在社会管教所的表现，供法院参考。

对于有生理缺陷的违法青少年，应当安置在适当的训练所进行必要的训练。对有精神病态和其他病态的违法青少年，要在专门医院进行应有的治疗，每期不超过 1 年。

除了上述对违法青少年的各项处分之外，《青少年法》还规定了刑罚制裁措施。

年满 15 岁不满 18 岁的青少年，如果犯了死罪或终身劳役罪，可判 15 年以上的监禁，犯了临时劳役罪的可判处监禁。同时，也可以用不少于 6 个月的拘役代替临时劳役或监禁罪。但是在所有情况下，法院对犯罪青少年的判决一般不超过他们应该受罚的最高限度的 1/3。有时法院还可以对青少年罪犯不判刑，而将他们安置在社会管教所，安置时间不少于 1 年。如果青少年罪犯应处以拘役，则可用处分来代替。

如果不满 15 岁的少年，同时犯有两种或多种罪行时，法院只对他们判处一个适当的处分。如果在这一判决之后，又发现新的罪行（不管是判决前犯的还是判决后犯的），仍执行已判决的处分。刑法中的累犯条款不适用于不满 15 岁的青少年犯罪。

由此可见，对未满 15 岁和已满 15 岁不满 18 岁的青少年犯罪在刑罚上是有区别的，而且对未满 15 岁的青少年罪犯的处理相对是比较宽的，对他们主要是选择适当的处置，而不是刑罚惩罚。对于 15 岁以上 18 岁以下的青少年罪犯则处以较严厉的惩罚，犯了死罪的可以监禁 15 年以上。

当青少年罪犯满 21 岁时，对他们判处的处分自然结束。这时法院可以根据检察院的要求并征求社会监督人的意见和参照刑法的规定，对他们实行司法考验，时间不超过 2 年。

《青少年法》对监督人、保人和父母的管教责任，也规定了处罚措施。对那些怂恿、协助青少年犯逃跑或实施犯罪行为的任何人，都规定了处罚措施。

监护人如果忽视对被监护青少年违法者的管教，致使被监护人重新违法或重新实施不轨行为，那么对监护人要处以罚金；如果保人忽视了自己的职责，致使青少年违法者重新违法，则对该保人处以罚金；对怂恿、协助违法青少年逃跑或将他们隐藏起来的人，要处以拘役或罚金；任何人指使青少年发生越轨行为或违反本法所规定的不轨行为，不管他用什么方式，均处以拘役；如果教唆青少年犯罪，特别是其保人、监护人或父母，要判处不少于 3 个月的拘役；如果教唆多人犯罪，不论什么时间和情况，要判处不少于 6 个月不超过 5 年的拘役。

关于青少年法院与执行刑罚的措施，按照埃及《青少年法》第 27 条的规定，每个省府，设一个或几个青少年法院，根据司法部长的决定，也可在其他地方设青少年法院。设置地点由司法部长决定。青少年法院由 1 名法官和 2 名司法人员组成。其中至少要有 1 名妇女。在整个审判过程中，这 2 名司法人员要始终参加审理。在对违法犯罪青少年作出判决之前，2 名司法人员要负责对青少年的各方面情况进行全面而周密的调查，并向青少年法院提出报告。2 名司法人员要由司法部长和社会事务部长共同协商任命，其具体条件由社会事务部长决定。

青少年法院只受理青少年犯罪或违法行为的案件以及其他有关青少年的案件。如果青少年参与成年人犯罪活动，则要将青少年犯罪嫌疑人单独交由青少年法院进行审理。

青少年法院在审理青少年案件时，可以在青少年犯罪处、违法行为发生处、被捕的地方、他们的住处等地进行。法院认为必要时，也可在某个青少年管教所行使自己的职权。

在法院审判青少年犯罪案件时，要有律师为其进行辩护，律师可由犯罪者聘请，也可由青少年法院委派。在审判时，只允许青少年犯的亲属、证人、律师、社会监督人和法院特许人员出庭参加审判。

法院在审理和判决青少年犯之前，要听取社会监督人的汇报，阐明导致青少年违法的原因和管教办法。在法院审理时，可以请有经验的人协助。

在审理和判决之前，如果法院认为有必要，可以对青少年犯的身体、精神、心理状况等进行适当的检查，待检查后，再进行审判。青少年法院不受理民事案件。

在法院进行判决后，可以进行上诉，但对判处的处分必须执行。家长、保人、监护人、抚养人都可以对犯罪青少年的判决提出申诉。但是，训诫和交保的处分不能上诉。上诉要由普通法院的专门部门处理。

判决交付之后，青少年法院的法官或司法人员，至少每3个月要对青少年看守所、职业训练中心、社会管教所、职业学校、专门医院以及其他青少年法院合作或受其管辖的单位视察1次。法官要认真研究上述单位关于青少年表现情况的汇报。

社会监督，就是对青少年犯的表现所进行的观察，并且要根据具体情况及时向他们和他们的家长发出指示，并向法院定期汇报青少年犯的情况。如果法院听取汇报以后，对表现不好的青少年犯的处罚可延期执行，但不超过原规定的最高期限的一半。埃及《青少年法》第47条规定，对依法判处的青少年犯，一律不得体罚。

对违法青少年判处剥夺自由的惩罚，要在专门惩办所执行。为了改造青少年犯，也可以将青少年犯送往边远地区开荒种地、盖房子等①。

(二) 埃及《青少年法》简评

从上述对埃及《青少年法》的介绍可知，该法实际上是青少年刑法，并不包括青少年福利、保护等内容。这部法律是1974年公布实行的。在此之前，有关青少年犯罪的条款在埃及刑法中有专门的规定，有关审判青少年犯的条款在刑事诉讼法中有专门规定。自从埃及《青少年法》颁布以后，刑法和刑事诉讼法中有关青少年犯罪问题的条款予以废除。凡属青少年刑事司法问题一律以现行的《青少年法》为准。

该法中有些规定亦似有不妥之处。如，该法第2条规定，青少年如果犯有下列不轨行为则构成对社会的危害，在所列出的不轨行为当中甚至包括"从废物垃圾里捡烟头等脏物"。这种规定是否有必要，是否合理，则值得商榷。

① 参考文献：北京大学法律系国外法学研究室编：《国外保护青少年法规与资料选编》，群众出版社1981年版，第259~268页。

该法还规定可以将青少年充边垦荒。这恐怕是世界上最严厉的一部儿童方面的法律。

五、斯里兰卡专门法对儿童权利的保护

（一）斯里兰卡《儿童与少年法令》

有关处理儿童与少年的机关是：（1）警察；（2）少年法院和统称为略式法院的简易法院、城市法院以及行使刑事审判权的农村法院；（3）缓刑及儿童局、认可学校、公认学校等。按照《儿童与少年法令》的规定，所谓"儿童"，是指 14 岁以下者；所谓"少年"，是指满 14~16 岁以下者，按照其他法律规定满 16~21 岁的为青年。

少年与青年的犯罪者，分别被带至简易法院和成年人法院（地方法院或高等法院）进行审判。在斯里兰卡首都科伦坡有一所惟一的常设的少年法院。在科伦坡及其周围地区有 4 所法院设有专职的少年法官审理少年案件。但是，一般来说，他们每周只有 1 天审理少年案件。由于少年案件要接受缓刑官的帮助，特别是按照《儿童与少年法令》规定，为了避免少年犯与成年犯人接触，所以少年案件在简易法院审判，青年案件则在成年人法院——地方法院或高等法院审理。关于对违法少年的审理，根据《儿童与少年法令》第 2 条的规定，为了审理被告发的儿童或少年案件，凡是为了行使赋予少年法院审判权而开庭的略式法院——简易法院、城市法院以及行使刑事审判权的农村法院，皆确认为少年法院。

无论简易法院或城市法院，如果作为少年法院开庭时，都应任命简易法官，并由简易法官提名审判人员，如果任命的人员不满 3 名，为了保障正确地执行法律，被任命者必须是律师、事务律师或从事司法职务的人员。如果满 3 名时，其中必须有 1 人是律师。同时，不得由于是妇女而被剥夺任命，相反提倡任命妇女为简易法官，以便更好地了解、掌握少年或儿童的情况。

简易法院作为少年法院开庭时，以合议制开庭，并从成员中选出 1 人为审判长。审判的决定及发布的一切命令，皆由审判者和其他简易法官至少 1 人署名。在简易法官之间有不同意见时，由简易法官多数决定，并将该决定作为简易法院的决定。

综上所述，略式法院——简易法院、城市法院以及行使刑事审判权的农村法院，都是作为少年法院而行使少年法院职权的，也就是说，它本身并不是少年法院，这与世界上其他许多国家专门设立的少年法院是不同的。当然，斯里兰卡也设置了专门的少年法院，例如，首都科伦坡的少年法院，不过这也是斯

里兰卡唯一的一所少年法院。

按照《儿童与少年法令》的规定，少年法院为了行使审判权，应多次开庭，并应在与其他法院区别开来的建筑物或房间开庭。但农村法院作为少年法院开庭时，如果不可能利用不同建筑物或房间者，则不在此限。

少年法院开庭时，除法院的成员和庭吏、该案件的当事人及其律师、事务律师、证人以及直接与该案件有关的人员外，任何人均不得出庭（法院许可出庭的人员，不在此限）。

当儿童或少年被带至少年法院时，法院负有向儿童或少年以通俗易懂的语言说明主要犯罪嫌疑的义务。

经过审理，如果儿童或少年承认犯罪事实，应审查告发者的证言，并询问儿童或少年是否需要与证人对质。

经过审理，如果儿童或少年承认犯罪事实或者少年法院确信对儿童或少年提出的犯罪事实证据时，少年法院应向儿童或少年询问有关应酌情减轻刑罚的情况以及其他情况。

在案件审讯过程中，遇有违反善良风俗的犯罪或者有关这种行为的诉讼程序，可以命令儿童或少年退庭。

关于少年法院审讯儿童或少年的情况，不得在报纸、杂志以及其他定期出版物上发表。但在关于儿童或少年保护、福利的专门性学术刊物或在有关的其他出版物上善意的发表关于少年法院程序的报道，虽不予禁止，但却不得明确有关该程序涉及的儿童或少年出身以及姓名、住所、学校以及其他问题。《儿童与少年法令》第20条明确规定，凡违反禁止在报纸、杂志以及其他定期刊物上报道有关儿童或少年诉讼程序的规定，应以犯罪论处，由简易法院判处罚金。

另外，该法对违法少年和需要保护的儿童或少年采取的措施作出了规定。

1. 对违法少年的处罚

斯里兰卡对违法少年的处罚，大致可以归纳如下：

（1）代替死刑的监禁。例如《儿童与少年法令》第24条第1款规定："根据《刑法典》第53条规定，总督可要求代替死刑判决的监禁判决。法院以16岁以下作为理由下判决时，该法院直至总督的要求公布，可以命令将该儿童或少年收容于观护收容所。"

（2）用轻藤抽打的刑罚。《儿童与少年法令》第29条第1款对于16岁以下的少年，作为唯一的刑罚方法，规定可以命令判处用轻藤抽打不超过6次的刑罚。

（3）训诫处分或无条件赦免，根据《儿童与少年法令》第 30 条的规定，法院可以给予少年训诫处分，也可以给予无条件赦免。

（4）给予少年犯缓刑处分。根据《儿童与少年法令》第 27 条第 1 款（d）项的规定，法院可以给予少年缓刑处分。

（5）将儿童或少年收容于认可学校或公认学校。根据《儿童与少年法令》第 26 条规定，对于超过 12 岁的儿童或少年，不问是否给予罚金处分，如果他犯了同成年人所犯的相同的罪，法院根据该罪行可以宣判成年犯收容于监狱时，那么就可以命令将该儿童或少年收容于认可学校或公认学校。

（6）将儿童或少年委托父母与照管人管束。根据《儿童与少年法令》第 27 条第 1 款（a）项的规定，为了对少年进行保护，可以将少年引渡给儿童或少年的父母或照管人，并在其管束之下。

（7）命令儿童或少年的父母代缴罚金。

（8）代替收容于监狱的观护收容。《儿童与少年法令》第 25 条第 1 款规定：对儿童或少年不问是否给以罚金处分，如果他犯了同成年人所犯的罪相同的罪，法院根据该罪行可以宣判将成年人收容于监狱时，可以在不超过 1 个月期间，将儿童或少年犯收容于观护收容所。

对需要保护或观护的儿童或少年采取的措施。所谓需要保护或观护的儿童或少年，是指儿童或少年没有进行违法犯罪活动，只是由于无父母或照管人，或者虽有父母、照管人，但其父母或照管人进行保护或观护时，该儿童或少年又与具有不良行为的人交朋友或受不道德的人的影响。

根据《儿童与少年法令》第 34 条第 1 款（b）项的规定，属于下列情况的，皆为需要保护或观护的儿童或少年：

（1）犯罪的儿童或少年是其家族成员；

（2）被宣判有罪判决的人员是其家族成员；

（3）卖淫妇女是其家族成员。

此外，凡属贫困的儿童或少年进行乞讨、领取施舍物品或过着流浪生活的，皆为需要保护或观护的儿童或少年。

对需要保护或观护的儿童或少年采取如下措施：

（1）收容于认可学校；

（2）委托于个人；

（3）由儿童或少年的父母或照管人制定誓约，并予以保护；

（4）由缓刑官监督。

该法对矫正机构作出了较为详细的规定。

2. 观护收容所

违法犯罪少年多数在待审期间收容于观护收容所，观护收容所有的是公立的，有的是私立的，但都是在缓刑与儿童保护局领导之下进行矫正教育的机构。被收容的都是 8~16 岁的儿童或少年。

根据《儿童与少年法令》第 49 条关于观护收容所的各种规定，可以制定命令将从观护收容所逃跑的儿童与少年逮捕带回收容所。凡故意帮助或教唆儿童或少年逃跑者，或者窝藏逃跑的儿童或少年或使之隐藏者，或者妨碍少年与儿童重返收容所者，应作为有罪论处，判处罚金或者监禁，或者罚金与监禁并科。

3. 公认学校

关于需要在设施内矫正的少年，以 3 年为限，可以收容于公认学校。在决定于设施内矫正的时候，缓刑官负有提供判断在设施内矫正必要性的资料的义务。但是，对罪行严重的少年犯，不得只以这一材料作为唯一的基准。考虑需要在设施内矫正儿童与少年的主要事项如下：

（1）矫正的必要性；

（2）判断如果不在设施内矫正将不可能矫正的材料；

（3）对被收容者可能给予的利益从其矫正开始就应作出计划，但是实际上符合这一计划的很少。

与公认学校大致相同的矫正机构，还有为少年设置的认可学校（根据《儿童与少年法令》第 50 条的规定，它是由部长认可的学校，所以叫做认可学校。根据法院命令，将需要在设施内矫正的少年解送认可学校，进行教育训练等矫正工作）。

此外，还有国立保护设施和民间的儿童设施。国立保护设施设立了适当的居住地点，以临时应急保护为目的。

最后，该法对危害儿童与少年的成年人的处罚作出了明确规定。

斯里兰卡《儿童与少年法令》第五编名为"防止虐待和以身示众"，它专门规定了对危害儿童与少年的成年人的处罚。这些处罚，大致可以归纳如下：

1. 虐待儿童与少年

根据《儿童与少年法令》第 71 条规定，观护、监督或保护不满 16 岁的儿童或少年的成年人，如果对于该儿童或少年施加暴行、虐待、放任、遗弃，或者损害其视力、听力、手脚、身体器官或使之精神遭受不必要的损害的，一律作为犯罪论处，判处罚金，或者监禁，或者罚金与监禁并科。

同时又规定，凡在法律上负有抚养儿童或少年责任的父母或其他人员，虽然拥有足够财力却不给予儿童或少年充分的粮食、衣服、医疗或住所时，应看做图谋损害儿童与少年健康，应视为放任者，以有罪论处。

2. 诱惑、教唆 16 岁以下的少女卖淫

根据《儿童与少年法令》第 72 条的规定，观护、监督或保护 16 岁以下女少年的成年人，如果诱惑或教唆女少年卖淫，应以犯罪论处，判处 2 年以下监禁。

观护、监督或保护 16 岁以下女少年的成年人，如果明知道该女少年与卖淫妇或不道德人交往，不仅不加以制止，反而以雇佣关系故意使其继续者，根据《儿童与少年法令》规定，则视为指使女少年犯罪或教唆其进行犯罪。

同时又规定，让监护、监督或保护的已满 14 岁儿童或少年住入妓院或出入于妓院，应以犯罪论处，判处罚金，或者监禁，或者罚金与监禁并科。

3. 使 16 岁以下儿童或少年乞食或者教唆乞食

儿童或少年的父母以外人员，使儿童或少年不问是否以唱歌、表演、演奏或者贩卖物品等方式乞食或领取施舍物品，或者教唆儿童或少年乞食或领取施舍物品，或者为了这一目的，教唆儿童或少年乞食或领取施舍物品，或者为了这一目的，使儿童或少年居住于街头、车站或特定场所，皆以犯罪论处，判处罚金，或者监禁，或者罚金与监禁并科。

4. 禁止向 16 岁以下儿童或少年出售烟草

《儿童与少年法令》第 76 条规定："对明确为 16 岁以下人员出售烟草或纸卷烟草者，以犯罪论处。"[1]

(二) 斯里兰卡《儿童与少年法令》简评

斯里兰卡的《儿童与少年法令》是一部既有保护少年儿童的内容，又规定了审理和处罚少年犯罪的综合性法规，是颇有代表性的一类儿童立法，许多国家的儿童立法都可归入这一类。这一类儿童权利保护法律的内容，从单纯的司法性消极预防，经过多次修改、补充，逐步演变为社会预防和对儿童规定种种积极的保护。它充分反映了单纯地对少年犯进行审判与处罚，并不是预防他们犯罪的根本方法。因而预防犯罪的重要性，越来越被人们认识。

正如《第三思潮：马斯洛心理学》这本书中所说的："儿童的违法行为与

---

[1]　参考文献：康树华等编：《国外青少年犯罪及其对策》，北京大学出版社 1985 年版，第 427～437 页。

行为不端很可能代表了精神上、生理上对剥削和不公正现象的合法反抗。"①因而，预防犯罪远远超出了司法范畴，它是一个全社会的问题，需要动员社会各方面的力量，通力合作，综合治理，才能收到良好的效果。对儿童应该给予更多的保护与关心，才是预防其犯罪的根本途径②。

第四节　发展中国家相关法对儿童权利的保护

一、《印度刑法典》对儿童权利的保护

《印度刑法典》自1860年10月颁布以来，已有100多年的历史。这期间，陆续经过增补、删除和修改，日臻完善。《印度刑法典》属于英美法系国家的法律，在一定程度上也反映了英美法系国家刑事法律的特点与规律。该法典的规定具体、细密，条文有511条之多，并进行了详尽的例释，这算是《印度刑法典》的一大特色。该法典全面地反映了印度现行的刑法制度。该法典对儿童权利保护方面的规定亦颇有特色，较为详尽。因此，该法典对于我们学习和研究印度近代和现行的刑事法律制度，开展比较法学的研究和教学，进一步完善我国的刑事立法具有一定的参考价值。本书仅选择该法典中有关儿童权利保护的内容予以介绍，以期能对中国儿童权利保护方面法律的完善有所助益。

《印度刑法典》第82条规定，不满7岁的儿童所实施的行为，不是犯罪。第83条紧接着规定：7岁以上不满12岁的儿童，在不具有判断所实施的行为的性质和后果的能力的情况下实施的行为，不构成犯罪。

法典的第293条规定，无论何人，向20岁以下的青少年出租、出售、分送、展览或传送前条所述的淫秽物品，或要约或企图这样做的，初犯处可达3年的监禁或2千卢比以下的罚金；再犯处7年的监禁或5千卢比以下的罚金。第305条指出，无论何人，帮助未满18岁的人、精神病人、神志不清的人、智能低下的人或醉酒的人，去实行自杀的，处死刑或无期徒刑或可达10年的监禁，并处罚金。

在"堕胎、伤害胎儿、遗弃婴儿和隐瞒出生"的标题下，该法典第312条规定：无论何人，非基于善意挽救妇女生命的目的，故意给怀孕妇女堕胎

① 转引自莫洪宪、康均心主编：《未成年人权益保护及救济理论与实务》，武汉大学出版社2001年版，第5页。
② 康树华著：《青少年法学》，北京大学出版社1986年版，第304页。

的，处可达 3 年的监禁或罚金，或二者并处，如该妇女胎儿脱落，可处达 7 年的监禁，并处罚金。在有关本条的说明中指出，妇女自行堕胎，亦属于本条意义内的犯罪。

第 313 条规定，无论何人，未经该妇女同意而实施前条所列犯罪的，不论该妇女胎儿是否脱落，均处无期徒刑或可达 10 年的监禁，并处罚金。第 315 条的规定是，无论何人，非基于善意地挽救婴儿母亲生命的目的，在婴儿出生之前，故意实施阻止婴儿活着出生或其出生后死亡的，处可达 10 年的监禁或罚金，或二者并处。法典在接下来的 3 个条款中规定：无论何人，其行为在造成一个早产胎儿死亡的情况下，如果该行为造成胎儿母亲死亡，构成杀人罪的，处可达 10 年的监禁，并处罚金。作为未满 12 岁儿童的父母或照管人，为了遗弃而将儿童置于他地的，处可达 7 年的监禁或罚金，或二者并处。在说明中指出，如该儿童露置他地而死亡，本条规定并不影响对犯罪人以谋杀罪或杀人罪处罚。无论何人，为了隐瞒婴儿的出生，以秘密埋葬或其他方法丢弃一个婴儿的尸体，无论该婴儿是在出生前、出生中或出生后死亡的，处可达 2 年的监禁或罚金，或二者并处。

在"绑架、诱拐、奴役和强迫劳动"的标题下，该法典有大量的规定涉及儿童权利的保护。无论何人，带领或引诱不满 16 岁的男性未成年人或不满 18 岁女性未成年人，或大脑不健全的人，脱离其合法监护人的管理，未经监护人的同意，是从合法监护下绑架该未成年人或大脑不健全的人。第 363 条规定：无论何人，为雇用和利用未成年人进行乞讨，而对其加以伤害的，处无期徒刑，并处罚金。非未成年人的合法监护人，为了行乞的目的而雇用或利用未成年人，应推定为是为了雇用或利用未成年人进行乞讨，而绑架或非法取得监管未成年人，证明确非如此的除外。在本条中，"乞讨"的意思是：无论是在唱歌、跳舞、算命、表演杂技、出售物品或其他方法的掩饰下，在公共场所乞求或收受他人施舍物；为乞求或收受施舍物而进入私人宅第；展示自己、他人或动物的伤残或疾病，以获取或索取施舍物；把未成年人作为展物以乞求或收受施舍物。"未成年人"的意思是指未满 16 岁的男子和未满 18 岁的女子。

另外，该法典的其他条款还规定，无论何人，无论采取什么方法引诱不满 8 岁的未成年女子从任何地方出走或实施行为，企图强迫或引诱她与他人非法性交的，处可达 10 年的监禁，并处罚金。无论何人，从其他国家或克什米尔省向印度境内输入不满 21 岁的女子，企图使她可能被或明知她将被强迫或引诱与他人非法性交的，处可达 10 年的监禁，并处罚金。无论何人，以不诚实地取得任何动产的目的，绑架或诱拐不满 10 岁的儿童的，处可达 10 年监禁，并处罚金。无论何人，将未满 18 岁的人出卖、出租或用其他方法让与他人非法性交，或其他非法或不道德的目的；或明知该人会为这样的目的被雇用或使用，处可达 10 年的监禁，并处罚金。无论何人，收买、雇用或用其他方法取得占有不满 18 岁的人，企图使该人被雇用于或使用于做妓女或与他人非法性交，或其他非法和不道德的目的；或明知该人会为这样的目的被雇用或被使用，处可达 10 年的监禁，并处罚金。

最后，该法典在关于强奸的规定中特别指出，一个男子与不满 16 岁的女子性交，不论她同意与否，均认为构成强奸罪①。

二、其他发展中国家相关法对儿童权利的保护

在菲律宾的《家事法典》（1987 年第 209 执行令，后由 1987 年第 227 号执行令修正）中，试图使菲律宾家庭法与新近的技术进步相协调，并在社会习俗的改变上作了一些让步。例如，它规定如果丈夫和妻子都以书面形式认可或许可进行了人工受精，那么人工受精受孕的小孩，无论精子是其丈夫的还是其他男性捐赠的，都应视为该对已婚夫妇的合法子女，本条规定在《家事法典》的第 164 条 2 款中②。菲律宾在民法典第 838 条规定，为了避免恐吓和不当影响，在遗嘱人生存时，遗嘱可以进行公证。然而这并不妨碍遗嘱的撤销。未亡的配偶和子女，包括非婚生子女，都有权获得法定的份额。如果没有有效的遗嘱，财产将按非遗嘱继承的有关条款来加以分配。非遗嘱继承的顺序（如果被继承人是婚生子女）如下：（1）婚生子女及其原亲属；（2）合法的父母及尊亲属；（3）非婚生子女；（4）未亡配偶；（5）五亲等以内的亲属；（6）国家。上述规定见菲律宾的《民法典》第 978~1014 条③。

在印度，根据《成年法》（1875 年第 9 号法令）规定，凡居住在印度年满 18 周岁的人，即视为已届成年。但如他处在监护下，则成年年龄为 21 岁。未成年人绝对无缔结合同的行为能力。然而，他能够签发流通票据或作背书，以便约束除他本人以外的所有当事人。他不能出售他的财产，但可以取得财产，而且，亦能取得薪金和收回由他借出的借款。未成年人被许可享有合伙利

---

① 资料来源：赵炳寿等译：《印度刑法典》，四川大学出版社 1988 年版。

② ［捷］维克托·纳普主编：《国际比较法百科全书（第 1 卷）：各国法律制度概况》，高绍先等译，法律出版社 2002 年版，第 1140 页。

③ ［捷］维克托·纳普主编：《国际比较法百科全书（第 1 卷）：各国法律制度概况》，高绍先等译，法律出版社 2002 年版，第 1140~1141 页。

益，并可作为信托财产的受益人①。

古巴在 1975 年 2 月 14 日，第 1289 号法律的《家庭法典》付诸实施。这部法典使家庭法从旧民法典中分离出来的，对父母子女关系等作出了规定。新法典废除了见诸旧法规中对妇女和非婚生子女的歧视。《家庭法典》第 65 ~ 116 条是有关子女的规定。父母负有督促自己子女接受符合社会主义道德准则的教育和培训义务。子女须尽自己所能为家庭事务出力。未成年子女受其父母亲权的约束，亲权由父母共同行使。父母事实上的分居并不影响其共同亲权，但在这种情况下，对未成年子女的监护应裁决给配偶一方承担。在准予离婚时，法院应作出有关亲权和监护的命令。《家事法典》第 121 ~ 136 条是关于抚养的规定。配偶、父母子女，以及兄弟姊妹，如果其中有人由于年龄或能力方面的缘故不能自谋生计，彼此应承担抚养义务②。

在斯里兰卡，有五个私法法律体系。家庭法不被认为是民法法系的单独分支，而是包含在人法之中，而且家庭法包括诸如未成年人、确定婚姻地位的诉讼、亲权、监护和收养等内容③。

在泰国，1935 年的《民商法典》第一编是关于人法的内容。法律人格始于出生，终于死亡。母体内的胎儿只要日后出生时成活者便具有权利能力。该法典第 19、20 条规定，凡人年满 20 岁或结婚时便具有完全的行为能力。第 21 条规定，未成年人办理法律行为须取得其法定代理人的同意。他所办理的一切行为，如未取得此类同意，均属于可撤销的行为，除非该项行为只是他为取得一项权利或免除一项义务，或者该项行为纯属个人性质，或者该项行为系与其生活中的身份相一致，并为满足本人合理需求所必须者，或者系他在年满 15 岁后所作成的遗嘱则是例外。未成年人如欲经营 1 项或几项业务，需请求法定代理人的许可，倘若法定代理人拒绝给予此项许可，则法院根据未成年人的申请，得作出一项裁决将有利于未成年者。在《民商法典》第五编的家庭法的条款规定，男女平等受到保障，为使订婚和结婚有效，男方至少须年满 17 岁，女方至少年满 15 岁。这规定在该法典的第 143 条和第 1445 条。如男方或女方系无完全行为能力者，则订婚或结婚需由其父母双亲或未亡的父母同意

---

① ［捷］维克托·纳普主编：《国际比较法百科全书（第 1 卷）：各国法律制度概况》，高绍先等译，法律出版社 2002 年版，第 619 页。

② ［捷］维克托·纳普主编：《国际比较法百科全书（第 1 卷）：各国法律制度概况》，高绍先等译，法律出版社 2002 年版，第 301 ~ 304 页。

③ ［捷］维克托·纳普主编：《国际比较法百科全书（第 1 卷）：各国法律制度概况》，高绍先等译，法律出版社 2002 年版，第 1348 页。

才行。已婚者便不受其各自父母的支配①。

1960 年的《埃塞俄比亚民法典》是传统的埃塞俄比亚法与从许多外国法律制度借用来的规范的混合体。该法典在形式上力求精确和明晰，条文写得简明扼要，没有 1 条是超过 3 款的，且每款只是一个单句。该法典分为 5 编，22 章，共 3367 条。第一编为人、自然人和法人，也包括行为能力；第二编为家庭和继承。埃塞俄比亚推定所有自然人的法律人格始于出生，如出于婴儿利益的需要，还可以把人格追溯到胎儿。凡年未满 18 周岁及尚未自立的人，为未成年人。依法将他们置于一名监护人的保护之下，以照管其有关的人身问题为限，如属于涉及金钱权益范围内的，则置于一名保护人的保护之下。由家族会议和法院地监护人和保护人实行一般性监督。实际上，未成年人的监护人和保护人就是他们的父母，由其父母共同承担职责；但往往由父亲单独行使此项职责直至婚姻关系终止，而且也并无因某些理由阻止他执行此项职责。未成年人的权利和义务在法典里只作了狭隘的规定②。

---

① ［捷］维克托·纳普主编：《国际比较法百科全书（第 1 卷）：各国法律制度概况》，高绍先等译，法律出版社 2002 年版，第 1411～1412 页。

② ［捷］维克托·纳普主编：《国际比较法百科全书（第 1 卷）：各国法律制度概况》，高绍先等译，法律出版社 2002 年版，第 414～415 页。

第四章 中国儿童权利保护法概述

第一节 中国儿童权利保护的立法情况

中国是世界上的文明古国之一。在我国历史上，不仅有比较发达的法律思想，而且有比较完备的法律制度。有关儿童权利保护方面的法律制度古已有之，这一点在本书第一章中关于儿童权利保护的历史演进中已有论述。清朝末年，法律西化，中国法律才开始了近代化的步伐。而涉及儿童权利保护内容的法律的起步更晚、历史更短。

中华民国元年（1912 年）3 月 11 日公布的《中华民国临时约法》中，除了诸如"中华民国人民，一律平等，无种族、阶级、宗教之区别"[①] 之类的一般性规定外，并没有对儿童权利予以特别保护的规定。到了 1946 年 12 月 25 日颁布的《中华民国宪法》中，始有很大的改变。在该宪法第十三章的第四节和第五节中，有相当多的篇幅对儿童权利保护的内容作出了特别的规定[②]。在本书的下一节将予以详细介绍。

在 1949 年以前的第二次国内革命战争时期，中华苏维埃共和国的宪法大纲、劳动法和婚姻法等法律中，也有保护儿童生存、劳动、学习等项权利的规定。例如，1934 年 1 月制定的《中华苏维埃共和国宪法大纲》中规定："中华苏维埃政权以保证工农劳苦民众有受教育的权利为目的，在进行革命战争许可的范围内，应开始施行完全免费的普及教育，首先应在青年劳动群众中施行。"再如，1934 年制定的《中华苏维埃共和国劳动法》第 29 条规定："女工、青工，与成年男工做同样的工作时间，须得同等的工资。童

---

① 资料来源：萧榕主编：《世界著名法典选编·宪法卷》，中国民主法制出版社 1997 年版，第 61~62 页。

② 资料来源：最高人民法院研究室编：《保护未成年人法律法规司法解释全集》，群众出版社 1994 年版，第 629~630 页。

工、青工应缩短工作时间，但工资仍须按照职业的工资等级，以全日计算。"在抗日战争时期的共产党占领区，也十分注意运用法律武器保护儿童健康成长，禁止虐待儿童的行为，例如，1942年制定的陕甘宁边区劳动保护条例明文规定："严禁对学徒虐待或任意打骂。"1943年制定的晋察冀边区婚姻条例等，亦有保护儿童的规定①。

在1949年以后，第一个对儿童权利保护作出较详细规定的法律是1950年4月13日颁布的《婚姻法》②。该法共分为8章27条。其中，有近一半的条款涉及儿童权利保护的内容。如，第1条规定，废除包办强迫、男尊女卑、漠视子女利益的封建主义婚姻制度。第2条则明令禁止童养媳。关于结婚的年龄，规定男为20岁，女为18岁。

在该法第四章父母子女间的关系中规定：父母对于子女有抚养教育的义务；子女对于父母有赡养扶助的义务；双方均不得虐待或遗弃。养父母与养子女相互之间的关系，适用前项规定。溺婴或其他类似的犯罪行为，严加禁止。父母子女有相互继承遗产的权利。非婚生子女享受与婚生子女同等的权利，任何人不得加以危害或歧视。非婚生子女经生母或其他人证物证证明其生父者，其生父应负担子女必需的生活费和教育费全部或一部，直至子女满18岁为止。如经生母同意，生父可将子女领回抚养。夫对于其妻所抚养与前夫所生的子女或妻对于其夫所抚养与前妻所生的子女，不得虐待或歧视。

该法第五章关于离婚的规定中特别指出，女方怀孕期间，男方不得提出离婚；男方要求离婚的，须于女方分娩1年后，始得提出。但女方提出离婚的，不在此限。第六章接着对离婚后子女的抚养和教育作出详细规定。父母与子女间的血亲关系，不因父母离婚而消灭。离婚后，子女无论由父方或母方抚养，仍是父母双方的子女。离婚后父母对于所生的子女，仍有抚养和教育的责任。离婚后，哺乳期内的子女，以随哺乳的母亲的原则。哺乳期后的子女，如双方均愿抚养发生争执不能成协议时，由人民法院根据子女的利益判决。离婚后，女方抚养的子女，男方应负担必需的生活费和教育费全部或一部，负担费用的多寡及期限的长短，由双方协议；协议不成时，由人民法院判决。费用支付的办法，为付现金或实物或代小孩耕种分得的田地等。离婚时，关于子女生活费和教育费的协议或判决，不妨碍子女向父母任何一方提出超过协议或判决原定

① 康树华等编著：《中外少年司法制度》，华东师范大学出版社1991年版，第7页。

② 资料来源：中央人民政府法制委员会：《中央人民政府法令汇编1949年~1950年》，法律出版社1982年版，第35~40页。

数额的请求。

第七章是关于离婚后的财产和生活。其中规定，离婚时，除女方婚前财产归女方所有外，其他家庭财产如何处理，由双方协议；协议不成时，由人民法院根据家庭财产具体情况、照顾女方及子女利益和有利于发展生产的原则判决。如女方及子女分得的财产足以维持子女的生活费和教育费时，则男方不再负担子女的生活费和教育费。

1949 年以后的很长一段时间，我国在实践中，儿童权利保护主要只能适用 1950 年婚姻法中的有关规定。1954 年的宪法、20 世纪 70 年代的两部宪法和现行的 1982 年宪法中，都有对儿童权利予以特别保护的规定。

到了 20 世纪 80 年代，由于青少年犯罪的情况日益突出，国家意识到有必要制定相关的专门法。尤其是在 1989 年联合国《儿童权利公约》之后，中国儿童权利保护专门法的立法步伐明显加快。首先是 1991 年 9 月 4 日第七届全国人民代表大会常务委员会第二十一次会议通过，并于 1992 年 1 月 1 日起施行的《中华人民共和国未成年人保护法》，其立法指导思想是保护儿童的身心健康、合法权益，优化儿童成长的社会环境，从而促进儿童在品德、智力、体育等方面的全面发展。为了有效地预防儿童犯罪，在 1999 年 6 月 28 日，第九届全国人民代表大会常务委员会第十次会议上通过了《中华人民共和国预防未成年人犯罪法》，该法自 1999 年 11 月 1 日起施行。

上述《未成年人保护法》和《预防未成年人犯罪法》是我国最主要的儿童立法。除此之外，还有《母婴保健法》和国务院及有关部委制定的儿童权利保护方面的法规。其中主要有：1991 年 4 月 15 日国务院发布的《禁止使用童工规定》，该规定在 2002 年 9 月 18 日被国务院第 63 次常务会议通过的新的《禁止使用童工规定》所取代，新的规定自 2002 年 12 月 1 日起施行；1994 年 12 月 9 日原劳动部制定的《未成年工特殊保护规定》；以及 1982 年 11 月 29 日由卫生部颁发的《儿童基础免疫程序》、1987 年 11 月卫生部妇幼卫生司颁布的《散居儿童卫生保健管理制度》等。

另外，中国还存在大量儿童权利保护的地方立法。有些地方叫做青少年保护条例或未成年人保护条例，如 1987 年的《上海市青少年保护条例》、1990 年的《天津市未成年人保护条例》等；有些地方叫做未成年人保护实施办法，如 1991 年的《武汉市未成年人保护实施办法》、1998 年的《汕头市经济特区实施〈中华人民共和国未成年人保护法〉办法》、1995 年的《湖南省实施〈中华人民共和国未成年人保护法〉办法》、1994 年的《河北省实施〈中华人民共和国未成年人保护法〉办法》等。

综上所述，目前，中国已基本形成了以宪法为根本大法，以《未成年人保护法》和《预防未成年人犯罪法》等专门性法律规定为主干，以刑法、民法以及有关行政法、程序法为保障，并以各地方立法为补充的儿童权利保护法律体系。另外，我国在 1990 年 8 月 29 日正式签署，并于 1992 年 3 月 2 月批准了联合国《儿童权利公约》，意味着中国政府承担并认真履行该公约规定的保障儿童基本人权的各项义务。

第二节 中国宪法对儿童权利的保护

一、中国旧宪法对儿童权利的保护

中国的宪政历史始于 1898 年的戊戌维新。以康有为、梁启超等人为代表的维新派主张实行君主立宪制。晚清政府大厦将倾，被迫于 1908 年 8 月 27 日颁布了由"宪政编查馆"制定的《钦定宪法大纲》等宪政文献。《钦定宪法大纲》虽然远不是一部正式的成文宪法，但它是中国宪政史上的第一个钦定的成文宪法大纲。它共有 14 条正文，规定的都是"君上大权"。关于"臣民的权利义务"只是作为大纲的附录出现的，只有 9 条，而且不多的几项臣民权利均在"法律范围以内"方"准其自由"，而当紧急时，皇帝"得以诏令限制臣民之自由"。很显然，要想在这样的宪法性文件里找到有关儿童权利保护的条款是不可能的。在清政府统治的最后时期，即 1911 年 11 月 3 日公布的另一个钦定宪法大纲——《十九信条》，也找不到规定人民权利的条款，更遑论对儿童权利予以特别保护了。

在辛亥革命胜利后，中华民国元年，即 1912 年 3 月 8 日由南京临时政府参议院通过了《中华民国临时约法》。1912 年的《中华民国临时约法》和 1914 年的《中华民国约法》以及 1923 年 10 月 10 日公布的《中华民国宪法》辟出专章规定了人民的权利，但尚未出现特别保护儿童权利的条款。直到 1931 年 5 月 12 日通过的《中华民国训政时期约法》才有关于儿童权利保护的专门条款。1931 年的《中华民国训政时期约法》第 41 条规定：妇女儿童从事劳动者，应按其年龄及身体状态，施以特别之保护。关于儿童的教育，该法第 50 条规定：已达学龄之儿童应一律受义务教育，其详以法律定之。并且第 56 条要求全国公私立学校应设置免费及奖学金额，以奖励品学俱优无力升学之学生。

后来的 1936 年 5 月 1 日由国民政府立法院通过的《中华民国宪法草案》

继续保留了儿童教育的有关规定：6 岁至 12 岁之学龄儿童，一律受基本教育，免纳学费。已逾学龄未受基本教育之人民，一律受补习教育，免纳学费。国立大学及国立专科学校之设立，应注重地区之需要，以维持各地人民享受高等教育之机会均等，而促进全国文化之平衡发展。教育经费之最低限度，在中央为其预算总额 15%，在省区及县市为其预算总额 30%，其依法独立之教育基金，并予以保障。贫瘠省区之教育经费，由国库补助之。

在中华民国的宪法中，儿童权利保护的条款最丰富、最翔实的当推 1946 年 12 月 25 日由国民大会通过《中华民国宪法》。该宪法第 21 条规定：人民有受国民教育之权利与义务。关于社会安全，第 153 条规定：妇女儿童从事劳动者，应按其年龄及身体状态，予以特别之保护。第 156 条规定：国家为奠定民族生存发展之基础，应保护母性，并实施妇女儿童福利政策。关于教育文化，该宪法第 159 条至 164 条规定：国民受教育之机会一律平等。6 岁至 12 岁之学龄儿童，一律受基本教育，免纳学费。其贫苦者，由政府供给书籍。已逾学龄未受基本教育之国民，一律受补习教育，免纳学费，其书籍亦由政府供给。各级政府应广设奖学金名额，以扶助学行俱优无力升学之学生。全国公私立之教育文化机关，依法律受国家之监督。国家应注重各地区教育之均衡发展，并推行社会教育，以提高一般国民之文化水准。边远及贫瘠地区之教育文化经费，由国库补助之。教育、科学、文化之经费，在中央不得少于其预算总额 15%，在省不得少于预算总额 25%，在市县不得少于其预算总额 35%。其依法设置之教育文化基金及产业，应予以保障。

1949 年以后，中华人民共和国成立，废除了国民党的"六法全书"。1949 年到 1954 年中华人民共和国第一部宪法诞生的这一段时期，由《中国人民政治协商会议共同纲领》代行宪法职能。该《共同纲领》是在 1949 年 9 月 29 日中国人民政治协商会议第一届全体会议上通过的。该《共同纲领》的第 48 条提到：提倡国民体育。推广卫生医药事业，并注意保护母亲、婴儿和儿童的健康。

1949 年以后第一部成文宪法是 1954 年 9 月 20 日由中华人民共和国第一届全国人民代表大会第一次会议通过的。该宪法除序言外，计有总纲、国家机构、公民的基本权利和义务、国旗、国徽、首都共 4 章，106 条。该宪法有一句话提到保护儿童的权利。那就是第 96 条最后一句话：婚姻、家庭、母亲和儿童受国家的保护。

在 20 世纪 70 年代，产生了两部宪法，即 1975 年宪法和 1978 年宪法。1975 年宪法是在中国"文化大革命"尚未结束、人民权利不少没有保障的年代制定的。该宪法在结构上与 1954 年宪法基本相同，但在条款和内容上予以大幅度删减，全文只有 30 条，涉及儿童权利保护的一句话出现在第 27 条：婚姻、家庭、母亲和儿童受国家的保护。在 1978 年 3 月 5 日中华人民共和国第五届全国人民代表大会第一次会议又通过了新的宪法。该宪法第 53 条规定：婚姻、家庭、母亲和儿童受国家的保护。国家提倡和推行计划生育①。

中国现行的宪法是 1982 年 12 月 4 日由第五届全国人民代表大会第五次会议通过的。该宪法将在本书下一部分予以介绍，此不赘述。

二、中国现行宪法对儿童权利的保护

中国现行宪法是 1982 年 12 月 4 日第五届全国人民代表大会第五次会议通过，并由全国人民代表大会公告当日公布施行的。该宪法分 8 章，共 138 条。该宪法分别于 1988 年、1993 年、1999 年和 2004 年通过 4 次、共 31 条修正案予以部分修改。1982 年宪法中有关儿童权利保护的内容跟前 3 部宪法相比，有了一定发展。主要体现在以下一些方面：

宪法第 19 条规定：国家发展社会主义的教育事业，提高全国人民的科学文化水平。国家举办各种学校，普及初等义务教育，发展中等教育、职业教育和高等教育，并且发展学前教育。该宪法在第 46 条指出，中华人民共和国公民有受教育的权利和义务。国家培养青年、少年、儿童在品德、智力、体质等方面全面发展。

宪法第 49 条进一步明确，婚姻、家庭、母亲和儿童受国家的保护。夫妻双方有实行计划生育的义务。父母有抚养教育未成年人子女的义务。并且明令禁止虐待老人、妇女和儿童②。

宪法作为公民权利的保障书和国家根本大法，它的有关儿童权利保护的规定具有最高的法律效力，为儿童权利的实现提供了最根本的保障，同时，它也是儿童立法的依据和指针。

---

① 参考文献：（1）姜士林、陈玮主编：《世界宪法大全》（上卷），中国广播电视出版社 1989 年版，第 1~83 页。（2）最高人民法院研究室编：《保护未成年人法律法规司法解释全集》，群众出版社 1994 年版，第 629~630 页。

② 萧榕主编：《世界著名法典选编·宪法卷》，中国民主法制出版社 1997 年版，第 70~82 页。

第三节 中国专门法对儿童权利的保护

一、《中华人民共和国未成年人保护法》

《中华人民共和国未成年人保护法》经 1991 年 9 月 4 日七届全国人大常委会第 21 次会议通过，1991 年 9 月 4 日，中华人民共和国主席令第 50 号公布；根据 2012 年 10 月 26 日十一届全国人大常委会第 29 次会议通过、2012 年 10 月 26 日中华人民共和国主席令第 65 号公布的《全国人民代表大会常务委员会关于修改〈中华人民共和国未成年人保护法〉的决定》第 2 次修正。《未成年人保护法》分为总则、家庭保护、学校保护、社会保护、司法保护、法律责任、附则 7 章 72 条，自 2007 年 6 月 1 日起施行。

该法第一章为总则，对制定本法目的、保护主体的范围、应当遵循的原则等方面作出了规定。

为了保护未成年人的身心健康，保障未成年人的合法权益、促进未成年人的品德、智力、体质等方面全面发展，把他们培养成为有理想、有道德、有文化、有纪律的社会主义事业接班人，根据宪法，制定本法。本法所称未成年人是指未满 18 周岁的公民。

国家、社会、学校和家庭对未成年人进行理想教育、道德教育、文化教育、纪律和法制教育，进行爱国主义、集体主义和国际主义、共产主义的教育，提倡爱祖国、爱人民、爱劳动、爱科学、爱社会主义的公德，反对资本主义的、封建主义的和其他的腐朽思想的侵蚀。

保护未成年人的工作，应当遵循下列原则：

（1）保障未成年人的合法权益；

（2）尊重未成年人的人格尊严；

（3）适应未成年人身心发展的特点；

（4）教育与保护相结合。

国家保障未成年人的人身、财产和其他合法权益不受侵犯。保护未成年人，是国家机关、武装力量、政党、社会团体、企业事业组织、城乡基层群众性自治组织、未成年人的监护人和其他成年公民的共同责任。对侵犯未成年人合法权益的行为，任何组织和个人都有权予以劝阻、制止或者向有关部门提出检举或者控告。国家、社会、学校和家庭应当教育和帮助未成年人运用法律手段维护自己的合法权益。

中央和地方各级国家机关应当在各自的职责范围内做好未成年人保护工作。

国务院和省、自治区、直辖市的人民政府根据需要，采取组织措施，协调有关部门做好未成年人保护工作。共产主义青年团、妇女联合会、工会、青年联合会、学生联合会、少年先锋队及其他有关的社会团体，协助各级人民政府做好未成年人保护工作，维护未成年人的合法权益。各级人民政府和有关部门对保护未成年人有显著成绩的组织和个人，给予奖励。

第二章是关于家庭保护的规定。

具体有：父母或者其他监护人应当依法履行对未成年人的监护职责和抚养义务，不得虐待、遗弃未成年人；不得歧视女性未成年人或者有残疾的未成年人；禁止溺婴、弃婴。

父母或者其他监护人应当尊重未成年人接受教育的权利，必须使适龄未成年人按照规定接受义务教育，不得使在校接受义务教育的未成年人辍学。父母或者其他监护人应当以健康的思想、品行和适当的方法教育未成年人，引导未成年人进行有益身心健康的活动，预防和制止未成年人吸烟、酗酒、流浪以及聚赌、吸毒、卖淫。

父母或者其他监护人不得允许或者迫使未成年人结婚，不得为未成年人订立婚约。

父母或者其他监护人不履行监护职责或者侵害被监护的未成年人的合法权益的，应当依法承担责任。父母或者其他监护人有前款所列行为，经教育不改的，人民法院可以根据有关人员或者有关单位的申请，撤销其监护人的资格；依照民法通则第 16 条的规定，另行确定监护人。

第三章是有关学校保护的规定。

学校应当全面贯彻国家的教育方针，对未成年学生进行德育、智育、体育、美育、劳动教育以及社会生活指导和青春期教育。

学校应当关心、爱护学生；对品行有缺点、学习有困难的学生，应当耐心教育、帮助，不得歧视。

学校应当尊重未成年学生的受教育权，不得随意开除未成年学生。学校、幼儿园的教职员应当尊重未成年人的人格尊严，不得对未成年学生和儿童实施体罚、变相体罚或者其他侮辱人格尊严的行为。学校不得使未成年学生在危及人身安全、健康的校舍和其他教育教学设施中活动。

任何组织和个人不得扰乱教学秩序，不得侵占、破坏学校的场地、房屋和设备。

学校和幼儿园安排未成年学生和儿童参加集会、文化娱乐、社会实践等集体活动，应当有利于未成年人的健康成长，防止发生人身安全事故。

按照国家有关规定送工读学校接受义务教育的未成年人，工读学校应当对其进行思想教育、文化教育、劳动技术教育和职业教育。工读学校的教职员应当关心、爱护、尊重学生，不得歧视、厌弃。

幼儿园应当做好保育、教育工作，促进幼儿在体质、智力、品德等方面和谐发展。

第四章对社会保护作出了规定。

国家鼓励社会团体、企业事业组织和其他组织公民，开展多种形式的有利于未成年人健康成长的社会活动。各级人民政府应当创造条件，建立和改善适合未成年人文化生活需要的活动场所和设施。博物馆、纪念馆、科技馆、文化馆、影剧院、体育场（馆）、动物园、公园等场所，应当对中小学生优惠开放。营业性舞厅等不适宜未成年人活动的场所，有关主管部门和经营者应当采取措施，不得允许未成年人进入。

国家鼓励新闻、出版、广播、电影、电视、文艺等单位和作家、科学家、艺术家及其他公民，创作或者提供有益于未成年人健康成长的作品。出版专门以未成年人为对象的图书、报刊、音像制品等出版物，国家给予扶持。严禁任何组织和个人向未成年人出售、出租或者以其他方式传播淫秽、暴力、凶杀、恐吓等毒害未成年人的图书、报刊、音像制品。

儿童食品、玩具、用具和游乐设施，不得有害于儿童的安全和健康。任何人不得在中小学、幼儿园、托儿所的教室、寝室、活动室和其他未成年人集中活动的室内吸烟。

任何组织和个人不得招用未满16周岁的未成年人，国家另予规定的除外。任何组织和个人依照国家有关规定招收已满16周岁未满18周岁的未成年人，应当在工种、劳动时间、劳动强度和保护措施等方面执行国家有关规定，不得安排其从事过重、有毒、有害的劳动或者危险作业。

对流浪乞讨或者离家出走的未成年人，民政部门或者其他部门应当负责交送其父母或者其他监护人；暂时无法查明其父母或者其他监护人的，由民政部门设立的儿童福利机构收容抚养。

任何组织和个人不得披露未成年人的个人隐私。对未成年人的信件，任何组织和个人不得隐匿、毁弃；除因追查犯罪的需要由公安机关和人民检察院依照法律规定的程序进行检查，或者对无行为能力的未成年人的信件由其监护人代为开拆外，任何组织或者个人不得开拆。

卫生部门和学校应当为未成年人提供必要的卫生保健条件，做好预防疾病工作。

地方各级人民政府应当积极发展托幼事业，努力办好托儿所、幼儿园，鼓励和支持国家机关、社会团体、企业事业组织和其他社会力量兴办哺乳室、托儿所、幼儿园，提倡和支持举办家庭托儿所。卫生部门应当对儿童实行预防接种证制度，积极防治儿童常见病、多发病，加强对传染病防治工作的监督管理和对托儿所、幼儿园卫生保健的业务指导。

各级人民政府和有关部门应当采取多种形式，培养和训练幼儿园、托儿所的保教人员，加强对他们的政治思想和业务教育。

国家依法保护未成年人的智力成果和荣誉权不受侵犯。对有特殊或者有突出成就的未成年人，国家、社会、家庭和学校应当为他们的健康发展创造有利条件。

未成年人已经受完规定年限的义务教育不再升学的，政府有关部门和社会团体、企业事业组织应当根据实际情况，对他们进行职业技术培训，为他们创造劳动就业条件。

第五章是关于司法保护的规定。具体规定为：

对违法犯罪的未成年人，实行教育、感化、挽救的方针，坚持教育为主、惩罚为辅的原则。

已满14周岁的未成年人犯罪，因不满16周岁不予刑事处罚的，责令其家长或者其他监护人加以管教；必要时，也可以由政府收容教养。公安机关、人民检察院、人民法院办理未成年人犯罪的案件，应当照顾未成年人的身心特点，并可以根据需要设立专门机构或者指定专人办理。

公安机关、人民检察院、人民法院和少年犯管教所，应当尊重违法犯罪的未成年人的人格尊严，保障他们的合法权益。公安机关、人民检察院、人民法院对审前羁押的未成年人，应当与羁押的成年人分别看管。

14周岁以上不满16周岁的未成年人犯罪的案件，一律不公开审理。16周岁以上不满18周岁的未成年人犯罪的案件，一般也不公开审理。对未成年人犯罪案件，在判决前，新闻报道、影视节目、公开出版物不得披露该未成年人的姓名、住所、照片及可能推断出该未成年人的资料。

家庭和学校及其他有关单位，应当配合违法犯罪未成年人所在的少年犯管教所等单位，共同做好违法犯罪未成年人的教育挽救工作。

人民检察院免予起诉，人民法院免除刑事处罚或者宣告缓刑以及被解除收容教养或者服刑期满释放的未成年人，复学、升学、就业不受歧视。

人民法院审理继承案件，应当依法保护未成年人的继承权。人民法院审理离婚案件，离婚双方因抚养未成年子女发生争执，不能达成协议时，应当根据保障子女权益的原则和双方具体情况判决。

第六章是法律责任的规定。

未成年人的合法权益受到侵害的，被侵害人或者其他监护人有权要求有关主管部门，或者依法向人民法院提起诉讼。侵害未成年人的合法权益，对其造成财产损失或者其他损失、损害的，应当依法赔偿或者承担其他民事责任。

学校、幼儿园、托儿所的教职员对未成年学生和儿童实施体罚或者变相体罚，情节严重的，由其所在单位或者上级机关给予行政处分。

企业事业组织、个体工商户非法招用未满16周岁的未成年人的，由劳动部门责令改正，处以罚款；情节严重的，由工商行政管理部门吊销营业执照。营业性舞厅等不适宜未成年人活动的场所允许未成年人进入时，由有关主管部门责令改正，可以处以罚款。

向未成年人出售、出租或者以其他方式传播淫秽的图书、报刊、音像制品等出版物的，依法从重处罚。

侵犯未成年人的人身权利或者其他合法权利，构成犯罪的，依法追究刑事责任。

虐待未成年的家庭成员，情节恶劣的，依照《刑法》第182条的规定追究刑事责任。司法工作人员违反监管法规，对被监管的未成年人实行体罚虐待的，依照《刑法》第189条的规定追究刑事责任。溺婴的，依照《刑法》第132条的规定追究刑事责任。

明知校舍有倒塌的危险而不采取措施，致使校舍倒塌，造成伤亡的，依照《刑法》第187条的规定追究刑事责任。

教唆未成年人违法犯罪的，依法从重处罚。引诱、教唆或者强迫未成年人吸食、注射毒品或者卖淫的，依法从重处罚。

当事人对依照本法作出的行政处罚决定不服的，可以先向上一级行政机关或者有关法律、法规规定的行政机关申请复议，对复议决定不服的，再向人民法院提起诉讼；也可以直接向人民法院提起诉讼。有关法律、法规规定应先向行政机关申请复议，对复议决定不服再向人民法院提起诉讼的，依照有关法律、法规的规定办理。

当事人对行政处罚决定在法定期间内不申请复议，也不向人民法院提起诉讼，又不履行的，作出处罚决定的机关可以申请人民法院强制执行，或者依法强制执行。

该法最后在第七章附则中指出，国务院有关部门可以根据本法制定有关条例，报国务院批准施行。省、自治区、直辖市的人民代表大会常务委员会可以根据本法制定实施办法。

二、《中华人民共和国预防未成年人犯罪法》

《预防未成年人犯罪法》是 1999 年 6 月 28 日由第九届全国人民代表大会常务委员会第十次会议通过，并于当天由中华人民共和国主席令第 17 号公布，1999 年 11 月 1 日起施行的。2012 年 10 月 26 日第十一届全国人民代表大会常务委员会第二十九次会议通过决议修改；新修改的法律自 2013 年 1 月 1 日起施行。该法共 57 条，分为总则、预防未成年人犯罪的教育、对未成年人不良行为的预防、对未成年人严重不良行为的矫治、未成年人犯罪的自我防范、对未成年人重新犯罪的预防、法律责任以及附则等八章。

第一章为总则。首先明确制定本法的目的是为了保障未成年人身心健康，培养未成年人良好品行，有效地预防未成年人犯罪。该法接着规定，预防未成年人犯罪，立足于教育和保护，从小抓起，对未成年人的不良行为及时进行预防和矫治。预防未成年人犯罪，在各级人民政府组织领导下，实行综合治理，政府有关部门、司法机关、人民团体、有关社会团体、学校、家庭、城市居民委员会、农村村民委员会等各方面共同参与，各负其责，做好预防未成年人犯罪工作，为未成年人身心健康发展创造良好的社会环境。

各级人民政府在预防未成年人犯罪方面的职责包括：

（1）制定预防未成年人犯罪工作的规划；

（2）组织、协调公安、教育、文化、新闻出版、广播电影电视、工商、民政、司法、行政等政府有关部门和其他社会组织进行预防未成年人犯罪工作；

（3）对本法实施的情况和工作规划的执行情况进行检查；

（4）总结、推广预防未成年人犯罪工作的经验，树立、表彰先进典型。

而且，预防未成年人犯罪，应当结合未成年人不同年龄的生理、心理特点，加强青春期教育、心理矫治和预防犯罪对策的研究。

第二章是关于预防未成年人犯罪的教育的规定。对未成年人应当加强理想、道德、法制和爱国主义、社会主义教育。对于达到义务教育年龄的未成年人，在进行上述教育的同时，应当进行预防犯罪的教育。预防未成年人犯罪的教育的目的，是增强未成年人的法制观念，使未成年人懂得违法和犯罪行为对个人、家庭、社会造成的危害，违法和犯罪行为应当承担的法律责任，树立遵纪守法和防范违法犯罪的意识。

教育行政部门、学校应当将预防犯罪的教育作为法制教育的内容纳入学校教学计划，结合常见多发的未成年人犯罪，对不同年龄的未成年人进行有针对性的预防犯罪教育。司法行政部门、教育行政部门、共产主义青年团、少年先锋队应当结合当地实际，组织、举办展览会、报告会、演讲会等多种形式的预防未成年人犯罪的法制宣传活动。学校应当结合实际举办以预防未成年人犯罪的教育为主要内容的活动。教育行政部门应当将预防未成年人犯罪教育的工作效果作为考核学校工作的一项重要内容。学校应当聘任从事法制教育的专职或者兼职教师。学校根据条件可以聘请校外法律辅导员。

未成年人的父母或者其他监护人对未成年人的法制教育负有直接责任。学校在对学生进行预防犯罪教育时，应当将教育计划告知未成年人的父母或者其他监护人，未成年人的父母或者其他监护人应当结合学校的计划，针对具体情况进行教育。少年宫、青少年活动中心等校外活动场所应当把预防未成年人犯罪的教育作为一项重要的内容，开展多种形式的宣传教育活动。

对于已满 16 周岁不满 18 周岁准备就业的未成年人，职业教育培训机构、用人单位应将法律知识和预防犯罪教育纳入职业培训的内容。城市居民委员会、农村村民委员会应当积极开展有针对性的预防未成年人犯罪的法制宣传活动。

在第三章中，对未成年人不良行为的预防作出了较详细的规定。首先，未成年人的父母或者其他监护人和学校应当教育未成年人不得有下列不良行为：

（1）旷课、夜不归宿；

（2）携带管制刀具；

（3）打架斗殴、辱骂他人；

（4）强行向他人索要财物；

（5）偷窃、故意毁坏财物；

（6）参与赌博或者变相赌博；

（7）观看、收听色情、淫秽的音像制品、读物等；

（8）进入法律、法规规定未成年人不适宜进入的营业性歌厅等场所。

未成年人的父母或者其他监护人和学校应当教育未成年人不得吸烟、酗酒。任何经营性场所不得向未成年人出售烟酒。

中小学生旷课的学校应当及时与其父母或者其他监护人取得联系。未成年人擅自外出夜不归宿的，其父母或者其他监护人、其所在地寄宿制学校应当及时查找，或者向公安机关请求帮助。收留夜不归宿的未成年人的，应当征得其父母或者其他监护人的同意，或者在 24 小时内及时通知其父母或者其他监护人、所在学校或者及时向公安机关报告。

未成年人的父母或者其他监护人和学校发现未成年人组织或者参加实施不良行为的团伙的，应当及时予以制止，发现该团伙有违法犯罪行为时，应当向公安机关报告。未成年人的父母或者其他监护人和学校发现有人教唆、胁迫、引诱未成年人违法犯罪的，应当向公安机关报告。公安机关接到报告后，应当及时依法查处，对未成年人人身安全受到威胁的，应当及时采取有效措施，保护其人身安全。

未成年人的父母或者其他监护人，不得让不满 16 周岁的未成年人脱离监护单独居住。未成年人的父母或者其他监护人对未成年人不得放任不管，不得迫使其离家出走，放弃监护职责。未成年人离家出走的，其父母或者其他监护人应当及时查找，或者向公安机关请求帮助。

未成年人的父母离异的，离异双方对子女都有教育的义务，任何一方都不得因离异而不履行教育子女的义务。继父母、养父母对受其抚养教育的未成年人继子女、养子女，应当履行本法规定的父母对未成年子女在预防犯罪方面的职责。

学校对有不良行为的未成年人应当加强教育、管理，不得歧视。教育行政部门、学校应当举办各种形式的讲座、座谈、培训等活动，针对未成年人不同时期的生理、心理特点，介绍良好有效的教育方法，指导教师、未成年人的父母和其他监护人有效地防止、矫治未成年人的不良行为。

对于教唆、胁迫、引诱未成年人实施不良行为或者品行不良，影响恶劣，不适宜在学校工作的教师员工，教育行政部门、学校应当予以解聘或者辞退；构成犯罪的，依法追究刑事责任。

禁止在中小学校附近开办营业性歌舞厅、营业性电子游戏场所以及其他未成年人不适宜进入的场所。禁止开办上述场所的具体范围由省、自治区、直辖市人民政府规定。对本法施行前已在中小学校附近开办上述场所的，应当限期迁移或者停业。

公安机关应当加强中小学校周围环境的治安管理，及时制止、处理中小学校周围发生的违法犯罪行为。城市居民委员会、农村村民委员会应当协助公安机关做好维护中小学校周围治安的工作。

公安派出所、城市居民委员会、农村村民委员会应当掌握本辖区内暂住人口中未成年人的就学、就业情况。对于暂住人口中未成年人实施不良行为的，应当督促其父母或者其他监护人进行有效的教育、制止。任何人不得教唆、胁迫、引诱未成年人实施本法规定的不良行为，或者为未成年人实施不良行为提供条件。

以未成年人为对象的出版物，不得含有诱发未成年人违法犯罪的内容，不得含有渲染暴力、色情、赌博、恐怖活动等危害未成年人身心健康的内容。任何单位和个人不得向未成年人出售、出租含有诱发未成年人违法犯罪以及渲染暴力、色情、赌博、恐怖活动等危害未成年人身心健康内容的读物、音像制品或者电子出版物。

任何单位和个人不得利用通信、计算机网络等方式提供前款规定的危害未成年人身心健康的内容及其信息。

广播、电影、电视、戏剧节目，不得有渲染暴力、色情、赌博、恐怖活动等危害未成年人身心健康的内容。广播电影电视行政部门、文化行政部门必须加强对广播、电影、电视、戏剧节目以及各类演播场所的管理。

营业性歌舞厅以及其他未成年人不适宜进入的场所，应当设置明显的未成年人禁止进入标志，不得允许未成年人进入。营业性电子游戏场所在国家法定节假日外，不得允许未成年人进入，并应当设置明显的未成年人禁止进入标志。对于难以判明是否已成年的，上述场所的工作人员可以要求其出示身份证件。

第四章规定了对未成年人严重不良行为的矫治。首先明确指出，本法所称"严重不良行为"，是指下列严重危害社会，尚不够进行刑事处罚的违法行为：

（1）纠集他人结伙滋事，扰乱治安；

（2）携带管制刀具，屡教不改；

（3）多次拦截殴打他人或者强行索要他人财物；

（4）传播淫秽的读物或者音像制品等；

（5）进行淫乱或者色情、卖淫活动；

（6）多次偷窃；

（7）参与赌博、屡教不改；

（8）吸食、注射毒品；

（9）其他严重危害社会的行为。

对未成年人实施本法规定的严重不良行为的应当及时予以制止。对有本法规定的严重不良行为的未成年人，其父母或者其他监护人和学校应当互相配合，采取措施严加管教，也可以送工读学校进行矫治和接受教育。

对未成年人送工读学校进行矫治和接受教育，应当由其父母或者其他监护人，或者原所在学校提出申请经教育行政部门批准。工读学校对就读的未成年人应当严格管理和教育。工读学校除按照义务教育法的要求，在课程设置上与普通学校相同外，应当加强法制教育的内容，针对未成年人严重不良行为产生的原因以及有严重不良行为的未成年人的心理特点，开展矫治工作。家庭、学校应当关心、爱护在工读学校就读的未成年人，尊重他们的人格尊严，不得体罚、虐待和歧视。工读学校毕业的未成年人在升学、就业等方面，同普通学校毕业的学生享有同等的权利，任何单位和个人不得歧视。

未成年人有本法规定的严重不良行为，构成违反治安管理行为的，由公安机关依法予以治安处罚。因不满 14 周岁或者情节特别轻微免予处罚的，可以予以训诫。

未成年人因不满 16 周岁不予刑事处罚的，责令其父母或者其他监护人严加管教；在必要的时候，也可以由政府依法收容教养。

未成年人在被收容教养期间，执行机关应当保证其继续接受文化知识、法律知识或者职业技术教育，对没有完成义务教育的未成年人，执行机关应当保证其继续接受义务教育。解除收容教养、劳动教养的未成年人，在复学、升学、就业等方面与其他未成年人享有同等权利，任何单位和个人不得歧视。

在第五章，规定了未成年人犯罪的自我防范。未成年人应当遵守法律、法规及社会公共道德规范，树立自尊、自律、自强意识，增强辨别是非和自我保护的能力，自觉抵制各种不良行为及违法犯罪行为的引诱和侵害。

被父母或者其他监护人遗弃、虐待的未成年人，有权向公安机关、民政部门、共产主义青年团、妇女联合会、未成年人保护组织或者学校、城市居民委员会、农村村民委员会请求保护。被请求的上述部门和组织都应当接受，根据情况需要采取救助措施的，应当先采取救助措施。

未成年人发现任何人对自己或者对其他未成年人实施本法第三章规定的不得实施的行为或者犯罪行为，可以通过所在学校、其父母或者其他监护人向公安机关或者政府有关主管部门报告，也可以自己向上述机关报告。受理报告的机关应当及时依法查处。对同犯罪行为做斗争以及举报犯罪行为的未成年人，司法机关、学校、社会应当加强保护，保障其不受打击报复。

第六章是关于对未成年人重新犯罪的预防的规定。对犯罪的未成年人追究刑事责任，实行教育、感化、挽救方针，坚持教育为主、惩罚为辅的原则。

司法机关办理未成年人犯罪案件，应当保障未成年人行使其诉讼权利，保障未成年人得到法律帮助，并根据未成年人的生理、心理特点和犯罪的情况，有针对性地进行法制教育。对于被采取刑事强制措施的未成年学生，在人民法院的判决生效以前，不得取消其学籍。

人民法院审判未成年人犯罪的刑事案件，应当由熟悉未成年人身心特点的审判员或者审判员和人民陪审员依法组成少年法庭进行。对于已满 14 周岁不满 16 周岁未成年人犯罪的案件，一律不公开审理。已满 16 周岁不满 18 周岁未成年人犯罪的案件，一般也不公开审理。对未成年人犯罪案件，新闻报道、影视节目、公开出版物不得披露该未成年人的姓名、住所、照片及可能推断出该未成年人的资料。

对被拘留、逮捕和执行刑罚的未成年人与成年人应当分别关押、分别管理、分别教育。未成年犯在执行刑罚期间，执行机关应当加强对未成年犯的法制教育，对未成年犯进行职业技术教育。对没有完成义务教育的未成年犯，执行机关应当保证其继续接受义务教育。

未成年人的父母或者其他监护人和学校、城市居民委员会、农村村民委员会，对因不满 16 周岁不予刑事处罚、免予刑事处罚的未成年人，或者被判处非监禁刑罚、被判处刑罚宣告缓刑、被假释的未成年人，应当采取有效的帮教措施，协助司法机关做好对未成年人的教育、挽救工作。城市居民委员会、农村村民委员会可以聘请思想品德优秀、作风正派、热心未成年人教育工作的离退休或者其他人员协助做好对前款规定的未成年人的教育、挽救工作。

依法免予刑事处罚、判处非监禁刑罚、判处刑罚宣告缓刑、假释或者执行完毕的未成年人，在复学、升学、就业等方面与其他未成年人享有同等权利，任何单位和个人不得歧视。

第七章对法律责任作出了规定。未成年人的父母或者其他监护人不履行监护职责，放任未成年人有本法规定的不良行为或者严重不良行为的，由公安机关对未成年人的父母或者其他监护人予以训诫、责令其严加管教。未成年人的父母或者其他监护人违反本法第 19 条的规定，接到报告后，不及时查处或者采取有效措施，严重不负责任的，予以行政处分；造成严重后果构成犯罪的，依法追究刑事责任。

违反本法第 30 条的规定，出版含有诱发未成年人违法犯罪以及渲染暴力、色情、赌博、恐怖活动危害未成年人身心健康内容的出版物的，由出版行政管理部门没收出版物和违法所得，并处违法所得 3 倍以上 10 倍以下罚款；情节严重的，没收出版物和违法所得，并责令停业整顿或者吊销许可证。对直接负责的主管人员和其他直接责任人员处以罚款。制作、复制宣扬淫秽内容的未成年人出版物，或者向未成年人出售、出租、传播宣扬淫秽内容的出版物的，依法予以治安处罚；构成犯罪的，依法追究刑事责任。

违反本法第 31 条的规定，向未成年人出售、出租含有诱发未成年人违法犯罪以及渲染暴力、色情、赌博、恐怖活动等危害未成年人身心健康内容的读物、音像制品、电子出版物的，或者利用通信、计算机网络等方式提供上述危害未成年人身心健康内容以及其信息的，没收读物、音像制品、电子出版物或违法所得，由政府有关主管部门处以罚款。单位有前款行为的，没收读物、音像制品、电子出版物或违法所得，处以罚款，并对直接负责的主管人员和其他直接责任人员处以罚款。

影剧院、录像厅等各类演播场所，放映或者演出渲染暴力、色情、赌博、恐怖活动等危害未成年人身心健康的节目的，由政府有关部门没收违法播放的音像制品和违法所得，处以罚款，并对直接负责的主管人员和其他直接责任人员处以罚款；情节严重的，责令停业整顿或者由工商部门吊销营业执照。

营业性歌舞厅以及其他未成年人不适宜进入的场所、营业性电子游戏场所，违反本法第33条的规定，不设置明显的未成年人禁止进入标志，或者允许未成年人进入的，由文化行政部门责令改正、给予警告、责令停业整顿、没收违法所得，处以罚款，并对负责的主管人员和其他直接责任人员处以罚款；情节严重的，由工商行政部门吊销营业执照。

教唆、胁迫、引诱未成年人实施本法规定的不良行为、严重不良行为，或者为未成年人实施不良行为、严重不良行为提供条件，构成违反治安管理行为的，由公安机关依法予以治安处罚；构成犯罪的，依法追究刑事责任。

三、国务院《禁止使用童工规定》

在1991年4月15日，国务院曾经发布过一个《禁止使用童工规定》，10来年过去了，时过境迁，当时的规定已经不能很好地适用目前的需要。为了更好地保护儿童，杜绝使用童工的现象，国务院第63次常务会议于2002年9月18日又通过了新的《禁止使用童工规定》，自2002年12月1日起施行，1991年4月15日国务院发布的《禁止使用童工规定》同时废止。

该规定共14条。首先明确了本规定是为了保护未成年人的身心健康，促进义务教育制度的实施，维护未成年人的合法权益，根据宪法和劳动法、未成年人保护法而制定的。

国家机关、社会团体、企业事业单位、民办非企业单位或者个体工商户（以下统称用人单位）均不得招用不满16周岁的未成年人（招用不满16周岁的未成年人，以下统称使用童工）。禁止任何单位或者个人为不满16周岁的未成年人介绍就业。

禁止不满16周岁的未成年人开业从事个体经营活动。

不满 16 周岁的未成年人的父母或者其他监护人应当保护其身心健康，保障其接受教育的权利，不得允许其被用人单位非法招用。不满 16 周岁的未成年人的父母或者其他监护人允许其被用人单位非法招用的，所在地的乡（镇）人民政府，城市街道办事处以及村民委员会、居民委员会应当给予批评教育。用人单位招用人员时，必须核查被招用人员的身份证；对不满 16 周岁的未成年人，一律不得录用。用人单位录用人员的录用登记、核查材料应当妥善保管。

县级以上各级人民政府劳动保障行政部门负责本规定执行情况的监督检查。县级以上各级人民政府公安、工商行政管理、教育、卫生等行政部门在各自职责范围内对本规定的执行情况进行监督检查，并对劳动保障行政部门的监督检查给予配合。

工会、共青团、妇联等群众组织应当依法维护未成年人的合法权益。任何单位或者个人发现使用童工的，均有权向县级以上人民政府劳动保障行政部门举报。

用人单位使用童工的，由劳动保障行政部门按照每使用 1 名童工每月处 5000 元罚款的标准给予处罚；在使用有毒物品的作业场所使用童工的，按照《使用有毒物品作业场所劳动保护条例》规定的罚款幅度，或者按照每使用一名每月处 5000 元罚款的标准，从重处罚。劳动保障行政部门并应当责令用人单位限期将童工送回原居住地交其父母或者其他监护人，所需交通和食宿费用全部由用人单位承担。

用人单位经劳动保障行政部门依照前款规定责令限期改正，逾期仍不将童工送交其父母或者其他监护人的，从责令限期改正之日起，由劳动保障行政部门按照每使用 1 名童工每月处 1 万元罚款的标准处罚，并由工商行政管理部门撤销民办非企业单位登记；用人单位是国家机关、事业单位的，由有关单位依法对直接负责的主管人员和其他直接责任人员给予降级或者撤职的行政处分或者纪律处分。

单位或者个人为不满 16 周岁的未成年人介绍就业的，由劳动保障部门按照每介绍一个处 5000 元罚款的标准给予处罚；职业中介机构为不满 16 周岁的未成年人介绍就业的，并由劳动保障行政部门吊销其职业介绍许可证。

用人单位未按照本规定的有关规定保存录用登记材料，或者伪造录用登记材料的，由劳动保障行政部门处 1 万元的罚款。

无营业执照、被依法吊销营业执照的单位以及未依法登记、备案的单位使用童工或者介绍童工就业的，依照本规定上述规定的标准加 1 倍罚款，该非法单位由有关的行政主管部门给予取缔。

童工患病或者受伤的，用人单位应当负责送到医疗机构治疗，并负担治疗期间的全部医疗和生活费用。童工伤残或者死亡的，用人单位由工商行政管理部门吊销营业执照或者由民政部门撤销民办非企业单位登记；用人单位是国家机关、事业单位的，由有关单位依法对直接负责的主管人员和其他直接负责人员给予降级或者撤职的行政处分或者纪律处分；用人单位还应当一次性地给伤残的童工、死亡童工的直系亲属给予赔偿，赔偿金额按照国家工伤保险的有关规定计算。

拐骗童工，强迫童工劳动，使用童工从事高空、井下、放射性、高毒、易燃易爆以及国家规定的第四级体力劳动强度的劳动，使用不满 14 周岁的童工，或者造成童工死亡或者严重伤残的，依照刑法关于拐卖儿童罪、强迫劳动罪或者其他罪的规定，依法追究刑事责任。

国家行政机关工作人员有下列行为之一的，依法给予记大过或者降级的行政处分；情节严重的，依法给予撤职或者开除的行政处分；构成犯罪的，依照刑法关于滥用职权罪、玩忽职守罪或者其他罪的规定，依法追究刑事责任：

（1）劳动保障等有关部门工作人员在禁止使用童工的监督检查工作中发现使用童工的情况，不予制止、纠正、查处的；

（2）公安机关的人民警察违反规定或者发放身份证上登录虚假出生年月的；

（3）工商行政管理部门工作人员发现申请人是不满 16 周岁的未成年人，仍然为其从事个体经营者发放营业执照的。

文艺、体育单位经未成年人的父母或者其他监护人同意，可以招用不满 16 周岁的专业文艺工作者、运动员。用人单位应当保障被招用的不满 16 周岁的未成年人的身心健康，保障其接受义务教育的权利。文艺、体育单位招用不满 16 周岁的专业文艺工作者、运动员的办法，由国务院劳动保障行政部门会同国务院文化、体育行政部门制定。

学校、其他教育机构以及职业培训机构按照国家有关规定组织不满 16 周岁的未成年人进行不影响其人身安全和身心健康的教育实践劳动、职业技能培训劳动。

学校、其他教育机构以及职业培训机构按照国家有关规定组织不满 16 周岁的未成年人进行不影响其人身安全和身心健康的教育实践劳动、职业技能培训劳动，不属于使用童工。

四、中国其他专门法对儿童权利的保护

除了上述《未成年人保护法》、《预防未成年人犯罪法》和《禁止使用童工规定》等儿童权利保护的专门性法律法规外，还有一些法律法规也是为了，或者说主要是为了保护儿童权利而制定的。它们主要是《收养法》、《义务教育法》和劳动部《未成年人特殊保护规定》等。这些法律规范对儿童权利的保护也具有重要的意义，是中国儿童权利保护法律体系的重要组成部分。

（一）《中华人民共和国收养法》

《收养法》是1991年12月29日第七届全国人民代表大会常务委员会第二十三次会议通过的，并且在1998年11月4日第九届全国人民代表大会常务委员会第五次会议上对其进行了修正。该法共34条，分为总则、收养关系的成立、收养的效力、收养关系的解除、法律责任和附则六章。

在第一章总则中首先明确，为保护合法的收养关系，维护收养关系当事人的权利，制定本法。收养应当有利于被收养的未成年人的抚养、成长，保障被收养人和收养人的合法权益，遵循平等自愿的原则，并不得违背社会公德。收养不得违背计划生育的法律、法规。

在接下来的第二章，对收养关系的成立作出了详细规定，是该法的主体部分。首先对被收养人的范围作出界定。下列不满14周岁的未成年人可以被收养：（1）丧失父母的孤儿；（2）查找不到父母的弃婴和儿童；（3）生父母有特殊困难无力抚养的子女。

关于送养人，下列公民、组织可以做送养人：（1）孤儿的监护人；（2）社会福利机构；（3）有特殊困难无力抚养子女的生父母。

关于收养人应当同时具备下列条件：（1）无子女；（2）有抚养教育被收养人的能力；（3）未患有在医学上认为不应当收养子女的疾病；（4）年满30周岁。

收养人只能收养1名子女。收养孤儿、残疾儿童或者社会福利机构抚养的查找不到生父母的弃婴和儿童，可以不受收养人无子女和收养1名的限制。无配偶的男性收养女性的，收养人与被收养人的年龄应当相差40周岁以上。生父母送养子女，须双方共同送养。生父母一方不明或者查找不到的可以单方送养。有配偶收养子女，须夫妻共同收养。收养人收养与送养人送养，须双方自愿。收养年满10周岁以上未成年人的，应当征得被收养人的同意。未成年人的父母均不具备民事行为能力的，该未成年人的监护人不得将其送养，但父母对该未成年人有严重危害可能的除外。

监护人送养未成年孤儿的，须征得有抚养义务的人的同意。有抚养义务的人不同意送养、监护人不愿意继续履行监护职责的，应当依照《中华人民共和国民法通则》的规定变更监护人。继父或者继母经子女的生父母同意，可以收养继子女，并可以不受本法和被收养人不满 14 周岁以及收养 1 名的限制。

收养应当向县级以上人民政府民政部门登记。收养关系自登记之日起成立。收养查找不到生父母的弃婴和儿童的，办理登记的民政部门应当在登记前予以公告。收养关系当事人愿意订立收养协议的，可以订立收养协议。收养关系当事人各方或者一方要求收养公正的，应当办理收养公正。收养关系成立后，公安部门应当按照国家有关规定为被抚养人办理户口登记。

孤儿或者生父母无力抚养的子女，可以由生父母的亲属、朋友抚养。抚养人与被抚养人的关系不适用收养关系。配偶一方死亡，另一方送养未成年子女的，死亡一方的父母有优先抚养的权利。送养人不得以送养子女为理由违反计划生育的规定再生育子女。严禁买卖儿童或者借收养名义买卖儿童。

外国人依照本法可以在中华人民共和国收养子女。外国人在中华人民共和国收养子女，应当经其所在国主管机关依照该国法律审查同意。收养人应当提供由其所在国有权机构出具的有关收养人的年龄、婚姻、职业、财产、健康、有无受过刑事处罚等状况的证明材料，该证明材料应当经其所在国外交机关或者外交机关授权的机关认证，并经中华人民共和国驻该国使领馆认证。该收养人应当与送养人订立书面协议，亲自向省级人民政府民政部门登记。收养关系当事人各方或者一方要求办理收养公证的，应当到国务院司法行政部门认定的具有办理涉外公证资格的公证机构办理收养公证。

收养人、送养人要求保守收养秘密的，其他人应当尊重其意愿，不得泄露。

关于收养的效力，第三章规定：自收养关系成立之日起，养父母与养子女间的权利义务关系，适用法律关于父母子女关系的规定；养子女与养父母的近亲属间的权利义务关系，因收养关系的成立而消除。养子女可以随养父或者养母的姓，经当事人协商一致，也可以保留原姓。违反《中华人民共和国民法通则》第 55 条和本法规定的收养行为无法律效力。收养行为被人民法院确认无效的，从行为开始时就没有法律效力。

关于法律责任，该法规定：借收养名义操纵儿童的，依法追究刑事责任。遗弃婴儿的，由公安部门处以罚款；构成犯罪的，依法追究刑事责任。出卖亲生子女的，由公安部门没收非法所得，并处以罚款；构成犯罪的，依法追究刑事责任。

（二）《中华人民共和国义务教育法》

《中华人民共和国义务教育法》是为了保障适龄儿童、少年接受义务教育的权利，保证义务教育的实施，提高全民族素质，根据宪法和教育法而制定的法律。

《中华人民共和国义务教育法》于 1986 年 4 月 12 日由第六届全国人民代表大会第四次会议通过，1986 年 7 月 1 日起施行。当前版本是 2015 年 4 月 24 日第十二届全国人民代表大会常务委员会第十四次会议修正的。本书主要对该法中有关儿童权利保护的内容予以介绍。

该法规定，国家实行九年制义务教育。省、自治区、直辖市根据本地区的经济、文化、发展状况，确定推行义务教育的步骤。义务教育必须贯彻国家的教育方针，努力提高教育质量，使儿童、少年在品德、智力、体质等方面全面发展，为提高全民族的素质，培养有理想、有道德、有文化、有纪律的社会主义建设人才奠定基础。国家、社会、学校和家庭依法保障适龄儿童、少年接受义务教育的权利。

凡年满 6 周岁的儿童，不分性别、民族、种族，应当入学接受规定年限的义务教育。条件不具备的地区，可以推迟到 7 周岁入学。地方各级人民政府应当合理设置小学、初级中学，使儿童、少年就近入学。地方各级人民政府为盲、聋哑和弱智的儿童、少年举办特殊教育学校（班）。国家鼓励企业、事业单位和其他社会力量，在当地人民政府统一管理下，按照国家规定的基本要求，举办本法规定的各类学校。城市和农村建设发展规划必须包括相应的义务教育设施。国家对接受义务教育的学生免收学费。国家设立助学金，帮助贫困学生就学。父母或者其他监护人必须使适龄的子女或者被监护人按时入学，接受规定年限的义务教育。适龄儿童、少年因疾病或者特殊情况，需要延缓入学或者免予入学的，由儿童、少年的父母或者其他监护人提出申请，经当地人民政府批准。禁止任何组织或者个人招用应该接受义务教育的适龄儿童、少年就业。

地方各级人民政府必须创造条件，使地方适龄儿童、少年入学接受义务教育。除因疾病或者特殊情况，经当地人民政府批准的以外，适龄儿童、少年不入学接受义务教育的，由当地人民政府对他的父母或者其他监护人批评教育，并采取有效措施责令送子女或者被监护人入学。对招用适龄儿童、少年就业的组织或者个人，由当地人民政府给予批评教育，责令停止招用；情节严重的，可以并处罚款、责令停止营业或者吊销营业执照。任何组织或者个人不得侵占、克扣、挪用义务教育经费，不得扰乱教学秩序，不得侵占、破坏学校的场地、房屋和设备。禁止侮辱、殴打教师，禁止体罚学生。不得利用宗教进行妨碍义务教育实施的活动。对违反上述规定的，根据不同情况，分别给予行政处分、行政处罚；造成损失的，责令赔偿损失；情节严重构成犯罪的，依法追究刑事责任。

（三）《未成年工特殊保护规定》

《未成年工特殊保护规定》是由原劳动部（现称劳动和社会保障部）于1994年12月9日制定的。该法规定共13条，其中实体性规定共11条，于1995年1月1日起施行。

该规定是为维护未成年工的合法权益，保护其在生产劳动中的健康，根据《中华人民共和国劳动法》的有关规定而制定的。未成年工是指年满16周岁，未满18周岁的劳动者。未成年工的特殊保护是针对未成年工处在生长发育期的特点，以及接受义务教育的需要，采取的特殊劳动保护措施。

用人单位不得安排未成年工从事以下范围的劳动：（1）《生产性粉尘作业危害程度分级》国家标准中第一级以上的接尘作业；（2）《有毒作业分级》国家标准中第一级以上的有毒作业；（3）《高处作业分级》国家标准中第二级以上的高处作业；（4）《冷水作业分级》国家标准中第二级以上的冷水作业；（5）《高温作业分级》国家标准中第三级以上的高温作业；（6）《低温作业分级》国家标准中第三级以上的低温作业；（7）《体力劳动强度分级》国家标准中第四级体力劳动强度的作业；（8）矿山井下及矿山地面采石作业；（9）森林业中的伐木、流放及守林作业；（10）工作场所接触放射性物质的作业；（11）有易燃易爆、化学性烧伤和热烧伤等危险性大的作业；（12）地质勘探和资源勘探的野外作业；（13）潜水、涵洞、隧道作业和海拔3000米以上的高原作业（不包括世居高原者）；（14）连续负重每小时在6次以上并每次超过20公斤，间断负重每次超过25公斤的作业；（15）使用凿岩机、捣固机、气镐、气铲、铆钉机、电锤的作业；（16）工作中需要长时间保持低头、弯腰、上举、下蹲等强迫体位和动作频率每分钟大于50次的流水线作业。

未成年工患有某种疾病或具有某些生理缺陷（非残疾型）时，用人单位不得安排其从事以下范围的劳动：（1）《高处作业分级》国家标准中第一级以上的高处作业；（2）《低温作业分级》国家标准中第二级以上的低温作业；（3）《高温作业分级》国家标准中第二级以上的高温作业；（4）《体力劳动强度分级》、国家标准中第三级以上体力劳动强度的作业；（5）接触铅、苯、汞、甲醛、二硫化碳等易引起过敏反应的作业。

患有某种疾病或具有某些生理缺陷（非残疾型）的未成年工，是指以下一种或一种以上情况者：

（1）心血管系统：①先天性心脏病；②克山病；③收缩期或舒张期二级以上心脏病杂音。

（2）呼吸系统：①中度以上气管炎或支气管哮喘；②呼吸音明显减弱；③各类结核病；④体弱儿，呼吸道反复感染者。

（3）消化系统：①各类肝炎；②肝、脾肿大；③胃、十二指肠溃疡；④各种消化道疝。

（4）泌尿系统：①急、慢性肾炎；②泌尿系感染。

（5）内分泌系统：①甲状腺机能亢进；②中度以上糖尿病。

（6）精神神经系统：①智力明显低下；②精神忧郁或狂暴。

（7）肌肉、骨骼运动系统：①身高和体重低于同龄人标准；②一个及一个以上肢体存在明显功能障碍；③躯干 1/4 以上部位活动受限，包括僵直或不能旋转。

（8）其他：①结核性胸膜炎；②各类重度关节炎；③血吸虫病；④严重贫血，其血色素每升低于 95 克（>9.5g/dl）。

用人单位应按下列要求对未成年工定期进行健康检查：（1）安排工作岗位之前；（2）工作满年；（3）年满 18 周岁，距前一次的体检时间已超过半年。未成年工的健康体检，应按本规定所附《未成年工健康检查表》列出的项目进行。用人单位应根据未成年工的健康检查结果安排其从事适合的劳动，对不能胜任原劳动岗位的，应根据医务部门的证明，予以减轻劳动量或安排其他劳动。

对未成年工的使用和特殊保护实行登记制度。

（1）用人单位招收使用未成年工，除符合一般用工要求外，还须向所在地的县级以上劳动行政部门办理登记。劳动行政部门根据《未成年工健康检查表》、《未成年工登记表》核发《未成年工登记证》。（2）各级劳动行政部门须按本规定的有关规定，审核体检情况和拟安排的劳动范围。（3）未成年工须持《未成年工登记证》上岗。（4）《未成年工登记证》由国务院劳动行政部门统一印制。未成年工上岗前用人单位应对其进行有关的职业安全卫生教育、培训；未成年工体检和登记，由用人单位统一办理和承担费用。

县级以上劳动行政部门对用人单位执行本规定的情况进行监督检查，对违反本规定的行为依照有关法规进行处罚。各级工会组织对本规定的执行情况进行监督，省、自治区、直辖市劳动行政部门可以根据本规定制定实施办法。

五、中国儿童权利保护的地方立法

正如本书前面已经论及的，除了全国人民代表大会及其常务委员会、国务院及其各部委制定的儿童权利保护方面的法律法规外，全国许多地区都根据本地区的实际情况，制定了地方性的儿童权利保护的法律法规，如武汉市、天津市、北京市、汕头市、深圳市、湖南省、甘肃省、河北省等。其中，1989 年 1 月 1 日起正式实施的《北京市未成年人保护条例》继 20 世纪两次修订之后，又于 2003 年进行了较大幅度的修订，新的条例已于 2004 年 1 月 1 日起正式实施。原条例共有 63 条，修订后的新条例增加到 77 条，看似一个已有条例的简单修订，事实上却体现着理念上的某些突破。联合国《儿童权利公约》中的平等原则、参与原则以及最大利用原则，第一次在其中明确体现。在新的条例中，尊重、关怀、责任、权利，都作为关键词被加以强调。可以说，对《北京市未成年人保护条例》的最新修订，代表了未来中国儿童权利保护立法的发展趋势，至少预示着中国对儿童权利的保护将不断加强，儿童权利保护的立法将加快与国际接轨的步伐。在中国儿童权利保护的地方立法中，本书将重点介绍新修订的《北京市未成年人保护条例》。

新修订的《北京市未成年人保护条例》共 8 章 77 条，分别为：总则、未成年人保护委员会、家庭保护和学校保护、政府保护和社会保护、特殊保护、司法保护、奖励与处罚以及附则。

在第一章总则中首先明确，为了维护未成年人的合法权益，优化未成年人成长环境，保护未成年人健康成长，根据《中华人民共和国宪法》和《中华人民共和国未成年人保护法》等有关法律、法规，结合本市的实际情况，制定本条例。本条例所称未成年人是指未满 18 周岁的公民。本市保障未成年人享有宪法、法律规定的权利不受侵犯；培养未成年人在品德、智力、体质等诸方面全面发展，成为有理想、有道德、有文化、有纪律的社会主义建设者。未成年人依法享受的权利，不因未成年人或者其监护人的民族、性别、家庭出身、宗教信仰、教育程度、财产状况、病残等而有任何差别。未成年人有权对涉及本人利益的事项发表意见。任何组织和个人对未成年人的意见应当给予重视；处理与未成年人有关的事务，应当根据未成年人的年龄及智力成熟程度，以其可以理解的方式告知未成年人。

本市国家机关、学校、社会团体和社会福利机构处理与未成年人有关的具体事务，应当以未成年人的最大利益为一种首要考虑。培养、教育和保护未成年人是国家机关、政党、社会团体、部队、企业事业单位、学校、居民委员会、村民委员会以及家庭和每个成年公民的共同责任。对侵犯未成年人合法权益的行为，任何组织和个人都有权予以劝阻、制止，并有权向未成年人保护委员会或者有关部门投诉、举报。未成年人应当奋发向上，自尊、自爱，遵守宪法、法律、法规和社会公德。未成年学生应当遵守学生守则。

第二章对未成年人保护委员会专门作出了规定。其中，对未成年人保护委员会的职责作出了详细列举；并在第 13 条特别指出，未成年人保护专项资金列入市和区县财政预算。

第三章是家庭保护和学校保护。父母、养父母、有抚养关系的继父母（以下通称父母），对未成年的子女、养子女、有抚养关系的继子女（以下通称未成年子女），应当依法履行监护职责，保护他们的人身、财产及其他合法权益。任何人不得非法处分、侵占未成年人的财产。父母死亡、丧失监护能力或者监护人监护资格被依法撤销的未成年人，同时具备下列条件的，由民政部门依法担任监护人：（1）没有祖父母、外祖父母、兄姐，或者祖父母、外祖父母、兄姐不具备监护能力的；（2）没有其他亲属、朋友担任监护人和无人收养的；（3）父母所在单位、居民委员会、村民委员会没有监护能力的。

父母或者其他监护人必须保证适龄的子女或者其他被监护人依法接受九年制义务教育，不得使其中途退学。因特殊情况不能继续学习的，须经区、县教育行政部门批准。父母或者其他监护人应当教育制止未成年子女或者其他未成年被监护人的下列行为：（1）擅自夜不归宿；（2）不满 16 周岁，未经父母或者其他监护人许可于 22 时以后外出；（3）未经父母或者其他监护人允许离家远游。父母或者其他监护人和学校教师应当以健康的思想、品行和适当的方法教育未成年人，引导未成年人进行有益身心健康的活动，预防和制止未成年人吸烟、酗酒、流浪以及赌博、吸毒、卖淫等行为。

学校应当与家庭互相配合，密切联系，共同对未成年人进行理想教育、品德教育、文化知识教育和法制教育。学校应当聘请法制工作者，担任学校专职或者兼职法制辅导员或者法制校长。学校和家庭应当对未成年人进行自我保护教育，增强未成年人自我保护意识和能力。学校和教师应当执行国家教育行政部门的有关规定，保证学生必要的休息时间和参加文娱、体育活动的时间。

父母或者其他监护人和学校教师对进入青春期的未成年人应当正确地给予生理上、心理上的关心、教育和指导。学校应当逐步配备具备法定资质条件的专职或者兼职心理教师，为在校接受教育的未成年人提供心理辅导。

学校、幼儿园、托儿所教职员应当尊重未成年人的人格尊严，不得对未成年人实施体罚，不得有侮辱、诽谤、歧视、恐吓、贬损等损害未成年人身心健康的言行。对旷课、逃学的未成年学生，父母或者其他监护人和学校应当规劝其返校受课。学校办理学生转学、复学、退学或者开除学生学籍，不得违反有关规定。学校不得以停课、劝退等方式变相剥夺学生的受教育权。对扰乱学校秩序的或者对学生进行拦截强索财物、侮辱、殴打的，学校、教师应当教育制止，或者向公安机关报告。公安机关应当与学校配合，采取有效措施，维护学校秩序，保护学生的人身安全。

学校应当支持、引导本校共青团、少先队、学生会及其他学生组织开展有利于学生身心健康的活动，听取他们的意见与建议。禁止学校、教师违反国家有关规定向学生收取费用和以罚款手段惩处违反校规的学生。学校不得强行要求学生捐款捐物。幼儿园、托儿所应当做好保育、教育工作，组织有利于幼儿健康成长的文化娱乐等活动，促进幼儿在体质、智力、品德等方面和谐发展。组织幼儿活动，应当防止发生人身安全事故。

对有违纪行为的学生，学校应当给予说服、教育和帮助；确须给予处分的，学校应当先向未成年学生及其监护人说明理由并听取意见，按照公平、公正的原则作出处分决定。对有违法或者轻微犯罪行为的中学生，不宜留在原校学习的，应当按照国家有关规定送工读学校学习。家长应当支持，不得阻拦。工读学校应当对学生加强管理教育，对接近就业年龄的学生，根据社会需要，进行职业技术培训。工读学校的学生在升学、就业等方面，同普通学校的学生享有同等的权利。

第四章是关于政府保护和社会保护的规定。条例指出，本市各级人民政府对未成年人的保护工作，应当全面规划，组织实施。教育、文化、劳动和社会保障、卫生、民政、公安、工商行政管理等政府部门应当按照各自的职责，贯彻执行法律、法规有关保护未成年人的规定和本条例。

各级工会、共青团委员会、妇女联合会、残疾人联合会应当发挥各自组织的作用，并动员社会力量，从多方面对未成年人进行培养教育，维护未成年人的合法权益。学校、居民委员会、村民委员会以及未成年犯管教所、劳动教养机关，可以聘请志愿参与未成年人保护工作的公民担任辅导员，对未成年人进行帮助教育。本市各级人民政府应当支持和鼓励学校、社会组织以及个人兴办家长学校和采取其他形式对家长培养教育未成年人进行指导。本市各级人民政府应当支持和鼓励社会组织为培养教育未成年人开展生理咨询、心理咨询、法律咨询、教育咨询等服务活动。本市各级人民政府应当关心未成年人的人身安全和身体健康，为未成年人提供必要的卫生保健条件。

对危险校舍必须及时进行维修、翻建；教室采光必须符合视力卫生保健标准；学生使用的课桌椅应当按规格配备。定期为中小学生进行体格检查并提供优惠条件。本市各级人民政府和有关部门应当创造条件，保障外地来京务工经商人员的未成年子女接受义务教育。

不得在中小学校门前和两侧设置集贸市场、停车场，摆摊设点，堆放杂物。不得在中小学校门前 200 米半径内设置台球、电子游戏机营业点。本市各级人民政府应当维护并有计划地新建、扩建、改建供青少年文化娱乐、体育、科技等活动的场所。本市各级人民政府应当支持和鼓励企业事业单位及其他社会组织和个人提供或者兴建有利于未成年人健康成长的活动场所及设施。任何组织和个人不得以任何借口侵占供未成年人活动的场所及设施，不得擅自改变未成年人活动场所和活动设施的用途。

任何组织和个人不得招用未满 16 周岁的未成年人，法律、法规另有规定的除外。依照法律、法规的有关规定招用已满 16 周岁未满 18 周岁的未成年人的，应当在工种、劳动时间、劳动强度和保护措施等方面执行国家有关规定，不得安排其从事过重、有毒、有害的劳动或者危险作业。

市和区、县人民政府对完成义务教育不再升学的未成年人，应当统筹安排，由教育、劳动和社会保障等部门组织就业前的职业技术培训。

本市各级人民政府应当支持和鼓励科学家、艺术家和作家及其他创作人员，创作有益于未成年人健康成长的科学、技术、文学、艺术等作品。新闻出版、广播、电影、电视等单位和文艺团体应当出版、发行、播映、演出有益于未成年人身心健康的书报、杂志、图书、影视、音像制品、电子出版物和文艺节目。广播电台、电视台应当为未成年人开辟专题节目，并在适宜未成年人收听、收看的时间播出。图书、报刊、音像制品、电子出版物的出版、发行、经销单位、个体销售摊点和图书管理部门等，不得出版、发行、复制或者以出售、出租等形式传播淫秽、暴力、邪教、迷信、赌博等有害于未成年人身心健康的视听读物。电影、电视节目中不得含有宣扬淫秽、暴力、邪教、迷信、赌博等有害于未成年人身心健康的内容。学校、家庭、图书馆以及其他互联网上网服务场所应当采取有效的防范措施，避免让未成年人在互联网上接触有害于未成年人身心健康的内容。博物馆、纪念馆、科技馆、文化馆、美术馆、影剧院、体育场（馆）、动物园、公园等场所应当对未成年人优惠开放。

儿童食品、玩具、用具、游乐设施以及公共设施，不得有害于未成年人的人身安全和身心健康。生产、销售的前款所列产品应当标有适应年龄范围或者注意事项等警示标志或者中文警示说明。游乐设施以及其他可能危及未成年人人身安全的设施的经营、管理单位，应当在设施附近的显著位置标明适应年龄范围或者注意事项等警示标志或者中文警示说明。

法律、法规规定禁止未成年人进入的互联网上网服务营业场所以及营业性舞厅、歌厅等场所，应当在入口处的显著位置设置未成年人禁入标志，不得允许其进入。对难以判明是否已成年的，上述场所的工作人员可以要求其出示有效身份证明。任何人不得在中小学、幼儿园、托儿所的教室、寝室、活动室和其他未成年人集中活动的场所吸烟。

任何组织和个人不得披露未成年人的个人隐私。对未成年人的信件，任何组织和个人不得隐匿、毁弃；除因工作需要由司法机关依照法定程序进行检查，或者对无民事行为能力未成年人的信件由其父母或者其他监护人代为开拆外，任何组织或者个人不得开拆。任何组织和个人未经未成年人的监护人同意，不得在互联网上收集、使用、公布未成年人的个人信息。

卫生部门应当对儿童实行预防接种证制度，积极防治儿童常见病、多发病，加强对传染病防治工作的监督管理和对托儿所、幼儿园卫生保健的业务指导。

第五章是特殊保护的规定。条例指出，任何组织和个人不得歧视、侮辱、虐待和遗弃残疾未成年人。市和区、县人民政府的教育、民政、劳动和社会保障等部门以及残疾人联合会应当根据残疾未成年人的不同情况，进行定向培训。对年满16周岁，具有一定劳动能力的，应当推荐安排就业。本市各级人民政府应当支持和鼓励社会组织和个人依法兴办残疾未成年人的福利事业。

对有特殊天赋或者突出成就的未成年人，有关组织和个人应当为他们的发展创造条件，关心他们的身心健康，保护他们的智力成果或者其他成果不受侵犯。未成年女子在入学、就业、劳动报酬等方面同未成年男子享有同等的权利。人民法院审理离婚案件、婚姻登记机关办理离婚登记，应当照顾未成年子女的权益，保护他们受抚养、受教育等权利，并对有未成年子女的离婚夫妻进行关于未成年人权益保护方面的教育、指导。市人民政府设立未成年人紧急救助机构，对因受虐待或者其他家庭问题需要帮助的未成年人提供救助。对流浪乞讨的未成年人，按照国家的有关规定予以救助。在救助场所内应当与流浪乞讨的成年人分开救助，同时提供心理辅导、短期教育，进行不良行为矫治，并在监护人的带领下可以离开救助场所。

司法保护规定在第六章。审判机关、检察机关、公安机关、司法行政机关应当依法保护未成年人的合法权益不受侵犯。对侵犯未成年人合法权益行为的投诉、举报应当及时处理。对强奸、拐卖未成年人或者诱骗、胁迫、组织、教唆未成年人进行违法犯罪活动的，必须依法严惩。对未成年人的刑事案件，公安机关、检察机关和审判机关应当分别组成专门的预审组、起诉组、合议庭，采取适合未成年人特点的方式进行讯问、审查、审理。人民法院对 14 周岁以上不满 16 周岁的未成年人刑事案件一律不公开审理，对 16 周岁以上不满 18 周岁的未成年人刑事案件，一般也不公开审理；被告人没有委托辩护人的，人民法院应当为其指定辩护人，并可以通知被告人的法定代理人到场。

在审理未成年人刑事案件的过程中，各级人民法院可以委托各级未成年人保护委员会或者其他组织聘请社会调查员。社会调查员对未成年被告人性格特点、家庭情况、社会交往、成长经历以及实施被指控的犯罪前后的表现等情况进行调查，并制作书面材料提交司法机关。对判决前的未成年人刑事案件和其他违法案件，新闻报道、影视节目、公开出版物不得披露其姓名、住所和照片及可能推断出该未成年人的资料。

对羁押或者服刑的未成年人，应当同羁押或者服刑的成年人分押、分管。未成年犯管教所、劳动教养机关与各区、县人民政府之间，应当签订帮教安置协议，对正在服刑和接受收容教养、劳动教养的以及刑满释放、解除收容教养、劳动教养的未成年人进行帮教安置。人民检察院不起诉、人民法院免予刑事处罚或者宣告缓刑和刑满释放、被解除收容教养、劳动教养的以及受过公安机关治安管理处罚的未成年人，复学、升学、就业不受歧视。未成年犯管教所、劳动教养机关应当对正在服刑、接受收容教养、劳动教养的未成年人加强管理教育和思想改造工作，组织他们参加力所能及的劳动，参加文化技术学习，并根据社会需要，定向培训，为他们就学、就业创造条件。公安机关、检察机关、审判机关以及未成年犯管教所、劳动教养机关应当依法保护违法犯罪未成年人的合法权益，尊重他们的人格。严禁辱骂、体罚。

对监护人侵害未成年人合法权益或者不履行监护职责的案件，未成年人可以直接申请法律援助；与该争议事项无利害关系的其他法定代理人也可以代为申请法律援助。未成年人保护委员会、学校或者居民委员会、村民委员会、妇女联合会、残疾人联合会等社会组织以及未成年人的亲属、邻居等可以帮助未成年人申请法律援助，或者支持未成年人提起诉讼。对被害人为未成年人的性侵害案件，公安机关、检察机关、审判机关在侦查、审查起诉、审判时，应当采取措施保护未成年人的隐私权和名誉权。公安机关、医疗机构、未成年人保护委员会、学校、家庭等应当及时采取救助措施，减轻未成年被害人生理、心理上的伤害。

第七章是奖励与处罚的规定。其中，对什么样的单位或者个人，可以给予精神鼓励和物质奖励进行了详细列举。尤为重要的是，本章对违反本条例有关规定的行为，明确规定了相应的处罚措施，使该条例更具有可操作性，有利于儿童权利保护的措施落到实处。

六、中国儿童权利保护专门法简评

从前面的介绍可以看出，目前，中国已经将对儿童权利的保护纳入了法制化的轨道，初步建立起了对儿童权利予以特别保护的法律体系。《未成年人保护法》主要从家庭、学校、社会及司法四个方面规定了对儿童的特殊保护，以及侵犯儿童的合法权益所应承担的法律责任。另一部法律《预防未成年人犯罪法》以综合治理为指导方针，强调有效预防未成年人犯罪的发生，并针对未成年人的不良行为、严重不良行为、犯罪以及重新犯罪制定了相应的预防和矫治措施①。《国务院禁止使用童工规定》则专门就童工问题作出规定。因此，以《未成年人保护法》为龙头，包括《预防未成年人犯罪法》、《收养法》、《义务教育法》、《禁止使用童工规定》、《未成年工特殊保护规定》等专门法以及有关的地方立法，共同构成了中国当前的儿童权利保护的法律体系。这个法律体系的初步构建，对保护中国儿童的权利，促进儿童健康成长方面发挥了积极的、不可忽视的作用。

但是，我们同时应该认识到，我国对儿童权利的保护刚刚纳入法制化的轨道，有关儿童权利保护的立法体系尚存在许多亟待解决的问题和需要完善的地方②。立法活动的不配套，法律本身的不完善，使得儿童权利保护法中的许多内容要么语焉不详，难以操作落实；要么口号连天，状如海市蜃楼。实践证明，儿童权利保护法律体系的不健全，已经严重影响和制约了儿童权利保护工作的进展，概括起来，主要存在以下一些问题。

1. 法律口号化、宣言化、政治化倾向严重

从前面本书对发达国家、发展中国家和中国的儿童权利保护法律的比较研究中不难看出，某种角度讲，法律的口号化、宣言化、政治化倾向是社会主义国家的通病，古巴如此，朝鲜如此，中国有些地方亦难脱窠臼。这种现象，也体现在我国《未成年人保护法》中。如《未成年人保护法》第4条规定："国家、社会、学校和家庭对未成年人进行理想教育、道德教育、文化教育、纪律

① 陈光中主编：《〈公民权利和政治权利国际公约〉批准与实施问题研究》，中国法制出版社2002年版，第452页。

② 陈光中主编：《〈公民权利和政治权利国际公约〉批准与实施问题研究》，中国法制出版社2002年版，第454页。

和法制教育，进行爱国主义、集体主义和社会主义的教育，提倡爱祖国、爱人民、爱劳动、爱科学、爱社会主义的公德，反对资本主义的、封建主义的和其他的腐朽思想的侵蚀。"这就是一个口号系列，而且是一些对未成年人实施教育的空洞的政治口号，没有确定法律上的具体的权利义务关系。首先，国家、社会不能构成任何民事、刑事、行政、司法、立法行为所产生的法律关系上的主体，因为它们是自然人、法人、社团和行业组织、各级政府、司法、立法机构的总称。国家、社会没有尽到保护未成年人权利的义务，未成年人不可能以国家、整个社会作为被告提起诉讼。其次，如果说学校、家庭教育负有对未成年人进行思想、意识形态教育，防止未成年人受所谓的资本主义的、封建主义的和其他的腐朽思想的侵蚀的法定义务，这种义务就必须具有可诉性；要有可诉性，就必须建立履行这一法定义务的标准。如果学校、家庭没有履行上述对未成年人的正确的教育义务，从而导致了未成年人受到了那些腐朽思想的侵蚀的后果（如未成年人发表了这方面的言论，有这方面的行为表现），若以此作为衡量标准，那么，学校、家庭因此要承担的法律责任是民事赔偿责任，还是刑事责任？而且，未成年人的思想和意识形态受到那些腐朽思想侵蚀后，可能（但不必然）导致未成年人产生违法或犯罪行为，我国刑法和民法已经就未成年人的监护人和学校所要承担的民事责任作出了规定。除此之外，学校、家庭对未成年人的正确思想、意识的教育义务是道德教育，没有必要写入法律。如果学校或老师公然向其学生宣扬腐朽、堕落或反党、反社会主义的言论，就应该由刑法、劳动法、教育法及与其配套的行政法规和措施来调整，如对学校和老师科以行政处罚，结束老师与学校的劳动合同关系。老师的行为，可依据刑法科罪，如危害国家安全罪、教唆犯罪等。

除了上述《未成年人保护法》第4条外，在该法中，口号化、宣言化、政治化的法律条文还为数不少。在其他的儿童权利保护的立法中也不鲜见。儿童权利保护的国内立法，不应该是儿童权利保护的政治宣言，不应该是宣扬意识形态的教科书。法律之所以为法律，就是每一个条款都必须确定权利和义务关系，具备可诉性。没有落实到具体的具有可诉性内涵的法律条款是没有任何司法上的意义的①。由于这种倾向的出现，使《未成年人保护法》等法律的质量和实践价值大打折扣。

2. 儿童权利的保护法变成了其他法律的"重述"和"汇总"

---

① 温毅斌：《法律条文不应喊口号》，载《中国妇女报》2003年11月26日，第5版。

　　法律的公平性首先在于法律的平等性，即"法律面前人人平等"，然后在于法律对社会弱势群体的特殊保护。对他们的保护，应该针对其弱势地位的特点，去确保他们业已由宪法和其他法律、法规规定的人人平等享有的权利得到有效、充分的实现和保障。但我国的儿童权利保护法有绝大部分的内容是在重复或重申宪法、其他法律、法规已经作出的规定，这就没有任何实质意义了。这也是在司法实践中，几乎没有适用《未成年人保护法》对与成年人有关的民事、行政、刑事、国家赔偿案件作出有利于未成年人判决的条文的一个重要原因。如《未成年人保护法》第6条规定："保护未成年人，是国家机关、武装力量、政党、社会团体、企业事业组织、城乡基层群众性自治组织、未成年人的监护人和其他成年公民的共同责任。对侵犯未成年人合法权益的行为，任何组织和个人都有权予以劝阻、制止或者向有关部门提出检举或者控告。国家、社会、学校和家庭应当教育和帮助未成年人维护自己的合法权益，增强自我保护的意识和能力，增强社会责任感。"第10条规定："父母或者其他监护人应当创造良好、和睦的家庭环境，依法履行对未成年人的监护职责和抚养义务。禁止对未成年人实施家庭暴力，禁止虐待、遗弃未成年人，禁止溺婴和其他残害婴儿的行为，不得歧视女性未成年人或者有残疾的未成年人。"第53条规定："父母或者其他监护人不履行监护职责或者侵害被监护的未成年人的合法权益，经教育不改的，人民法院可以根据有关人员或者有关单位的申请，撤销其监护人的资格，依法另行指定监护人。被撤销监护资格的父母应当依法继续负担抚养费用。"第49条规定："未成年人的合法权益受到侵害的，被侵害人及其监护人或者其他组织和个人有权向有关部门投诉，有关部门应当依法及时处理。"这完全是对我国民法、刑法、妇女权益保障法、残疾人保障法相关规定的汇总：监护人的责任已由民法、刑法设定；虐待、遗弃可构成虐待遗弃犯罪；溺婴则是没有减轻情节的故意杀人犯罪，不用未成年人保护法来禁止；歧视未成年人属于心理状态，虽不道德，但不属于法律调整范畴，法律只调整和干预客观行为和事实。《未成年人保护法》第15条规定："父母或者其他监护人不得允许或者迫使未成年人结婚，不得为未成年人订立婚约。"对此，我国婚姻法已经有十分明确的规定。《未成年人保护法》的第三章"学校保护"、第四章"社会保护"、第五章"司法保护"、第六章"法律责任"的条款几乎全部是在重复我国刑法、民法、教育法律法规、劳动法、卫生防疫法律法规、专利法、著作权法、产品质量法、消费者权益保护法、邮政法、婚姻法、新闻出版条例、刑事诉讼法、民事诉讼法、行政诉讼法等法律法规已经作出的规定。

3. 立法的可操作性差

由于立法技术和指导思想等原因，《未成年人保护法》等儿童权利保护的专门性法律的许多规定过于原则，过于笼统，缺乏可操作性。比如，《未成年人保护法》的规定非常原则，而且多为鼓励性或禁止性规范，相对来说罚则较少，又不具体。因其立法技术流于粗疏而导致可行性差，对侵犯未成年人权益的行为缺乏约束力。其中，无行为能力或只有限制行为能力的未成年人一般不懂得运用法律武器维护其权益；其监护人虽有行为能力，但许多人由于缺少法律知识，畏惧有权势者等原因而不提起诉讼，如仍然沿用一般自诉案件"民不告、官不纠"的原则，则未成年人的合法权益很难得到有效保护。另外，该法中有的保护条款虽在"法律责任"一章中有所照应，但因含糊其辞也使其责任难以落实。如第四章"社会保护"第36条"营业性舞厅"等不适宜未成年人活动的场所，有关主管部门和经营者应当采取措施，不得允许未成年人进入"。这里，除了"营业性舞厅"，还有哪些场所，语焉不详，在实践操作中难以把握；第六章"法律责任"第66条规定："营业性舞厅等不适宜未成年人活动的场所允许未成年人进入的，由主管部门责令改正，可以处以罚款。"此处采取得处主义的"可以"而非必处主义的"应当"，就使这一微不足道的处罚更是大打折扣了①。另外，对监护人的训诫规定，对所谓含有诱发未成年人违法犯罪等危害未成年人身心健康内容的认定，以及不准向未成年人出售烟酒等等，其规范与执行机关存在着一定程度上的混淆，导致职责不清，法律规定形同虚设②。

4. 立法的系统性差

虽然我国目前已经有了以《未成年人保护法》、《预防未成年人犯罪法》为主体的儿童权利保护法律体系，但是，由于相应的规定没有配套措施加以落实，致使法律的规定在实践中无法真正获得全面执行，造成法律规范的事实虚置。目前，我国缺少一个独立的，包括有广泛的处理范围、多样的处理方法、相称的处理程序等内容在内的比较完备的儿童权利保护法律体系。比如，我国没有专门设立未成年人刑事法律，只在现行刑法中设立专门条款，规定对犯罪的未成年人量刑时从轻或减轻。由于法律并没有具体规定，司法实践中，有的

---

① 王宝来：《完善未成年人保护法体系的构想》，载《青少年犯罪问题》1999年第2期，第5页。
② 虞浔：《我国青少年法制建设必须与时俱进》，载《青少年犯罪问题》2004年第1期，第60页。

对未成年人案件的处理是以成年人的刑期减半的原则，还有个别案件反映出，刑期与罪行相比已减得不能再减了，则以宣告缓刑来使被告人获得实际的减刑。另外，我国的《刑事诉讼法》也没有根据未成年人的心理、生理特点和犯罪情况设定特别程序。《预防未成年人犯罪法》虽然规定人民法院审判未成年人犯罪的案件，应当由熟悉未成年人身心特点的审判员或者审判员和人民陪审员依法组成少年法庭进行。但没有规定成立专门的少年犯罪侦查或检察程序。从立案侦查、提起公诉、开庭审判、刑事执行等多个环节规定由熟悉未成年人身心特点的人员办案，而这对于保护未成年人的权益，营造未成年人罪犯悔过自新的宽松环境恰是十分必要的。因此，公、检、法机关应尽快成立办理未成年人犯罪的专门机构，制定符合未成年人生理、心理特点的，系统、科学的教育、挽救措施，以更好地体现法律的严肃性和公正性，以及教惩相结合，以教为主的原则，既保护未成年人的成长，也维护社会的安全。少年法庭乃至少年法院的建立和发展，是一个国家儿童权利保护法律体系的重要组成部分，应当由完善的保护制度来支撑和保证少年法庭等机构的成熟和发展[1]。

我国目前的儿童权利保护的立法除了上述 4 个方面的主要问题之外，还有不少其他的问题，如，法律规定严重滞后于社会生活的发展，法律的规定不能反映活生生的社会现实，甚至各种法律之间的规定自相矛盾，互不相容。随着国际人权事业和中国人权事业的发展，尤其是 2004 年中国修宪把"国家尊重和保障人权"写入宪法，社会各界要求修改、完善儿童权利保护法律制度的呼声日益高涨，全国人大常务委员会执法检查组也建议全国人大常务委员会将修改《未成年人保护法》列入本届立法规划[2]。关于完善中国儿童权利保护的法律，本书作者特提出以下 5 点建议，以供参考：

1. 顺应世界儿童立法趋同化的历史潮流，实现中国儿童立法的跨越式发展

由于本国实在法素材的狭窄性，使自己坐井观天，看不见几乎每一个法律问题都会有大量的可能存在的解决办法，从而使人们没有能力从内心投入并且

---

① 朱沅沅：《试论健全预防未成年人犯罪的法律制度》，载《青少年犯罪问题》2001年第 3 期，第 26 页。

② 顾秀莲：《中国未成年人保护成效显著——全国人大常委会执法检查组关于检查〈中华人民共和国未成年人保护法〉实施情况的报告》，载《人权》2003 年第 5 期，第 15页。

运用批判态度对待法律现象①。众所周知，当代中国法律制度完全是以西方法制为模式，且以西方法制为借鉴。对此，我们大可不必忌讳。因为我们学习和借鉴西方法律，并非完全否定自身的传统，而是改造、发展和丰富我们的传统，是为了更好地认识和实现我们自身。况且，就法律所反映的内容来说，大部分都是人类共同具有的，它们都是社会中业已存在或应该存在的关系及相应的行为规则②。当前，完善中国的儿童立法，不光可以借鉴吸收别国的成功经验，更可以直接以《儿童权利公约》等国际儿童立法为参照，顺应世界儿童立法趋同化的历史潮流，实现中国儿童立法的跨越式发展。在这方面，中国已经迈出了实际的步伐。比如，2004 年 1 月 1 日起正式实施的新修订的《北京市未成年人保护条例》首次明确体现了《儿童权利公约》中的平等原则、参与原则和最大利益原则。由于它只是中国的地方儿童立法，其作用与效力范围十分有限，应该把它们上升到国家统一立法的高度。

2. 解放思想，更新观念，贯彻 "儿童利益优先" 原则

在保护儿童权利的观念方面的落后，也是阻碍完善中国儿童立法的重要因素。主要表现在：（1）把儿童立法等同于儿童犯罪的法律。不少学者认为，儿童立法就是为了对付儿童犯罪，治理和预防儿童犯罪。完全无视作为弱势群体的儿童，其权利需要予以特别保护的特殊性。我们应该确立起儿童法律就是保护儿童权利的法律的观念，即使是治理儿章犯罪的法律，也不是为了惩罚、报应儿童，而是为了 "教育、感化、挽救" 儿童。犯罪儿童其实也是社会的受害者，我们应该努力创造条件，让失足儿童回归社会。（2）不要过多强调儿童立法的中国特色。以法律而言，中国、西方法律虽文化传统各异，然毕竟都是人类社会的法律，必然有其共同的人性内涵。所以，考察法律，应着眼超越地域、国度和民族，甚至超越时空的人际层面，努力发现本来属于整个人类的理念和规范③。儿童立法尤其如此。正如本文前面已经提到的，各国国内儿童立法的目标、原则、手段、措施，乃至法律体系的构建都大同小异，若过分强调各自的国情和特色，无异自绝于时代进步的潮流。因此，我国应大胆借鉴吸收国外的成功立法经验，以国际儿童立法为参照，多用 "拿来主义" 的方

---

① ［德］K. 茨威格特、H. 克茨著：《比较法总论》，潘汉典等译，法律出版社 2003 年版，第 33 页。

② 米也天著：《澳门民商法》，中国政法大学出版社 1996 年版，序。

③ 米健："当代德国法学名著总序"，载［德］卡尔拉伦茨：《德国民法通论》，王晓晔等译，法律出版社 2003 年版。

法，加快完善中国儿童法律体系的步伐。（3）把儿童当作真正的权利主体而不是仅仅作为法律保护的客体，贯彻"儿童利益优先"的原则，树立"实现儿童的权利就是谋求全人类的最高利益"的观念。以往人们不注意倾听儿童的声音和了解儿童的需要，往往以保护儿童的名义侵犯儿童的权利。应该切实保障儿童享有关系到自身利益的参与权。

3. 加快制定、修改与完善中国儿童立法的步伐

（1）完善旧法。目前，我国的儿童立法主要是《未成年人保护法》和《预防未成年人犯罪法》。其中，《未成年人保护法》已颁布实施了 20 多年，由于指导思想和立法技术等方面的原因，有些规定仍过于原则，缺乏法律责任追究条款，不具有可操作性。而《预防未成年人犯罪法》也有待改进。比如，该法第 44 条第 2 款规定"司法机关办理未成年人犯罪案件，应当保障未成年人行使其诉讼权利，保障未成年人得到法律帮助"，但司法实践中仍有一部分在押未成年犯罪嫌疑人在侦查和审查起诉阶段未得到法律援助。有的未成年人拒绝人民法院为其指定的辩护人，然而根据最高人民法院的有关规定，对于少年被告人拒绝辩护的要求人民法院应予准许。这有悖于《联合国少年司法最低限度标准规则》第 7 条规定的"在诉讼各个阶段，应保证未成年人基本程序方面的保障措施"①。可见，《预防未成年人犯罪法》也有修订的必要，以切实保障儿童的诉讼权利。

（2）制定新法。由于目前我国的儿童立法缺乏系统性，没有配套的规定和执行部门加以细化，难以充分发挥法律规范的作用。我国应该尽快建立起一个包括实体法、程序法、组织法和非刑罚处理方法的法律体系，使各法律之间彼此协调、相互匹配。第一，由于我国目前对儿童犯罪定罪处刑适用的是成年人犯罪也适用的同一部《刑法》，因此，有必要尽快制定单独的《少年刑法》，明确儿童犯罪的处罚原则和具体适用的刑法种类，扩大缓刑的适用范围，放宽减刑和假释的条件，增加消除儿童刑事污点的规定等，切实把儿童犯罪与成人犯罪分别处理。第二，对儿童犯罪案件的侦查、起诉及审理程序，也都规定在同一部《刑事诉讼法》中，因此，有必要在现有诉讼法律法规的基础上，借鉴日本等国家和地区的做法，制定《少年案件处理法》，规定公、检、法各机关的权限和职责，规定儿童及其法定代理人、诉讼代理人的诉讼权利等。第三，应制定《少年法院法》，规定少年法院的设置和组织，少年法官和陪审员

---

① 朱沅沅：《试论健全预防未成年人犯罪的法律制度》，载《青少年犯罪问题》2001 年第 3 期，第 26 页。

的资格、案件管辖、审理程序、审理方式等。第四，有必要建立非刑罚处理方式的法律制度，借鉴国外预防、惩戒、代替监禁刑等措施，制定《少年保安处分法》，设置社区服务裁决、监护监督裁决、罚款补偿赔偿、中间待遇和其他待遇的裁决、参加集体辅导和类似活动的裁决、寄养、生活区或其他教育设施的裁决等非刑罚的处理方法。第五，有必要借鉴日本等国的做法，针对儿童中存在的严重问题，诸如抽烟、吸毒、儿童卖淫、儿童色情等，制定专门的法律对儿童权利予以保护。

（3）完善儿童司法制度。从 20 世纪 80 年代开始，在上海等经济发达地区开始建立少年法庭。但是少年法庭存在着机构和人员不稳定的问题，有的基层少年法庭名不副实，对儿童被告的法律援助多数难以落实[1]。由于儿童是犯罪嫌疑人中的特殊群体，他们大多缺乏社会经验和自我保护能力，因此，在刑事诉讼过程中，他们相对于成年犯罪嫌疑人，处于更加劣势的地位。法律是保护儿童合法权益不受侵害和预防其犯罪的最有效的手段，而公正科学的司法则可强化法律制度并保证其正确地实施[2]。因而，我国应该完善儿童立法，进而完善儿童司法制度，促进建立符合充分保障儿童权利的复原式司法原则的单独的儿童司法系统，更普遍地设立少年法庭甚至专门的少年法院，以实现儿童权利的最充分、有效的保护。

4. 营造非政府组织（NGO）发展的法制环境，重视并利用其在儿童权利保护领域发挥作用

事实上，世界各国的非政府组织在儿童权利保护领域一直发挥着积极而重要的作用。许多非政府组织已进入中国开展工作，其中，英国救助儿童会、香港乐施会等非政府组织的工作卓有成效。但是，由于中国目前尚没有适合非政府组织发展的法制环境，不论是境外的非政府组织，还是国内的非政府组织，其发展都受到了诸多限制，严重制约了它们发挥其应有的作用。2004 年初，在湖南省的政协会上，政协委员史铁尔提交了一份《关于大力支持 NGO 介入和参与湖南省帮助和解决弱势群体问题的建议》的提案。提案作者认为，弱势群体问题的解决不能靠政府大包大揽，这对政府既是一个很大的压力，也不

---

① 顾秀莲：《中国未成年人保护成效显著——全国人大常委会执法检查组关于检查〈中华人民共和国未成年人保护法〉实施情况的报告》，载《人权》2003 年第 5 期，第 15 页。

② 朱沅沅：《试论健全预防未成年人犯罪的法律制度》，载《青少年犯罪问题》2001 年第 3 期，第 27 页。

符合"小政府，大社会"的发展原则。该提案建议引进国际、港台的 NGO 组织，为弱势群体服务①。当前，中国的非政府组织尚处在"只要你给我一个机会，我就还你一个惊喜"的期待之中，我们应该大力营造非政府组织发展的法制环境，支持非政府组织和社区组织的工作并建立有关机制，以便利民间社会成员参与儿童工作。民间社会行为者可以发挥特殊作用，促进和支持积极的行动和创造有利于儿童福利的环境。发展非政府组织，同包括非政府组织在内的民间社会建立新型的伙伴关系，重视并利用其在儿童权利保护领域发挥其应有的作用。

5. 加强儿童立法的学术研究和人才培养工作

推动立法与学术之间相互影响、相互促进的关系不断向前发展，在儿童立法实践中，尊重人才，培养人才，造就人才。目前，中国少年法庭法官资格的取得及其教育与其他法官无异，缺乏专业知识和训练，对担任少年法庭法官的积极性不高，工作热情似有不足，专业水平培育的缺失导致办案质量还难尽如人意。因此，为健全中国儿童法律体系，包括健全少年法庭的组织和有效运作，有必要着意培养专业的少年法官和社会各个领域的儿童法律工作者。

第四节　中国相关法对儿童权利的保护

一、《刑法》对儿童权利的保护

《中华人民共和国刑法》是 1979 年 1 月 1 日在第五届全国人民代表大会第二次会议通过的，在 1997 年 3 月 14 日第八届全国人民代表大会第五次会议上予以修订，并于 1997 年 10 月 1 日起正式施行。2015 年 8 月 29 日，十二届全国人大常委会十六次会议表决通过《刑法修正案（九）》。修改后的刑法自 2015 年 11 月 1 日开始施行。这也是继 1997 年全面修订刑法后，中国先后通过一个决定和九个修正案，对刑法作出修改、补充。我国《刑法》中有关儿童权利保护的内容相当丰富，在我国儿童权利保护事业中发挥着极为重要的作用。

该法规定，已满 16 周岁的人犯罪，应当负刑事责任。已满 14 周岁不满 16 周岁的人，犯故意杀人、故意伤害致人重伤或者死亡、强奸、抢劫、贩卖毒品、放火、爆炸、投毒罪的，应当负刑事责任。已满 14 周岁不满 18 周岁的

---

① 章敬平：《社会自治的萌芽》，载《南风窗》2004 年 2 月 1 日，第 19 页。

人犯罪，应当从轻或者减轻处罚。因不满 16 周岁不予刑事处罚的，责令他的家长或者监护人加以管教；在必要的时候，也可以由政府收容教养。教唆他人犯罪的，应当按照他在共同犯罪中所起的作用处罚。教唆不满 18 周岁的人犯罪的，应当从重处罚。如果被教唆的人没有犯被教唆的罪，对于教唆犯，可以从轻或者减轻处罚。

犯罪的时候不满 18 周岁的人和审判的时候怀孕的妇女，不适用死刑。没收财产是没收犯罪分子个人所有财产的一部或者全部。没收全部财产的，应当对犯罪分子个人及其所抚养的家属保留必需的生活费用。在判处没收财产的时候，不得没收属于犯罪分子家属所有或者应有的财产。

以暴力、胁迫或者其他手段强奸妇女的，处 3 年以上 10 年以下有期徒刑。奸淫不满 14 周岁的幼女的，以强奸论，从重处罚。强奸妇女、奸淫幼女，有下列情形之一的，处 10 年以上有期徒刑、无期徒刑或者死刑：（1）强奸妇女、奸淫幼女情节恶劣的；（2）强奸妇女、奸淫幼女多人的；（3）在公共场所当众强奸妇女的；（4）2 人以上轮奸的；（5）致使被害人重伤、死亡或者造成其他严重后果的。

以暴力、胁迫或者其他方法强制猥亵妇女或者侮辱妇女的，处 5 年以下有期徒刑或者拘役。聚众或者在公共场所当众犯前款罪的，处 5 年以上有期徒刑。猥亵儿童的，依照前两款的规定从重处罚。以勒索财物为目的绑架他人的，或者绑架他人作为人质的，处 10 年以上有期徒刑或者无期徒刑，并处罚金或者没收财产；致使被绑架人死亡或者杀害被绑架人的，处以死刑，并处没收财产。以勒索财物为目的偷盗婴幼儿的，依照前款的规定处罚。

拐卖妇女、儿童的，处 5 年以上 10 年以下有期徒刑，并处罚金；有下列情形之一的，处 10 年以上有期徒刑或者无期徒刑，并处罚金或者没收财产；情节特别严重的，处死刑，并没收财产：拐卖妇女、儿童集团的首要分子；拐卖妇女、儿童 3 人以上的；以出卖为目的，使用暴力、胁迫或者麻醉方法绑架妇女、儿童的；以出卖为目的，偷盗婴幼儿；造成被拐卖的妇女、儿童或者其亲属重伤、死亡或者其他严重后果的；将妇女、儿童卖往境外的。拐卖妇女、儿童是指以出卖为目的，有拐骗、绑架、收买、贩卖、接送、中转妇女、儿童的行为之一的。

收买被拐卖的妇女、儿童的，处 3 年以下有期徒刑、拘役或者管制。有关被拐卖的妇女、儿童，强行与其发生性关系的，依照本法有关的规定处罚。收买被拐卖的妇女、儿童，非法剥夺、限制其人身自由或者有伤害、侮辱等犯罪行为的，依照本法的有关规定定罪处罚。收买被拐卖的妇女、儿童，并有第 2

款、第3款规定的犯罪行为的，依照数罪并罚的规定处罚。收买被拐卖的妇女、儿童又出卖的，依照本法有关的规定定罪处罚。收买被拐卖的妇女、儿童，按照被拐卖妇女的意愿，不阻碍其返回原居住地的，对被拐卖儿童没有虐待行为，不阻碍对其进行解救的，可以不追究刑事责任。以暴力、猥亵方法阻碍国家机关人员解救被收买的妇女、儿童的，依照本法第277条的规定定罪处罚。聚众阻碍国家机关人员解救被收买的妇女、儿童的首要分子，处5年以下有期徒刑或者拘役；其他参与者使用暴力、猥亵方法的，依照前款的规定处罚。

虐待家庭成员，情节恶劣的，处2年以下有期徒刑、拘役或者管制。第1款罪，告诉的才处理。犯前款罪，致使被害人重伤、死亡的，处2年以上7年以下有期徒刑。对于年老、年幼、患病或者其他没有独立生活能力的人，负有抚养义务而拒绝抚养，情节恶劣的，处5年以下有期徒刑、拘役或者管制。

拐卖不满14周岁的未成年人，脱离家庭或者监护人的，处5年以下有期徒刑。聚众进行淫乱活动的，对首要分子或者多次参加的，处5年以下有期徒刑、拘役或者管制。引诱未成年人参加聚众淫乱活动的，依照前款的规定从重处罚。利用、教唆未成年人走私、贩卖、运输、制造毒品，或者向未成年人出售毒品的，从重处罚。引诱、教唆、欺骗或者强迫未成年人吸食、注射毒品的，从重处罚。

组织他人卖淫或者强迫他人卖淫的，处5年以上10年以下有期徒刑，并处罚金；有下列情形之一的，处10年以上有期徒刑或者无期徒刑，并处罚金或者没收财产，其中包括强迫不满14周岁的幼女卖淫的情形。而且，情节特别严重的，处无期徒刑或者死刑，并处没收财产。引诱、容留、介绍他人卖淫的，处5年以下有期徒刑、拘役或者管制，并处罚金；情节严重的，处5年以上10年以下有期徒刑，并处罚金。引诱不满14周岁的幼女卖淫的，处5年以上有期徒刑，并处罚金。明知自己患有梅毒、淋病等严重性病卖淫、嫖娼的，处5年以下有期徒刑，并处罚金。嫖宿不满14周岁的幼女的，处5年以上有期徒刑，并处罚金。向不满18周岁的未成年人传播淫秽物品的，从重处罚。

对被拐卖、绑架的妇女、儿童负有解救职责的国家机关工作人员，接到其他人的举报，而对被拐卖、绑架的妇女、儿童不进行解救，造成严重后果的，处5年以下有期徒刑或者拘役。负有解救职责的国家机关人员利用职务便利阻碍解救的，处2年以上7年以下有期徒刑；情节较轻的，处2年以下有期徒刑。

二、《民法通则》对儿童权利的保护

《中华人民共和国民法通则》于 1986 年 4 月 12 日在第六届全国人民代表大会第四次会议上通过，并于 1987 年 1 月 1 日起正式施行，根据 2009 年 8 月 27 日第十一届全国人民代表大会常务委员会第十次会议决定修订。由于中国目前尚未制定一部完整的民法典，那么，《民法通则》就成了中国最主要的民事立法，其中有关儿童权利保护的条款在实践中起到了十分重要的作用。

《民法通则》规定，当事人在民事活动中的地位平等。公民、法人的合法的民事权益受法律保护，任何组织和个人不得侵犯。公民的民事权利能力一律平等。18 周岁以上的公民是成年人，具有完全民事行为能力，可以独立进行民事活动，是完全民事行为能力人。16 周岁以上不满 18 周岁公民，以自己的劳动收入为主要生活来源的，视为完全民事行为能力人。10 周岁以上的未成年人是限制民事行为能力人，可以进行与他的年龄、智力相适应的民事活动；其他民事活动由他的法定代理人代理，或者征得他的法定代理人的同意。不满 10 周岁的未成年人是无民事行为能力人，由他的法定代理人代理民事活动。

无民事行为能力人、限制民事行为能力人的监护人是他的法定代理人。未成年人的父母是未成年人的监护人。未成年人的父母已经死亡或者没有监护能力的，由下列人员中有监护能力的人担任监护人：（1）祖父母、外祖父母；（2）兄、姐；（3）关系密切的其他亲属、朋友愿意承担监护责任，经未成年人的父、母所在单位或者未成年人住所地的居民委员会、村民委员会同意的；对担任监护人有争议的，由未成年人的父、母所在单位或者未成年人住所地居民委员会、村民委员会在近亲属中指定。对指定不服提起诉讼的，由人民法院判决。没有第 1 款、第 2 款规定的监护人的，由未成年人的父、母所在单位或者未成年人住所地的居民委员会、村民委员会或者民政部门担任监护人。

监护人应当履行监护职责，保护被监护人的人身、财产及其他合法权益，除为被监护人的利益外，不得处理被监护人的财产。监护人依法履行监护的权利，受到法律保护。监护人不履行监护职责或者侵害被监护人的合法权益，应当承担责任；给被监护人造成损失的，应当赔偿损失。人民法院可以根据有关人员或者有关单位的申请，撤销监护人的资格。无民事行为能力人、限制民事行为能力人造成他人伤害的，由监护人承担民事责任。监护人尽了监护责任的，可以适当减轻他的民事责任。有财产的民事行为能力人、限制民事行为能力人造成他人损害的，从本人财产中支付赔偿费用，不足部分，由监护人适当赔偿，但单位担任监护人的除外。

三、中国其他有关法律对儿童权利的保护

儿童权利保护方面的法律法规十分广泛，许多法律法规都有涉及儿童权利保护的内容。除了上述各个法律法规之外，主要还有《婚姻法》、《继承法》、《妇女权益保障法》等。这些法律中，有相当多的条款规定了儿童权利保护的内容。作为中国儿童权利保护法律体系中的组成部分，本书将对它们予以简要介绍。

（一）《中华人民共和国婚姻法》

1980 年 9 月 10 日通过，1981 年 1 月 1 日起施行，2001 年 4 月修正的《中华人民共和国婚姻法》规定，保护妇女、儿童和老人的合法权益。实行计划生育。父母对子女有抚养教育的义务；子女对父母有赡养扶助的义务。父母不履行抚养义务时，未成年的或不能独立生活的子女，有要求父母付给抚养费的权利。禁止溺婴和其他残害婴儿的行为。子女可以随父姓，也可以随母姓。父母有管教和保护未成年子女的权利和义务。在未成年子女对国家、集体或他人造成损害时，父母有赔偿经济损失的义务。父母和子女有相互继承遗产的权利。

非婚生子女享有与婚生子女同等的权利，任何人不得加以危害和歧视。非婚生子女的生父，应负担子女必要的生活费和教育费的一部分或者全部，直至子女能独立生活为止。国家保护合法的收养关系。养父母和养子女间的权利和义务，适用本法对父母子女关系的有关规定。养子女和生父母间的权利和义务，因收养关系的成立而消除。继父母与继子女间的权利和义务，适用本法对父母子女关系的有关规定。

有负担能力的祖父母、外祖父母，对于父母已经死亡的未成年的孙子女、外孙子女，有抚养的义务。有负担能力的孙子女、外孙子女，对于子女已经死亡的祖父母、外祖父母，有赡养的义务。有负担能力的兄、姊，对于父母已经死亡或父母无力抚养的未成年的弟、妹，有抚养的义务。

父母与子女的关系，不因父母离婚而消除。离婚后，子女无论由父方或母方抚养，仍是父母双方的子女。离婚后，父母对于子女仍有抚养和教育的权利和义务。离婚后，哺乳内的子女，以随哺乳的母亲抚养为原则。哺乳期后的子女，如双方因抚养问题发生争执不能达成协议时，由人民法院根据子女的权益和双方的具体情况判决。离婚后，一方抚养的子女，另一方应负担必要的生活费和教育费的一部或全部，负担费用的多少和期限的长短，由双方协议；协议不成时，由人民法院判决。

关于子女生活费和教育费的协议或判决，不妨碍子女在必要时向父母任何一方提出超过协议或判决原定数额的合理要求。离婚时，夫妻的共同财产由双方协议处理；协议不成时，由人民法院根据财产的具体情况，照顾女方和子女权益的原则判决。

对拒不执行有关扶养费、抚养费、赡养费、财产侵害和遗产继承等判决或裁定的，人民法院得依法强制执行。有关单位应负协助执行的责任。

（二）《中华人民共和国继承法》

《中华人民共和国继承法》是 1985 年 4 月 10 日通过，并于同年 10 月 1 日起实行的。该法规定：继承开始后，按照法定继承办理；有遗嘱的，按照遗嘱继承或者遗赠办理；有遗赠扶养协议的，按照协议办理。无行为能力人的继承权、受遗赠权，由他的法定代理人行使。限制行为能力人的继承权、受遗赠权，由他的法定代理人代为行使，或者征得法定代理人同意后行使。继承权男女平等。

遗产按照下列顺序继承：第一顺序：子女、父母。第二顺序：兄弟姐妹、祖父母、外祖父母。继承开始后，由第一顺序继承人继承，第二顺序继承人不继承。没有第一顺序继承人继承的，由第二顺序继承人继承。本法所说的子女，包括婚生子女、非婚生子女、养子女和有扶养关系的继子女。本法所说的父母，包括生父母、养父母和有抚养关系的继父母。本法所说的兄弟姐妹，包括同父母的兄弟姐妹、同父异母或者同母异父的兄弟姐妹、养兄弟姐妹、有扶养关系的继兄弟姐妹。被继承人的子女先于被继承人死亡的，由被继承人的子女的晚辈直系血亲代位继承。代位继承人一般只能继承他人的父母或者母亲有权继承的遗产份额。

遗嘱应当对缺乏劳动能力又没有生活来源的继承人保留必要的遗产份额。遗产分割时，应当保留胎儿的继承份额，胎儿出生时是死体的，保留的份额按照法定的继承办理。

监护人的监护职责包括：保护被监护人的身体健康，照顾被监护人的生活，管理和保护被监护人的财产，代理被监护人进行民事活动，对被监护人进行管理。

（三）《中华人民共和国妇女权益保障法》

《中华人民共和国妇女权益保障法》是为了保障妇女的合法权益，促进男女平等，充分发挥妇女在社会主义现代化建设中的作用，根据《宪法》和我国的实际情况而制定的。由 1992 年 4 月 3 日第七届全国人民代表大会第五次会议通过，自 1992 年 10 月 1 日起施行。2005 年 8 月 28 日中华人民共和国第十届全国人民代表大会常务委员会第十七次会议通过《全国人民代表大会常务委员会关于修改〈中华人民共和国妇女权益保障法〉的决定》，新修订的法律自 2005 年 12 月 1 日起施行。《中华人民共和国妇女权益保障法》规定：学校应当根据女性青少年的特点，在教育、管理、设施等方面采取措施，保障女性青少年身心健康发展。父母或者其他监护人必须履行保障适龄女性儿童少年接受义务教育的义务。除因疾病或者其他特殊情况经当地人民政府批准的以外，对不送适龄女性儿童少年入学的父母或者其他监护人，由当地人民政府予以批评教育，并采取有效措施，责令送适龄女性儿童少年入学。

政府、社会、学校应针对女性儿童少年就学存在的实际困难，采取有效措施，保证适龄女性儿童少年受完当地规定年限的义务教育。禁止招收未满 16 周岁的女工。父母双方对未成年子女享有平等的监护权。父亲死亡、丧失行为能力或者其他情形不能担任未成年子女的监护人的，母亲的监护权任何人不得干涉。

第五节　中国香港、澳门相关立法对儿童权利的保护

一、香港立法对儿童权利的保护

（一）香港儿童权利保护的立法情况

根据中英关于香港问题的联合声明以及《中华人民共和国香港特别行政区基本法》的精神，中国在 1997 年 7 月 1 日恢复对香港行使主权后，依然在相当长的时间内保持香港地区的法律制度基本不变，香港特别行政区享有立法权、独立的司法权和终审权。《中华人民共和国香港特别行政区基本法》被称为香港的"小宪法"，该法第 2 条明确规定："全国人民代表大会授权香港特别行政区依照本法的规定实行高度自治，享有行政管理权、立法权、独立的司法权和终审权。"该法第 8 条接着规定："香港原有法律，即普通法、衡平法、条例、附属立法和习惯法，除同本法相抵触或经香港特别行政区的立法机关作出修改者外，予以保留。"该法第 18 条还进一步规定："在香港特别行政区实行的法律为本法以及本法第 8 条规定的香港原有法律和香港特别行政区立法机关制定的法律。全国性的法律除列于本法附件三者外，不在香港特别行政区实施。"这表明，在香港地区有相当长一段时期实行的法律只有香港特别行政区基本法，香港原有的普通法、衡平法、条例、附属立法和习惯法以及香港特别行政区立法机关制定的法律，而全国性的法律除特别行政区基本法专门规定的

以外，不在香港特别行政区实施。因而，香港在近 50 年内将依然保留其普通法系的法律制度，而香港特别行政区基本法附件所列的在香港地区实行的全国性法律基本不包括儿童权利保护方面的内容，香港原来的儿童权利保护方面的法律依然有效，并将继续在香港特别行政区实施相当长一段时间。因此，介绍和研究香港的儿童权利保护方面的法律，无疑将有助于香港和大陆之间的儿童权利保护领域的交流与合作，协调和解决香港与大陆之间在儿童权利保护领域的法律冲突。而且，香港在这方面具有较为完善的、高效率的儿童权利保护的法律系统，对大陆相关法律的完善不无借鉴作用。目前，香港特别行政区基本法和香港原有的刑法法律都有儿童权利保护方面的规定，除此之外，香港还有大量的儿童权利保护方面的专门性法律文件。主要包括：《保护妇孺条例》、《幼儿中心条例》、《少年犯条例》、《保护儿童及少年条例》及其附属法例《保护儿童及少年（收容所）令》、《雇佣儿童规则》、《父母与子女条例》、《青少年拘留条例》等，以及其他与儿童权利保护有关的《婚生地位条例》、《非婚生子女获取合法地位条例》、《出生登记（特设登记册）条例》、《领养条例》及其附属法例《领养规则》等①。

从上可知，在香港，儿童权利保护方面的法律规范在数量上是十分可观的，法律规范的内容涉及儿童权利保护的方方面面，涵盖广泛。本书将择其要者加以介绍，以期能有助于读者对香港的儿童立法有所了解。

（二）香港基本法对儿童权利的保护

《中华人民共和国香港特别行政区基本法》是 1990 年 4 月 4 日第七届全国人民代表大会第三次会议通过的，自 1997 年 7 月 1 日起施行。该法第三章有关居民的基本权利和义务的规定中，涉及儿童权利保护的内容。

该法第 24 条规定：香港特别行政区居民，简称香港居民，包括特别行政区永久性居民和非永久性居民。香港特别行政区永久性居民为：（1）在香港特别行政区成立以前或以后在香港出生的中国公民；（2）在香港特别行政区成立以前或以后在香港普通居住连续 7 年以上的中国公民；（3）上述两项所列居民在香港以外所生的中国国籍子女；（4）在香港特别行政区成立以前或

---

① 综合参见：（1）李启欣主编：《香港法教程》，中山大学出版社 1990 年版，第 277 页。（2）张学仁主编：《香港法概论》，武汉大学出版社 1997 年版，第 496~502 页。（3）郑秉文等主编：《当代东亚国家地区社会保障制度》，法律出版社 2002 年版，第 310 页。（4）最高人民法院研究室编：《保护未成年人法律法规司法解释全集》，群众出版社 1994 年版，第 563~627 页。

以后持有效旅行证件进入香港、在香港通常居住连续 7 年以上并以香港为永久性居住地的非中国籍的外国人；（5）在香港特别行政区成立以前或以后上述第 4 项所列居民在香港所生的未满 21 周岁的子女……除此之外，该法第 37 条规定：香港居民的婚姻自由和自愿生育受到法律保护。

（三）香港专门法对儿童权利的保护

1. 《未成年人监护条例》

香港《未成年人监护条例》（*Guardianship of Minors Ordinance*）是 1977 年 2 月 17 日制定通过的。该法分六部分，共 26 条。第一部分为总则，其后依次为一般原则、监护人之委任、罢免及权利、尚存父母之监护权利、看管及赡养令、非婚生子女和裁判权、程序及上诉。

本条例旨在综合及修订有关未成年人监护之法例。在一般原则中，第 3 条规定，凡涉及未成年人看管或教养问题，或涉及未成年人所拥有或代未成年人托管之财产之管理问题，或从该等财产所获收益之运用问题。在任何法院进行之诉讼中，法院须向顾及该未成年人福利为首要，同时对下开各项要素加以适当考虑：（A）该未成年人之意愿，如在考虑该未成年人之年龄及理解力，以及个案之情况后，认为乃属可行者；及（B）任何有关资料，包括法院进行聆讯时呈堂之社会福利署署长报告；及在看管、教养、财产管理或收益运用等问题上，法院毋须考虑父亲之权利，从任何其他观点而言，是否较母亲为大或母亲之权利是否较父亲为大；母亲所享有之权利及权力，应与法律赋予父亲者相同；此外，父母双方应享有同等之权利及权力，并可由任何一方单独行使。

放弃父母权利之协议不得执行。第 4 条规定：（1）男方或女方如与人达成协议，放弃第 3 条所载有关其对子女之全部或部分权利及权力，财该协议不得执行，除非协议乃夫妇之间订定，仅于婚后分居期间有效者，则协议可规定任何一方放弃有关其对子女之权利及权力；但法院如认为批准夫妇之间此等协议，将不符合子女利益者，则法院得拒绝执行有关协议。（2）未成年人之父母，如在影响该未成年人福利之问题上，意见分歧，则任何一方均可向法院申请颁发指示；除第（3）款另有规定外，法院可就意见分歧之事项，颁发其认为适当之命令。（3）第（2）款并不授权法院就未成年人之看管问题或父母探视未成年人子女之权利，颁发任何命令。（4）任何法例，如规定凡有关未成年人之事项必须父母双方同意始可进行者，则本条之规定，不得对其执行有所影响；此外，本条亦不得视为适用于非婚生未成年人子女。

关于监护人之委任、罢免及权力、尚存父母之监护权利，第 5 条规定：除本条例另有规定外，在未成年人之父母任何一方去世后，尚存之一方（如有尚存者），须单独或联同已去世一方所委任之监护人，成为未成年人之监护人；此外，如已去世之父或母并无委任监护人；或如已去世之父或母所委任之监护人去世或拒绝担任监护人，则法院如认为适当，可委任一名监护人与尚存之父或母联合担任监护人。

父母立遗嘱委任监护人之权利。第 6 条规定：未成年人之父母可订立契据或遗嘱，委任任何人士于其去世后为该未成年人之监护人。任何按此方法委任之监护人，得与尚存之父或母（如有尚存者）联合任监护人，但如尚存之父或母提出反对，则属意外。如尚存之父或母提出反对，又或按上述方法委任之监护人认为尚存之父或母不适宜看管该未成年人，则该监护人可向法院申请，而法院可采取下列行动之一——拒绝颁发任何命令（在此情况下，尚存之父或母得继续为惟一监护人）；或颁发命令，规定按上述方法委任之监护人与尚存之父或母联合任监护人；或为该未成年人之惟一监护人。如父母双方均有委任监护人，则按此方法委任之监护人，在尚存之父或母去世后，得联合任监护人。法院如会根据第 5 条委任某人与尚存之父或母联合担任监护人，则该人于尚存之父或母去世后，得继续担任监护人；但如尚存之父或母会任监护人，则法院所委任者须与该父母所委任者联合担任监护人。任何监护人，如非其所监护之未成年人之父母，则法院可授权其因担任监护人而收取法院认为适当之报酬。

法院为无父母等之未成年人委任监护人之权利。第 7 条规定：未成年人如无父母；亦无人身监护人或其他对其拥有父母权利之人士，则法院在接获任何人士之申请后，如认为适当，可委任申请人为该未成年人之监护人。

高院原诉庭罢免或更换监护人之权利。第 8 条规定：高院原诉庭如认为符合未成年人之福利者，可酌情罢免遗嘱指定之任何监护人，或根据本条例获委任或担任监护人之任何人士；此外，原诉庭如认为乃符合未成年人之福利者，可另委监护人以代替被罢免之监护人。

联合监护人之间发生争执时，第 9 条规定：如有两名或以上之人士联合担任未成年人之监护人，而彼等在有关该未成年人福利之问题上未能达成一致意见，则其中任何一名监护人可向法院申请颁发指示，法院可就上述意见分歧之事项，颁发其认为适当之命令。

父母任何一方申请颁发看管及赡养令。该法第 10 条规定：（1）法院接获未成年人之父母任何一方提出申请时（父母如无诉讼保护人亦可申请），在考虑该未成年人之福利以及父母双方之行为及意愿后，可就下开事项颁发其认为适当之命令——（a）未成年人之看管；及（b）父母任何一方探视未成年人子女之权利。（2）法院如根据第（1）款颁发命令，将未成年人交由某人看管（不论该人是否父母任何一方），法院可再颁发命令，规定未获准看管该未成年人之父母或父母任何一方，每星期或定期向该人交付一笔款项，作为该未成年人之赡养费，款额得为法院在考虑父母之经济能力后认为属合理者。（3）纵使未成年人之父母当时共同居住，法院仍可根据第（1）款或第（2）款颁发命令——（a）但在父母共同居住期间，该命令不得予以执行，亦无人须承担命令所规定之责任；及（b）父母如有命令颁布后 3 个月内仍继续共同居住，有关命令即告无效。但命令如乃规定将未成年人交由父母以外人士看管，或命令乃与交由父母以外人士看管之未成年人有关者，则（a）及（b）段概不适用于该等命令，除非法院在颁发命令时另有指示，则属例外。（4）法院在接获父母任何一方之申请，或如父母任何一方去世，则为本条例所指之监护人之申请，或不论在父母任何一方去世前或去世后，接获根据第（1）款而发出之命令可由随后颁发之命令予以更改或解除。

父母未获监护权而由他人为监护人时法院颁发之看管及赡养令。第 11 条规定：（1）法院如根据第 6 条的有关规定颁发命令，指定某人为某未成年人之惟一监护人，而其尚存父母则无监护权，法院可在考虑该未成年人之福利后，就下开事项颁发其认为适当之命令——未成年人之看管；及尚存父母探视未成年人子女之权利；及再颁发命令，规定尚存之父母每星期或定期向监护人交付一笔款项，作为未成年人之赡养费，款额得为法院在考虑尚存父母经济能力后认为属合理者。（2）第（1）款所赋之权利，可随时予以行使，该等权力包括更改或接触此根据该等权利而颁发之任何命令。

联合监护人意见分歧时法院颁发之看管及赡养令。第 12 条规定：如联合监护人中一人为未成年人之尚存父母，则法院根据第 9 条所获赋之权力得包括下开权力——（1）在考虑该未成年人之福利后，就下开事项颁发其认为适当之命令——未成年人之看管，及尚存父母探视未成年子女之权利。（2）颁发命令，规定尚存父母每星期或定期交付一笔款项，作为未成年人之赡养费，款额得为法院在考虑尚存父母之经济能力后认为属合理者。（3）更改或解除前此根据该条之规定而颁发之任何命令。

关于监护人之权力，该法第 18 条规定：（1）除第（2）款另有规定外，本条例所指之监护人，除乃未成年人之人身监护人外，更具有监护未成年人产业之一切权利、权力及责任，尤指有权以个人名义，为未成年人之利益而接收及追讨该未成年人有权接收或追讨之财产，不论其属何性质或位于何处。（2）第（1）款之规定，并不限制或影响高院原诉庭之权力，就一般情况或为特别目的而委出任何人士成为或担任未成年人之产业监护人；凡未成年人已有专管产业之监护人，则第（1）款即不适用于本条例所指之监护人。

关于扣押长俸或入息以履行命令，第20条规定：（1）如法院已颁发赡养令，而被判令付款之人士享有长俸或入息可供扣押者——则法院在给予该人接受聆讯之机会后，及在认为该人无合理理由而不遵照命令付款后，可着令将其长俸或入息扣押赡养令规定交付之全部或部分款项，并将之付予法院指定之人士。（2）本条所指命令，有权着令收取长俸或入息之人士按命令付款，而命令指定之收款人所发收据，即为解除付款人责任之证明。

对非婚生子女适用范围，第21条规定：除本条另有规定外，第10条第（1）款适用于非婚生之未成年子女，一如其适用于婚生未成年子女无异；而在第10条第（1）款及本条例内容其他有关第10条第（1）款所指诉讼之条款中，凡有提及未成年人之父、母或父母双方者，亦应作为提及非婚生未成年子女之父、母或父母双方论。为执行第5条、第6条、第7条及第11条之规定起见，任何人士——如乃非婚生未成年子女之生父；及因本条之规定得以根据第10条第（1）款所发之有效命令有权看管该未成年人者，得被视为该未成年人之合法父亲；任何人士如因本款之规定而按第6条第（1）款委任监护人，则除非在其逝世前一直对未成年人拥有（b）段所指之看管权，否则有关委任应属无效。

另外，该《未成年人监护条例》还对根据第10条提出申请时法院之裁判权及发布命令、监管令之额外规定、将未成年人交由社会福利署署长照顾之命令之额外规定、临时命令之额外规定、裁判权、程序上诉、地方法院进行之程序、移交高院原诉庭审理、高院原诉庭权利之保留、对并非定居本港人士之裁判权等均作出了规定①。

2.《保护妇孺条例》

香港《保护妇孺条例》是1951年1月5日制定通过的，本条例旨在对保护妇孺之有关法例加以修订。本书只对该条例中有关保护儿童权利的内容予以介绍，其内容只包括1985年11月1日以前所作的修订。在该条例中，未成年者是指年龄在21岁以下之人士，少年是指法庭或根据本条行使任何权力之人士认为年龄已在14岁或以上但未满18岁之人士。

关于诱拐未成年子女、青年人或儿童，第26条规定：任何人士，如非法

---

① 最高人民法院研究室编：《保护未成年人法律法规司法解释全集》，群众出版社1994年版，第563～577页。

带走或着人带走任何未婚之未成年女子或任何青年人或儿童，脱离其父母或有合法权力照顾或监护该未婚之未成年女子或青年人或儿童之其他人士，并违反上述人士之意愿者，即属触犯轻罪；但如未获社会福利署署长之同意，则不得根据本条之规定检控 16 岁或以上女子。第 27 条规定：任何人士被控触犯本条例或其他法例而罪名仍与控告或公诉中被指称未足规定年龄之女孩、少年、青年人或儿童有关，而主审裁判司或法官亦认为该女孩、少年、青年人或儿童系在该年龄以下者，则除非能提出反证，否则为执行该项控告或公诉以为依归之法例，有关之女孩、少年、青年人或儿童应被视为未足该年龄。

社会福利署署长在某种情况下得籍宣布某名未成年少女受其监管而成为少女之监护人。第 31 条规定：（1）除第（4）款另有规定外，社会福利署署长经进行适当调查后，若认为任何未成年少女之父亲或母亲或代其父母职责之人士已经放弃属永久性质或为其他原因（婚嫁除外），署长有绝对权力决定以书面宣布此未成年人受其保护，而一经作此宣布后，该未成年人及居于香港期间之法定监护权应授予社会福利署署长。（2）社会福利署署长如认为任何未成年少女曾被看管人或看似看管人虐待，有如苦工，或受到残酷不仁对待或未获适当待遇，又或该少女不愿继续受其看管，则在法律上，社会福利署署长有权要求该人提供足以令其满意之证据，证明为少女之法定监护人，在过去及现在均善待该少女。如此等人士未能提供上述证据，社会福利署署长有绝对权力，酌情宣布该未成年少女归其监管，惟其遵守第（4）款之规定。一经作此宣告后，该少女于未成年及居于香港期间之法定监护权应授予社会福利署署长。（3）社会福利署署长可籍其后之宣布撤销第（1）款及第（2）款所载之任何宣布后，其后之宣布一经作出后，其所指未成年少女之法定监护权应授予或再授予如非因本条规定则早已依法授予之人士。纵使本款有所规定，如情况需要，可随时行使第（1）款及第（2）款所赋予之权力。（4）社会福利署署长根据本条规定就其一未成年少女作出任何宣布后，应尽快通知看似看管该少女之人士，而任何人士若不满社会福利署署长根据本条规定发出之任何监护权，而第 30 条第（3）款及第（5）款应适用于此项申请，但根据本条规定作出任何宣布时负责看管该少女之任何人士，亦有合法权利根据本款向地方法院申请。

社会福利署署长对受其监护之少女有权加以羁押监管。第 32 条规定：（1）任何未成年少女之法定监护权授予社会福利署署长后，署长若认为为少女利益计而有此必要者，得发出任何命令（包括将该少女移送收容所羁押之命令）以监管该少女；此外，若认为适当，亦可要求监护人具结，并觅担保人一名或多名，以保证善待该少女。（2）任何未成年少女之法定监护权授予社会福利署署长后，社会福利署署长得随时命令监护或看似监护该少女之人办理下开各项或任何一项事情：交出该未成年少女；缴交该少女及其本人之相片；提供令社会福利署署长满意之担保，保证该未成年少女若未经社会福利署署长书面许可，不得擅自离港；提供同样担保，保证该未成年少女不得接受训练担任或受雇于非获社会福利署署长书面批准之职业。（3）任何人士，若未能照社会福利署署长之规定交出少女或依第（1）款或第（2）款具结后未能履行其义务者，即属犯罪。罚则：罚款 1 千元兼监禁 6 个月。（4）社会福利署署长、社会福利署任何助理署长及社会福利署署长以书面作一般或特别授权之公务员，对社会福利署署长监护之任何未成年少女，得在任何合理时间内进入该少女之居所视察并与该少女会晤。

　　少年法庭有关监护、看管需要照顾保护儿童与少年之权力。第 34 条规定：少年法庭不论是由于本身提议，或由于社会福利署署长、任何感化主任或社会福利署署长为此事以书面作一般或特别授权之任何人士之申请，又或由于任何警务人员提出申请，若本身亦认定被解往法庭审讯之人士乃需要照顾保护之儿童或少年者，得作出下开决定——委任社会福利署署长为该儿童或少年之法定监护人；或付托该儿童或少年愿意负责将其照顾之任何人士，而不论该人是否为其亲属，又或将其付托愿意负责照顾之机构；或命令该儿童或少年之父母或监护人具结以保证将其适当照顾及监护；如未发出此项命令或根据前两项规定发出命令外，再下令将其交予感化主任或法庭为监管目的而委派之其他人员以监管一段时期，但监管期不得超逾 3 年。如有女童或少女根据监管令交予感化主任或其他人士监管，则感化主任或其他人士亦须为女性。就本条及第 35 条而言，需要照顾及保护儿童或少年乃指：该儿童或少年由于无父母或监护人，或其双亲之一或监护人之一不宜执行照顾及监护责任或未能执行正当之照顾及监护责任，因而与歹人为伍，有道德沦落或身体被危害之虞，又或不受管教；或凡属下列情形之儿童或少年均需照顾、保护——有人已因该儿童或少年触犯附表第 3、4、5 项所指之任何罪项；有人因其家庭另一个儿童或少年触犯附表所指之任何一项罪项；其家人中有人曾因某儿童或少年触犯该罪项而被定罪；或该儿童或少年为女性，而其家人有人曾因另一女性家庭成员触犯刑事罪条例第 47 条之罪项。（香港法例第 200 章）

　　就本条而言，如发现儿童或少年穷困无依，或居无定所及无可见之生计而到处流浪，或行乞、接受施舍（不论是否以卖唱、卖艺或卖物作为矫饰），或为行乞、接受施舍而游荡，则在不妨碍本条有关规定之原则下，得视为其道德有沦落之虞之证据。根据本条规定受托照顾儿童或少年之人士或机构，于命令之有效期内，对该儿童或少年得具有如其父母所有之控制权，并得负责其生活；纵使其父母或任何其他人士提出认领要求，该儿童或少年仍得继续接受该人士或机构之照顾。任何人士如蓄意协助或直接、间接诱使儿童或少年逃离受托对其照顾之人士或机构；或蓄意窝藏、隐匿上述逃离之儿童或少年或阻止其返回该人士或机构，又或蓄意协助上述行为者，即属犯罪，可被判罚款 1 千元兼监禁 6 个月，凡有权对儿童或少年作上述判处之法庭，均有权下令其父母或其他须供养该儿童或少年之人士，在上述期间内缴付法庭认为适当之款额作为生活费用，法庭并得随时更改上述命令。法庭可依据当时受托照顾该儿童或少年之人士或机构之投诉或申请，或依据社会福利署署长之投诉或申请，于根据第（1）款规定颁发任何命令之时或之后颁发上述命令。父母或其他人士所缴付之款项，得交予法庭所指定之人士或机构，用于供养该儿童或少年，或作为该机构之经费。凡根据本条规定颁发命令指定须供养儿童或少年之任何父母或其他人士，倘其地址有任何更改，必须向法庭或向法庭随时指定之人士呈报。如无合理原因而不遵办者，即属犯罪，可被判罚款 100 元。除少年法庭发出相反命令外，社会福利署署长根据本条所发命令取得某儿童或少年合法监护权期间，有权发出任何命令或规定，一若该儿童或少年为女性而署长又已按第 30 条取得合法监护权者无异。

于监管令之整个或部分有效期间，少年法庭经考虑案情后，若认为有此必要以确保受监护者获得充分之照顾、保护及监管，监管令得要求受监管者遵守某种规定，包括由于其精神状况而须居住之地方及医疗规定。在监管令有效期内，监管员须负责向受监管者提供辅导，对其加以协助及照顾。

第 34E 条规定：任何感化人员、获社会福利署署长以书面授权之任何人士，或任何属警署警长或以上职级之警务人员，均可将下开情况之儿童或少年送往收容所——有人会因该儿童或少年触犯，或相信已触犯附表第 3、4、5 项所指之任何罪行；该儿童或少年显然需要照顾保护，并因第 34 条之规定而即将提交少年法庭审讯；或根据第 34 条有关规定：所颁有关该儿童或少年之命令现仍有效，而且该人亦因第 34 之规定而即将提交少年法庭审讯。若儿童或少年按照本条羁留于收养所，该收养所之负责人须对儿童或少年具有如其父母所有之控制权，并得负责其生活；纵使其父母或任何其他人士提出认领要求，该儿童或少年仍得继续接受该负责人之照顾。

社会福利署署长保护妇女、少年及儿童以免其道德沦落或身体被危害之权力。第 35 条规定：（1）社会福利署署长若有理由相信，任何妇女、儿童、少年（本条称受害人）会被强迫、威胁、恐吓、诈骗、错误陈述或其他诡诈手段带来本港，或即被携离本港，或受他人羁押、控制、指使，或可能受诱奸或卖淫，或某少年、儿童有道德沦落或身体被危害之虞，社会福利署署长均可进行调查，并且——为受危害人之利益计，发出命令（包括适当时颁令将该人移送收容所羁押）以监管该受害人；此外，若认为适当，亦可着令其监护人具结担保，并觅担保人 1 名或多名，以保证善待受危害人；或饬令危害人之监护人办理下开所有或其中事项：交出该受危害人；交出受危害人及其本人照片；提出担保，以社会福利署署长满意为合，保证该受危害人未经社会福利署署长之书面许可不得擅自离港；提出同意担保，保证受危害人之毋须接受训练担任或受雇于非属社会福利署署长以书面批准之职业。（2）任何人士，若不能依照上述之规定应社会福利署署长之要求将任何女子、少年或儿童交出，或不能履行第（1）款规定之具结义务者，即属犯罪。罚则：罚款 1 千元兼监禁 6 个月。（3）在第（1）款所颁命令或条件之有效其间，社会福利署署长、社会福利署任何助理署长，或获社会福利署署长以普通或特别书面授权之任何公职人员，均可于合理时间往受危害人之住所探视，与其会晤。（4）社会福利署署长或裁判司若认为按第（1）款所发之命令或规定对保护受危害人已无必要或不再有必要，社会福利署署长可自行动议或于接获不满第（1）款所发命令或规定之人士之申请后，撤销该命令或规定；此外，裁判司于接获上述不满人士或社会福利署署长之申请后，亦可撤销该命令或规定。（5）社会福利署署长虽会按本条为儿童或少年颁发命令或规定，但仍可依法按第 34 条向少年法庭申请颁令。少年法庭可依据此项申请，行使第（4）款所赋予之权力及第 34 条第（1）款所赋予之权力，而法庭考虑应否按第 34 条第（1）款之规定颁令时，可不必理会按本条所颁之保护命令或规定，而且考虑案情时可一若从未颁下如此之命令或规定。（6）倘若受危害人按本条规定羁留在收容所，收容所之负责人对该受危害人应有其父母一样之监管权，并应负责维持其生活，而受危害人继续受收容所负责人照料，无论其父母或其他人会否提出认领要求。

社会福利署署长须登记受其监护之未成年少女。第 37 条规定：（1）社会福利署署长应设置登记册，记录本条例赋予其法定监护权之未成年少女。（2）任何人若取得未成年少女之监管权，而其法定监护权已授予社会福利署署长者，应于其取得监管权之日起 1 个月内（若该未成年女子不在港，则须于该女子抵港后 1 个月内），按本条例所制定规例之手续通知社会福利署署长；凡不遵守本条规定者，即属犯罪，罚则：罚款 500 元或监禁 1 个月。但未经社会福利署署长之许可，不得依本条之规定提出检控。

根据第 39 条的规定，港督会同行政局得制定规例对下开事项加以规定——未成年人之福利、教育及监管，而该人之法定监护权乃赋予社会福利署署长者；登记所有港督会同行政局认为会影响该未成年人及看管或监管该人之任何人士之详情，以便社会福利署署长能充分执行其监护人之职责；管理、监管及视察完全由政府拨款开办之收容所，如有可能更包括非完全由政府拨款开办之收容所；为根据本条例之规定拘留于收容所之未成年人提供福利、教育及监管，包括制定规例，列明社会福利署署长有权批准非完全由政府拨款开办之收容所为所内未成年人订定福利、教育及监管之规则；为已受社会福利署署长监护或已归某人或机构照顾之儿童或少年提供福利与教育，并列明上述人士或机构照顾此等儿童或少年之职责；探访女性未成年人、儿童与少年；根据本条例及有关规例而提出之申请或任何已办或待办之事项所需之费用及表格；查阅根据任何规例及一般用以实施本条例而设置之登记册。兹宣布在本条内，"监管"一词包括以处罚（体罚除外）、抑制及惩戒之方法加以监管，而所谓处罚、抑制、惩戒乃父母有权合法施加于其子女之处罚、抑制及惩戒；若妇女以届成年而被合法拘留于收容所，可按规例或上文所述经社会福利署署长批准之规则，加以监管（体罚除外），一若父母之对待子女。上述之规例可宣布，若违反特定之规例即属违法，一经定罪，可被判罚款 500 元或监禁 3 个月。

社会福利署署长之搜查权等。该法第 44 条规定：（1）社会福利署署长，或经社会福利署署长以书面作一般或特别授权之人员，可登上任何船只及进入任何屋宇、建筑物或其他地方；必要时更可动用武力登船或入屋，并可进行搜查，以查明船上或屋内是否藏有可能须根据本条例之任何女子、少年或儿童，是否有人正违反或已违反本条例；此外，亦可将上述女子、少年或儿童迁往收容所羁留直至有关案件已调查完竣或直至获授权之社会福利署署长将上述女子、少年或儿童迁往其认为适当之收容所为止。（2）社会福利署署长或上述人员，在进行第（1）款所指之搜查时或搜查后，若有理由怀疑某人违反本条例并应予检控者，得逮捕该人或着人逮捕该人，并得检获及扣押其有理由认为与违反本条例罪名有关之任何文章、书籍、文件或账目。（3）任何人均不得拒绝社会福利署署长或上述人员登上上述船只或进入上述屋宇、建筑物或其他地方，亦不得妨碍或阻止其登船入屋将上述女子、少年或儿童带走，或检获及扣押上述文章、书籍、文件或账目。（4）社福利署署长或上述人员根据本条规定执行搜查任务时，有权向船只、屋宇、建筑物或其他地方内之人士查问及发出所需之命令或指示，以便进行搜查工作。在上述船只、屋宇、建筑物或其他地方内人士必须忠实答复社福利署署长或上述人员所提出之问题，并遵守其所发与该次搜查行动有关事物或人物之命令或指示。任何女子、少年或儿童若可能按本条例规定受到处置，任何人士均不得使用武力、抑制、恐吓、引诱，或使用其他方法着其藏匿起来或离开社会福利署署长或上述人员按本条规定搜查或行将搜查之船只、屋宇、建筑物或其他地方，意图规避或妨碍社会福利署署长或上述人员之搜查。（5）任何人员若违反本条之任何规定，即属犯罪，罚则：罚款2千元兼监禁6个月①。

3.《少年犯条例》

香港为了探索解决儿童犯罪问题的途径，早在1933年11月20日就制定了《少年犯条例》，并于1973年进行了修改。该条例开宗明义规定它旨在对少年法庭之设立及少年犯之处理加以规定。

首先介绍对儿童或青少年犯罪案件的审理。关于适用对象，按照少年犯条例规定，儿童是指……年龄在14岁以下的人。青少年是指……年龄在14岁以上、16岁以下的人。该法第3条规定："7岁以下儿童犯罪不认为是犯罪。"由此可见，少年犯条例适用对象是：7~14岁以下的儿童；14~16岁以下的青少年。

关于儿童法庭的组成与职权，《少年犯条例》第3条A第1款规定："儿童法庭是按照本条例规定组成，并开庭审理任何对儿童或青少年的指控或行使根据本条例或其他任何赋予儿童法庭的裁判权。"儿童法庭是由首席任命的常设的裁判司（即法官）所组成。儿童法庭的职权是：审理和决定除了犯杀人罪以外的对儿童或青少年的指控。除下列几种情况外，对儿童或青少年的指控，不得在非儿童法庭审理：（1）对儿童或青少年和一个年龄已达16岁的人提出联合指控时，则该案件得由非儿童法庭的简易审判庭审理。（2）在一个儿童或青少年被指控犯罪时，如果有一个已达16岁的人同时被指控为帮助、教唆、鼓励、促使、容许或准许犯该项罪行，可由非儿童法庭的简易审判庭审理。此外，对根据感化令或感化犯人条例监管已达16岁的青年；被保释的已达16岁的青年，儿童法庭仍有下列司法权：法庭认为其可能违反感化犯人条例或认为有可能进一步犯罪时，可强迫其出庭，并予以处理。

对拘留待审的16岁以下青少年，警察局负有调查的责任。警察局拘留年龄16岁以下的人，又不能立即在儿童法庭审理时，警察应负责调查此案。但

---

① 最高人民法院研究室编：《保护未成年人法律法规司法解释全集》，群众出版社1994年版，第590~610页。

属于下列情况之一，则警察官不负调查责任：（1）指控的是杀人罪或其他严重犯罪行为；（2）官员为了儿童和青少年利益，将其与任何不好的人分离开来的时候；（3）官员有理由相信释放这样的人将影响审判结果的时候。

可以保释待审的儿童或青少年。当待审的儿童或青少年交付规定的保证金时，不论是否有抵押品，皆可以释放。保证金的数额，应以保证审理该儿童或青少年被指控的问题时出庭为限。保证金应由儿童或青少年的父母或监护人或其他对儿童或青少年负有责任者出资。没有获得释放的16岁以下的青年，警察局负责调查的官员应将其拘留于羁押地点待审。但该16岁以下的儿童或青少年，如在儿童法庭审理前提出由于其健康诊断方面或精神上或身体条件等原因，再对其实行拘留不妥的证明书，也可以释放青少年。

对难以控制或具有道德败坏品质的青少年犯由监狱看押。《少年犯条例》第7条第2款规定："……青少年犯有难以控制的个性，以致其不能完全地拘留在此地（羁押地点）；或因其有道德败坏的品质，以致被认为拘留他在此地不合适时，法庭可将其召回。如被召回，则将投入监狱看押。"

关于儿童法庭开庭地点与列席人员，《少年犯条例》第3条D第1款规定："儿童法庭应尽可能随时为行使由本条例后其他任何条例授予的审判权而开庭。"如果其他法庭在儿童法庭开庭前后1小时已经或将要开庭，儿童法庭则不在其开庭地点开庭。其目的在于保障审理儿童或青少年案件时与审理成年人案件区别开来，以免他们受成年人案件的影响。印度、印度尼西亚等国的青少年法规，都有类似的规定。《少年犯条例》第3条D第3款规定："仅下列人员可列席儿童法庭的开庭审理：（1）法庭工作人员；（2）诉讼当事人，其律师、证人及其他与此案有直接关系的人员；（3）报纸或新闻通讯社的正式代表；（4）法庭特别允许列席的人员。"尽管在第3条3项中已规定报纸或新闻通讯社的正式代表可以列席儿童法庭，但第3条第4款规定："儿童法庭仍可以拒绝任何报纸或新闻通讯社的代表旁听。"此外，《少年犯条例》第9条第1款规定：儿童或青少年父母或监护人，在诉讼的所有阶段均应到庭，否则强迫其出庭。目的是在于使儿童或青少年父母了解其犯罪情况，以便从中吸取教训。埃及等国的青少年法规都有类似的规定。

关于儿童或青少年犯罪案件的审理方式，《少年犯条例》第8条第1款规定："儿童或青少年因犯罪在儿童法庭受审，法庭的责任是尽快用简单的语言说明其犯罪的性质。"如果法庭认为儿童或青少年已明白其犯罪性质，法庭应讯问该儿童或青少年是否承认犯罪事实（犯杀人罪除外）。如果法庭认为该儿童或青少年没有明白其犯罪性质或不承认犯罪事实时，法庭则将听取证人陈述事实，在每个证人提供主要证据之后，法庭应讯问其儿童或青少年。如果法庭认为适当时，也可以讯问其父母或监护人是否希望对证人提问，如果儿童或青少年愿意以陈述方式来代替提问时，法庭应予允许。如果法庭对案件的基本事实已认定，则应对证人答辩的证据进行审查，并允许儿童或青少年出示证据。法庭负有义务向证人询问显然是维护儿童或青少年利益的问题。儿童或青少年经过庭审，已承认其犯罪事实或法庭认为犯罪事实已得到证实。法庭则应讯问儿童或青少年是否愿意减轻或从轻处罚等。

在处理决定前应查明儿童或青少年的家庭环境等情况。儿童法庭在决定处理之前，应迅速调查有关儿童或青少年平时行为、家庭环境、学校档案、病史等情况，并根据上述情况向儿童或青少年提出问题，以便能更有针对性的对儿童或青少年采取教育改造措施。

然后介绍对儿童或青少年犯罪案件的处罚。判处罚金、赔偿费等由其父母代付。《少年犯条例》第10条第1款规定："如果儿童或青少年在法庭受审被判处罚金、赔偿费或诉讼费时……除法庭找不到其父母或监护人，或认为其父母或监护人并不因疏忽行使照管儿童或青少年的权利而使其犯罪外，法庭责令其父母、监护人代其付清。"法庭不能因儿童无力付罚金、赔偿费或诉讼费而判其监禁或入狱。

青少年犯与成年犯分离监禁。《少年犯条例》第11条第3款规定："青少年犯被判处监禁，法庭不允许其与成年犯接触。"

拘留儿童或青少年不得超过6个月。《少年犯条例》第13条第2款规定："儿童或青少年拘留在羁押地点，羁押时间从社会福利署署长签署决定之日起不得超过6个月。"又规定："拘留儿童或青少年时间没有超过6个月，则认为是合法拘留，如果是成年人被证实犯罪或因拖欠罚金、赔偿费或诉讼费用，拘留可超过6个月。"

以监督令管理在6个月内释放的被拘留的儿童或青少年。《少年犯条例》第14条A第1款规定："社会福利署署长应制定监督令管理在拘留令下拘留少于6个月而被释放的儿童或青少年。"第2款规定："监督令包括：（1）从儿童或青少年被释放至拘留令签署满6个月的时间里，儿童或青少年应由规定的组织或个人监督管理；（2）在上述监督期内，该儿童或青少年必须遵守有关特定的要求，其中包括居住地的要求。"如果社会福利署署长认为该儿童或青少年违反了实施中的监督令，没有履行所承诺的条件，或者根据本令需要，署长可制定召回令，命令其回到羁押地点。如果该儿童或青少年不执行召回令，可将其逮捕并押送到羁押地，应将其拘留至拘留令签署后满6个月为止。

对儿童或青少年被指控犯罪的处置是：（1）不受理控告；（2）取保释放罪犯；（3）根据感化犯人条例处理罪犯；（4）根据《裁判司条例》第96条处理罪犯；（5）如果罪犯确实需要照顾和保护，则根据《保护妇孺条例》第34条处理；（6）将罪犯送感化学校；（7）按照体罚条例命令鞭笞男性罪犯；（8）命令罪犯付清罚金、赔偿费或诉讼费用；（9）命令罪犯的父母或监护人付清罚金、赔偿费、诉讼费用；（10）命令罪犯的父母或监护人为其良好品行提供可靠的担保；（11）将罪犯送往羁押地点；（12）如果是青少年犯，判处其禁闭或拘留在根据教导所条例而设立的训练中心；（13）罪犯为男性时，根据教导所条例的条款处理；（14）可用任何合理的方法处理儿童或青少年犯罪案件①。

（四）香港相关法律对儿童权利的保护

1.《刑事罪行条例》对儿童权利的保护

香港的《刑事罪行条例》是1971年11月19日制定通过的。该条例的第十二部分集中规定了与儿童有关的性犯罪的问题。本书介绍的内容只包括1988年5月1日以前所作的修订。

该条例第123条规定：凡一名男子与未满13岁之女孩非法性交者，即属犯法，一经公诉定罪，可处终身监禁。第124条规定：（1）除第（2）款另有规定外，凡一名男子与未满16岁之女孩非法性交者，即属犯法，一经公诉定罪，可处监禁5年。（2）倘根据《婚姻条例》第27条第（2）款，凡妻子年龄未满16岁以致婚姻无效者，有关丈夫如相信该人为其妻子，且有合理原因相信者，则不应因与妻子性交而犯本条罪。

关于诱拐未满16岁之未结婚女孩，该条例第126条规定：凡无合法授权或合法理由，违反女孩父亲或母亲或监护人之意愿，而从上述人士之监护中带走未满16岁之未结婚女孩，即属犯法，一经公诉定罪，可处监禁5年。"监护人"指合法照顾或监有关女孩之任何人。

关于诱拐未满18岁之未结婚女孩进行性交，第127条规定，凡违反女孩父亲或母亲或监护人之意愿，而从上述人士之监护中带走未满18岁之未结婚女孩，意图使该女孩与多名或某一名男子非法性交，即属犯法，一经公诉定罪，可处监禁7年。

---

① 参考文献：（1）康树华：《香港的少年司法制度》，载《国外法学》1986年第4期，第60~63页。（2）最高人民法院研究室编：《保护未成年人法律法规司法解释全集》，群众出版社1994年版，第611~627页。

从有关父亲、母亲或监护人之监护中诱拐有缺陷者进行性交，第 128 条规定：凡违反女子父亲或母亲或监护人之意愿，而从上述人士之监护中带走女子之有缺陷者，意图使该有缺陷者与多名或某一名男子非法性交，即属犯法，一经公诉定罪，可处监禁 7 年。凡不知道或无理由怀疑一女子为有缺陷者，则不得因其如上所述，从该有缺陷者之父亲或母亲或监护人之监护中带走该有缺陷者而犯本条罪。

第 132 条规定了促使未满 21 岁卖淫的犯罪。该条规定：凡促使未满 21 岁之女孩在香港或其他地区与第三者非法性交，即属犯法，一经公诉定罪，可处监禁 5 年。凡仅得一证人作证者，本条之罪不应成立，但若证人在证供之重要情节方面有确证牵连被告者，则不在此限。

致令或怂恿未满 21 岁女孩卖淫或与未满 16 岁女孩性交或向未满 16 岁女孩非礼则规定在第 135 条。该条规定：凡致令或怂恿所负责之未满 16 岁女孩卖淫，或致令或怂恿与该女孩非法性交或向该女孩非礼者，即属犯法，一经公诉定罪，可处监禁 5 年。为执行本条规定起见，如女孩充当娼妓，或与人非法性交，或为人非礼，则明知而容许该女孩陪娼妓或已知为不道德之人物，或接受或继续为娼妓或不道德人物所雇用者，即视作致令或怂恿该女孩卖淫，与人非法性交或为人非礼。为执行本条之规定起见，下列人士应视作负责女孩之人——女孩之父亲或母亲或合法监护人；实际监护或支配女孩之任何人，或由女孩父亲或母亲或合法监护人或扶养者将女孩交托其照管之任何人；及抚养、看管或照料女孩之任何其他人。就任何女孩而言，（父亲或母亲）并不包括由赋有合法裁判权之法庭下令剥夺其对女孩抚养权之人，但除须依照以上规定外，如有关女孩经根据《领养条例》（香港法第 290 章）为人领养者，该词指女孩之领养人，如女孩为非婚生而未经上述手续领养者，则指女孩之母亲及经判决推定为该女孩父亲之人。

第 140 条规定，任何楼宇或船只之所有人或占用人，以及管理或协助或负责看管任何楼宇或船只之任何人如引诱或明知而容许未满 13 岁之女孩使用或于该楼宇或船只内与多名或一名男子非法性交或卖淫者，即属犯法，一经公诉定罪，可处终身监禁。接着，第 141 条规定，任何楼宇或船只之所有人或占有人，以及管理或协助管理或负责任何楼宇或船只之任何人，如引诱或明知而容许未满 16 之女孩使用或于该楼宇或船只内与多名或一名男子非法性交或卖淫者，即属犯法，一经公诉定罪，可处监禁 14 年。

对于出租楼宇用作卖淫场所，第 146 条规定：凡与或向未满 14 岁之儿童犯严重猥亵行为，或引诱使未满 14 岁之儿童与或向该人或另外一人犯上述行为者，即属犯法，一经公诉定罪，可处监禁 5 年。根据本条提出之起诉，虽证明有关儿童同意该严重猥亵行为，亦不得成为辩护理由①。

2. 《侵害人身罪条例》

香港《侵害人身罪条例》是 1965 年 6 月 14 日制定的，本书对该条例中有关儿童权利保护的内容予以介绍，其内容只包括 1988 年 12 月 15 日前所作的修订。

该条例第 26 条规定，任何人士，如非法抛弃或遗弃年龄不足 2 岁之儿童，以致危及该儿童之性命，或使该儿童之健康蒙受或可能蒙受永久损害者，即属犯罪，可判监禁 3 年。根据第 27 条的规定：任何年逾 16 岁之人士，如负责监管、照顾或护理任何年龄不足 16 岁之儿童而故意殴打、虐待、忽略照顾、抛弃或遗弃该儿童或少年，或引致或促成该儿童或少年遭受殴打、虐待、忽略照顾、抛弃或遗弃，以致可能使儿童或少年受不必要之痛苦，或健康受损（包括损害或丧失视力、听觉、四肢或身体器官、或神经失常）者，即属犯轻罪，一经公诉定罪，可判罚款 2 千元及监禁 2 年；或一经简易程序审讯定罪，可判罚款 250 元及监禁 6 个月。就本条而言，负责监管、照顾及护理年龄不足 16 岁之儿童或少年之父母或其他年逾 16 岁之人士，倘未有向该儿童或少年供给适当食物、衣服或住所，或明知无能力供给食物、衣服或住所而故意不采取行动，向负责救济贫苦儿童或少年之当局、社团或机构，要求供应上述物品者，均视作忽略照顾儿童或少年，以致可能使其健康受到损害论。

关于拐带 14 岁以下儿童，根据第 43 条的规定，任何人士，如使用任何方法，将 10 岁以下之儿童非法引走或带走，饵诱或怂恿其出走，或将其禁锢，有意令合法照顾或监护该儿童之父母、监护人或其他人士失去该儿童，或有意从该儿童身上或身旁偷窃无论属于何人之物品；或明知该儿童乃一如本条前述遭引走、带走、饵诱或怂恿出走或禁锢，而怀有上述意图，收容或窝藏该儿童，均属犯重罪，可判监禁 7 年。但曾确实声称拥有儿童护养权之人士，或非婚生子女之生母，或曾确实声称为该非婚生子女生父之人士，如取回该儿童或从合法监护该儿童之人士方面将其带走，则不得因本条之规定而被检控。就本条而言，凡 14 岁以下儿童之养父母及 14 岁以下儿童之雇主，均视为有权合法照顾及监护该儿童。但本款之规定，不得解释为对社会福利署署长根据《保护妇孺条例》获赋之任何权力有所影响；及授予任何养父母或雇主保留拥有、

---

① 最高人民法院研究室编：《保护未成年人法律法规司法解释全集》，群众出版社 1994 年版，第 585~589 页。

监管或控制该儿童之权利而超逾该儿童之父母或监护人或该儿童本身之权利。

关于施用药物或使用仪器进行堕胎，第46条规定：任何孕妇，如非法自行施用任何毒药或其他有毒物品，或非法使用任何仪器或利用其他方法、有意引致本身流产，或任何人士，如非法向妇女施用或引致其服用任何毒药或其他有毒物品，或非法使用任何仪器或利用其他方法，有意引致其流产者，则不论该妇女是否怀孕，均属犯重罪：如属孕妇而非法自行施用任何毒药或其他有毒物品，或非法使用任何仪器或利用其他方法，有意引致其流产者，可判监禁7年及缴交法庭所判之罚款；及如属任何人士而非法向妇女施用或引致其服用任何毒药或其他有毒物品，或非法使用任何仪器或利用其他方法，有意引致其流产者，则不论该妇女是否怀孕，即属犯轻罪，可判终身监禁及缴交法庭所判之罚款。根据第47条的规定，任何人士，如非法供用或获取任何毒药或其他有毒物品；或任何仪器或物件，明知该等物件将被蓄意非法使用或利用以引致妇女流产者，则不论该妇女是否怀孕，即属犯轻罪，可判监禁3年。

关于杀胎罪，第47B条规定，任何人士，如作出蓄意行为，致令胎儿在脱离母体独立生存之前死亡，有意毁灭可出生为活婴之胎儿者，即属犯杀胎罪，可判之刑罚，与误杀罪同。但除非能证明引致该胎儿死亡之行为并非出于真诚纯为挽救孕妇性命者，否则任何人士均不会因本条之规定而被判罪。在根据本条而进行之任何诉讼中，如能证明孕妇在有关时间已怀孕28周或以上，则除能提出反证外，得推定该孕妇在当时已怀有可出生为活婴之胎儿。

杀婴罪规定在第47C条。该条规定，任何妇女，如作出蓄意行为或故意错漏，引致其不足12个月大之子女死亡，而在作出该行为或错漏时，该妇女由于产后尚未彻底复原，或因婴儿出生后须哺乳而受影响，以致心智不平衡，则即使如无本条之规定该妇女本属犯谋杀罪者，其此举亦属犯杀婴罪，可判之刑罚，与误杀罪同①。

3. 香港其他法律对儿童权利的保护

在香港，除了上述法律中有儿童权利保护的规定外，还有大量的法律涉及儿童权利保护的内容。如《管制色情及不雅物品条例》第22条规定：无论任何人，如向青少年发行不雅物品，不论其知否该物品为不雅或其对象是否为青少年，均属违法，可处罚款20万元及监禁12个月。就本条之所指之控罪而言，如能证明以下情形者，可作为对控罪之辩护理由——控罪所指之物品，于

---

① 最高人民法院研究室编：《保护未成年人法律法规司法解释全集》，群众出版社1994年版，第578~583页。

被指称犯该罪项时已许定，或其后经评定，属第Ⅰ类物品；于被指称犯该罪项时，被告人曾查阅声称为有关青少年之身份证或护照，并有充分理由相信该人并非为青少年，或该不雅物品乃按照审裁处根据第（2）款（c）段订定之发行条件而发行者①。

香港的《儿童雇佣条例》确立了雇用儿童的职业及其保障的法律规定，以配合义务教育措施的实施，保障儿童的身心发育。该条例禁止任何人士聘用未满13岁的儿童从事任何工作，介于13~15岁的儿童只能在非工业机构从事非全职工作，且应遵守下列条件限制；（1）年龄及基础教育限制。它包括：儿童已届满13岁，出示该儿童已经完成中学三年级课程的证据或儿童父母出示该尚未完成中学三年级课程儿童的在学证明书，还须附上家长对其子女从事该行业的书面同意书。（2）工作时间限制，工作时间范围是早上7时以后和晚上7时以前；每天工作不超过8小时；连续工作不得超过5小时，连续工作期间应有足够1小时的休息或用膳时间等；不得在任何上课日的上课时间工作。在学期中任何1天所兼职的时间限制为：上课日不超过2小时，非上课日工作不超过4小时，暑假期间1天工作不超过8小时。（3）职业限制。禁止儿童受聘于下列职业工作：在任何备有烈酒供出售或饮用的楼宇或场所内工作；在任何公共地方处理垃圾；处理或运送《危险品条例》第3条适用范围内的危险品；操作任何与切割、研磨、滚转、压平、打碎或与类似工作有关的危险机械设备；在舞场、桌球室、麻将馆、天九馆或赌场，以及在举办、经营任何利用彩金计算机或以平分彩金方式进行的赌博、博彩券或奖券的工作；在任何酒店、公寓、熟食店、餐室、酒楼或类似机构的厨房工作，在任何屠场或屠房内工作；在任何理发店或按摩院工作；在户外离地3米以上高度的地方清洁门窗；抬举和搬运任何重量超过18千克的物品。

另外，香港《青年及儿童海上工作雇佣条例》规定，任何船主或其他雇主不得聘用15岁以下儿童在该儿童家庭以外的其他的船舶工作②。

二、澳门立法对儿童权利的保护

（一）澳门儿童权利保护的立法情况

根据中葡关于澳门问题的联合声明和《中华人民共和国澳门特别行政区

① 最高人民法院研究室编：《保护未成年人法律法规司法解释全集》，群众出版社1994年版，第628页。

② 顾肖荣、杨鹏飞著：《劳动法比较研究》，福建人民出版社1999年版，第142~143页。

基本法》的精神，中国在1999年12月20日恢复对澳门行使主权以后，在相当长的时期内继续保持澳门的法律制度基本不变，澳门特别行政区享有立法权、独立的司法权和终审权。《中华人民共和国澳门特别行政区基本法》第2条明文规定："中华人民共和国全国人民代表大会授权澳门特别行政区依照本法的规定实行高度自治，享有行政管理权、立法权、独立的司法权和终审权。"该法第8条进一步规定："澳门原有的法律、法令、行政法规和其他规范性文件，除同本法相抵触或经澳门特别行政区的立法机关或其他有关机关依照法定程序作出修改者外，予以保留。"该法第18条还规定："在澳门特别行政区实行的法律为本法以及本法第8条规定的澳门原有法律和澳门特别行政区立法机关制定的法律。全国性法律除列于本法附件三者外，不在澳门特别行政区实施。"由此可见，澳门特别行政区在相当长一段时期内实行的法律只有澳门特别行政区基本法，澳门原有的法律、法令、行政法规和其他规范性文件以及澳门特别行政区立法机关新制定的法律，而中国的全国性法律除澳门特别行政区基本法规定的以外，不在澳门特别行政区实施。因此，澳门在相当长的一段时期内继续保留其原来承袭葡萄牙的大陆法体制。由于澳门特别行政区基本法附件所列的在澳门实施的中华人民共和国全国性法律不包括中国立法机关制定的有关儿童权利保护方面的法律，因而，在澳门，有关儿童权利保护方面的法律依然是澳门原来就有的法律，而不统一适用中华人民共和国的相关立法。

目前，涉及儿童权利保护的澳门法律主要有：《澳门特别行政区基本法》、1995年5月23日澳门总督办公室颁布的《家庭政策纲要法》、1999年11月1日生效的《澳门民法典》等。另外，澳门的《公开映、演甄审法令》（法令第15/78/M号）、《入境、逗留及定居法》（法令第2/90/M号）、《澳门劳资关系法》等法律也都有特别保护儿童权利的内容。除此之外，根据《澳门特别行政区基本法》第40条的规定："《公民权利和政治权利国际公约》、《经济、社会与文化权利的国际公约》和国际劳工公约适用于澳门的有关规定继续有效，通过澳门特别行政区的法律予以实施。"因此，有关国际公约中的保护儿童权利的条款也是澳门儿童权利保护法律的组成部分。

在澳门和大陆，儿童权利保护方面的法律规定有不少差异，这就不可避免地产生法律冲突，而能否协调与解决好这些区际法律冲突问题，直接影响着两地的民事交往和社会稳定。因此，介绍和研究澳门儿童权利保护方面的法律有助于澳门与大陆在儿童权利保护方面的交流与合作，从而不断促进两地儿童人权状况的改善。

（二）《澳门特别行政区基本法》对儿童权利的保护

《中华人民共和国澳门特别行政区基本法》是 1993 年 3 月 31 日第八届全国人民代表大会第一次会议通过的，自 1999 年 12 月 20 日起实施。

该法第三章为居民的基本权利和义务。其中，第二十四章规定：澳门特别行政区居民，简称澳门居民，包括永久性居民和非永久性居民。澳门特别行政区永久性居民为：在澳门特别行政区成立以前或以后在澳门出生的中国公民及其在澳门以外所生的中国国籍子女；在澳门特别行政区成立以前或以后在澳门通常居住连续 7 年以上的中国公民及其成为永久性居民后在澳门以外所生的中国国籍子女；在澳门特别行政区成立以前或以后在澳门出生并以澳门为永久居住地的葡萄牙人；在澳门特别行政区成立以前或以后在澳门通常居住 7 年以上并以澳门为永久居住地的葡萄牙人；在澳门特别行政区成立以前或以后在澳门通常居住连续 7 年以上并以澳门为永久性居住地的其他人以及本项所列永久性居民在澳门特别行政区成立以前或以后在澳门出生的未满 18 岁的子女。以上居民在澳门特别行政区享有居留权并有资格领取澳门特别行政区永久性居民身份证。

澳门特别行政区非永久性居民为：有资格依照澳门特别行政区法律领取澳门居民身份证，但没有居留权的人。另外，该法第 38 条进一步明确规定：澳门居民的婚姻自由、成立家庭和自愿生育的权利受法律保护。未成年人等受澳门特别行政区的关怀和保护。

（三）澳门民法和其他法律对儿童权利的保护

澳门法律本地化的一个重要标志就是 1999 年 11 月 1 日《澳门民法典》的生效。此次经"本地化"后颁布的《澳门民法典》仍然主要继受于《葡萄牙法典》，同时吸收了大陆法系的《德国民法典》、《法国民法典》、《意大利民法典》、《加拿大魁北克省民法典》等国家和地区民法典中之先进经验，并将散见于多项独立法规之中的民事规范及一些行为规范提升为法律，保持了大陆法系所具有的完整体系及高度法典化的特征。《澳门民法典》分为五卷，其中第四卷为亲属法，包括一般规定、结婚、亲子关系、收养、抚养五编，共 402 条，调整婚姻、亲子、收养及其他亲属之间的权利义务关系。亲属卷条文的数量仅次于债法，是民法典中变化较大的一卷。

在该法中，亲子关系受法律保护，当父母身份依法确立之后，他们与其子女之间即产生权利义务关系，此一关系，非法律许可，既不能抛弃，也不能剥夺。只有当父母不履行或未能履行亲权时，为保护未成年子女利益，才可依法限制或剥夺其亲权。另外，非婚生子女享有与婚生子女同等的法律地位，不受歧视。无论受孕或出生在何种情况下产生，子女为婚生子女或非婚生子女，其因亲子关系而与父母所生之权利义务完全相同。

新的《澳门民法典》统一了收养模式，取消了不完全收养，将收养模式统一为完全收养。收养关系一经建立，被收养人取得收养人子女之地位，其本人及其直系血亲卑亲属均成为收养人家庭之一分子，而被收养人与其直系血亲及旁系血亲间之亲属关系即告消灭。统一收养模式与现代社会保护被收养的未成年人利益及兼顾公平的立法理念相一致。该法在收养的一般要件中明确规定：仅在收养会对被收养人带来实际好处，且收养关系基于正当理由及收养对收养人之其他子女或对被收养之子女未造成不公平之牺牲，并能合理推测收养人与被收养人之间建立一种类似亲子关系之关系时，方作出收养宣告。完全收养使被收养人与收养人及其亲属之间可以建立一个完整、稳定的家庭与亲属关系，有利于维护收养关系的稳定性，保护收养人与被收养人双方的利益。由于完全收养使被收养人享有与收养人其他子女完全相同的法律地位，有利于其身心健康发展，也与澳门目前符合被收养人条件者数量下降的实际情况相一致。

"本地化"后的《澳门民法典》亲属卷已经有了很大的发展变化，在亲属法的现代化、体系化、本地化方面取得了显著的进展。但是，也仍然保留了一些保守、落后的规定。这些规定或者与世界亲属法的立法趋势相左，或者落后于社会现实，有检讨之必要。如亲属会议，在家长制社会曾经有过举足轻重的地位，但在现代社会，亲权制度、监护制度已相当发达，许多国家已取消了亲属会议的规定，如德国民法典取消了亲属会议，由被监护人的其他亲属或青少年事务局担任监护监督人，由监护法院对监护人和监护监督人予以监督，对违反义务行为予以干预。显然，这是社会化的监督机制，而不再是仅凭个人的好恶。而《澳门民法典》的亲属卷仍然保留了亲属会议，在澳门这样一个城市化程度相当高的都市，其保留的必要及作用的确令人质疑①。

除了《澳门民法典》外，澳门还有许多法律涉及儿童权利的保护。其中，《公开映、演甄审法令》（法令第 15/78/M 号）的规定较为详细。该法令第 8 条规定，为达到教育和指导市民，维护公共道德及良好风尚的目的，公开映、演甄审委员会将采取下列分龄办法对公开映、演进行审别：A——老少咸宜；B——未满 13 岁不宜观看；C——未满 18 岁不宜观看，13 岁以下禁止观看；D——未满 18 岁禁止观看。在理由充分的若干情况下，对经审别为"老少咸

---

① 夏吟兰：《"本地化"后澳门新民法亲属卷刍议》，载《外国法译评》2000 年第 3 期，第 54～61 页。

宜"（A组）的映、演场所，亦得建议入场者的最低限度年龄。该法令第9条进一步明确规定，凡公映公演因内容、演员所用言词或动作可能被认为不宜13岁以下儿童观看者，将列入B组。凡公映公演，因内容或动作被认为不宜未满13岁儿童，但13岁以上18岁以下有健全道德修养可以观看者，将列入C组，凡公映公演因内容宣扬犯罪或吸毒，纯以渲染暴力或对性和败德加以利用者，将列入D组，体育、马戏及斗牛表演，倘于上午或下午举行，通常列为"老少咸宜"（A组），但拳击及职业性的搏击包括武术电影，通常列入C组。该法令第10条指出，审别为C组的映、演，禁止未满13岁儿童观看；审别为D组的映、演，禁止未满18岁者观看。设有职业舞伴的跳舞公共场所，例如夜总会、舞厅及舞院亦禁止未满18岁者入内。

另外，澳门的《视听广播法》（法律第8/89/M号）规定：法律订为淫亵或不雅的节目禁止传播；使用含有色情内容或淫亵性物品的广告均被禁止；酒精类饮品或烟草广告不得利用未成年人参与及鼓励饮用。

《居民身份证条例》（法令第6/92/M号）第3条规定：年满5岁的澳门居民，必须具有居民身份证。在具正当理由的特殊情况下，得向未满5岁的人批给居民身份证，而身份证司司长须就所引用理由的可接纳性作出决定。该法令第5条关于未成年人之居留规定，在澳门出生的未成年人，出生时其父母系依据法律获准在澳门居留者，视为本地区居民。为着批给居民身份证之日的，上款所指未成年人的居留证明得以根据现行法例之规定可证实出生时其父或母，在澳门居留的文件为之①。

《澳门劳资关系法》第七章专门规定童工问题。其主要内容有：

1. 童工的概念

法律规定，经事先证明未满16岁的童工已具有执行雇主要求的职业活动所需要的良好体格，由14岁以上16岁以下未成年人士提供服务得例外地获得批准，是为童工。童工即14岁以上不满16岁的未成年劳工。

2. 童工的工作范围限制

童工禁止或受限制的工作包括：（1）担任因服务性质或所提供的条件对童工的身体、精神或道德方面有损害的，而受总督训令予以禁止或限制的工作；（2）提供家庭服务；（3）为进行居住地方的保养及烹饪所需的工作，在一个家庭提供服务，被视为家庭服务；例如：房屋清洁及整理、烹饪、洗涤及

---

① 肖蔚云主编：《澳门现行法律汇编》（第一辑），北京大学出版社1994年版，第660~753页。

处理衣物、看管及照顾儿童及老人、园丁、缝纫、习惯上所规定的其他类似工作等，都被视为家庭服务。为维护童工良好的发展、安全及生命，总督得以训令禁止童工在某些职业或活动范围内工作，提高该种职业、活动范围和服务方式的工作年龄下限。

3. 童工的健康检查

雇主必须事先证明童工具有执行其职业活动所需的良好体格，才能使用童工。提供服务的童工每年至少一次正常及定期的健康及体格检查，以看其是否胜任所从事的工作，有关的费用由雇主负担。

第五章　国际组织和国际公约
对儿童权利的保护

第一节　国际组织保护儿童权利的发展现状

一、联合国（UN）对儿童权利的保护

作为世界上最重要的国际组织，联合国在儿童权利保护方面承担着巨大的义务并发挥了无可替代的积极作用。《联合国宪章》宣布，对人类家庭所有成员的固有尊严及其平等和不移的权利的承认，乃是世界自由、正义与和平的基础，并重申对基本人权和人格尊严和价值的信念，并决心促成更广泛自由中的社会进步及更高的生活水平。在《联合国宪章》精神的指引下，1948 年的《世界人权宣言》更是明确宣布：儿童有权享受特别照料和协助。基于上述认识，1959 年 11 月 20 日，联合国大会通过《儿童权利宣言》，提出各国儿童应当享有的各项基本权利。宣言号召所有父母和一切男女个人以及各自愿组织、地方当局和各国政府确认儿童的这些权利，申明儿童应受到特殊保护，应通过法律和其他方法而获得各种机会和便利，使其能在健康与正常的状态和自由与尊严的条件下，得到身体、心智、道德、精神和社会等方面的发展的原则。宣言还要求各国政府应以儿童的最大利益为首要考虑。逐步采取立法和其他措施力求保证实现这些权利。

但是，儿童工作者指出，宣言不具有法律约束力，不能起到更大的作用。随着人权的发展，许多国家呼吁制定一项全面规定儿童权利、具有广泛适用意义并具有监督机制的专门法律文书，以促使国际社会在保护儿童权利问题方面能够普遍承担义务。在这种背景下，1978 年第三十三届联大会议通过决议，决定成立《儿童权利公约》起草工作组。自 1979 年至 1989 年用 10 年时间完成了起草工作，并于 1989 年 11 月 20 日第四十四届联大第 44/25 号决议协商一致通过，并向各国开放供签署、批准和加入。迄今为止，除美国和索马里两

个国家外，世界上几乎所有的国家都批准履行《儿童权利公约》。该公约中被提到的儿童权利多达几十种，但其中最基本的权利可概括为 4 种，即生存权、发展权、受保护权和参与权。考虑到为进一步加强行使儿童权利公约所确认的权利，需要加强保护儿童，使其不卷入武装冲突，并且确保儿童免遭买卖儿童、儿童卖淫和儿童色情制品之害，联合国第五十四届大会第 263 号决议又通过了《儿童权利公约关于儿童卷入武装冲突问题的任择议定书》和《儿童权利公约关于买卖儿童、儿童卖淫和儿童色情制品问题的任择议定书》两份法律文件，并开放给各国签字、批准和加入。作为世界上加入国家最多、影响最广泛的公约——《儿童权利公约》，及其两个任择议定书，是国际间有关儿童权利保护的基础性法律文件，必将对儿童权利保护事业产生深远的影响。

除《儿童权利公约》之外，联合国还制定了三个有关儿童权利保护的法律文件，即《联合国少年司法最低限度标准规则》（《北京规则》）、《联合国保护被剥夺自由少年规则》和《联合国预防少年犯罪准则》（《利雅得准则》）。这些规则是国际社会有关儿童犯罪的指导性文件，它们是国际社会共同努力的结果，受到国际社会的广泛重视和支持。其中，《联合国少年司法最低限度标准规则》是 1984 年 5 月在北京召开的"青少年犯罪与司法"专题专家会议讨论、修改、定稿的，所以又称《北京规则》，在 1985 年 12 月召开的第四十届联大会议上成为联合国正式文件。《联合国预防少年犯罪准则》是于 1988 年 2 月在沙特阿拉伯首都利雅得"阿拉伯安全研究与进修中心"召开的专家会议上讨论、研究、修改、定稿的，所以又称为《利雅得准则》，是为了帮助《北京规则》的实施和预防少年犯罪而制定的。

在《儿童权利公约》通过后不久，1990 年 9 月，70 多位国家元首、政府首脑以及来自另外 90 个国家的高级政治领导人参加了在纽约举行的联合国保护儿童世界峰会。会议通过了《儿童生存、保护及发展世界宣言》和《执行九十年代儿童生存、保护和发展世界宣言行动计划》（"世界宣言和行动计划"）。此次峰会非同寻常。在此以前，从未有如此众多的各国领导人聚集在一起讨论儿童问题。儿童的健康和教育是峰会讨论的重点，但它同时还成了讨论儿童经济和社会权利的一次主要会议。峰会的所有决定都是一致通过的。尽管峰会的草案给各国政府设定了较重的义务，但似乎各国政府对草案文本都不存在争议。本次会议的主题是儿童，这显然是促成这样一致性的原因之一。此次峰会潜在的国家责任意识也促进了这种一致性。会议通过的文本明确了较贫困的国家需要实质的国际合作来使得它们能够有效地参与到国际社会保护儿童的努力之中来。这种态度是一种发展方案，还没有成为一种权利。不过，关于

《儿童生存、保护及发展世界宣言》明显参照了联合国的《儿童权利公约》。会议还设计了相关的程序，与会国政府负责起草为实现本次峰会目标的国家行动计划。然而，与《儿童权利公约》不同的是，"世界宣言和行动计划"不构成一项具有法律约束力的国际条约。日益普遍的对儿童日常状况的关注、关于儿童状况是对世界各国的共同挑战以及在这一事项上急需各国合作的意识、冷战或其他意识形态障碍的消失——这些因素共同促成了此次峰会的召开，同时也为《儿童权利公约》在通过后的惊人的批准率铺平了道路①。

联合国除了上述通过制定公约、宣言、决议等法律文件和通过召开首脑会议的形式来保护儿童权利之外，还通过它的专门的儿童工作机构——联合国儿童权利委员会及联合国儿童基金会监督和促进世界各国执行联合国公约等法律文件的情况和各国儿童权利保护事业的发展。

二、国际劳工组织（ILO）对儿童权利的保护

1919 年成立的国际劳工组织在保护儿童权利方面可谓不遗余力，功高至伟。国际劳工组织成立后，在它的章程里就把保护儿童和青少年作为自己的一项迫切的任务。第二次世界大战结束后的 1946 年，国际劳工组织同联合国签订协议，成为联合国的一个专门机构，并同联合国的其他专门机构一样，是一个政府间组织。但是它在组织原则上又有其独特之处，那就是它的三方性的体制，保证会员国的政府代表、雇主代表和工人代表都有权参加该组织一切事务的讨论和决定。这种体制在联合国及其专门机构中是独一无二的。国际劳工组织的全体会员国代表大会被称为国际劳工大会。多年来，国际劳工大会通过了大量的关于保护童工和青少年工人的公约和建议书，主要围绕就业的最低年龄、体格检查和夜间劳动等问题而展开。除了专门针对儿童与青少年的劳动公约以外，在普遍性的国际劳动标准中，诸如关于职业安全与卫生、工作时间、有工资的年休假、禁止强制劳动，以及对青少年的未来和发展至关重要的关于就业、职业指导与职业培训等领域的许多公约和建议书里，也都有针对儿童和青少年的特殊规定②。

国际劳工组织自成立以来通过的大量公约中，给予儿童以特殊保护的专门

---

① 转引自国际人权法教程项目组编写：《国际人权法教程》（第一卷），中国政法大学出版社 2002 年版，第 428 页。

② 王家宠著：《国际劳动公约概要》，中国劳动出版社 1991 年版，第 13、14、15、17、203 页。

性公约占了相当大的比重。这些公约主要有：1919 年《最低年龄（工业）公约》、1919 年《少年人夜间工作（工业）公约》、1920 年《最低年龄（海上工作）公约》、1921 年《最低年龄（农业）公约》、1921 年《（最低年龄扒碳工和司炉工）公约》、1921 年《少年体格检查（海上工作）公约》、1932 年《最低年龄（非工业就业）公约》、1936 年《最低年龄（海上工作）公约》（修正本）、1937 年《最低年龄（工业）公约》（修正本）、1937 年《最低年龄（非工业就业）公约》（修正本）、1946 年《少年人体格检查（工业）公约》、1946 年《少年人夜间工作（非工业职业）公约》、1948 年《少年夜间工作（工业）公约》（修正本）、1959 年《最低年龄（渔工）公约》、1965 年《最低年龄（地下工作）公约》、1965 年《少年人体格检查（地下工作）公约》、1973 年《最低年龄公约》①、1999 年《关于禁止和立即行动消除最有害的童工形式公约》② 等。

三、海牙国际私法会议对儿童权利的保护

海牙国际私法会议（Hague Conference on Private International Law）的发展可分为两个阶段：从 1893 年第一届会议到 1951 年第七届会议为第一阶段。这时的会员国主要是欧洲大陆国家，先后有 21 个。日本于 1904 年成为会员国，是唯一的一个非欧洲国家的会员国。海牙会议这时还没有固定的组织，参加会议凭荷兰政府的邀请。在第一阶段，海牙会议先后召开了六届会议。1951 年以后为第二阶段。海牙会议第二阶段的最大变化是在第七届会议上制定了《海牙国际私法会议章程》。在该规约于 1955 年 7 月 15 日生效后，海牙会议成为一个以逐渐统一国际私法规范为目的的永久性政府间组织。在第二阶段，海牙会议的会员国大大扩大，到 1998 年它已有 46 个会员国，分布于世界五大洲。100 多年来，海牙国际私法会议为国际私法统一运动作出了巨大贡献，先后缔结与讨论了 40 多个国际私法公约与草案③。

在海牙国际私法会议缔结的公约当中，有关儿童权利保护方面的公约占到了相当大的比重。这些公约主要包括：1902 年的《关于未成年人监护的公

---

① ［美］爱德华·劳森著：《人权百科全书》，四川人民出版社 1997 年版，第 1842~1849 页。

② 北京大学法学院人权研究中心编：《国际人权文件选编》，北京大学出版社 2002 年版，第 145 页。

③ 李双元主编：《国际私法学》，北京大学出版社 2000 年版，第 132 页。

约》、1956 年的《关于抚养子女义务的准据公约》、1958 年的《关于承认和执行子女抚养义务判决的公约》、1961 年的《关于行政机关对未成年人保护的管辖权及准据法公约》、1980 年的《关于国际性非法诱拐儿童民事方面的公约》、1993 年的《跨国收养方面保护儿童及合作公约》、1996 年的《关于父母责任和保护儿童措施的管辖权、法律适用、承认、执行与合作公约》等①。

四、区域性国际组织对儿童保护权利的保护

区域性国际组织是指一定区域范围内的，因共同利益或政策而结合起来的国家集团。在区域性国际组织中，虽然也有一般政治性和专门性组织之分，但是，通常重要的区域组织都不仅具有政治方面维持和平与解决争端的职能，而且也有促进和调整本区域内社会、经济及其他专门领域关系的职能②。目前，世界上重要的和有影响力的区域性国际组织主要集中在欧洲和美洲等地区。

欧洲作为两次世界大战中饱受战争摧残的地区，对战争残暴地践踏千百万人的生命和自由的罪行感受甚深，因而人权保护的渴望极为强烈，呼声很高。二战后，联合国和欧洲理事会的建立，使欧洲国家期盼的建立集体人权保障的组织系统的设想成为可能。《欧洲理事会规章》明确承认各成员国负有尊重人权的义务，并把"维持和发展人权与基本自由"作为实现欧洲理事会宗旨的重要途径之一。1950 年，经过进一步协商，欧洲理事会的各国外交部长在罗马签署了《保护人权与基本自由欧洲公约》，即《欧洲人权公约》。该公约于1953 年 11 月 3 日正式生效。《欧洲人权公约》是第一个区域性人权公约，其缔约国基本上包括了欧洲理事会的所有成员国，它的有效覆盖面是非常广泛的。它是欧洲最重要的人权公约之一。1961 年 10 月 18 日，欧洲理事会的一些成员国又在都灵签署了《欧洲社会宪章》，确认了一些经济和社会权利及其实施标准。在这些权利当中，特别地提到了儿童和少年的权利③。

除了《欧洲人权公约》、《欧洲社会宪章》等普遍性的人权公约外，欧洲理事会还制定通过了大量的专门性儿童权利保护公约。1967 年 4 月 24 日欧洲理事会部长委员会在斯特拉斯堡通过了《欧洲儿童收养公约》 （*European*

---

① 李双元主编：《国际私法学》，北京大学出版社 2000 年版，第 104、105、132、133 页；《中国与国际私法统一化进程》，武汉大学出版社 1998 年版，第 486、487、488、595 页。

② 王铁崖主编：《国际法》，法律出版社 1995 年版，第 561 页。

③ 韩德培主编：《人权的理论与实践》，武汉大学出版社 1995 年版，第 131、136 页。

Convention on the Adoption of Children），并于 1968 年 4 月 26 日生效。该公约规定了在所有缔约国内确立儿童收养的共同原则和惯例①。1970 年 5 月 28 日，欧洲理事会部长委员会在海牙会议上又缔结了《欧洲遣返未成年人公约》（*European Convention on the Repatriation of Minors*）。根据该公约，缔约各国承诺就遣返在违反可适用的法律并违背其父母或监护人的愿望的情况下被带走至国外的未成年人方面进行合作。该公约在规定对这种合作要求在正常情况下应予以妥善考虑的同时，还规定了妥善行动可被合理拒绝或推迟的情况②。1975 年 10 月 15 日欧洲理事会部长委员会在斯特拉斯堡又缔结了《欧洲非婚生儿童法律地位公约》（*European Convention on the Legal Status of Children Born out of Wedlock*）。该公约旨在减少非婚生儿童与婚生儿童相比在法律和社会地位方面的差别③。1980 年 5 月 20 日欧洲理事会部长委员会在卢森堡召开的会议上通过了《欧洲关于承认和执行有关儿童监护的决定和关于恢复对儿童的监护的公约》（*European Convention on Recognition and Enforcement of Decisions concerning Custody of Children and on Restoration of Custody of Children*），并于 1983 年 9 月 1 日生效。该公约规定了在违背可强制执行的监护决定的情况下，被不适当地从一个缔约国转移到另一缔约国的儿童返回到其监护人员身边所应遵守的有关程序。每一缔约国承诺指定一中央当局处理此类事务，任何已在该国中获得有关儿童监护决定或者希望其有关监护决定在另一缔约国得到承认或执行的人都可向该当局提出申请。各国中央机构应在寻找儿童、获得有关监护决定的承认或执行以及使儿童返回其监护人身边等方面进行合作④。另外，还有欧洲理事会制定的、1996 年 1 月 25 日开放供签署、2000 年 1 月 7 日通过生效的《欧洲儿童权利公约》等⑤。

此外，美洲国家组织在人权保护，包括儿童权利保护方面，也建树颇多。

---

① ［美］爱德华·劳森著：《人权百科全书》，四川人民出版社 1997 年版，第 522~523 页。

② ［美］爱德华·劳森著：《人权百科全书》，四川人民出版社 1997 年版，第 533 页。

③ ［美］爱德华·劳森著：《人权百科全书》，四川人民出版社 1997 年版，第 526 页。

④ ［美］爱德华·劳森著：《人权百科全书》，四川人民出版社 1997 年版，第 501、502 页。

⑤ 赵海峰：《欧盟对基本权利的保护和〈欧盟基本权利宪章〉》，载《欧洲法通讯》（第 2 辑），法律出版社 2001 年版，第 23 页。

在 1969 年 11 月召开的人权特别会议上通过了《美洲人权公约》的最后文本，并于 1969 年 11 月 22 日开放供签署。1979 年 7 月 18 日，11 份批准书交存后开始生效。该公约在第 17 条规定了非婚生子女和婚生子女的平等权利，第 19 条特别规定了儿童的权利①。在儿童权利保护的专门法方面，美洲国家组织在 1984 年 5 月 24 日通过了《美洲国家间关于未成年人收养的法律冲突公约》，1989 年 7 月美洲国家间第四届国际私法特别会议通过了《美洲国家间国际遣返儿童的公约》，1994 年 3 月 18 日通过了《美洲国家间关于国际拐卖未成年人公约》等②。

非洲作为目前世界上最贫困、落后的大陆，在儿童权利保护方面也迈出了坚实的步伐。《非洲人权和民族权利宪章》和《非洲统一组织宪章》等基础性法律文件都有条款规定了儿童权利保护的内容。尤其值得欣慰的是，非洲统一组织（OAU）在 1990 年制定的《非洲儿童权利和福利宪章》于 1999 年 11 月 29 日正式生效，这个宪章更好地促进了非洲儿童权利保护事业的发展。

五、国际非政府组织（INGO）对儿童权利的保护

国际非政府组织是各国民间的团体、联盟或个人，为了促进在政治、经济、科学技术、文化、宗教、人道主义及其他人类活动领域的国际合作而建立的一种非官方的国际联合体。非政府组织肇始于 19 世纪前半期，与政府间组织几乎同时生成，早期活动主要集中在人道主义和宗教事务方面，而目前已扩展到人类生活的所有领域。国际非政府组织的数目急剧增长，并在各自的活动领域有广泛的代表性，并有丰富的专门知识与经验③。致力于儿童权利保护的非政府组织也发展迅速，目前已成为国际上儿童权利保护事业的一支重要力量，并发挥着越来越重要的作用。

致力于儿童权利保护事业的国际非政府组织主要有：救助儿童国际联盟（Save the Children International Union）、国际保护儿童组织（Defence for Children International）、国际未成年人与家庭法院法官协会（International Association of Juvenile and Family Court Magistrates）、儿童教育协会国际组织（Association for Children Education International）、国际残疾青少年福利工作者协会（International Association of Workers for Troubled Children and Youth）等。

① 韩德培：《人权的理论与实践》，武汉大学出版社 1995 年版，第 136、138 页。
② 蒋新苗：《国际收养法律制度研究》，法律出版社 1969 年版，第 80、81、247 页。
③ 王铁崖：《国际法》，法律出版社 1995 年版，第 565 页。

除了这些致力于儿童权利保护的专业的国际非政府组织外，还有许多国际非政府组织也把保护儿童权利作为其工作的重要内容。如国际红十字会、国际社会服务组织（International Social Service）等①。

第二节　全球性国际公约对儿童权利的保护

一、基础性国际公约对儿童权利的保护

（一）《联合国宪章》对儿童权利的保护

众所周知，《联合国宪章》是当今世界最重要、影响最广泛的一部国际法律文件。该宪章是于1945年6月26日在旧金山召开的联合国国际组织会议闭会时签订的，并于同年10月24日生效。《联合国宪章》属于多边条约，对所有的会员国甚至非会员国具有普遍的约束力。该宪章中没有专门规定保护儿童权利的条款，但毫无疑问，该宪章中有关保护人权的条款自然涵括了保护儿童权利的内容，因为儿童的人权是整个人权体系中不可或缺的重要内容。

《联合国宪章》在开篇就指出，"欲免后世再遭今代人类两度身历惨不堪言之战祸，重申基本人权、人格尊严与价值，以及男女与大小各国平等权利之信念"，而且要"促成大自由中之社会进步及较善之民生"，并且"运用国际机构，以促成全球人民经济及社会之进展"。

在该宪章有关宗旨及原则的第一章第1条第3款规定，联合国的宗旨之一是："促成国际合作，以解决国际间属于经济、社会、文化、及人类福利性质之国际问题，且不分种族、性别、语言、宗教，增进并激励对于全体人类之人权及基本自由之尊重。"在第九章关于国际经济及社会合作的规定中，第55条进一步明确指出："为造成国际间以尊重人民平等权利及有自决原则为根据之和平友好关系所必需之安定及福利条件起见，联合国应促进：A. 较高之生活程度，全民就业，及经济与社会进展。B. 国际间经济、社会、文化、卫生及有关问题之解决；国际间文化及教育合作。C. 全体人类之人权及基本自由

---

① 综合参见：（1）佟丽华著：《未成年人法学》，中国民主法制出版社2001年版，第210页。（2）蒋新苗著：《国际收养法律制度研究》，法律出版社1999年版，第250、251页。（3）王喜六等主编：《新编国际组织辞典》，贵州人民出版社2001年版，第35、63页。

之普遍尊重与遵守，不分种族、性别、语言或宗教。"随后，第 56 条规定：
"各会员国担允采取共同及个别行动与本组织合作，以达成第 55 条所载之
宗旨。"

（二）"国际人权宪章"对儿童权利的保护

1948 年《世界人权宣言》和 1966 年两个国际人权公约——《经济、社
会、文化权利国际公约》和《公民权利和政治权利国际公约》，是最重要的关
于人权的国际法律文件，构成所谓"国际人权宪章"。

1948 年 12 月 10 日在巴黎召开的联大第三届会议上，一致通过了《世界
人权宣言》。12 月 10 日这一天因此被联合国定为国际人权日。《世界人权宣
言》在序言中开篇就指出："对人类家庭所有成员的固有尊严及其平等的和不
移的权利的承认，乃是世界自由、正义与和平的基础。""大会发布这一世界
人权宣言，作为所有人民和所有国家努力实现的共同目标。以期每一个人和社
会机构经常铭念本宣言，努力通过教诲和教育促进对权利和自由的尊重，并通
过国家的和国际的渐进措施，使这些权利和自由在各会员国本身人民及在其管
辖下领土的人民中得到普遍和有效的承认和遵行。"

《世界人权宣言》有专门条款规定了对儿童权利的保护，另外还有不少条
款可以视为与保护儿童权利具有密切联系。该宣言第 2 条规定："人人有资格
享有本宣言所载的一切权利和自由，不分种族、肤色、性别、语言、宗教、政
治或其他见解、国籍或社会出身、财产、出生或其他身份等任何区别。"其
中，"其他身份"的措辞应该可以解释为包括年龄。在第 12 条，规定任何人
的私生活、家庭等不得任意干涉，人人有权享受法律保护，以免受这种干涉。
该宣言第 16 条第 3 款也规定："家庭是天然的和基本的社会单元，并应受社会
和国家的保护。"而专门规定保护儿童权利的内容出现在本宣言的第 25 条和
第 26 条。第 25 条规定："（一）人人有权享受为维持他本人和家属的健康和
福利所需的生活水准，包括食物、衣着、住房、医疗和必要的社会服务；在遭
到失业、疾病、残废、守寡、衰老或在其他不能控制的情况下丧失谋生能力
时，有权享受保障。（二）母亲和儿童有权享受特别照顾和协助。一切儿
童，无论婚生或非婚生，都应享受同样的社会保护。"第 26 条是关于教育权
利的规定："（一）人人都有受教育的权利，教育应当免费，至少在初级和
基本阶段应如此。初级教育应属于义务性质。技术和职业教育应普遍设立。
高等教育应根据成绩而对一切人平等开放。（二）教育的目的在于充分发展
人的个性并加强对人权和基本自由的尊重。教育应促进各国、各种族或各宗
教集团间的了解、容忍和友谊，并应促进联合国维护和平的各项活动。

（三）父母对其子女所应受的教育的种类，有优先选择的权利。"

"国际人权宪章"的另外两个重要法律文件——《公民权利和政治权利国际公约》与《经济、社会及文化权利国际公约》都是联合国大会于 1966 年 12 月 16 日通过的，并分别于 1976 年 3 月 23 日和 1976 年 1 月 3 日生效。这两个国际公约都是在《联合国宪章》和《世界人权宣言》的宗旨和原则的精神指导下制定的。跟联合国宪章和世界人权宣言相比，这两个国际公约中对保护儿童权利的规定更详细和全面，是联合国宪章和世界人权宣言的具体和深化。

《公民权利和政治权利国际公约》第 2 条第 1 款规定："本公约每一缔约国承担尊重和保证在其领土内和受其管辖的一切个人享有本公约所承认的权利，不分种族、肤色、性别、语言、宗教、政治或其他见解、国籍或社会出身、财产、出生或其他身份等任何区别。"虽然本条没有直接提到"儿童"，但"其他身份"的措辞应该可以解释为包括"年龄"。该公约第 6 条第 5 款规定："对 18 岁以下的人所犯的罪，不得判处死刑；对孕妇不得执行死刑。"另外，公约第 10 条对少年犯作出了特别的规定："一、所有被剥夺自由的人应给予人道及尊重其固有的人格尊严的待遇。二、（甲）除特殊情况外，被控告的人应与被判罪的人隔离开，并应给予适合于未判罪者身份的分别待遇；（乙）被控告的少年应与成年人分隔开，并应尽速予以判决。三、监狱制度应包括以争取囚犯改造和社会复员为基本目的的待遇。少年罪犯应与成年人隔离开，并应给予适合其年龄及法律地位的待遇。"该公约第 14 条要求对刑事案件或法律诉讼的任何判决应公开宣布，但有一个例外，那就是除非少年的利益另有要求或者诉讼系有关儿童监护权的婚姻争端。对少年的案件，在程序上也应考虑到他们的年龄和帮助他们重新做人的需要。本公约第 18 条第 4 款规定："本公约缔约各国承担，尊重父母和（如适用时）法定监护人保证他们的孩子能按照他们自己的信仰接受宗教和道德教育的自由。"第 23 条要求在解除婚约的情况下，应为儿童规定必要的保护办法。本公约对儿童权利的规定，集中在第 24 条。该条规定的儿童权利主要有："一、每一儿童应有权享受家庭、社会和国家为其未成年地位给予的必要保护措施，不因种族、肤色、性别、语言、宗教、国籍或社会出身、财产或出生而受任何歧视。二、每一儿童出生后就立即加以登记，并应有一个名字。三、每一儿童有权取得一个国籍。"最后，公约第 26 条规定："所有的人在法律前平等，并有权受法律的平等保护，无所歧视。在这方面，法律应禁止任何歧视并保证所有的人得到平等的和有效的保护，以免受基于种族、肤色、性别、语言、宗教、政治或其他见解、国籍或社会出身、财产、出生或其他身份等任何理由的歧视。"此处，"其他身份"

可视为包括"年龄"。

　　《经济、社会及文化权利国际公约》也有许多条款涉及儿童权利的保护。其中，直接规定保护儿童权利的条款主要是第 10 条、第 12 条和第 13 条。该公约第 10 条规定："本公约缔约各国承认：一、对作为社会的自然和基本的单元的家庭，特别是对于它的建立和当它负责照顾和教育未独立的儿童时，应给以尽可能广泛的保护和协助。缔婚必须经男女双方自由同意。二、对母亲，在产前和产后的合理期间，应给以特别保护。在此期间，对有工作的母亲应给以给薪休假或有适当社会保障福利金的休假。三、应为一切儿童和少年采取特殊的保护和协助措施，不得因出生或其他条件而有任何歧视。儿童和少年应予保护免受经济和社会的剥削。雇佣他们做对他们的道德或健康有害或对生命有危险的工作或做足以妨害他们正常发育的工作，依法应受惩罚。各国亦应规定限定的年龄，凡雇用这个年龄以下的童工，应予禁止和依法应受惩罚。"公约第 12 条规定："一、本公约缔约各国承认人人有权享有能达到的最高的体质和心理健康的标准。二、本公约缔约各国为充分实现这一权利而采取的步骤应包括为达到下列目标所需的步骤：（甲）减低死胎率和婴儿死亡率，和使儿童得到健康的发育；（乙）改善环境卫生和工业卫生的各个方面；（丙）预防、治疗和控制传染病、风土病、职业病以及其他的疾病；（丁）创造保证人人在患病时能得到医疗照顾的条件。"在接下来的第 13 条就受教育权作出了规定："一、本公约缔约各国承认，人人有受教育的权利。它们同意，教育应鼓励人的个性和尊严的充分发展，加强对人权和基本自由的尊重，并应使所有的人能有效地参加自由社会，促进各民族之间和各种族、人种或宗教团体之间了解、容忍和友谊，和促进联合国维护和平的各项活动。二、本公约缔约各国认为，为了充分实现这一权利起见：（甲）初等教育应属义务性质并一律免费；（乙）各种形式的中等教育，包括中等技术和职业教育，应以一切适当方法，普遍设立，并对一切人开放，特别要逐渐做到免费；（丙）高等教育应根据成绩，以一切适当方法，对一切人平等开放，特别要逐渐做到免费；（丁）对那些未受到或未完成初等教育的人的基础教育，应尽可能加以鼓励或推进；（戊）各级学校的制度，应积极加以发展；适当的奖学金制度，应予设置；教员的物质条件，应不断加以改善。三、本公约缔约各国承担，尊重父母和（如适用时）法定监护人的下列自由：为他们的孩子选择非公立的但系符合于国家所可能规定或批准的最低教育标准的学校，并保证他们的孩子能按照他们自己的信仰接受宗教和道德教育。"关于受教育权，第 14 条补充规定："本公约任何缔约国在参加本公约时尚未能在其宗主领土或其他在其管辖下的领土实施免费的、义务性的初等教育者，承担在两年之内制定和采取一个逐步实行的详细的行动计划，其中规定在合理的年限内实现一切人均得受免费的义务性教育的原则。"

（三）上述公约简评

在《联合国宪章》订立以前，国际法并不承认那种时常被称为人的基本的、不可让与的和自然的权利，虽然各种发展都已指出了这个方向①。《联合国宪章》的颁布，则彻底地改变了这样一种局面。《联合国宪章》是一个具有法律约束力的文件，且联合国基于此而产生。因此，联合国的所有成员国都有法定义务遵守宪章的规定，包括其中的人权条款②。《联合国宪章》规定的宗旨和原则是联合国一切活动的法律依据。《联合国宪章》中的人权条款是所有国际人权文件制定的依据和指导原则，包括最重要的国际人权文件——构成"国际人权宪章"的《世界人权宣言》，和1966年的两个国际人权公约都在开篇序言中宣称是秉承了《联合国宪章》的精神而制定的。因此，在国际人权保护的法律领域，当然也包括对儿童人权的保护领域，《联合国宪章》具有最高的效力，发挥着最重要的作用。

在《联合国宪章》精神的指导下，1948年通过的《世界人权宣言》是联合国准备制定的"国际人权宪章"的第一部分，同时，也是整个国际人权公约体系的第一份系统的纲领性文件。它对以后的国际人权立法和国际人权运动产生了重要的影响。首先，《世界人权宣言》是后来联合国制定的众多国际人权公约的基础。1989年在纪念《世界人权宣言》通过40周年的大会上，联合国前秘书长德奎利亚尔表示："四十多年来，联合国在人权方面所做的努力成绩突出。一个全面的、以《世界人权宣言》规定的各项共同权利为基础的法律已经形成……这是联合国最惊人的成就之一。"具体来说，受《世界人权宣言》影响最大的是构成"国际人权宪章"另外一部分的两项国际公约，即《公民权利和政治权利国际公约》和《经济、社会及文化权利国际公约》。此外，联合国制定或通过的其他国际人权公约或宣言，都在不同程度上受到《世界人权宣言》的影响。许多国际公约或宣言明确宣布是对《世界人权宣言》精神的继承。某些国际公约或宣言可以看成是《世界人权宣言》具体条款的扩展和引申。像1959年的《儿童权利宣言》和1989年的《儿童权利公

---

① 詹宁斯、瓦茨修订，王铁崖等译：《奥本海国际法》（第一卷），中国大百科全书出版社1998年版，第355页。

② 国际人权法教程项目组编写：《国际人权法教程》（第一卷），中国政法大学出版社2002年版，第46页。

约》就是明显的例子。可见，《世界人权宣言》已成为国际人权立法的重要基础。

其次，《世界人权宣言》对区域性人权公约的制定也产生了积极的影响。1966 年的《美洲人权公约》和 1950 年的《欧洲人权公约》都宣称继承《世界人权宣言》的基本精神。在此意义上，可以认为它们是《世界人权宣言》在欧洲和美洲地区的延伸和贯彻运用。即使是最能代表第三世界国家有关人权的观点和立场的《非洲人权和民族权利宪章》也"适当顾及《联合国宪章》和《世界人权宣言》促进国际间合作的庄严誓约"，其涉及的人权条款虽然具有鲜明的反殖民主义、反种族主义和争取民族平等权、发展权的色彩，但也能看成是《世界人权宣言》中"人权及基本自由"在新时期的新发展。

最后，《世界人权宣言》对世界各国宪法的制定和修订产生了重大影响。正如荷兰学者亨利·范·马尔赛文和格尔·德·唐在其《成文宪法的比较研究》一书中所说的："因为《世界人权宣言》推动了一些价值观念和规范的产生，这些价值观念和规范构成了一套普遍准则，其中的基本准则得到了大多数不同政治社会的承认。"许多国家的宪法明显地受到《世界人权宣言》的鼓舞，并经常引用其中的语句[1]。《世界人权宣言》的内容得到联合国及有关机构的确认和再确认，得到许多国际机构和国家在不同场合的援引和再援引，且《世界人权宣言》中的规定已写进许多国际公约和国家的宪法中[2]。但是，制定《世界人权宣言》的初衷是要确定实现人权的共同标准，并不为各国创设法律义务。《世界人权宣言》是作为一项决议在联大通过的，而联大决议对成员国不具有法律拘束力。因此，《世界人权宣言》不过是一份各国承诺逐渐实现保障人权目标的决心书，各国只对其负有道德责任而非强制性义务[3]。

但也有许多学者认为《世界人权宣言》具有一定的法律约束力，甚至还有学者认为它已具备强行法特征，构成世界权利法案的核心。但不管怎样，《世界人权宣言》对于各国间关系和国际关系的巨大影响已经深入扩及历史、道德、政治和法律的各个方面。在未来书写历史的时候，它所体现的温和、宽

---

[1]　[荷] 亨利·范·马尔赛文、格尔·德·唐著：《成文宪法的比较研究》，华夏出版社 1987 年版，第 62 页。

[2]　白桂梅等编著：《国际法上的人权》，北京大学出版社 1996 年版，第 62 页。

[3]　万鄂湘：《人类社会追求的共同目标——评〈世界人权宣言〉》，载邵沙平、余敏友：《国际法问题专论》，武汉大学出版社 2002 年版，第 157~160 页。

容和理解精神，可能会被视为人类走向全球文明化过程中一个最大的进步①。因此，约翰·汉弗莱把《世界人权宣言》视为"人类大宪章"（Magna Carta of Mankind）②。即使《世界人权宣言》如英国人权学家 M. 米尔恩所说的那样："尽管《世界人权宣言》声称具有普遍性，但它所规定的权利有许多简直与这些国家全然无关，一种关于人权的表述，若使其中许多权利与大多数人类无关，就不是一种经得起理性辩驳的表述。"③ 但是，恰恰相反，《世界人权宣言》中有关儿童权利的规定简直与这些国家全都有关，而且跟所有人类成员紧密关联，绝对是一种经得起理性辩驳的表述。这一点应该说是毋庸置疑的。

在《联合国宪章》和《世界人权宣言》的精神指导下，随着世界人权事业的发展，联合国大会于 1966 年通过的《公民权利和政治权利国际公约》和《经济、社会及文化权利国际公约》对于其签约国具有条约的法律效力，并形成了人权的法典化。这两个公约中对儿童权利的保护性规定更丰富、更详尽，其实际效力也更强。正是在这两个国际公约中有关儿童权利保护的规定的指引下，联合国等机构通过努力，终于在 20 世纪 80 年代以来先后制定了 3 个主要的儿童权利保护方面的国际法律文件，即《联合国儿童权利公约》、《联合国少年司法最低限度标准规则》、《联合国预防少年犯罪准则》。

二、联合国通过的专门性国际公约和文件对儿童权利的保护

（一）联合国《儿童权利宣言》与《儿童权利公约》及其任择议定书

1. 《儿童权利宣言》

《儿童权利宣言》（*Declaration of the Rights of the Child*）是联合国大会 1959 年 11 月 20 日第 1386（XIV）号决议通过的。该宣言在准备阶段时就曾指出，它所阐述的每个人包括儿童享有的许多权利和自由已在《世界人权宣言》中得以宣布。然而，联合国大会仍作成决议，儿童的特殊需要证明，为其制定一个单独的国际文书是正当的④。该宣言就儿童权利提出了 10 项原则，以期儿童能有幸福的童年，为其自身的和社会的利益而得享宣言中所说明的各

---

① 转引自国际人权法教程项目组编写：《国际人权法教程》（第一卷），中国政法大学出版社 2002 年版，第 51 页。

② Scott Davidson, *Human Rights*, Open University Press, 1993, p. 67.

③ ［英］M. 米尔恩著：《人的权利与人的多样性——人权哲学》，夏勇等译，中国大百科全书出版社 1995 年版，第 3 页。

④ 资料来源：［美］爱德华·劳森著：《人权百科全书》，四川人民出版社 1997 年版，第 340 页。

项权利和自由，并号召所有父母和一切男女个人以及各自愿组织、地方当局和各国政府确认这些权利，根据这 10 项原则逐步采取立法和其他措施力求这些权利得以实行。这些原则分别是：

原则 1：儿童应享有本宣言中所列举的一切权利，一切儿童毫无任何例外均得享有这些权利，不因其本人的或家族的种族、肤色、性别、语言、宗教、政见，或其他意见、国籍及社会成分、财产、出身或其他身份而受到差别对待或歧视。

原则 2：儿童应受到特别保护，并应通过法律和其他方法而获得各种机会与便利，使其能在健康而正常的状态和自由与尊严的条件下，得到身体、心智、道德、精神和社会等方面的发展，在为此目的而制定法律时，应以儿童的最大利益为首要考虑。

原则 3：儿童应有权自其出生之日起即获得姓名和国籍。

原则 4：儿童应享受社会安全的各种利益，应有能健康地成长和发展的权利。为此，对儿童及母亲应给予特别的照料和保护，包括产前和产后的适当照料。儿童应有权利得到足够的营养、住宅、娱乐和医疗服务。

原则 5：身心或所处社会地位不正常的儿童，应根据其特殊情况的需要给予特别的治疗、教育和照料。

原则 6：儿童为了全面而协调地发展其个性，需要得到慈爱和了解，应当尽可能地在其父母的照料和负责下，无论如何要在慈爱和精神上与物质上有保障的气氛下成长。尚在幼年的儿童除非情况特殊，不应与其母亲分离，社会和公众事务当局应有责任对无家可归和难以维生的儿童给予特殊照顾。采取国家支付或其他援助的办法使家庭人口众多的儿童得以维持生活乃是恰当的。

原则 7：儿童有受教育之权，其所受之教育至少在初级阶段应是免费的和义务性的，儿童所受的教育应增进其一般文化知识，并使其能在机会平等的基础上发展其各种才能、个人判断力和道德的与社会的责任感，而成为有用的社会一分子。儿童的最大利益应成为对儿童的教育和指导负有责任的人的指导原则，儿童的父母首先负有责任。儿童应有游戏和娱乐的充分机会，应使游戏和娱乐达到与教育相同的目的，社会和公众事务当局应尽力设法使儿童得以享受此种权利。

原则 8：儿童在一切情况下均应属于首先受到保护和救济之列。

原则 9：儿童应被保护不受一切形式的忽视、虐待和剥削，儿童不应成为任何形式的买卖对象。儿童在到达最低限度的适当年龄以前不受雇用，绝对不应指使或允许儿童从事可能损害其健康或教育，或者妨碍其身体、心智或品德发展的工作。

原则10：儿童应受到保护，使其不致沾染可能养成种族、宗教和任何其他方面歧视态度的习惯，应以谅解、宽容、各国人民友好、和平以及四海之内皆兄弟的精神教育儿童，并应使他们充分意识到他们的精力和才能应该奉献于为人类服务①。

2.《儿童权利公约》

正如前文介绍的，1959 年的《儿童权利宣言》提出了各国儿童应当享有的各项基本权利，但是儿童工作者指出，宣言不具有法律约束力，不能起到更大的作用。随着人权法的发展，许多国家呼吁制定一项全面规定儿童权利、具有广泛适用意义并具有监督机制的专门法律文书，以促使国际社会在保护儿童权利问题方面能够普遍承担义务。在这种背景下，1978 年第 33 届联大通过决议，决定成立《儿童权利公约》起草工作组。该公约草案系由波兰提交给人权委员会 1978 年会议的。在 1979 年至 1989 年 10 年间，委员会在一个不限成员名额的工作组的协助下精心制定了该草案。1988 年联合国大会要求人权委员会将此项工作置于最优先的地位，并尽全力在标志着《儿童权利宣言》公布 30 周年和国际儿童年（1979）10 周年的 1989 年完成公约的文本。人权委员会在 1989 年的全体会议上完成了其制定公约的工作，并通过经济及社会理事会将公约提交给联合国大会，联合国大会未经表决便协商一致通过了该公约，并将公约开放供签字、批准和加入。迄今为止，世界上除美国和索马里外，几乎所有国家已经批准履行该公约。

《儿童权利公约》是目前世界上最重要的保护儿童权利的纲领性法律文件。本书将结合联合国儿童权利委员会和联合国儿童基金会的有关工作，对《儿童权利公约》的主要内容作一介绍。

（1）《儿童权利公约》总则

《儿童权利公约》规定了保护儿童权利的一般原则，这一点很重要。这些一般原则共同构成对各国保护儿童权利具体实施方案的指导。《儿童权利公约》是建立在对儿童的待遇、保护及其对社会的参与等基础的价值判断之上的。这些思想在该公约的第 2 条、第 3 条、第 6 条以及第 12 条中明显地得到体现和表达。在 1991 年 9 月至 10 月召开的儿童权利委员会第一次会议上，儿童权利委员会决定给予这些条款特殊的关注，并将它们视为一般原则。在这次

---

①　参考文献：转引自国际人权法教程项目组编写：《国际人权法教程》（第一卷），中国政法大学出版社 2002 年版，第 429~439 页。

会议上，儿童权利委员会就各缔约国政府最初的报告应如何写和结构如何形成了共同意见，并制定了相应的指导方针。在该指导方针中，在有关公民权利、家庭、健康、教育以及其他的更为具体的条款之前，将被视为一般原则的上述条款置于一个特殊的标题之下。显然，儿童权利委员会希望各国政府就这些原则的适用情况和该公约其他条款的适用情况作出报告。这样，该公约就不仅是简单的义务清单，它拥有了某种"灵魂"。

①儿童的最大利益。《儿童权利公约》所包含的理念中，最基本的理念是儿童也是平等的人；作为人类成员，儿童拥有与成人一样与生俱来的价值。对玩耍权利的确认强调了儿童时代本身的价值。儿童时代并不仅是其以后成年生活的培训期，儿童具有与成人相同的价值，这听起来似乎是不言自明的，但事实上这种思想是激进的，在今天完全没有得到尊重。儿童尤其是在他们非常小的时候，是非常脆弱的，他们需要特殊的照料才能够完全享有自己的权利。如何才能赋予儿童同等的价值以及必要的保护呢？"儿童最大利益"原则即是对此问题的部分回答。《儿童权利公约》第3条第1款规定了"儿童最大利益"原则，这一原则应是所有涉及儿童的行动所应首要考虑的原则。如果官方决定儿童问题，则该决定无论何时作出，儿童的利益都应被视为与成人的利益一样重要，而不是将考虑的重点仅仅局限于父母的利益或国家的利益。这的确是该公约所要传递的主要信息之一。在解释这项的时候，儿童权利委员会强调涉及儿童利益的决策程序的重要性。在作出一项影响儿童利益的决定之前，应该首先进行充分的效果分析。

②儿童的意见。"儿童最大利益"原则的性质决定了另外一项原则的重要性。即《儿童权利公约》在第12条第1款中规定的尊重儿童意见的原则。在儿童有能力形成自己的意见的范围内，为了知晓什么是儿童真正的利益，就得倾听儿童的意见。在所有影响到儿童利益的事项上儿童的意见都应得到适当的重视。一些人简单化地将倾听儿童意见的原则称为《儿童权利公约》中的参与因素。也就是说儿童拥有其意见被聆听、被认真对待的权利。到目前为止，各缔约国提交的报告对于这一条款，即第12条第1款的报告是含糊的。比如，一些缔约国的报告称，儿童在达到一个特定年龄后拥有拒绝收养或是变更姓名或国籍的权利。但很少有缔约国的报告显示缔约国采取了这一影响儿童学校、家庭以及政治生活的原则的综合性措施。

③生存与发展权。这一项原则与公约中涉及生命权的第6条规定的儿童经济、社会权利具有最直接的联系。第6条没有仅仅赋予儿童不被杀害的权利，而是规定了儿童生存与发展权。"生存"一词在人权条约中不常用。它是从有

关发展的讨论使用的术语中借用过来的，最初源于联合国儿童基金会的一项建议。目的是为了在生命权引入能动性的方面，比如像有必要采取诸如免疫之类的预防性措施。"发展"一词为第 6 条增加了一个本质的尺度。它与作为个体的儿童相联系，应作广义上的解释，即不仅仅是指身体健康的发展，还应当包括精神、情感、认知、社会、文化的发展。

第 6 条应当被视为是该公约中与儿童经济、社会和文化权利有关的其他条款的一个平台。执行该原则需要资源，而较为贫穷的国家则不太可能采取某些措施。该条款的措词"最大限度"包含了对上述情况的承认。同时，该条款的陈述也表明了对所有国家应当优先执行该条款的要求。

关于儿童生命权的主要争论集中在堕胎问题上。该公约在其序言中提及未出生婴儿："儿童因其身心尚未成熟，其出生以前和以后均需要特殊的保护和照料，包括法律上的适当保护。"这造成了一定的混乱。反堕胎游说者从上述陈述中找到了对其主张的支持，这是容易理解的。但是，该公约的序言并不构成正式的条约义务。事实上，在该公约起草过程中，关于在该公约中加入反对堕胎条款的建议被拒绝了。不过，在《儿童权利公约》的基础上尚可对未出生婴儿的保护和发展的其他方面进行探讨。儿童权利委员会一直强调怀孕妇女保健问题的重要性。营养不良或者生病的母亲生出来的孩子将面临健康以及存活的困难。提倡怀孕妇女避免使用酒精、毒品以及吸烟是很重要的。在处理这些问题时，究竟该行动或举措是基于保护未出生婴儿的权利还是基于出生后的孩子拥有一个健康的开端的权利是无关紧要的。现代儿童心理学很清楚地表明了孩子出生的最初的几天、几个星期、几个月对于儿童将来的发展有多么重要。在第 6 条的执行上也应该考虑到这一点。孩子从最初的时候就有可能与母亲或者另外一个人进行充分的联系或交流是十分必要的。是不是所有的父母都了解这些基本的事实呢？是否给予了他们与其小孩在一起的机会呢？最近对几个工业化国家的调查表明，对父母的教育是难以令人满意的，他们给予孩子的时间也很少。日托中心、托儿所、普通的学校都是儿童可能发展他们个性的其他关键性社会环境。

④非歧视。正如儿童权利委员会确定的那样，《儿童权利公约》的第四个一般原则是所有儿童都应不被歧视地享有他们的权利。该公约第 2 条的非歧视条款明确了应向所有儿童提供平等机会的义务。这是一个有关权利平等的信息。女童应当享有与男童一样的权利。残疾儿童应当与其他儿童一样享有能够过体面生活的同等机会。儿童权利委员会对此项原则作了能动性的解释。仅仅在立法上规定反对歧视是不够的；为了确保所有的儿童拥有真实的机会享有他

们的权利，预先和主动的措施往往是很必要的。

（2）《儿童权利公约》中的经济、社会和文化权利

就《儿童权利公约》整体倾向而言，那些实质性条款应被视为属于经济、社会和文化权利的范畴并不是很明显的。但是，被儿童权利委员会用"基本健康和福祉"的标题归为一类的条款与"教育、休闲、文化权利"标题下的条款一样，肯定是与此有关的。与此相联系的其他条款部分被称为"特别保护措施"条款，这些"特别保护措施"条款与易受伤害儿童群体或处于危险境地的儿童有关。它们中的一些条款旨在保护儿童免受危险劳动在内的各种形式的剥削。

①基本健康与福祉。正如以上所述，所有与健康和福祉有关的条款都能从儿童享有生存和发展权这一原则中推导出来。在涉及残疾儿童的第23条中对发展加以强调是很重要的。残疾儿童"应当能在确保其尊严、促进其自立、有利于其积极参与社会生活的条件下享有充实而体面的生活"。非歧视原则在有关健康的主要条款中也有体现：缔约国政府应努力确保没有任何儿童被剥夺获得保健服务的权利。（第24条）该条还进一步规定政府应当采取适当措施来降低婴幼儿死亡率；发展儿童初级保健体系；提供充足的营养食品和清洁用水以消除疾病和营养不良现象；确保母亲得到适当的产前和产后保健；介绍有关儿童保健和营养、母乳育婴优点、个人卫生和环境卫生及防止意外事故的基本知识；开展对父母和有关计划生育的指导。该条款与《关于儿童生存、保护及发展的世界宣言》和《保护儿童健康行动计划》中优先考虑的事项是一致的。保护儿童世界峰会的几个目标反映在该条款中就演变成了权利。这也意味着在评估该条款执行情况时，联合国儿童权利委员会将可以得益于对峰会目标实现的进展情况的报告。此外，该条款还反对对女性施行割礼。规定政府应当"致力采取一切有效和适当的措施，以期废除对儿童健康有害的传统习俗"。（第24条第3款）

该公约同时提出了社会福利保障问题。缔约国应确认儿童在这一方面的权利并采取措施充分实现这一权利。（第26条）父母工作的子女有权享受其有资格获得托儿服务和设施。（第18条第3款）发展权同时还是有关合理生活标准条款的基础：缔约国确认每个儿童均有权享有足以促进其生理、心理、精神、道德和社会发展的生活水平。（第27条第1款）缔约国应在需要时提供物质援助，特别是在营养、衣着和住房方面。（第27条第3款）出于明显的原因，在这些与资源有关的条款中都有一些保留。如对于残疾儿童的特殊照顾是在"现有资源的范围内"，缔约国应当在儿童生活标准方面就其"能力所及

的范围"采取措施。与残疾儿童权利有关的条款以及有关健康的主要条款都提及了国际合作。在有关健康的主要条款中还引入了逐步实现的概念。

②教育、休闲和文化活动。《儿童权利公约》有关教育、休闲和文化的其他条款也与儿童享有发展权这一原则有联系。有关教育权的主要条款强调了非歧视的一面，小学教育必须是免费义务教育。并保证所有儿童均能接受这种教育。所有儿童也必须能享有和接受中学教育；应当向需要的人提供津贴。根据能力以一切适当方式使所有人均有受高等教育的机会（第 28 条）。该条款还要求政府采取措施降低辍学率。联合国儿童权利委员会在与缔约国讨论之前已经强调过这方面的问题。特别是在，缔约国采取了什么措施以保证女生与男生的入学率相同方面一直存在问题。在一些国家，属于少数人的儿童的入学率存在问题；一个在校儿童的真正开支对一个家庭而言很有可能高得难以支付。另外一个重要的影响因素是学校的教育是否以该儿童所使用的语言进行的。

学校不仅是学习基本知识的场所。《儿童权利公约》表明了这样一种观点，即要传播学校精神，又要教授价值观。学校的教育方式必须以儿童为导向。"学校执行纪律的方式符合儿童的人格尊严及本公约的规定。"（第 28 条第 2 款）儿童权利委员会认为该条款意味着在学校中体罚是被禁止的。教育儿童的目的应该是"最充分地发展儿童的个性、才智和深层潜力"。应当"培养儿童本着各国人民、族裔、民族和宗教群体以及土著居民之间谅解、和平、宽容、男女平等和友好的精神，在自由社会里过有责任感的生活"。该公约还分别提到了对人权和自然环境的尊重问题。（第 29 条）该公约的另一个条款提到了儿童有休息和闲暇以及玩耍的权利。缔约国应当促进儿童充分参加文化和艺术的活动。政府应当"鼓励提供从事文化、艺术、娱乐和休闲活动的适当和均等的机会"。（第 31 条）该公约第 28 条第 3 款规定缔约国应鼓励在有关教育事项方面的国际合作。

③保护儿童免受剥削。《儿童权利公约》的所有条款与所有的儿童有关。以难民儿童的权利为例。尽管该公约第 22 条是专门规定难民儿童权利的条款，但这类儿童的权利并不仅仅限于第 22 条所提到的方面。难民儿童应能够适用公约的其他任何条款。该公约中有些是向处于极端困境的儿童提供特殊保护的条款，儿童权利委员会将这些条款归于"特殊保护措施"的标题之下。它们中的一些条款，比如第 24～32 条，明显地与经济、社会和文化权利有关。第 30 条规定了属于少数人或原为土著居民的儿童有权享有他或她自己文化的权利。

该公约中有 5 个独立的条款禁止各种形式的对儿童的剥削。第 32 条涉及经济剥削以及儿童免于"从事任何可能妨碍或影响儿童教育或有害儿童健康或身体、心理、精神、道德或社会发展的工作"。就国际范围的禁令而言，国际劳工组织《最恶劣童工形式公约》（No. 182, 1999）中对上述情形的工作剥削的禁止性规定更为详尽。另外，《儿童权利公约》第 32 条援引了其他国际文件的相关规定。其中有国际劳工组织公约的相关条款，要求缔约国规定受雇的最低年龄限制，有关工作时间和条件的规则，规定检查规则以及制裁措施以确保这些标准得到执行。1993 年 10 月 4 日儿童权利委员会组织的"一般性讨论"对第 32 条的一些细节进行了讨论。一些拉美非政府团体的代表提醒与会者，第 32 条这项保护性条款与"儿童工作的权利"相冲突。他们认为一些儿童必须为了他们自己或是家庭的生计而工作。受雇的限制可能会使他们的工作成为违法行为，同时使他们无法为了保护自己的目的而组织起来。这是整体方案的负面效应。如果该公约的重要条款没有被执行，那么原本旨在保护儿童的一些规则将会产生相反的抑制效果。儿童权利委员会讨论的结论没有涉及该条款的效力问题。而是强调儿童不应该被置于上述负面选择的境地。这个方案本身对于宏观经济政策也具有影响。事实上，第 32 条的规定允许根据工作性质确定不同的最低受雇年龄。如工作简单，受雇年龄就可以低一些。关键是在这方面缔约国要有明确的政策，儿童的健康以及受教育的权利不应当削弱。这也是国际劳工组织公约相关条款的处理方法。

也应当有效地防范另外一种类型的剥削：缔约国应当采取措施保护儿童不致非法使用麻醉药品，并防止利用儿童从事非法生产和贩运此类药品。（第 33 条）缔约国应当保护儿童免遭一切形式的色情剥削和性侵犯。缔约国应当采取一切国家、双边和多边的措施以防止利用儿童卖淫和利用儿童进行淫秽表演以及充当淫秽题材。（第 34 条）与此类似，缔约国应采取国家、双边和多边的措施以防止诱拐、买卖和贩运儿童。（第 35 条）最后，第 36 条概括性地要求缔约国政府应保护儿童免遭"有损儿童福利的任何方面"的一切形式的剥削之害。

（3）《儿童权利公约》项下缔约国的义务

在起草《儿童权利公约》政府报告的指导纲领时，儿童权利委员会决定强调包括政治措施在内的保证该公约原则和规定的实现的一般性措施。它要求缔约国依据该公约精神采取综合性改革方案，包括建立能够对这一领域的实际进展情况定期审查的程序。该公约第 4 条与此特别有关："缔约国应采取一切适当的立法、行政和其他措施以实现本公约所确定的权利。关于经济、社会和文化权利，缔约国应根据其现有资源所允许的最大限度并视需要在国际合作范围内采取此类措施。"第4条规定了缔约国行为的义务而不是要求结果；重点在于缔约国为促进该公约的执行究竟采取了哪些措施。一般执行性措施的另外两个条款也同样如此，即使该公约和政府报告为公众广泛知晓的措施（第42条和第44条第6款）。这两项条款对于促进公众讨论具有实质的作用。

①立法、行政及其他措施。缔约国应当对其立法进行审查以确保与该公约相一致。比如，为了保护儿童免受正式或非正式劳动力市场的剥削，立法是很有必要的。另外，通常情况下都是以立法措施来确保教育的义务性质的。在健康和社会福利方面，许多国家已经制定了相关的法律法规以确立一定的原则并保证其非歧视性。对于《儿童权利公约》的地位及在国内法中的适用问题，儿童权利委员会对其方法没有明确表示，只要该公约的相关原则与规定受国内法律保护即可。

从该公约的准备性文件中可以清楚地看出，仅采用适当立法措施很可能是不足以充分履行缔约国义务的。在这一点上，首句中使用"和"（而不是"或"）意义十分重大。"行政及其他手段"可以包括许多措施以有效地执行该公约。政府报告指导纲领中已经规定必须有国家以及地方级别的机制以协调政策并监督《儿童权利公约》的执行。现在，一些国家还没有调查专员或类似机构来进行有关儿童权利方面的调查工作；大部分类似措施的目的在于确保独立的监控体制的存在。为了保证儿童的权利，还应当设立包括申诉程序在内的其他机制。许多国家都设立了非政府组织的国家委员会。这种决策过程本身当然是至关重要的。

在确保国会和地方议会严肃对待儿童事务的程序方面，儿童权利委员会没有提出特别的模式。缔约国必须根据该公约审查它们的政治以及行政程序。儿童自身或者他们的代表应当有其意见被知晓的机会。这些与该公约有关的程序如此设计的主要目的是为了鼓励公众对儿童权利进行自由的讨论。

儿童权利委员会提出的另一个方面是收集关于儿童境况的可靠和相关事实的重要性。如果有精确的数据，那么，关于救济措施的讨论就可以建立在更多的信息的基础上并更具针对性。所以，提高国家统计机构的能力将是对执行该公约的具有实质意义的贡献。切实执行该公约的很重要的一个途径是对直接以儿童为工作对象的人员进行教育和培训：托儿所老师、其他老师、儿童心理学家、儿科医师，以及其他保健人员、警察、社会工作者及其他。这些专业人员对于儿童权利认识的深度是很重要的。儿童权利委员会的确对这方面提出了问题。

②资源。所有人权都是不可分割、相互依赖并相互关联的。本着尊重这一

原则的精神，在起草《儿童权利公约》时，曾试图避免区别两个人权公约所定义的两大类权利。在《儿童权利公约》文本中只有一处是直接使用了"经济、社会和文化权利"这一措辞（第4条）。从该公约的准备文件可以清楚地看出，这个用词反映了该公约的一些条款只有在现有资源允许的范围内实施的考虑。

对于资源条件的普遍保留很可能削弱该公约中并不受资源可获得性限制的条款的效力，比如那些与公民权利以及非歧视有关的条款（相对等的条款在其他人权条约中是无条件的）。基于这个考虑，该公约第4条对于两个人权公约规定的人权作了划分和区别。经济、社会和文化权利并不是唯一要求有大量资源才能实现的权利，同时，这些权利的某些方面的实现可能要求较少的资源。该公约第4条的规定与上述事实是不相适应的。所以导致"经济、社会和文化权利"这个精确的概念在该公约中变得模糊起来。对此的解释之一是"经济、社会和文化权利"只包括该公约中明确提及资源限制的条款，比如，那些与残疾儿童有关的条款以及有关适当生活标准权利的条款即属此类（第23条和第27条）。

"现有资源"的确切意思是什么呢？显然，其主要的方面应当是手边现有的财政资源。不过还有其他类型的资源。比如那些与人员、专门技术、组织能力等有关联的资源。传统、文化以及政治上的成熟程度是影响一个社会解决问题的能力的很重要的其他因素。忍让、相互尊重及团结精神等这些价值观念也都可以被视为"资源"。

另外，资源不应该被视为是静止不变的；从长远来看，资源的变动在政治上是引人注目的。尽管直接负责实施该公约的是政府当局，但整个社会的资源，包括那些被称为市民社会的资源，对该公约的实施也很有关系。这将促使政府更加开放并鼓励非政府团体的开创性工作。

公共服务的私有化是讨论的内容之一。此类协议的主张之一就是建议协调更多的资源；民间或非官方性的活动被认为在成本上更为经济有效。该公约并没有在诸如诊所或学校应当由民间还是官方组织经营之类的问题上表明立场。不过，重要的是儿童的权利得到尊重。政府对此总是要负责任的。政府在这方面的责任不能被私有化。这就提出了另外一个问题：政府应当采取什么措施以确保民间机构为儿童提供符合该公约标准的服务。

另外一个政治上的争议对与儿童有关的服务可获得什么资源的讨论产生了影响：在经济衰退或者经济危机时，能不能或者对政府预算作怎样的削减。近年来，许多国家进行了结构调整；这在经济上是必要的。作为负责的和以未来为导向的经济政策，当然对儿童有利。要创造必要的投资并与儿童权利有关的空间和减少外债，这无疑有利于儿童利益，而不会与其相冲突。这个问题还与现在的优先事项，与如何削减开支及进行储蓄有关。联合国儿童基金会以及其他组织已经讨论过结构改革问题以使之更具有人性化的色彩，目的是要针对削减开支所带来的严重社会后果制定出安全的防卫措施。1990年9月通过的《关于儿童生存、保护及发展的世界宣言》呼吁进行"促进世界经济增长，尤其是发展中国家的经济增长，同时又保证社会人口中最为脆弱的人群的福利，尤其是儿童福利的结构性调整"。

保护儿童世界峰会强调了儿童的"第一位"的原则。这种优先次序与该公约第4条关于政府应当在"其现有资源所允许的最大限度内"采取措施的提法相一致。资源较少的国家并不能根据第4条的规定逃脱责任，第4条要求所有缔约国在其能力范围内优先考虑儿童权利公约的执行。本条的含义很有意思。其含义之一是指，拥有较多资源的国家应当在一个比贫穷国家更高的绝对水平上为儿童提供服务。该公约不应当被视为仅是最低要求的列举。较富裕的国家应当对自身有更高要求，并投入更多的资源。这就使得该公约在富足的国家中显得更有意义。另一个方面，贫穷的国家至少努力履行该公约的最低核心义务。它们应当将其有限的资源优先用于满足公约最低程度的要求。不论处于哪个起点的国家都有监督和制定战略及方案的义务。儿童权利委员会对儿童权利的态度显然受到了经济、社会和文化权利委员会对《经济、社会和文化权利国际公约》的第2条第1款解释的启发。该解释也要求缔约国"在其现有资源所允许的最大限度内"采取措施。

《儿童权利公约》的第4条和《经济、社会和文化权利国际公约》的第2条有一个显著的区别：后者允许权利逐步实现（非歧视性方面除外）。"逐步实现"并没有规定在《儿童权利公约》第4条中，而只见于该公约的一些特殊条款中。教育权的主要条款用的是"逐步实现此项权利"的措辞（第28条第1款）。有关健康的主要条款确认儿童享有"可达到最高标准的权利"（第24条第1款），这与逐步实现比较接近。不过，《儿童权利公约》的大部分规则没有此类限定条件。

③国际合作。第4条最后提出了国际合作的问题："缔约国应根据其现有资源所允许的最大限度并视需要在国际合作范围内采取此类措施。"根据上下文，这种规定要求，至少部分要求在发展问题上相互援助。该公约的其他条款也提到了合作问题。上文所引用的有关实现健康权的方式的条款（第24条第4款）即是其中一个。有关教育权的条款规定如下："缔约国应促进和鼓励有

关教育事项方面的国际合作，特别着眼于在全世界消灭愚昧与文盲，并便利获得科技知识和现代教学方法，在这方面，应特别考虑到发展中国家的需要。"（第 28 条第 3 款）有关残疾儿童权利的第 23 条最后也用了上述条款最后一句的表述。第 23 条第 4 款强调信息和资料的交换的重要性。另外，该公约好几个条款中都引用了国际标准和国际协议。在保护儿童免受性剥削方面，该公约要求缔约国采取双边和多边的措施。（第 34 条和第 35 条）

在该公约起草的过程中，发展中国家理解它们对该公约的支持将会在国际关系中得到回报。它们希望建立的程序是"建设性的而不是惩罚性或是指责性的"。监督委员会的裁定可用作有关技术援助讨论的基础。同时，该公约对联合国儿童基金会、联合国其他组织以及可能被请求提供技术建议或援助的"其他有资格的机构"保留了参与的空间。该公约中有关国际合作的条款是有义务的。对于捐赠国而言，与儿童有关的项目在整个发展援助政策中应当居于何种地位，其方向是什么？同样，较为贫穷的国家应首先明确优先次序：在合作项目应给予儿童权利有关的项目多大的空间？

保护儿童世界峰会还讨论了经济领域其他类型的合作。比如：债务人和债权人应当考虑为了儿童免除债务，包括为投资社会发展计划而转移债务。应提倡国际社会，包括民间性质的债权人与发展中国家以及相关的机构一起努力支持为了儿童而免除债务。

（4）《儿童权利公约》的监督和执行

《儿童权利公约》的性质支持所有权利是不可分割、相互依赖并相互关联的立场的。儿童权利委员会在监督方面采取的整体方案更突出了这一点。该公约的多数条款都有"保护"、"参与"及"提供"的因素；它们与两个人权公约是相类似的。除此之外，该公约还使联合国和非政府组织参与监督和执行的工作。

联合国儿童权利委员会曾有一个顾虑，即儿童权利委员会自身很可能被视为对儿童境况进行监督的唯一机构。1993 年在维也纳举行的世界人权大会也表达了同样的担忧。大会建议联合国体系内的相关机构、机制以及特设的监督机构定期审查儿童的人权状况。

在与上述其他机构的关系中，儿童权利委员会一直在寻找起到一种促进的作用。与国际劳工组织的合作即是积极的例子之一。国际劳工组织加强了其反对危害性儿童工作的努力。儿童权利委员会还颁布了对这些报告内容和结构的指导纲领。而对报告的审议结果是以一份包括调查结果和建议在内的公开声明——"最终观察报告"——而公布的。

在"工作组"预备会议上这些讨论就已经在准备了。这种预备性讨论虽然结束了，但联合国组织和机构以及曾受邀请的非政府组织也参与了讨论。讨论的目的是将各个国家中儿童地位的信息集中在一起以对缔约国的报告进行评估。其直接的后果就是向各国散发了一份对讨论议题进行概括的"问题清单"。现在，在全体参加的讨论开始之前，儿童权利委员会要求缔约国作出书面回答，这样才能对最为关键的问题进行集中的口头讨论。

缔约国的多数报告都十分详尽，提供了必要的信息，并符合报告指导纲领的要求。联合国的几个组织和机构，像联合国儿童基金会、国际劳工组织、世界卫生组织、联合国教科文组织及联合国难民事务高级专员公署，对这方面的工作起到了积极的作用。非政府组织参与的意义是十分重大的。到目前为止，对工作的制约很大程度上在于儿童权利委员会前所未有的工作负担。

不过，儿童权利委员会的工作对于监督和执行该公约并不是最重要的。各国国内程序才是更关键的。只有通过国内程序，讨论才能更为具体详尽，并提供更多的信息，从而促进真正的改善。事实上，儿童权利委员会很多工作的目的都是为了鼓励一个良好的国内程序的产生。促使国际组织将该公约的原则和规定融入其项目计划中是儿童权利委员会工作想要达到的另一种效果。儿童权利委员会对此起着倡导的作用。就倡导而言，儿童权利委员会与非政府组织所扮演的角色区别不大。

儿童权利委员会自然想在国家层面上为公约监督树立一个好的榜样。比较理想的是儿童权利委员会向缔约国代表提出的问题在缔约国此后的讨论会产生反响。该公约的四项一般原则已经对好几个国家相应的原则产生了影响——缔约国都强调了非歧视原则、一般执行措施以及该公约第4条的重要性。本着同样的精神，儿童权利委员会一直在努力探索衡量发展的标准，并发起有关经济和社会指标的内部讨论。

在健康和教育领域，儿童权利委员会的讨论从保护儿童世界峰会通过的目标中受益匪浅；实现这些目标的过程与儿童权利委员会的努力是一致的；同时，它还反映了保护儿童权利的政治意愿。不过，儿童权利委员会正在一些基本问题上摸索如何就缔约国政府在实施该公约方面的表现进行有意义的讨论。比如，现在还缺乏对政府预算以及其中儿童所占的份额进行评估的技术。

同时，儿童权利委员会还意识到：如同其他联合国人权条约一样，《儿童权利公约》规定的是个人权利。尽管不存在与该公约相关的个人申诉程序，但儿童权利委员会不能停止其顺应全球趋势的工作。它一直强调关注特殊弱势群体和非歧视原则。比如，在鼓励提高学校入学率的同时，儿童权利委员会更关注那些辍学的儿童：他们是谁？怎么做才能保护他们的权利？

在监督方面另一个重要的因素是界定缔约国义务的准确性。儿童权利委员会的立场是假设该公约的目的是为了获得结果；所以它更加关注儿童的具体状况，并努力查明该公约规定的权利是否真正体现在儿童的日常生活之中。

3.《儿童权利公约》的两个任择议定书

在联合国第五十四届大会上通过了《关于儿童卷入武装冲突问题的任择议定书》和《关于买卖儿童、儿童卖淫和儿童色情制品问题的任择议定书》。其中《关于儿童卷入武装冲突问题的任择议定书》于 2002 年 2 月 12 日生效，中国于 2001 年 3 月 15 日签署。

《关于儿童卷入武装冲突问题的任择议定书》重申必须特别保护儿童权利，要求一视同仁地不断改善儿童的情况，使儿童在和平与安全的条件下成长和接受教育。为进一步加强行使儿童权利公约确认的权利，需要加强保护儿童，使其不卷入武装冲突。必须考虑儿童卷入武装冲突的经济、社会和政治根源。需要加强国际合作执行本议定书，帮助受武装冲突之害的儿童恢复身心健康和重返社会。鼓励社区尤其是儿童和受害儿童参与传播有关执行本议定书的宣传和教育方案。

该议定书要求，缔约国应采取一切可行措施，确保不满 18 周岁的武装部队成员不直接参加敌对行动。缔约国确保不满 18 周岁的人不被强制招募加入其武装部队。考虑到儿童权利公约第 38 条所载原则，并确认公约规定不满 18 周岁的人有权获得特别的保护，缔约国应提高该条第 3 款所述个人自愿应征加入本国武装部队的最低年龄。每一缔约国在批准或加入本议定书时应交一份具有约束力的声明，规定其允许自愿应征加入本国武装部队的最低年龄，并说明其为确保不强迫或胁迫进行此类招募而采取的保障措施。允许不满 8 周岁的人自愿应征加入本国武装部队的缔约国应设置保障措施，至少确保：此种应征确实是自愿的；此种应征得到本人父母或法定监护人的知情同意；这些人被充分告知此类兵役所涉的责任；这些人在被接纳服本国兵役之前提供可靠的年龄证明；每一缔约国可随时加强其声明，就此事通知联合国秘书长，由秘书长通知所有缔约国，此种通知在秘书长收到之日起生效。按照儿童权利公约第 28 条和第 29 条，提高本条所述入伍年龄的规定不适用于缔约国武装部队开办或控制的学校。

非国家武装部队的武装团体在任何情况下均不得招募或在敌对行动中使用不满 18 周岁的人。缔约国应采取一切可行措施防止此种招募和使用，包括采取必要的法律措施，禁止并将这种做法按刑事罪论处。本条的适用不影响武装冲突任何当事方的法律地位。本议定书的任何规定不得被解释为排除更有利于实现儿童权利的缔约国法律或国际文书和国际人道主义法的规定。每一缔约国应采取一切必要的法律、行政和其他措施，确保在其管辖范围内有效执行和实施本议定书的规定。缔约国承诺以适当手段使成人和儿童普遍知晓并向他们宣传本议定书的各项原则和规定。缔约国应采取一切可行措施，确保在违反本议定书的情况下被招募或用于敌对行动的本国管辖范围内的人退伍或退役，缔约国在必要时应向这些人提供一切适当援助，协助其恢复身心健康和重返社会。

缔约国应通过技术合作和财政援助等方式合作执行本议定书，包括防止违反本议定书的任何活动，协助受违反本议定书行为之害的人康复和重返社会提供此类援助和合作时，应与有关缔约国和有关国际组织磋商。缔约国在有能力的情况下应通过现有的多边双边或其他方案或通过按联合国大会规则设立的自愿基金提供此类援助。

每一缔约国应在本议定书对其生效两年内向儿童权利委员会提交一份报告，提供详尽资料，说明本国为执行议定书的规定而采取的措施，包括为执行关于参加和招募的条款而采取的措施。提交全面报告后，每一缔约国应在根据公约第 44 条提交儿童权利委员会的报告中，提供与执行本议定书有关的任何进一步资料。议定书的其他缔约国应每 5 年提交一份报告。儿童权利委员会可要求缔约国提供与执行本议定书有关的进一步情况①。

《关于买卖儿童、儿童卖淫和儿童色情制品问题的任择议定书》是为了进一步实现儿童权利公约的宗旨并执行其各项规定而制定的。当前的国际背景是，为买卖儿童、儿童卖淫和儿童色情制品的目的而进行的国际儿童贩运十分猖獗且日益严重。特别容易侵害儿童的色情旅游仍然广泛存在，直接助长了买卖儿童、儿童卖淫和色情制品的泛滥。包括女童在内的一些特别脆弱的群体较易遭受性剥削，其中性剥削的受害人以女童居多；互联网和其他不断发展的技术提供的儿童色情制品越来越多。因此，有必要采用一种全面的方法来消除引发性因素，其中包括发展不足、经济贫困、失衡社会经济结构、不公平家庭瘫痪、缺乏教育、城乡移徙、不负责任的成人性行为、有害的传统习俗、武装冲突和贩卖儿童，从而有助于消除买卖儿童、儿童卖淫和儿童色情制品。而且需要努力提高公众意识，以减少消费者对买卖儿童、儿童卖淫和儿童色情制品的需求。还必须加强各行动者的全球合作以及在国家一级改善执法行动的重

---

① 北京大学法学院人权研究中心编：《国际人权文件汇编》，北京大学出版社 2002 年版，第 133~137 页。

要性。

《关于买卖儿童、儿童卖淫和儿童色情制品问题的任择议定书》规定，缔约国应根据本议定书的规定，禁止买卖儿童、儿童卖淫和儿童色情制品，为本议定书的目的：买卖儿童系指任何人或群体将儿童转予另一人或群体以换取报酬或其他补偿的行为或交易；儿童卖淫系指在性活动中利用儿童以换取报酬或其他补偿；儿童色情制品系指以任何手段显示儿童进行真实或模拟的露骨性活动或主要为诲淫而显示儿童性器官的制品。

每一缔约国应起码确保本国刑法对下列行为和活动作出充分的规定，不论这些犯罪行为是在国内还是跨国实施的，也不论是个人还是有组织地实施的：（1）在上述界定的买卖儿童的范围内，这些罪行是指下述目的以任何手段提供送交或接受儿童：①对儿童进行性剥削；②为牟利而转移儿童器官；③使用儿童从事强迫劳动；④作为中介不正当地诱使同意，以违反适用的有关收养的国际法律文书的方式收养儿童。（2）出售、获取、介绍或提供儿童，进行儿童卖淫活动。（3）为上述目的制作、分销、传送、进口、出口、出售、销售或拥有儿童色情制品；在不违反缔约国本国法律规定的情况下，同样的法律规定应适用于这些行为的犯罪未遂共谋或共犯。每一缔约国应按照罪行的严重程度，以适当刑罚惩罚这些罪行。在不违反本国法律规定的情况下，每一缔约国应酌情采取适当措施确定法人对本条上述规定的罪行的责任。在不违反缔约国的法律原则的情况下，可将法人的这一责任定为刑事、民事或行政责任。缔约国应采取一切适当的法律和行政措施，确保参与儿童收养的所有人均按照适用的国际法律文书行事。

当上述罪行在其境内或其为注册国的船只或飞行器上实施时，每一缔约国应采取必要的措施，确立其对这些罪行的管辖权，每一缔约国可在下列情况下采取必要措施，确立其对上述罪行的管辖权：（1）犯罪嫌疑人为该国国民或惯常居所在该国境内的人。（2）受害人为该国国民。犯罪嫌疑人在该国境内而该国因罪行系其国民所实施而不将其引渡至另一个缔约国时，该缔约国也应采取必要措施确立它对上述罪行的管辖权。本议定书不排除根据国内法行使的任何刑事管辖权。

本议定书所述罪行应视为可引渡罪行列入缔约国之间现有的任何引渡条约，并且应根据各缔约国之间后来缔结的每一项引渡条约所规定的条件将这些罪行作为可引渡罪行列入这些条约。以订有条约为引渡条件的缔约国在接到未与其缔结任何引渡条约的另一个缔约国提出的引渡请求时，可将本议定书视为就这些罪行进行引渡的法律依据引渡应当符合被请求国法律规定的条件。不以订有条约作为引渡条件的缔约国应将这类罪行视为在它们之间可进行引渡的罪行，但必须遵守被请求国法律规定的条件。为了在缔约国之间进行引渡的目的，此类罪行不仅应被视为在罪行发生地实施的罪行，而且应被视为在必须根据第4条确立其管辖权的国家境内实施的罪行。就本议定书所述的一项罪行提出引渡要求时，如果被请求的缔约国基于罪犯的国籍而不予引渡或不愿引渡，则该国应采取适当措施将案件提交其主管当局进行起诉。

对这些罪行进行调查或提起刑事诉讼或引渡程序时，各缔约国应当相互给予最大程度的协助。其中包括协助获取它们掌握的对进行这种程序所必要的证据。各缔约国应当根据它们之间可能已存在的任何司法互助条约或其他安排履行它们承担的上述义务。在不存在这类条约或安排的情况下，各缔约国应根据其国内法提供互助。

缔约国应根据本国法律的规定：采取措施，规定酌情扣押和没收用于实施或便利进行本议定书所规定的罪行的材料、资产和其他工具等物品和犯罪所得收益；执行另一个缔约国提出的请求扣押或没收上述物品或收益；采取措施暂时或永久地查封用于实施这些罪行的场所。

缔约国应当采取适当措施，在刑事司法程序的各个阶段保护受本议定书所禁止的行为之害的儿童的权益，特别应当：承认受害儿童的脆弱性并变通程序，以照顾他们的特别需要，其中包括作证儿童的特别需要；向受害儿童讲述其权利作用和程序的范围时间和进度以及对其案件的处置；按照本国法律的程序规则允许在影响到受害儿童的个人利益和程序中提出和考虑受害儿童的意见需要和问题；在整个法律程序中向受害儿童提供适当的支助服务；适当保护受害儿童的隐私和身份，并根据本国法律采取措施，避免不当发布可能致使暴露受害儿童身份的消息；在适当情况下确保儿童及其家庭和为其作证的人的安全，使他们不受恐吓和报复；在处理案件和执行向受害儿童提供赔偿的命令或法令方面避免不必要的延误；另外，缔约国应当确保受害人实际年龄不详不妨碍开展刑事调查，包括旨在查明受害人年龄的调查。缔约国应当确保刑事司法系统在对待受本议定书所述罪行之害的儿童方面，应以儿童的最大利益为首要考虑。缔约国应当采取措施，确保对在业务上与本议定书所禁止的罪行的受害人接触的人员进行适当的培训，特别是法律和心理培训。缔约国应在适当情况下采取措施、保护从事防止这种罪行和保护、帮助这种罪行的受害人康复的人员和组织的安全和完整性。本条的任何规定均不应解释为妨碍或违反被告人享有公平和公正审判的权利。

缔约国应制定或加强执行和宣传法律行政措施、社会政策和方案，以防止本议定书所述各项罪行，应当特别重视保护特别容易遭受这些做法伤害的儿童。缔约国应当通过以各种恰当手段进行宣传教育和培训，提高包括儿童在内的广大公众对本议定书所述罪行的预防措施以及这些罪行的有害影响的认识，缔约国在履行其在本条款下承担的义务时应当鼓励社区特别是儿童和受害儿童参与包括在国际一级开展的这类宣传教育和培训方案。缔约国应当采取一切可行措施，确保向这些罪行的受害人提供一切适当的援助，包括使他们真正重返社会并使他们身心完全康复。缔约国应当确保本议定书所述罪行的所有受害儿童均应有权提起适当程序，在无歧视的情况下要求应负法律责任者作出损害赔偿。缔约国应当采取适当措施，有效禁止制作和散播宣传本议定书所述罪行的材料。

缔约国应采取一切必要步骤，加强国际合作，作出多边区域和双边安排，以防止侦查起诉和惩治涉及买卖儿童、儿童卖淫、儿童色情制品和狎童旅游行为的责任者，缔约国还应促进本国政府机关和国际非政府组织和国际组织的国际合作与协调。缔约国应当促进国际合作，协助受害儿童身心康复和重返社会，并协助遣送受害儿童回国。

缔约国应当促进加强国际合作，以消除贫困和发展不足等促使儿童易受买卖儿童、儿童卖淫、儿童色情制品和狎童旅游等行为之害的根源。缔约国在有能力的情况下应当通过现有的多边区域、双边或其他方案提供财政技术或其他援助。

本议定书的任何规定不应影响更有利于实现儿童权利的任何规定，包括：缔约国的法律或对该国生效的国际法所载的任何规定。

最后，该议定书亦规定，每一缔约国应在议定书对该缔约国生效后两年内向儿童权利委员会提交一份报告，提供其为执行本议定书的规定而采取的各项措施的详尽资料。在提交全面报告后，每一缔约国应在其根据公约第44条向儿童权利委员会递交的报告中进一步列入执行本议定书的任何其他资料。本议定书的其他缔约国应每5年递交一份报告。儿童权利委员会可要求各缔约国提供有关执行本议定书的进一步资料①。

（二）《联合国少年司法最低限度标准规则》（《北京规则》）

《联合国少年司法最低限度标准规则》（*United Nations Standard Minimum Rules for the Administration of Juvenile Justice*）是1984年5月由在北京召开的

---

① 北京大学法学院人权研究中心编：《国际人权文件汇编》，北京大学出版社2002年版，第133~144页。

"青少年犯罪与司法"专题专家会议讨论、修改、定稿的，所以一般又称为《北京规则》（The Beijing Rules）。该规则在 1985 年 12 月召开的第四十届联大会议上成为联合国的正式文件。

《北京规则》的宗旨，要求会员国采取的社会改革应努力促进少年的福利，尽量减少司法干预，对触犯法律的少年给予有效、合理、合乎人道的处理，既保护青少年的健康成长，又维护社会的安宁秩序，体现了下列几项原则：以社会力量为主，尽量减少司法介入，包括家庭、学校、社区等多种力量的介入；保护青少年和维护社会秩序相结合；从各国实际情况出发执行《北京规则》的原则；公平地将本规则适用于少年犯的原则，不应因种族、肤色、性别、语言、宗教或其他原因而有所区别；确保少年犯的权利，保证诉讼程序公正。

《北京规则》的主要内容有：

1. 关于少年犯的定义及刑事责任年龄

《北京规则》对少年犯的定义作出了原则性规定，提出为了本规则的目的，会员国应在本国法律制度和法律概念的情况下使用下列定义："什么是少年？少年系指按照各国法律制度，对其违法行为可以不同于成年人的方式进行处理的儿童或少年人。""什么是违法行为？违法行为系指按照各国法律制度可由法律加以惩处的任何行为（作为或不作为）。""那么什么是少年犯？少年犯系指被指控有违法行为或判定犯有违法行为的儿童或少年人。"

《北京规则》对上述做了总的解释性说明。《北京规则》所界定的"少年"和"违法行为"是"少年犯"要领的组成部分。少年犯是《联合国少年司法最低限度标准规则》的主要对象。应当指出的是，年龄限度将取决于各国本身的法律制度，并对此做了明文规定，从而充分尊重会员国的经济、社会、政治、文化和法律制度。这样，在"少年"的定义下，年龄幅度很大，7~18 岁不等。鉴于各国法律制度的不同，这种差别似乎是难免的，而且不会削弱本最低限度标准规则的作用。

由于少年犯的定义和刑事责任年龄密切相关，所以《北京规则》在对少年犯的定义做了原则性规定的说明之后，又对刑事责任年龄做了原则性规定："在承认少年负刑事责任的年龄这一要领的法律制度中，该年龄的起点不应规定得太低，应考虑到情绪和心智成熟的实际情况。"《北京规则》对此项规定做了解释性说明，指出由于历史和文化的原因，负刑事责任的最小年龄差别很大。现代的做法是考虑一个儿童是否能达到负刑事责任的精神和心理要求。也就是说，应根据孩子本人的判断和理解能力来决定其是否能对本质上反社会的行为负责。如果将刑事责任的年龄规定得太低或根本没有年龄限度的下限，那么刑事责任概念就会失去意义。总之，不法行为或犯罪行为的责任概念与其他社会权利和责任（如婚姻状况、法定成年等）密切相关。

目前，各国和地区对负刑事责任年龄的起点规定得极不一致，有的规定 7 岁（新加坡、中国香港），有的规定为 9 岁（菲律宾），有的规定为 12 岁（加拿大），多数国家规定为 14 岁，但加拿大有些省规定起诉的下限年龄为 16 岁或 18 岁。鉴于以上情况，《北京规则》在指出尊重各会员国国内法规定的同时，又指出刑事责任年龄的起点不应规定得太低，并且认为"应当作出努力，以便就国际上都适用的合理的最低年龄限度的问题取得一致意见"。

我国刑事责任起点年龄为 14 岁，与世界大多数国家的规定一致或较为接近。但我国目前刑法界和实际部门对此也有争议，有的主张在修改刑法时将刑事责任年龄降低 1 岁，以 13 岁作为负刑事责任年龄的起点。但多数人认为以 14 岁为宜，不要再降。由于现实生活中未满 14 岁的人实施严重危害社会的行为（诸如抢劫、杀人、强奸、惯窃）屡有发生，按照我国现行刑法又难以进行司法干预，这就需要今后在制定儿童方面的法律时予以认真考虑，对这些人如何进行教育和保护的问题。

2. 关于处理权限和审前拘留的问题

《北京规则》从少年儿童的福利和权利出发，按照尽量减少司法干预的原则。指出："应允许在诉讼的各个阶段和少年司法的各级——包括调查、检控、审判和后续安置安排——有适当的处理要限。"也就是说，少年司法有权对每一案件在各个阶段采取最适当的多种多样的处置措施，以体现"有效、公正和合乎人道的少年司法的几个重要特点"。与此同时，《北京规则》也提出需要建立适当的检查、监督和制衡措施，以避免少年司法滥用权力。

《北京规则》对拒捕和审前的拘留措施提出如下要求：

（1）对于审前拘留。《北京规则》提出应加以限制，认为"审前拘留仅仅作为万不得已的手段使用，而且时间应尽可能短"。"如有可能，应采取其他代替办法，诸如密切监视，加强看管或安置在一个家庭或一个教育机关或环境之内。"同时，《北京规则》要求，审前拘留的少年"应与成年人分开看管"。在看管期间，应保障他们享有《北京规则》所规定的各项权利。

（2）少年一旦被拘捕，当局应当立即或尽快将少年被捕之事通知父母或监护人。

（3）法官或其他主管人员或主管机关应不加拖延地考虑释放问题。

（4）应设法安排执法机构与少年犯接触，以便在充分考虑案件发生的情况下，尊重少年的法律地位，促进少年福利，避免对其伤害。《北京规则》在说明中指出："避免伤害"的措辞比较灵活，它包括可能互相影响的许多特点（例如恶语相伤、身体暴行或环境影响等）。

（5）应酌情考虑，不提交主管当局正式审判，授权警察、检察机关或其他机构按照法律规定和《北京规则》所载原则自行处置案件，如安排到适当社区或其他部门采用观护的办法，但此办法在执行前应征得少年或家长或监护人的同意，并需经主管当局审查。《北京规则》指出："为便利自行处置少年案件，应致力提供各种社会方案，诸如短期监督和指导，对受害者的赔偿和补偿等。"

《北京规则》在说明中，还对观护办法或其他社会性措施做了评论，指出："观护办法，包括免除刑事诉讼程序并且转为社区支助部门，是许多法律制度中正规和非正规的通常的做法，这种办法能够防止少年司法中进一步采用的诉讼程序的消极作用（例如被定罪和判刑带来的烙印）。"《北京规则》在说明中特别强调："许多时候不干预可能是最佳的对策。""当罪行性质不严重，家庭、学校或进行正规社会约束的其他机关已经或可能以适当的和建设性的方式作出反应时，情况尤其如此。"对于罪行虽然严重但系初犯或"由于同伙的压力而犯下罪行"亦可视个别案情考虑采用适当的观护办法。

（6）警察的专业化。《北京规则》指出，由于警察是与少年司法制度发生接触的第一步，为了圆满地履行其职责，经常或专门同少年打交道的警察应接受专门指导和训练。在大城市里，应为此目的设立特别警察小组。因为都市化与犯罪的关系十分复杂，少年犯罪行为是与大城市的发展特别是无计划的迅速发展存在联系的。因此，设立特种警察是不可缺少的。而从广义上说，对改善少年犯罪的预防和少年犯的处理也是不可缺少的。

之所以作出上述这些规定，《北京规则》在说明中指出："不应低估在审前拘留期间'犯罪污染'对少年的危害性。因此，强调需要采取替代性措施是极为重要的。"为此目的，《北京规则》鼓励制定新的和创新的措施。这些新的和创新的措施，最根本之点，都在于为了少年利益而避免采取拘留少年的措施。

3. 关于审判和处置

《北京规则》第三部分对少年案件的审理和处置做了一系列规定。这也是整个《规则》的重要部分。其要点如下：

（1）诉讼程序应按照最有利少年的方式和在谅解的气氛下进行，应允许该少年参与诉讼程序，并且自由地表达自己的意见。同时，《北京规则》指出，处理少年罪犯的程序在任何时候均应遵守适用于一般刑事被告的"正当法律程序"，进行"公平合理"的审判，保障少年被告在诉讼过程中应享有的权利。

（2）在整个诉讼过程中，少年应有权由一名法律顾问代表，或者由少年本人提出申请，要求国家提供这种法律援助。父母或监护人有权参加诉讼，但如果父母或监护人参加诉讼对少年被告不利（例如对少年表现出仇恨等），则应拒绝他们的参加。

（3）在作出判决前，应对少年生活的背景和环境或犯罪的条件（其中包括社会或家庭背景、学历、教育经历）进行适当的调查，以便主管当局作出明智的判决。

（4）审判和处置时应遵循下列原则：①采取的反应措施，不仅应当与犯罪的情况和严重性相称，而且应当与少年的情况和需要及社会的需要相称；②只有在经过认真考虑之后，才能对少年的人身自由加以限制并把这种限制保持在最低限度；③除非暴力犯罪或严重犯罪，并且不能对其采取其他合适政策时不得夺其人身自由；④少年犯任何罪行不得判以死刑；⑤不得对少年施行体罚；⑥主管当局有权随时撤销诉讼。

（5）各种非监禁办法，诸如：照管、监护和监督、缓刑、社区服务、罚款、补偿和赔偿、参加集体辅导和类似活动，其他有关裁决等。这些措施的特点具有灵活性，强调它是借助社区、家庭所实施的社会性的监外措施。

（6）监禁方法。《北京规则》指出："把少年投入监禁机关始终应是万不得已的处理方法，其期限应是尽可能最短的必要时间。"从这一条规定可以看出，《北京规则》是从两个方面来对监禁加以限制的：一是"万不得已的办法"；二是"最短的必要时间"。《北京规则》在说明中对上述规定做了解释："进步的犯罪学主张采用非监禁的办法来替代监禁教育改造的办法。"为什么？因为"任何监禁机构似乎不可避免地会对个人带来许多消极影响"，少年"最易受到消极影响的侵袭"。此外，由于少年正处于早期发育成长阶段，失去自由和与正常的社会环境隔绝，这对他们所产生的影响无疑较成年人更为严重。

（7）迅速处理案件，不要拖延。如果不迅速处理，随着时间的推移，少年在理智和心理上就更难以收到良好效果。因为拖的时间越长，少年对自己违法行为越发难以同应受的法律惩处联系起来。

（8）对少年案卷应予保密，不得被第三方利用。同时，少年犯罪的档案也不得在其后的成人诉讼中加以引用。

（9）配备适合做少年司法工作的人员，并对少年司法人员进行多种形式的培训，使所有处理少年案件的人员，具备并保持必要的专业能力，其中包括最低的法律、社会学、心理学、犯罪学和行为科学的知识，对少年司法人员的晋升应予以必要的关注。

4. 关于非监禁处理

《北京规则》倡导非监禁处理，要求尽可能依靠以社会力量处理少年违法行为，并要求这些措施得以有效执行。

5. 关于监禁处理

考虑到少年的生理、心理、性别、年龄特点，对少年要给予个别处理，具体地说：（1）与成年人分开关押；（2）对女少年犯给予特别关注；（3）在照管、保护的同时，对少年犯予以教育和培训，保障其父母或监护人的探访权；（4）经常地、尽量地采用假释办法；（5）在重返社会前，实行半监禁处理，以便及时适应社会生活。总而言之，一句话，就是从积极方面实施监禁处理，而不是消极的关押，只要不逃跑就行①。

（三）《联合国预防少年犯罪准则》（《利雅得准则》）

《联合国预防少年犯罪准则》（*United Nations Guidelines for the Protection of Juvenile Delinquency*）是 1988 年 2 月在沙特阿拉伯的首都利雅得"阿拉伯安全研究与进修中心"召开的专家会议上讨论、研究、修改和定稿的，所以一般又称为《利雅得准则》（*The Riyadh Guidelines*），是为了帮助《北京规则》的实施和预防少年犯罪而制定的。

《联合国预防少年犯罪准则》总的指导思想就是为了预防青少年犯罪，它有以下基本原则：预防少年犯罪是整个社会犯罪的一个关键部分，需整个社会共同努力；以青少年为中心的原则，青少年不应仅被看做是控制的对象；从各个方面充分保护青少年权益。

《利雅得准则》的主要内容有：

1. 《利雅得准则》的适用范围

《利雅得准则》第二部分叫做"本准则的范围"，共 2 条。（1）《利雅得准则》应在下列国际文书的广义范围内执行，也就是说《利雅得准则》不能与下面所列国际文书相抵触。这些国际文书是《世界人权宣言》、《经济、社会、文化权利国际公约》、《公民权利和政治权利国际公约》、《儿童权利宣言》

---

① 综合参见：（1）最高人民法院研究室编：《保护未成年人法律法规司法解释全集》，群众出版社 1994 年版，第 477~505 页。（2）周振想主编：《青少年法规解读》，中国青年出版社 2001 年版，第 318~325 页。

和《儿童权利公约》，并符合《联合国少年司法最低限度标准规则》（《北京规则》）的内容，以及有关儿童权利、利益和福祉的其他文书和规范内容加以执行。（2）《利雅得准则》应结合每个会员国当前的经济、社会和文化条件予以执行。

2. 总的预防

《利雅得准则》第三部分叫做"总的预防"，只有 1 条，包括 9 款内容。《利雅得准则》所规定的全面性预防犯罪的计划，应由各国政府制定，其包括的内容归纳起来大致如下：（1）在深入调查研究制定预防犯罪方案的基础上，明确参与预防犯罪工作的合格机关、机构以及参与人员的责任。（2）制定具体办法，适当调整各政府和非政府机构之间的预防犯罪工作。（3）制定出预防犯罪的政策、方案和战略，以便不断地对犯罪进行监测，并在执行过程中认真地作出评估。（4）制定有效地减少犯罪发生的方法，并促进社区通过各种服务方案进行参与。（5）国家、州或者省和地方政府之间，开展密切的跨学科合作。什么叫跨学科合作呢？比如说不仅搞法学研究合作，也可以搞教育学、心理学、生物学、社会学、犯罪学等学科的合作。这就是目前国际上流行的一种科学研究方法——科际整合研究。就是多种学科合作，共同研究一个问题，还有吸收私营部门、社区公民代表、劳工、儿童保育、卫生教育、社会、执行、司法机关等等部门参加，采取协调一致地共同行动，预防少年违法犯罪。（6）让青少年参与制定预防犯罪行为的政策，其中包括借助社区力量、青少年自助、对受害者赔偿和援助方案等。

3. 社会化过程

《利雅得准则》第四部分称为"社会化过程"，所谓社会化过程，就是指儿童从自然人发展成为社会人的过程。对于每个人来说，社会化就是经过一系列的社会学而将社会文化逐步内化的过程。新生儿是个纯粹的自然人，假如不是生活在社会环境中，不与其他社会成员发生相互作用，永远不会发展为社会人。这一部分内容，是《利雅得准则》的核心部分，共分为 4 个部分，共 34 条。

（1）家庭。①家庭是促使儿童初步社会化的中心环节，政府和社会应竭力维护家庭，包括大家庭的完整。社会负有责任帮助家庭，并为其提供照料和保护，包括托儿服务，确保儿童的身心福利。②各国政府应制定政策以利于儿童在稳定和安全的家庭环境中成长，凡是在解决不稳定状况或冲突状况中需要帮助的家庭，均应获得必要的服务。③对于缺乏稳定和安全的家庭环境，在社区和大家庭提供帮助失败的情况下，可以考虑采取其他安置的办法，包括寄养和收养，但这样寄养和收养应为孩子建立永久感，以避免引起由于连续转移寄养而连带产生的问题。④对于受到经济、社会和文化上迅速而不平衡变化影响的家庭的儿童，尤其是土著、移民和难民家庭的儿童，应给予特别关注。⑤各国政府应该采取措施，促进家庭的和睦团结，并且要劝阻使孩子与父母分开的做法。⑥强调家庭与社会大家庭相互配合，协调一致发挥对儿童教育的功能。⑦为确保儿童社会化的权利，各国政府除依靠现有的机构和法律机构之外，还要创建新的措施。

（2）教育。①各国政府有义务使所有青少年都能享受公共教育。教育系统除了进行学术和职业培训活动之外，还应特别注意以下 4 个方面问题：A. 要进行基本价值观念的教育。所谓价值观念，就是人们关于客观事物价值的观点与信念。价值观念是在一个人社会化过程中逐步形成的，它是个体世界观的重要组成部分。因为人们为指导实践活动，不仅需要认识客观事物的现象与规律，而且需要评价客观事物的利弊或是非，善恶或美丑等。B. 青少年应作为教育过程的积极而有效的参加者。要举办一些活动，培养学生对学校和社区的认同感和从属感。所谓认同感，是指一个人模仿他所崇拜或羡慕对象的某些特点，这就是认同作用的表现。这里所说的培养学生对学校和社区的认同感，就是说要学生接受学校和社区教育，并使之转化为学生的思想和行动。所谓从属感，就是要使儿童依从学校和社区的教育。C. 鼓励青少年理解和尊重各种不同观点和意见，以及文化上和其他方面的差异。有不同意见，并不是坏事，有了不同，有了差异，才能比较鉴别，取其所长，补其所短，更臻完善。D. 对青少年提供职业培训、就业机会以及职业发展方向的信息和指导。②应让青少年及其家庭认识法律，知道他们的法定权利和义务，包括联合国的各项文件。在我国不必说知道联合国的各项文书，一般地说，就是明确了解法律规定的家长对子女的权利与义务，青少年对自己应享有的权利和承诺的义务，都是知之甚少，父母教育子女只按传统观念办事，而不是依据法律。总之，法制观念太差，应该急起直追，进行这方面教育。教育系统对于面临社会风险的青少年要给予特别的关怀和注意。应编制专门的预防方案、教材，还应特别重视、制定防止青少年酗酒、吸毒以及滥用其他药物的政策和战略。③学校应与社区团体合作，规划、制定和实施青少年感兴趣的课外活动。

（3）社区。①社区应制定符合青少年特殊需要的各种社区性服务方案，并对青少年及家长提供辅导和指导。②社区应建立社区活动中心、文娱活动中心并解决面临社会风险儿童的特殊问题。③对无家可归的青少年，应建立专门设施，对他们提供适当的收容住所。④应建立或加强地方一级的青少年组织，并给予管理社区事务的充分参加资格。这些组织应鼓励青少年参加集体性和自愿性的项目，以活跃社区青少年的业余生活。

（4）大众传播媒介。①鼓励大众传播媒介确保青少年获得本国和国际的各种信息和资料；鼓励大众传播媒介反映青少年对社会的积极贡献。②应促使一般的大众传播媒介，特别是电视和电影尽量减少对色情、毒品和暴力行为的描绘。

4. 社会政策

"社会政策"是《利雅得准则》的第五部分，共7条。其主要内容如下：

（1）政府机构应把帮助青少年的计划和方案放在高度优先的地位，并应拨付足够的资金以及其他资源。为了对青少年有效地服务，保证为青少年服务的设施和配备的人员，以及医疗、精神保健、营养、住房以及其他有关服务，包括吸毒、酗酒的预防和治疗，皆用于青少年身上，并使他们得到好处。

（2）对青少年安置教养的做法，应作为最后的手段，而且时间应尽可能短。应严格规定允许采取安置教养的标准，并且一般限于下列几种情况：①孩子受到父母或监护人伤害；②孩子受到了父母或监护人的性侵犯或者身体上、精神上的虐待；③孩子受到父母或监护人遗弃或剥削；④孩子因父母或监护人的行为而遭到身体或道德方面的危险；⑤孩子的行为表现出有严重身心危险，如不采取安置教养办法，其父母或孩子本身，以及社区任何服务，皆无法对付这种危险；从上述5项安置教养的标准，我们可以清楚地看出安置教养办法是对少年的一种保护性措施，它不是什么行政处分，更不是刑事处罚。

（3）政府应向青少年提供机会，使他们继续接受全日制教育，如果父母或监护人不能供养，则应由国家提供经费。

（4）各国政府应在刑事司法系统内和系统之外，开始或继续探讨、制定和执行各项政策、措施和战略，以预防家庭暴力，并确保遭受家庭暴力的青少年得到公正待遇。所谓家庭暴力是指一些家庭中发生的：①夫妻殴打；②殴打子女；③子女虐待老人，或青少年用暴力手段对父母所进行的暴力行为。据一些西方心理学家和犯罪学家的研究，长期生活在频繁发生暴力行为家庭中的青少年，性格一般都比较暴躁，难以控制自己，很容易走上犯罪道路。这里所指家庭暴力主要是指父母对子女施行的暴力，因此，在预防青少年犯罪准则中提到遭受家庭暴力的青少年应得到正确待遇的问题。

5. 立法和少年司法工作

"立法和少年司法工作"是《利雅得准则》的第六部分，共8条。其主要内容归纳为如下三个方面：

（1）各国政府应颁布和实施一些特定的法律促进和保护所有青少年的权利和福利，这种法律主要是指两方面内容：一方面是应颁布实施防止伤害、虐待、剥削儿童和青少年以及利用他们进行犯罪活动的法规；另一方面是应制定防止青少年遭受污点和烙印、伤害和刑事罪行处分的法规，运用这样两方面的法律确保凡成年人所做不视为违法或不受刑罚的行为，如为青少年所做，也应不视为违法而且不受刑罚。也就是要求取消"身份罪"，例如，有些国家的少年法规定，少年 11 点仍在外面放荡、夜不归宿，或到卡拉 OK 等夜生活场所或者逃学、出入于赌博等场所，如成年人所为则不为犯罪，但青少年所为则为违法犯罪行为。这就叫"身份罪"。这一规定的目的是为了保护青少年，但实际上却侵犯了青少年合法权益。因此，《利雅得准则》要求各国政府取消上述规定。

（2）应考虑设立监察处或者类似的独立机构，以确保维护青少年权利和权益。监察官还应监督《北京规则》、《利雅得准则》和《保护被剥夺自由少年规则》3 部国际性法律文件的执行。监察官还要定期出一份关于执行这些国际性法律文件的进展情况和遇到困难的报告。

（3）为适应青少年的特殊需要，应培训一批男女执法人员及其他有关人员，使他们熟悉和利用各种方法，不把青少年放在司法系统处置。

6. 研究、政策制定与协调

"研究、政策制定与协调"是《利雅得准则》的第七部分，共 7 条，其主要内容如下：（1）应开展多学科和多种部门的研究工作，并及时交流有关预防青少年违法犯罪以及少年司法的信息、经验和专门知识。（2）应该进一步加强专家、决策者在内的合作。这些合作项目归纳起来说有 3 点：①关于预防少年违法犯罪以及少年司法的区域性的国际性合作。②关于某些实际问题和政策性问题，特别是培训、试点和示范项目的合作。③有关预防青少年违法犯罪的技术和科学性问题的合作。对于上述项目各国政府和联合国系统及其他有关部门应给予强有力的支持。（3）联合国的各有关机关、研究所、机构和部门应就有关儿童、少年司法以及预防青少年违法犯罪的各种问题，继续进行密切的合作与协调①。

（四）《联合国保护被剥夺自由少年规则》

《联合国保护被剥夺自由少年规则》（*United Nations Rules for the Protection*

---

① 综合参见：（1）最高人民法院研究室编：《保护未成年人法律法规司法解释全集》，群众出版社 1994 年版，第 546~556 页。（2）周振想主编：《青少年法规解读》，中国青年出版社 2001 年版，第 325~333 页。

of Juveniles Deprived of Their Liberty）是 1990 年 8 月 27 日至 9 月 7 日联合国第八届预防犯罪和罪犯待遇大会通过的，并经第 45 届联合国大会核准。该规则共分为 5 个部分，分别为：基本原则、本规则的范围和适用、被逮捕或待审讯的少年、少年设施的管理、管理人员。

1. 第一部分"基本原则"确定了在保护被剥夺自由少年时应遵循的 10 个原则

（1）少年司法系统维护少年的权利和安全，增进少年的身心福祉，监禁办法只应作为最后手段加以采用。（2）只应根据本规则和《联合国少年司法最低限度标准规则》（《北京规则》）所规定的原则和程序来剥夺少年的自由。剥夺少年的自由应作为最后的一种处置手段。时间应尽可能短，并只限于特殊情况。制裁的期限应由司法当局确定，同时不排除今后早日释放的可能性。（3）本规则旨在制订符合人权和基本自由为联合国所接受保护以各种形式被剥夺自由少年的最低限度标准，目的在于避免一切拘留形式的有害影响，并促进社会融合。（4）本规则应公开无私地适用于所有少年，不得由于种族、肤色、性别、年龄、语言、宗教、国籍、政治或其他见解、文化信仰或习俗、财产、出生或家庭地位、族裔本源或社会出身或残疾而有任何歧视，少年的宗教和文化信仰、习俗和道德观念应得到尊重。（5）制定本规则是为了向管理少年司法系统的专业人员提供一种现成的参考标准，给予鼓励和指导。（6）本规则应以本国语言印发给少年司法工作人员。不熟悉拘留所工作人员所用语言的少年应有权在必要时获得免费传译服务，特别是在体格检查和惩戒程序过程中应获得这种服务。（7）各国酌情应将本规则纳入本国立法或对本国立法作出相应修正，并对违反本规则情事规定有效的补救措施，包括少年受到伤害时为其提供赔偿。各国还应监测本规则的适用情况。（8）主管机构应不断努力，使公众认识到，照料好被拘留的少年，让他们为重返社会做好准备，是一项非常重要的社会服务，为此目的，应采取积极步骤，促进少年与当地社区的公开接触。（9）本规则中的任何规定均不得解释为免予执行国际社会所公认有助于确保少年、儿童和所有青少年人的权利、照料和保护的有关联合国人权文书和标准。（10）遇本规则后面所载某些规则的实际适用与本节所载规则发生任何冲突时，遵守本节规则应为主要。

2. 该规则的范围和适用

为本规则的目的，少年系指未满 18 岁者。应由法律规定一年龄界限，对在这一年龄界限以下的儿童不得剥夺其自由；剥夺自由系指对一个人采取任何形式的拘留或监禁，或将其安置于一公私拘禁处所，由于任何司法、行政或其他公共当局的命令而不准自行离去。剥夺自由的实施情况应以确保尊重少年的人权为条件，应保证拘留在各种设施内的少年能得益于有意义的活动和课程。这些活动和课程将有助于增进他们的健康，增强他们的自尊心，培养他们的责任感，鼓励他们培养有助于他们发挥社会一员的潜力的态度和技能。被剥夺自由的少年不应因有关这一身份的任何理由而丧失其根据国内法或国际法有权享有并与剥夺自由情况相容的公民、经济、政治、社会或文化权利。少年个人权利和保护特别是执行拘留措施的合法性应由主管当局加以保证，而社会融合的各项目标则应根据国际标准。本国法律和规章，由获准探访少年但不属于拘留设施的一个适当组成机关进行定期检查及执行其他管制措施来加以保证。

本规则适用于被剥夺自由少年所在的任何类别和形式的拘留设施。本规则第 1、2、4、5 节适用于扣押少年的一切拘留设施和机构处所，第 3 节则针对被逮捕或待审讯的少年。本规则应根据每一会员国普遍的经济、社会和文化条件加以实施。

3. 关于被逮捕或待审讯的少年的规定

被逮捕扣押的少年或待审讯（"未审讯"）的少年应假定是无罪的，并当做无罪者对待。应尽可能避免审前拘留的情况，并只限于特殊情况。因此，应作出一切努力，采用其他的替代办法。在不得已采取预防性拘留的情况下，少年法院的调查机构应最优先给予最快捷方式处理此种案件，以保证可能缩短拘留时间。应将未审讯的拘留者与已判罪的少年分隔开来。

未审讯少年拘留的待遇条件应与下述各项规定相一致，必要时还可酌情根据假定无罪的要求，拘留期限和有关少年的法律地位和状况，作出具体的补充规定，这些规定应包括但不一定只限于下列各项：（1）这些少年应有权得到法律顾问，并应能申请免费法律援助（如有这种援助的话），并能经常与其法律顾问进行联系。此种联系并保证能私下进行，严守机密。（2）如果有可能，应向这些少年提供机会从事有酬工作或继续接受教育或培训，但不应要求他们一定这样做，而工作、教育或培训都不引致继续拘留。（3）这些少年应可得到和保留一些消遣和娱乐用具，只要符合司法执行的利益。

4. 少年设施的管理

（1）记录

所有报告包括法律记录、医疗记录和纪律记录以及与待遇的形式、内容和细节有关的所有其他文件，均应放入保密的个人档案内。该档案应不时补充新的材料，非特许人员不得查阅，其分类应一目了然。在可能情况下，每个少年均应有权对本人档案中所载任何事实或意见提出异议，以便纠正那些不确切、无根据或不公正的陈述。为了行使这一权利，应订立程序，允许根据请求由适当的第三者查阅这种档案。释放时，少年的记录应封存，并在适当时候加以销毁。任何拘留所在未获得司法、行政或其他公共当局的有效拘留令时，不得接受任何少年入所。拘留令的内容应立即登记入册，不得将少年拘留在任何没有这种登记册的设施内。

（2）入所、登记、迁移和转所

在所有拘留少年的场所，均应保存下列关于所接受的少年的完整而可靠的资料记录：①关于该少年的身份的资料；②拘留的事实和理由以及有关负责当局；③入所、转所和释放的日期和时间；④每一次接受少年入所或将其照料下的少年转所或释放时，将情况通知其家长或监护人的具体内容；⑤已知身心健康问题的细节，包括吸毒和酗酒在内。并且，应毫不迟延地向有关少年的家长和监护人或关系最近的亲属提供入所、安置、转所和释放的资料。接收后应尽快就每一少年的个人情况和处境拟写全面报告和有关资料，提交管理部门。

少年入所时，应发给每人一本有关拘留设施的规定及以易懂语文刊印的其权利和义务的书面说明，连同负责受理申诉的主管当局的地址以及能提供法律援助的公私机构和组织的地址，如少年为文盲或看不懂书面资料，应以能使他充分理解的方式向他传达资料内容。应帮助所有少年了解有关该拘留所内部组织的规定、所提供照料的目的和方法、纪律要求和程序、获取资料和提出申诉的其他许可方法以及所有为使他们充分理解其拘留期间的权利和义务所必要的其他事项。

运送少年的费用应由管理部门负担，运送工具应通风良好、光线充足，其条件应是不使他们感到难受或失去尊严。不得任意将少年从一所转到另一所。

（3）分类和安置

少年入所后，应尽快找他们谈话，撰写一份有关心理及社会状况的报告，说明与该少年所需管教方案的特定类型和等级有关的任何因素。此报告应连同该少年入所时对其进行体格检查的医官报告一起送交所长，以便为该少年确定在所内最适宜的安置及其所需和拟采用的特定类型和等级的管教方案。如需要特别感化待遇，且留在该所的时间许可，则应由该所训练有素的人员拟订一项个别管教书面计划，说明管教目的和时间构想以及应用以达到目标的方式、阶段和延迟情况。拘留少年的环境条件必须根据他们的年龄个性、性别、犯罪类别以及身心健康，充分考虑到他们的具体需要、身份和特殊要求，确保他们免受有害的影响和不致碰到危险情况。将被剥夺自由的各类少年实行分开管理的主要标准应是提供最适合有关个人的特殊需要的管教方式，保护其身心、道德和福祉。

应为少年设立开放性的拘留所,开放性的拘留所是完全没有或很少警备设施的场所。这类拘留所内人数尽可能不多。拘留在完全关闭的拘留所内的少年人数也应尽可能少,以期可进行个别管教。少年拘留所应进行分权管理,且其规模应便于少年与其家庭的联系和接触。应设小型拘留所,并与社区的社会、经济和文化环境协调。

（4）物质环境和住宿条件

被剥夺自由的少年有权享有可满足一切健康和尊严要求的设施和服务。少年拘留所的设计和物质环境应符合收容管教改过自新的目的,并应适当顾及少年的隐私、感官刺激、与同龄人交往和参加体操和休闲活动的需要。少年拘留所的设计和结构应尽量减少火灾危害,确保能从房舍中安全撤出,应装置有效的火警系统,建立正规的经常演习制度来保证少年的安全。拘留所不得建造在明知有害健康或有其他危险的地区。寝室通常应为小组集体宿舍或个人睡房,须注意到当地的标准。于睡眠时间应经常对所有住宿地区包括单人房间和集体宿舍进行非打扰性的检查,以保证每个少年的安全。应按照地方或国家标准,向每一个少年发放足够干净的被褥,并应保持整齐和经常更换以保干净。便所的位置和标准应使所内每一少年于需要时可正当方便,并应清洁隐蔽。

持有个人财物是隐私权的一项基本内容,对少年的心理健康至关重要。应充分承认和尊重每一少年持有个人财物和拥有充分设施来存放这些财物的权利。少年个人财物中本人不想保留的或予以没收的部分,应置于安全保管之下,保管财物的清单应由少年签字,应采取措施使这些财物保持完好。除准许其花的钱或向外界寄送的财物外,所有这些物件和金钱均应在该少年获释时如数归还。如少年收到或被发现持有任何药品,应由医官决定如何处置。

所内少年应有权尽可能穿用自己的衣服。拘留所应确保每一少年得到适合气候和足以保持其健康的衣服,而其绝不是侮辱性或屈辱性的,应允许出于任何原因调离拘留所或外出的少年穿上自己的衣服。每个拘留所应确保所内每一少年获有经过适当调制并在正常用餐时间提供的食品,其质量和数量应满足营养、卫生和健康标准,并尽可能考虑到宗教和文化方面的要求,应随时向每一少年提供清洁饮水。

（5）教育、职业培训和工作

达到义务教育年龄的所有少年均有权获得与其需要和能力相应并以帮助其重返社会为宗旨的教育。这种教育应尽可能在拘留所外的社区学校里进行,并且无论如何应有合格的教师,其课程应与本国的教育制度一致,以便少年获释后能继续学业而不感到困难。拘留所管理部门应特别注意外籍的或具有特殊文化或族裔需要的少年的教育，文盲或有认知或学习困难的少年，应有权接受特殊教育。应允许和鼓励超过义务教育年龄但仍想继续学习的少年继续学习，应尽力为他们提供学习适当教育课程的机会。向拘留所内的少年颁发文凭或学历证明时，不应以任何方式表示该少年曾受收容管教。每一拘留所均应有图书馆，藏有数量足够宜于少年阅读的知识性和娱乐性图书，应鼓励所内少年能够充分利用这些图书。

所内少年均应有权获得职业培训，所选职业应能使其为今后的就业做好准备。在正当选择职业并合乎拘留所管理部门的要求范围内，所内少年应能按照自己的愿望选择所想从事的工作。适用于童工和青年工人的所有国家和国际保护性标准均应适用于被剥夺自由的少年。应尽可能让所内少年有机会从事有报酬的劳动，且最好是在当地社区，以补充所提供的职业培训，增加其在重返社区后获得适当就业的可能性。所提供的工作能作为适当的培训，对少年或释后有所助益。拘留所内提供工作的安排和方法应尽量与社区类似工作的安排和方法相同，以使少年适应正常的职业生活条件。参加工作的所内少年均有权获得公平的报酬。为拘留所或为第三方赢利的这一目的不得高于少年及其职业培训的利益。通常应将少年收益的一部分作为储蓄金另立，在少年获释时交还。少年应有权利利用这些收益的其余部分购买物品供自己使用，或者赔偿因其违法行为而受到伤害的受害者。或者寄给家里或拘留所外的其他人。

（6）娱乐

所内少年应有权每天做适当时间的自由体操活动，如天气许可应为室外，活动期间通常应提供适当的娱乐或体能训练。应为这些活动提供适当的场地、设施和设备。每一少年每天均应另有休闲活动时间，根据少年的要求，其中部分时间应用于帮助学习手工艺技能。拘留所应确保每一少年体格上能够参加向其提供的体育活动。应在医务人员指导下，向有需要少年提供治疗性的体育锻炼和理疗。

（7）宗教

应允许所内每一少年满足其对宗教和精神生活的需要，特别是参加在拘留所内举行的仪式或聚会或自行联系仪式并持有其宗教派别进行宗教仪式和宣讲所需的书籍或物品，如果拘留所内信仰某一宗教的少年达到一定人数，应指定或批准该宗教一名或数名合格代表，允许他们定期举行仪式并应所内少年要求对他们进行个别的宗教探望，每一少年均应有权接受其选择任一宗教合格代表的探望，也应有权不参加宗教仪式和自由表示不接受宗教教育、辅导和宣传。

（8）医疗护理

所内少年均有权获得充分的预防性和治疗性的医疗护理，包括牙科、眼科和精神科护理以及医疗所需药品和特别膳食。如可能，所有这种医疗护理通常应由拘留所所在社区的有关卫生机构和服务部门向被拘留少年提供，以防止他们受人以特殊眼光看待，而培养他们的自尊，并促使他们与社区融合。所内少年有权在入拘留所时立即由医生进行体检，以便记录入所前受过任何虐待的迹象，并查明需要医疗护理的任何身心方面的情况。向所内少年提供医疗服务时，应设法检查和治疗任何可能妨碍少年重返社会的身心疾病、药物滥用或其他情况。每一少年拘留所应能随时获得足够的医疗设施和设备，这些设施和设备应与收容人数及其要求相称，并配合所内医疗人员所受预防性医护和处理紧急医疗事件的培训。生病，表示感觉不适或显示身心不适症状的少年，应迅速由医官检查。任何医官如有理由认为某一少年的身心健康已受到或将受到长期拘留、绝食或任何拘留条件的损害，应立即将实际情况报告有关拘留所的所长和负责保障少年福祉的独立当局。

患有精神病的少年应送往受独立的医疗管理的专门机构接受治疗。应与有关机构作出安排，采取措施确保必要时在释放后继续进行精神病治疗。少年拘留所应采用由合格人员管理的预防吸毒和戒毒康复专门方案，这些方案应与有关少年的年龄、性别及其他要求相符，应向吸毒酗酒少年提供解毒设施和服务，并配备训练有素的工作人员。基于医疗理由为进行必要治疗时方得施药，可能时应事先征得有关少年同意，施药目的绝不是为了套取资料或口供，或作为惩罚或约束手段，绝不能对少年进行药物试验和治疗试验。任何药物均应由合格的医护人员批准和施给。

（9）生病、受伤和死亡通知

少年的家属或监护人以及少年指定的任何其他人均有权查问有关少年的健康情况并于其健康发生任何重大变化时及时获悉情况，遇所内少年死亡、因生病而需要将他转送到所外医疗机构或因其健康状况而需要在拘留所内接受48小时以上门诊治疗时，拘留所所长应立即将此情况通知有关少年的家属或监护人或其他指定者。遇所内少年为外国公民时，应将此事通知其所属国家领事当局。

遇所内少年在其剥夺自由期间死亡，关系最近的亲属应有权查验死亡证明书、验看遗体和处置遗体的方法。遇少年在拘留期间死亡，应对死因进行独立调查，调查报告应提供给关系最近的亲属。如系释放后6个月内死亡，并有理由认为死亡原因与拘留期间有关，也应进行这种调查。所内少年如遇近亲死亡、重病或重伤时应立即获通知，有关少年应有机会参加近亲葬礼或探望危亲属。

（10）与外界的接触

应提供一切手段确保所内少年与外界充分联系，这是他们有权享有公正人道待遇的一部分，对使青少年做好准备重返社会来说也极其重要。应允许所内少年与其家人、朋友以及外界有信誉的组织人员或代表联系，允许他们外出回家探亲，并应特准由于教育、职业或其他重要原因而告假外出。如系服刑少年，则其离拘留所外出的时间应计入服刑时间。

所内少年均应有权经常定期地接受探访，原则上每周 1 次，至少每月 1 次，接受探访的环境应尊重少年的隐私及其与家人和律师接触并进行无拘束交谈的需要。除非有法定限制，所内少年均应有权每周 2 次与其选择的人进行书面或电话联系，必要时应助其有效地享有此一权利。每一少年均应有权收取信件。所内少年均应有机会阅读报纸、期刊及其他出版物，听收音机和看电视节目及电影，以及接受他感兴趣的任何合法俱乐部或组织的代表的探访，借此经常了解新闻。

（11）身体束缚和使用武力的限制

禁止为任何目的使用束缚工具和武力。束缚工具和武力只有在特殊情况下，当所有其他控制方法都已用尽并证明无效时才能使用，并必须有法律和规章的明文授权和规定。使用束缚工具和武力不应造成屈辱或侮辱，使用范围应有限，时间应尽可能短。为了防止少年自我伤害、伤害他人或严重毁坏财物，可根据所长的命令使用束缚工具，如发生这种情况，所长应立即与医护及其他有关人员磋商，并报告上级管理当局。在任何少年拘留所内，所方人员禁止携带和使用武器。

（12）惩戒程序

任何惩戒措施和程序均应确保安全，确保共同生活的秩序，并应符合维护少年自身尊严的原则和拘留所管教的根本目的，即灌输一种正义感、自尊感和尊重每个人的基本权利的意识。应严格禁止任何构成残酷、不人道或有辱人格的待遇的惩戒措施，其中包括体罚、关在暗室、密闭或单独禁闭或其他任何有害有关少年身心健康的惩罚。禁止以任何理由减少膳食和限制或不准与家人接触的做法。劳动应视为一种培养少年自尊的教育手段，以便为其重返社会做好准备，因而不应强行劳动以之作为一种惩戒处分。任何少年不应由于同一违反纪律事件受到一次以上的处罚。禁止进行集体处罚。

主管管理当局所采立法或规章应充分考虑到少年的基本特点、需要和权利，定出关于下述各项规范：①构成违反纪律的行为；②可施加的惩戒处分的种类和时限；③有权施加此种处分的管理员；④有权审理上诉的官员。

关于不当行为的报告应立即送交主管当局，主管当局应及时对之作出决定。主管当局应对事件彻底地进行检查。除严格按现行法律和规章情况外，任何少年不应受到惩戒处分。除非先将所指控的违反纪律行为以及少年充分理解的适当方式告知当事人并给予提出申辩的适当机会，包括向公正无私的主管当局上诉的权利，任何少年不应受到处罚。所有惩戒程序均应作出完整记录。任何少年不应担负执行惩戒的责任，除非是在监督某一社会、教育或体育活动或在自行管理的方案中。

（13）视察和投诉

有资格的视察人员或相当资格的不属于拘留所管理部门的当局，应有权经常进行视察和自行进行事先不经宣布的视察，在行使这一职责时，其独立性应享有充分的保证。在少年被剥夺或可能被剥夺自由的任何设施，视察人员应不受限制地接触这些设施所雇用或在其中工作的所有人员，其中的所有少年以及阅看此类设施的所有记录。属于视察机关或公共卫生部门的合格医官应参加视察，评估有关环境、卫生、住宿、膳食、体操和医务等各项规定的执行情况，并评估所内生活关系到少年身心健康的任何其他方面或其他情况。每一少年都应有权同任何视察人员进行秘密交谈。在完成一次视察后，视察人员应就其视察结果提出一份报告。此项报告应包括评价各拘留所是否充分执行本规则和本国法律的有关规定，并提出为保证执行而认为必要的任何步骤的建议。视察人员如发现有任何事实表明发生了违反关于少年权利或少年拘留所作业方面的法律规定的情况，应将有关事实通知有关当局以进行调查和起诉。

每一少年应随时有机会向拘留所所长及其委托的代表提出请求和申诉。每一少年应有权通过核准的渠道，向少年拘留所的中枢管理部门、司法部门或其他适当部门提出请求或申诉，其内容不受检查，而且应及时得到答复。应作出努力，设立独立的（监察）部门，接受和调查被剥夺自由的少年提出的申诉，并协助达致公平的解决。每一少年应有权请求家人、法律顾问、人道主义团体或可能时请求其他人提供帮助，以便提出申诉。如文盲少年需要利用提供法律顾问的或有权接受申诉的公私机构和组织的服务，应向他们提供协助。

（14）重返社会

所有所内少年都应得到安排，协助他们在释放后重返社会，重过家庭生活、就学或就业，应为此设立有关的程序，包括提前释放和特别课程。主管当局应提供或确保提供一些服务，帮助少年在社会上重新立足并减少对这些少年的偏见。这些服务应在可能的情况下确保向该少年提供适当的住所、职业、衣物和足够的生活资料，使其获释后能够维持生活，方便顺利地融入社会。应与提供此种服务的机构代表磋商，并让他们与拘留中的少年接触，以便帮助他们重返社会。

本规则第五部分是对管理人员的要求。

管理人员应具适当的条件并包括足够数量的专家，例如教育人员、职业指导人员、辅导人员、社会工作者、心理医生和心理学家。这些专家及其他的专门人员一般应长期聘用。但如其能提供合适且有益的协助和培训时，并不排除聘用兼职或志愿人员。各拘留所应根据被拘留少年的个别需要和问题，利用社区可提供的所有合宜补救、教育、道德、精神及其他的资源和帮助形式。管理当局应认真挑选和聘用各级和各类的工作人员，因为各拘留所是否管理得好，全靠他们的品德、人道、处理少年的能力和专业才能以及个人对工作的适应性。

为达致上述目的，管理人员应作为专业人员加以利用，给予优惠报酬以便吸引和留住合适的男女人才，应不断鼓励少年拘留所的职责和义务，他们任何时候都应以身作则，使自己的言行赢得少年的尊敬，为他们树立好榜样。管理当局建立合宜的组织和管理形式。便利拘留所内不同类别的工作人员之间的联系，以保证照顾少年的各个部门之间的合作，以及工作人员同管理当局之间的联系，以保证直接与少年接触的人员能够很好地发挥作用，便于其有效地履行职责。

管理人员应受适当培训，以便能够有效地执行其职责，尤其包括关于儿童心理、儿童福利和国际人权和儿童权利标准和规范、包括本规则各项内容的培训。管理人员应通过参加在其任内定期举办的在职人员进修班，保持并提高其专业知识和业务能力。拘留所所长应在行政能力、学历和经验方面充分符合其任务所要求的条件，并应专职进行工作。

拘留所管理人员在执行其任务时，应尊重和保护所有少年的人格尊严和基本人权，特别是：①拘留所任何人员不得以任何借口或在任何情况下，施加、唆使，或容忍发生任何严刑拷打行为或任何形式的粗暴、残酷、不人道或有辱人格的待遇、处罚、感化或纪律手段。②所有管理人员应坚决反对和制止任何贪污受贿行为，并在发现时立即报告主管当局。③所有管理人员均应遵守本规则。凡有理由相信发生了或要将发生严重违反本规则情事的人员，应将情况报告其上级机关或掌有审查或纠正权利的机关。④所有管理人员应确保少年的身心健康得到充分保护，包括保护其不受性侵犯、身体上和精神上的虐待以及剥削利用，必要时应立即采取行动给予医疗处置。⑤所有管理人员应尊重少年的隐私权，尤其应对其作为专业人员身份从中得知的有关少年或其家庭的机密情事保密。⑥所有管理人员应致力减少拘留所内外生活上的区别，因为这种区别往往会削弱对拘留所内少年人格尊严的尊重①。

（五）上述公约简评

《儿童权利公约》、《北京规则》和《利雅得准则》等法律文件是联合国系统内保护儿童权利的基础性、纲领性的指导文件。它们是儿童权利保护国际立法的核心组成部分。作为一个有机结合的整体，上述法律文件在世界儿童权利保护领域发挥着不可替代的重要作用。

《儿童权利公约》于 1989 年通过，是批准最广泛的人权条约之一。截至目前，除了美国和索马里之外，几乎所有的国家都批准了该项公约。该公约补充了一般性人权公约针对所有人，包括成年人和儿童所提供的保护。该公约增加了儿童权利的理念并将其引入法律领域。该公约中被提到的儿童权利多达几十种，如姓名权、国籍权、受教育权、健康权、医疗保健权、受父母照料权、娱乐权、闲暇权、隐私权、表达权等。但最基本的权利可以概括为 4 种，即生存权、发展权、受保护权和参与权。

联合国内部的政治分化曾使得经济、社会和文化权利与公民权利及政治权利一分为二，但为儿童权利所作的国际努力并没有受到这一因素的很大影响。《儿童权利公约》包括了所有涉及儿童的人权，可视为反映了所有权利不可分割、相互依赖并相互关联的事实。在大部分情况下，该公约要求各国政府尊重该公约规定的权利。这些规定包含有保护儿童的义务。一些条款，尤其是与经济、社会权利有关的条款，呼吁缔约国采取一切必要措施以满足其要求②。

《儿童权利公约》与其他联合国人权条约一样，都是建立在个人权利概念的基础上的。儿童问题，尤其是在健康和教育方面，由于其所涉及范围广泛而削弱了采取个案的方式。而且，如同其他公约一样，一些国家做了许多重要的保留。中国也作出了保留。缔约国对本公约提出了大量实质性的声明和保留，这些声明和保留涉及广泛的领域。其对公约实施的影响值得严重关注。有几种方式的保留被认为不符合该公约的目的和宗旨。其一是措辞含混、涵盖整个条

---

① 最高人民法院研究室编：《保护未成年人法律法规司法解释全集》，群众出版社1994 年版，第 529～545 页。

② 国际人权法教程项目组编写：《国际人权法教程》（第一卷），中国政法大学出版社 2002 年版，第 439 页。

约的笼统的保留对监督缔约国遵守本公约产生严重的问题。这种保留可能被认为与本公约的目的和宗旨不符，如通过援引穆斯林法以限制本公约作为整体加以适用的保留就是一个明显的例子。还有意在限制条约核心要素的保留。儿童不歧视原则、儿童最大利益原则等构成本公约的基本原则。因此，对这些原则中任何一原则的保留都被认为是与公约宗旨和目的不符的保留。另外，与诸如禁止酷刑之类的习惯法或一般法律原则相抵触的保留也将被认为与本公约不符①。虽然国际社会，包括联合国人权委员会、维也纳世界人权大会和各缔约国不断努力，采取措施来解决保留的问题，但目前尚是未竟之功。诸多保留严重影响和制约了《儿童权利公约》的贯彻实施。

中国是《儿童权利公约》的共同提案国之一，从 1980 年起就积极参加起草工作组的工作，对该公约的制定作出了贡献。1990 年 8 月 29 日，中国政府正式签署了该公约，并于 1992 年 3 月 2 日获全国人民代表大会的批准。公约于 1992 年 4 月 1 日起正式对中国生效。这就意味着中国政府承担并认真履行该公约规定的保障儿童基本人权的各项义务。在批准该公约的同一年，中国政府颁布了《未成年人保护法》，并制定了国别方案，即《九十年代中国儿童发展纲要》。由于我国是亚太地区最早开始后续行动的国家，所以被联合国儿童基金会称为"旗舰"②。当然，正如本书其他部分已有述及的，中国保护儿童权利的法律还有待完善，还有待更好地与《儿童权利公约》兼容匹配。更好地保护儿童的人权，中国还有很长的路要走。

《北京规则》是在世界儿童犯罪日益严重的情况下制定的，各国儿童立法和少年司法制度的发展也为制定《北京规则》提供了基础，《北京规则》是在吸收和借鉴各国少年司法的原则、实践和研究成果的基础上制定的。《北京规则》是国际上第一个有关儿童犯罪的指导性文件，它的制定是国际社会共同努力的结果，它集中了各国儿童立法的成功经验，受到国际社会的广泛重视和支持，对促进会员国建立和健全少年司法制度作出了重要贡献。从其内容方面的种种规定可以清楚地看出，它是各国成功经验的集大成者，体现了不同法律制度的专家们的智慧。因此，《北京规则》已经并将继续对保护儿童权利产生积极而深远的影响。

《利雅得准则》是世界各国预防犯罪的法律的概括和总结，对在世界范围

---

① 国际人权法教程项目组编写：《国际人权法教程》（第一卷），中国政法大学出版社 2002 年版，第 426 页。

② 周振想主编：《青少年法规解读》，中国青年出版社 2001 年版，第 318 页。

内预防儿童犯罪，保护儿童健康成长，具有普遍意义。为各国统一保护儿童权利提供了具体的措施和方法，对推动各国形成和完善儿童法律保护体制具有积极的实践意义。从上述详细的内容介绍可以看出，总的来说，《利雅得准则》强调的是对少年儿童进行早期预防性和保护性干预的重要性。为了达到早期预防和保护性干预的目的，它提出了一系列涉及与少年儿童社会化过程有关的社会政策、立法和多边协调的有关的问题。但是，《利雅得准则》对于少年司法问题，尽管与立法结合起来列有一部分，但却涉及得很少。其原因之一，从中完全可以看出，联合国少年司法的法律文件中，基本精神是在于"不把儿童放在司法系统处置"的指导思想。其原因之二，也是更主要的原因，是联合国 3 部少年司法的法律文件是一个整体，各有侧重。《北京规则》是专门就少年司法作出最低限度标准的种种规定，而《利雅得准则》是专门就预防少年犯罪所做的种种规定。预防少年犯罪必须依靠全社会的力量。其中特别是家庭、学校、社区的共同努力，立法与司法的预防也是预防少年犯罪的重要方面①。联合国少年司法的法律文件的基本精神是不把少年儿童放在司法系统处置的做法是明智而必要的。少年儿童犯罪，重在预防，而非重在惩罚。对犯罪的少年儿童也应该秉着"教育、感化、挽救、保护"的方针，把司法手段作为最后的、迫不得已的步骤。

《联合国保护被剥夺自由少年规则》是与上述联合国法律文件相配套的规定，主要是为了在少年司法系统内维护被剥夺自由少年的权利和安全，增进少年身心福祉。该规则重申，监禁办法只应作为最后手段加以采用。少年儿童本来就是社会上的弱势群体，而被剥削自由的少年更是弱势群体中的最弱者，由于身心的发育程度和入所境遇等方面的原因，他们一般不懂得如何维护自己的权利，其利益诉求又容易被外界所忽视。因此，《联合国保护被剥夺自由少年规则》对维护和促进他们的权利和福祉具有特别重大的意义。与联合国其他法律文件一起构成了整个保护儿童权利的国际法律大厦。

三、国际劳工公约对儿童权利的保护

（一）许可就业的最低年龄方面的公约和建议书

从 1919 年以来，国际劳工大会先后制定了 11 个关于许可就业的最低年龄公约，起初是限于工业，后来又针对海员、锅炉工、农业等特殊行业。这些公约规定的许可就业的最低年龄一般是 14 岁。20 世纪 30 年代中期以后，把这

---

① 周振想主编：《青少年法规解读》，中国青年出版社 2001 年版，第 333 页。

个标准提高到 15 岁，并且对可能有害于青少年的健康、安全或道德的职业，规定了更高的许可就业的最低年龄。在分别对不同职业（工业、非工业、海员等）的许可就业的最低年龄制定了 10 个公约以后，鉴于把这些公约的要求用一个统一的公约加以巩固的时机趋于成熟，于是在 1973 年的国际劳工大会上通过了具有普遍适用性的、关于许可就业的最低年龄公约和建议书（第 138 号公约和第 146 号建议书）。

1. 第 138 号公约（关于许可就业的最低年龄公约）的主要内容

（1）凡是这项公约生效的国家都有义务执行这样一项国家政策，其目标在于保证有效地废除童工，并且把许可就业或工作的最低年龄逐步地提高到符合青少年的身体与智力充分发育的水平。

（2）根据上述目标而具体规定的许可就业的最低年龄，不应低于完成本国义务教育的年龄，并在任何情况下不得低于 15 岁，但在经济和教育设施不够发达的国家，在与有关的雇主组织和工人组织协商以后，可以把最低年龄定为 14 岁作为第一步。

（3）凡是就业或者工作的性质、进行工作的环境，有可能危害青少年的健康、安全或道德者，这类就业或工作属于适用本条规定的范围，应当以国家法律或规章具体规定，或者由主管机关在与有关的雇主组织和工人组织协商以后作出规定。但如有关的青少年的健康、安全和道德得到充分的保护，并且他们接受过有关活动部门充分的专业指导或职业培训，在这种条件下，国家法律或规章，或者主管机关得在与有关的雇主组织和工人组织协商以后，批准这类就业或工作从 16 岁开始。

（4）经济和行政管理发展得不够的国家，在与有关的雇主组织和工人组织协商以后，在开头时可以对实施本公约的范围作些限制；但是最低限度应在下列产业实施本公约的规定：采矿业与采石业、制造业、运输业、仓储业、通信业、电业、以生产商品为主要目的的种植园和其他农业企业，但不包括为地方消费而生产，并且不正规雇佣工人的家庭与小规模生产经营。

（5）本公约的规定不适用儿童和青少年在接受普通教育、职业教育、技术教育中的学校里劳动或者在别的培训机构里劳动。

（6）国家法律或规章可以允许 13～15 岁的少年干这样的轻活，这种轻活不会有害于他们的健康与发育，不会有损于他们上学、参加主管机关批准的培训计划，或者有损于从已经接受的指导中得益的能力。国家法律或规章也可以允许至少年满 15 岁但尚未完成其义务教育的青年符合干前述要求的活，至于什么具体经济活动可以引用本条的规定，以及这样的就业或工作的工时和劳动条件，应当由本国主管机关作出规定。在经济和教育设施不够发达的国家可以用 12 岁至 14 岁代替上述的 13~15 岁。

2. 第 146 号建议书的主要内容

第 146 号建议书作为对第 138 号公约的补充，进一步提出了一些具体要求。其主要内容如下：

（1）为了保证第 138 号公约提出的国家政策取得成功，应当在国家的发展政策和规划中特别重视下述事项：①国家对充分就业坚定地承担责任，并且采取各种措施在城乡推进以就业为导向的发展。②为缓解贫困而逐渐扩大有关的经济与社会措施，保证家庭生活水平和收入达到这样的程度，以致没有必要让儿童从事经济活动。③没有任何歧视地开展和逐步扩大社会保障以及目的在于保证抚育儿童的家庭福利措施，包括提供儿童补助金。④建立与逐步扩大充足的教育与职业培训设施，这种设施在形式和内容上都适合有关的儿童与青少年的要求。⑤建立与逐步扩大适当的设施，这些设施的目的是保护儿童与青少年并且增进他们的福利和促进他们的发育，包括对已就业的青少年。

（2）各国成员应当把许可就业或工作的最低年龄逐步提高到 16 岁作为奋斗目标。许可就业或工作的最低年龄目前还定在 15 岁以下的地方，应当采取紧迫的步骤使它达到 15 岁。

（3）凡属可能存在危害青少年的健康、安全与道德危险性的就业或工作，其类目表应当定期复审和修订。凡属依据第 138 号公约关于适用范围可以逐步扩大的规定，而对许可就业的最低年龄暂不立即确定的某些经济活动部门或某些类别的企业，应当对这些部门或企业中可能给青少年带来健康、安全和道德危害的就业或工作先实行适当的关于最低年龄的规定。

（4）凡是未满 18 岁的儿童和青少年就业或工作的地方，应当采取措施保证那里的就业条件达到并保持在一种令人满意的标准。这些条件应当受到严密的监督。同样地，要采取措施维护与监督儿童和青少年在企业和培训机构里以及进行职业教育和技术教育的学校里接受培训的条件，并且应当制定出保护和培育他们的标准。在这方面，要特别注意以下事项：在规定公平的报酬时要贯彻同工同酬的原则；对每日、每周的工时应当有严格的限制，禁止加班加点，以便儿童和青少年有足够的时间受教育和参加培训、休息和业余活动；他们的有工资的年休假的假期应当不比成年人的短；不论就业或工作的条件如何，涉及他们的社会保障计划应当包括足够的项目；安全与卫生应当保持在使人满意的标准，并且有适当的指导与监督。

此外，国际劳工大会还在 1965 年专门通过了一项关于采矿业地下（井下）作业许可就业的最低年龄建议书（第 124 号建议书）。该建议书要求：凡是采矿地下（井下）作业许可就业或工作的最低年龄低于 16 岁的地方，都应当尽快采取措施把这个年龄提高到 16 岁；而且应当继续逐步提高，以期达到以 18 岁为最低年龄，这个建议书同样适用于采石业的地下作业。

（二）体格检查方面的国际劳工公约

国际劳工组织把体格检查作为保护儿童和青少年工人健康与安全的一项重要措施。早在 1921 年，首先对海事部门制定了一项公约（第 16 号公约），规定儿童和 18 岁以下的青少年必须经过体格检查，方能在各种航运船舶上就业。25 年以后的 1946 年，国际劳工大会在更广泛的领域对儿童和青少年工人体格检查问题通过了两项公约和一项建议书，即青少年体格检查（工业）公约（第 77 号公约）、青少年体格检查（非工业职业）公约（第 78 号公约）和青少年体格检查建议书（第 79 号建议书）。后来在 1965 年又通过了青少年体格检查（地下作业）公约（第 124 号公约）。

1. 第 77 号公约的主要内容

第 77 号公约适用于在公、私工业企业中就业或工作的儿童与青少年，或者与公、私工业企业有联系的儿童与青少年。公约的主要内容如下：

（1）不许可儿童和未满 18 岁的青少年在工业企业就业，除非经过全面的体格检查认为适合于从事将担任的工作。他们的继续就业，应当以不超过 1 年进行一次体格检查作为条件。

（2）儿童或青少年对于他们就业的工作是否合适，应当从医学的角度不断受到监督直到他达到 18 岁。国家法律或规章还应当：①规定在哪些特殊情况下，要求在年度的体格检查之外还应当做体格再检查，或者更加频繁地进行体格检查，以便保证对该职业包含的危险进行有效监督，并对儿童或青少年以前的体格检查所显示的健康状况进行有效监督。②赋予主管机关在例外情况下有权要求对工人做体格再检查。

（3）凡是对健康有高度危险的职业，儿童和青少年是否适合就业的体格检查与复查应当至少保持到 21 岁。国家法律或规章应当对前述体格检查与复查须保持到 21 岁的职业或职业种类作出具体规定，或者授权适当的机关具体规定。

（4）前述体格检查的任何费用不应由儿童或青少年或者他们的父母负担。

（5）经过体格检查认为不适合于某种工作或者认为体质上有缺陷或障碍的儿童和青少年，主管机关应当对他们在职业指导以及在人体康复和职业康复方面采取适当的措施。这种措施的性质和范围应当由主管机关确定。为此，劳动、卫生、教育以及有关的社会服务机构应当建立起合作关系，这些机构之间还应当为实现前述各项措施而保持有效的联系。

（6）当一个国家领土的大片地区由于人口稀少或者发展程度较低的原因，主管机关认为在那里实行本公约的规定不可行时，可以在该地区完全免予实施本公约，或者把该地区某些主管机关认为适当的企业或职业作为实施本公约的例外。

第78号公约的内容同第77号公约的内容基本相同，只是它的适用范围是：为了获得工资或者直接地为了有所收入，而在非工业职业就业或工作的儿童与青少年。这里，"非工业职业"一词，是指主管机关承认为工业、农业、海事以外的一切职业。第79号建议书是对第78号公约的补充，主要对体格检查的做法、对于经体格检查认为不适合或只是部分适合就业的人员应当采取的措施、有关的机关应负的责任、公约的实施方法等事项，提出了详细的具体建议。

2. 第124号公约的主要内容

第124号公约是对儿童和青少年在采矿业的地下（井下）作业就业进行体格检查的专门公约。这里"采矿业"一词泛指从地表下面开采任何物质的一切公私企业，包括采矿业和采石业。这项公约的要点如下：

（1）凡未满21岁的人在采矿业的地下（井下）作业就业或工作，应当要求他接受是否适合就业的全面体格检查以及间隔时间不超过1年的定期复查。对于18岁至21岁之间的青年应当允许另作关于卫生检查的安排，如果主管机关根据医学建议认为这种安排与前述的体格检查相比是同样有效或者更加有效的，并且征得最有代表性的有关雇主组织和工人组织的同意。

（2）公约要求的体格检查，不应由青少年或其父母或其监护人负担任何费用。

（3）主管机关应当采取一切必要的措施，包括规定适当的惩罚办法，以保证本公约各项规定的有效执行。国家应当负责设立为监督本公约各项规定得到实施的适当检查机构，或者保证进行适当的检查。国家法律或规章应当明文规定谁对遵行本公约的规定负责。

（三）夜间劳动方面的国际劳工公约和建议书

保障儿童和青少年在夜间得到足够时间的休息，对于维护他们的健康成长是重要的。国际劳工组织制订关于限制儿童和青少年从事夜间劳动的国际劳动标准始于1919年，这项名为青少年夜间劳动（工业）公约（第6号公约）于1948年作了部分修订，改称为青少年夜间劳动（工业）公约（修订本）（第

90 号公约）。1946 年国际劳工大会还通过了关于在非工业职业限制青少年从事夜间劳动的一项公约和一项建议书（第 79 号公约和第 80 号建议书）。

1. 青少年夜间劳动（工业）公约（修订本）（第 90 号公约）的主要内容

（1）未满 18 岁的青少年不得在任何公、私工业企业或它们的任何分支机构被雇佣在夜间工作；但符合下列规定者除外：①为了在具体规定的工业或培养学徒或者进行职业培训，这些工业或职业有继续实行学徒制度或职业培训的要求，主管机关在与有关的雇主组织和工人组织协商后，可以为此目的批准年满 16 岁但不到 18 岁的青少年被雇佣从事夜间劳动。②根据前述，从事夜间劳动的青少年，应当在两个工作日之间得到至少连续 13 小时的休息。

（2）本公约的"夜间"一词，是指至少连续 12 小时的一段时间。这段时间对于未满 16 岁的青少年来说，应当包括晚上 10 时至早晨 6 时之间的时间；对于年满 16 岁但不到 18 岁的青少年来说，应当包括主管机关规定的，从晚上 10 时至早晨 7 时之间连续至少 7 个小时的时间。主管机关在具体规定这段时间时，可以对不同的地区，不同的工业、企业或者它们的分支机构作出不同的规定，但如规定这段时间从晚上 11 时以后开始，必须事先与有关的雇主组织和工人组织协商。

（3）在气候造成白天劳动特别难受的国家，如果保证在白天给予补偿的休息时间，可以把"夜间"的时间以及禁止劳动的时间段比前面（2）中所规定的时限缩短。

（4）遇到不能控制或不能预见的紧急状况，这种紧急状况不具有定期性但对工业企业的正常工作有干扰，在这种情况下，对于 16~18 岁的青少年的夜间劳动不实行前述（1）、（2）两项的规定。

（5）当发生严重的紧急状况，为了公共利益的需要，政府可以暂时停止对 16~18 岁的青少年从事夜间劳动的禁止。

2. 第 79 号公约的主要内容

青少年夜间劳动（非工业职业）公约（第 79 号公约）适用于为了获得工资，或者直接地为了有所收入而在非工业职业就业或工作的儿童或青少年。"非工业职业"一词，是指主管机关承认为工业、农业、海事职业以外的一切职业。但是国家法律或规章可以把私人家庭中的家庭服务工作者，以及在仅雇佣父母及其子女或受其监护的孩子的家庭企业里从事该认为对儿童和青少年没有损害或危险的工作者，排除在第 79 号公约的适用范围以外。该公约主要内容包括：

（1）凡被许可用全部或部分时间就业的未满 14 岁的儿童，以及倘若须以全部时间接受义务教育的 14 岁以上儿童，不得在夜间至少连续 14 小时内受雇佣或工作，这连续 14 小时应当包括晚上 8 时至早晨 8 时的一段时间在内。但如当地条件有此需要，国家法律或规章得以用另一段 12 小时来代替晚上 8 时至早晨 8 时，不过代替的开始时间不得在晚上 8 时半以后，终止时间不得在早晨 6 时以前。

（2）凡是不需要用全部时间接受义务教育的 14 岁以上的儿童以及未满 18 岁的青少年，不得在夜间的至少连续 12 小时内受雇佣或工作。这连续 12 小时应当包括晚上 10 时至早晨 6 时的一段时间在内。但如出现足以对一个特殊活动部门或一个特殊地区造成相当影响的例外情况，主管机关在与有关的雇主组织和工人组织协商以后，对于在那个活动部门或地区就业的儿童和青少年，可以决定用晚上 11 时至早晨 7 时的一段时间来代替上述的晚上 10 时至早晨 6 时的一段时间。

（3）在气候造成白天劳动特别难受的国家，如果保证在白天给以补偿的休息时间，可以把儿童和青少年不得受雇佣或工作的夜间时间比前面各条中规定的时限缩短。

（4）当发生严重的紧急状况，为了国家利益，政府有暂时停止实行对 16 岁和 16 岁以上的青少年从事夜间劳动的禁止。

（5）国家法律或规章可以授权一个适当的机关颁发临时个人许可证，以便 16 岁和 16 岁以上的青少年在职业培训有此特殊需要时能够从事夜间劳动，条件是每 24 小时期间应当有不少于连续 11 小时的休息时间。

（6）国家法律或规章可以授权一个适当的机关对未满 18 岁但超过一定最低年龄的儿童或青少年颁发个人许可证，以便他们能够作为演员在夜间参加演出。但是发证的条件是：就业时间不得超过午夜；应当规定严格的保障办法，以保护儿童或青少年的健康与道德，保证他们得到良好的对待和避免影响他们受教育；使他们至少有连续 14 小时的休息时间。第 80 号建议书主要在颁发个人许可证、监督公约实施的方法等事项上，对第 79 号公约作了补充。

（四）地下作业的就业条件方面的国际劳工公约和建议书

由于采掘业的地下作业在劳动环境和劳动条件方面比一般职业艰苦，有必要对从事这种作业的工人，尤其是青少年，给予特殊保护。国际劳工大会于 1965 年通过了关于采矿业地下作业青少年就业条件建议书（第 125 号建议书）。这里，"采矿业"一词泛指从地表下面开采任何物质的一切公私企业，包括采矿业和采石业。这项建议书的要点如下：

（1）对于已经或行将从事采矿业地下（井下）作业的青少年，培训计划应当含有对下述事项进行实践上和理论上的指导：关于采掘工人会接触到的同身体健康和安全有关的危险；卫生与急救；为维护健康和安全采取的预防措施。这种指导应由在这方面有资格的人士来做。

（2）当一个青少年就业时以及把一项地下（井下）作业的具体任务交给他时，雇主应当把该项工作含有的发生事故的危险以及健康的危害、预防的措施和设备，有关的安全条例和急救方法全都通知他。这种指导应当间隔适当时间重复进行。

（3）负责安全的官员、安全代表、安全与健康委员会以及与安全和健康事务有关的所有其他内部机构，还有国家的劳动检查机构，都应有特别重视旨在保障采矿业地下（井下）作业青少年的生命与健康的措施。这种措施应当包括为每个采掘现场考虑开展切实的安全工作计划，计划的内容包括：①采取行动保证对有危险的环境状况和物质状况进行预防和改正；②为适应培训、检查以及调查事故和预防事故的需要，备有适当的工具与设施；③工作的性质和进行工作的条件所必需的防护服装和用具，应当由雇主负担最初的供应和正常损耗以后的更换，也应当要求青少年工人使用这种服装和用具；④为了青少年工人的安全与健康而采取的任何其他措施。

（4）为了使从事采矿业地下（井下）作业的青少年保持良好的健康并促进他们身体的正常发育，应当采取措施，其目的在于：①鼓励各种使精神得到恢复的活动，包括体育；②保证设置符合卫生标准的更衣室和淋浴设备，如有可能，专门给未满18岁的青少年使用的更衣室和淋浴设备应当与供成年人使用的分开；③如果环境有此要求，应保证备有专门为青少年服务的食品和供应食品的设施，以使他们能够得到适合青少年发育的食物。

（5）从事采矿业地下（井下）作业的未满18岁的青少年应当有权在每7天期间享受不间断的、不少于36小时的每周休息时间。这种每周休息时间还应当逐渐延长以期达到48小时。每周休息时间应当包括该周中本国或本地的传统或习俗定为休息日的那一天。在采矿业地下（井下）作业就业或工作的未满18岁的人，不得在每周休息时间被雇佣做任何工作。

（6）未满18岁、从事采矿业地下作业的人，工作满12个月应当得到不少于24个工作日（相当于4个工作周）的有工资的年休假的假期。计算有工资的年休假的假期不应当把公共假日和风俗习惯假日以及由于生病而缺勤的日子计算在内。

（7）按照1962年职业培训建议书提出的原则，主管机关应当采取必要的措施，保证已经或行将在采矿业地下（井下）作业就业的青少年得以：①通过学徒制度或者适合本国情况的其他培训方式，接受系统的职业培训，以保证对他们将从事的特殊类型的工作做好充分准备；②根据本国条件，享有接受进一步的技术培训的适当机会，以使他们能够发展自己的职业能力而不损害他们的健康与福利；③有适当的机会得到地面上的进一步教育和培训，目的在于保证他们能适应今后采矿业的技术变革以及开发他们的才能。

（8）每个国家的主管机关在决定实施本建议书的总政策以前，以及在遵照本建议书的条款订出规章以前，应当与最有代表性的有关的雇主组织和工人组织协商。

（五）禁止和消除童工方面的国际劳工公约

禁止和消除童工方面的国际劳工公约主要是国际劳工组织大会于 1999 年 6 月 17 日通过的《关于禁止和立即行动消除最有害的童工形式公约》（第 182 号公约）（*Convention concerning the Prohibition and Immediate Action for the Elimination of the Worst Forms of Child Labour*，ILO No. 182），该公约于 2000 年 11 月 19 日起正式生效。

国际劳工组织大会，经国际劳工局理事会召集，于 1999 年 6 月 1 日在日内瓦举行第 87 届会议，并考虑到需要为禁止和消除最有害的童工形式——国家和国际行动包括国际合作和支援在内的主要优先重点——通过新的文书，以便补充依然是童工问题之基本文书的 1973 年准予就业最低年龄公约和建议书，并考虑到免费基础教育的重要性和需要使用有关儿童脱离所有此类工作以及为其提供康复和与社会结合，同时解决其家庭需求问题，有效消除最有害的童工形式要求有立即和综合的行动，并忆及国际劳工大会于 1996 年在其第 83 届会议上通过的关于消除童工问题的决议，并认识到，童工问题在很大程度上是由于贫困造成的，以及长期的解决需要有能导致社会进步，特别是导致缓和贫困和普及教育的持续经济增长，并忆及联合国大会 1989 年 11 月 20 日通过的儿童权利公约，并忆及国际劳工大会于 1989 年在其第 86 届会议上通过的《国际劳工组织关于工作中基本原则和权利宣言书及其后续措施》，并忆及最有害的童工形式中的某些形式已被包括在其他国际文书之中，特别是 1930 年强迫劳动公约和联合国的 1956 年废止奴隶制、奴隶贩卖类似奴隶制的制度与习俗补充公约，并决定就有关童工问题——本届会议议程的第四个项目——通过若干建议，并确定这些建议需采用一项国际公约的形态，于 1999 年 6 月 17 日通过以下公约，引用时可称之为 1999 年最有害的童工形式公约。

（1）凡批准本公约的成员国须采取立即和有效的措施，以保证将禁止和消除最有害的童工形式作为一项紧迫事务。

（2）就本公约而言，"儿童"一词适用于18岁以下的所有人员。

（3）就本公约而言，"最有害的童工形式"这一表达方式包括：①所有形式的奴隶制或是类似奴隶制的做法，如出售和贩卖儿童、债务劳役和奴役，以及强迫或强制劳动，包括强迫或强制招募儿童，用于武装冲突；②使用、招收或提供儿童卖淫、生产色情制品或进行色情表演；③使用、招收或提供儿童从事非法活动，特别是生产和非法买卖有关国际条约中确定的麻醉品；④其性质或是在其中从事工作的环境，可能损害儿童的健康、安全或道德工作。

（4）①在同有关雇主组织和工人组织磋商之后，国家法律或条例或是主管当局在考虑有关国际标准特别是1999年最有害的童工形式建议书第3、4款的情况下，须确定第3条（d）提到的工作类型。②主管当局在同有关雇主组织和工人组织磋商之后，须查明所确定的工作类型之存在。③根据本条第1款确定的工作类型一览表，须同有关雇主组织和工人组织磋商，进行定期审查并视需要进行修订。

（5）各成员国在同雇主组织和工人组织磋商之后，须建立和指定适宜机制，监督落实本公约规定的实施。

（6）①各成员国须制订和实施将消除最有害的童工形式作为优先重点的行动计划。②制订和实施此类行动计划，须同有关政府机构以及雇主组织和工人组织磋商，凡适宜时，考虑其他有关群体的意见。

（7）①各成员国须采取所有必要措施，包括规定和执行刑事制裁，或是凡适宜时，其他制裁，以保证有效实施和执行落实本公约的规定。②考虑到教育在消除童工现象中的重要性，各成员国须采取有效的和有时限的措施，以便：（a）防止雇用儿童从事最有害的童工形式的工作；（b）为儿童脱离最有害的童工形式工作，以及为其康复和与社会结合，提供必要和适宜的直接支援；（c）保证脱离了最有害的童工形式工作的所有儿童，能享受免费基础教育，以及凡可能和适宜时，接受职业培训；（d）查明和接触处于特殊危险境地的儿童；以及（e）考虑女孩的特殊情况。③各成员国指定主管当局，负责实施落实本公约的规定。

（8）成员国须采取适宜步骤，通过加强合作和/或支援，包括支持社会与经济发展，缓和贫困与普及教育，在落实本公约条款方面相互支援①。

---

① 北京大学法学院人权研究中心编：《国际人权文件汇编》，北京大学出版社2002年版，第145~148页。

（六）上述公约简评

对儿童和青少年劳动力给予必需的特别保护，是受到各国劳动立法重视的重要问题之一。国际劳工立法也是如此。国际劳工组织成立后，在它的章程里把保护儿童和青少年作为自己的一项迫切任务。从前面对国际劳工公约中有关保护儿童权利内容的介绍中可以看出，国际劳工大会通过的关于保护童工和青少年工人的公约和建议书主要围绕三个问题，即就业的最低年龄、体格检查和夜间劳动。到 1999 年的第 182 号公约才开始主张全面禁止童工，并且把儿童年龄的上限提高到 18 岁，在国际劳工立法史上，不能不说是一个令人鼓舞的巨大进步。

国际劳工组织在保护儿童权利方面，在可能的范围内可谓不遗余力，劳苦功高。国际劳工组织通过国际劳工大会制定的诸多保护儿童权利的公约共同构成了儿童权利保护的国际法律体系，在儿童权利保护领域发挥了积极的、不可或缺的作用。

但是，国际劳工公约作为多边国际公约，只对加入公约的国家才具有拘束力。实际上，许多国际劳工公约，包括上述儿童权利保护方面的国际劳工公约，其加入的国家的数量极为有限，因此，严重制约了这些公约的贯彻实施，影响了它们效力的发挥。目前，童工等问题依然是困扰世界的难题，严重影响了国际人权事业的发展进步。所以，国际劳工组织依然有必要加大立法的力度，继续充实和扩大对儿童权利的保护，并努力促进相关公约的贯彻实施。

四、海牙国际私法会议通过的专门性国际公约对儿童权利的保护

（一）《海牙跨国收养方面保护儿童及合作公约》

1. 公约的制定背景及经过

收养问题由来已久，早在公元前 18 世纪，最早的成文法《汉谟拉比法典》中就有关于收养子女的规定。进入现代社会以来，收养问题更为突出，这主要是因为战乱、经济发展等一系列因素，产生了大量的无父母子女。为解决这一日趋尖锐的社会问题，收养问题作为一种建立拟制父母子女关系的手段，日益受到各国的重视，收养儿童也成为各国民事活动中广泛存在的一种实践。而跨国收养则是含有涉外因素的收养活动。跨国收养活动的第一个高潮始于"二战"的末期。从"二战"末期到 20 世纪 70 年代中期，跨国收养活动一直与战争形势，特别是朝鲜战争和越南战争的后果紧密相连。跨国收养除了这一特点，由于社会和人口因素的变化，广大发展中国家采取各种措施，对人口开始进行控制，发达国家从这些国家收养的儿童的数目急剧下降，跨国收养活动进入低潮。

近年来，随着国际形势的变化，大批儿童无家可归，而在许多发达国家，人口数目的逐年递减，生育率的明显下降，已引起了有关国家的关注与忧虑，增加人口已经成为不可忽视的问题。因此，跨国收养作为保护儿童的一个辅助性措施，同时也是发达国家增加人口的一个手段再一次活跃起来，进入第二个高潮。

从目前形势看，跨国收养儿童已成为一种有越来越多的人参与的活动，经营跨国收养的组织不断增多，经跨国收养的儿童数目急剧增加，收养涉及的国家和地区也不断扩大，有关的法律联系也逐渐频繁。但是，由于跨国收养涉及的地区遥远，参与此活动的国家对跨国收养的法律规定不一，有些国家甚至没有这方面的法律规定，跨国收养活动方式不能统一，引起了一系列问题，不利于保护儿童的权益。比如，收养程序在有些国家是通过中央机关进行，有些是通过收养组织进行，此外还有私人收养，收费没有统一规定，在被收养儿童的年龄、收养案件的管辖权等方面没有统一的法律标准，等等。在有的国家，跨国收养活动甚至到了完全失控，不得不中止的地步。

由于对收养活动没有统一的法律文件来调整各国之间的法律差异，大多数国家在跨国收养的原则问题上都本着尽量扩大适用本国法律的原则去处理具体问题，致使这方面的法律冲突日渐突出，给拐卖儿童的活动以可乘之机。鉴于此，在跨国收养中如何协调各国法律，避免冲突，最佳保护儿童利益的问题被提到海牙会议的议事日程上。

1990年6月，为制定公约，海牙会议召开了第一次特委会，邀请成员国和与跨国收养有关的非成员国一起出席会议，会上，代表们分别陈述了各自国家跨国收养活动的近况以及所存在的问题，讨论了即将制定的宗旨和原则。代表们一致认为，新公约的重点不应放在制定一个统一法来协调各国有关收养的法律，而应旨在建立原住国和收养国在收养活动中的合作制度，以防止拐骗、买卖儿童现象的发生，达到最佳保护儿童利益的目的。会议在各国代表的共同努力和积极合作下，拟定了公约的框架草案，并成立了公约起草委员会。此后，1991年4月、1992年2月又举行了两次特委会，其间，1991年9月还举行了一次起草委员会的专门会议。经过这四次会议的努力工作，完成了提交给本届大会审议的公约草案。最后，公约在1993年5月28日获得全体一致通过。

在特委会讨论草案的过程中，联合国《儿童权利公约》于1990年9月生效，这对公约的制定提供了政策依据。目前通过的公约在很大程度上体现了

《儿童权利公约》的精神和原则。

本届海牙会议，除了上述的与会代表外，还邀请了一些国家的收养组织与会。与会代表对特委会提交的该公约草案进行了全面的审议。由于各国收养的法律规定均有差异，且在有关本国利益的条款上各方立场不同，因此，公约的审议工作难度很大。会议除了起草委员会外，还设立了工作小组讨论专门问题，最后以逐条通过的方式，通过了本公约。无论从该公约的原则还是公约的具体内容来看，新的公约兼顾了原住国和收养国双方的利益，是两种立场经过妥协达成的协议，反映了跨国收养活动的总趋势，即加强各国的合作机制，最大限度地便利跨国收养程序，最佳地保护儿童的利益。

2. 公约的主要内容

本公约共分七章48条，包括序言及范围、跨国收养的要件、中央机关和委任机构、跨国收养的程序要件、收养的承认及效力、一般规定和最后条款。

（1）序言及范围。公约序言表明了跨国收养的必要性，即出于保护儿童的考虑，可为在其原籍国不能找到适当家庭的儿童提供永久性家庭。它体现了《儿童权利公约》和《关于儿童保护和儿童福利，特别是国内和国际寄养和收养办法的社会和法律原则宣言》所确立的各项原则。公约的宗旨是保护儿童最佳利益和基本权利，在缔约国之间建立合作制度，防止拐卖儿童的行为发生，保证根据本公约进行的收养得到缔约国的承认。公约的规定只适用于产生永久性的父母子女关系的收养，排除了类似简单收养的其他形式的收养。被收养儿童的年龄应在18岁以下，与《儿童权利公约》的规定一致。

对于公约规定的收养人为夫妻或个人，一些拉美国家对于作为主要收养人的夫妻的定义要求予以确认，即希望明确排除同性恋者作为收养人。对这一问题，报告员解释认为公约没有必要对夫妻作详细的解释，原住国可在具体的收养案例中予以把关，实际上回避了对这一敏感问题作出正面回答，而将问题留给各国自行处理。

（2）跨国收养的实质要件。跨国收养的实质要件即收养所适用的法律，这是一个原则问题。在跨国收养活动中，实质要件一般适用属人法原则，即依当事人本国法，收养案件中的当事人包括收养人和被收养人。公约规定收养程序的开始须适用收养人所在国和被收养人所在国双方的法律。即对儿童是否适于收养的条件的规定适用原住国法律，而对预期养父母是否适于收养儿童的规定适用收养国的法律。

公约规定收养进行的条件为：原住国的主管机关必须确认该儿童适于收养；对在原住国内安置该儿童的可能性作了应有的考虑后，确认跨国收养符合儿童的最佳利益；收养涉及的有关个人、机构和机关对同意收养作出的保证等。收养国的主管机关必须确定预期养父母条件合适并适于收养儿童；保证预期养父母得到必要的商议；确认该儿童已经或将被批准进入并长期居住在该国。

公约强调了原住国方面对作出同意收养的重要性。对作出同意的方式，原草案中仅规定书面方式，一些拉美国家提出异议，认为在他们国家，由于送养人的文化水平有限，其作出同意的方式有时也以口头表达。经讨论，决定采纳这一建议。在该公约中将作出同意的方式灵活地规定为："或以书面形式予以表达或证明。"

（3）中央机关和委任机构。公约规定了中央机关的制度，以保证各国间的合作机制。中央机关的职能可通过三种方式来实现：或是中央机关之间直接进行合作，或是通过由政府直接控制的公共机关进行合作，或是通过由政府批准委任的民间机构进行合作。中央机关直接采取的措施包括：提供各自国家有关收养法律的资料以及其他一般资料，诸如统计数字、标准格式等；就本公约的执行情况经常互通信息，并尽力消除实施公约的任何障碍。

中央机关通过公共机关或委任机构收集、保存和交换有关儿童和预期养父母的资料；促进、遵守和加快收养的程序；推进各自国家的收养咨询和收养后服务的发展；相互提供关于跨国收养经验的综合性评价报告；对其他中央机关或公共机关关于提供某一具体的收养情况资料的正当请求作出答复。

公约规定，委任机构应按照主管机关确定的条件并在其限制范围内工作，不得营利；指导培训跨国收养领域方面的人员；接受主管机关对其组成、业务和财务情况的监督。本公约中之所以对委任机构作专门规定，是因为在许多西方国家中，收养活动都有民间机构参与；这类机构主要起收养的中间介绍作用，同时也从事一些儿童福利方面的慈善工作。这些机构不受政府的直接控制，但都有其政府主管部门颁发的营业执照，受政府的监督。跨国收养活动中，这类机构比较活跃，但也往往容易出现问题，公约的规定强调了各国对这类组织的控制和管理。

（4）跨国收养的程序要件。跨国收养的程序要件包括从收养开始到结束的整个过程中原住国和收养国应做的工作以及工作的程序。这主要涉及收养案件的管辖权问题。对收养方式，国际上一般通行"场所支配行为"的原则，一般只适用收养成立地法。由于保护儿童的合法利益是原住国和收养国所面临的共同任务，且在收养过程中涉及原住国和收养国双方的具体工作，公约对原住国和收养国双方都给予了适当的管辖权。

公约规定跨国收养应通过中央机关进行。对于收养的准备工作，公约规定，首先由收养人按规定向本国的中央机关提出申请，然后由收养国的中央机关向原住国的中央机关转交该申请。对于申请内容，公约作了具体规定。原住国的中央机关在收到申请后，应准备一份报告，报告中对儿童的成长、其种族、宗教及文化背景给予适当的考虑；根据有关儿童和预期养父母情况以确认所面临的安置是否符合该儿童的最佳利益等。

公约规定，将儿童托付给预期养父母时，原住国的中央机关必须确认预期养父母同意这种安置，收养国的中央机关同意该决定，而且此项同意符合收养国法律或不违背原住国中央机关的要求等。

对于儿童已被移送到收养国而该国的中央机关认为该安置不符合儿童的最佳利益的情况，公约规定了以下几种保护儿童的措施：收养的中央机关须促使儿童脱离该预期养父母，并安排临时性照顾；与原住国中央机关协商，为收养之目的重新安置该儿童，这种收养只有在原住国中央机关得到有关新的预期养父母情况的适当通报后才能进行；作为最后一个措施，安排将儿童送回原住国。

由于程序问题涉及收养的管辖权，是公约的重点之一，与会代表对此作了比较详细的讨论。在讨论关于儿童的背景情况的报告时，埃及代表就伊斯兰国家的收养制度进行了阐述。在伊斯兰国家，收养是不合法和无效的，因为它引起了血统的混乱。但是伊斯兰国家也承认别的国家照顾伊斯兰儿童，但前提是不得建立父母子女关系。因此，在讨论儿童的可收养性时应对儿童的种族、宗教及文化予以适当考虑。经过讨论，埃及代表的这一建议被纳入公约条文。

对于儿童的交接问题，大多数原住国的代表认为，从原则上讲，为防止拐卖儿童，交接儿童时，预期养父母应在场。但大多数收养国认为这样做实际上存在着困难，如旅途遥远、出国不便等等。因而只能托付给有关的收养组织。鉴于收养组织一般都是经政府授权而注册的机构，受两国中央机关的监督，一般不会出现拐卖儿童的情况。所以，对交接要求，公约作了灵活的规定，即：如有可能，由养父母或预期养父母陪同。

收养的适应期问题，是收养各方都极为敏感的关注点。所谓适应期，即建立了收养关系后，养父母与被收养儿童之间彼此适应的时期。许多国家的法律规定，收养必须有一个适应期，一般为 1 年的时间。其政策考虑是，收养人和被收养人以前从未生活在一起，彼此需要一段适应的过程。如果一开始就从法律上正式确认他们的收养关系，有可能对彼此双方都不合适。因此，设立一个适应期，以利养父母和儿童彼此相互熟悉，相互适应。如果在适应期内发现该收养不合适，则可以中断收养，中断收养不需要办理复杂的法律手续，因为在适应期内，法律上收养关系没有确定。但对于适应期，大多数原住国的法律都没有规定，我国是其中之一。这些国家认为，适应期对保护儿童利益是不利的。因为儿童被移送到收养国后，在适应期内，养父母和儿童的关系在法律上没有确定下来，在这种情况下，儿童得不到有效的法律保护，很容易造成买卖儿童现象的发生。在实际的收养活动中，由于原住国坚持不承认适应期制度，一些收养国如英国、加拿大的魁北克省等为收养儿童不得不修改其国内收养法，去掉适应期这一规定，以适应原住国的法律，因此，公约没有对适应期作出强行规定。

收养国安排再收养的问题，是原住国与收养国之间另一个矛盾的焦点。公约规定，收养国只需向原住国的中央机关通报有关新的预期养父母的情况后即可安排再收养。对此，我国和其他原住国提出反对意见，认为再收养只有在原住国的中央机关同意后方可进行。这是因为安排再收养涉及新的预期养父母的情况，而原住国的中央机关没有新的预期养父母的情况的报告，不能确定再收养该儿童是否合适，因此，对再收养的安排必须经原住国的中央机关同意的规定出于对儿童保护的考虑。对公约的这一规定，大多数原住国持保留意见。

从对收养程序要件的审议情况看来，跨国收养活动总的形势具有以下特点，即原住国从保护儿童利益的原则出发，对收养程序的规定比较严格。因为送出儿童涉及国家的责任和国民的利益，原住国本着对儿童负责的精神，对收养国在这一实践中的要求也比较高。而收养国倾向在这一活动中尽量便利本国工作程序，使收养制度的规定比较灵活，赋予社会团体和个人的权限比较大，尽管原住国和收养国双方都是以保护儿童利益为宗旨，但由于利益不同，法律政策重点并不完全一致，有关的法律制度和规定之间的冲突在所难免。

（5）收养的承认及效力。收养的承认和效力在跨国收养中一直是一个非常重要的、有争议的法律问题。收养的承认关系到收养各方的切实利益，也涉及各国的法律适用。收养的效力主要涉及两方面的内容，即养父母的权利义务和养子女的权利义务。公约规定，收养一经成立，儿童和其养父母之间的关系即为合法的父母子女关系，养父母对该儿童负有父母责任。对于养子女的权利，公约规定收养关系一经成立，养子女即享有与该国其他被收养人同等的权利。而没有类比亲生子女的权利。这主要是因为各国的法律规定不同。尤其是收养国从其自身的利益出发，不愿给予养子女和生子女同等的权利。

公约规定了拒绝承认收养的条件，即当对收养的承认明显违背缔约国的公共政策和儿童的利益时，可予拒绝。公共政策原则是国际私法中的一项普遍原则。这里增加了儿童的利益，与本公约的宗旨和目的相衔接。

（6）一般规定。公约的一般规定部分包括下列各个方面：移送儿童在原住国或在收养国境内进行的情况；收养未成立之前有关方面之间的接触；有关儿童背景的资料的保存和参与跨国收养活动涉及的费用以及收养的法律适用等。

对移送儿童的时间，公约没有作出具体要求，而取决于原住国和收养国的国内法。为防止在收养过程中出现不合理的收费以致造成买卖儿童的情况发生，公约规定，在收养要求未满足前，预期养父母和儿童及其有关方面人员不能接触。

有关儿童背景资料的保存和使用情况，即有关收养的背景资料，公约规定应予保密。收养资料涉及当事人的隐私，一般不应公开。大多数国家的法律对当事人的这种要求予以尊重，我国收养法也有同样的规定。为防止买卖儿童的发生，公约对跨国收养活动的费用专门作了具体的规定，公约通过后，包括我国在内的 67 个国家代表在会议的最后文件上签了字，截至 1996 年 7 月 1 日，已有 23 个国家签署了该公约。其中部分国家批准或加入了该公约，并已对这些国家产生了效力①。

（二）《关于儿童国际诱拐的民事方面的公约》

1. 公约的背景

随着国际间民事交往的不断增加，一国公民与外国公民的涉外婚姻日益增多，在实践中，由于一国公民与外国公民结婚生育子女后离婚所产生的儿童国际诱拐（internation child abduction）案件，也随着涉外婚姻的增加而不断增加。这种涉外婚姻组建的家庭破裂后，父母一方把子女带回国（国籍国或住所地国）或者乘子女来访之机将他们留滞下来而使这些儿童脱离其监护人的事件在一些国家已屡见不鲜。因而加强国际间的协作，以解决这种跨国的儿童诱拐事件，已成为很多国家的一个迫切要求。

第一个尝试对该问题进行多边国际合作的组织是欧洲理事会。1972 年于法国斯特拉斯堡召开的欧洲理事会会议上，该理事会的一个委员会准备了一个关于国外监护判决（foreign custody decress）的承认与执行的欧洲公约草案。1980 年 5 月 20 日该公约——《关于儿童监护判决的承认与执行以及归还监护

---

① 综合参见：（1）李双元主编：《中国与国际私法统一化进程》，武汉大学出版社 1998 年版，第 595~603 页。（2）蒋新苗著：《国际收养法律制度研究》，法律出版社 1999 年版，第 256~342 页。

儿童的欧洲公约》——在卢森堡获得签署。海牙国际私法会议于上届例会上决定把制定有关"合法绑架"（legal kidnapping）的公约列为第 14 届会议的议题。

上届会议后，海牙会议常设局便着手就有关儿童诱拐的问题进行"法律社会学的研究"，并由会议常设局一等秘书达叶（Adair Dyer）写出一份内容详尽的研究报告。该报告以及一份由常设局准备的调查询问书（questionnaire）于 1978 年秋季由会议寄发给会议各成员国政府。这些工作对后来本届会议上第一委员会顺利完成公约的制定工作无疑起到了很大的帮助。

制定这一公约对于海牙会议来说并非是完全陌生的工作，因为早在 1900年召开的第 3 届海牙国际私法会议上便诞生了《关于儿童监护的海牙公约》。半个世纪以后，海牙会议为了适应变化了的国际社会的需要，对该海牙公约进行了全面的修订，于 1960 年召开的第 9 届会议上制定了一个全新的有关儿童保护的公约——《关于未成年人保护的机构的权利和法律适用的公约》（1961年 10 月 5 日）。然而，有关儿童诱拐问题，由于它只是儿童保护法律问题的一个非常狭小和具体的领域，在国际国内立法方面都属于较新的课题，因而，制定该公约对于会议来说仍然是一件较为困难的工作。

1979 年 3 月，一个由海牙会议常设局指定的负责该公约初步起草工作的专门委员会在海牙集会，基本上就下列问题达成共识：第一，由于上述 1961年 10 月 5 日海牙未成年人保护公约规定了有关儿童保护的管辖权问题并尚在若干欧洲国家生效，为了不使制定出来的新公约改变上述公约的内容，专门委员会决定在新公约中不规定有关管辖权的规范；第二，未来的公约应该适用于监护的诉讼程序开始之前或进行中的儿童的诱拐案件；第三，该制定的公约中不应规定公共秩序条款；第四，公约中应规定成员国都应该设立一个有关的中央机构（Central Authority），帮助被侵害人与外国取得必要的联络以领回被劫持的儿童。

但是，该专门委员会会议上却未能就外国监护判决的承认与执行问题达成共识。在这个问题上的意见分歧，主要表现在两个方面：一些代表认为该公约中应该明确规定对外国监护判决的承认与执行，且尽可能少地规定不予以承认与执行的例外情况；另一些代表则认为，公约应该赋予内国法院重新审查外国监护判决的权力，并根据维护儿童利益的原则再行作出判决，而不管儿童来到法院地国是否由于诱拐所致。对于公约的这一至为关键的问题的上述意见分歧，无疑给公约后来的制定工作投下了阴影，所幸的是，专门委员会在后来的工作过程中，寻找到一条协调上述分歧观点的途径。这样由专门委员会准备的公约的初步草案中便放弃了对外国监护判决权的承认与执行的规定，大大缩小了公约适用的范围。公约初步草案之所以采取这一态度，是因为有的代表提出，儿童的诱拐问题只有在儿童立即回到原在国并恢复原来的身份（statusquo ante）时才能获得解决。也只有在儿童回到其原在国时，才能确定儿童的监护问题，正是基于这一认识，公约规定在任何情况下都必须恢复诱拐前儿童的监护关系。

最后，该公约在 1980 年 10 月 25 日海牙会议结束前供开放签字。

2. 公约的目的及其实现

本公约的一个主要目的在于使成员国采取最及时的措施以及时返送因错误迁移或留置在其领土上的儿童（公约第 1 条第 1 项）。为了实现这一目的，公约并不排除成员国有关当局请求警察或检察机关的帮助。但是，这种国家机器的使用只是基于民事程序，因为，公约名称明确表明，本公约只涉及儿童国际诱拐的民事方面。但是，公约的目的不只限于上述内容，根据本公约第 1 条第 2 项规定，它的目的还在于明确根据一成员国的法律所取得的监护权及监护权的行使，能够得到公约其他成员国有效的尊重。

为了确保公约上述目的的实现，公约规定了一项有效的措施，即各成员国都必须成立一个中央机构来负责保证公约的实施。联邦制国家可以指定几个这种中央机构（第 6、7 条）。这种中央机构的主要作用在于接受和传达当事人所提出的返送诱拐儿童的申请，帮助寻找被诱拐的儿童，促进监护和探访（即子女和已离散的父母的互访）争议的和解，及帮助受害人获取法律上的代表人（第 7 条）。

3. 公约的适用范围

（1）公约适用有关儿童的诱拐问题

"诱拐"（abduction）这一概念仅在公约的标题中出现过一次，公约的前言及正文中都避免使用这一更接近于刑法意义上的概念，而采用了一个在立法技术上更为准确的概念——"非法地迁移或留置儿童"（wrongful removal of retention of a child）。因为，公约所说的对儿童的诱拐，便是指非法迁移或留置儿童。而且，根据公约第 3 条的解释，如果对儿童的迁移或留置损害了他人、其他组织或机构依据儿童被迁移或留置前常居住地国家的法律所获得的监护权，且他们在儿童被迁移或留置时正在实际上行使这种权利，则构成非法迁移或留置儿童，亦即构成对儿童的诱拐。

（2）公约只适用于儿童的国际诱拐问题

尽管该公约中未像前述欧洲理事会 1980 年 5 月 20 日公约那样规定儿童的

迁移和返还应跨越国界，但无论从该公约的标题、序言部分以及公约的结构都可以清楚地看出，该公约只适用于儿童的国际诱拐问题。但是，究竟什么是儿童的国际诱拐则是值得研究的问题。一般认为，儿童的国际诱拐应包括两种情况：一种是儿童因诱拐已实际上跨越其原在国国界；另一种情况则是儿童的父母一方把儿童带走，却无法知晓其去向，只是种种情况表明很可能已随父或母去到父（或母）的原来的国家。依公约规定，在后一种情况下，也应该适用本公约的规定，这样可以便于当事人通过公约规定的途径查找儿童的下落，并通过国家间的合作，最后领回儿童。

（3）公约只适用于在公约成员国有惯常居所的儿童的诱拐案件

公约第 4 条规定，本公约只适用于监护权遭到破坏之前，被诱拐儿童在任何一公约成员国有惯常居所的案件。据说公约采用儿童的惯常居所这一标准是经过深思熟虑的。在公约制定过程中，参加该公约制定的代表们一致认为，公约只能够采用单一的标准，而且也认为以儿童的国籍作为标准是不合适的。从反对对儿童实施诱拐和更有利于保护儿童的利益出发，会议认为应主要考虑以儿童所惯常生活的国家，即以儿童的惯常居所地作为唯一标准更为准确合适。

（4）公约只适用于 16 岁以下儿童的诱拐案件

公约第 4 条规定，一旦儿童年满 16 岁，公约便不再（停止）适用本公约。公约之所以采用这样的措辞，是因为这样规定更为简单和实用，而且根据这一规定，即使有关儿童诱拐的案件已向公约国的中央机构或法院提出，一旦有关儿童年满 16 岁，也应停止该公约的适用。这样会减少实践中因儿童的年龄所产生的争执。在公约起草过程中，围绕究竟应以儿童多大的年龄为界产生过较大的争论。最终同意 16 岁这一标准。不过，尽管公约规定了儿童年龄标准，但一般认为，如果在实践中认为必要，也可以该公约所确定的原则适用于超过 16 岁的儿童诱拐问题。

4. 儿童的返还

（1）向中央机关提出申请

被诱拐儿童的监护权人可以向儿童惯常居所国的中央机构或其他缔约国的中央机构提出请求它们协助返还儿童的申请（公约第 8 条）。公约还规定了这种申请所应该包括的内容，如申请人、儿童以及返还儿童义务人的身份方面的情况；儿童的出生年月；申请者申请返还儿童的理由；以及有关儿童的下落及儿童的特征方面的情况，等等。（第 8 条）然而，公约并未规定当事人有义务请求中央机构提供帮助。儿童的监护权人可以直接向一本公约的成员国的司法或行政机关提出返还儿童的申请。（第 29 条）

儿童的监护权人若向中央机关提出申请，可以采用海牙会议所推荐的标准申请格式。该申请格式由一个委员会研究制定，但在本届会议上对它未进行深入的研究。海牙会议推荐申请标准格式的目的在于便于从申请者那里获得有关的信息并迅速传递给其他国家。

（2）返还儿童的司法或行政诉讼

如果通过交涉返还儿童的义务人不自愿交还儿童，中央机构有义务帮助申请人向法院或行政机构提出司法或行政诉讼以确保儿童的返还。公约第12条具体地规定了法院判决返还儿童的义务，这一规定是本公约的中心所在。根据这条的规定，如果儿童被诱拐但在提起司法或行政诉讼时尚未满1年，公约国的司法或行政机构除了个别例外情况外，应判决儿童返还义务人返还儿童。儿童诱拐即使超过1年期限，上述机构也得判决返还儿童，除非该儿童现在已经在新的环境下安定生活下来。（第12条第2款）这一款规定是公约起草过程的最后阶段才追加进去的。公约之所以加进这一规定，是因为考虑到公约应该能够保证申请人在诱拐人将儿童隐藏较长时间的情况下也应该能够领回儿童。

（3）拒绝返还儿童的理由

在公约起草过程中，有一种观点认为，只要儿童遭诱拐，则司法或行政机关便应判决诱拐人返还儿童，而不必考虑当事人之间所存在的监护权的争议。与此相反，另一种观点认为，司法或行政机关在原则上应裁定儿童诱拐人返还儿童，但是，根据具体情况在一些案件中偏离这一原则可能更有利于保护儿童的利益。公约最后的规定，是这两种观点相互妥协的结果，即在一些情况下，司法或行政机关并不一定必须裁定儿童诱拐人返还儿童。公约第13条具体规定了司法或行政机关可以拒绝裁定返还儿童的3种理由：第一，儿童诱拐人基于以下理由拒绝返还儿童，即他（她）在诱拐儿童时儿童的监护人并未实际上行使其监护权，或者，该监护权人在当时或之后允诺诱拐人带走或留置儿童；第二，司法或行政机关发现被诱拐儿童不愿被返还，且其年龄和成熟程度足以使他自行作出决定；第三，如果返还儿童会给该儿童的身体或身心带来伤害，或者将其置于其他会使该儿童陷入无法忍受境地的地方。

此外，公约第20条还规定，如果返还儿童不为被请求国的有关人权保护和基本自由的基本原则所允许，则也可以拒绝返还该儿童。尽管公约起草过程中，代表们一致同意公约成员国不得以"公共秩序"为由拒绝返还被诱拐儿童，而且，也同意公约中不应有"公共秩序"条款的规定，但是，上述第20条规定，实际上就是一个公共秩序条款，只不过它不像海牙会议的其他公约明确使用公共秩序一词罢了。由此人们又可以看出，统一国际私法的国际公约毕竟只是一种公约，它不得不留给成员国一定的自主考究的余地。

（4）举证责任

①申请人的举证责任。根据公约的规定，申请人必须证明儿童被非法迁移或留置。公约规定了一系列帮助申请人承担这种举证的措施。首先，尽管根据公约第 15 条的规定被请求国法院可以要求申请人提供儿童惯常居所地国家法院所作的儿童被诱拐的裁决，但是，申请人并非必须去获得这种法院裁决。如果申请人业已获得这种裁决，则被请求国（或行政机构）应立即承认这一裁决。如果申请人未获得这种裁决，则被请求国法院应直接适用儿童的惯常居所地国的法律。其次，申请人在提起行政或司法诉讼时不必提供诉讼费用担保。（第 22 条）公约任何一国的公民或在公约任何一国惯常居住地的人在公约其他成员国都享有这些国家内国法律规定的法律救济和咨询服务。再次，被请求国的法院或行政机构应考虑儿童惯常居所地国家的中央机构所提供的有关儿童的社会背景方面的信息。（第 13 条第 3 款）由此也减轻了申请人的举证责任。最后，公约第 30 条规定，当事人的申请文件及所附的其他文件为被申请国的法院或行政机构采纳为证据。这实际上也是给申请人所提供的举证方面的帮助。

②被告人的举证责任。如果儿童诱拐者意欲拒绝返还儿童，则也负有举证证明其具有公约规定的拒绝返还儿童的理由的责任。首先，就公约第 13 条第 1 款 a 项和 b 项规定和两个拒绝返还儿童的理由而言，被告显然负有举证责任。其次，就公约第 12 条第 2 款规定来看，也应该由被告举证究竟儿童是否业已在新环境下定居下来。最后，就公约规定的拒绝返还儿童的其他理由（第 13 条第 2 款、第 20 条）而言，尽管从公约的规定的本身并不能明显地看出究竟由谁举证，但一般认为应由被告向法院提出这些理由，并提请法院适用公约的这些规定。总之，公约规定被告具有较重的举证责任，并从而对申请人的利益予以更大的保护[1]。

（三）《关于父母责任和保护儿童措施的管辖权、法律适用、承认、执行与合作的公约》

1. 公约产生的背景

自其成立以来，海牙国际私法会议陆续制定了一系列有关保护儿童方面国际司法规则的公约。例如 1956 年《儿童抚养义务的法律适用公约》、1958 年

---

[1] 李双元主编：《中国与国际私法统一化进程》，武汉大学出版社 1998 年版，第 547~554 页。

《承认与执行抚养儿童义务决定的公约》、1961 年《关于未成年人保护的管辖权和法律适用的公约》、1965 年《关于收养的管辖权、法律适用和判决的承认的公约》、1980 年《国际儿童诱拐民事方面的公约》、1993 年《跨国收养方面保护儿童及合作的公约》等。其中 1961 年《关于未成年人保护的管辖权和法律适用的公约》（以下简称 1961 年公约）自 1969 年 2 月生效至今只有 10 国参加。这一方面是由于该公约未能体现被国际社会广泛接受的联合国《儿童权利公约》的宗旨和原则，如儿童的最佳利益原则等；另一方面则是由于公约本身存在诸多缺陷。有鉴于此，海牙国际私法会议第十七届外交大会作出决定，将修订 1961 年公约列入第十八届会议的工作议题，并为此设立了特别委员会。自 1994 年 5 月至 1995 年 9 月，该特别委员会召集了三次会议，就修订公约和制定新公约问题进行讨论，在第三次特别委员会上形成了提交本届会议审议的"保护儿童公约草案"，经过与会的各国代表和专家的进一步讨论和修改，10 月 9 日公约以现在的名称获得通过。

公约分序言和正文两部分，正文共七章 63 条，内容包括公约的范围、管辖权、法律适用、承认与执行、合作、一般条款和最后条款。公约的目的在于：（1）决定何国机关具有实施采取保护儿童人身和财产的措施的管辖权；（2）决定上述机关在实施管辖权时应适用的法律；（3）决定父母责任应适用的法律；（4）使一缔约国机关采取的措施在所有缔约国得到承认和执行；（5）在缔约国间建立为实现公约的目的所必需的合作。

2. 公约的范围

公约适用的主体范围是自出生之时至 18 岁的儿童——即使该儿童已达缔约国法定成年年龄或因特定法律事实如结婚而独立——从而将一个颇有争议的问题即对胎儿的保护排除在公约的适用范围之外。

公约所适用的保护措施并不仅限于司法机关适用家庭法等私法而采取的措施，还包括由行政机关采取的措施。公约特别以列举方式分别列明适用和不适用的情况。公约不适用的情况为：父母子女关系的建立或争议、收养、儿童姓名、脱离父母管束（emancipation）、抚养、信托、继承、社会保险、关于教育和健康的普遍性公共措施、因刑事违法行为而采取的措施和关于庇护和移民的决定。这一列举为穷尽性列举，除此之外，任何与保护儿童有关的措施都应适用公约，其中特别包括涉及以下内容的措施：父母责任的归属、实施、终止和限制，对儿童的监护权（custody）和探望权（access）、监护、保护或类似制度，对儿童人身或财产负有责任、代理可帮助儿童的人员和团体的指定，将儿童置于一家庭寄养或团体照料，或由"卡法拉"（Kafala，穆斯林国家适用的一种制度，这些国家法律中不存在收养概念，而只能将儿童交由卡法拉进行照料，与收养不同的是，在儿童与卡法拉之间并不建立新的父母子女关系）或类似团体提供照料，公共机关对照顾儿童情况的监管，对儿童财产的管理、保存和处分。

3. 管辖权

公约确立了儿童惯常居所地国行使采取保护儿童措施的管辖权的基本原则，同时规定了儿童国籍所属国、儿童财产所在地国、对儿童父母离婚、分居或宣告其婚姻无效的申请具有管辖权的机关（以下简称离婚法院）所属国、与儿童有实质联系的其他国家享有补充管辖权和儿童父母离婚法院享有并存管辖权，对如何避免管辖权冲突也作出了规定。

（1）确立儿童惯常居所地为基本管辖根据

一方面，虽然 1961 年公约第 1 条规定以未成年人惯常居所地为管辖根据，但是，该公约的其他规定实际上使儿童国籍所属国的管辖权凌驾于儿童惯常居所地机关之上。根据该公约第 4 条的规定，如果未成年人的国籍国为保护未成年人利益的需要，可在通知该未成年人的惯常居所地机关后根据其国内法的规定采取保护措施。又如其第 5 条第 3 款规定，由其国籍国保护的未成年人，在其居所发生变化后，该国籍国采取的措施在新的惯常居所地国仍然有效。这构成一些国家加入 1961 年公约的主要障碍。即使对加入该公约的国家，这样的规定在实际适用中也产生了困难。原因之一是多重国籍现象。在制定 1961 年公约时，许多海牙国际私法会议的成员国法律规定，跨国婚姻中，妻子自动丧失其原有国籍而加入丈夫的国籍，多重国籍现象并不突出。但是随着国际社会人员交往的日益频繁，海牙国际私法会议成员国的范围不断扩大，多重国籍现象日益突出，这使公约确立的国籍国管辖原则十分困难。与其他海牙公约（1980 年《国际儿童诱拐民事方面公约》，以下简称 1980 年公约）可能产生的冲突是另一个原因，如儿童被惯常居所地非法转移或扣留在儿童国籍国的情况。另外，现代社会频繁的国际交往使儿童国籍与其惯常居所地发生分离，儿童国籍实际上与儿童不存在任何实质联系的现象日益增多，儿童国籍国对儿童采取的保护措施可能会不符合儿童利益，也可能在儿童的惯常居所地国很难实施。国际公约和国际私法已纷纷倾向于以儿童的惯常居所地代替国籍作为连结点。因此，修订后的公约将儿童的惯常居所地机关管辖确定为对儿童保护措施的一般管辖原则。

另一方面，儿童惯常居所地极易发生变化并且往往不易预见。这包括儿童的惯常居所地的合法改变和儿童被非法转移或扣留的情况。公约规定，如果儿童的惯常居所地合法由一缔约国转移至另一个缔约国，新的惯常居所地机关享有管辖权。但儿童被非法转移或扣留在一缔约国的情况则较为复杂。

根据 1980 年海牙公约，缔约国有义务返还被非法转移或扣留的儿童。因此，一般情况下，管辖权不应据此发生转移。但是该公约同时还规定在几种特殊情况下，缔约国无义务返还儿童，这是仍由原惯常居所地国行使管辖权对儿童利益未必有利。公约规定，在儿童被非法转移或扣留的情况下，儿童被非法转移或扣留前最后惯常居所地国机关保留管辖权直到该儿童已在另一国获得惯常居所并且①所有对其具有监护权的个人、机构或团体默认这一转移或扣留或②自他们知道或应当知道儿童的下落之日起，儿童已在该国居住至少 1 年时间，在此期间未提出返还儿童的请求，并且该儿童已在他或她的环境下安定下来。至于非法转移和扣留儿童的定义，公约则完全采纳了 1980 年公约第 3 条的规定：①转移或扣留侵犯了在转移或扣留行为发生前依儿童惯常居所地国法律已赋予某人、某机构或其他团体或联合行使的监护权并且②在转移或扣留行为发生时，上述监护权已被单独或联合行使，或若非该转移或扣留行为发生，上述监护权已被如此行使。

在制定公约的过程中，最先建议在公约中加入非法转移或扣留儿童的规定的美国代表在公约二读中指出，1980 年公约的目的在于返还儿童而不是规定在何种情况下可不将儿童返还。但是本公约却将不返还儿童决定的作出作为自动转移管辖权的条件，这会鼓励一些国家法院作出不返还儿童的决定，助长诱拐儿童现象，削弱 1980 年公约的目的，因此，建议将该规定全文删除。虽然这一建议未获接受，但仍有 11 个国家表示赞同（反对国为 18 个）。

对难民儿童、因国内动乱等原因而流离失所的儿童以及未建立惯常居所的儿童，则由儿童出现地的国家管辖。

（2）补充管辖权

公约规定，儿童的国籍所属国、儿童财产所在地国、离婚法院所属国、与儿童有实质联系的其他国家享有补充管辖权，并确立了在另外情况下，出于儿童最佳利益的考虑，享有基本管辖权的机关与享有补充管辖权的机关在相互请求的基础上转移管辖权的独特制度。

特定案件中，如果儿童惯常居所地（对难民儿童等，则为其出现地）的缔约国机关认为由它管辖不利于儿童的最佳利益，它可以请求享有补充管辖权的另一缔约国机关行使管辖权或者中止案件的审理，请当事人向该另一缔约国机关提出这一要求。如果被请求机关认为由它管辖更有利于儿童的最佳利益，即可行使管辖权以取代儿童惯常居所地（对难民儿童等，其出现地）机关。

相反，如果在特定案件中，儿童国籍所属国、儿童财产所在地国、离婚法院所属国和与儿童有实质联系的其他国家认为由其管辖更有利于儿童的最佳利益，它们可向儿童惯常居所地的缔约国提出请求。但是，只有在儿童惯常居所地接受这一请求的情况下，请求国才可行使管辖权。

（3）离婚法院的并存管辖权

在审议草案的过程中，离婚法院的管辖权也是争论的焦点问题。一些国家要求其法院判决夫妻离婚时，对该夫妻未成年子女的监护、探望等问题一并作出判决，而不论该儿童惯常居住于何地，但草案只赋予离婚法院补充管辖权，其行使需要履行请求手续，如果不获儿童惯常居所地机关许可，则无法行使管辖权，这显然与这些国家法律的要求不符。但是，由于离婚法院所在地往往不是儿童的惯常居所地，一些代表认为，不能以离婚法院的管辖权来削弱公约所确立的基本管辖原则。公约最后通过的案文实际上是两种主张相互妥协的结果，一方面公约承认离婚法院享有与儿童惯常居所地机关的并存管辖权；另一方面对离婚法院行使管辖权施加了严格的限制：①离婚程序开始时，父母一方惯常居住于该国（离婚法院所在国），且一方对儿童享有父母责任。②父母和其他对儿童具有父母责任的任何人同意离婚法院的管辖权并符合儿童的最佳利益；同时公约规定，离婚法院在作出允许或拒绝离婚、分居或宣告婚姻无效的请求的终局决定后，对儿童采取保护措施的管辖权即行终止。

在公约体系中，离婚法院的并存管辖权和补充管辖权同时存在。根据其并存管辖权，离婚法院行使管辖权可不必向儿童惯常居所地机关提出申请并获得许可，离婚法院不行使管辖权并不妨碍儿童惯常居所地机关在特定案件中向其提出行使补充管辖权的请求。

（4）避免管辖权冲突和保证缔约国所采取措施的效力的延续

由于公约确定的管辖原则比较复杂，为了避免管辖权相互冲突，公约第13条规定，如果根据公约具有管辖权的一国机关在其程序开始时，另一根据公约具有管辖权的机关已被请求采取措施并正在考虑采取措施，该前一机关则不应再行使管辖权。

如上所述，由于儿童的惯常居所地较易发生变化，为保证缔约国所采取措施的效力的延续，公约规定，即使情况的变化使采取措施的机关的管辖权基础不复存在，该措施未经新的具有管辖权的机关更改、代替或终止，在其有效期间内仍继续有效。

4. 法律适用

（1）具有管辖权的机关采取措施时适用本国法

具有管辖权的机关采取措施时适用其国内法的规定，是 1961 年公约确立的一般规则，新公约并未对此进行修订。这主要是因为：第一，具有管辖权的机关对其国内法的规定最为熟悉。第二，公约确立的基本管辖权原则使在大部分情况下由与儿童有最密切联系的儿童惯常居所地机关行使管辖权得以保证。适用的法律也往往是儿童惯常居所地法。第三，这些措施将主要在采取措施的国家内施行，以其国内法为准据法便于这些措施的施行。另外，在我们看来，由于公约包括行政机关采取的措施，而行政机关行使其管辖权时，不会轻易考虑适用外国法的问题，这也是原因之一。但与 1961 年公约不同，为避免公约的法律适用规则陷入僵化，公约采用了最密切联系原则，出于保护儿童人身和财产的需要，也可以例外地适用或考虑与该情势有实质联系的另一国家的法律。

（2）父母责任的准据法——儿童惯常居所地法

1961 年公约第 3 条规定，依未成年人本国法对未成年人具有的权利关系（a relationship subjecting the infant to authority，新公约代之以"父母责任"一词，parental responsibility），在所有缔约国均应予以承认。这一即可解释为法律适用原则（则排除了承认根据儿童惯常居所地国法律存在的权利关系的可能性）的规定，在适用过程中给缔约国机关造成了混乱。此外，无论作为法律适用规则或是承认，系属于未成年人本国法给其适用带来了更大的困难。对此，修订 1961 年公约的特委会作出决定：①父母责任对儿童的关系至为重要，应在新公约中予以保留；②新公约中的规则应是确定不受司法或行政机关干预的父母责任的法律适用规则；③以儿童惯常居所地作为确定父母责任的准据法的连接点。这样，新公约对 1961 年公约有关父母责任的准据法问题的规定作了重大修订。公约明确规定，产生于法律直接规定的不受司法或行政机关干预的父母责任的归属或消灭，由儿童惯常居所地法支配。如果父母责任基于协定或单方行为（如遗嘱）而产生，其归属或消灭的准据法则为协定或单方行为发生效力时的儿童惯常居所地法。父母责任的实施同样受儿童惯常居所地法支配，如果儿童惯常居所地发生变化，准据法为新的惯常居所地法。

（3）关于转致

公约规定，法律适用一章中法律（law）一词，指除法律选择规范以外的一国有效的法律，从而排除了适用反致或转致的可能性。但是，对于父母责任，公约规定，如果父母责任的准据法为一非缔约国法律，则适用该另一非缔约国法律，如果该另一非缔约国法律不适用其本国法，准据法则仍依该章的关于父母责任准据法的一般规则确定，即该儿童惯常居所地的非缔约国法律，这实际上在有限的基础上承认了转致，不过转致只能进行一次，转致后如不符合公约规定的条件，必须停止转致。

5. 承认与执行

公约规定，一缔约国机关采取的措施应在其他所有缔约国得到承认，并同时规定只有在下列 6 种情况下可拒绝承认：（1）采取措施的机关不具有建立在公约基础上的管辖权，被请求机关在对请求机关的管辖权基础进行审查时，应受作为请求机关管辖权基础的事实的约束；（2）在决定采取措施的司法或行政程序中，未给儿童听取意见的机会，从而违反了被请求国程序的基本原则，但紧急情况除外；（3）如果采取措施时未给予声称该措施违反其父母责任的人发表意见的机会（紧急情况除外），而该人请求不承认此项措施；（4）如果承认违反承认国的公共政策（该公共政策应将儿童最佳利益考虑在内）；（5）如果承认违反了作为儿童惯常居所地的非缔约国后来采取的措施，并且该后来采取的措施符合被请求国的要求；（6）在作出将儿童置于某家庭寄养或由卡拉法或类似团体提供照料的决定时涉及在另一个缔约国实施这一决定，但该决定的作出未与后一缔约国的中央机关或主管机关协商。

如果一缔约国采取的措施需要在另一缔约国执行，它应由另一缔约国根据其国内法规定的程序宣布该措施的可执行性或为执行之目的进行登记，只有基于上述 6 种理由才可拒绝宣布可执行性或登记。除此之外，被请求国不应对该措施进行其他任何实质审查。经过宣布可执行性或登记后，这一措施即可在该被请求国得到执行。执行依被请求国国内法的规定进行，并应考虑儿童的最佳利益。

6. 合作

1961 年公约中已有部分缔约国进行合作的零散条款，但由于缺少统一的实施这种合作的组织，缔约国之间的合作并未真正发挥作用。自 1961 年公约公布至今，海牙国际私法会议在促进各缔约国之间的合作方面取得了重大进展。较早地被运用于送达和取证领域的中央机关的合作，在其他公约中也被成功地广泛运用，1980 年《国际儿童诱拐民事方面公约》更是被推崇为在保护儿童方面通过中央机关进行合作的典范。正如荷兰司法部长在一次宴会中指出的，合作越来越成为国际私法的重要领域。在这种情况下，新公约序言明确指出，"认识到国际合作对保护儿童的重要性"，并在公约正文中专设一章规定缔约国之间的合作，使公约关于合作的规定更为系统和更具有可操作性。

缔约国之间的合作既包括中央机关的合作，也包括主管机关之间的合作以及中央机关与主管机关的合作。

主管机关的合作包括：在相互转移管辖权方面交换意见；相互在保证实施对儿童的保护措施方面，特别是在保证探望权和与儿童保持经常的直接联系方面提供协助；作出的将儿童安置于某家庭寄养或某团体提供照料的决定涉及在另一缔约国实施时，应与该另一缔约国主管机关协商；请求另一缔约国持有与保护儿童有关的信息的机关提供这些信息等等。

公约规定，缔约国应指定中央机关履行本公约规定由它履行的责任。为此，各国的中央机关应相互合作并促进各主管机关之间的合作以及相互提供各自国家与保护儿童有关的信息和资料。具体而言，上述主管机关之间的合作也可通过中央机关进行，另外，中央机关还可通过调停、调解等方式，便利达成对公约适用情况下的儿童的保护措施；基于另一国主管机关的请求，在发现儿童下落方面提供帮助等。

7. 与其他公约的关系

公约一般条款中多项规定涉及本公约与其他公约的关系。包括本公约与1902年公约的关系，与1961年公约的关系，与1980年公约的关系和与缔约国参加的包含本公约事项的其他公约的关系等。

公约是对1961年公约的修订，而1961年公约的前身又为1902年《未成年人监护公约》。关于本公约与上述两公约的关系，公约规定，在缔约国间，本公约将取代上述两公约。

由于同样涉及非法转移和扣留儿童，公约与1980年公约存在密切的联系。修订公约的第三次特别委员会曾通过决定，在本公约与1980年公约之间，1980年公约将优先适用。但对于1980年公约的非缔约国而言，接受明确规定1980年公约优于本公约适用的条款存在困难。最后，大会一致通过瑞士、美国和常设局联合提出的建议，规定本公约不影响1980年公约的适用，但是，任何情况都不能妨碍本公约的规定为返还被非法转移或扣留的儿童或实现探望权的目的而被引用。

至于本公约与缔约国参加的涉及同类事项的其他公约的关系，爱尔兰等一些欧洲国家主张，本公约不应影响包含有本公约事项的其他公约（主要是地区性公约）的适用，而且，根据该其他公约采取的措施经本公约缔约一国承认和执行，即应在其他所有缔约国得到承认和执行。这一主张遭到欧盟以外其他国家的反对。一些代表指出，作为一种国际合作，承认与执行应以互惠为基础，为此，各国制定公约以提供这种互惠。但是，承认与执行根据其他公约而采取的措施，未建立在互惠的基础上，不能作为义务强加给缔约国。最后，公约采用了如下案文：本公约不影响包含本公约事项的其他公约的适用，除非其他公约缔约国作出相反声明；本公约不妨碍一个或几个缔约国包含本公约事项的协定就惯常居住于任一该协定缔约国境内的儿童作出规定，但是该协定仅在其缔约国间生效，不影响与本公约缔约国的关系。

最后值得一提的是，公约制定过程中曾就公约对非缔约国进行过激烈的讨论。美国代表认为，公约的保护不能仅限于惯常居住于缔约国境内的儿童，而应建立一套普遍适用的规则，因此建议在公约中规定缔约国在对非缔约国的关系中仍应适用公约，如向非缔约国转移管辖权、承认与执行非缔约国采取的措施、将公约有关合作的规定扩展适用于与非缔约国合作等。另一些国家的代表则认为应由缔约国自主决定与非缔约国的关系。通过表决，美国代表的建议未获接受，公约未对此作任何规定。

（四）其他保护儿童权利的海牙公约

正如本书前面已经论述过的，海牙国际私法会议在儿童权利保护方面建树颇丰，除了上面详细论述的 1980 年公约、1993 年公约和 1996 年公约外，还有不少的公约专门规定了儿童权利保护方面的内容。

如在第三届海牙国际私法会议上于 1902 年 6 月 12 日制定的《关于未成年人监护的公约》，被法国、德国、比利时、荷兰、卢森堡、罗马尼亚以及瑞典等 7 国接受，它们于 1904 年 6 月 1 日互换批准书而生效。公约的内容可以概括为以下几点：（1）未成年人的监护适用其本国法；（2）如果根据未成年人的本国法规定，不能为不居住在其境内的未成年人指定监护人，则可由未成年人之国籍国驻未成年人之居住国的外交或领事官员进行指定；（3）如果根据上两项规定，尚不能为非居民之未成年人指定监护人，则依未成年人之居所所在国法律为其确定监护人；（4）但如果之后根据前两项的规定指定了监护人，则根据上条所确定之监护权得让与给该监护人；而且，指定监护人得随时通知未成年人居住国之政府；（5）任何监护权之开始与终止之原因及时间，得由未成年人之本国确定；（6）监护权及于未成年人及其所有财产，但受当地特殊的法律支配的不动产可例外；（7）在任何紧急情况下，当地有关主管部门可以对外国未成年人之人身和财产行使保护；（8）任何国家在发现在其国内之外国未成年人应获得监护人时，得及时通知该未成年人之本国；如果监护人业已指定或将予指定，该国得及时通知对方国家；（9）本公约仅适用于属于本公约成员国公民或惯常居住于本公约成员国的在其欧洲领地之未成年人[1]。

---

[1]　李双元主编：《中国与国际私法统一化进程》，武汉大学出版社 1998 年版，第 462 页。

此外，还有 1956 年的《关于抚养子女义务的准据法公约》、1958 年的《关于承认和执行子女抚养义务判决的公约》、1961 年的《关于行政机关对未成年人保护的管辖权及准据法公约》等，在保护儿童权利方面也都发挥了积极的作用。在此不再一一赘述。

（五）　上述公约简评

海牙国际私法会议通过的诸多儿童权利保护方面的公约，大多分别对儿童权利保护的某一个或几个方面作出规定，它们具有相对的独立性，但同时又可以视为一个有机的整体。这些公约都有各自的特色。像 1980 年的《关于儿童国际诱拐的民事方面的公约》，不论从其性质，还是从内容来考察，都不难看出它与海牙会议所制定的一系列其他公约有明显的差异。这个公约似乎既不是一个有关冲突法统一的公约，也不是一个有关国际民事诉讼程序法统一的公约，而像一个"国际行政法律"（international administrative law）。公约的这种独特的性质及其与海牙会议的公约家族的关系，是颇值得人们去研究的问题①。当然，在这些保护儿童权利的海牙公约当中，非常重要的、最具特色的恐怕要数《跨国收养方面保护儿童及合作公约》了。

《跨国收养方面保护儿童及合作公约》在某些方面仍存在缺陷，而且随着国际收养实践的深入发展，公约本身还有可能出现与实践不相符合的问题，甚至于有些问题诸如具有难民身份的儿童的收养问题是公约未涵盖的，需要在以后的发展过程中逐步完善和充实。但是，该公约是国际收养法统一化运动中的杰出成果，是一部崭新的调整跨国收养关系的国际法律规范，其意义非同一般。它不仅有利于在世界范围内保护无家可归的儿童，而且有助于跨国收养的发展，规范和指导跨国收养。不仅如此，海牙跨国收养公约在许多方面独具特色。

首先，就海牙跨国收养公约保护儿童的实体性措施和程序规范尽力体现、反映和强化联合国《儿童权利公约》的精神和原则而言，它在一定程度上表现出国际人权法或国际人权公约的特征。英国著名学者 C. Price Cohen 曾从保护儿童权利的国际法规范的发展过程分析了海牙跨国收养公约的起源及性质，指出该公约带有人权公约的痕迹②。

---

①　李双元主编：《中国与国际私法统一化进程》，武汉大学出版社 1998 年版，第 549 页。

②　C. Price Cohen, *The Developing Jurisprudence of the Rights of the Child*, in 6 St. Thomas Law Review, 1993, pp. 1-96.

其次，从海牙跨国收养公约反复强调加强和健全收养国与原住国有关机关的合作机制来看，它还带有"国际行政法"的性质，具有私法方面的国际司法和行政合作的国际性法律规范的特征。

最后，不论海牙跨国收养公约在多大程度上表现出国际人权法或国际行政法的特征，但归根结底仍是一部国际私法方面的公约，国际私法的性质是明显而主要的。

总之，海牙跨国收养公约作为一个比较特殊的公约，将其仅仅归入国际人权法、国际行政法或国际私法的哪一个范畴中都是不恰当的，而应将其作为国际人权法、国际行政法和国际私法的多重复合体对待，则更有利于理解和把握这一公约。事实上，跨国收养中的司法和行政合作因素不断渗入到国际私法中，扩大了国际私法的范围和功能。不仅国际私法与国际行政法在跨国收养中出现了交叉和渗透现象，而且国际私法在人权领域也出现了扩张的趋势，跨国收养中的人权问题也与国际私法的联系日益紧密①。因此，1993 年的海牙跨国收养公约实际上是国际人权法、国际行政法和国际私法在现代国际社会发展的新成果，它对以后的国际私法统一化以及国际人权法与国际私法在更深层次和范围上的相互影响、相互渗透和相互作用具有重要的意义，必将产生深远而广泛的影响②。

五、其他全球性国际公约对儿童权利的保护

涉及儿童权利保护或者包含有儿童权利保护内容的全球性国际公约为数不少，除了本书前文已经述及的外，主要还有 1979 年的《消除对妇女一切形式歧视公约》、1956 年的《废止奴隶制、奴隶贩卖及类似奴隶制的制度与习俗补充公约》、1954 年的《减少无国籍状态公约》、1962 年的《关于婚姻的同意、结婚最低年龄及婚姻登记的公约》以及 1977 年的《日内瓦公约第一号议定书》和《日内瓦公约第二号议定书》等。其中，1977 年的《日内瓦公约第一号议定书》辟出专门章节规定了"有利于妇女和儿童的措施"。

《日内瓦公约第一议定书：1949 年 8 月 12 日日内瓦四公约关于保护国际性武装冲突受难者的附加议定书》（*Geneva Conentions：Protocol I，Additional to*

---

①　蒋新苗著：《国际收养法律制度研究》，法律出版社 1999 年版，第 336～340 页。

②　J. H. A. Van Loon，*The Incrasing Significance of International Co-operation for the Clarification of Private International Law，in Forty Years on：The Evolution of Postwar Private International Law in Europe*，Amsterdam，1990，p. 101，et. Seq.

the Geneva Conventions of 12 August 1949, *relating to the Protection of Victims of International Armed Conflicts*）的第二章专门规定了有利于妇女和儿童的措施，其中，与儿童保护有关的内容占据了该章的主要篇幅。该议定书第 76 条第 2 款规定，基于有关武装冲突的原因而被逮捕、拘留或拘禁的孕妇或抚育儿童的母亲的案情应得到最优先的考虑。第 3 款接着规定，冲突各方应在最大可能范围内努力避免对孕妇或抚育儿童的母亲因有关武装冲突的罪行而宣判死刑。对这类妇女，不应执行因该罪行而宣判死刑。

第 77 条是关于对儿童的保护。（1）儿童应是特别尊重的对象，并应受保护，以防止任何形式的非礼侵犯。冲突各方应向儿童提供其年龄或任何其他原因所需的照顾和援助。（2）冲突各方应采取一切可能措施，使 15 岁以下的儿童不直接参加敌对行动，特别是不应征募其参加武装部队。冲突各方在征募 15 岁以上但不满 18 岁的人时，应尽力给予年岁最高的人以优先的考虑。（3）如果在例外情况下，尽管有第 2 款的规定，而 15 岁以下的儿童直接参加敌对行动，并落于敌方权力下，这类儿童不论是否战俘，均应继续享受本条所给予的保护的利益。（4）如果基于武装冲突的原因而被逮捕、拘禁或拘留，除按照第 75 条第 5 款的规定按家庭单位安排住处外，儿童的住处应与成人住处分开。（5）对于犯罪时不满 18 岁的人，不应执行因有关武装冲突的罪行而宣判的死刑。

第 78 条是有关儿童的撤退的规定。（1）除基于儿童健康或医疗的急迫原因而需要临时撤退或被占领领土以外的儿童的安全需要临时撤退外，冲突任何一方不应安排将其本国国民以外的儿童撤往国外。如果能够找到父母或合法监护人，撤退需得父母或合法监护人的书面同意。如果不能找到这类人，撤退则须得到依据法律或习惯对儿童负主要责任的人的同意。任何这种撤退应由保护国在与有关各方，即安排撤退的一方、接受儿童的一方及国民被撤退的各方协议下予以监督。在所有情形下，冲突所有各方应采取一切可能的预防措施，以避免撤退受危害。（2）在按照第 1 款发生撤退的任何时候，均应以最大可能的连续性向每个儿童提供教育，包括其父母所希望的宗教和道德教育。（3）为了便利按照本条撤退的儿童返回其家庭和国家的目的，安排撤退的一方的当局，并于适宜时，接受国的当局，应为每一儿童立一卡片，贴有照片，寄给红十字国际委员会的中央查访局。在任何可能时并在其不发生使儿童受害的风险的任何时候，每张卡片均应记载下列各项情报：儿童的姓；儿童名字；儿童性别；出生地点和日期（如日期不明，填写大约年龄）；父亲姓名；母亲姓名和婚前姓名；儿童近亲；儿童国籍；儿童本国语言以及所讲的任何其他语言；儿童家庭住址；儿童的任何识别号码；儿童健康状况；儿童血型；任何显著特征；找到儿童的日期和地点；儿童离开其国家的日期和地点；儿童宗教，如果有的话；儿童目前在接受国的地址；如果儿童在返回前死亡，死亡地点和情况以及埋葬地点①。

另外，1977 年的《日内瓦公约第二号议定书：1949 年 8 月 12 日日内瓦四公约关于保护非国际性武装受难者的附加议定书》（*Geneva Conventions: Protocol II, Additional to Geneva Conventions of 12 August 1949, relating to the Protection of Victims of Non-International Armed Conflicts*）的第 4 条第 3 款也规定：对儿童，应给予其所需的照顾和援助，特别是：（1）儿童应按照其父母的愿望，或父母不在时，按照负责照顾的人的愿望得到教育，包括宗教和道德教育；（2）应采取一切适当步骤，以便利暂时离散的家庭重聚；（3）对未满 15 岁的儿童不应征募其参加武装部队或集团；（4）如果尽管有第 3 项的规定，而未满 15 岁的儿童直接参加敌对行动，并被俘获，这类儿童仍应适用本条所规定的特别的保护；（5）如果有必要，并在可能时，在儿童的父母或依据法律或习惯主要负责照顾的人的同意下，应采取措施，将儿童从敌对行动的地区暂时移往国内较安全的地区，并保证由负责其安全和幸福的人伴同②。

1979 年的《消除对妇女一切形式歧视公约》（*Convention on the Elimination of All Forms of Discrimination against Women*）第 5 条第 2 款规定，缔约国应采取一切适当措施，保证家庭教育应包括正确了解母性的社会功能和确认教养子女是父母的共同责任，当然在任何情况下都应首先考虑子女的利益。第 10 条第 6 款要求缔约各国采取一切适当措施减少女生退学率，并为离校过早的少女和妇女安排各种方案。第 11 条第 2 款还对怀孕的妇女规定了保护措施，并要求促进建立和发展托儿设施系统。第 16 条第 2 款规定，童年订婚和结婚应不具有法律效力，并应采取一切必要行动，包括制定法律，规定结婚最低年龄，并规定婚姻必须向正式机构登记③。

1956 年的《废止奴隶制、奴隶贩卖及类似奴隶制的制度与习俗补充公约》（*Supplementary Convention on the Abolition of Slavery, the Slave Trade, and*

---

① ［美］爱德华·劳森著：《人权百科全书》，四川人民出版社 1997 年版，第 640~641 页。

② ［美］爱德华·劳森著：《人权百科全书》，四川人民出版社 1997 年版，第 648 页。

③ 中国社会科学院法学研究所编：《国际人权文件与国际人权机构》，社会科学文献出版社 1993 年版，第 125~136 页。

Institutions and Practices Similar to Slavery）第 1 条要求本公约各缔约国对有关制度或习俗逐渐并尽速达成完全之废止或废弃，其中，这种制度与习俗包括：儿童或未满 18 岁少年的生父生母，或两者之一或其监护人，不论是否为取得报酬，将儿童或少年交给他人以供利用，或剥削其劳力的制度或习俗①。

1954 年的《减少无国籍状态公约》　（*Convention on the Reduction of Statelessness*）对消除现有的无国籍问题和预防将来无国籍问题的出现作出了规定。其中第 2 条规定：凡在缔约国领土内发现的弃儿，在没有其他相反证据的情况下，应认定在该领土内出生，其父母并具有该国国籍。第 3 条规定：为确定各缔约国在本公约下所负义务的目的，凡在船舶上出生者，应视为在船舶所悬国旗的国家领土内出生；在飞机上出生者，应视为在飞机的登记国领土内出生②。

1962 年的《关于婚姻的同意、结婚最低年龄及婚姻登记的公约》（*Convention on Consent to Marriage*，*Minimun Age for Marriage and Registration of Marriage*）第 2 条规定：本公约的缔约国应采取立法行动明定结婚的最低年龄。凡未满此项年龄者不得依法结婚，但如有重大理由，为顾及男女双方的利益而经主管当局特许免除年龄限制者，不在此限。

第三节　区域性公约对儿童权利的保护

一、欧洲

（一）欧洲基础性公约对儿童权利的保护

1. 《欧洲人权公约》对儿童权利的保护

《欧洲人权公约》（*European Convention on Human Rights*）的正式名称为《保障人权和基本自由公约》（*Convention for the Protection of Human Rights and Fundamental Freedoms*），系第一个区域性人权条约。该公约是欧洲理事会于 1959 年 11 月 4 日在罗马签署，并于 1953 年 9 月 3 日生效的。《欧洲人权公约》没有专门的保护儿童权利的条款。但是毫无疑问，儿童权利是人权中不

---

① 中国社会科学院法学研究所编：《国际人权文件与国际人权机构》，社会科学文献出版社 1993 年版，第 179~184 页。

② 中国社会科学院法学研究所编：《国际人权文件与国际人权机构》，社会科学文献出版社 1993 年版，第 312~320 页。

可分割的组成部分。理论上，儿童应当享有《欧洲人权公约》赋予的一切权利。但现实的问题是，如何保证生理上和心理上都处于弱势的儿童真正享有这些权利。本书将结合欧洲人权法院的有关保护儿童权利的案例对《欧洲人权公约》及其有关议定书中的部分条款予以介绍，因为欧洲人权法院目前为止正是引用这些条款而作出对儿童有利的判决的。

目前，从欧洲人权法院对有关儿童权利保护的案件作出判决的情况来看，欧洲人权法院主要是以《欧洲人权公约》及其议定书的下列一些条款为法律依据判案的。这些条款有：

《欧洲人权公约》第3条规定：任何人不得加以酷刑或使受非人道的或侮辱的待遇或惩罚。

第5条规定："一、人人享有自由和人身安全的权利。任何人不得被剥夺其自由，但在下列情况下并依照法律规定的程序者除外……（丁）为了实行教育性监督的目的而依合法命令拘留一个未成年人或为了将其送交有管辖权的法律当局而予以合法的拘留……二、被逮捕的任何人应以他所能了解的语言立即告以被捕理由及被控罪名。……四、由于逮捕或拘留而被剥夺自由的任何人应有权运用司法程序，法院依照司法程序立即对他的拘留的合法性作出决定，并且如果拘留不是合法的，则应命令将其释放。五、由于违反本条规定而受逮捕或拘留的任何人应具有可执行的赔偿权利。"

第6条规定："一、在决定某人的公民权利与义务或在决定对某人的任何刑事罪名时，任何人有权在合理的时间内受到依法设立的独立与公正的法庭的公平与公开的审讯。判决应公开宣布，但为了民主社会中的道德、公共秩序或国家安全的利益，而该社会中为了少年的利益或保护当事各方的私生活有此要求，或法院认为在某种情况下公开将有损于公平的利益而坚持有此需要，可以拒绝记者与公众旁听全部或部分的审判。二、凡受刑事罪的控告者在未经依法证明有罪之前，应被推定为无罪。三、凡受刑事罪的控告者具有下列最低限度的权利：（甲）立即以他所能了解的语文并详细地告以他被控的性质和原因；（乙）为准备辩护，应有适当的时间和便利；（丙）由他本人或由他自己选择的法律协助为自己进行辩护，或如果他无力支付法律协助的费用，则为公平的利益所要求时，可予免费；（丁）讯问不利于他的证人，并在与不利于他的证人相同的条件下，使有利于他的证人出庭受讯；（戊）如果他不懂或不会讲法院所使用的语文，可以请求免费的译员协助。"

第8条规定："一、人人有权使他的私人和家庭生活，他的家庭和通信受到尊重。二、公共机关不得干预上述权利的行使，但是依照法律的干预以及在民主社会中为了国家安全、公共安全或国家的经济福利的利益，为了防止混乱或犯罪，为了保护健康或道德，或为了保护他人的权利与自由，有必要进行干预者，不在此限。"

第 14 条规定："人人对本公约列举的权利与自由的享有，应予保证，不得因性别、种族、肤色、语文、宗教、政治的或其他见解、民族，或社会出身、同少数民族的联系、财产、出生或其他地位而有所歧视。"

还有，1952 年的《欧洲人权公约：第一议定书》（*European Convention on Human Rights Protocol I*）第 2 条也规定：人人都有受教育的权利。在行使任何与教育和教学有关的职责中，国家将尊重家长按照其宗教和哲学信仰来保证得到这种教育和教学的权利。

最后，1984 年的《欧洲人权公约：第七议定书》（*European Convention on Human Rights Protocol Ⅶ*）第 5 条规定：配偶双方在相互之间、在与其孩子的关系上、在婚姻、婚姻生活以及解除婚姻中，应享有私法中的平等权利和义务。本条将不阻止国家为了孩子的利益而采取必要的措施。

上述《欧洲人权公约》及其议定书的有关条款，在下列欧洲人权法院和欧洲人权委员会案例中得以适用。

（1）对儿童的驱逐可能导致《欧洲人权公约》第 3 条的适用：禁止酷刑以及不人道的、侮辱性的刑罚与对待。在 Bulus 诉瑞典案中，欧洲人权委员会审查了驱逐一名叙利亚儿童及其家庭成员的行为是否违反了《欧洲人权公约》的第 3 条。在本案中，原告是一名 12 岁的男孩，瑞典当局对他及其母亲、一个姐姐、两个哥哥发出了驱逐令。为了避免驱逐，原告躲藏起来，其他家庭成员则被驱逐出瑞典。欧洲人权委员会确定该起诉应当受理，最终原告的家庭获得了居留权，瑞典政府还支付了原告的两位哥哥返回瑞典的旅费。在另一个涉及一位阿尔及利亚聋哑儿童的案例中，欧洲人权委员会的审查依据也是《欧洲人权公约》第 3 条。该委员会认定，对一名不懂哑语的聋哑儿童进行驱逐，违反了《欧洲人权公约》的第 3 条。另外，在 A 诉英国案中，一个未成年人多次遭受继父的棍棒殴打，但内国法院的法官判定，其继父的暴力行为是"合理的"，不构成对身体权的侵犯。欧洲人权法院认为，儿童和其他弱者尤其有权获得国家的保护，保护的形式表现为有效的预防，使他们免受各种人身的侵害。因此，在本案中，欧洲人权法院认为，内国法没有为原告提供足够的保护，违反了《欧洲人权公约》第 3 条关于禁止酷刑及非人道待遇之规定。

（2）根据《欧洲人权公约》第 5 条第 1 款（丁）项的规定，为了将少年犯移送给有管辖权的机关进行监督教育或正式监禁，而将其正式拘留，属于正当行为。但是，该项的适用必须符合公约的第 5 条的前提条件：不得任意剥夺他人的自由。在 Bouamar 诉比利时案中，一名 17 岁的儿童 9 次被临时关押，不能与任何人或任何机构接触，他在监狱中度过了 119 天。欧洲人权法院指出，监狱和家庭没有为了实现监督教育的目标进行有效的沟通，把儿童当作"梭子"（navette）一样相互推诿。比利时既然选择了监督教育制度改造少年犯，就有义务建立有效的机制实现其功能。对于后来的少年法庭审判程序，欧洲人权法院认为违反了《欧洲人权公约》第 5 条第 4 款，因为该儿童在没有法律顾问的情况下单独出庭，对于如此年幼的被告，无法认为少年法庭提供了必要的权利保障。在另一起案件中，欧洲人权法院也适用了《欧洲人权公约》第 5 条第 4 款。原告是一名 17 岁的少年，因持空枪在一家商店抢劫了 3.5 元而被判处终身监禁。根据其在狱中的表现，内政部宣告假释。后来，原告在没有任何法律监督的情况下多次重新被捕入狱。由于判决之后的重新监禁没有合法性监督，欧洲人权委员会认为违反了《欧洲人权公约》第 5 条第 4 款。

（3）在《欧洲人权公约》的框架内，如果司法机构没有提供足够的保护，可以适用《欧洲人权公约》第 6 条（公正程序权）。在一起案例中，4 位少女在儿童时受到父亲和教师的性摧残，以至于青春期到来后出现严重的生理问题，她们经过很长时间才意识到自己的痛苦与性摧残之间的联系。当她们起诉时，法院以超过诉讼时效为由（时效为自 18 岁之日起 6 年）驳回请求。欧洲人权委员会一致认为违反了《欧洲人权公约》第 6 条和第 14 条。

（4）关于儿童的权利与国家的不干预义务，欧洲人权法院在判决中多次确认，国家的干预违反了《欧洲人权公约》第 8 条。该公约的第 8 条第 2 款为权利的干预限定了 3 个条件：有法律的规定；目的正当；在一个民主社会是必然的。在很多情况下，目的正当，但违反了儿童利益的干预措施被认定为"在民主社会是非必然的"。欧洲人权法院认为，如果侵害了儿童利益，干预措施就是不合法的。在 Berrehab 诉荷兰一案中，欧洲人权法院对下列事实进行了审查：拒绝向原告颁发新的居留许可证并驱逐原告是否符合《欧洲人权公约》第 8 条第 2 款的条件。法院认定：拒绝向原告颁发拘留许可证并驱逐原告，使原告不能接触他的年幼的孩子，构成了干预；干预措施有法律的规定；移民政策旨在控制外国人入境，规范国内的劳动力市场，维护国家的经济利益。可以视为目的正当；但是，当事人的利益没有得到有效平衡，干预手段与干预目的不相称。"民主社会"这一概念为儿童权利的保护提供了极大的弹性，尊重儿童权利是"民主社会"中不可或缺的内容。

（5）《欧洲人权公约》第 10 条规定了大众传媒的权利。根据该条款，国家为了保护健康、道德或他人的权利与自由，可以限制传媒的表达自由。欧洲人权法院曾经以此为据保护儿童的利益。在 Handyside 诉英国案中，一家英国出版社出版了《学生用小红皮书》，该书被政府没收并科以罚款。欧洲人权法院认为，该书为 12 岁至 18 岁的青少年编写，书中的某些内容有鼓励犯罪的倾向。政府的措施为了保护青少年的精神利益，具有正当性。在另一起 Müler 诉瑞士案件中，某绘画展览被法院认定为淫秽画展，作品被没收。欧洲人权法院认为内国法院的判决没有违反《欧洲人权公约》第 10 条的规定。人权法院特别强调，该画展没有限定参观者的年龄。可见，欧洲人权法院重视对儿童进行精神的保护。

（6）根据《欧洲人权公约》第 8 条的规定，任何人的私生活权和家庭权利均受到尊重。但是，公约及其议定书没有对"家庭"一词给出明确的定义。欧洲人权委员会和欧洲人权法院在解释"家庭"一词时，本着有利于儿童利益和父母利益的原则，不断更新"家庭"的内涵。在 Marckx 诉比利时一案中，涉及一位单身母亲和她的非婚生子女，人权法院认为，区分"自然"（naturel）子女和"法定"（legitime）子女缺少客观、合理的依据；违反了《欧洲人权公约》的第 14 条和第 8 条。在 Vermeire 诉比利时案中，一位非婚生儿童仅仅因为非婚生子女的身份，被剥夺了继承其祖父母遗产的权利。人权法院认为这种做法属于《欧洲人权公约》第 14 条规定的歧视行为，并同时违反了第 8 条，侵犯了家庭生活权。

（7）在"比利时语言"案中出现了平等的受教育权问题。在比利时的 6 个荷兰语社区没有法语学校，使用法语的儿童无法接受法语教育。欧洲人权法院认定，原告们的孩子仅仅因为居住地点的原因，不能进入法语学校，政府的行为构成歧视。根据法院的观点，政府的措施违反了"手段与目的相称"的原则。同时，由于使用法语的儿童无法顺利进入法语学校，侵犯了《欧洲人权公约：第一议定书》第 2 条规定的受教育权。在 Campbell 和 Cosans 诉英国案中，两位母亲诉称，她们的孩子所在的公立学校经常采用体罚维持纪律。欧洲人权法院援引了《欧洲人权公约：第一议定书》第 2 条中关于教育应尊重父母和"哲学信仰"（conviction philsophique）的规定。法院认为，"哲学信仰"在一个民主社会中应当受到尊重，它不得与人格尊严不相容，也不得阻碍儿童受教育的基本权利。通常，父母的哲学信仰包含了保障子女幸福的意愿。此外，"尊重父母的条款从儿童权利优先性的角度来理解，当父母的要求阻碍儿童权利时，后者优先"。另外，在 Kjeldsen，Busk Madsen 和 Pedersen 诉丹麦案中，几位母亲主张，法律规定的在公立学校进行的性教育违反了他们的宗教信仰和《欧洲人权公约：第一议定书》第 2 条。根据欧洲人权法院的解释，尊重父母的宗教与哲学信仰，首先要保证教育和教学，父母的权利应当与儿童的受教育权相统一。因此，宗教与哲学信仰不仅仅是父母的权利，儿童是该利益的中心，该权利的目的是保障教育有利于儿童的发展。欧洲人权法院的解释使人们看到，《欧洲人权公约：第一议定书》第 2 条关于父母的宗教和哲学信仰权利的规定，可以成为保护儿童精神利益的依据。尽管上述案例中的学校提供的信息是有益的，但法院的解释暗示，如学校传播的知识不利于儿童的精神发展，《欧洲人权公约：第一议定书》第 2 条的规定为父母提供了反对的依据。"哲学信仰"是一个极为模糊的概念，为法官保护儿童的精神利益提供了广阔的解释空间①。

2.《欧洲社会宪章》对儿童权利的保护

《欧洲社会宪章》是由欧洲理事会成员国于 1961 年 10 月 18 日在都灵缔结的，并于 1965 年 10 月 18 日生效。该宪章有大量的条款规定了保护儿童权利的内容。

《欧洲社会宪章》第一部分就明确指出，各缔约国认为，它们通过一切适当的办法包括国家和国际性的适当办法所实行的政策的宗旨，是达成能使以下各项权利和原则得以有效实现的条件，包括：儿童和青年人有权享有特别保护，以抵御所遭受到的物质和精神上的意外事故；怀孕的女工和其他情况相当的女工有权在工作中受到特别保护；家庭作为社会的基本单位，有权受到适当的社会、纪律和经济的保护，以确保其充分发展；母亲和儿童，不论其婚姻地位与家庭关系，有权受到适当的社会和经济保护。

《欧洲社会宪章》第 7 条专门规定了儿童和青年受到保护的权利。为了确保儿童和青年受保护权利的有效行使，各缔约国承诺：（1）规定准许就业的最低年龄为 19 岁，受雇于特定的轻型工作而不损害其健康、道德或教育的儿童例外；（2）规定对被认为危险或不卫生的特定的职业应确定较高的准许就业年龄；（3）规定尚接受义务教育的人不得受雇于受剥夺其全部教育便利的工作；（4）规定 16 岁以下的人员的工作时间应根据其发展的需要特别是其职业培训的需要受到限制；（5）确认青年工人和学徒享有获得公平的工资或其他津贴的权利；（6）规定青年人在正常的工作时间期间经雇主同意花在职业培训的时间，应被看做其工作日的组成部分；（7）规定 18 岁以下的受雇人员

---

① 李琛：《〈欧洲人权公约〉对儿童权利优先性的保障》，载《欧洲法通讯》（第 3 辑），法律出版社 2002 年版，第 58~77 页。

有权享受不少于 3 个星期的年度给薪假；（8）规定除了国家法律或法规规定的一些职业之外，18 岁以下人员不得受雇从事夜间工作；（9）规定受雇于由国家法律或法规规定的职业的 18 岁以下人员应接受正规的医疗检查；（10）确保受到特别保护，以防儿童和青年遭遇到物质和精神上的危险，特别是防止那些直接或间接地来自其工作的危险。

《欧洲社会宪章》第 8 条规定了女工受保护的权利。其中，对孕妇和产妇的保护性规定应该也可以视为是对胎儿和婴儿的一种保护。该条规定，为了确保有效行使受雇妇女受保护的权利，各缔约国承诺：（1）通过给薪假、足够的社会保险金或公共基金的救济金，给妇女在产前和产后至少得到总数为 12 个星期的假期；（2）确认雇主在妇女因怀孕请假而缺工期间通知其解雇，或者在请假缺工期间解雇通知将到期的时间里通知其解雇的行为为非法；（3）规定正在给婴儿哺乳的母亲有权享有足够的空余时间用于哺育婴儿。

第 9 条规定了享有职业指导的权利。为了有效地行使享受职业指导的权利，各缔约国承诺在必要时提供或促进有助于一切人（包括残疾人）解决有关职业选择和改进问题的服务，并适当考虑到个人的特点及其与职业机会的关系；此种帮助不论对青年人（包括学校儿童）还是成年人都应免费提供。

家庭的社会、法律和经济保护的权利。第 16 条规定，为了确保作为社会基本单位的家庭享有充分发展的必要条件，各缔约国承担通过社会和家庭救助金、财政安排、供应家庭住房、新婚者救济金及其他适当途径，促进对家庭生活的社会、法律和经济的保护。对家庭的保护必然惠及作为家庭成员的儿童。

接下来，《欧洲社会宪章》在第 17 条专门规定了母亲和儿童受社会和经济保护的权利。为了确保母亲和儿童有效行使受社会和经济保护的权利，各缔约国应采取一切适当和必要的措施，包括建立或维护适当的事业机构或服务机构，以达成此目的①。

3. 《欧洲联盟基本权利宪章》对儿童权利的保护

《欧洲联盟基本权利宪章》是由欧盟议会、欧盟理事会和欧盟委员会于 2000 年 12 月 7 日在尼斯签署的。该宪章有不少条款专门规定或涉及儿童权利保护的内容。

关于受教育权，该宪章第 14 条规定，人人享有受教育权和接受职业培训、继续教育的权利。此权利包括接受免费义务教育的权利。在尊重民主原则的范

---

① 中国社会科学院法学研究所编：《国际人权文件与国际人权机构》，社会科学文献出版社 1993 年版，第 662~681 页。

开放的野花之一。在我学习花卉拍摄经历中，它也是最早闯入我镜头的一种花卉。为求证名字，曾将它贴在一个论坛上请朋友鉴定。

"是这样，有位母亲，她孩子病了，急需这样一味药。"通过QQ，她为我讲述了一个故事。

这天凌晨时分，一位东北药材经销商的手机在静寂中乍然响起。是一位母亲的求助电话。她的孩子不幸患白血病，而且类型特别。医生诊断已是晚期，西医已经放弃。有人介绍草药天蓝苜蓿和其他中草药配伍，或许能有挽救希望。这位绝望的母亲在网上查到药材经销商的信息，经人指点找到他手机号，冒昧地将电话拨通。但药材经销商店里缺货。第二天一早，药材经销商将求药信息通过论坛帖子传播。一时全国热心人都在寻找这味冷背的草药。

天蓝苜蓿是一种很不起眼的植物，高5~45 cm，茎软弱，多蔓生在地。每年2月，大地还笼罩在寒气中，它呈倒卵形的嫩叶就伸展出新绿，在冷风中抖擞精神。10~20朵黄色小花怕冷似的挤在一堆顺序绽开。花极小，呈总状花序，直径也不过10 mm，人经过，多半会疏忽。但它却具有典型的豆科花卉特征，因此植物分类学家将它归属豆科苜蓿属。尽管花色明黄鲜艳，却莫名其妙起个学名叫天蓝苜蓿。这么不起眼的小草，却是味用途广泛的中药：清热利湿，凉血止血，舒筋活络。用于治疗黄疸型肝炎、便血、痔疮出血、白血病、坐骨神经痛、风湿骨痛、腰肌劳损。外用治蛇咬伤。

"老师，你一定要帮忙找到呀！"版主妹妹话语中带着明显的恳求。

找，一定找。尽管天蓝苜蓿此时花谢叶

| 天蓝苜蓿 |

| 天蓝苜蓿 |

| 天蓝苜蓿 |

枯，不知我还能认识不，但我一定要寻找，为一位母亲绝望的呼救，为一份爱心，为一份做人的责任。

先去了几家草药店，试图从他们那里买到现成的天蓝苜蓿。这是一条捷径，也比较有把握不会认错。可惜老板一脸茫然，根本不知道天蓝苜蓿是啥。他们只能叫出土名，我却说不出天蓝苜蓿别名。看来不能依靠他们。当太阳再次升起，我站在曾经拍到天蓝苜蓿的野地上四顾茫然，茂盛的野草深沉浓绿，低矮枯萎的天蓝苜蓿杳无踪迹。尽管有资料说天蓝苜蓿绿色生命可延长到盛夏，可在一位母亲急需它时，它却各菖地消失得无影无踪。

我沮丧地打开电脑，向版主妹妹汇报我的失望，版主妹妹却为我的努力致谢，并高兴说天蓝苜蓿已经找到。原来，就在网络发布寻药消息之后，几乎看到这消息的网友都行动起来，当天下午就有网友寻到天蓝苜蓿，几家药材经销商也于当天寄出天蓝苜蓿。次日，就在我四处寻找之时，病孩母亲已经收到这味草药。网络就这样回应了生命的呼唤。

两天后，这场显示爱心和真情的潮涌瞬息间便消失于因特网的信息海洋里，版主妹妹也淹没在我的QQ好友中，再记不起她名字。那位小孩在真情温暖中病情想必有所好转，绝望的母亲脸上应该浮现出久违的笑容。这一切，我都无从查询。但我永远不会忘记网友的爱心，网络的力量，当然，还有那开黄色小花的天蓝苜蓿。

|川泡桐|

远去的泡桐

　　每到仲春，大街上的行道树，散布在小巷里坡坡坎坎的树上，总会开出繁多的花。那花白色，带着淡蓝或淡紫斑纹。花开花谢，树便抽出肥厚而茸茸的树叶，遮蔽了火炉城市夏日骄阳。这便是泡桐。只是这情景已远远离开我们。

　　泡桐，玄参科，我国分布极广的优良树种之一。它枝杆高挺，枝繁叶茂；总状花序生于枝头，花极多，先花后叶，即可观赏，又是速生用材树种。

　　泡桐曾伴随我和儿时同伴度过难忘童年。那时生活清贫而祥和，电视还在地球另一面缓慢发展，电脑仅在国外科研机构试用。在祖国内地，谁家有台上海产红灯牌收音机已是让人羡慕不已。儿时我们缺乏精致玩具，却不缺少精力和丰富的想象力。每每泡桐花开时节，当官兵捉强盗之类的游戏让天性好动、精力旺盛的我们灰头土脑回到巷内院里那高大的泡桐树下，家人或邻居总会为我们送上几碟菜品请我们品尝。菜品原料是用掉落在地的泡桐花切成各种几何形状"烹调"而成。"烹调"大师自然是自家或邻家小妹。尽管这只是办家家游戏，于我们仍是巨大安慰，感受到一份浓浓亲情的温馨。我们也回报妹妹们关心，拿出削铅笔小刀，捡拾起泡桐花，去掉花瓣，小心细致地剥掉部分花萼，抽出嫩白子房，便做成一个精巧有盖的空心罐子，送给辛劳的小妹。许多小玩伴却戏谑它为尿罐。

夏天来了，泡桐愈发茂盛。树上树下，成了我们游戏的场地。胆大的孩子在树干树枝间蹿上爬下，灵活得像猴。忽一日，孩子们均哑了声，只听那蝉在树上歌唱。有小孩去备了细软竹竿，缠上自己熬制的粘胶，小心翼翼地去粘那蝉。得了手的便张狂炫耀，失了手的就面红耳赤，任伙伴肆意嘲笑。

泡桐叶片没有约束地张扬，把个人行道遮得严严实实。白天人们躲在树下行路，晚上在树下纳凉。纳凉情景也颇为壮观。屋里闷热无风不透气，只等太阳下山，将几盆水于地上泼了，驱散燠热地气，左邻右舍便将自家的凉椅、凉板、凉竹棍从屋里搬出来，参差不齐地一溜铺开，当了晚上睡觉的床，也作为市民的社交场所。在这，老人不紧不慢地摆古，小孩

| 川泡桐

| 川泡桐的蒴果 |

惊风扯闪地嬉闹，汉子们大声武气聊些听闻的天下大事，妇女们则摸了黑纳着鞋底袜底，窃窃私语讲些街坊趣闻。夜深，话语声渐渐杳去，我们疯了一晚上，也是累了乏了，兀自进入梦乡，唯爷娘辈老人还摇着蒲扇为我们送风。年复一年，老人摇走了好多岁月，他们仙去，我们长大成人，也渐渐变成爷娘辈。记忆犹在，只是生活条件改变，有了风扇空调，我们不用熬着瞌睡为儿孙摇扇，却踹在沙发上盯着电视打发时光。记忆中偶尔显现白色带淡蓝或淡紫斑纹的泡桐花，已感觉离我们好远好远。

泡桐当年是我所在城市的优势树种。我清楚地记得家门前的行道树就是泡桐，市区内几条主要干道也以泡桐为主。后来不知啥原因，用黄葛树、小叶榕、刺桐替换了泡桐。至今似乎也没统一的行道树，新开发城区行道树，黄葛树、小叶榕、重阳木、鱼尾葵等交替轮换，甚至引种一些华而不实的树木，独独缺失乡土树种泡桐。新建社区栽种奇花异草，迁移深山老林百年古榕进入社区，也偏偏遗忘泡桐。尽管泡桐还可能在尚未开发的街区看到，但老城区被开发商从蚕食变成鲸吞，没有任何自卫能力的泡桐难道还能负隅顽抗。

又是一年花开季节，残存的泡桐在个别僻静老街区里疏疏立着，怒放一树繁花，昭示它的存在，却让我的思绪增添几分惆怅。

梧桐科梧桐的枝叶

桐花年年

　　认识桐树，是儿时家里小院开始的。小院不大，相邻着一排五棵树，除去一株臭椿外，其余均是梧桐。梧桐其貌不扬，笔直的干，顶上分着少数桠杈，伸出些枝条，着些叶片，树冠小，当然不遮阴。更让我们不喜爱它的原因是无花。花是一种美的展示，是心的一分寄托。无花之树，当然就有不喜欢的理由。其实梧桐开花，只怪它生在三年自然灾害年月，营养不良，迟迟不花。《花镜》把梧桐说得悬乎："此木能知岁时，清明后桐始华，桐不华，岁必大寒。立秋是何时，至期一叶先坠，故有'梧桐一叶落，天下尽知秋'之句。每枝生十二围内，创建教育机构的自由，以及父母依照其宗教信仰、哲学观和教育观保证其子女接受教育的权利，根据成员国相关法律而得到尊重。第 21 条关于非歧视的第 1 款规定，禁止任何尤其是基于性别、肤色、种族或社会出身、遗传特征、语言、宗教或信仰、政治或其他见解、少数民族、财产、出生、残疾、年龄或其他倾向性的歧视。

该宪章第 24 条专门规定了儿童权利。（1）儿童享有受保护和生存所必需的受照顾权。他们得以自由表达意见。其意见视其年龄和智力发育情况，在涉及儿童专题上得以考虑。（2）涉及儿童的行动，不论是由公共权利机关或是由私人性机构实施，应首先考虑儿童的最高利益。（3）儿童人人有权与其父母维持正常的个人关系和直接接触，除非与其利益相反。

另外，该宪章第 32 条还对禁止童工和维护未成年工作出专门规定。关于禁止童工，要求法定的最低工作年龄不得低于义务教育完成的年龄，对青年人更优惠的条款和有限的例外条款除外。未成年工应享有与其年龄相应的劳动条件，并受到保护，使其免受经济压榨或有害于其安全、健康，以及身体的、精神的、道德的或社会的发展或损害其受教育权的工作。

关于家庭生活和职业生活，第 33 条规定，对家庭的保护受到法律的、经济的和社会的保障。为协调家庭生活和职业生活，人人有权享受保护免受基于生育理由的解雇，有权享受带薪产假以及婴儿出生后或孩子收养后的父母假①。

（二）专门性欧洲公约对儿童权利的保护

1.《欧洲儿童权利运用公约》

《欧洲儿童权利运用公约》于 1996 年 1 月 25 日在斯特拉斯堡通过，于 2000 年 1 月 7 日生效。该公约共 5 章 24 条。

该公约第一章规定了公约的范围、目的以及定义。本公约的目的是通过确保儿童有权自己或通过其他个人或团体参加与他们有关的司法诉讼，根据儿童的最佳利益，促进他们的权利，赋予他们诉讼上的权利并帮助他们行使这些权利。鉴于本公约的目的，影响儿童的司法诉讼是家庭诉讼尤其是指那些涉及履行父母责任，如儿童居住权和接触权（指判令夫妻分居后，对孩子有监护权的一方应允许另一方有探视孩子的机会——译者注）的诉讼。

各国在签署公约时或递交批准书，承认、批准或加入公约时，须向欧洲理

①　郑爱青译：《欧洲联盟基本权利宪章》，载《欧洲法通讯》（第 2 辑），法律出版社 2001 年版，第 235~244 页。

事会秘书长提出一项声明，载明至少 3 个由司法机关运用本公约审理的家庭案例，任何缔约国可以通过进一步声明，评述其他运用本公约的家庭案例，或者提供本公约有关条款的运用情况的信息。而且，本公约不得阻碍各缔约国运用更有利的规则促进和行使儿童权利。

在本公约中，司法机关指法院或具有相当权力的行政机关；父母责任主体指有权履行部分或全部父母责任的父母和其他个人或团体；诉讼代理人指有关履行代表儿童在司法机关进行诉讼活动的个人，如律师或团体；相关信息指适合于儿童年龄和理解力的信息以及有助于儿童充分行使其权利的信息，除非这种信息违背儿童福利。

公约的第二章规定了促进儿童权利运用的程序措施。首先规定了儿童的诉讼程序权利。儿童有权获得通知并在诉讼中表达自己的意见。国内法认为有充分理解能力的儿童，在与其有关的诉讼案件中，应被赋予并有权要求如下权利：获得所有相关信息；磋商并表达自己意见；知悉遵循这些意见的可能结果以及作出任何决定的可能结果。

另外，儿童有权申请选派特别代理人。根据第 9 条的规定，当国内法因利益冲突而排除父母责任主体为儿童代理人时，儿童应有权在与其有关的诉讼中亲自或通过其他个人或团体申请特别代理人。各国可自由限制第 1 款中国内法认为有充分理解能力的儿童的权利。

关于其他可能的诉讼程序权利，公约规定，缔约国应考虑赋予儿童在与其有关的诉讼中额外的诉讼程序权利，尤其是：申请为有助于表达自己意见而选择恰当人选的权利；亲自申请或通过其他个人或团体申请选派独立代理人如律师的权利；在诉讼中运用部分或全部缔约权利的权利。

其次，规定了司法机关的作用。关于作出判决的程序，该公约规定，在与儿童有关的诉讼中，在作出判决前，司法机关应：考虑其是否拥有足够信息以作出对儿童最有利的判决，并且在必要时，司法机关应获得，尤其是从父母责任主体处获得更多的信息；在国内法认为儿童已有充分理解力的案件中，确保儿童获得所有相关信息；以儿童能够理解的方式，与儿童本人磋商，在必要时，司法机关可自己或通过其他个人或团体与儿童磋商，只要这种方式不明显违背儿童的最佳利益；允许儿童表达自己的意见；对儿童的意见给予足够的重视。

在与儿童有关的诉讼中，司法机关应迅速行动以避免不必要的迟延，并且程序应及时，以确保司法机关作出的判决得到迅速执行。在紧急情况下，司法机关应有权在恰当时作出可立即执行的判决。

　　而且，在与儿童有关的案件中，国内法认为儿童的福利受到严重威胁的情况下，司法机关应有权自行采取行动。

　　在与儿童有关的诉讼中，父母责任主体因利益冲突而由国内法排除其为儿童代理人时，司法机关应有权在诉讼中为儿童任命特别代理人。缔约国应考虑，在与儿童有关的诉讼中，司法机关应有权任命独立代理人，如律师，以代表儿童。

　　接着，对代理人的作用作出了规定。在与儿童有关的诉讼案件中，除非明显违背儿童最佳利益，司法机关：如果国内法认为儿童已有充分的理解能力，应向儿童提供所有相关信息；如果国内法认为儿童已有充分的理解能力，应就遵循儿童自己意见可能产生的后果以及代理人行为可能产生的后果向儿童作出解释；确定并向司法机关呈交儿童的意见。缔约国应考虑扩充第 1 款中对父母责任主体的规定。

　　再次，规定了对某些条款的扩展。缔约国应考虑将第 3、4、9 条扩展适用于在其他机构进行的与儿童有关的诉讼和与儿童有关的不是诉讼主体的案件。

　　还有，关于国家机构（National Bodies），公约规定，缔约国应通过机构特别是执行第 2 款功能的机构，鼓励儿童权利的发展和适用。功能如下：提出建议以强化与儿童权利运用有关的法律；提出与儿童权利运用有关的立法草案意见；向媒体、公众以及处理与儿童有关问题的个人和团体提供有关儿童权利运用的一般信息；寻求儿童的意见并为儿童提供相关信息。

　　最后是其他情况的规定。为了防止或解决争议，或者为了避免进行与儿童有关的司法诉讼程序，缔约国应在自己认为恰当的情况下，鼓励进行仲裁或者运用其他解决争议的程序并利用这些程序达成一致协议。在与儿童有关的司法诉讼中，当国内法为儿童的代理提供法律援助或建议时，这种法律规定应适用于第 4 条和第 9 条所包含的情况。本公约不应限制任何其他国际公约的适用，这些国际公约处理在儿童和家庭保护中产生的具体问题，并且本公约的缔约方也是该国际公约的缔约方。

　　该公约第三章对常设委员会作出了详细的规定。关于常设委员会的建立和职责，规定：为实现本公约目的而建立一个常设委员会。常设委员会应注意检查与本公约有关的问题。常设委员会尤其可以：考虑任何与本公约的解释和执行有关的问题。常设委员会与本公约的执行有关的结论可以采取建议的形式；建议有 3/4 多数票通过时应得到采纳；建议修改本公约并且根据第 20 条检查修正建议；为拥有第 12 条第 2 款功能的国家机构提供建议和帮助并促进它们之间的国际合作。

关于常设委员会的组成，每一缔约方在常设委员会应有一个或多个代表。每一缔约方应有一个投票权。第 21 条所指的任何国家，即使不是本公约缔约方，也可以在常设委员会派驻观察员。同样情况也适用于根据第 22 条规定被邀请加入本公约后的任何其他国家或者欧洲共同体。除非缔约方已将其反对意见通知秘书长，在开会前至少 1 个月，常设委员会可以邀请如下机构作为观察员参加所有会议或者一个会议或者一个会议的一部分：上述第 2 款没有提到的任何国家；联合国儿童权利委员会；欧洲共同体；任何国际政府间组织；任何拥有一个或多个第 12 条第 2 款所列功能的国际非政府间组织，任何拥有一个或多个第 12 条第 2 款所列功能的国家政府或非政府组织。常设委员会可以与处理儿童权利适用的相关组织交换信息。

关于该委员会的会议，公约规定：在本公约生效后的第三年，并且在这之后的任何时间，欧洲理事会秘书长应自行邀请常设委员会开会。只有在有至少一半缔约方与会时方可在常设委员会作出决定。根据第 16 条和第 20 条，常设委员会的决定应由与会多数票通过。根据本公约的规定，常设委员会应草拟自己的程序规则，并且，常设委员会可以设立任何专题调查委员会的程序规则以执行本公约下的所有恰当任务。每一次会议后，常设委员会应就其所进行的讨论和所作出的决定向各缔约方以及欧洲理事会部长委员会提交一份报告。

关于公约的修改，第四章规定：由缔约国或常设委员会提出的对公约条款的任何修改应递送欧洲理事会秘书长，并且由他（她）在下一次常设委员会会议前至少 2 个月内，向欧洲理事会成员国、签署国、缔约国、根据第 21 条签署本公约的任何国家以及根据第 2 条加入本公约的任何国家或者欧洲共同体转送。根据前款规定提出的任何修改应由常设委员会进行审查，常设委员会应将由 3/4 多数投票采纳的文本呈交部长委员会批准。该文本在批准后应发送各缔约国。所有缔约国通知秘书长表示接受公约修改文本之日后的 1 个月期限届满之后的下 1 个月的第 1 天即为修改文本的生效之日。

第五章是最后条款，对公约的签署、批准和生效、非成员和欧洲共同体、适用的地域范围、保留条款、废止条款等作出规定。

本公约有英文文本和法文文本，两种文本具有同等权威性，并向欧洲理事会档案馆存交 1 单行本。欧洲理事会秘书长应将验证的副本送交欧洲理事会各成员国，参与本公约起草的非成员国、欧洲共同体和任何已受邀请加入本公约的国家。

2.《欧洲关于承认和执行有关儿童监护的决定和关于恢复对儿童的监护的公约》

《欧洲关于承认和执行有关儿童监护的决定和关于恢复对儿童的监护的公约》（*European Convention on Recognition and Enforcement of Decisions Concerning Custody of Children and on Restoration of Custody of Children*）是由欧洲理事会部长委员会于 1980 年 5 月 20 日在卢森堡召开的会议通过的，并于 1983 年 9 月 1 日生效。该公约规定了在违背可强制执行的监护决定的情况下，被不适合地从一个缔约国转移到另一个缔约国的儿童返回到其监护人身边所应遵守的有关程序。每一缔约国承诺指定一中央当局处理此类事务，任何已在该国中获得有关儿童监护决定或者希望其有关监护决定在另一缔约国得到承认或执行的人都可向该当局提出申请。各国中央机构应在找寻儿童、获得有关监护决定的承认或执行以及使儿童返回其监护人身边等方面进行合作。本公约共分 6 个部分，分别为中央当局、决定的承认和执行及儿童监护权的恢复、程序、保留、其他文件和最后条款。

第一部分对中央当局作出了详细的规定。各缔约国应任命一中央当局，执行本公约规定的各项职责。联邦国家以及存在 1 个以上法律体系的国家应能自由地任命 1 个以上的中央当局，并应规定其权限范围。有关本条款的任何任命事项都应通知欧洲理事会秘书长。

各缔约国中央当局间应相互合作，并促进各自国家主管当局之间的合作，它们应全力以赴，迅速办理。为了促进本公约的实施，各缔约国中央当局应确保传达有关从主管当局获取以及传达涉及有关未决诉讼的法律或事实事项的信息的请求，还要根据要求相互提供有关儿童监护法规及其变化方面的情报资料和相互通报在执行本公约时可能遇到的困难，并尽可能快地消除有关本公约执行的障碍。

在一缔约国内已获得有关一儿童监护决定的任何人，如果希望该决定在另一缔约国内得到承认或执行，可向任一缔约国的中央当局就此目的提出申请。该申请应同时附有第 13 条提到的文件。收到申请的中央当局如果不是该申请所要送达的国家的中央当局，则前者应将此文件直接地和不加迟延地送交后者。如果与本公约规定的条件明显不符，那么收到申请的中央当局可以拒绝受理。收到申请的中央当局应及时告知申请者有关其申请的处理的进展情况。

申请送达国的中央当局，应采取或有理由被促请不加迟延地采取它认为是恰当的一切措施，必要时，可向其主管当局提起诉讼。以便：（a）找到儿童的下落；（b）特别是采取任何必要的临时措施，避免对该儿童或申请人的利益造成损害；（c）确保决定的承认或执行；（d）在准予执行时，确保将儿童送交申请者；（e）将所采取的措施及其结果告知提出请求的当局。另外，如果收到申请的国家的中央当局有理由确信儿童在另一缔约国的领土内，则他应直接不加迟延地将文件直接送交该另一国的中央当局。除了遣返费用外，每一缔约国承诺，不就该国中央当局根据有关本条代表申请者利益所采取的任何措施，而向申请者索取任何报酬，包括诉讼或可能因律师协助而产生的费用。如果承认或执行遭到拒绝，且申请送达国的中央当局认为此种承认或执行应与申请者就该案件实质在该国提出诉讼的要求相一致，则该当局应尽最大努力确保申请者在诉讼代理方面获得不低于该国公民或居民所享有的优惠条件，而且为此目的它尤其可以向其主管当局提起诉讼。

公约的第二部分是决定的承认和执行及儿童监护权的恢复。一缔约国已作出有关监护的决定应予以承认，当它在本国可以执行时，在任何其他缔约国内亦应使其得以执行。

（1）如果出现不适当的转移的情况，在下列情形下申请送达国的中央当局应有理由促使采取步骤以恢复对儿童的监护：①在作出监护决定的国家内提出诉讼时或在发生不适当的转移时，如果在此以前该儿童及其父母只拥有该国之国籍，而且该儿童常住在该国领土内；且②恢复监护之请求是在不适当转移发生之日起 6 个月之内向中央当局提出的。

（2）根据申请送达国的法律，如果本条第 1 款的要求非诉诸司法当局便无法得到满足的话，本公约里所列举的任何一项拒绝理由都不得适用于司法程序。

（3）当拥有儿童监护权的人与另一允许其他人拥有接触该儿童的权利的人之间有得到主管当局正式承认的协议，且被带到国外的该儿童在协议期满时其监护人监护权未被恢复，那么该儿童的监护权应按本条第 1 款（b）项和第 2 款予以恢复。当主管当局将此权利授予对该儿童不拥有监护权的人时，此规定亦同样适用。

公约第 9 条规定：（1）如果发生不适当的转移，除了第 8 条作出的申请应在转移后的 6 个月内向中央当局提出的规定之外，承认与执行只有在下列情况下才可被拒绝：①如果决定是在被告或其法定代理人缺席的情况下作出的，而起诉书或类似文件未能及时送交给被告使其有充足时间来准备辩护的话，但如果未能提供此种服务是由于被告故意向本国诉讼人隐瞒下落所引起，那么这并不构成拒绝承认或执行的理由。②如果决定是在被告或其法定代理人缺席的情况下作出的，而作出此种决定的当局的职权在以下各地是没有根据的：A. 被告的惯常居住地，或 B. 该儿童父母的最后共同常住地，至少其父母一方仍常住在那里，或 C. 该儿童的惯常居住地。③该决定与在儿童被转移之前就已在申请送达国生效的有关儿童监护决定不一致，除非该儿童在被转移之前已在请求国领土上常住达 1 年之久。（2）当没有向中央当局提出申请时，如果承认与执行的要求是在儿童被不当转移之日起的 6 个月内提出的，那么本条第 1 款的规定亦应同等地加以应用。（3）外国的决定在任何情况下其实质都不得加以复审。

承认和执行还可以基于下列理由的任何一项予以拒绝：（1）如果发现该决定的后果显然违反申请送达国有关家庭与儿童的法律的基本原则。（2）如果发现由于情势变化，包括由于时间的流逝，但不包括该儿童在被不当转移后单纯的住所的变更，原决定的效果明显不再与儿童的福祉相一致。（3）如果在案发国已提起诉讼时：①儿童是申请送达国的国民或是该国常住居民，而且与案发国不存在这类联系；②儿童既是案发国也是申请送达国的国民，并且常住申请送达国。（4）如果该决定与申请送达国所作的决定不一致，或在第三国作出之后根据承认或执行的请求提出前已开始的诉讼程序在该国是可以执行的，并且如果此种拒绝是符合儿童的福祉的话。

在同样的情况下，要求承认或执行的诉讼可因下列任一理由而中止：（1）如果已开始对原决定进行一般形式的复审。（2）如果在案发国起诉前开始的有关儿童监护的诉讼在申请送达国悬而未决。（3）如果与儿童监护有关的另一决定就是要求执行该决定的诉讼或其他有关承认该决定的诉讼的主题。

有关接触儿童的权利的决定以及与接触权利有关的监护决定应根据其他有关监护决定的同等条件下予以承认和执行。然而，申请送达国的主管当局可规定执行和行使接触权的条件，特别是应考虑到当事各方所作的承诺。当没有就接触权利作出决定，或者有关监护权的决定的承认或执行遭到拒绝时，如果当事人提出享有接触权的要求，申请送达国的中央当局可责成其主管当局就接触权作出决定。

在儿童跨国界转移时，如果在一缔约国内设有有关监护的可执行的决定，那么，本公约的规定应适用于此后在一缔约国内应任何当事人的请求就该儿童的监护以及宣布该转移为非法作出的决定。

该公约第三部分是程序的规定。一项要求有监护决定在另一缔约国内得到承认或执行的请求应附有：（1）一份授权申请送达国中央当局代表申请人行事或为此目的而指派另一代表的文件。（2）一份能满足证明其真实性的必要条件的决定副本。（3）当决定是在被告或其法定代表缺席的情况下作出时，一份认定被告及时提供了对他的起诉书的文件或一份相当的文件。（4）如果是这样的话，任何一份根据案发国法律确定该决定是可执行的文件。（5）如果适用的话，一份能够说明儿童在申请送达国所在地或可能的所在地的声明。
（6）有关如何使该儿童的监护得以恢复的建议。必要时，上述各文件应根据
本公约规定附有译文。

缔约国应就有关儿童监护的决定的承认和执行适用的一种简单方便的程
序，为此，应确保要求执行的请求可通过简单的申请提出。

在根据本公约有关规定达成决定前，申请送达国的有关当局：（1）应弄
清儿童的看法，除非这无法办到，特别是由于它的年龄或理解力的限制；并且
（2）可以要求进行任何必要的查询。在任一缔约国内查询的费用应由该国进
行调查的当局支付。调查的请求和调查的结果可通过中央当局送交各有关当
局。就本公约而言，无须任何立法或类似程序。

第四部分是关于保留的规定。

公约第五部分是其他文件的规定。本公约不排除使用案发国与申请送达国
之间达成的任何其他有效的国际文件或者使用申请送达国非源于旨在获得决定
之承认与执行的国际协议的任何其他法律的可能性。本公约不应影响一缔约国
依据处理与本公约有关的事务的国际条约而对一非缔约国所承担的任何义务。
当两个或更多的缔约国就儿童监护权制订统一的法律或者就儿童监护决定的承
认或执行而创立一套特别的制度时，或者它们愿意将来这么做的话，它们相互
之间完全可以用这些法律或制度代替本公约或本公约的任一部分。为了应用本
条规定，这些国家应将其决定通知欧洲理事会秘书长。有关此决定的任何变更
或撤销也应通知欧洲理事会秘书长①。

3. 《欧洲儿童收养公约》

《欧洲儿童收养公约》（*European Convention on the Adoption of Children*）是
于 1967 年 4 月 24 日由欧洲理事会部长委员会在斯特拉斯堡通过，并于 1968
年 4 月 26 日生效的。该公约规定，在所有缔约国内确立儿童收养的共同原则
和惯例。这些缔约国同意确保其法律与本公约第二部分规定的"基本条款"
相一致，并且进一步同意尽快将第三部分列举的"补充条款"付诸实施。

尽管欧洲理事会各成员国都有儿童收养机构，但是对于指导儿童收养工作
的原则却有不同的看法，而且各国的收养的执行程序及其法律后果上都存在着
差别，因此制定本公约，期望在儿童收养方面接受共同的原则和惯例，以有助
于减少这些差异所造成的困难，同时也促进被收养儿童的福祉。

---

① 资料来源：［美］爱德华·劳森著：《人权百科全书》，四川人民出版社 1997 年
版，第 501~506 页。

依据第 3 条的规定，本公约适用于在收养人提出收养儿童时该儿童年龄不到 18 岁，未婚并且依法被认定为未达到法定年龄之儿童的合法收养。

收养只有当其被司法或行政当局（下文简称为"主管当局"）许可时方为有效。

第 5 条规定：（1）除本条第 2~4 款之外，收养不得被认可，除非至少得到下列对收养的同意且未撤回此种同意：①如果该儿童是合法婚姻所生，应有其母亲和父亲的同意，或者如果既无法取得其父亲也无法取得其母亲的同意，那么则应该取得任何在这一方面有权代替其父母的人的同意。②收养者配偶的同意。（2）主管当局不应免除本条第 1 款中提到的任何人的同意，或迫使第 1 款提到的任何人勉强同意，除非是基于依法决定的特殊理由。（3）如果该儿童的父亲或母亲作为家长的权利已被剥夺，或其同意收养的权利已被剥夺，那么法律可以认定不必再获取他或她的同意。（4）母亲同意其小孩被收养不应被接受，除非是在依法规定的产后一段时间以后，不得少于 6 个星期；或者如果没有就此类时间作出规定的话，必须是在主管当局看来足以使产妇得以完全康复的一段时间以后。（5）为本条款之目的，"父亲"或"母亲"指的是儿童的法定双亲；法律不应允许一个儿童被彼此结为夫妻的 2 人中的任何 1 人收养，不管他们是同时或先后收养，或由一人单独收养。法律不应允许儿童被再次收养，除非在下述一种或几种情况下：①儿童是由收养人的配偶收养；②原收养人去世；③原收养人的收养权利被取消；④原收养人的收养权被终止。

收养人只有在达到为此规定的最低年龄的条件下才可以收养儿童，即其年龄不得小于 21 岁或大于 35 岁。但是，法律可允许放弃上述关于最低年龄的要求的条件是：如果收养人是该儿童的父亲或母亲，或者由于特殊情况。

除非收养符合儿童的利益，否则主管当局不应准许收养。在每一种情况下，主管当局均应特别重视使收养能给儿童带来一个稳定而和谐的家庭。一般来说，如果收养人与儿童的年龄差距小于儿童与其双亲之间的正常年龄差距，那么主管当局则不应认为满足了上述条件。

只有对收养人、儿童及其家庭进行适当的调查后，主管当局才能准许收养；在每一情形中的适当范围内，此种调查应特别关注下列内容：（1）收养人的性格、健康和财产，特别是他的家庭、居所及其抚养儿童的能力；（2）收养人愿意收养该儿童的原因；（3）如果一对夫妻中只有一人提出收养申请，为何配偶中的另一方没有一起提出申请；（4）儿童与收养人之间的相互适应性，以及儿童被收养人照顾和拥有的时间长度；（5）儿童的性格和健康状况，以及受到的法定限制和他的经历；（6）儿童对收养建议的看法；（7）收养者和儿童各自的宗教信仰。这些调查应委托由法律或司法或行政机构为此目的予以承认的人或机构进行。如在实际上有可能的话，他们应是在这方面受过训练或有经验的社会工作者。本条的规定不应影响主管当局获取它认为可能是有益的信息或证据的权利或责任，而不管这是否超出了这些调查的范围。

收养授予收养人对被收养人享有父亲或母亲对合法婚姻所生子女所应享有的每一种权利和义务。一旦本条里所提到的权利和义务已经产生，那么被收养人与其父亲或母亲或者任何其他人或机关之间的同类权利和义务关系便不复存在。但是，法律可以规定收养人的配偶仍然保有他对被收养人的权利和义务，如果后者是他的合法婚姻所生子女、非婚生子女或收养儿童。此外，法律还可以保留儿童原父母支付被收养者的抚养费用（如分居或离婚供养费）、自立费用或嫁妆，如果收养人不免除此类义务的话。一般来说，应确保被收养儿童有办法获得收养人的姓氏作为替代，或者作为第二个姓。如果合法婚姻所生子女的父母有权享受该儿童的财产，那么尽管有本条第 1 款的规定，收养人享受该儿童财产的权利将受法律的约束。关于继承问题，如果继承法规定合法婚姻所生子女有权分享其父亲或母亲的财产，那么，就这方面而言，被收养儿童应被当做是收养人的合法婚姻所生子女一样予以看待。

在由 1 人收养的情况下，如果被收养儿童不具有收养人的同一国籍，或者在由一对夫妇收养的情况下，被收养儿童如不具有这对夫妇的共同国籍，那么收养者国籍所属的缔约国应设法使该儿童尽早获得该国国籍。如果收养可能导致国籍丧失，应以拥有或获得另一国之国籍为条件。

收养人可以收养的儿童数目不应受法律限制。一个人已有或有能力有一合法婚姻所生儿童不应成为法律禁止其收养儿童的理由。如果收养可以改善儿童的法律地位，那么法律不应禁止人们收养其亲生的非婚生子女。

被收养人在未达到法定年龄前，对他的收养只有由司法或行政当局基于严肃的理由作出决定予以撤销，而且只有法律允许基于此种理由的撤销的条件才能这样做。上款内容不应影响无效收养和因被收养人已成为收养人的合法子女，收养关系已经终止。

如果根据本公约所做的调查牵涉到目前或曾经在另一缔约国内居住的人，如果提出要求获得有关信息的请求，那么该缔约国应尽快设法提供对方要求索取的信息，有关当局可为此而直接联系。应制定有关规则禁止因遗弃儿童给别人收养而获取任何不适当的经济上的好处。各缔约国应保留为被收养儿童制定更有利的规定的选择。

第三部分的补充条款规定：只有当被收养儿童受收养人照看相当长的一段

时间，使主管当局能够对未来收养后他们之间的关系作出合理的判断后，收养才能被准许。

公共当局应确保促进并适当地发挥公立或私人机构的作用，使那些想收养儿童或想为儿童找到收养人的人能够向这些机构寻找帮助和咨询。社会工作者的训练课程应包括有关收养的社会和法律方面的内容。制定有关规定使收养能够在不向儿童的家庭公开收养人的身份的条件下实现。应作出规定以要求或允许收养程序秘密进行。收养人与被收养人应该能够获得一份文件，其中包含有有关公共档案的摘要，以证明被收养儿童的事实、出生时间和地点，但并不明确透露收养这一事实或者其原父母的身份。公共档案应该保留而且其内容在被复制时应防止无关人士了解某人曾被收养的事实，或者如果这点已被泄露，则应防止别人知道其原父母的身份①。

4.《欧洲非婚生儿童法律地位公约》

《欧洲非婚生儿童法律地位公约》（*European Convention on the Legal Status of Children Born Out of Wedlock*），由欧洲理事会部长委员会于 1975 年 10 月 15 日在斯特拉斯堡缔结，并于 1978 年 8 月 11 日生效。该公约旨在减少非婚生儿童与婚生儿童相比在法律和社会地位方面的差别。

事实上，许多欧洲理事会的成员国都已经或正在作出努力以通过减少使非婚生儿童在法律和社会地位上处于不利地位的非婚生儿童与婚生儿童地位上的差别，来改善非婚生儿童的法律地位，但是，在这一领域，成员国之间在法律上还存在着很大的差距。而非婚生子女的状况应该得到改善，而且制定某些有关非婚生子女法律地位的共同法规将有助于这一目标的实现，同时也促进成员国在这方面的法律的和谐一致。因此而制定本公约。

公约规定：每一缔约国承诺确保其法律与本公约规定的一致性，并通知欧洲理事会秘书长它为此而采取的措施。每一个非婚生儿童母亲的确认只应根据该儿童出生的事实。每一个非婚生儿童父亲的确认可通过自愿确认或司法裁定来加以证明或确定。就国内法所规定了此等程序而言，父亲身份的自愿确认不应被反对或辩驳，除非想确定或已经确认该儿童的人不是其生物学意义上的父亲。在有关父亲身份的认定活动中，有助于认定或否定父亲身份的科学证据应被允许采用。

非婚生儿童的父亲或母亲应负有像抚养婚生儿童一样抚养该儿童的同等义

---

① 资料来源：［美］爱德华·劳森著：《人权百科全书》，四川人民出版社 1997 年版，第 522~525 页。

务。如果婚生儿童的父亲或母亲的家庭成员在抚养儿童方面有某种法律义务，那么这种义务也应适用于非婚生儿童的福利。如果非婚生儿童的双亲均已被确切认定，那么父母的权利不应自动地只授予父亲一方，应有转移父母的权利的权利；转移的情况应由国内法规定。如果非婚生儿童的父亲或母亲对该儿童不享有父母的权利或监护权，那么此种父母可以获得在适当的情形下接触或探望该儿童的权利。

非婚生儿童应与婚生儿童一视同仁，在继承其父亲或母亲或者其父亲或母亲的家庭成员的财产方面享有同等权利。非婚生儿童的父亲和母亲之间的婚姻应授予儿童以婚生子女的法律地位。

一般性质的保留不应被准许；每一项保留不应影响一个以上的条款。很有特色的规定是，就缔约国而言，一项保留可以在本公约生效后 5 年内有效。每个有效期满前，可以通过欧洲理事会秘书长提交声明而将 5 年期限向后顺延。任何缔约国均可通过向欧洲理事会秘书长提交声明而将它根据上述各款提出的保留予以撤回，此类撤回应从收到此类声明之日起生效①。

5. 《欧洲遣返未成年人公约》

《欧洲遣返未成年人公约》（*European Convention on the Repatriation of Minors*）于 1970 年 5 月 28 日在欧洲理事会部长委员会海牙会议上缔结。根据该公约，缔约各国承诺就遣返在违反可适用的法律并违背其父母或监护人的愿望的情况下被带至国外的未成年人方面进行合作。该公约在规定对这种合作要求在正常情况下应予以妥善考虑的同时，还规定了妥善行动可被合理拒绝或推迟的情况。

该公约在"一般规定"部分首先明确，为了本公约的目的："未成年人"（minor）一词应指根据依国际私法的法则可以适用的请求国未达到法定年龄且根据同样法律无权自己决定其居住地的任何人；"父母权利"（parental authority）一词应根据法律或者通过法律决定或行政决定赋予自然人或法人决定一个未成年人居住地的权利；"遣返"（repatriation）一词应指为执行本公约将一个未成年人从一个缔约国转移至另一缔约国，而无论他是否为后一国家的国民。

本公约适用于身处一缔约国领土而被另一缔约国出于下列原因之一要求予以遣返的未成年人：（1）该未成年人身处被请求国的领土上违背对他具有父

---

① 资料来源：［美］爱德华·劳森著：《人权百科全书》，四川人民出版社 1997 年版，第 526～527 页。

母权利的人的意愿。（2）该未成年人身处被请求国的领土上不符合请求国主管当局对他采取的保护或再教育措施。（3）该未成年人由于请求国的程序制度而有必要处于请求国领土上以便对他采取保护和再教育措施。

本公约是适用于遣返一缔约国认为他处在其领土上不符合其本国利益或者他自身利益的未成年人，只要该缔约国立法允许将该未成年人从其领土上迁出去。

每一缔约国应指定一中央机构制作、发出和接收遣返请求，并通知欧洲理事会秘书长其所指定的机构。

在公约第二部分对应非旅居国请求遣返未成年人作出规定。遣返未成年人的申请，应提交给该未成年人将被遣返所至国家的中央机构。如果该国主管当局认为该申请的根据充分并且合理，该中央机构应向该未成年人旅居国中央机构发出遣返请求。如果未成年人已有辨别能力，在被请求国主管当局听取未成年人亲自陈述之前，不得就遣返请求作出决定。上述当局还应努力获取对此决定有着关系的人员，特别是获取具有父母权利或者在被请求国领土上实际监护未成年人的人员的意见，进行征寻意见时不应由于它可能引起的延误而损害未成年人的利益。被请求国应同意符合本公约规定的任何遣返请求，除非它依据本法有关规定行使其拒绝请求的权利。

一个请求可以被拒绝的情况有：（1）如果根据国际私法规定可适用的被请求国法律未成年人有权自己决定其居住地，或者如果这一权利来自被请求国的国内法；（2）如果被请求意在使未成年人服从根据国际私法规定可适用的被请求国法律不具有父母权利的人的权利或服从根据被请求国国内法不具有父母权利的人的权利；（3）如果被请求国认为请求国无法定资格采取本公约规定的措施；（4）如果被请求国认为遣返未成年人会破坏公共秩序；（5）如果未成年人是被请求国国民；（6）如果该未成年人是非本公约缔约国的国民，其遣返不符合该国与被请求国之间现存义务。此外，如果身处被请求国领土上具有父母权利的人或者照顾未成年人的人反对遣返或者如果被请求国认为遣返有损未成年人的利益，特别是当他在该国具有有效家庭或社会关系或者当遣返不符合上述国家所采取的保护或再教育措施，被请求国也可以拒绝请求。

如果对请求所依据的父母权利具有重大争议，或者，如果它认为有必要起诉未成年人的罪行或者要求他受到涉及剥夺自由的刑事制裁，则被请求国关于请求的决定可被推迟。

如果请求得到同意，请求国和被请求国主管当局应尽可能迅速商定遣返程序。被请求国可出于遣返目的采取看来必要的临时措施，特别是将未成年人安置在青少年之家。它可在任何时间终止这些措施，如果请求未被同意。这些措施无论如何须在 30 天期满后予以终止。上述措施受被请求国国内法管束。在紧急情况下，请求国中央机构可要求在被请求国接到遣返请求前采取上述临时措施，如果在 10 天内仍未接到遣返请求，则应停止这些措施。

不得在请求国对根据本部分规定予以遣返的人因其遣返前所犯罪行提出或继续起诉，除非被请求国明确同意这种起诉。为了执行遣返前在请求国所判处的涉及剥夺自由的刑事制裁或者任何更为严厉的判决，亦需征得此种同意。上述同意应由被请求国有关引渡规则或者为执行本条所制定的此类其他规则加以管束。在一经要求引渡被请求国即有义务准予引渡的情况下，不得拒绝给予这种同意。

公约的第三部分对应旅居国请求的遣返作出规定。未成年人的旅居国可请求另一缔约国同意根据如下规定遣返该未成年人：（1）当具有父母权利的人处在另一缔约国，请求向该国提出；（2）当具有父母权利的人处在非本公约缔约国的一个国家，请求应向未成年人经常居住的缔约国提出；（3）当不知会在哪个国家找到具有父母权利的人或者无人具有父母权利时，请求应向未成年人经常居住的缔约国提出，或者如果遣返至该国未获同意或另外证明不可能遣返至该国，则应向未成年人作为其国民的缔约国提出，上述规定不影响缔约国根据其自身关于外国国民的立法而拥有的权利。

如果被请求国同意接收该未成年人，请求国和被请求国的主管当局应尽可能迅速商定遣返程序。有关遣返的请求可附带提出采取由于身处请求国未成年人的行为或处境的据信适当的措施的要求。该请求还可说明遣返必须遵守的所有其他条件。

第四部分是共同规定。有关遣返的所有请求应书面提出并特别说明：（1）发出请求的中央机构的名称；（2）被请求遣返的未成年人的身份和国籍及如有可能他在被请求国地址；（3）援以支持请求的原因；（4）如可行，提出遣返申请的机构或人员及其与未成年人的法律关系。在涉及第 2 条第 1 款规定的情形中，请求在适当的地方应附有下列文件的正本或证明无误的副本；证明父母权利的文件，除非这种权利直接源于法律；或指令对有关未成年人采取保护或再教育措施的决定；或证明未成年人在请求国进行的诉讼中到场的必要性及此类诉讼的目的的文件。如果被请求国认为请求国所提供的资料不足以使它就请求作出决定，它应要求必要的附加资料，它可确定收到这类资料的期限。

任何缔约国在签字或交存批准书、接受书或加入书时，可向欧洲理事会秘书长宣布保留规定请求和证明文件附有其本国语言或其语言之一或欧洲理事会官方语言之一或它指出的那些语言之一的译本的权利。其他缔约国可相互适用本规定。除本条款之外，不应要求附有请求或证明文件的翻译文本。本条规定不损害目前有效的或两个或多个缔约国间可能缔结的协议或安排中包含的有关请求和证明文件译本的任何规定。

根据公约发送的证据和文件应免除所有立法手续。在根据本公约遣返未成年人的过程中通过一缔约国领土，应根据单独的通知予以许可，实施遣返的出发国应有该通知的书面记录。在下列情况下，过境可被拒绝：（1）当该未成年人是过境刑事诉讼的对象或者如果是他被要求服从涉及剥夺自由的刑事制裁或更为严厉的刑罚。（2）该未成年人是过境国国民。如果过境未被拒绝，该未成年人不得因他进入过境国家前所犯罪行而在该国被逮捕或拘留。过境国应寻求保证该未成年人不会逃避遣返。应给出任何拒绝遣返或过境的理由。中央机构之间就执行本公约方面的通信可由国际刑警组织进行传送。

执行本公约所需任何费用应由下述各方承担：（1）被请求国，如果这些费用在其领土上所需；（2）请求国，在所有其他情形下，本条规定不阻止从未成年人或其他对该未成年人负责的人员处收回费用①。

（三）上述公约简评

《欧洲人权公约》是第一个区域性人权公约。尽管它的起草工作与两个国际人权公约同时起步，但它的生效期比两个国际人权公约早了 23 年②，比《美洲人权公约》早了 25 年③，比《非洲人权与民族权利宪章》早了 33 年④。尽管生效时的内容很不全面，但在其适用过程中通过议定书的形式逐步得到完善，而且其缔约国已基本上包括了欧洲理事会所有成员国，是 3 个区域性人权公约缔约国数占所属地区国家比例最大的，也就是说它的有效覆盖面是最广的。尽管它排除了缔约国选择其他国际程序的可能性，但它本身所建立的解决争端的程序和系统是当今区域性国际人权争端解决程序中最有效的⑤。

正如有学者在评价《欧洲人权公约》时所指出："在孕育了资产阶级启蒙思想家及现代人权思想的欧洲大地，由 22 个国家按照同一种人权观念，率先将人权以国际公约的形式提到国际高度，并建立了一整套对缔约国国内的人权

---

① 资料来源：〔美〕爱德华·劳森著：《人权百科全书》，四川人民出版社 1997 年版，第 533~536 页。

② 《欧洲人权公约》于 1953 年生效，而两个国际公约于 1976 年生效。

③ 《美洲人权公约》于 1978 年生效。

④ 《非洲人权与民族权宪章》于 1986 年生效。

⑤ 韩德培编著：《人权的理论与实践》，武汉大学出版社 1994 年版，第 251 页。

状况进行国际监督甚至审理的有效机制，在人权发展史上是一个重大转折，对传统国际法而言亦是一个重大变化。《世界人权宣言》倡导的许多保护人权的原则和规则，率先在欧洲部分地区成为有拘束力的法律。其结果是《欧洲人权公约》的缔约国在该公约涉及的人权领域内适用国际标准。……这种状况对于欧洲人权保护向着同一方向迈进……都是十分有利的。"①

虽然《欧洲人权公约》没有专门规定儿童的权利，但儿童权利的优先性已经在该公约中得到了保障。《欧洲人权公约》的执行机构借助"家庭生活"、"民主社会"、"道德"、"他人利益"、"哲学信仰"等弹性概念，根据儿童权利优先的原则对公约的文本进行解释。毋庸置疑，《欧洲人权公约》的弹性机制为儿童权利优先性的保护提供了足够的空间②。由于儿童的保护人与儿童之间的联系最为紧密，所以他们对儿童的伤害可能是最深的，这种危险永远存在。所以，在根据儿童的利益解释《欧洲人权公约》时，欧洲人权法院不得不在激进与审慎之间求得平衡。

但是，《欧洲人权公约》的局限性也是显而易见的。它继承了欧洲传统的人权思想体系，仅以政治和公民权利为人权的中心内容，面对社会成员的经济、社会和文化权利鲜有涉及。不过，1961 年 10 月 18 日，欧洲理事会成员国在都灵又签署了《欧洲社会宪章》，确认了一些经济和社会权利及其实施标准。其中，这些权利的内容就包括儿童和少年的权利。这是欧洲人权保护的一个进步③。

在 2000 年 12 月 7 日，欧洲议会、欧盟理事会和欧盟委员会在尼斯又签署了《欧洲联盟基本权利宪章》④。在此，首先有必要明确，欧洲存在着两个主要的法律体系，即由 15 个成员国组成的一体化的、具有超国家性质的欧共体（The European Community）和欧盟（The European Union）法律体系与由 43 个成员国组成的作为政府间机构的欧洲理事会（The Council of Europe）的法律体系。在人权保护方面，多年以来，主要是欧洲理事会的法律体现，尤其是以

---

① 万鄂湘、郭克强著：《国际人权法》，武汉大学出版社 1994 年版，第 251 页。

② 李琛：《〈欧洲人权公约〉对儿童权利优先性的保障》，载《欧洲法通讯》（第 3 辑），法律出版社 2002 年版，第 77 页。

③ 综合参见：（1）白桂梅等编著：《国际法上的人权》，北京大学出版社 1996 年版，第 224 页。（2）［美］托马斯·伯根索尔著：《国际人权法概论》，潘维煌等译，中国社会科学出版社 1995 年版，第 72 页。

④ 郑爱青译：《欧洲联盟基本权利宪章》注释①，载《欧洲法通讯》（第 2 辑），法律出版社 2001 年版，第 235 页。

保护公民权利和政治权利为主要内容的《欧洲人权公约》所创立的欧洲人权法院和欧洲人权委员会①发挥了主要作用。现在，制定《欧洲联盟基本权利宪章》的目的是强调基本权利的特别重要性，使欧盟的公民对其所享有的基本权利有更清晰的了解。《欧洲联盟基本权利宪章》没有作为《欧洲联盟公约》的一部分或者其他具有法律约束力的形式公布，所以并不具有法律约束力。但是，由于它是公开签署和公布的，从而对欧洲联盟的机构和组织具有一定的约束力，尤其将会对申请加入欧盟的中东欧国家产生影响。而且，欧盟各国并没有排除以某种形式给予《欧洲联盟基本权利宪章》法律约束力的愿望，所以其潜在的意义更为明显。可以说，该宪章是欧盟对人权和基本自由保护的规定和实践的集大成者和结晶。

《欧洲联盟基本权利宪章》在一个篇幅相对较短的文件中综合、集中了至今散见于国际、欧洲或者国内等不同渊源的基本权利，而且以一种清晰简洁的方式进行文本写作，文句简短，内容流畅。另外，该宪章在历史上第一次将公民的政治权利、经济和社会权利，以及"第三代权利"融为一体，体现了权利的不可分割性。但是，该宪章的起草者们不只是作简单的法律编纂，而是除了在国际和国内保护人权公约和法律文件中现存的传统权利之外，还增加了一些新的权利，也就是说，对于权利的保障有所加强。另外，与《欧洲人权公约》既规定权利，也规定对权利的合法限制的做法不同，该宪章只规定权利，而未规定对权利的限制。该宪章特别规定了儿童权利，包括禁止童工和保护未成年工，禁止任何基于年龄等的歧视。尤其具有特色的是，该宪章在第3条第2款明确规定了在医疗和生物方面应当遵守的原则，包括禁止将人们的身体和其组成部分作为获利的来源。这就有利于对儿童器官买卖的控制。

关于《欧洲联盟基本权利宪章》与《欧洲人权公约》及其他现存的法律文书的关系，该宪章的通过原则上将不会改变目前欧共体法、欧盟法和欧洲人权公约法并存的局面。他们各自保持其独立和正当性，分歧依然存在，但不会更加激烈。应当避免该宪章与《欧洲人权公约》之间的任何竞争，否则其在对基本权利保护方面的后果将是令人遗憾的。最理想的办法是将两个文书的关系视为互相补充。同时防止两者之间互相干扰。《欧洲联盟基本权利宪章》应当努力填补《欧洲人权公约》的空白，包括填补《欧洲人权公约》在儿童权利保护方面规定的不足。

《欧洲联盟基本权利宪章》虽然不具有法律效力，但也并非白纸一张。签

---

①　该机构在1998年被撤销。

署一个汇集了至今为止分散于不同渊源中的权利和自由，并且为适应当今时代而增加了新的权利从而增加了其价值的文书，不能说是一件没有意义的事情。该宪章在确定成员国文明的共同财富的同时，取得了高度的道德象征价值。人们似可期待，通过欧共体法院的解释，作为欧共体法的一般原则，《欧洲联盟基本权利宪章》将会变得具有约束力①。

在《联合国宪章》和《世界人权宣言》以及《欧洲人权公约》、《欧洲社会宪章》等国际性和区域性人权文件的精神指导下，欧洲理事会先后制定了一系列的儿童权利保护方面专门性公约，正如本书前面已经论述过的，这些公约包括《欧洲关于承认和执行有关儿童监护的决定和关于恢复对儿童的监护的公约》、《欧洲儿童收养公约》、《欧洲遣返未成年人公约》、《欧洲非婚生儿童法律地位公约》以及《欧洲儿童权利运用公约》等。这些专门性儿童权利保护公约都是《世界人权宣言》和《欧洲人权公约》等基础性人权文件当中有关儿童权利保护规定的具体化。它们大多对儿童权利保护的一个或几个方面作出专门的规定，便于各缔约国的遵照执行，有利于儿童权利保护法律的统一化进程。

综上所述，不难看出，目前，欧洲在儿童权利保护方面的立法是走在世界前列的，不论从立法的数量，还是立法的质量两方面来衡量，欧洲都堪称典范。而且欧洲还建立了欧洲人权法院等人权的监督和实施机构，保证了人权立法的有效实施。这不能不说是当前欧洲儿童人权状况相对较好的一个重要原因。

二、美洲区域性国际公约对儿童权利的保护

（一）基础性美洲公约对儿童权利的保护

1. 《美洲国家组织宪章》对儿童权利的保护

《美洲国家组织宪章》（Organization of American States: Charter）于 1948 年 4 月 30 日在第 9 次美洲国家国际会议上开放签字，并于 1951 年 12 月 13 日生效。它最初由第 3 届美洲间特别会议 1967 年 2 月 27 日签署并于 1970 年 2 月 27 日生效的著名的《布宜诺斯艾利斯议定书》所修订，后来又由 1988 年 11 月 16 日生效的著名的《卡塔赫纳议定书》所修订。该宪章中的有关条款规定了保护儿童权利的内容或与儿童权利的保护有关。

宪章在开篇就明确指出，美洲的历史使命是给予人类一块自由地和发展其

---

① 综合赵海峰的观点，参见《欧盟对基本权利的保护和〈欧盟基本权利宪章〉》，载《欧洲法通讯》（第 2 辑），法律出版社 2001 年版，第 19~51 页。

人格并实现其公正愿望的一个有利环境。该宪章在第 16 条规定，每一国家具有自由地和自然地发展其文化、政治及经济生活的权利。在这种自由发展中，国家应尊重个人的权利及普遍道德的原则。第 44 条第 1 款指出，全人类不分种族、性别、国籍、信仰或社会条件，都有在自由、尊严、机会平等和经济保障的环境中享有物质福利和提高精神境界的权利。该条第 9 款要求各会员国为所有的人充分提供应得到的法律援助，以确保他们的权利。

有关儿童受教育权的内容规定在第 48 条。该条规定，各会员国将尽最大努力按照它们的宪法程序，保证受教育的权利在下列基础上有效地行使：（a）学龄儿童必须受到的初等教育也应提供给可以从中得益的其他所有人。（b）中等教育应逐步在尽可能多的居民中普及，以求社会改善。应进行多样化来满足每一国家的发展需要而又不妨碍提供一种普遍教育。（c）高等教育只要达到了规定标准或学术标准以保持其高水平，就应向所有的人开放①。

2.《美洲间社会保障宪章》对儿童权利的保护

《美洲间社会保障宪章》（*Inter-American Charter of Social Guarantee*）是 1948 年 5 月 2 日在波哥大召开的第 9 届美洲国家会议通过的一项决议，收入大会的最后文件。这份宪章宣告了在美洲国家保护各类工人之利益的原则，规定了他们应享有的各项权利。其中包括童工和孕产妇权利的规定。

该宪章第 16 条规定，年龄不足 14 岁以及年龄已达 14 岁但仍须接受国家法律规定的义务教育者不得受雇用从事任何种类的工作。当他们为维持自己的生活，或为维持其父母或兄弟姐妹的生活而不得不工作时，负责监督这些未成年人工作的政府机构可以批准他们受雇用工作，但他们必须满足最低限度的义务教育要求。年龄在 16 岁以下者无论从事任何种类的工作，其工作时间每日不得超过 6 小时，或每周不得超过 36 小时。第 17 条接着规定，禁止年龄未满 18 岁者从事夜班工作和危险或有害健康的工作；各国法律中有关每周休假的例外情况不适用于这类职工。

另外，该宪章第 33 条要求，每一位工作妇女有权享受产前不少于 6 周、产后 6 周的带工资休假，保留其工作，在哺乳期间产妇和婴儿有权得到照顾和经济补助。法律规定雇主有义务为职工的小孩建立托儿所和游戏室②。

---

① 中国社会科学院法学所编：《国际人权文件与国际人权机构》，社会科学文献出版社 1993 年版，第 583~599 页。

② ［美］爱德华·劳森著：《人权百科全书》，四川人民出版社 1997 年版，第 877~879 页。

3. 《美洲人权公约》及其附加议定书对儿童权利的保护

《美洲人权公约》(*American Convention on Human Rights*) 于 1969 年 11 月 22 日在圣约瑟召开的美洲间人权特别会议上通过，并于 1978 年 7 月 18 日生效。因此，该公约也被称为"圣约瑟公约"。它在很大程度上模仿了《欧洲人权公约》，并对北美、中美和南美各国地区性的人权提供保护。为达到此目的，它设立了美洲人权委员会和美洲人权法院。在该公约新涉及的事项中，后来增加了一些有关经济、社会和文化权利的条款，这些条款在《美洲人权公约附加议定书》即著名的《圣萨尔瓦多议定书》中的得以陈述。该议定书由美洲国家组织大会于 1988 年 11 月 17 日一致通过。

《美洲人权公约》第 4 条关于生命的权利的规定中，第 1 款的内容与众不同，颇具特色。该款规定：每一个人都有使其生命受到尊重的权利。这种权利一般从胚胎时起就应受到法律保护，不得任意剥夺任何人的生命，因此，如果缔约国以立法手段推行计划生育政策，该款的适用将会受到挑战。该条第 5 款规定：对犯罪时年龄在 18 岁以下或超过 70 岁的人不得处以死刑，对孕妇也不得处以死刑。

在有关人道待遇的权利的第 5 条第 5 款也指出，未成年人受刑事诉讼时，应同成年人分隔开来，并尽可能迅速地送交特别法庭，从而可以按照未成年者的身份来对待他们。

该公约第 12 条是关于良心和宗教自由的规定。该条第 4 款规定：根据情况，父母或监护人有权按照他们自己的信念，对其子女或受监护人进行宗教和道德教育。在有关思想和发表意见的自由的第 13 条规定了人人都有思想和发表意见的自由，这种权利的行使不应受到事先的审查，但是，依照法律仍可事先审查公开的文娱节目，其唯一的目的是为了对儿童和未成年人进行道德上的保护而控制观看这些节目。

关于姓名的权利，该公约第 18 条规定：人人都有权取名和用其父母的姓氏或用其父母之一的姓氏。法律应规定保证所有人都享有这种权利的方式，如有必要，可使用假名。

另外，该公约第 19 条专门规定了儿童的权利。该条明确指出：每一个未成年儿童都有权享受家庭、社会和国家为其未成年地位而给予必要的保护措施。

有必要特别提到关于暂时停止保证的第 27 条。该条规定，在战争、公共危险或威胁到一个缔约国的独立和安全的其他紧急情况时，该缔约国可以采取措施，在形势紧迫所严格需要的范围和期间内，减除其根据本公约承担的义务，如果这些措施同该国依照国际法所负有的其他义务并不抵触，并且不引起以种族、肤色、性别、语言、宗教或社会出身为理由的歧视的话。但是，本公约的第 12 条（良心和宗教自由）、第 18 条（姓名的权利）、第 19 条（儿童的权利）等是不属于许可暂时停止实施的条款之列的，也就是说，上面提到的这些条款不得克减。

1988 年的《美洲人权公约附加议定书》（*American Convention on Human Rights*: *Additional Protocol*）对儿童权利保护的规定则更为具体、细致。该议定书第 7 条关于公正满意的工作条件的规定中明确指出，工作权利以在公正满意的工作条件下工作为前提，本议定书各缔约国同意在其国内立法中保证这些条件，其中就包括严禁 18 岁以下的劳动者的夜间工作或有害健康或危险的工作条件；并在一般情况下禁止所有危害青少年健康、安全或道德的工作。关于 16 岁以下的未成年人，其工作日将服从有关义务教育的规定，在任何情况下，工作不得成为旷课的借口或从所受教育中受益的限制。

第 10 条关于社会保障权利的规定中指出，妇女应享受分娩前后的带薪产假。第 13 条关于食物权利的规定应该说对儿童具有特别重要的意义。该条规定，人人有得到保证其可能享受最高水平的身体、心理和智力发展所需要的足够营养的权利。

该议定书第 14 条规定的受教育权利应该说儿童是最主要的受益人之一。该条明确指出，人人有受教育的权利。为了充分行使教育权利，本议定书缔约国承认：（1）初等教育应是面向每个人的免费义务教育；（2）不同形式的中等教育，包括技术和职业中等教育，应该以一切适当的方式，特别是逐渐确立免费教育的方式，面向每个人，使之一般都能获得；（3）高等教育同样应以一切适当的方式，特别是以逐渐确立免费教育的方式，在能力的基础上，使每个人都能获得；（4）应尽量鼓励和加强对未受过或未完成整个基本教育课程的人的基本教育……

第 17 条是组成和保护家庭的权利。该条第 3 款规定，在不损害美洲人权公约第 17 条的规定的情况下，缔约各国承允按照本议定书对家庭群体提供特别保护，特别是：（1）在分娩后的一段合理时间之内，给母亲以特别关心和帮助；（2）在儿童保育和上学期间，保证其足够的营养；（3）采取特别措施保护青少年，以确保青少年的体、智、德方面的全面发展；（4）设立家庭特别培训项目，以便帮助创造一个稳定积极的环境，让儿童接受和发展理解、团结、尊重和负责的价值观。

在接下来的第 18 条，专门规定了儿童权利。每一个儿童有权得到在儿童发育时期需要的家庭、社会和国家提供的各种条件的保护，有权在父母保护的负责的环境下成长，除特殊情况（比如法院的规定）外，幼童不应与其母亲分开，每个儿童，起码在初级教育阶段，有权接受义务教育，并有权接受更高等级的教育。

（二）专门性美洲公约对儿童权利的保护

《美洲间关于收养未成年人之法律冲突的公约》（*Inter-American Convention of Conflict of Laws concerning the Adoption of Minors*）由 1984 年 5 月 4 日在拉巴斯召开的第 3 届美洲间国际私法专业会议正式通过，1988 年 5 月 26 日开始生效。

本公约适用于：当收养者（或被收养者）的住所在一缔约国而被收养者的惯常居所在另一缔约国时，以完全收养的形式收养未成年人，收养的合法化以及给予被收养者法律确认的亲子关系之其他类似制度。在签署、批准或者加入本公约时，缔约国可宣布本公约适用于其他任何形式的未成年人之国际收养。未成年人惯常居住地之法律应管辖收养之能力、同意以及其他必要条件，并决定建立这种关系所必需的程序和手续。

收养者居住地之法律管辖：收养能方；收养者应达到的年龄以及应具备的婚姻状况方面的条件；如要求收养者配偶的同意，以及收养者应具备的其他条件。然而，如收养者方面的法律要求明显不如被收养者惯常居住地之法律要求严格，则受被收养者方面法律之管辖。凡符合本公约之收养在缔约国无条件生效，不得援引进未知制度的条款。收养的公布和登记条件受未成年人在该国满足这些条件的国家之法律管辖。收养的特点和类型应在登记时加以说明。如要求对收养保密，应保证保密。然而，当可能时，如知道未成年人的医疗背景情况和亲生双亲，则应告知法律上适合的人，但不得提及他们的姓名和其他可借以识别他们的资料。

在受本公约管辖的收养中，批准收养的当局可要求收养者通过官方或者私人机构提供有关其身体、道德、心理以及经济的能力的证据；其特定目的是保护未成年人。这些机构须经缔约国或国际组织特别授权。证明上述能力的机构应承担义务向批准收养的当局汇报收养 1 年来的情况，为此目的，批准收养的当局通知证明机构收养已经批准。

在完全收养、收养合法化以及其他类似制度中：收养者与被收养者之间的关系（包括抚养关系和被收养者与收养者的家庭之间的关系）受管辖收养者与其合法家庭的关系之同一法律管辖；被收养者与其出身的家庭的联系应被认为已解除；然而，法定婚姻的阻碍继续有效；在完全收养、收养合法化以及类似制度以外的收养中，收养者和被收养者之间的关系受收养者居住地之法律管辖；被收养者与其出身的家庭的关系受被收养者惯常居住地之法律管辖。

被收养者或收养者的继承权受适用于各自的继承权的法规管辖。

在完全收养、收养合法化以及类似制度中，被收养者及其家庭享有合法家庭成员相同的继承权。本公约第 1 条中提到的收养是不可撤销的。第 2 条中涉及的收养之撤销应受收养时被收养者惯常居住地之法律管辖。

只要允许，简单收养改变为完全收养、收养合法化或者其他类似制度，受收养时被收养者惯常居住地之法律管辖或收养者要求改变收养方式时其居住国之法律管辖，按请求者的选择而定。如被收养者年龄超过 14 岁，则应征得其同意。收养之废除受批准收养所依据的法律管辖，废除只能由司法当局判决，未成年人的利益应依据本公约第 19 条予以保护，被收养者惯常居住国当局有权批准本公约所涉及的收养。

收养被批准时被收养者惯常居住地之法官有权决定收养之废除或撤销。只要允许，领养时被收养者惯常居住地的国家当局、收养者居住国当局，或者被收养者居住国（如在要求改变收养方式时被收养者有自己的居所）当局有权按要求者的选择决定简单收养改变为完全收养、收养合法化或者其他类似制度。

在被收养者有自己的居所以前，收养者居住国的法官有权裁决有关被收养者与收养者及其家庭的关系问题。一旦被收养者有了自己的居所，被收养者居住地的法官或收养者居住地的法官，按请求者的选择，享有裁决权。

缔约国当局可拒绝适用按本公约宣布适用的法律，假如该法律显然违反该国的公共政策（公共秩序）。本公约的条款以及依据本公约而适用的法律之解释应前后一致，应有利于维护收养的有效性与被收养者的最佳利益。当按有关当局的意见某一特定案件的情况说明收养者计划在收养被批准后在另一缔约国安家时，缔约国在任何时候均可宣布本公约适用于惯常居住于该国的未成年人由惯常居住于同一国的收养者所收养。

最后，本公约还就其签署、批准、加入、保留等有关事项作出了规定①。

（三）上述公约简评

美洲国家的人权制度有两个不同的法律渊源，一个源于《美洲国家组织宪章》，另一个基于《美洲人权公约》。以《美洲国家组织宪章》为基础的制

---

① 资料来源：［美］爱德华·劳森著：《人权百科全书》，四川人民出版社 1997 年版，第 887~889 页。

度在美洲国家组织所有 32 个成员国均适用。而《美洲人权公约》的制度只对其缔约国有法律的约束力。这两个制度在很多方面有重叠之处，并相互影响。这样，在决定这个制度到何处结束，哪个制度从何处开始的问题时就困难了。在一些案例中，这两种制度的法律机制和规范同时适用于同一人权情势的不同方面。因此，在实践中，这两种制度经常是合二为一的①。跟《欧洲人权公约》一样，《美洲人权公约》也规定了负责对该公约的实施进行国际监督的机构是美洲国家间人权委员会和美洲国家间人权法院。其中美洲国家间人权法院是由《美洲人权公约》专门设立的，而美洲国家间人权委员会则是在《美洲人权公约》制定之前就已存在的机构②。

与《欧洲人权公约》相比，《美洲人权公约》直接规定了儿童的权利，应该说，这更有利于对儿童权利的保护，而在 1948 年的《美洲国家组织宪章》中，对人权的提及甚少，这一点，从本书前文的介绍中很容易看出来，而对作为人权的重要组成部分的儿童权利更是惜字如金。《美洲人权公约》及其附加议定书正好可以弥补这方面的不足。

与欧洲理事会国家相比，美洲国家组织成员的政治、经济成分要复杂得多。这里有资本主义国家，也有社会主义国家；有联邦制国家，也有共和制国家；也有发达国家，还有超级大国。他们对人权问题的不同理解而产生的不同观点和看法反映在美洲人权公约中必然会使公约的内容表现出各种不同的思想和要求。该公约最大的特点是为美洲国家人权委员会受理个人的申诉大开绿灯。它既不像欧洲公约要求的那样事先要有有关当事国承认委员会有此权限，也不像国际公约要求的那样有关当事国必须加入任择议定书。这是美洲地区的政治环境所决定的。该公约另一个特点是美洲人权委员会比其他区域性人权委员会有更大的主动权。它可以在未经当事国提出要求或接受个人申诉的情况下，主动地对受指控国进行实地调查，以便争端尽早公正地解决。此外，美洲国家人权法院的咨询管辖权的范围和作用是欧洲人权法院所不能比的。人权法院的咨询意见的影响作用大于其对具体案件的判决所产生的影响。这也是美洲地区复杂的政治因素所决定的。

但是，由于目前美国、加拿大和巴西这样的全球性和区域性大国没有参加该公约，使其适用范围和真实效力大打折扣。另外，一些美洲国家内部长期动

---

① ［美］托马斯·伯根索尔著：《国际人权法概论》，潘维煌等译，中国社会科学出版社 1995 年版，第 76~77 页。

② 白桂梅等编著：《国际法上的人权》，北京大学出版社 1996 年版，第 234 页。

荡不安，经济贫困，侵犯人权，包括儿童权利的事件时有发生。大规模侵犯人权的事件直接受到联合国人权委员会和有关机构的关注。这样也相对降低了《美洲人权公约》及其所建立的委员会和法院的影响作用①。

目前，美洲地区的儿童权利保护方面的专门性公约还十分少见，除了本书前文已经提到过的《美洲间关于收养未成年人之法律冲突的公约》等私法性质的公约外，其他的儿童权利保护方面的专门性公约似难寻觅。和欧洲已经制定了相当数量的儿童权利保护方面的专门性公约的情况相比，美洲还有大量的工作空间，包括美洲国家组织在内的美洲区域性组织和各国政府尚须加快儿童立法的步伐，加强合作的力度，争取使美洲地区区域性儿童权利保护方面的公约更快出台，使美洲儿童人权状况得到更大的改善。

三、非洲区域性国际公约对儿童权利的保护

（一）基础性非洲公约对儿童权利的保护

非洲是一个饱经沧桑、苦难深重的大陆。《世界人权宣言》和《欧洲人权公约》对非洲各国也产生了影响，非洲人民追求人权理想的脚步一直在艰难却坚定地向前迈进。1963 年 5 月 25 日在亚的斯亚贝巴召开的非洲国家与政府首脑会议上通过了《非洲统一组织宪章》（*Organization of African Unity：Charter*），并根据本宪章建立了非洲统一组织。遗憾的是，在《非洲统一组织宪章》里，找不到一个人权字眼，儿童权利保护的规定更是一种梦幻般的奢望。后来，在1980 年 6 月，非洲统一组织在冈比亚的班吉召开部长会议，并提出了非洲人权与民族权利宪章的草案。1981 年 6 月，该草案提交给内罗毕召开的非洲统一组织 18 国首脑会议，并正式通过了宪章，于 6 月 26 日开放签字。1986 年10 月经非洲统一组织成员国简单多数批准后生效。

《非洲人权与民族权利宪章》（*African Charter on Human and People's Rights*）在序言中就指出，本公约各缔约国认识到，一方面，基本人权源于人类本性，此乃人类国际保护的法律依据；另一方面，要实现和尊重民族权，保障人权实属必需，公民和政治权利不但在普遍性上而且在概念上均与经济、社会和文化权利不可分离，满足经济、社会和文化权利乃是享有公民权利和政治权利的保证。

该宪章的第一部分是权利与义务的规定。第 2 条规定，人人均有享有本宪章所确认和保障的各项权利和自由，不因种族、种群、肤色、性别、语言、宗

---

① 韩德培编著：《人权的理论与实践》，武汉大学出版社 1995 年版，第 140 页。

教、政见，或任何其他见解、国籍或社会出身、财产、出生或其他身份等而受到歧视。这条规定当中，"其他身份"的措辞应该可解释为包括年龄。该宪章第17条对受教育权作出了规定：人人有受教育的权利，人人可以自由参加本社会的文化生活，促进和保护社会所确认的道德和传统价值是国家的职责。受教育权利的最大受益人应该是儿童，因此，本条的规定对实现儿童的受教育权十分重要。

该宪章的第18条直接而明确地规定了儿童权利保护的条款：（1）家庭是社会的自然单位和基础，它应受到国家的保护，国家应当关心它的物质上和精神上的健康。（2）国家有义务帮助家庭这个社会所确认的道德和传统价值的管理者。（3）国家应确保消除对妇女的一切歧视，同时也应确保维护国际宣言和公约所规定的妇女和儿童的权利。

有特色的是，该宪章不光规定了权利，还专章规定了义务。如第29条规定了个人同时也有义务维护家庭的和谐发展并为家庭的凝聚力和尊严而尽力，时刻尊敬父母，必要时赡养父母等①。

（二）专门性非洲公约对儿童权利的保护

《非洲儿童权利与福利宪章》②是非洲统一组织于1990年制定的，1999年11月29日生效。该宪章分为两部分，共4章48条。

在序言中，该宪章特别提到，由于儿童的社会、经济、文化、传统及发展情况，自然灾害、武装冲突、剥削和饥饿等独特因素，大部分非洲儿童的状况仍不容乐观，并且由于儿童在生理和心理上的不成熟，他们需要特别的保护和关心；儿童在非洲社会占有独特的有特权的地位，并且为了儿童性格的全面协调发展，儿童应在充满着幸福、友爱和理解的家庭氛围中成长；由于身心发展的需要，儿童在健康、生理、心理、道德与社会发展方面需要特别的关注，并且在自由、尊严与安全方面需要法律的保护。

第一部分是权利与义务。第一章规定了儿童的权利与福利，为本宪章之目的。儿童是指18岁以下的每一个人。

关于缔约当事国的职责，该宪章规定了3个方面的职责：（1）既为非洲统一组织成员国又为本宪章当事国的缔约国须承认本宪章所蕴藏的权利、自由与义务，须根据其本国的宪法程序以及本宪章之规定，采取使本宪章规定有效

---

① 中国社会科学院法学研究所编：《国际人权文件与国际人权机构》，社会科学文献出版社1993年版，第569~582页。

② 资料来源：http：//www.umn.edu/humanrts/instree/ainstls1.htm。

之必需的立法或其他措施。（2）宪章不影响缔约当事国国内法以及在该国行之有效的国际公约或协议中更有利于儿童权利与福利实现的规定的执行。（3）与本宪章所包含的权利、义务与责任不一致的任何风俗、传统、文化或宗教习惯的发展须受到抑制。

宪章明确规定了非歧视原则。每一个儿童须有权享有本宪章所承认和保证的各项权利和自由，而不论儿童自己或其父母或法定监护人的民族、种族、肤色、性别、语言、宗教、政治或其他观点、国家和社会背景、财富、出生或其他地位如何。

关于儿童的最佳利益，规定：（1）任何个人或权威机关所采取的有关儿童的一切行动须首先考虑儿童的最佳利益。（2）在所有与儿童有关的司法或行政诉讼中，如该儿童有能力表达自己的观点，须提供机会让儿童直接表达自己的观点，或通过公正的代理人作为诉讼参加人代为表达，并且根据法律规定，有关机关须考虑这些观点。

关于儿童的生存与发展，（1）每一个儿童生来就享有生存权。该项权利须受到法律保护。（2）本宪章缔约当事国须尽最大可能确保儿童生存、保护和发展。（3）死刑不适用于儿童所犯罪行。

关于儿童的姓名与国籍，规定：每一个儿童均有一出生即可获得姓名的权利；每一个儿童出生之后应立即登记。每一个儿童均有获得国籍的权利。儿童出生时，如没有获得其他国家的国籍，儿童则根据出生地国法律获得该国国籍，本宪章缔约当事国须确保各自国内宪法立法承认这一原则。

儿童享有表达自由、结社自由、思想、良心和宗教自由。宪章规定：须确保每一个能表达自己意见的儿童有权在任何案件中自由表达自己的意见，并且在法律限制范围内传播自己的意见。每一个儿童均有根据法律自由结社与和平集会的权利，每一个儿童均有权获得思想、良心和宗教自由。对于儿童的最佳利益和不断发展的能力，父母或法定监护人有义务为这些权利的行使提供指导。缔约当事国须尊重父母或法定监护人根据国内法律和政策在享有这些权利时提供指导的义务。

宪章特别提到了保护儿童的保护隐私权。父母或法定代理人有权对儿童的行为进行合理的监督，儿童的隐私、家庭和通信不受非法干涉，儿童的名誉不受攻击。儿童有权获得法律保护不受这些干涉和攻击。

儿童的受教育权是一个非常重要的权利，该宪章用相当大的篇幅规定了儿童的受教育权。每一个儿童均有接受教育的权利。对儿童的教育应旨在：（1）充分发挥儿童的潜能，促进儿童的性格、才能和身心能力的全面发展；（2）

培养儿童尊重人权及基本自由，尤其是有关人权和民族权利的各种非洲公约以及各种国际人权公约和声明中的规定；（3）保留和加强有益的非洲道德标准，传统价值和文化；（4）在有着不同民族、部落和宗教的人民之间本着理解、宽容、对话、友好和相互尊重的精神，为儿童在自由社会过负责任的生活做好准备；（5）维护民族独立和领土完整；（6）促进实现非洲的团结和统一；（7）发展对环境和自然资源的尊重；（8）促进儿童对基本医疗保健的理解。

并且，本宪章缔约当事国须采取一切适当措施，充分实现该权利，并且尤其须：（1）提供免费的义务的基础教育；（2）鼓励以不同形式发展中等教育，并进一步实现免费和对所有人开放；（3）通过各种适当形式，以能力为基础，实现高等教育对所有人开放；（4）采取措施鼓励正常到校率，减少退学率；（5）对于女童、天才儿童和弱势儿童，须采取特别措施确保他们获得同等的教育。

本宪章缔约当事国须尊重父母及法定监护人为儿童选择学校的权利和义务，这些学校并非公立，但符合国家规定的最低要求，随着儿童能力的发展，确保儿童的宗教和道德教育。

本宪章缔约当事国须采取一切适当措施，确保受学校或父母约束的儿童受到人道主义对待，儿童固有的尊严受到尊重，并且与本宪章规定一致。

本宪章缔约当事国须采取一切适当措施，确保在完成学业前就怀孕的儿童有机会根据自身能力继续完成学业。

本条任何一款不能被解释为干涉任何个人和团体根据本条第1款规定的原则建立和指导教育机构的自由，并且这些机构所提出的教育要求须符合国家规定的最低标准。

宪章还明确规定了儿童的休闲、娱乐和文化活动。缔约当事国承认儿童有休息的权利，以便从事适合儿童年龄的游戏和娱乐活动以及自由参与文化和艺术生活。缔约当事国须尊重和促进儿童充分参加文化艺术生活的权利，须鼓励为儿童提供适当平等的机会参加文化、艺术、娱乐和休闲活动。

残疾儿童是需要特别照顾的群体，该宪章用专条作出了规定。每一个有身体或心理残疾的儿童有权获得特别保护，以满足其身体和精神上的需要，确保其尊严，促进其自尊并且促使其积极参与社会生活。本宪章缔约当事国须根据可获得的资源、残疾儿童的情况以及对残疾儿童负有照顾责任的人的情况，确保残疾儿童获得帮助，但应先提出申请且提供的帮助应适合儿童的情况。缔约当事国须特别确保残疾儿童与其他儿童可充分参加社会活动、获得个性发展和文化道德发展的儿童一样，有获得就业培训和娱乐机会的有效途径。本宪章缔约当事国须用本国可获得的资源，为有身体和心理残疾的人进入公共建筑物和其他残疾人可合法进入的场所提供最大的方便。

关于健康与保健服务，该宪章规定：每一个儿童均有权获得最佳身体、心理和精神健康状况；本宪章缔约当事国须采取行动充分实现这一权利，并且尤其须采取措施：（1）减少婴儿和儿童的死亡率；（2）在重点发展基本医疗保健时确保所有儿童获得必要的医疗援助和保健；（3）确保获得足够的营养和安全的饮用水；（4）在基本医疗保健框架内，通过运用恰当技术，消除疾病和营养不良；（5）为准母亲和哺乳期母亲提供适当的保健；（6）发展预防性保健和家庭生活教育与服务措施；（7）在国家发展计划中列入基本健康服务项目；（8）确保社会各阶层，尤其是父母、儿童、社区领导和工人知悉并支持儿童健康和营养、母乳喂养的益处、卫生和环境卫生以及家庭和其他事业的预防等基本知识的运用；（9）在确保儿童基本服务项目的计划和运营过程中，确保非政府组织、地方社区和受惠人群的有意义的参与；（10）在发展儿童基本保健服务过程中，支持通过技术和经济手段动员地方社区资源。

由于童工问题是一个世界性的问题，非洲的情况尤为严重。该宪章特别规定：每一个儿童均不受任何形式的经济剥削，不得从事任何可能危险的工作或可能对儿童的身体、心理、精神、道德或社交的发展产生干扰的工作。而且要求本宪章缔约当事国须采取一切适当的立法和行政措施，充分履行本条规定，并且本条包括对儿童正式和非正式的雇用。鉴于国际劳工组织与儿童有关的文件的相关规定，缔约当事国须：（1）通过立法，为所承认的每一雇佣关系提供最低的工资保障；（2）规定适当的工作时间和工作条件；（3）规定适当的惩罚或其他制裁以保证本条得到有效执行；（4）向社会各阶层传播有关童工危害性的信息。

关于保护儿童不受虐待，宪章规定：本宪章缔约当事国须采取特别的立法和行政、社会和教育的措施，保护儿童不受任何形式的虐待、非人道的或有辱人格的待遇，特别是身体或心理的伤害或虐待、忽视或包括性虐待的粗暴行为。本条款下的保护措施须包括建立特别监督体系的有效程序，为儿童和照管儿童的人提供必要帮助，为虐待和忽视儿童案件的鉴别、调查、处理和追究提供有效程序。

未成年人司法管理是保护儿童人权的重要方面，鉴于此，宪章强调指出：每一个被指控或被发现触犯刑法而有罪的儿童有权获得特别处理，在某种意义上，这种处理，应符合儿童的尊严感和价值感，并且应加强儿童对他人人权和基本自由的尊重。宪章缔约当事国须：（1）确保被拘留、被监禁或其他方式被剥夺自由的儿童不受虐待，不受非人道的或有辱人格的待遇或惩罚。（2）确保儿童在其拘留或监禁地与成人分开。（3）确保每一个被控触犯刑法的儿童：①在正式确定有罪之前应假定无罪；②应以他可理解的语言获得及时通知并且知悉他所受指控的详细情况，如果他（她）不能理解所使用的语言，则有权获得翻译的帮助；③在准备和陈述答辩时，有权获得法律和其他适当帮助；④应获得由一个公正的法院对事件作出的尽可能快的判决。如果有罪，有权向上一级法院上诉。（4）禁止新闻界和公众出席审理。

在审理期间和发现触犯刑法而有罪后，对于每一个儿童的处理的基本目标应是促进其改过自新、重新融入家庭和社会。确定一个最低年龄，在该年龄之下的儿童假定为不具触犯刑法的能力。

由于家庭是自然单位和社会的基础，为国家的建立和发展提供保护和支持，因此，对家庭的保护也十分必要。本宪章缔约当事国须采取适当措施确保配偶双方在婚姻存续期间和离婚后对孩子的权利和责任平等，如果离婚，须作出规定给予孩子必要的保护。不得因父母的婚姻状况而剥夺儿童受抚养的权利。

父母的照顾和保护对儿童的成长至关重要，该宪章指出：每一个儿童均有权享受父母的照顾和保护，在可能情况下，有权与父母一起居住。不得违背儿童的意志将其与其父母分离，除非司法机关根据适当的法律判决这种分离更符合儿童的最佳利益。从父母双方或一方分离的儿童有权与父母双方保持有规律的人身联系和直接联系。如果分离是由缔约当事国的行为引起的，缔约当事国应为儿童，在适当时为另外的家庭成员提供离散家庭成员的行踪的基本信息。缔约当事国还须确保提出这样一项请求不会对提出请求人产生任何不利后果。如果一个儿童被一缔约当事国逮捕，该国须尽快通知其父母或监护人。

父母的责任主要有：父母或对儿童负有责任的其他人对儿童的成长和教育负有重要责任，并且有义务：（1）确保儿童的最佳利益在任何时候都是他们的基本出发点；（2）在他们的能力和财力范围内，确保儿童成长所需的必要生活条件；（3）确保家规的执行符合人道主义原则并且尊重儿童固有的尊严。本宪章缔约当事国须根据本国实际情况采取适当措施：（1）帮助父母和对儿童负有责任的人，并且在有必要时，特别在营养、健康、教育、衣着和住房方面提供物质帮助和支助项目；（2）在儿童抚养过程中为父母和对儿童负有责任的人提供帮助，并且确保负责照顾儿童的福利机构的发展；（3）为父母须工作的儿童提供看护服务和设备。

为了保护儿童不受有害社会文化习惯的侵害，本宪章缔约当事国须采取一切适当措施清除影响儿童福利、尊严和正常成长的有害社会文化习惯，尤其是指那些：（1）有害儿童生命健康的风俗和习惯；（2）因性别和其他身份而歧视儿童的风俗和习惯。而且，禁止童婚和为男童女童订婚，采取有效措施包括立法措施具体规定结婚的最低年龄为18岁，并且婚姻须到官方登记处进行强制性登记。

武装冲突对儿童人权的侵害是最严重的，保护儿童免遭武装冲突的侵害是该宪章的重要内容。宪章要求：本宪章缔约当事国须尊重并遵守国际人道主义法在对儿童有影响的武装冲突中的适用。本宪章缔约当事国需采取一切必要措施确保儿童不直接参加敌对行为，禁止征募童子军；本宪章缔约当事国，根据国际人道主义法承担义务，须保护武装冲突中的平民，并且须采取一切可行措施保护和照顾受武装冲突影响的儿童，这些规则也适用于国内武装冲突和紧张状态下的儿童。

儿童难民是一个不容忽视的问题。本宪章缔约当事国须采取一切适当措施，确保根据适用的国际法或国内法寻求难民身份的儿童或被认为是难民的儿童，不论有无父母、法定监护人或近亲属的照看，均应根据本宪章和该缔约国参加的其他国际人权和人道主义公约规定的权利而获得适当的保护和人道主义援助。缔约当事国须与现存保护和援助难民的国际组织合作，保护和援助这样的儿童，并且，为使其与家人重新团聚而找寻其父母或其他近亲属或者一个无人照看的儿童难民。如不能找到其父母、法定监护人或近亲属，该儿童则与任何其他因任何原因永久或暂时失去家庭的儿童一样享受同样的保护。本条规定在细节上作必要的修改可适用于国内因自然灾害、国内武装冲突、内乱、经济和社会秩序的崩溃等原因而流离失所的儿童。

关于收养，宪章规定：承认收养制度的缔约当事国须将儿童的最佳利益列为首要考虑并且须：（1）设立适当机构决定收养事宜，确保收养行为的执行与可适用的法律和程序一致，并且是以一切相关可靠的信息为基础。鉴于儿童的情况，父母、亲属、监护人及其他有关人员在协商的基础上同意收养，则该收养行为是可行的。（2）如果在儿童的本国没有合适的办法将儿童安置在一个收养家庭里，作为最后的选择，承认在本宪章或儿童权利方面的国际公约缔约国发生的跨国收养，可以当作另一种照顾儿童的方法。（3）确保跨国收养的儿童获得相同的保护。（4）采取一切可能措施确保在跨国收养中，对儿童的安置不会导致非法买卖儿童或者为那些试图收养儿童的人谋取不正当利益。（5）通过双方或多边协议，促进本宪章宗旨的实现，并且在本宪章框架内确保对儿童的跨国安置由合适的机构或组织负责。（6）设立一个机构，监督被收养儿童的福利执行情况。

关于儿童与父母分离的情况，宪章规定：以任何理由被长期或暂时剥夺家庭环境的儿童有权获得特别的帮助和保护。本宪章缔约当事国：（1）须确保无父母的儿童，或暂时或永久被剥夺家庭环境的儿童，或根据儿童最佳利益不适宜在原环境成长的儿童，获得其他方式的家庭养育，包括抚养安置或安置在合适的儿童看护机构。（2）如果分离是由于武装冲突或自然灾害等原因引起的，则须采取一切必要措施帮助儿童与其父母或亲属团聚。在为儿童选择家庭养育时以及在考虑儿童的最佳利益时，须兼顾儿童成长环境的连续性以及儿童的种族、宗教和语言背景。

保护儿童不受种族隔离和歧视。本宪章缔约当事国须单独或集体采取措施优先满足生活在种族隔离制度下的儿童和生活在因种族隔离政权产生军事冲突的国家里的儿童的特殊需求。本宪章缔约当事国须单独或集体采取措施优先满足生活在实行种族、民族、宗教和其他形式歧视的政权下的儿童以及生活在有军事冲突国家里的儿童的特别需求。缔约当事国须采取措施尽可能为这些儿童提供物质帮助，并且致力于消除非洲大陆存在的各种形式的歧视和种族隔离制度。

性剥削在世界上，尤其是在非洲，是一个非常严重的问题，本宪章特别规定，缔约当事国须采取措施保护儿童不受任何形式的性剥削和性虐待，并且须特别采取措施防止：引诱、强迫或鼓励儿童从事性活动；利用儿童卖淫；利用儿童从事色情活动和表演。

毒品滥用是一个世界性的难题。该宪章强调，缔约当事国须采取一切适当措施保护儿童不非法使用麻醉剂和相关国际公约定义的其他精神麻醉物品，防止利用儿童非法生产和贩卖这种物品。

对于出售、买卖和绑架儿童，该宪章规定了严格的措施。缔约当事国须采取适当措施防止任何人包括儿童的父母和法定监护人在内，不得以任何形式或任何目的绑架、出售或贩卖儿童；利用儿童从事任何形式的乞讨。

对于母亲受监禁的儿童，要求本宪章缔约当事国须为那些被指控触犯刑法的准母亲或带有婴儿或幼童的母亲提供特别待遇，并且特别须：（1）在对该类母亲量刑时首先考虑判处非监禁刑罚；（2）对该母亲采取替代措施以代替机构监禁；（3）设立特别机构以收容该类母亲；（4）确保母亲不带着儿童一起监禁；（5）确保不会对该类母亲判处死刑；（6）教养制度的基本目的是使该类母亲改过自新，重新融入家庭和社会。

当然，宪章也规定了儿童的责任，这是在其他国际儿童法律文件中所鲜见的。每一个儿童均对其家庭、社会、国家、其他法律承认的团体以及国际社会负有责任。根据儿童的年龄和能力以及本宪章规定的限制因素，儿童有义务：（1）为家庭的团结而努力，在任何时候均应尊敬父母和长辈，并且在他们需要时帮助他们；（2）身体力行为国家服务；（3）维护并加强国家和社会的团结；（4）在与社会其他成员交往时，本着宽容、对话和协商的精神，维护并增强非洲文化价值观，为社会道德的健康发展贡献力量；（5）维护并加强国家的独立和统一；（6）无论何时何地尽其所能为促进非洲统一的实现贡献力量。

在公约的第二部分，第二章对儿童权利与福利委员会的设立与组成作出了规定。非洲儿童权利与福利专家委员会（此后简称委员会），设立在非洲统一组织内，保护和促进儿童的权利与福利。委员会由11位具有崇高品德、公正无私、正直并且胜任儿童权利与福利事务的成员组成；委员会成员以个人身份为委员会工作；同一国家在委员会的成员不超过1人。

一旦本宪章生效，委员会成员即从本宪章缔约当事国提名的候选人名单中，由国家和政府首脑会议以无记名投票的方式选出。本宪章每一缔约当事国提名的候选人不超过两人。候选人必须具有本宪章缔约当事国国籍。如一国提名两名候选人，则其中一人不必为该国国民。在选举前至少6个月，非洲统一组织秘书长应通知本宪章缔约当事国提名候选人。在选举前至少2个月，非洲统一组织秘书长应按字母顺序起草候选人名单并通知国家与政府首脑会议。委员会成员的任期为5年，不可连任。但第一次选举产生的成员中的4名任期为2年，其余6名任期为4年。第一次选举一结束，非洲统一组织国家与政府首脑会议主席应立即抽签决定本条第1款所指成员的名单。非洲统一组织秘书长应在委员会成员选举结束后6个月之内在非洲统一组织总部召集委员会第一次会议，此后，委员会在必要时至少每年一次由主席负责召集会议。

委员会须有自己的程序规则；委员会须每两年1次选任自己的职员；7名委员会成员即构成法定人数；如赞成与反对票数相等，则主席可投决定性的一票；委员会的工作语文为非洲统一组织的官方语文。如委员会成员因故提出辞职而非正常任期届满时，提名该成员的缔约国须经国家与政府首脑会议同意从本国国民中再选一位成员以履行所剩下的任期。非洲统一组织秘书长须任命委员会秘书。在执行职务时，委员会成员享有《非洲统一组织特权与豁免公约》所规定的特权与豁免。

最后，该宪章第三章是有关委员会的指令与程序，对委员会的职能、报告程序等作出了规定。第四章是其他规定。

（三）　上述公约简评

《非洲人权与民族权利宪章》是最能全面代表第三世界国家有关人权的观点和立场的区域性国际公约①。

在非洲的传统观念中，个人并不被认为是一种孤立的抽象的存在，而被认为是富有团结精神的群体当中的一个有机组成部分。非洲的这一传统观念同欧洲的人权观念有着很大的不同②。因此，《非洲人权与民族权利宪章》宣布的不仅是权利，还有义务。它不仅规定了个人的权利，还有民族的权利。除了保障公民权利和政治权利外，它还保障经济、社会和文化权利。可以说，该宪章的条款反映了联合国人权文件和非洲传统的影响③。该宪章中，除了妇女和儿童之外，老人和残疾人也列入国家应进行特别保护的范围，其内容还是比较全面的。这一点，在其他区域性人权公约里面难以见到。

但是，该宪章也存在一些明显不足。有些权利内容太抽象，比如生命权和人格权，没有明确界说，经济、社会、文化权利条款也过于简单，等等。有学者评价，《非洲人权和民族权利宪章》思想内容上的成功是主要的，文字处理和结构安排上的不足是次要的④。

十分难能可贵的是，非洲统一组织在 1990 年制定通过了《非洲儿童权利与福利宪章》，对儿童权利保护的各个方面都作出了十分详尽和具体的规定。该宪章于 1999 年 11 月 29 日生效。该宪章中有很多独具特色的规定，我们可以期待，该宪章必将对非洲儿童权利保护事业起到巨大的推动作用。

但遗憾的是，众所周知。非洲大陆长期以来，兵连祸结，天灾人祸不断，其人权状况，尤其是儿童的人权状况，是世界上最严峻的。这一点从本书第一章绪论中有关儿童面临的问题的论述中可以明显觉察到。所以，可以说有时候，权利保护法律文件的形式的完美在实质的损害面前是多么的苍白无力。

---

① 韩德培编著：《人权的理论与实践》，武汉大学出版社 1995 年版，第 143 页。
② 白桂梅等编著：《国际法上的人权》，北京大学出版社 1996 年版，第 253～254 页。
③ ［美］托马斯·伯根索尔著：《国际人权法概论》，潘维煌等译，中国社会科学出版社 1995 年版，第 105 页。
④ 韩德培编著：《人权的理论与实践》，武汉大学出版社 1995 年版，第 144 页。

第六章　儿童工作机构

第一节　国际儿童工作机构

一、联合国儿童工作机构

（一）联合国儿童权利委员会

联合国儿童权利委员会（Commission on the Rights of the Child）① 是在 1989 年 11 月 20 日联合国大会一致通过的《儿童权利公约》生效后 6 个月成立的。

所有《儿童权利公约》的缔约国均可提出人选，并参加无记名投票选举委员会的成员。选出的 10 名成员中，5 人将在第一次选举后任职 2 年，其余成员的任期则为 4 年。以后每隔两年更换半数成员。

对专家的基本要求是：为人正直和在儿童权利领域具有公认的能力。专家以个人身份任职委员会。委员会的组成须考虑到公平地域分配原则和主要法系。儿童权利委员会旨在所有关心促进儿童权利的各方之间开展持久对话。委员会会议将是各种思想的国际大交流，在这里，很多国际组织都将帮助这一委员会：找出对全世界儿童幸福的危险；对具体问题寻找切实可行的答案；调动解决这些问题所需的人力和财政资源；提高公众对保护和促进儿童权利的意识和关心。委员会还可委托进行有关儿童权利的特别研究。所有有关组织均可被邀请参加委员会的讨论，提出它们的观点，被征求意见。这些机构包括联合国的专门机构和其他机关，如国际劳工组织、世界卫生组织、联合国教育、科学及文化组织、联合国儿童基金会和联合国难民事务高级专员办事处以及许多非政府组织。委员会将监督批准或加入《儿童权利公约》的国家（缔约国）在

① 中国社会科学院法学研究所编：《国际人权文件与国际人权机构》，社会科学文献出版社 1993 年版，第 569～582 页。

履行它们的责任方面取得的进展。

缔约国应承担义务，就它们为实施公约所采取的措施和儿童在享受权利方面所取得的进展定期向委员会直接提出报告，各国的第一次报告应在它批准《儿童权利公约》2年之后提出。从那以后每隔5年必须提出一次报告。

这些报告将公开发表，并在国内广为散发——这是缔约国履行其保证在其领土内促进儿童权利和《儿童权利公约》的关心的办法之一。委员会可要求缔约国对在其报告内所提供的资料加以补充。它还可向这些国家政府和联合国大会提出意见和建议。若干现有人员机构已在各自的权限范围内为改善尊重儿童的权利作出了贡献。除人权委员会及其防止歧视及保护少数小组委员会外，这些机构包括：人权事务委员会；经济、社会、文化权利委员会；消除种族歧视委员会；消除对妇女歧视委员会；当代奴隶制形式问题工作组（负责处理剥削和虐待儿童的各个方面）。儿童权利委员会的设立并不削弱这些机构的活动。每个机构为儿童所做的工作都会加强其他机构的行动。

（二）联合国儿童基金会

联合国儿童基金会（UNICEF）的前身是联合国国际儿童紧急基金会。联合国成立以后，一直十分重视儿童问题：1946年12月11日，联合国决定成立联合国国际儿童紧急基金会，旨在向遭受战争灾难和穷困的儿童提供大规模紧急救济。到1950年，战后紧急救济活动基本结束，开始转向解决发展中国家儿童的营养不良、疾病和教育等问题。1953年，联合国大会无限期延长儿童基金会的任务期限，并去掉了名称中的"国际"和"紧急"两个词，改名为联合国儿童基金会，但仍保留它的众所周知的首个字母缩写"UNICEF"。自此，儿童基金会的名字始终同全球儿童的生存和发展事业连在一起。

联合国儿童基金会在联合国内处于半独立地位，向经社理事会及大会报告工作。其经费不由联合国的正常预算提供，而是来自自愿捐款。其中大约3/4来自各国政府，其余部分来自公众，出售贺片和进行其他等筹资活动。面对广大发展中国家和儿童的迫切需要与基金会资源较少的矛盾，该会制定的战略是把有限的资金用在刀刃上，以解决急需并收效快的领域。它通过各种援助合作方案，对儿童健康、疾病控制、改善饥饿和营养状况、教育、福利、职业培训等方面提供了及时的帮助和积极的支持，收到了显著的效果。儿童基金会以各种方式与发展中国家进行合作，包括：帮助进行规划，会同有关国家，提供有利于儿童的服务，协助进行各国之间的经验交流；提供资金，以加强各国人员，其中包括保健和卫生工作人员、教师、营养师和儿童福利专家的训练和培养；提供从课本用纸到保健所设备和药品，到为村庄提供纯净水和水泵等各种技术用品、设备和其他援助等。联合国儿童基金会以其卓有成效的工作,获得了 1965 年度的诺贝尔和平奖。

联合国大会决定 1979 年为"国际儿童年"。在国际儿童年行将结束之际,大会又指定儿童基金会为联合国关于全世界儿童事务的领导机构。

目前,许多国家设立了儿童基金会全国委员会。除筹集资金外,它们还帮助向公众介绍发展中国家儿童的需要并说明儿童基金会如何工作以满足这些需要。有 100 多个国际性非政府组织与儿童基金会保持积极的协商关系。

儿童基金会为维护儿童的利益提供了一个框架,它努力加强决策者和公众对儿童特殊需要的认识。基金会分析各国的发展计划,并将这些计划与儿童的福利、死亡率和患病率联系起来。

1976 年,儿童基金会通过了一个以社区为基础的战略,以满足发展中国家千百万儿童的基本需要,这些儿童甚至缺乏最起码的保健、营养和教育服务。这一战略鼓励当地人认清本社区最紧迫的需要,并从他们当中选出基层工作人员。当地社区工作人员在接受简单的针对工作任务的技术训练之后,在保健、应用营养、净水和卫生以及正规和非正规的教育等方面提供基层服务。他们还提供有关父母的职责的培训以及支助妇女和少女的其他服务。地方工作人员通过助理专业人员与进行监督、培训、技术和后勤支助以及查询服务的有关政府和儿童基金会的办事处保持联系。

1978 年关于基本保健的国际会议在儿童基金会和世界卫生组织的主持下在阿拉木图召开。会议赞同以基本保健作为实现 2000 年"人人健康"这一目标的手段,因而进一步推动了社区参与组织和提供基本的预防和治疗服务的工作。

1980 年在世界卫生组织协调下完全消灭了世界上的天花之后,20 世纪 80 年代前半期,儿童基金会又开展了一场被称为"儿童生存和发展革命"的特殊战略。该项战略的基础是以 4 项低成本、高成效的措施,即口服体液治疗腹泻脱水、儿童成长监测、母乳育婴和免疫,另加食物补充、教育女性和生育间隔作为这 4 项措施的补充,在较短的时间内使儿童状况得到显著改善。国际舆论认为,由于儿童基金会发起的这场规模巨大的防止腹泻和免疫运动的成功,在发展中国家能活到 5 岁以上的儿童变得多起来。儿童基金会在 1988 年世界儿童状况的报告中也说,免疫和体液补充在第三世界取得了成功。

1990 年 9 月 29 日和 30 日,在纽约联合国总部举行了世界儿童首脑会议,通过了《关于儿童生存、保护和发展的世界宣言》和《90 年代行动计划》。该宣言声明"儿童至上"原则,即"在国家、国际以及家庭各级,无论天时顺逆，在资源分配方面，儿童的基本需要都应得到高度优先重视"的原则。该计划则提出了 20 世纪 90 年代保护儿童发展的 10 点方案。该宣言和该计划为儿童问题制定了新的全球战略，这一战略得到了第 45 届联大会议的赞同与核准。联合国前秘书长加利对"儿童至上"原则给予很高评价。认为这是"儿童基金会支助和宣传工作的精髓。这是本组织关于儿童和发展的任务和儿童权利公约顺理成章的结果"[1]。

促进母亲和儿童健康是儿童基金会活动的重点，对儿童营养不良工作倾注全力。儿童基金会支持各种方案以防治由于缺乏某种营养所造成的疾病，如甲状腺肿、贫血和干眼病（一种由于缺乏维生素 A 而引起的眼睛失明）。儿童基金会在教育方面所提供的援助集中于课程改革、研制教具和编写课本、教师培训和女孩教育。它还支助各种社会福利服务，包括为农村和城市社区的妇女俱乐部、青年俱乐部、托儿所和日托中心提供设备和配备人员等。虽然儿童基金会主要是帮助在发展中国家为儿童和母亲建立长期的服务，但在出现由于自然灾害或内乱而引起的紧急情况时，它也迅速采取行动以满足其即时需要。

总之，联合国儿童基金会以各种形式为儿童创造良好的生存和成长条件而作不懈的努力。

有必要谈一谈儿童基金会与中国的关系。联合国儿童基金会与中国的联系由来已久。早在第二次世界大战结束不久，该会就通过宋庆龄举办的"中国福利会"向中国儿童提供物质援助。1979 年中国与儿童基金会建立了合作关系。1980 年 5 月 30 日，儿童基金会执行局宣布恢复在中国的工作，1981 年执行局在北京设立办事处。中国于 1980 年当选为执行局成员，一直连选连任至今，双方关系发展顺利。

中国政府一贯支持儿童基金会的工作。如中国政府支持儿童基金会推出的实现儿童全面免疫的目标，中国卫生部为此作出全面免疫计划，把重点放在边远地区和少数民族地区。中国在国际舞台上积极支持儿童基金会的工作，使其发挥重要影响。中国派代表团参加了儿童基金会执委会历届年度会议和其他各种会议，支持该会为改善世界儿童生活状况、造福儿童所做的各种努力和工作。中国政府还多次向儿童基金会捐款支持其工作。

中国与儿童基金会建立长期友好合作关系，争取援勘。儿童基金会从 1980 年恢复在中国的工作起，已向中国提供了超过 2 亿美元的无偿援助（包括承诺数字），用于帮助中国发展儿童初级保健、基础教育、妇女儿童权利、

---

[1] 加利前秘书长在 1993 年第 48 届联大会议上所作的关于联合国工作的报告。

伤残儿童康复等项目，并结合中国的发展计划，把合作重点放在中国的老、少、边、穷地区，收到较好效果。目前，中国与该组织保持着友好的关系，双方进行的各期合作方案，进展很顺利。儿童基金会的高级官员多次访问中国，中国政府也热情邀请儿童基金会及所属委员会访问中国，从 1980 年起，先后有联合国儿童基金会美国委员会、中东国家代表团、欧洲代表团、联合国儿童基金会合作方案预审团等组织来华访问。

总之，中国政府在与儿童基金会的 20 多年的合作中，相互信任，密切合作，为中国和世界儿童的生存和健康成长作出了不可磨灭的贡献①。

二、其他国际儿童工作机构

在联合国系统内，除了本书前面介绍的儿童权利委员会和儿童基金会两个专门性的工作机构外，联合国的其他机构也承担了一些保护儿童权利的工作，如世界卫生组织、联合国教育科学文化组织、联合国粮农组织、联合国难民专员办事处、国际刑警组织等②。

其中，世界卫生组织证实，性剥削、债役、儿童贩卖、种族隔离状况等都对受害儿童的身心健康和社会发展构成严重危险。该组织还承担研究儿童卖淫问题，制订方案防止和治疗危害健康的疾病。并且，世界卫生组织及其区域办事处还对特定项目提供技术支助，为移植目的贩运人体器官问题拟订指导原则。教科文组织曾赞助国际天主教儿童局就保护未成年人免受色情书刊和影视的影响问题进行研究。粮农组织着眼于在现存形式的土地占有制中所涉及的奴役儿童和债务役问题。难民专员办事处设有一个常设小组监测难民儿童的境况以及难民儿童遇到的特殊问题。给予难民专员办事处外地办事处的关于难民儿童的指导方针中还包括在武装冲突中招募儿童的问题和收养无人陪伴的未成年人的问题。国际刑警组织也向联合国提供有关资料，讨论儿童色情书刊和影视问题。为了儿童的身心健康，促请执法机关优先调查色情书刊和影视国际市场情况。在执法机关的促进公众意识的宣传活动中列入防止对儿童性虐待的议题等。并且，国际刑警组织还研究改善国际合作，预防和惩处对未成年人犯罪的

---

① 综合参见：（1）李铁城著：《联合国五十年》，中国书籍出版社 1996 年版，第 307～309 页。（2）王杏芳主编：《联合国春秋》（下），当代世界出版社 1999 年版，第 980～984 页。（3）联合国新闻部编著：《联合国概况》，华晓峰、韩少萍等译，中国对外翻译出版公司 1986 年版，第 88～89 页。

② 中国社会科学院法学研究所编：《国际人权文件与国际人权机构》，社会科学文献出版社 1993 年版，第 790～792 页。

方法。关于国际劳工组织保护儿童权利的情况，本书在介绍国际劳工公约时已有述及，在此不再一一赘述。

除了上述介绍的保护儿童权利的政府间国际组织外，还有大量的国际性非政府组织（International Non-Gevernmental Orgnization，INGO）在儿童权利保护领域发挥了积极而卓有成效的作用。其中，颇为引人注目的有救助儿童国际联盟（Save the Children International Union）、国际青少年及家庭法院法官协会（International Association of Juvenile and Family Court Magistrates）、国际保护儿童组织（Defence for Children International，DCI）、国际收养服务机构及非政府组织协会（IAVAAN）、国际残疾青少年福利工作者协会（International Association of Workers for Troubled Children and Youth）、儿童教育协会国际组织（Association for Children Education International）、国际青少年书籍理事会（International Board on Book for Young People，IBBY）等。

其中，救助儿童国际联盟（Save the Children International Union）① 是一个影响广泛、成效显著的非政府国际组织。该组织于1920年在日内瓦成立，其最早期成员包括瑞典、法国和英国。目前，该组织成员遍布各大洲，包括了世界上的大部分国家。1923年，英国救助儿童会的创始人埃格兰泰恩·杰布女士拟订了《儿童权利宪章》，认为儿童应该有自己的权利。这一观点被救助儿童国际联盟接纳。该组织的成员国由于目睹了战乱中儿童所遭受的苦难，于1924年一致通过将《儿童权利宪章》作为《儿童权利宣言》，即《日内瓦宣言》。这是世界上的第一份儿童权利宣言。对后来联合国制定《儿童权利宣言》乃至《儿童权利公约》都产生了积极而重要的影响。在第二次世界大战当中，救助儿童国际联盟不遗余力地救助战争中的受难儿童。在这期间，该组织进入中国开展工作。"二战"以后，该组织继续投身于救助儿童工作，尤其是贫困国家儿童的工作，成绩斐然，赢得了世人的尊敬与赞扬。

国际青少年及家庭法庭法官协会（International Assocciation of Juvenile and Family Court Magistrates）② 的机关所在地位于荷兰于尔芬豪特。该组织1928年成立，旨在研究儿童福利立法问题，鼓励对青少年法庭以及青少年犯罪的研究。现有成员23个。

国际残疾青少年福利工作者协会（International Association of Workers for

---

① 佟丽华著：《未成年人法学》，中国民主法制出版社2001年版，第210页。

② 王喜六等主编：《新编国际组织词典》，贵州人民出版社2001年版，第160页。

Troubled Children and Youth)① 成立于1951年，机关所在地位于法国里尔。该组织致力于提高残疾青少年福利工作者的职业水准，提供一个儿童福利工作中心，鼓励成员之间的合作。现有22个国家的国家、地区和私人协会，以及许多国家的个体成员为其成员。

第二节　各国儿童工作机构

一、日本儿童工作机构

加强对儿童的保护是当今世界的一个普遍性趋势。为了加强对儿童的保护，世界各国纷纷制定了儿童保护方面的法律，并以此为据，建立了各种各样的儿童保护机构，以保证法律、法规的贯彻执行。其中，儿童保护的立法和机构建设最为完备、最为成功的当数日本。日本根据《少年法》、《少年院法》、《儿童福利法》等全国性的和地方性的法律、法规，成立了各种专业性的或综合性的、全国性的或地方性的儿童权利保护工作机构，如儿童福利审议会、儿童福利司、儿童商谈所、福利事务所、保健所、儿童福利设施、家庭裁判所、少年鉴别所、少年刑务所、地方更生保护委员会、保护观察所等。通过儿童工作机构的努力，日本的儿童保护工作取得了巨大的成绩。日本的儿童工作机构可分为两类：一类是儿童福利机构；一类是少年司法和矫正机构。

（一）儿童福利机构

儿童福利机构是日本一类主要的儿童保护机构。它们以增进儿童福利事业，保障和促进儿童身心健康成长为目的。其工作对象除了孕妇、产妇外，主要是由于各种经济原因、生理原因和其他环境条件而缺乏健康成长条件的儿童以及其他正常儿童。

1. 儿童福利审议会

儿童福利审议会是依据1949年日本《儿童福利法》设置的专门性的儿童福利机构。它负责调查和审议有关儿童、孕妇与产妇、智力低下儿童的福利事项。

儿童福利审议会的组成。日本在中央设置中央儿童福利审议会，在地方设置都、道、府、县儿童福利审议会。此外，在市、镇、村也可根据需要设置市、镇、村儿童福利审议会。根据《儿童福利法》的规定，中央儿童福利审

---

① 王喜六等主编：《新编国际组织词典》，贵州人民出版社2001年版，第63页。

议会属于厚生劳动大臣管辖；都、道、府、县福利审议会属于知事管辖；市、镇、村儿童福利审议会属于市、镇、村长管辖。中央儿童福利审议会由不超过50名的委员组成；都、道、府、县儿童福利审议会及市、镇、村儿童福利审议会，则由不超过20名的委员组成。儿童福利审议会为了调查和审议特别事项的需要，可设置临时委员。儿童福利审议会委员及临时委员，应在有关行政机关官员或从事有关儿童或智力低下儿童福利事业的工作人员中，以及具有学问和经验的人员中产生，并分别由厚生劳动大臣、都、道、府、县知事或市、镇、村长任命。儿童福利审议会经委员互选，设置委员长及副委员长各1人。

儿童福利审议会的职责主要在于调查和审议有关儿童、孕妇与产妇、智力低下儿童的福利事项。儿童福利审议会可向有关组织和个人答复咨询；或向有关行政机关呈报意见；如认为有特殊需要，可要求有关行政机关所属职员出席会议，说明情况及提供资料；中央儿童福利审议会及都、道、府、县儿童福利审议会，为了儿童及智力低下儿童的福利，可推荐出版物、玩具、游戏等，或制造玩具、演出节目以及向销售商提出必要的建议等。

2. 儿童福利司及儿童委员

儿童福利司是就有关保护儿童及其他福利事项，受儿童商谈所所长之命，根据商谈，运用其专门技术，对增进儿童福利方面的事业进行指导的专门性的儿童福利机构。

儿童福利司的组成。根据日本《儿童福利法》的规定，都、道、府、县必须设置儿童福利司。儿童福利司的事务官员或技术官员，必须从符合下列各项条件之一的人员中任用：（1）厚生劳动大臣指定的儿童福利司人员，毕业于培养儿童福利设施职员的学校而在其他设施工作的人员，以及学完厚生劳动大臣指定讲习会课程的人员；（2）基于学校教育法（1947年26号法律）或旧大学法令（1978年赦令第388号），在大学专修心理学、教育学或社会学以及学完相当于这些课程毕业的人员；（3）医师；（4）社会福利主任或从事社会福利事业两年以上的人员；（5）相当于上述各项的人员，具有作为儿童福利司工作人员所需要的学识和经验者。

儿童委员则是在市、镇、村区域内设置的儿童福利机构。儿童委员要详细了解儿童、孕妇与产妇的生活、环境情况，在帮助及指导其保护、保健以及有关福利的同时，帮助儿童福利司或福利事务所进行社会福利事业的工作。儿童委员的工作，受都、道、府、县知事指导监督。

3. 儿童商谈所

儿童商谈所是就有关儿童福利的各项问题与家庭进行商谈的儿童福利机

构，同时也处理一些违法犯罪青少年的问题，儿童商谈所在日本的儿童福利机构中占有重要地位。

儿童商谈所的组成。根据日本《儿童福利法》的规定，都、道、府、县必须设置儿童商谈所。儿童商谈所设置所长、职员。所长受都、道、府、县知事监督，管理事务工作；职员受所长监督，管理儿童福利工作。儿童商谈所的所长与职员为事务官员或技术官员。所长必须由符合下列条件之一的人员担任：（1）担任医生且具有精神、卫生方面的学识和经验的人员；（2）基于学校教育法或旧大学法令，在大学专修心理学课程或学完相当于这方面课程的毕业人员；（3）在儿童福利司或儿童商谈所工作两年以上的人员；（4）相当于前项的人员，具有作为所长的学识和经验者。此外，《儿童福利法》还对儿童商谈所掌管判断、商谈及调查工作的职员的任职资格作出了明确而又严格的规定。

儿童商谈所的主要工作是就有关儿童福利的各项问题与家庭进行商谈，对儿童及家庭进行必要的调查并作心理学、教育学、社会学以及精神、卫生方面的判断，就上述问题对儿童及其家庭进行必要的指导。有时也接受家庭裁判所解送的少年，对其进行暂时保护。儿童商谈的内容包括养护商谈、身心保障商谈、培养商谈、违法行为商谈等。儿童商谈所的专业人员同家长和子女商谈后，提出矫正和防治方案并采取相应措施。

4. 福利事务所

福利事务所并非专门的儿童福利机构，但在儿童福利方面同样发挥重要作用。其主要任务在于：尽力掌握有关儿童、孕妇与产妇福利方面需要的实际情况；就有关儿童、孕妇与产妇事项，根据儿童商谈所的商谈，进行必要的调查，并进行个别或集体指导；附属于这些工作的业务工作。

5. 保健所

保健所也不是专门的儿童福利机构。但在儿童保健工作中担负着重要任务。它主要进行下列工作：（1）正确地普及有关儿童保健方面的卫生知识；（2）根据儿童健康商谈进行健康检查，并按照需要进行保健指导；（3）就有关残废儿童的治疗、培养进行指导；（4）就儿童福利设施有关改善营养及其他卫生问题提出必要的建议。

6. 儿童福利设施

儿童福利设施是根据日本《儿童福利法》和其他法律规定，为了使无保护人的儿童、受虐待的儿童以及其他环境方面需要给予特别养护的儿童能得到妥当、合适的教育和养护而建立起来的各种机构和设施。

儿童福利设施的组成及种类。日本《儿童福利法》规定，都、道、府、县根据命令规定，必须设置儿童福利设施，市、镇、村及其他人根据命令规定，经都、道、府、县知事认可，可以设置儿童福利设施。都、道、府、县知事听取都、道、府、县儿童福利审议会意见，可以命令市、镇、村设置儿童福利设施。市、镇、村及其他人欲废除或停止儿童福利设施时，根据命令规定，必须得到都、道、府、县知事的认可。《儿童福利法》规定的儿童福利设施种类十分齐全，包括助产设施、婴儿院、母子宿舍、保育所、儿童保健设施、养护设施、智力低下儿童设施、智力低下儿童日托设施、盲哑聋儿童设施、虚弱儿童设施、残废儿童设施、严重身心障碍设施、情绪障碍短期治疗设施、教护院等等。此外，《儿童福利法》还对设施、设备、经营等最低标准，入所儿童的教育等作了具体的规定，切实做到儿童福利措施的规范化管理。

（二）少年司法和矫正机构

少年司法和矫正机构是日本青少年保护组织，是一类特殊的儿童工作组织。这些机构的工作对象仅限于违法犯罪少年和其他不良少年，工作性质是对违法犯罪少年进行教育和保护，帮助他们改过自新，健康成长，同时也预防犯罪的发生。

1. 家庭裁判所

家庭裁判所是日本裁判机关的一种，是日本少年司法工作的中心机关，负责审判少年保护事件，并且管辖家庭内的一切纠纷和冲突，以及一切具有法律意义的有关家庭事件。

家庭裁判所包括审查官、书记官、法医、事务官和其他职员等，他们都由受过专门训练、有丰富经验的人员担任。

家庭裁判所根据违法犯罪少年的人格、经历、环境、素质等，参考少年鉴别所的鉴别结果，给违法犯罪少年以最恰当的处置。

2. 少年鉴别所

少年鉴别所是日本矫治机构之一，它的任务是帮助家庭裁判所进行调查、审判、执行保护处分，临时收容受保护处分的少年；受少年院、保护观察所等机关以及家庭、学校委托开展鉴别工作，对早期发现有问题的儿童进行培养商谈，防止违法犯罪。

3. 少年院

少年院是日本违法犯罪少年矫治机构之一。它负责对家庭裁判所解送的受保护处分的少年进行教育和改造。少年院根据少年年龄、犯罪倾向和程度以及身心有无毛病等分为初等、中等、特别和医疗 4 类之后，再逐个研究其违法犯罪原因、身心发育状况、将来的生活规划等，制订改造计划，进行生活指导、职业训练、文化教育、对人的关系训练和医疗等。

4. 少年刑务所

日本的少年刑务所实际即为日本的少年监狱。它收容被刑事裁判所判处惩役和监禁处罚的少年。少年刑务所根据每个犯罪少年的个性、能力、文化程度、家庭状况、犯罪性质、悔改程度等特点，对他们进行个别生活指导、职业训练、学科教育以及采取其他的教育、感化措施。

5. 地方更生保护委员会

地方更生保护委员会是日本违法犯罪少年矫治辅助机构之一。它本属于法务省保护局，在法务省保护局领导之下，执行少年院或少年刑务所等矫正机构对收容少年的假释决定，并对假释者进行监督，防止其重新走上违法犯罪道路。如有行为不轨者，则提出撤销假释决定，并申请将少年重新收容于少年院或少年刑务所。

6. 保护观察所

保护观察所也是日本违法犯罪少年矫治辅助机构之一。其任务是对家庭裁判所交付的少年进行保护观察，以及对缓刑的少年进行保护观察。保护观察所还负责调查、访问重返社会少年的住所环境，必要时进行各种调整，以便使少年释放后能生活在良好的生活环境中，同时对更生少年进行就业指导，以确保其改过自新、重新做人①。

从上面我们对日本儿童工作机构的介绍中可以看出，日本儿童工作机构具有以下几个特点：

（1）专业性。这是日本儿童工作机构的显著特征。根据日本《儿童福利法》和《少年法》的规定，日本的儿童工作机构基本是按照儿童福利机构和少年司法矫正机构这两大类型来设立的。如儿童福利审议会、儿童福利司、儿童委员、儿童商谈所、儿童福利设施等都属于儿童福利机构，而家庭裁判所、少年鉴别所、少年院、少年刑务所、地方更生保护委员会、保护观察所等则属于少年司法机构。这两类儿童工作机构在职能和保护对象上迥然不同：前者着重于保护和保障儿童的福利，其保护对象及于一般的儿童；而后者则着重于对违法犯罪儿童的教育、挽救和保护，其保护对象仅及于有违法犯罪行为的儿

---

① 综合参见：（1）莫洪宪、康均心主编：《未成年人权益保护及救济理论与实务》，武汉大学出版社2001年版，第105～110页。（2）［日］平井宜雄、青山善充、菅野和夫著：《六法全书》，日本有斐阁平成十五年版，第3516～3522页、第3959～3971页。

童。此外，二者在组织设立方式、组织内部结构等方面差异明显。这种差异使二者类型突出、分工明确。而专业化是以类型化和分工为基础的。

日本的绝大部分儿童工作机构的职能单一，专注于儿童保护工作。这也是其专业性的重要体现，它们要么以保护儿童的福利为中心任务，如儿童福利审议会、儿童福利司、儿童委员、儿童商谈所等；要么以违法犯罪儿童的教育改造为己任，如家庭裁判所、少年鉴别所、少年刑务所、少年院等。

日本儿童工作机构的专业性还体现在其组成上。日本绝大部分儿童工作机构是由专业人员组成的，并用法律对其组成人员的学历、专业状况、工作经验等任职资格和任命程序都作了较高而又明确的规定。儿童工作机构的专业化为儿童保护工作的及时、准确和高效创造了条件。

（2）独立性。这是从儿童工作机构设置的角度来讲的。日本《儿童福利法》和《少年法》所规定的儿童工作机构绝大部分是单独设置的。

日本的儿童工作机构大致可分为四类：一是行政机关及其附属机构，如儿童福利审议会、儿童福利司、儿童商谈所；二是司法机关，如家庭裁判所、保护观察所、少年鉴别所、少年刑务所、少年院、地方更生保护委员会；三是事业机关，如福利事务所、儿童保健所、儿童福利设施等；四是地区性社会组织和民间组织，如少年辅导中心、母亲会、妇女更生保护会等。其中前三类主要是根据《儿童福利法》、少年法和其他法律、法规而设立的，在儿童保护组织中发挥着主要作用。它们无论是行政机关、司法机关、还是事业机构，都有独立的人员编制。有独立和稳定的工作经费，如《儿童福利法》规定：都、道、府、县支付下列各项费用：一是都、道、府、县儿童福利审议会需要的费用；二是儿童福利司及儿童委员需要的费用；三是儿童商谈所需要的费用。同时，它们都要接受政府或政府部门的领导和监督。可见，日本儿童工作机构一般不是附属于某个政府部门或某个组织，而是有很强的独立性。这种独立性一方面有利于充分调动儿童工作机构的积极性和主动性，另一方面也加强了儿童工作机构的工作责任感，为儿童工作机构独立自主、积极负责、主动大胆地开展工作创造了条件。

（3）组织体系的完善和内部分工的细密。根据《儿童福利法》和《少年法》的规定，日本儿童工作机构的整个体系是非常完善的。纵向看，日本从中央到地方乃至每个村都建立了专门性的儿童工作机构。如根据《儿童福利法》的规定，日本在中央设置中央儿童福利审议会，在地方设置都、道、府、县儿童福利审议会，在市、镇、村也可根据需要设置市、镇、村儿童福利审议会。此外，儿童福利司、儿童商谈所等福利机构在都、道、府、县也都必须设置。横向看，日本的儿童工作机构从行政机关、司法机关到事业机关，从一般机构到辅助设施，从官方组织到民间机构都普遍存在，并且相互分工、相互配合、形成精密而又完善的组织网络。

再从各个具体的儿童工作机构之间的关系看，日本的儿童工作机构之间的分工又是非常细密的，这种分工的细密在日本的儿童工作机构中也是极为典型的。如，日本根据《儿童福利法》的规定而设置的儿童福利设施就分为：助产设施、婴儿院、母子宿舍、保育所、儿童保健设施、养护设施、智力低下儿童设施、智力低下儿童日托设施、盲哑聋儿童设施、虚弱儿童设施、残废儿童设施、严重身心障碍设施、情绪障碍短期治疗设施、教护院等 10 多种设施。这些设施基本是对处于不同情况的儿童的不同需要进行分工而建立起来的。它们分别有自己的服务对象和工作任务。再如，日本的少年矫正机构分为少年鉴别所、少年院、少年刑务所、地方更生保护委员会和保护观察所。其中，少年鉴别所负责对违法犯罪和有违法犯罪倾向的少年进行鉴别；少年院负责对家庭裁判所解送的受保护处分少年进行教育和改造；少年刑务所负责收容被刑事裁判所判处惩役和监禁处罚的少年；地方更生保护委员会则负责执行少年院或少年刑务所等矫正设施对收容少年的假释决定，并对假释者进行监督，防止其重新走上违法犯罪道路；保护观察所的任务则是对家庭裁判所交付的少年进行保护观察，以及对缓刑的少年进行保护观察。这 5 个少年矫正机构基本是根据违法犯罪少年所受处分和刑罚的不同而分工的。

分工的细密促进了组织体系的完善，而组织体系的完善又为分工的明确和稳定提供了保障。二者相互依赖、相互促进，为儿童保护工作的普及和高效提供了良好的组织保证。

此外，注重儿童福利的保护也是日本儿童工作机构的特色之一。限于篇幅，此处不详加论述。

综上所述，日本的儿童工作机构有其鲜明的特色，反映了日本对儿童保护工作的高度重视，体现了日本儿童保护工作的水平。它不仅适应了日本儿童保护工作的需要，而且对我国的儿童保护工作也是一个很好的借鉴①。

二、中国儿童工作机构

我国《未成年人保护法》第 6 条规定："保护未成年人，是国家机关、武

---

① 莫洪宪、康均心主编：《未成年人权益保护及救济理论与实务》，武汉大学出版社2001 年版，第 110~113 页。

装力量、政党、社会团体、企事业组织、城市基层群众自治组织、未成年人的监护人和其他成年公民的共同责任。"从本条可以看出，在我国，几乎所有的党政机关、团体、组织乃至个人都负有保护儿童的责任。这可以被视为一个优势，那就是具有广泛的群众基础，覆盖面广，便于开展工作。但实际上，从中央到地方，儿童保护的工作机构名义上虽然数量众多，但由于各机构自身性质差异很大，功能不一，在儿童权利保护工作中所处的地位不同，所具有的职责、权限、保护途径、方式也不一致，在实际工作中，往往造成职责与权限难以分清，很难各司其职、各负其责，很难相互配合、密切合作。在许多地方造成的后果就是，理论上，谁都有责任；实践中，没谁负责任。

目前，在我国，专门性的政府儿童工作机构和准政府儿童工作机构主要有：国务院妇女儿童工作委员会、全国妇联儿童工作部、全国人大内务司法委员会妇女儿童专门小组、全国人大内务司法委员会青少年专门小组、共青团中央少年儿童部、中国少年先锋队全国工作委员会、中国关心下一代工作委员会，以及中华全国青年联合会、全国少年儿童文化艺术委员会等。

长期以来，我国主要重视政府工作机构和准政府工作机构在儿童权利保护方面所发挥的作用，而对非政府机构重视不够，有时或有些地方甚至限制它们的发展。目前，我国儿童权利保护方面的非政府机构虽然已有所发展，但还远远不够。不论是从国内儿童权利保护事业的实际需要来看，还是从国际儿童权利保护事业的实践经验来看，非政府组织是可以大有作为的。因此，我们应该大力营造非政府组织发展的法制环境，支持非政府组织和社区组织的工作并建立有关机制，以便利民间社会成员参与儿童工作。民间社会行为者可以发挥特殊作用，促进和支持积极的行动和创造有利于儿童福利的环境。发展非政府组织，同包括非政府组织在内的民间社会建立新型的伙伴关系，重视并利用其在儿童权利保护领域发挥其应有的作用。

下面，对我国目前几个重要的政府儿童工作机构和准政府儿童工作机构予以详细介绍。

1. 国务院妇女儿童工作委员会

国务院妇女儿童工作委员会成立于 1990 年 2 月 22 日。其前身为全国儿童少年工作协调委员会。1990 年，由国务院正式批准成立国务院妇女儿童工作协调委员，1993 年 7 月 10 日更名为国务院妇女儿童工作委员会。其性质是国务院负责妇女儿童工作的协调议事机构，负责协调和推动政府有关部门执行妇女儿童的各项法律法规和政策措施，发展妇女儿童事业。

其基本职能是：(1) 协调和推动政府有关部门做好维护妇女儿童权益工

作；（2）协调和推动政府有关部门制定和实施妇女和儿童发展纲要；（3）协调和推动政府有关部门为妇女儿童办实事；（4）协调和推动政府有关部门为开展妇女儿童工作和发展妇女儿童事业提供必要的人力、财力、物力；（5）指导、督促和检查各省、自治区、直辖市人民政府妇女儿童工作委员会的工作。

全国31个省、自治区、直辖市和部分地、市、县均成立了妇女儿童工作机构。国务院妇儿工委自成立以来，在协调和推动各级政府和有关部门促进妇女儿童事业发展，保障妇女儿童合法权益方面做了大量工作，发挥了重要的作用。

——积极协调和参与了有关妇女儿童法律、法规、政策的起草、制定和修改工作，使维护妇女儿童权益工作逐步走向规范化、法制化。国务院妇儿工委直接参与了《中华人民共和国妇女权益保障法》、《中华人民共和国未成年人保护法》的起草和准备工作。直接参与了《关于严惩拐卖、绑架妇女、儿童犯罪分子的决定》、《关于严惩卖淫嫖娼活动的决定》、《女职工保健工作规定》等法律法规和政策的讨论修改。各有关部门还分别参与制定了《中华人民共和国教育法》、《中华人民共和国母婴保健法》、《中华人民共和国残疾人保障法》、《中华人民共和国收养法》、《中华人民共和国劳动法》等一系列法律法规。

——积极协调和推动政府和有关部门实施《妇女权益保障法》、《未成年人保护法》、《妇女纲要》、《儿童纲要》，积极开展法制宣传和执法检查。为推动妇女儿童各项法律法规的贯彻实施，国务院妇儿工委利用各种宣传媒体广泛宣传"两法"、"两纲"，同时向社会宣传男女平等的基本国策，宣传妇女儿童发展目标。为及时了解法律法规的执行情况，国务院妇儿工委协调有关部门开展了执法检查，对发现的问题及时协调有关部门认真研究加以解决。

——开展"两个纲要"的监测评估工作。为准确把握"两个纲要"的实施进程，及时发现和解决妇女儿童发展中的问题，国家和省级妇儿工委成立了"两个纲要"监测评估机构，制定了监测评估体系，对"两个纲要"的执行情况定期进行监测评估。先后完成了国家级《九十年代中国儿童发展中期报告》、《中国儿童发展状况报告》和部分省（区、市）、县（市）的儿童发展监测报告。在1998年11月召开的联合国儿童基金会第四次东亚及太平洋地区儿童发展部长级磋商会议上，我国政府向大会提交的《中国儿童发展状况报告》得到了各国与会代表的一致赞誉。

——推动各级党委、政府和有关部门加强对妇女儿童工作的领导。1996

年 11 月和 1999 年 5 月分别在广西南宁市和浙江杭州市召开了有省部级领导参加的全国妇女儿童工作会议，杭州会议把实现"两个纲要"目标作为妇女儿童工作的中心任务，要求各级党委政府增强责任意识，努力在 2000 年实现"两个纲要"的目标任务；同时为促进妇女儿童事业的可持续发展，要求各级政府制定 21 世纪前 10 年的妇女儿童发展新纲要。为保证各项工作目标的落实，国务院妇儿工委制定了各成员单位落实《妇女纲要》、《儿童纲要》目标职责分解书，把各项目标任务落实到各成员单位，实行目标管理责任制。妇儿工委每年召开全委会和不定期的协调会，总结交流妇女儿童工作及《妇女纲要》、《儿童纲要》目标执行情况。为了推动"两个纲要"的实施，国务院妇儿工委及省级妇儿工委共对 2800 多个县（市）主管妇女儿童发展的县长进行了培训。为推广经验，以点带面，国务院妇儿工委确定 102 县（市）为实施《妇女纲要》、《儿童纲要》的示范点，对全国实施《妇女纲要》、《儿童纲要》起到了示范和指导作用。

——把工作重点放在农村特别是贫困地区。在农村，特别是贫困地区重点抓好妇女儿童生存、保护和发展方面的问题，抓好普及教育、卫生保健和计划生育等工作。国务院妇儿工委对贫困地区孕产妇死亡率、新生儿破伤风发病率、儿童中重度营养不良患病率、妇女文盲率等达标难度较大的指标进行了专门的调查和分析，协调财政、卫生、教育等有关部门采取相应措施认真加以解决。国务院妇儿工委从 1996 年起在甘肃省渭源县和贵州省息烽县抓了实施"两个纲要"的试点工作，后又将试点扩大到西南、西北及广西 10 个省（区）的 88 个贫困县。通过试点工作使这些贫困地区妇女儿童的生活条件和教育、卫生保健状况有了很大程度的改善。为提高贫困地区政府领导对"两个纲要"的认识，增强其业务能力，国务院妇儿工委对全国贫困地区的主管县长进行了培训。

——努力研究解决了一些妇女儿童发展中的突出问题。国务院妇儿工委会同公安、劳动和社会保障、民政等部门对国有企业下岗女职工的基本生活保障和再就业，部分合资企业、私营企业和乡镇企业女职工的劳动权益保护，打击卖淫嫖娼、拐卖妇女儿童，流动人口中妇女儿童的权益保护，女职工生育基金社会统筹等问题进行了专门调查研究，制定了相应的政策和解决办法，使妇女儿童合法权益得到了有效保护。

——加强国际交流与合作。在实施"两法"、"两纲"的同时，国务院妇儿工委认真履行了联合国关于《消除对妇女一切形式歧视公约》、《儿童权利公约》和《儿童生存、保护和发展世界宣言》等保护妇女儿童权益的文件。

与联合国儿童基金会等组织开展了促进妇女儿童发展的合作项目。

2. 中国妇联儿童工作部

自 1949 年中华全国妇女联合会正式成立之日起，即设立了妇女儿童福利部，是全国妇联主管妇女儿童福利的职能部门，内设儿童福利科、儿童保育科、妇幼卫生科。1959 年到 1963 年期间，全国妇联的儿童工作曾纳入全国妇联国内工作部，1964 年又恢复了妇女儿童福利部。"文化大革命"期间，全国妇联机关停止工作。1978 年全国妇联恢复工作，设立儿童工作部。1981 年中共中央 19 号文件明确规定："中央书记处指定妇联牵头做好抚育、培养、教育儿童和少年的工作。在党的领导下，由妇联在有关的人民团体和部门之间，起联系、协调作用。"此后，全国妇联儿童工作部在全国妇联书记处领导下，还承担儿童工作的协调任务。全国妇联儿童工作部现设协调处、家教处、社区处。省级妇联大都设有同类的儿童工作部，地级以上的城市妇联也有儿童工作部门或儿童工作干部。

3. 共青团中央少年儿童部

共青团中央少年儿童部建立于 1949 年，原为中国新民主主义青年团中央委员会少年儿童部，1957 年 5 月青年团改名为中国共产主义青年团，仍沿用少年儿童部名称，是共青团中央主管少年儿童工作的职能部门。"文化大革命"中整个团中央机关停止工作。1978 年 10 月团中央恢复工作，同时建立少年部。1982 年下半年，少年部改建为团中央少先队工作委员会。1988 年下半年恢复团中央少年部名称，与少先队全国工作委员会办公室合署办公，受团中央书记处直接领导。

其工作任务主要是：加强少先队的组织建设与辅导员队伍培训，开展少年儿童教育和少先队活动，指导校外教育阵地与队报、队刊工作，联络有助于少先队工作的社会力量，指导少先队理论研究，反映并保护少年儿童的利益，安排少先队的对外交往，表彰优秀辅导员、少先队员和少先队集体等。由于中国共产党委托中国共青团领导少先队，因此，共青团的省级委员会都设有同类的少年部，省级以下、县级以上地方团委也有少年儿童工作部门或少年儿童工作干部。

4. 中国少年先锋队全国工作委员会

成立于 1984 年 8 月，简称"全国少工委"，是中国少年先锋队的全国领导机关，由共青团中央和教育部组建并领导，经少先队全国代表大会选举产生，5 年改选一次。县以上均建立少工委，是地方少先队的领导机构。日常办事机构为全国少工委办公室，设在团中央少年部。

全国少工委的主要任务和职责是：根据中国共产党对少年儿童教育工作的要求，提出每个时期少先队工作的任务，制订工作计划；负责组织发展工作；倡导并指导开展各种形式的少先队活动；加强对少先队辅导员配备、培训、表彰工作的指导；指导与推进少先队理论研究工作等。全国少工委在新的形势下，广泛地开展"中国少年雏鹰行动"的活动。江泽民为"雏鹰行动"题词："自学、自理、自护、自强、自律，做社会主义事业的合格建设者和接班人"。以"五自"为指导，"雏鹰行动"逐渐成为实施素质教育的一个重要组成部分，为少年儿童开辟了一个磨炼自我、服务他人、奉献社会、健康成长的现实而有效的实践途径，已经在全国各地的少年儿童教育工作者和少先队员心中深深地扎下了根。其中，"手拉手"互助活动得到党和政府的高度评价。1994年5月31日，全国100对参加"手拉手"互助活动的少先队员代表，在中南海受到国家领导人的亲切接见。据不完全统计，到1997年年底，全国少先队员结成"手拉手好朋友"对子1750多万对，占全国少先队员总数的27%，辅导员结对互助达15万对，13万所学校建立了"手拉手"联谊关系。较发达地区的队员向贫困地区捐献书籍50多万册，援建红领巾小书库4000余个、少先队队室400多个、红领巾科技种植（养殖）基地500多个。

5. 全国人大内务司法委员会妇女儿童专门小组

1989年4月21日成立，是我国在国家最高权力机构中设置的关于妇女儿童事务的专门机构。其组成人员以兼职为主，包括部分全国人大代表、全国人大常委、内务司法委员会委员，专职妇女儿童工作者，以及进行相关科学研究的部门代表和专家、学者。

专门小组的基本任务是：（1）参与制定关于保障妇女儿童权益的法律，为内务司法委员会审议上述法律提供意见；（2）在内务司法委员会的领导下，协助全国人大常委会做好妇女儿童法律的执行监督工作；（3）就专门小组工作范围内的重大问题开展调查研究，为相关立法和决策提供意见和建议；（4）协调和指导有关妇女儿童事务的其他重要工作。

6. 全国人大内务司法委员会青少年专门小组

1989年4月21日成立，是我国在国家最高权力机构中设置的关于青少年事务的专门机构。其组成人员以兼职为主，包括部分全国人大代表、全国人大常委、内务司法委员会委员和顾问，专职青少年工作者，以及进行相关科学研究的部门代表和专家、学者。

专门小组的基本任务是：（1）参与制定关于保障青少年权益的法律，为内务司法委员会审议上述法律提供意见；（2）在内务司法委员会领导下，协助全国人大常委会做好青少年法律的执行监督工作；（3）就专门小组工作范围内的重大问题开展调查研究，为相关立法和决策提出意见和建议；（4）协调和指导有关青少年事务的其他重要工作。

7. 中国关心下一代工作委员会

中国关心下一代工作委员会（简称"中关工委"）1990年2月成立。中国关心下一代工作委员会是以离、退休老同志为主体的群众性工作组织。领导机构是由退居二、三线的无产阶级革命家，党、政府、群众团体有关领导，教、科、文、卫等方面的专家学者组成。

中国关心下一代工作委员会以全面提高青少年的思想道德素质和科技文化素质，培养有理想、有道德、有文化、有纪律的"四有"新人为目标。工作面向广大青少年，以进行爱国主义、社会主义、集体主义教育，革命传统教育，正确世界观、人生观、价值观教育和法制教育为主要工作内容。工作方式主要是通过组织离、退休的老同志与热心于青少年教育工作的同志深入学校、幼儿园、厂矿、街道、农村、少管所等，采用报告、座谈、文艺、体育等形式对青少年进行教育和帮助。并通过调查研究，为当地党、政有关部门解决涉及青少年健康成长等方面的问题提出意见和建议，在推进社会主义"两个文明"建设中发挥配合与补充作用。

在各级党、政领导的关心和支持下，全国31个省、自治区、直辖市，中央、国家机关有关部委也相继成立了关心下一代组织，各地关心下一代工作的基层组织已发展到45万多个，从事关心下一代工作的老同志达到300多万人，并且每年都有一批新退下来的老同志积极投入到这项事业中。

儿童是人类的未来，儿童的健康成长关系到国家的前途和命运，是提高人口素质、培养社会主义现代化建设接班人的根本大事。为了提高儿童工作的科学水平，充分发挥与儿童工作有关的老专家、老教授的作用，中国关心下一代工作委员会决定设立它的分支机构——专家委员会。

专家委员会的组成是：

（1）专家委员会由与儿童工作有关的生理、心理、教育、医疗、保健、营养、法学、社会学等多学科专家组成，以离退休老专家为主，和中青年专家结合。任期3年，可以连任。

（2）聘请有影响和声望的若干名儿童工作专家为名誉主任和顾问。专家委员会设主任1名，副主任若干名，下设工作机构。

专家委员会积极组织老中青专家学者，充分发挥他们具有高深学术造诣和广博实践经验的优势，为实现《九十年代中国儿童发展规划纲要》规定的目标、为贯彻《义务教育法》、《未成年人保护法》等法规和文件而努力；为把我国儿童的生存、保护和发展工作推上一个新台阶贡献力量。

专家委员会的工作包括：

（1）应用研究：选取当前儿童和青少年工作中亟待解决的课题，发挥多学科的优势，进行综合研究。注重项目研究的实用价值和应用前景，并积极组织成果的推广工作，为建立有中国特色的儿童发展学进行基础工作。

（2）宣传咨询：采取灵活多样的形式，大力宣传有关儿童工作的文件和法规，普及科学育儿和保证青少年健康成长的知识。

（3）调查建议：重点深入老、少、边、穷地区，调查妨害儿童和青少年健康发展的主要问题，分析原因，提出对策性意见，协助各级主管部门制定解决办法。

（4）业务培训：配合主管部门，培训儿童和青少年工作干部、家长和社区工作者，提高他们的知识水平和业务素质。

（5）合作交流：组织并参加国际国内学术研讨会，交流信息、切磋学术，发挥专家们影响面广、渠道多的优势，加强国内和国际间的合作与交流。专家委员会成立以来，在上述几方面进行了许多有成效的工作，越来越发挥着积极重要的作用。

8. 中华全国青年联合会

中华全国青年联合会成立于 1949 年 5 月 4 日。全国青联是中国共产党领导下的基本人民团体之一，是以中国共产主义青年团为核心力量的各青年团体的联合组织，是我国各族各界青年广泛的爱国统一战线组织。全国青联的基本任务是：高举爱国主义、社会主义的旗帜；鼓励青年学习马列主义、毛泽东思想和邓小平同志建设有中国特色社会主义理论，学习社会主义市场经济知识，学习现代科学技术和文化知识；最广泛地代表和维护各族各界青年的合法权益；引导青年积极参与社会生活，努力为各族各界青年健康成长、奋发成才服务；积极开展同港澳台青年及国外侨胞青年的联系和友谊；为巩固和发展我国社会安定团结的局面，推进我国社会主义现代化建设，推动社会主义市场经济的发展，健全社会主义法制，促进祖国统一和维护世界和平与发展而奋斗。

全国青联实行团体会员制，现有团体会员 46 个。其中全国性团体会员 12 个，即共青团中央、全国学联、中华基督教青年会全国协会、中华基督教女青年会全国协会、中国青年企业家协会、中国青年乡镇企业家协会、中国青年科技工作者协会、中国青年事业发展促进会、中国青年志愿者协会、中国青年研究会、中国青年工作院校协会、首都青年编辑记者协会。地方性团体会员 34

个，包括各省、自治区、直辖市青联和中央直属机关青联、中央国家机关青联和全国民航青联。全国青联的最高权力机关是全国委员会，每届任期5年。全国委员会设主席1人，副主席若干人。全国委员会闭会期间，由常务委员会主持会务，常务委员会设秘书长1人，副秘书长若干人。全国青联下设秘书处，负责日常事务。目前，秘书处设协调工作部、民族宗教工作部、文体部、科技部、教育部、社团工作部、人力资源开发部、港澳台联谊部、国际部、旅游部等机构。全国青联的机关刊物有《中华儿女》，另有工作刊物《全国青联通讯》。全国青联成立至今已历经8届，其沿革由代表大会制改为委员会制。

中华全国青年联合会按照自身的宗旨和职能，始终坚持开展维护青少年合法权益工作，并取得了积极的成效。

——积极参与青少年权益保护法律法规的起草工作，为维护青少年合法权益提供政策法律依据。1980年，全国青联受全国人大委托，牵头起草未成年人保护法，经过10余年的努力，1991年《中华人民共和国未成年人保护法》颁布并于1992年正式施行，为全社会依法维护青少年合法权益提供了法律依据。各省青联受各省、自治区、直辖市人大常委会的委托，积极参与了地方未成年人保护条例或未成年人保护法地方实施办法的调研、起草、修改、论证工作，为推动法规的出台发挥了积极作用。目前，全国已经有30个省、自治区、直辖市颁布了地方法规，初步形成了中央与地方配套的未成年人法律保护网络。

——大力宣传、贯彻《未成年人保护法》，依法维护青少年合法权益。各级青联组织广泛动员社会力量，充分利用报刊、电视、广播等媒体，运用知识竞赛、征文、咨询、广告、讲座、演讲、讨论、以案例说法等形式，大张旗鼓地宣传《未成年人保护法》，使这部法律走进千家万户，在全社会形成强大的舆论声势，极大地增强了社会各界依法维护青少年合法权益的法律意识。与此同时，青联组织还积极配合各级政府采取成立工作机构、查处侵权案件等措施，加大维权工作力度。截至目前，全国已有28个省级政府成立了青少年权益保护工作机构，青联组织在其中担当着组织、协调的重要职能。同时，还通过建立青年法律工作者协会、青少年法律与心理服务站等组织，积极为青少年排忧解难、提供法律服务和心理咨询，有效地维护了青少年的合法权益。

——采取多种手段，对有特殊困难的青少年实施救助。全国青联发起的"希望工程"，通过设立助学金，长期资助贫困地区因家庭经济困难失学的少年儿童重返校园，并为一些贫困乡村新建、修缮校舍，购置教具、文具和书籍。通过"百万爱心行动"、"1（家）+1助学行动"活动，广泛动员全社会的力量来帮助贫困地区的失学儿童重返校园。到目前为止，已接受海内外捐款13亿多元，救助失学儿童近200万名，资助建设希望小学5000多所。各级青联组织设立的青少年权益保护基金，通过直接给予经济资助和开展家庭结对的方式，帮助困境中的少年儿童解决基本生活困难。

——积极开展创建优秀"青少年维权岗"活动，动员社会力量加大维护青少年合法权益的工作力度。全国青联联合司法机关和政府有关部门在全国范围内开展了创建优秀"青少年维权岗"活动。通过这项活动，调动与青少年事务有关的基层单位的积极性，不断加大维权工作力度，形成激励机制，从而动员社会力量，实行社会联动，实现维权工作社会化。目前，这项活动已在全国范围内全面铺开，青少年成长环境得到了进一步优化。

——大力普及宣传青少年自护知识和法律知识，增强青少年的自我保护能力。各级青联组织通过开展青春期生理、心理教育、防灾避险教育、意外伤害自救互救训练、犯罪预警能力和实用技能训练，采取专家授课、录像观摩、模拟情景训练、替身陪练，举办自护培训班、训练营，编写自我保护手册等多种形式，向广大未成年人普及自我保护知识，增强了广大青少年的自护意识和能力。通过开展丰富多彩的法制教育活动，引导青少年学法、懂法、守法、用法，增强少年儿童的法制观念，提高他们运用法律武器维护自身合法权益的能力。

由于国家的高度重视和全国人民的共同努力，中国儿童的生存、保护和发展工作几十年来取得了举世瞩目的成绩，一些主要指标已处于发展中国家的前列，展示出光辉美好的前景。与此同时，我们也要看到，中国是发展中国家，各地经济文化发展很不平衡，儿童的保健、教育等工作与实际需要尚有较大差距。

1990年，世界儿童问题首脑会议通过了《儿童生存、保护和发展世界宣言》和《执行九十年代儿童生存、保护和发展世界宣言行动计划》，1991年3月，中国政府签署了这两个文件，作出了庄严的承诺。

国务院印发了《中国妇女发展纲要（2011—2020年）》和《中国儿童发展纲要（2011—2020年）》，确定了未来10年，妇女在健康、教育、经济、决策与管理、社会保障、环境、法律7个领域，儿童在健康、教育、福利、社会环境、法律保护5个领域共109个发展目标及其各自的策略措施。

根据《中国儿童发展纲要（2011—2020年）》的规定，未来10年，儿童在健康领域将达成14个目标，是所有领域中目标最多的。纲要提出的"儿童与健康"主要目标包括：严重多发致残的出生缺陷发生率逐步下降，减少出生缺陷所致残疾；婴儿和 5 岁以下儿童死亡率分别控制在 10% 和 13% 以下；降低流动人口中婴儿和 5 岁以下儿童死亡率；减少儿童伤害所致死亡和残疾；纳入国家免疫规划的疫苗接种率以乡（镇）为单位达到 95% 以上；提高中小学生《国家学生体质健康标准》达标率；降低儿童心理行为问题发生率和儿童精神疾病患病率；提高适龄儿童性与生殖健康知识普及率；减少环境污染对儿童的伤害等。

为完成这些目标，纲要提出了一系列具体的策略措施，比如加大妇幼卫生经费投入、加强妇幼卫生服务体系建设、加强儿童保健服务和管理、完善出生缺陷防治体系、加强儿童疾病防治等 13 项策略措施。

由于出现了一些新情况、新问题，如寄宿制学校增多导致学校日常安全管理难度加大，留守儿童由于缺乏父母监管容易出现安全问题，社会不良风气影响少年儿童身心发展，特别是媒体集中曝光的个别地方出现的少年儿童被性侵犯案件。2013 年 9 月，中国教育部、公安部、共青团中央、全国妇联共同发布了《做好预防少年儿童遭受性侵工作的意见》，切实预防性侵犯少年儿童案件的发生，进一步加强少年儿童保护工作，确保和谐稳定。

欧洲儿童权利运用公约

（European Convention on the Exercise of
Children's Rights，ETS No. 160）
（于 2000 年 1 月 7 日生效）

序　言

　　鉴于欧洲理事会的宗旨是在成员国之间达成更紧密的团结；鉴于《联合国儿童权利公约》，特别是第 4 条要求各缔约国采取一切适当的立法、行政和其他措施保证公约所承认的权利得以行使；鉴于《有关儿童权利的欧洲议会第 1121 号建议（1990）》的内容；鉴于儿童的权利和最佳利益应得到促进，并且最终儿童应有机会行使他们的权利，尤其是在与他们有关的家庭诉讼中；鉴于应为儿童提供相关信息，使他们的权利和最佳利益得到促进，并且应对儿童的意见给予足够的重视；鉴于在保护和促进儿童的权利和最佳利益中父母亲的重要作用，并且在必要时，国家也应进行保护和促进；鉴于在出现冲突情况时，家庭成员总是希望在诉诸司法机关以前能达成一致意见。

　　欧洲理事会成员国以及其他签约国在此一致同意如下条款：

第一章　公约的范围、目的以及定义

第 1 条　公约的范围和目的

　　本公约的目的是通过确保儿童有权自己或通过其他个人或团体参加与他们有关的司法诉讼，根据儿童的最佳利益，促进他们的权利，赋予他们诉讼上的权利并帮助他们行使这些权利。鉴于本公约的目的，影响儿童的司法诉讼是指家庭诉讼尤其是指那些涉及履行父母责任，如儿童居住权和接触权的诉讼。

　　各国在签署公约或递交批准书，承认、批准或加入公约时，须向欧洲理事会秘书长提出一项声明，载明至少 3 个由司法机关运用本公约审理的家庭案例，任何缔约国可以通过进一步声明，评述其他运用本公约的家庭案例，或者提供第 5 条、第 9 条 2 款、第 10 条 2 款和第 11 条运用情况的信息。

本公约不得阻碍各缔约国运用更有利的规则促进和行使儿童权利。

第 2 条　定义

司法机关指法院或具有相等权力的行政机关；

父母责任主体指有权履行部分或全部父母责任的父母和其他个人或团体；

诉讼代理人指有关履行代表儿童在司法机关进行诉讼活动的个人，如律师或团体；

相关信息指适合于儿童年龄和理解力的信息以及有助于儿童充分行使其权利的信息，除非这种信息违背儿童福利。

第二章　促进儿童权利运用的程序措施

A. 儿童的诉讼程序权利

第 3 条　有权获得通知并在诉讼中表达自己的意见

国内法认为有充分理解能力的儿童，在与其有关的诉讼案件中，应被赋予并

有权要求如下权利：

获得所有相关信息；

磋商并表达自己意见；

知悉遵循这些意见的可能结果以及作出任何决定的可能结果。

第 4 条　有权申请选派特别代理人

根据第 9 条，当国内法因利益冲突而排除父母责任主体为儿童代理人时，儿童应有权在与其有关的诉讼中亲自或通过其他个人或团体申请特别代理人。

各国可自由限制第 1 款中国内法认为有充分理解能力的儿童的权利。

第 5 条　其他可能的诉讼程序权利

缔约国应考虑赋予儿童在与其有关的诉讼中额外的诉讼程序权利，尤其是：申请为有助于表达自己意见而选择恰当人选的权利；

亲自申请或通过其他个人或团体申请选派独立代理人如律师的权利；

在诉讼中运用部分或全部缔约权利的权利。

B. 司法机关的作用

第6条　作出判决的程序

在与儿童有关的诉讼中，在作出判决前，司法机关应：

考虑其是否拥有足够信息以作出对儿童最有利的判决，并且在必要时，司法机关应获得，尤其是从父母责任主体处获得更多的信息；

在国内法认为儿童已有充分理解力的案件中，确保儿童获得所有相关信息；

以儿童能够理解的方式，与儿童本人磋商，在必要时，司法机关可自己或通过其他个人或团体与儿童磋商，只要这种方式不明显违背儿童的最佳利益；

允许儿童表达自己的意见；

对儿童的意见给予足够的重视。

第7条　迅速行动的义务

在与儿童有关的诉讼中，司法机关应迅速行动以避免不必要的迟延，并且程序应及时，以确保司法机关作出的判决得到迅速执行。在紧急情况下，司法机关应有权在恰当的时候作出可立即执行的判决。

第8条　自行采取行动

在与儿童有关的案件中，国内法认为儿童的福利受到严重威胁的情况下，司法机关应有权自行采取行动。

第9条　任命代理人

在与儿童有关的诉讼中，父母责任主体因利益冲突而由国内法排除其为儿童代理人时，司法机关应有权在诉讼中为儿童任命特别代理人。

缔约国应考虑，在与儿童有关的诉讼中，司法机关应有权任命独立代理人如律师，以代表儿童。

C. 代理人的作用

第10条　在与儿童有关的诉讼案件中，除非明显违背儿童最佳利益，司法机关：

如果国内法认为儿童已有充分的理解能力，应向儿童提供所有相关信息；

如果国内法认为儿童已有充分的理解能力，应就遵循儿童自己意见可能产生的后果以及代理人行为可能产生的后果向儿童作出解释；

确定并向司法机关呈交儿童的意见。

缔约国应考虑扩充第1款中对父母责任主体的规定。

D. 对某些条款的扩展

第 11 条 缔约国应考虑将第 3、4、9 条扩展适用于在其他机构进行的与儿童有关的诉讼和与儿童有关的不是诉讼主体的案件。

E. 国家机构（National bodies）

第 12 条 缔约国应通过机构特别是执行第 2 款功能的机构，鼓励儿童权利的发展和适用。

功能如下：

提出建议以强化与儿童权利运用有关的法律；

提出与儿童权利运用有关的立法草案意见；

向媒体、公众以及处理与儿童有关问题的个人和团体提供有关儿童权利运用的一般信息；

寻求儿童的意见并为儿童提供相关信息。

F. 其他情况

第 13 条 仲裁或解决争议的其他程序

为了防止或解决争议，或者为了避免进行与儿童有关的司法诉讼程序，缔约国应在自己认为恰当的情况下，鼓励进行仲裁或者运用其他解决争议的程序并利用这些程序达成一致协议。

第 14 条 法律援助和建议

在与儿童有关的司法诉讼中，当国内法为儿童的代理提供法律援助或建议时，这种法律规定应适用于第 4 条和第 9 条所包含的情况。

第 15 条 与其他国际公约的关系

本公约不应限制任何其他国际公约的适用，这些国际公约处理在儿童和家庭保护中产生的具体问题，并且本公约的缔约方也是该国际公约的缔约方。

第三章　常设委员会

第 16 条 常设委员会的建立和职责

为实现本公约目的而建立一个常设委员会。

常设委员会应注意检查与本公约有关的问题。常设委员会尤其可以：

考虑任何与本公约的解释和执行有关的问题。常设委员会与本公约的执行有关的结论可以采取建议的形式；建议有 3/4 多数票通过时应得到采纳；

建议修改本公约并且根据第 20 条检查修正建议；

为拥有第 12 条第 2 款功能的国家机构提供建议和帮助并促进它们之间的国际合作。

第 17 条　组成

每一缔约方在常设委员会应有一个或多个代表。每一缔约方应有一个投票权。

第 21 条所指的任何国家，即使不是本公约缔约方，也可以在常设委员会派驻观察员。同样情况也适用于根据第 22 条规定被邀请加入本公约后的任何其他国家或者欧洲共同体。

除非缔约方已将其反对意见通知秘书长，在开会前至少一个月，常设委员会可以邀请如下机构作为观察员参加所有会议或者一个会议或者一个会议的一部分：

上述第 2 款没有提到的任何国家；

联合国儿童权利委员会；

欧洲共同体；

任何国际政府间组织；

任何拥有一个或多个第 12 条第 2 款所列功能的国际非政府间组织，任何拥有一个或多个第 12 条第 2 款所列功能的国家政府或非政府组织。

常设委员会可以与处理儿童权利适用的相关组织交换信息。

第 18 条　会议

在本公约生效后的第 3 年，并且在这之后的任何时间，欧洲理事会秘书长应自行邀请常设委员会开会。只有在有至少一半缔约方与会时方可在常设委员会作出决定。

根据第 16 条和第 20 条，常设委员会的决定应由与会多数票通过。

根据本公约的规定，常设委员会应草拟自己的程序规则，并且，常设委员会可以设立任何专题调查委员会的程序规则以执行本公约下的所有恰当任务。

第 19 条　常设委员会的报告

每一次会议后，常设委员会应就其所进行的讨论和所作出的决定向各缔约方以及欧洲理事会部长委员会提交一份报告。

第四章　公约的修改

第 20 条　由缔约国或常设委员会提出的对公约条款的任何修改应递送欧洲理事会秘书长，并且由他（她）在下一次常设委员会会议前至少两个月内，向欧洲理事会成员国、签署国、缔约国、根据第 21 条签署本公约的任何国家以及根据第 2 条加入本公约的任何国家或者欧洲共同体转送。

根据前款规定提出的任何修改应由常设委员会进行审查，常设委员会应将由 3/4 多数投票采纳的文本呈交部长委员会批准。该文本在批准后应发送各缔约国。

所有缔约国通知秘书长表示接受公约修改文本之日后的一个月期限届满之后的下一个月的第一天即为修改文本的生效之日。

第五章　最后条款

第 21 条　签署、批准和生效

本公约向欧洲理事会成员国以及参与本公约起草的非成员国开放。

本公约须经批准、承认或核准。

承认、核准或批准书须交存欧洲理事会秘书长。

3 个国家，其中至少包括两个欧洲理事会成员国，表示接受本公约前述条款约束之日后的 3 个月期限届满之后的下一个月的第一天即为本公约生效之日。

对于其后表示接受本公约约束的签署国，本公约在其承认、核准或批准书交存之日后的 3 个月期限届满之后的下一个月的第一天即行生效。

第 22 条　非成员国和欧洲共同体

本公约生效之后，根据第 20 条规定的多数票，《欧洲理事会条例》d 项以及部长理事会缔约国的代表一致通过的决定，欧洲理事会部长委员会可自行决定或根据常设委员会的建议，在与各缔约国磋商之后，邀请并未参与本公约起草的欧洲理事会成员国以及欧洲共同体加入本公约。

对于任何加入国或欧洲共同体，本公约在加入书交存欧洲理事会秘书长之日后的 3 个月期限届满之后的下一个月的第一天即行生效。

第 23 条　适用的地域范围

任何国家在签署本公约或者交存承认、核准、批准或加入书时，可明确规定本公约的地域适用范围。

任何缔约国，在其后的任何时间，可以通过向欧洲理事会秘书长作出一项声明，将本公约的适用范围扩展至声明中所指明的其他地域范围，并且对其国际关系负责或有权代表其作出承诺。对于该地域范围，本公约在秘书长接受该项声明之日后的 3 个月期限届满之后的下一个月的第一天即行生效。

对于声明中指明的任何地域范围，根据前述两款作出的声明可以通过向秘书长发出通知而被撤销。撤销在秘书长收到通知之日后的 3 个月期限届满之后的下一个月的第一天即行生效。

第 24 条　保留条款

对本公约不可提出保留。

第 25 条　废止条款

任何缔约国在任何时候可以通过向欧洲理事会秘书长发出通知的形式宣告废止本公约。废止通知在秘书长收到通知之日后的 3 个月期限届满之后的下一个月的第一天开始生效。

第 26 条　通知

欧洲理事会秘书长应将如下情况通知理事会成员国、任何签署国、任何缔约国以及任何已被邀加入本公约的国家或欧洲共同体：

签署；

承认、核准、批准或加入书的交存；

根据第 21、22 条，本公约生效的日期；

根据第 20 条采纳的对本公约的修改以及修改生效的日期；

根据第 1 条和第 23 条规定作出的声明；

根据第 25 条规定作出的废止通知；

任何与本公约有关的其他行为、通知或者交流。

本公约于 1996 年 1 月 25 日在斯特拉斯堡通过，有英文文本和法文文本，两种文本具有同等权威性，并向欧洲理事会档案馆交存一单行本。欧洲理事会秘书长应将验证的副本送交欧洲理事会各成员国，参与本公约起草的非成员国、欧洲共同体和任何已受邀请加入本公约的国家。

非洲儿童权利与福利宪章

（African Charter on the Rights and Welfare of
the Child，OAU Doc. CAB/LEG/24. 9/49（1990））
（于 1999 年 11 月 29 日生效）

序　言

鉴于《非洲统一组织宪章》认识到人权的至上性，并且《非洲人权与民族权利宪章》宣布并且同意，每个人不分民族、种族、肤色、性别、语言、宗教、政治或其他观点、国家和社会背景、财富、出生或其他地位，均有权享有本宪章所承认的所有权利和自由。

鉴于 1979 年 7 月 17 日至 20 日在利比里亚的蒙拉维亚召开的非洲统一组织政府与国家首脑会议第 16 次例会所采纳的《有关非洲儿童权利与福利的声明》认识到采取适当措施保护和促进非洲儿童权利与福利的必要性；

鉴于儿童的社会、经济、文化、传统及发展情况、自然灾害、武装冲突、剥削和饥饿等独特因素，大部分非洲儿童的状况仍不容乐观，并且由于儿童在生理和心理上的不成熟，他们需要特别的保护和关心；

鉴于儿童在非洲社会占有独特的有特权的地位，并且为了儿童性格的全面协调发展，儿童应在充满着幸福、友爱和理解的家庭氛围中成长；

鉴于由于身心发展的需要，儿童在健康、生理、心理、道德与社会发展方面需要特别的关注，并且在自由、尊严与安全方面需要法律的保护；

鉴于儿童的文化传承优势、历史背景和非洲文明价值应反映并显示在儿童权利与福利观念上；

鉴于保护和促进儿童权利与福利是每个人的应履行的义务，重申坚持非洲统一组织的声明、公约以及其他文件和联合国尤其是《联合国儿童权利公约》中所包含的儿童权利与福利原则，坚持《有关非洲儿童权利与福利的非洲统一组织政府与首脑声明》；

非洲统一组织各非洲成员国,《儿童权利与福利宪章》各缔约国,一致同意如下条款:

第一部分　权利与义务

第一章　儿童的权利与福利

第1条　缔约当事国的职责

1. 既为非洲统一组织成员国又为本宪章当事国的缔约国须承认本宪章所蕴藏的权利、自由与义务,须根据其本国的宪法程序以及本宪章之规定,采取使本宪章规定有效之必需的立法或其他措施。

2. 宪章不影响缔约当事国国内法以及在该国行之有效的国际公约或协议中更有利于儿童权利与福利实现的规定的执行。

3. 与本宪章所包含的权利、义务与责任不一致的任何风俗、传统、文化或宗教习惯的发展须受到抑制。

第2条　儿童的定义

为本宪章之目的,儿童是指 18 岁以下的每一个人。

第3条　非歧视

每一个儿童须有权享有本宪章所承认和保证的各项权利和自由,而不论儿童自己或其父母或法定监护人的民族、种族、肤色、性别、语言、宗教、政治或其他观点、国家和社会背景、财富、出生或其他地位如何。

第4条　儿童的最佳利益

1. 任何个人或权威机关所采取的有关儿童的一切行动须首先考虑儿童的最佳利益。

2. 在所有与儿童有关的司法或行政诉讼中,如该儿童有能力表达自己的观点,须提供机会让儿童直接表达自己的观点,或通过公正的代理人作为诉讼参加人代为表达,并且根据法律规定,有关机关须考虑这些观点。

第5条　生存与发展

1. 每一个儿童生来就享有生存权。该项权利须受到法律保护。

2. 本宪章缔约当事国须尽最大可能确保儿童生存、保护和发展。

3. 死刑不适用于儿童所犯罪行。

第6条　姓名与国籍

1. 每一个儿童均有一出生即可获得姓名的权利。

2. 每一个儿童出生之后应立即登记。

3. 每一个儿童均有获得国籍的权利。

4. 儿童出生时，如没有获得其他国家的国籍，儿童则根据出生地国法律获得该国国籍，本宪章缔约当事国须确保各自国内宪法立法承认这一原则。

第7条　表达自由

须确保每一个能表达自己意见的儿童有权在任何案件中自由表达自己的意见，并且在法律限制范围内传播自己的意见。

第8条　结社自由

每一个儿童均有根据法律自由结社与和平集会的权利。

第9条　思想、良心和宗教自由

1. 每一个儿童均有权获得思想、良心和宗教自由。

2. 对于儿童的最佳利益和不断发展的能力，父母或法定监护人有义务为这些权利的行使提供指导。

3. 缔约当事国须尊重父母或法定监护人根据国内法律和政策在享有这些权利时提供指导的义务。

第10条　保护隐私权

父母或法定监护人有权对儿童的行为进行合理的监督，儿童的隐私、家庭和通讯不受非法干涉，儿童的名誉不受攻击。儿童有权获得法律保护不受这些干涉和攻击。

第11条　教育

1. 每一个儿童均有接受教育的权利。

2. 对儿童的教育应旨在：

a. 充分发挥儿童的潜能，促进儿童的性格、才能和身心能力全面发展；

b. 培养儿童尊重人权及基本自由，尤其是有关人权和民族权利的各种非洲公约以及各种国际人权公约和声明中的规定；

c. 保留和加强有益的非洲道德标准、传统价值和文化；

d. 在有着不同民族、部落和宗教的人民之间本着理解、宽容、对话、友好和相互尊重的精神，为儿童在自由社会过负责任的生活做好准备；

e. 维护民族独立和领土完整；

f. 促进实现非洲的团结和统一；

g. 发展对环境和自然资源的尊重；

h. 促进儿童对基本医疗保健的理解。

3. 本宪章缔约当事国须采取一切适当措施，充分实现该权利，并且尤其须：

 a. 提供免费的义务的基础教育；

 b. 鼓励以不同形式发展中等教育，并进一步实现免费和对所有人开放；

 c. 通过各种适当形式，以能力为基础，实现高等教育对所有人开放；

 d. 采取措施鼓励正常到校率，减少退学率；

 e. 对于女童、天才儿童和弱势儿童，须采取特别措施确保他们获得同等的教育。

 4. 本宪章缔约当事国须尊重父母及法定监护人为儿童选择学校的权利和义务，这些学校并非公立，但符合国家规定的最低要求。随着儿童能力的发展，确保儿童的宗教和道德教育。

 5. 本宪章缔约当事国须采取一切适当措施，确保受学校或父母约束的儿童受到人道主义对待，儿童固有的尊严受到尊重，并且与本宪章规定一致。

 6. 本宪章缔约当事国须采取一切适当措施，确保在完成学业前就怀孕的儿童有机会根据自身能力继续完成学业。

 7. 本条任何一款不能被解释为干涉任何个人和团体根据本条第 1 款规定的原则建立和指导教育机构的自由，并且这些机构所提出的教育要求须符合国家规定的最低标准。

第 12 条　休闲、娱乐和文化活动

 1. 缔约当事国承认儿童有休息的权利，以便从事适合儿童年龄的游戏和娱乐活动以及自由参与文化和艺术生活。

 2. 缔约当事国须尊重和促进儿童充分参加文化艺术生活的权利，须鼓励为儿童提供适当平等的机会参加文化、艺术、娱乐和休闲活动。

第 13 条　残疾儿童

 1. 每一个有身体或心理残疾的儿童有权获得特别保护，以满足其身体和精神上的需要，确保其尊严，促进其自尊并且促使其积极参与社会生活。

 2. 本宪章缔约当事国须根据可获得的资源、残疾儿童的情况以及对残疾儿童负有照顾责任的人的情况，确保残疾儿童获得帮助，但应先提出申请且提供的帮助应适合儿童的情况。缔约当事国须特别确保残疾儿童与其他儿童可充分参加社会活动、获得个性发展和文化道德发展的儿童一样，有获得就业培训和娱乐机会的有效途径。

 3. 本宪章缔约当事国须用本国可获得的资源，为有身体和心理残疾的人进入公共建筑物和其他残疾人可合法进入的场所提供最大的方便。

第 14 条　健康与保健服务

1. 每一个儿童均有权获得最佳身体、心理和精神健康状况。

2. 本宪章缔约当事国须采取行动充分实现这一权利，并且尤其须采取措施；

a. 减少婴儿和儿童的死亡率；

b. 在重点发展基本医疗保健时确保所有儿童获得必要的医疗援助和保健；

c. 确保获得足够的营养和安全的饮用水；

d. 在基本医疗保健框架内，通过运用恰当技术，消除疾病和营养不良；

e. 为准母亲和哺乳期母亲提供适当的保健；

f. 发展预防性保健和家庭生活教育和服务措施；

g. 在国家发展计划中列入基本健康服务项目；

h. 确保社会各阶层，尤其是父母、儿童、社区领导和工人知悉并支持儿童健康和营养、母乳喂养的益处、卫生和环境卫生以及家庭和其他事业的预防等基本知识的运用；

i. 在确保儿童基本服务项目的计划和运营过程中，确保非政府组织、地方社区和受惠人群的有意义的参与；

j. 在发展儿童基本保健服务过程中，支持通过技术和经济手段动员地方社区资源。

第 15 条　童工

1. 每一个儿童均不受任何形式的经济剥削，不得从事任何可能危险的工作或可能对儿童的身体、心理、精神、道德或社交的发展产生干扰的工作。

2. 本宪章缔约当事国须采取一切适当的立法和行政措施，充分履行本条规定，并且本条包括对儿童正式和非正式的雇用。鉴于国际劳工组织与儿童有关的文件的相关规定，缔约当事国须：

a. 通过立法，为所承认的每一雇用关系提供最低的工资保障；

b. 规定适当的工作时间和工作条件；

c. 规定适当的惩罚或其他制裁以保证本条得到有效执行；

d. 向社会各阶层传播有关童工危害性的信息。

第 16 条　保护儿童不受虐待

1. 本宪章缔约当事国须采取特别的立法和行政、社会和教育的措施，保护儿童不受任何形式的虐待、非人道的或有辱人格的待遇，特别是身体或心理的伤害或虐待、忽视或包括性虐待的粗暴行为。

2. 本条款下的保护措施须包括建立特别监督体系的有效程序，为儿童和照管儿童的人提供必要帮助，为虐待和忽视儿童案件的鉴别、调查、处理和追究提供有效程序。

第 17 条 未成年人司法管理

1. 每一个被指控或被发现触犯刑法而有罪的儿童有权获得特别处理，在某种意义上，这种处理，应符合儿童的尊严感和价值感，并且应加强儿童对他人人权和基本自由的尊重。

2. 宪章缔约当事国须：

a. 确保被拘留、被监禁或其他方式被剥夺自由的儿童不受虐待，不受非人道的或有辱人格的待遇或惩罚；

b. 确保儿童在其拘留或监禁地与成人分开；

c. 确保每一个被控触犯刑法的儿童：

i. 在正式确定有罪之前应假定无罪；

ii. 应以他可理解的语言获得及时通知并且知悉他所受指控的详细情况，如果他（她）不能理解所使用的语言，则有权获得翻译的帮助；

iii. 在准备和陈述答辩时，有权获得法律和其他适当帮助；

iv. 应获得由一个公正的法院对事件作出的尽可能快的判决，如果有罪，有权向上一级法院上诉。

d. 禁止新闻界和公众出席审理。

3. 在审理期间和发现触犯刑法而有罪后，对于每一个儿童的处理的基本目标应是促进其改过自新、重新融入家庭和社会。

4. 确定一个最低年龄，在该年龄之下的儿童假定为不具触犯刑法的能力。

第 18 条 对家庭的保护

1. 家庭是自然单位和社会基础，为国家的建立和发展提供保护和支持。

2. 本宪章缔约当事国须采取适当措施确保配偶双方在婚姻存续期间和离婚后对孩子的权利和责任平等，如果离婚，须作出规定给予孩子必要的保护。

3. 不得因父母的婚姻状况而剥夺儿童受抚养的权利。

第 19 条 父母的照顾和保护

1. 每一个儿童均有权享受父母的照顾和保护，在可能情况下，有权与父母一起居住。不得违背儿童的意志将其与其父母分离，除非司法机关根据适当的法律判决这种分离更符合儿童的最佳利益。

2. 从父母双方或一方分离的儿童有权与父母双方保持有规律的人身联系和直接联系。

3. 如果分离是由缔约当事国的行为引起的，缔约当事国应为儿童，在适当时为另外的家庭成员提供离散家庭成员的行踪的基本信息。缔约当事国还须确保提出这样一项请求不会对提出请求人产生任何不利后果。

4. 如果一个儿童被一缔约当事国逮捕，该国须尽快通知其父母或监护人。

第 20 条 父母的责任

1. 父母或对儿童负有责任的其他人对儿童的成长和教育负有重要责任，并且有义务。

a. 确保儿童的最佳利益在任何时候都是他们的基本出发点；

b. 在他们的能力和财力范围内，确保儿童成长所需的必要生活条件；

c. 确保家规的执行符合人道主义原则并且尊重儿童固有的尊严；

2. 本宪章缔约当事国须根据本国实际情况采取适当措施：

a. 帮助父母和对儿童负有责任的人，并且在有必要时，特别在营养、健康、教育、衣着和住房方面提供物质帮助和支助项目；

b. 在儿童抚养过程中为父母和对儿童负有责任的人提供帮助，并且确保负责照顾儿童的福利机构的发展；

c. 为父母须工作的儿童提供看护服务和设备。

第 21 条 保护儿童不受有害社会文化习惯的侵害

1. 本宪章缔约当事国须采取一切适当措施清除影响儿童福利、尊严和正常成长的有害社会文化习惯，尤其是指那些：

a. 有害儿童生命健康的风俗和习惯；

b. 因性别和其他身份而歧视儿童的风俗和习惯。

2. 禁止童婚和为男童女童订婚，采取有效措施包括立法措施具体规定结婚的最低年龄为 18 岁，并且婚姻须到官方登记处进行强制性登记。

第 22 条 武装冲突

1. 本宪章缔约当事国须尊重并遵守国际人道主义法在对儿童有影响的武装冲突中的适用。

2. 本宪章缔约当事国需采取一切必要措施确保儿童不直接参加敌对行为，禁止征募童子军。

3. 本宪章缔约当事国，根据国际人道主义法承担义务，须保护武装冲突中的平民，并且须采取一切可行措施保护和照顾受武装冲突影响的儿童，这些规则也适用于国内武装冲突和紧张状态下的儿童。

第 23 条 儿童难民

1. 本宪章缔约当事国须采取一切适当措施，确保根据适用的国际法或国内法寻求难民身份的儿童或被认为是难民的儿童，不论有无父母、法定监护人或近亲属的照看，均应根据本宪章和该缔约国参加的其他国际人权和人道主义公约规定的权利而获得适当的保护和人道主义援助。

2. 缔约当事国须与现存保护和援助难民的国际组织合作，保护和援助这样的儿童，并且，为使其与家人重新团聚而找寻其父母或其他近亲属或者一个无人照看的儿童难民。

3. 如不能找到其父母、法定监护人或近亲属，该儿童则与任何其他因任何原因永久或暂时失去家庭的儿童一样享受同样的保护。

4. 本条规定在细节上作必要的修改可适用于国内因自然灾害、国内武装冲突、内乱、经济和社会秩序的崩溃等原因而流离失所的儿童。

第 24 条　收养

承认收养制度的缔约当事国须将儿童的最佳利益列为首要考虑并且须：

1. 设立适当机构决定收养事宜，确保收养行为的执行与可适用的法律和程序一致，并且是以一切相关可靠的信息为基础。鉴于儿童的情况，父母、亲属、监护人及其他有关人员在协商的基础上同意收养，则该收养行为是可行的；

2. 如果在儿童的本国没有合适的办法将儿童安置在一个收养家庭里，作为最后的选择，承认在本宪章或儿童权利方面的国际公约缔约国发生的跨国收养，可以当作另一种照顾儿童的方法；

3. 确保跨国收养的儿童获得相同的保护；

4. 采取一切可能措施确保在跨国收养中，对儿童的安置不会导致非法买卖儿童或者为那些试图收养儿童的人谋取不正当利益；

5. 通过双边或多边协议，促进本宪章宗旨的实现，并且在本宪章框架内确保对儿童的跨国安置由合适的机构或组织负责；

6. 设立一个机构，监督被收养儿童的福利执行情况。

第 25 条　与父母分离

1. 以任何理由被长期或暂时剥夺家庭环境的儿童有权获得特别的帮助和保护。

2. 本宪章缔约当事国：

a. 须确保无父母的儿童，或暂时或永久被剥夺家庭环境的儿童，或根据儿童最佳利益不适宜在原环境成长的儿童，获得其他方式的家庭养育，包括抚养安置或安置在合适的儿童看护机构；

b. 如果分离是由于武装冲突或自然灾害等原因引起的，则须采取一切必要措施帮助儿童与其父母或亲属团聚。

3. 在为儿童选择家庭养育时以及在考虑儿童的最佳利益时，须兼顾儿童成长环境的连续性以及儿童的种族、宗教和语言背景。

第 26 条　保护儿童不受种族隔离和歧视

1. 本宪章缔约当事国须单独或集体采取措施优先满足生活在种族隔离制度下的儿童和生活在因种族隔离政权产生军事冲突的国家里的儿童的特殊需求。

2. 本宪章缔约当事国须单独或集体采取措施优先满足生活在实行种族、民族、宗教和其他形式歧视的政权下的儿童以及生活在有军事冲突国家里的儿童的特别需求。

3. 缔约当事国须采取措施尽可能为这些儿童提供物质帮助，并且致力于消除非洲大陆存在的各种形式的歧视和种族隔离制度。

第 27 条　性剥削

本宪章缔约当事国须采取措施保护儿童不受任何形式的性剥削和性虐待，并且须特别采取措施防止：

1. 引诱、强迫或鼓励儿童从事性活动；

2. 利用儿童卖淫；

3. 利用儿童从事色情活动和表演。

第 28 条　毒品滥用

本宪章缔约当事国须采取一切适当措施保护儿童不非法使用麻醉剂和相关国际公约定义的其他精神麻醉物品，防止利用儿童非法生产和贩卖这种物品。

第 29 条　出售、买卖和绑架儿童

本宪章缔约当事国须采取适当措施防止：

1. 任何人包括儿童的父母和法定监护人在内，不得以任何形式或任何目的绑架、出售或贩卖儿童；

2. 利用儿童从事任何形式的乞讨。

第 30 条　母亲受监禁的儿童

本宪章缔约当事国须为那些被指控触犯刑法的准母亲或带有婴儿或幼童的母亲提供特别待遇，并且特别须：

1. 在对该类母亲量刑时首先考虑判处非监禁刑罚；

2. 对该类母亲采取替代措施以代替机构监禁；

3. 设立特别机构以收容该类母亲；

4. 确保母亲不带着儿童一起监禁；

5. 确保不会对该类母亲判处死刑；

6. 教养制度的基本目的是使该类母亲改过自新，重新融入家庭和社会。

第 31 条　儿童的责任

每一个儿童均对其家庭、社会、国家、其他法律承认的团体以及国际社会负有责任。根据儿童的年龄和能力以及本宪章所规定的限制因素，儿童有义务：

1. 为家庭的团结而努力，在任何时候均应尊敬父母和长辈，并且在他们需要时帮助他们；

2. 身体力行为国家服务；

3. 维护并加强国家和社会的团结；

4. 在与社会其他成员交往时，本着宽容、对话和协商的精神，维护并增强非洲文化价值观，为社会道德的健康发展贡献力量；

5. 维护并加强国家的独立和统一；

6. 无论何时何地尽其所能为促进非洲统一的实现贡献力量。

第二部分

第二章　儿童权利与福利委员会的设立与组成

第 32 条　委员会

非洲儿童权利与福利专家委员会（此后简称委员会），设立在非洲统一组织内，保护和促进儿童的权利与福利。

第 33 条　组成

1. 委员会由 11 位具有崇高品德、公正无私、正直并且胜任儿童权利与福利事务的成员组成。

2. 委员会成员以个人身份为委员会工作。

3. 同一国家在委员会的成员不超过一人。

第 34 条　选举

一旦本宪章生效，委员会成员即从本宪章缔约当事国提名的候选人名单中，由国家和政府首脑会议以无记名投票的方式选出。

第 35 条　候选人

本宪章每一缔约当事国提名的候选人不超过两人。候选人必须具有本宪章缔约当事国国籍。如一国提名两名候选人，则其中一人不必为该国国民。

第 36 条

1. 在选举前至少 6 个月，非洲统一组织秘书长应通知本宪章缔约当事国提名候选人。

2. 在选举前至少 2 个月，非洲统一组织秘书长应按字母顺序起草候选人名单并通知国家与政府首脑会议。

第 37 条　任期

1. 委员会成员的任期为 5 年，不可连任。但第一次选举产生的成员中的 4 名任期为 2 年，其余 6 名任期为 4 年。

2. 第一次选举一结束，非洲统一组织国家与政府首脑会议主席应立即抽签决定本条第 1 款所指成员的名单。

3. 非洲统一组织秘书长应在委员会成员选举结束后 6 个月之内在非洲统一组织总部召集委员会第一次会议，此后，委员会在必要时至少每年一次由主席负责召集会议。

第 38 条　执行局

1. 委员会须有自己的程序规则。

2. 委员会须每两年一次选任自己的职员。

3. 7 名委员会成员即构成法定人数。

4. 如赞成与反对票数相等，则主席可投决定性的一票。

5. 委员会的工作语言为非洲统一组织的官方语言。

第 39 条　职位空缺

如委员会成员因故提出辞职而非正常任期届满时，提名该成员的缔约国须经国家与政府首脑会议同意从本国国民中再选一位成员以履行所剩下的任期。

第 40 条　秘书处

非洲统一组织秘书长须任命委员会秘书。

第 41 条　特权与豁免

在执行职务时，委员会成员享有《非洲统一组织特权与豁免公约》所规定的特权与豁免。

第三章　委员会的指令与程序

第 42 条　指令

委员会的职能：

1. 保护和促进本宪章所规定的权利，并且

a. 收集和处理信息，就非洲儿童权利与福利领域的问题作综合性评估，组织会议，鼓励发展关注儿童权利与福利的国家和地方机构，在必要时，向各国政府表达意见并提出建议；

b. 制定旨在保护非洲儿童权利与福利的原则和规则；

c. 与其他致力于保护和促进儿童权利与福利的非洲的、国际的或区域性的机构或组织合作。

2. 监督并确保本宪章所规定的权利得到保护和执行。

3. 应缔约当事国、非洲统一组织各机构以及非洲统一组织或缔约当事国承认的任何其他个人或机构的请求，就本宪章的规定作出解释。

4. 履行由国家与政府首脑会议、非洲统一组织秘书长、非洲统一组织其他机构以及联合国赋予的其他职责。

第 43 条　报告程序

1. 宪章每一缔约当事国均须通过非洲统一组织秘书长向委员会递交本国所采取的使本宪章规定生效的措施的报告和这些权利的享有和行使所取得的进展的报告：

a. 本宪章生效后 2 年之内递交一次报告；

b. 此后，每 3 年递交一次报告。

2. 根据本条作出的报告须：

a. 包含有关本宪章执行情况的详细信息，使委员会全面理解本宪章在有关国家执行的情况；

b. 指明影响履行本宪章义务的困难因素。

3. 已向委员会递交第一次综合性报告的缔约当事国，在根据本条第 1 款 a 项递交报告时，不必重复先前已提供的基本信息。

第 44 条　交流

1. 委员会可就本宪章所包括的任何事务与非洲统一组织各成员国或联合国承认的任何个人、团体或非政府组织进行交流；

2. 与委员会的每一次交流均须包含作者的姓名和地址，并须保密。

第 45 条　委员会的调查

1. 委员会可以通过适当方法调查本宪章范围内的任何事件，可以要求缔约当事国提供与履行本宪章义务有关的任何信息，并且可以通过适当方法调查缔约当事国为履行本宪章义务所采取的措施。

2. 委员会须每两年向国家与政府首脑会议例会提交一份有关委员会活动情况和根据本宪章第 44 条进行交流情况的报告。

3. 经国家与政府首脑会议采纳后，委员会须将报告出版。

4. 缔约当事国须在其本国向公众广泛散发委员会的报告。

第四章 其他规定

第 46 条 灵感来源（sources of inspiration）

委员会应从国际人权法中获取灵感，尤其是从《非洲人权与民族权利宪章》、《非洲统一组织宪章》、《世界人权宣言》、《儿童权利公约》以及联合国和非洲国家在人权领域采纳的其他文件中获取灵感，从非洲传统和价值观中获取灵感。

第 47 条 签署、批准和同意

1. 本宪章向非洲统一组织所有成员国开放。

2. 本宪章由非洲统一组织成员国批准或同意。同意或批准本宪章的文件由非洲统一组织秘书长保存。

3. 本宪章在非洲统一组织秘书长收到非洲统一组织 15 个成员国批准或同意本宪章的文件后 30 天内生效。

第 48 条 宪章的修订

1. 如任何缔约当事国向非洲统一组织秘书长提出书面要求，则可以对本宪章进行修改，条件是所有缔约当事国已获得适当通知，并且委员会已就修改提出自己的意见，所提出的修改建议才可以提交国家与政府首脑会议考虑。

2. 修正案须由缔约当事国简单多数通过。

美国儿童网络保护法

（Child Online Protection Act）

第一篇　保护未成年人不受有害信息侵害

第 101 节　国会的调查结果

国会发现：

（1）因儿童需要监护、照顾和养育而与父母一起居住，广泛使用的互联网为未成年人通过万维网接触信息提供机会，从而削弱了父母对未成年人的监管和控制；

（2）保护未成年人身心健康，使他们不受有害信息的侵害是一项强制性政府利益（compelling governmental interest）；

（3）虽然现在网络行业已开发出帮助父母和教育工作者通过控制、保护和自我监管的方式限制未成年人接触有害信息，但这种努力并未能为未成年人在万维网上接触有害信息提供一个全国性的解决方案；

（4）通过合法防护措施禁止发布对未成年人有害的信息是目前符合强制性政府利益的最有效且限制性最小的措施；

（5）虽然保护性措施限制了通过万维网发布对未成年人有害的信息，但是父母、教育工作者和网络行业必须继续努力寻找方法以保护儿童不接触互联网上的有害信息。

第 102 节　限制未成年人接触通过万维网发布的对未成年人有害的商业信息的要求

修改《1934 年通讯法》第二篇第一部分，在第 231 节"限制未成年人接触通过万维网发布的对未成年人有害的商业信息"后增加如下条款：

a. 限制传播有害信息的规定：

（1）禁止性行为——任何知悉信息特征的人，如在国内或国际商业交易中通过万维网为商业目的而进行任何未成年人均可看到的并且包含对未成年人有害的信息的信息传播行为，将受到不超过 5 万美元的罚款或者不超过 6 个月的监禁或两者并罚；

（2）故意违规行为——除第（1）项规定的处罚外，无论谁如故意违反该项规定，则每一违规行为将受到 5 万美元的罚款。根据该项目，每一天的违规行为构成一个独立的违规行为单位；

（3）民事处罚——除第（1）项和第（2）项规定的处罚外，无论谁违反了第（1）项的规定，每一违规行为将受到不超过 5 万美元的民事罚款。根据该项目，每一天的违规行为构成一个独立的违规行为单位。

b. 营运商（carriers）和其他服务提供商的非适用性——根据（a）款的规定，在一定程度上不得从事商业目的的信息传播的人包括：

（1）提供电信服务的电信营运商；

（2）提供互联网服务的人；

（3）提供互联网信息定位工具（information location tool）的人；

（4）从事信息的传递、存储、回收、主持、安排或翻译的人，除了以符合（c）款或 230 节规定的方式对特定信息进行删节而不构成对信息内容的选择或修改之外，该人对信息的内容不进行任何选择或修改。

c. 积极辩护——

（1）辩护——被告出于善意通过如下方法限制未成年人接触对其有害的信息是对根据本节规定提起诉讼的一项积极辩护：

（A）要求使用信用卡、借贷账户、成人准入代码或成人个人身份证号码；

（B）采用可证实年龄的电子证书；

（C）根据技术可行性采取的任何其他合理性措施。

（2）对使用辩护的保护——可以在任何法院或主管机构以任何活动为理由对任何人提出无因之诉，即便该活动并未违反可导致民事或刑事处罚的任何法律，并且该人已诚实履行本款所许可的辩护或者已切实限制和预防本节所规定的信息的传播。

d. 隐私权保护规定：

（1）信息披露限制——一个根据（a）款进行信息传播的人：

（A）在没有获得下列人员的书面或电子同意之前不得向 17 岁或 17 岁以上的个人披露限制接触的信息：

（i）有关个人，且该个人是成年人；

（ⅱ）个人的父母或监护人，因该个人不满 17 岁。

（B）应采取必要行动防止未经信息发布者和接收者的授权而接触信息的行为。

（2）例外——一个根据（a）款发布信息的人可以披露该信息，只要该披露行为：

（A）使信息传播行为成为一项与发布信息有关的合法的商业活动；

（B）遵循法院允许披露的规定。

e. 定义——根据本款规定，定义如下：

（1）通过万维网方式——通过万维网方式即指在计算机服务文档中处理信息，使公众通过使用超文本转让协议或任何后续协议在互联网上获得该类信息；

（2）商业目的与从事的业务：

（A）商业目的——如果从事信息传播业务活动，则该人被认为是为商业目的进行信息传播；

（B）从事的业务——从事的业务是指通过万维网传播或试图传播含有对未成年人有害的内容的信息的人花费时间、精力和劳力从事这种活动，并将之作为日常经营业务，其目的是为了从该种活动中获取利益（但牟利并非必要条件，或者传播或试图传播该类信息并不必是该人唯一的或主要的业务或收入来源）。如果一个人故意将对未成年人有害的信息发布在万维网上或者故意导致将该类信息发布在万维网上，则该人可以被认为通过万维网为商业目的从事传播对未成年人有害信息的业务活动。

（3）互联网——互联网是指计算机设备、电磁传送媒介以及相关设备和软件的结合，包括利用《传输控制协议》/《互联网协议》或其他协议传送信息的计算机互联网络系统。

（4）互联网准入服务——互联网准入服务是指使用户能够接触到内容、信息、电子邮件或互联网提供的其他服务并且还可以接触到独家内容和信息的服务以及向消费者提供的作为系列服务一部分的其他服务。该术语不包括电信服务。

（5）互联网信息定位工具——互联网信息定位工具是指，在互联网上将用户与网上地点联系起来的服务。该术语包括目录、索引、参考符号、指示器和超文本联系。

（6）对未成年人有害的信息——对未成年人有害的信息是指任何信息、图片、影像、图解文件、文章、记录、信件或其他文件，并且其中的内容猥亵或者：

（A）普通人运用现今共同标准即可发现将信息作为一个整体并且针对未成年人是为了获得色情利益；

（B）以明显对未成年人有害的方式描绘实际发生的或模拟的性行为或性接触、实际发生的或模拟的正常的或变态的性行为或者猥亵的展示生殖器或青春期女性的乳房；

（C）作为一个整体来说，未为未成年人提供严肃的文学、艺术、政治或科学的价值观。

（7）未成年人——未成年人是指不满 17 岁的人。

第 103 节　通知规定

a. 通知——修改《1934 年通信法》第 230 节：

（1）在 d 款（1）项中，在第"223 节"后插入"或者 231"；

（2）分别将 d 款和 e 款改为 e 款和 f 款；

（3）在 c 款后插入如下新条款：

d. 计算机互动服务责任——计算机互动服务提供商在与客户签订提供计算机互动服务协议时，以提供商认为适当的方式通知客户，告知其父母控制保护装置（如计算机硬件、软件、过滤服务器等）可以通过商业途径获得，该种装置可以帮助客户清除对未成年人有害的信息。这种通知能使客户找到当前该种装置的提供商或者为客户提供识别信息。

b. 同类修改——修改《1934 年通信法》第 223 节 h 款（2）项，删除第 230 节（e）款（2）项并插入"第 230 节（f）款（2）项"。

第 104 节　儿童网络保护委员会及其研究

a. 设立——特此设立一个临时委员会，即儿童网络保护委员会（在本节中简称为委员会），根据本节规定，专门研究有关减少未成年人接触互联网上有害信息的方法。

b. 成员——委员会由如下 19 名成员组成：

（1）行业成员——委员会须包括：

（A）2 名从事互联网过滤或模块化服务或软件供应业务的成员；

（B）2 名从事互联网准入服务业务的成员；

（C）2 名从事信息识别或评估服务业务的成员；

（D）2 名从事互联网进入和搜索服务的成员；

（E）2 名从事域名登记服务业务的成员；

（F）2 名专业技术领域的专家；

（G）4 名从事互联网内容提供业务的成员。

本项所规定委员会成员人数，分别由众议院议长和参议院多数党领袖任命，双方任命的人数相等。

（2）兼职成员——委员会须包括如下官员：

（A）助理国务卿（或助理国务卿的特使）；

（B）司法部长（或司法部长的特使）；

（C）联邦贸易委员会主席（或主席的特使）。

c. 研究

（1）一般方法——委员会应研究技术或其他方法，以便：

（A）有助于减少未成年人接触互联网上有害信息；

（B）满足根据《1934 年通信法》第 231 节（c）规定进行积极辩护的要求。

任何方法均可作为根据 d 款（3）的规定向国会提出立法建议的基础。

（2）特殊方法——在研究过程中，委员会应鉴别和分析各种技术工具和方法以保护未成年人不受有害信息侵害，这些方法包括（但不限于）：

（A）帮助父母保护未成年人的共同办法（如"点击消除"办法）；

（B）过滤或模块化软件或服务；

（C）信息识别或评估系统；

（D）年龄核实系统；

（E）设立一个域名以发布那些对未成年人有害的任何信息；

（F）为减少未成年人接触这类信息的任何其他已存的或推荐的技术或方法。

（3）分析——在根据（2）分析各种技术和方法时，委员会应检查：

（A）该类技术和方法的费用；

（B）该类技术和方法对法律执行机构的影响；

（C）该类技术和方法对隐私权的影响；

（D）如对未成年人有害的信息在一定程度上已在全球范围内发布，则该类技术和方法对这种发布的影响；

（E）该类技术和方法对父母们的可使用性；

（F）委员会认为相关的和适当的其他因素和问题。

d. 报告——本法制定一年后，委员会应向国会递交一份包含根据本节进行研究的结果的报告，报告应包括：

（1）对通过研究识别出的技术和方法以及对该类技术和方法进行分析得出的结论进行描述；

（2）委员会关于该类技术或方法的结论和建议；

（3）建议采取立法或行政措施执行委员会的结论；

（4）对通过研究识别出的技术和方法进行描述，这种描述，可以满足根据《1934年通信法》第231节（c）的规定作为积极辩护使用的要求。

e. 人力和物力——商业部通讯与信息助理秘书应为委员会提供人力和物力，使委员会能根据本节规定有效履行职责。

f. 终止——委员会根据（d）款提交报告，30天后即行终止。

g. 《联邦咨询委员会法》的非适用性——《联邦咨询委员会法》不适用于本委员会。

第 105 节　生效日期

本法通过后30天内该篇以及该篇的修正案即行生效。

第二篇　儿童的网络隐私权的保护

第 201 节　定　义

在本篇中：

（1）儿童——指不满13岁的人。

（2）经营者——指任何在万维网上为商业目的经营网址或其他网上服务的人，包括通过该网址或网上服务销售产品或服务的人，该商业行为：

（A）发生在几个州之间或者与一个或多个外国有关；

（B）发生在美国境内任何区域或者哥伦比亚特区，或者发生在该种区域与如下区域之间：

（i）另一个该种区域；或者

（ii）任何州或外国。

（C）发生在哥伦比亚特区与任何州、区域或外国之间。

根据本篇规定，"经营者"不包括不受《联邦贸易委员会法》第5节范围影响的非盈利性组织。

（3）委员会——指联邦贸易委员会。

（4）披露——指关于个人信息：

（A）经营者出于任何目的，以可辨认的形式发布有关儿童的个人信息，但该信息是提供给某个人而不是经营者，经营者只是为网址的内部操作提供支持而不是为其他目的而披露或使用该信息的情况除外；

（B）通过网站或针对儿童的网上服务搜集儿童的个人信息，或者确知该信息来自儿童，而将该信息以可辨认的形式通过包括公开发布的方式在内的方法，通过互联网或如下途径使公众获得该信息：

（i）网站主页；

（ii）交友服务；

（iii）电子邮件服务；

（iv）留言板；

（v）聊天室。

（5）联邦机构——指《美国法典》第五篇第551节（1）所定义的机构。

（6）互联网——指无数的计算机和电信设备的集合，包括硬件装置和操作软件，构成国际互联网络，适用《传输控制协议》/《互联网协议》或其前后的协议，以有线或无线的方式交流各种信息。

（7）父母——包括法定监护人。

（8）个人信息——指在网上搜集的关于个人的可个别辨认的信息，包括：

（A）姓名；

（B）家庭或其他地址，包括街道名称以及城市或城镇的名称；

（C）电子邮件地址；

（D）社会保障号码；

（E）委员会决定的任何其他鉴定人允许与一特定个人进行实际的或网上的联系；

（F）在网上搜集的并且与本款所述的鉴定人相结合的有关儿童或儿童父母的信息。

（9）可证明的父母的同意——指任何合理的努力（考虑现行技术因素），包括要求授权进行信息的未来收集、利用和通知中所述的披露，以确保儿童的父母收到经营者的个人信息收集、利用和披露行为的通知，并且在适当时，在从儿童处搜集到信息之前授权对个人信息进行收集、利用和披露并且允许随后使用该信息。

（10）针对儿童的网站或网上服务——

（A）一般情况下指：

（i）以儿童为目标的商业网站或网上服务；

（ii）商业网站或网上服务以儿童为目标的部分。

（B）限制——商业网站或网上服务，或者商业网站或网上服务的一部分，通过使用包括目录、索引、参考符号、指示器或超文本联系在内的信息定位工具确认只是与针对儿童的商业网站或网上服务有联系，则不被认为是针对儿童的。

（11）人——指任何个人、合伙、公司、企业联合、社会集团、合作社、社团或其他实体。

（12）网上联系信息——指电子邮件地址或其他可与该人在网上直接联系的实质相似的辨认器。

第 202 节　对在互联网上收集和利用来自儿童并与儿童有关的个人信息的不公平和欺骗性行为和实践的监管

a. 禁止性行为

（1）一般情况下——针对儿童的网站或网上服务的经营者，或明知自己正从儿童收集个人信息的经营者，以违反（b）款规定的方式收集个人信息，则该行为是违法的。

（2）受保护的向父母披露个人信息的行为——无论是该网站或网上服务的经营者还是经营者的代理人如根据（b）款（1）项（B）（iii）善意且应要求以合理程序向儿童的父母披露个人信息，则不应受任何联邦或州法律的制裁。

b. 监管

（1）一般情况——本法通过 1 年之内，委员会应根据《美国法典》第五篇第 553 节公布监管规定：

（A）要求针对儿童的网站或网上服务的经营者，如向儿童收集个人信息或明知自己正在向儿童收集个人信息，则应：

（i）在网站上发布通知，告知向儿童收集了何种信息，如何使用这些信息以及经营者披露该类信息的实践；

（ii）获得可证实的父母的同意，以收集、使用或披露源自儿童的个人信息。

（B）如儿童已向该类网站或网上服务提供个人信息，则应该由儿童父母请求，要求经营者：

（i）提供向儿童所收集的个人信息的具体类型的详细说明；

（ii）提供任何时候可拒绝经营者以可恢复的形式进一步使用或保存或者进一步在网上收集该儿童个人信息的机会，尽管法律另有规定；

（iii）为父母获得该儿童个人信息提供合理的方式。

（C）禁止有条件让儿童参加游戏，提供奖品或通过其他活动让儿童披露比参加该游戏所需的更多的个人信息。

（D）要求该类网站或网上服务的经营者设置并维护一些合理的程序以保护向儿童收集的个人信息的机密性、安全性和完整性。

（E）允许该类网站或网上服务的经营者收集、使用和传播该类信息：

（i）以保护其网站的安全性和完整性；

（ii）以对不利条件采取预防措施；

（iii）以应对司法程序；

（iv）为执法机关提供信息或者为有关公众安全的调查提供信息。

（2）不要求同意时——在如下情况中，不要求（1）款（A）（ii）规定的可证实的父母的同意：

（A）向儿童收集的网上联系信息仅被一次性直接用于回应儿童的具体要求，而不是用于再次联系儿童并且没有被经营者以可恢复的形式保存。

（B）要求获得父母或儿童的姓名或网上联系信息，仅为获得父母同意或发送本节规定的通知，并且在一段合理时间之后如不能获得父母同意，则经营者不得以可恢复的形式保留此类信息。

（C）向儿童收集的网上联系信息，仅被用于多次直接回应儿童的要求，而不被用于在要求范围之外再次联系儿童：

（i）在第一次向儿童作出回应之后，在作出此后的额外回应之前，经营者通过合理努力向父母通知从儿童处搜集到的网上联系信息，告知信息使用的目的，并且父母可以要求经营者不得进一步使用该信息，不得以可恢复的形式保存该信息；

（ii）在本款规定的监管之下，考虑到接受信息和服务对儿童的益处以及对儿童的安全和隐私权产生的风险，在委员会可以决定的情况下，可以不向父母发出通知。

（D）儿童的姓名和网上联系信息（在一定程度上对保护儿童参与者的安全是必要的）：

（i）仅用于保护此种安全；

（ii）不得用于再联系儿童或任何其他目的；

（iii）不得现场披露。

如果经营者通过合理努力向父母通知从儿童处收集到的网上联系信息，告知信息使用的目的，并且父母可以要求经营者不得进一步使用该信息。

c. 执行

根据第 203 节和 205 节的规定，违反（a）款的监管规定将被当做违反《联邦贸易委员会法》第 18 节（a）款（1）项（B）的一项定义不公平或欺骗性行为或实践的规则来对待。

d. 不一致的州法

任何州或地方政府不得对经营者的州际或国际商业活动或行为强加任何责任，如果与本篇规定的活动或行为与本节规定的活动或行为不一致。

第 203 节　安全港

a. 准则

经营者可以通过遵守营销或网络行业代表或（b）款规定的其他人制定的一套自律规则以满足第 202 节（b）款规定的监管要求。

b. 鼓励

（1）鼓励自律诱导——在制定第 202 节的监管规定时，委员会应为经营者进行自律以履行根据本节（b）款规定的监管要求为儿童提供保护的责任提供诱导。

（2）视为遵守监管规定——如果一个人在通知和说明之后遵守委员会批准的规则，且这些规则符合第 202 节监管规定的要求，则该人应被认为遵守了第 202 节监管规定的要求，自律诱导应包括这种规定。

（3）对要求的快速回复——委员会应在寻求安全港待遇的要求注册后 180 天之内采取行动，并且应对该要求作出书面结论。

c. 上诉——如委员会对根据（b）款递交的同意准则的要求作出的最后决定或者对该要求没有在 180 天之内采取行动，则可以向根据《美国法典》第五篇第 706 节有适当管辖权的美国地区法院上诉。

第 204 节　州诉讼

a. 一般情况

（1）民事诉讼——一在州检察长有理由相信任何人违反第 202 节（b）款委员会监管规定的行为已经或将会对本州居民的利益产生威胁或不利影响时，该州作为国家亲权可以代表本州居民在有管辖权的美国地区法院提起民事诉讼：

（A）以规范该行为；

（B）以使其遵守监管规定；

（C）以代表本州居民获得损害赔偿或其他赔偿或者令其恢复原状；

（D）以获得法院认为恰当的其他救济。

（2）通知

（A）一般情况——在根据（1）项提起诉讼之前，州检察长应向委员会提供：

（i）书面诉讼通知；

（ii）起诉状副本。

（B）例外

（i）一般情况——如果州检察长认为在提起诉讼之前发出（A）规定的通知是不可行的，则（A）不适用于州检察长提起诉讼的情况；

（ii）在（i）规定的诉讼中，州检察长应在提起诉讼的同时向委员会发出通知并提供起诉状副本。

b. 参与诉讼

（1）一般情况——一旦收到（a）款（2）规定的通知，委员会应有权参与所通知的诉讼。

（2）参与诉讼的效力——如果参与（a）款规定的诉讼，委员会应有权：

（A）就诉讼中出现的任何问题提出意见；

（B）提出上诉请求。

（3）法庭之友——一个人如果其自律规则已由委员会批准并且被本节规定的诉讼中的被告用作辩护的理由，则该人可以向法庭提出在该诉讼中适用法庭之友的申请。

c. 法律解释

为提起（a）款规定的任何民事诉讼，本篇中的任何规定不应被解释为阻碍州检察长行使该州法律赋予他的如下权力：

（1）进行调查；

（2）宣誓或事实陈述；

（3）强制证人出庭或提供书面证据和其他证据。

d. 委员会提起的诉讼

在因违反第202节的监管规定而由委员会或代表委员会提起诉讼的情况下，任何州在该诉讼未决时不得就该诉讼中的被告提起（a）款规定的诉讼。

e. 审判地，传票送达手续

（1）审判地——根据（a）款提起的诉讼可以根据《美国法典》第二十八篇第 1391 节规定在符合审判地要求的美国地区法院提起。

（2）传票送达手续——根据（a）款提起的诉讼，传票可以在任何地区送达，只要被告：

（A）是本区居民；

（B）可以找到。

第 205 节　法律的执行与适用

a. 一般情况——除非另有规定，本篇根据《联邦贸易委员会法》由委员会实施。

b. 条文规定——本篇的执行应符合以下要求：

（1）在如下情况中适用《联邦存款保险法》第 8 节：

（A）由货币储备办公室主管的在国家银行、外国银行的联邦分行和联邦代理机构；

（B）由联邦储备委员会主管的联邦储备体系的成员银行（而不是国家银行）、外国银行的分行和代理机构（而不是联邦分行、联邦代理机构以及投保的外国银行的州分行）、外国银行控制的商业借贷公司以及根据《联邦储备法》第 25 节或第 25 节（a）款运作的机构；

（C）在由联邦存款保险公司（而不是联邦储备体系成员）和投保的外国银行的州分行保险的银行的案件中由联邦存款保险公司董事会执行。

（2）在存款由联邦存款保险公司保险的储蓄协会的案件中，由节俭监管办公室主任根据《联邦存款保险法》第 8 节执行。

（3）对于任何联邦信用合作组织由国家信用合作组织管理委员会适用《联邦信用合作组织法》。

（4）对于任何航空承运人或外国航空承运人由交通部长适用《美国法典》第四十九篇Ⅶ（A）部分。

（5）对于任何与 *The Packers and Stockyard Act*，1921 有关的活动由农业部长适用 *The Packers and Stockyard Act*，1921（除该法第 406 节另有规定）。

（6）对于联邦土地银行、联邦土地银行协会、联邦居间信贷银行和生产信贷协会，由农场信贷管理局适用《1971 年农场信贷法》。

c. 权力的行使——为了（a）款中所指的任何代理机构能根据该款中所指的任何法律行使其权利，违反本篇的规定将被视为违反了该法的规定。除了可根据（a）款所特指的法律规定行使权力外，该款所指的每一个代理机构，为执行本篇的规定，均可行使法律赋予的其他权力。

d. 委员会提起的诉讼——如《联邦贸易委员会法》的所有可适用的条款和规定均已并入本篇并成为其中的一部分，委员会应以与该法相同的方法、相同的方式、相同的管辖权、权限和责任防止任何人违反第 202 节下委员会的规则。任何违反该规则的实体均应受到惩罚，但有权根据《联邦贸易法》获得特权与豁免。

e. 对其他法规的效力——本篇的任何规定不得被解释为限制任何其他法律规定赋予委员会的权力。

第 206 节　检　查

在第 202 节的监督规定生效之日起 5 年之内，委员会应：

（1）检查本篇的执行情况，包括本篇对与儿童有关的信息的收集和披露、儿童在网上获得自己选择的信息的能力的执行效果和对针对儿童的网站的可获得性的执行效果；

（2）准备并向国会递交（1）项下的检查结果报告。

第 207 节　生效日期

本篇第 202 节（a）、204 节、205 节于以下日期生效：

（1）本法通过后 18 个月届满之日起生效；

（2）如果委员会在本法通过之日后 1 年之内没有裁决第 203 节下的安全港待遇申请，则委员会裁决该申请之日为生效之日，但不得迟于本法通过之日后 30 个月。

日本对嫖雏妓、儿童色情行为的
处罚及儿童保护法

施行：日本平成十一年十一月一日[①]（平成——政 322）

（目的）

第 1 条

鉴于针对儿童的性剥削以及性虐待给儿童的权利造成显著侵害的严重性，本法规定，对与嫖雏妓、儿童色情有关的行为予以处罚的同时，并规定对因上述行为身心遭受有害影响的儿童的保护措施，以有助于保护儿童权利目的的实现。

（定义）

第 2 条

（1）本法中的"儿童"乃指未满 18 岁者。

（2）"嫖雏妓"是指，对于下列各项所列出的，以提供对价，并受这种对价约束，针对儿童的性交等（性交或类似性交的行为），或者为满足对性的好奇心的目的，与儿童的性器官（包括生殖器、肛门和乳房，以下同）进行接触（或者让儿童接触自己的性器官等，以下同）：

一、儿童；

二、嫖雏妓的中介人；

三、儿童的保护人（指行使亲权者、监护人等，以下同）或者把儿童置于其支配之下者。

（3）本法中的"儿童色情"是指照片、录像等，符合下列各项中的任意一项者：

一、以儿童为对象，以与儿童的性交或类似性交的行为，在视觉上可以感受出儿童的形象的描述；

二、他人接触儿童的性器官或儿童接触他人的性器官，在视觉上以激起性

[①] 日本平成十一年即公元 1999 年。——作者注

欲或刺激的描述；

三、通过脱除衣服的全部或一部分，显露儿童的身体，在视觉上以激起性欲或者刺激的描述。

（适用上的注意）

第3条

在适用本法时，不得给国民的权利造成不当侵害。

（嫖雏妓）

第4条

对于嫖雏妓者，处3年以下的惩役或100万日元以下的罚金。

（嫖雏妓的中介人）

第5条

（1）对于嫖雏妓的中介人，处3年以下惩役或300万日元以下的罚金。

（2）对以此为业者，则处5年以下惩役及500万日元以下的罚金。

（劝诱嫖雏妓）

第6条

（1）为达到嫖雏妓的中介目的，劝诱他人嫖雏妓者，处3年以下惩役或300万日元以下的罚金。

（2）为达到前项目的，以劝诱他人嫖雏妓为业者，则处5年以下惩役及500万日元以下的罚金。

（色情制品的发布等）

第7条

（1）发布、贩卖、出租或者公开展览儿童色情制品者，处3年以下惩役或300万日元以下罚金。

（2）为前项所列行为的目的，制造、所有、运输、进口或出口儿童色情制品者，处罚同上。

（3）为第一项所列行为的目的，从国外进口或向国外出口儿童色情制品的日本国民，处罚同上。

（以嫖雏妓为目的的人身买卖等）

第8条

（1）对于嫖雏妓、以与儿童性交为对象或者上述第2条第3项第1款、第2款或者第3款描述儿童形象，以制造儿童色情制品为目的，而买卖儿童者，则处1年以上10年以下惩役。

（2）为前项目的，掠取、诱拐外国儿童，为买卖目的而将其移送至其居住国以外的日本国民，处 2 年以上有期惩役。

（3）前两项罪未遂者，亦罚之。

（儿童年龄的知情）

第 9 条

使用儿童者，以不知儿童的年龄为理由，亦不能构成第 5 条至前项规定的处罚的免除。但是，若不存在过失则不以此为限。

（国民的国外犯罪）

第 10 条

第 4 条至第 6 条、第 7 条第 1 项以及第 2 项、第 8 条第 1 项以及第 3 项（限于同条第 1 项相关部门）的罪行，按刑法（明治四十年法律第 45 号）第 3 条的规定处理。

（并罚规定）

第 11 条

法人代表，法人代理人、使用者及其从业人员，其行为与法人的业务有关，犯了上述有关罪行者，除处罚行为人外，还需对该法人依本法规定并处罚金刑。

（侦查及公判的注意事项）

第 12 条

（1）与第 4 条至第 8 条的犯罪有关的侦查以及公判在职务上有关系者（即下项的"职务关系者"）在行使职务时，在注意儿童的人权及特点的同时，应注意不损害其名誉与尊严。

（2）国家及地方公共团体，应努力对职务关系者训练和启发其加深对儿童的人权和特点的理解。

（禁止媒体报道）

第 13 条

第 4 条至第 8 条罪行中出现的儿童，新闻、照片、播放的节目、报纸及其他出版物不得登载、报道该儿童的姓名、年龄、职业、就读学校、住所、容貌等内容以及其他可以推知该儿童的内容。

（教育、启发及调查研究）

第 14 条

（1）鉴于嫖雏妓、儿童色情制品的发布等行为对儿童身心发育造成重大影响，为把这些行为防患于未然，国家和地方公共团体应努力教育和启发国民加深对儿童权利的理解。

（2）国家和地方公共团体应努力推进为防止嫖雏妓、儿童色情制品的发布而进行的调查研究。

（对身心受到有害影响的儿童的保护）

第 15 条

（1）有关行政机关，对于已经由于嫖雏妓、儿童色情描述等行为使身心受到有害影响的儿童，应相互协作，根据儿童的身心状况、所处环境，采取商谈、指导、临时保护、送入保护设施以及其他必要的保护措施，使儿童从所遭受的影响中恢复身体和心理健康，享有个人尊严地成长。

（2）有关行政机关在采取前项措施时，出于保护儿童，认为有必要时，可以对保护者采取协商、指导及其他措施。

（为保护身心遭受有害影响的儿童所进行的体制的调整）

第 16 条

国家及地方公共团体对于因嫖雏妓、儿童色情等使身心遭受有害影响的儿童，应在专业知识的基础上进行适当的保护，在推进与保护这些儿童有关的调查研究、保护这些儿童的执行者的素质的提高、在这些儿童需要紧急保护的情况下有关机构的协调合作机制的强化、与保护儿童的民间团体的协调合作机制的改进等方面努力对必要的体制加以调整。

（国际合作的推进）

第 17 条

为了防止第 4 条至第 8 条的罪行的发生及对相关事件的正确、迅速的侦查，国家应努力确保紧密的国际合作，推进国际调查研究和其他国际合作。

附　　则

（施行日期）

第 1 条

本法自公布之日起不超过 6 个月，由政令（平成十一年十一月一日平成——政 322）规定的生效之日起施行。

（与条例的关系）

第 2 条

（1）地方公共团体的规定与本法的规定相抵触的部分自本法施行时起失效。

（2）根据前项规定，在条例的规定失效的情况下，当该公共团体在条例中未作出不同规定时，对条例失效前的违法行为的处罚即使在条例失效后亦适用失效前的条例。

（检讨）

第 6 条关于控制嫖雏妓和儿童色情以及保护儿童免遭性剥削和性虐待的法律，在本法施行后每 3 年应考虑该法的施行状况、儿童权利保护的国际动向等，对该法加以讨论，以此为基础采取必要措施。

英国《1989 年儿童法》译介

(*The Children Act 1989*)

《1989 年儿童法》于 1991 年 10 月 14 日生效。该法给儿童方面的法律带来了巨大的变革。第一次把儿童方面的公法和私法规定在一个法律文件当中。法条和程序的设计都较合理而简洁。

一、父母责任

父母责任（parental responsibility）是 1989 年儿童法的一个全新的概念，而以前的法律，如 1975 年儿童法则为"父母权利和义务"，在其他的法律中甚至为"权力与义务"。而"父母责任"这个新的词语所传达出的信息就是，把父母在儿童之上的"权利"变为对儿童应负的"责任"。父母责任在该法 S. 3（1）定义为：法律所规定的，父母对儿童及其财产所具有的所有权利、义务、权利、责任和职权。负有父母责任的人不得放弃或转让该责任的任何部分。但是，他可以就该责任的部分或全部安排由一个或多个他人来共同完成，如学校、地方当局、教堂等。父母责任的实施可以通过父母间的协议或法院的裁决而予以减损或取消。比如，法院可以对限制实施父母责任的协议作出特别规定。涉案父（母）不允许违背法院的裁定。该法允许负有责任的父母单独而非与他人共同履行其责任。但是，如果有特别的法律要求，这种责任的履行需获得他人的同意，则按该法的规定办理。

哪些人负有父母责任呢？其中有一种自动产生的父母责任。父母责任自动授予儿童的母亲，而不考虑她结婚与否。父亲也可负有这种责任，主要看他在儿童出生时是否与其母结婚。如果他缔结了这种婚姻，那么他也自动获得父（母）责任。即使该父与其母并未成立合法的婚姻关系，他依然应被作为特别情况下的结婚对待。这种自动产生的父母责任只有在儿童被收养的情况下才能被剥夺。

另一种是未婚父亲如何获得父（母）责任。在儿童出生时，该父未与其母结婚，也不符合该概念的扩展解释，那么，可以初步判定该父不对此儿童负有父（母）责任。但是，遇有下述情况之一时，他则负有父（母）责任：（1）按照法定格式与其母签订"父（母）责任协议"。该法定格式应符合《1991 年父（母）责任协议规则》（*Parental Responsibility Agreement Regulation* 1991）的规定；（2）向法院申请父（母）责任裁决；（3）申请并获得一个居住裁决，在该裁决中法院按照 1989 年儿童法第 4 条第 1 款（a）项的规定作出父（母）责任的裁定；（4）被法院指定为儿童的监护人；（5）被其母或其他监护人指定为儿童的监护人。

按照 1989 年儿童法 S. 4 的规定，未婚父亲提出申请，法院应该根据儿童的最大利益原则确定该父是否负有父（母）责任。在上下文里，"福利"一词的含义没有被明确界定，以便于法院根据儿童的最大利益自由作出裁量。不寻求父（母）责任的未婚父亲依然负有抚养儿童的责任。

关于父（母）责任协议和裁决的终止，该法规定，父（母）责任协议或裁决在该儿童达到 18 岁时自动终止。在儿童的 18 岁到来之前，法院将撤销该协议或裁决，如果法院认为这样做比不这样做更有利于儿童福利的话。任何负有父（母）责任的人可以请求撤销该裁决或协议，事实上，儿童本人若具有足够的年龄和理解力并法院认为合适的话，也可以提出申请撤销。但是，在居住裁决依然存在的情况下，父亲所负有的责任不得撤销。实际上，如果居住裁决不是针对儿童的父（母）或监护人作出的，那么该人在居住裁决生效期间必须继续履行父（母）责任。

关于父（母）责任的获得，1989 年儿童法规定了不同的途径，以使许多不同的人像未婚父亲一样能够获得父（母）责任。比如下述一些方式：（1）监护人可获得父（母）责任，他们就相当于非婚生父母；（2）收养人可以通过收养令获得父（母）责任；（3）地方当局可以通过监护令等获得父（母）责任；（4）一个被授予居住令的人在该居住令有效期内可自动获得父（母）责任。

能够获得父（母）责任的人在任何一个时段都没有数量上的限制，一个人不会因为他人提出同样的要求而失去父（母）责任。虽然地方当局可以通过监护令获得父（母）责任，但儿童的父母依然不会失去其责任，而是与其共同分享。

继父（母）也可以像其他的儿童非婚生父（母）一样用同样的方式获得父（母）责任。虽然继父（母）不是通过继父（母）身份而获得父（母）责任，但是，他如果是有关儿童所在的家庭中的缔婚一方（不管这种婚姻是否持续），那么他就负有抚养儿童的责任。这种情况是不考虑该继父（母）是否负有父（母）责任的。监护儿童的继父（母）应采取一切合理手段以保护和促进儿童福利。另外，该法还就儿童的事实监护人作出了规定。不负有父（母）责任的儿童事实监护人也应尽其所能维护和促进儿童福利。

二、1989 年儿童法 S. 8 提供的一系列命令

1989 年儿童法 S. 8 提供了一系列的命令，用以解决抚养儿童方面的私人争端。这些命令有：

（1）居住令（a residence order）：用以解决与儿童共同居住的人方面的安排。

（2）探视令（a contact order）：该令要求，跟儿童共同居住的人应允许儿童看望该探视令中规定的人，并允许他们互相联系。

（3）禁止采取措施令（a prohibited steps order）：该令要求，未获法院的应允，同意负有父（母）责任的父（母）不得采取任何措施。

（4）特别争端令（a specific issue order）：该令给任何与父（母）责任有关的、已经或可能发生的特别问题提供解决的指导。

关于上述命令的期间，该法是这样规定的：

（1）作为一般规则，除非被法院撤销或儿童达到 16 岁，上述命令持续有效；

（2）在儿童达到 16 岁后，除有特殊情况，法院不得作出终止上述命令的决定；

（3）一旦儿童达到 16 岁，除非有特殊情况，法院不得作出决定变更或撤销上述命令；

（4）如果上述命令是在儿童达到 16 岁后延展或制定的，那么它在该儿童达到 18 岁时终止；

（5）就像收养程序中的收养令一样，监护令的发布将撤销所有上述命令。

关于上述命令的变更，该法规定，法院有权不断发布新的命令，变更或撤销有效的命令。寻求变更有效命令的一方必须提交适当的申请，并请求听证。在原命令发布后，若情况没有发生任何变化，法院自然不会发布新的命令。

1. 居住令

居住令只是对儿童与谁居住作出安排，它不会在父（母）责任问题上对父母任何一方产生任何效力，仅此而已。居住令可以以多人为对象作出，如果他们不是居住在一起的话，则居住令可以规定该儿童与他们每一个家庭共同居住的期间。

该法对变更儿童的姓氏也作出了限制性的规定。若未获得对该儿童负有父（母）责任的每一个人的书面同意或法院的许可，不得随意变更该儿童的姓氏。一个获得居住令的人确实想变更该儿童的姓氏的话，他应该首先与负有父（母）责任的其他人联系，以获取他们的书面同意。否则，必须获得法院的许可。

关于把儿童从管辖区域转移的限制性规定，1989 年儿童法 S. 13（1）规定，未得到对该儿童负有父（母）责任的每一个人的书面同意或法院的许可，有效居住令中所指的儿童不得被带离联合王国。但是有一个例外，可以允许获得居住令的人把儿童带离管辖区域不超过 1 个月，而无须遵守前面提到的两个要求。这就是说，允许进行短期旅行，而对短期旅行的次数未作限定。如果有必要向法院请求获准许可的话，儿童的福祉是法院的首要考虑。一般情况下，不难说服法院许可申请短期带离儿童，除非有情况证明申请者将非法地把儿童永久带离管辖区域。关于居住令与父（母）责任，1989 年儿童法 S. 12（2）规定，任何获得居住令的人均可自动取得父（母）责任。但是，该条第 3 款规定，非儿童父母或监护人的人可以通过同意收养、解除收养和被指定为该儿童的监护人而不受前款的规定约束。

该法第 14 条规定了执行居住令的方法。如果某人（不论其是否为居住令所指的对象或其他人）违反了居住令的规定，那么，获得居住令的人可以依照《治安法官法院法》（*Magistrates' Courts Act* 1980）的第 63 条第 3 款的规定予以执行。为此，他应向他方相对人提供居住令的复印件。这种救济方式的运用并不妨碍该人寻求其他可能的救济方式。

关于居住令的解除，通常在儿童达到 16 岁后，居住令终止。如果居住令是以儿童的父母为对象作出的，而该父母又都对该儿童负有父母责任，那么在他们连续共同居住满 6 个月后，居住令失效。

2. 探视令

探视令取代原来的接触权令（access order）。探视令要求跟儿童共同居住的人允许该儿童探视该探视令中所指的人或与其共处，或者让他们互相探视。如果双方不能就探视问题达成合意的话，那么，非与儿童居住的一方可以要求法院作出探视的安排。此即所谓"指定探视"申请（an application for "defined contact"）。该申请通常由欲探视小孩而未获得允许的非与小孩同居的一方父（母）提出。但是，即使指定探视令已经发出，如果与儿童同居的父（母）一方认为探视将对儿童产生不良影响，那么，她可以申请作出重新指定的决定或予以终止。一般地，探视令限于定期探视，但是，如果定期探视取得令人满意的效果，那么可以要求法院解决特殊情形下的探视问题，如，是否允许圣诞节的探视。

探视令通常允许的是合理探视，如果由于某些原因儿童不适合或不可能去探视相关人员，那么可以由法院决定其他的探视方式，如电话交谈、信件交流或者由相关人员对儿童进行探视。根据最近的一些案例法原则，不可以拒绝父（母）与儿童之间的探视，除非对儿童的利益有绝对的必要。但是，有时可能出现这种情况，即有足够说服力的理由来拒绝儿童与其父亲之间的探视。有时候，母亲对父亲怀着难以平息的敌意，这就意味着，如果强迫该母亲违背其意愿而接受儿童与其父亲之间的探视，则可能使儿童面临感情遭受极大伤害的风险。另外的情况是，儿童自己可能有着探视其生父的强烈愿望，那么，法院就应该充分考虑儿童的意愿。

获得探视令的人如何维护儿童的福利呢？如果儿童探视一个对他负有父（母）责任的人，或与其共处，如父（母）、监护人或获得居住令的人，那么，该人就应该履行其父（母）责任，以求与按 1989 年儿童法的规定作出的命令相符合。如果儿童探视一个对他不负有父（母）责任的人或与其共处，如祖父（母），那么，该人也应采取合理的行动以维持或促进儿童的福利。

关于探视令的解除，1989 年儿童法 S. 9（7）和 S. 11（6）规定：除非有例外情况，在儿童达到 16 岁以后，法院不得为其作出探视令；另外，如果父母连续共同居住满 6 个月，那么，要求父（母）一方允许儿童探视父（母）另一方的探视令自动失效。

3. 禁止性措施令

禁止性措施令指父母在履行其对儿童的责任时不得采取的并且不是指令中特定种类的措施。在没有获得法院同意时不得采取。其目的在于将监护管辖权中最有价值的特征之一融入到《1989 年儿童法》的诉讼中去。因为禁止性措施令现在有可能得到运用而不是监护管辖权，所以监护权已从本指南（Guide）中省略。当一个儿童受法院监护时，一个自然结果就是在其生活中如无法院同意不得采取重要措施。禁止性措施令与监护权的不同之处在于前者被禁止的诉讼或法院无法控制的领域必须在指令中特别指出。其目的在于希望本指令的可获得性与特别争端令一道将在许多案件中排除诉诸监护权的需要。本指令可以单独作出也可与居住令和探视令一道作出。例如，在无居住令可行的案件中，本指令可以用于防止一方父（母）在无另一方父（母）同意的情况下将家中的儿童带走。

最近，禁止性措施令已在 Re H（Prohibited Steps Order）［1995］1FLR638

中通过上诉法院的检验。在该案中，地方当局已获得对 4 个孩子的监管令并且在最小的孩子受到性虐待之后又获得一个看护令。孩子们继续与其在一起的该母亲的前任同居者被认为是虐待者，尽管他不是诉讼的当事方。法官首先对该母亲发出禁止性措施令，禁止她允许孩子们与其前任同居者保持联系。在监管令中也会出现相似的情况，但也不会对前任同居者作出直接指令，因为他不是诉讼的当事方。

关于对禁止性措施令运用的限制：（1）禁止性措施令不适用于儿童年龄已满 16 岁的情况，但例外情况除外。（2）禁止性措施令不能被用作达到某种结果的"间接"方法，而该种结果本应通过居住令或探视令获得。

4. 特别争端令

特别争端令如禁止性措施令一样，既可以单独作出，也可以与居住令和探视令一道作出。它使法院指导决定与父母对儿童的责任有关的已经出现或可能出现的特别问题，例如，改变儿童名字的决定、学校的选择、宗教信仰、医药治疗等。

这项新规定扩展至涉及非父母的争端，包括一些有关地方当局，例如，有关儿童的绝育或堕胎，法院既可以自己作出相关决定，也可以指令由他人作出决定，例如儿童的治疗由某一特定医生决定。

关于对作出特别争端令的限制，限制性规定与禁止性措施令的限制性规定一致。

5. 补充规定与临时裁决令（supplementary provision and interim order）

关于补充规定与临时裁决令，《1989 年儿童法》S. 11（3）和（7）中的补充规定其目的在于保持法院权力的最大灵活性，以便法院作出临时裁决令，延缓指令的执行或者在情况有必要时对指令附加其他特殊条件。例如，法院可以指示某一指令在特定阶段有效或者包含在某一特定阶段有效的规定。法院最近在作出探视令时援引这些规定，但这些条件的范围已受到挑战。例如，在 Re M（A Minor）（Contact：Conditions）［1994］1FLR272 中，法院规定如果条件可以附于一项指令并且该指令要求居住方父（母）应及时通知另一方父（母）儿童的处所以便探视，但法院不能指令儿童的母亲向其父亲报告儿童的进展情况。与此不同的是，在 Re O（A Minor）（Contact）［1995］2FLR124 中，上诉法院驳回了一位母亲对一项间接探视令的上诉，该探视令是由哈图普尔县（Hartelpool）法院的福克斯（Fox）法官作出的以 S. 11（7）为由包括一系列的条件。上诉法院同意以下要求，即母亲应：（1）每 3 个月向儿童的父亲发送一次儿童的照片；（2）从儿童上幼儿园开始向其父亲发送进展报告；

（3）儿童染有重大疾病时通知其父亲，并向其发送医疗报告；（4）为儿童收取卡片和礼物。

在《1989 年儿童法》的这一部分支持探视中不存在法定的假设情况，法院将运用该法 S.1 中的原则处理申请。

何时提出临时申请合适呢？《1989 年儿童法》S.11（3）规定，如果法院有权作出 S.8 中的指令，则法院可以在诉讼中的任何阶段作出，即使它无权最终处理该诉讼。

如果当事人无法就住所和探视达成一致，律师则应考虑申请临时指令。当事人无住所或探视的时间越长，长远申请带来的损害就越大，因此律师应提出临时申请以保证在全面审理之前当事人的居住和探视。然而，值得强调的是法院对住所的临时审理的一般方法是维持现状，除非有改变现状的重大原因。因此，如果一方当事人已实际和儿童居住在一起，那么法院在全面审理前不可能指令将儿童移交另一方。

法院更有可能发出临时探视令而不是改变儿童的住所。如果父（母）一方寻求长期居住或探视令的申请被否决，那么他（她）通常应提出临时探视申请以确保他的全面申请不会因他与儿童失去联系而不利。

如果在案件审理前有几次临时探视，这对于法院审理最终探视申请是非常有意义的。如果真正关心儿童对探视的态度，那么法院可以指令这些探视行为须由一位儿童福利官员进行监督，然后由该官员向法院报告。

如果已获得居住令的父母一方被指令向另一方提供合理的探视或规定的探视。那么此后她就不应该自动停止这种探视。如果她停止了就是违反探视令，就会因藐视承诺而受到起诉。如果她担心探视无法继续，正确的做法是她应提出一项停止探视的申请并且同时寻求一项有此效果的临时裁决令。在实践中，真正担心探视对儿童的影响的父母一方一般会简单地拒绝让儿童去，而将问题留给另一方，让其决定是将事情再诉至法院以获取一项规定的探视令还是强制执行已有的探视协议。然而必须警告已停止探视或打算停止探视的父母一方，如果她这样做而没有充分的理由，那么在任何有关儿童的申请中她将处于极为不利的地位。

关于家庭援助令，这是《1989 年儿童法》新引入的，该令旨在婚姻破裂时有一位监护官对家庭提供短期帮助。

6. 家庭援助令（family assistance order）

家庭援助令仅用于特殊情况并须获得 S.16（3）和（7）中所有有关人员的同意（儿童除外）。法院不必以 S.8 中的指令作为作出家庭探视令的前提，但如果存在 S.8 中的指令，那么监督官可以将事件提交法院重新处理。然而，他只能提交与 S.8 中指令有关的问题而不能就儿童的看护约定采取措施。如果案件重新提交法院，那么法院可以根据 S.9 中的限制性规定作出 S.8 中的任何指令。如果该官员关心儿童的健康成长，那么他应根据《1989 年儿童法》S.47（1）（b）将案件提交地方当局进行调查。

家庭援助令仍然相对较少。在 Leeds County Council v. C ［1993］1FLR269 中，布斯（Booth）法官明确表示如果法院愿意发出一项受监督的探视令，获取监督的正确方法是发出家庭援助令；法院首先声明根据 S.11（7）发出附条件的探视令并且该种探视令将受到监督，这种做法是错误的。

三、一般原则（general principles）

关于一般原则，《1989 年儿童法》包含一些一般原则，这些原则特别适用于解决私人之间有关儿童的争议。

1. 儿童福利至上（the paramountcy of welfare）

《1989 年儿童法》第 S.1（1）规定，法院在决定下列问题时，儿童的福利应是法院的首要考虑：（1）儿童的教养；（2）儿童财产的管理或者从财产中所产生的收益的运用。儿童是指 18 岁以下的任何人。

2. 法定核对清单（the statutory checklist）

当法院考虑特别是考虑是否作出、变更或撤销一项 S.8 中的指令并且该指令的作出、变更或撤销受到诉讼中某一方当事人的反对时，《1989 年儿童法》的 S.1（3）要求法院注意各种因素的"法定核对清单"。在任何其他案件中，"法院均可使用法定核对清单作指导。核对清单包括以下因素：（1）儿童的可探知的愿望和感情（根据他的年龄和理解力）；（2）儿童情况的改变对他可能产生的影响；（3）法院认为有关的儿童的年龄、性别、背景和其他任何特征；（4）儿童所遭受的任何伤害或伤害风险；（5）儿童的父母和法院认为有关的其他人满足儿童需要的能力；（6）根据《1989 年儿童法》，法院在诉讼中的权力范围。

本清单的目的旨在为法院提供指导，旨在保持全国的法律的一致性以及帮助法律顾问和当事人将注意力集中在影响儿童的问题上。

关于儿童的愿望与感情，如果儿童表示希望与父或母居住或希望与父母中的一方联系，那么法院必须着重考虑这一因素。当决定如何重视这些愿望时，法院将考虑儿童的年龄和成熟度。法院将会注意儿童可能会有意识地受与他一起居住的父或母的影响。儿童可能会因害怕伤害父母中的任何一方而不敢表达自己的观点。即使他明白表示自己强烈的愿望，但这些愿望可能并不代表他的利益。

法院可以通过很多途径了解儿童的愿望（例如由父母提供证据）。儿童愿望的最佳证据是通过儿童福利报告获得，如法官见过儿童，则可从法官对儿童的个人评估中获得。法院的儿童福利官员一般会在他的报告中提及儿童向他表达过的任何愿望，对于稍年长一点的儿童，他可以直接询问儿童对案件的感受。如有必要，法官可在审理期间私下会见儿童。法官是否会这样做取决于他的习惯和儿童的年龄。法官不可能会见一个不满 8 岁的儿童。年龄越大的儿童，法官越有可能会见他，并且他的愿望就越有可能受到重视。

这一方法在 1992 年 3 月 3 日 Re W（Minors）（Residence Order）中，在上诉法院得到确认，上诉法院认为法官正确地考虑了两个 10 岁和 12 岁儿童的意见。同样，在 Re P（a Minor）（Education：Child's Views）［1992］1 FLR 316 中，上诉法院认为法院有责任关注年长儿童的愿望和意见，特别是当这些儿童明理、成熟又聪明。

关于儿童的身体、情感和教育需求，事实上，物质条件优越的一方父母或能为儿童提供愉悦环境的一方父母在儿童该与谁居住的争议中并不占优势。法院通常通过发出赡养令或者当有离婚裁决时通过辅助救济令的方式来平衡父母之间在这方面的差距。

然而，如有证据表明父母中有一方的居住条件不理想，那么这对判决儿童与谁居住有影响。法院需要知道居住处是否拥挤、脏乱、卫生差等情况。尽管在提供证据时父母双方也可能就问题发表评论，但这种信息主要由儿童福利报告提供。自然，法院不会愿意将儿童交给居住条件不令人满意，并且对改善状况又无计划的一方照顾。

另一个应考虑的因素是在可预知的将来是否会迁移。即使父（母）目前提供的居住条件可以接受，但在将来儿童移交给一个短期内将搬迁的父（母）之前，法院会犹豫，因为儿童面临更换学校、再交新朋友等巨变。

此居住条件更重要的是父母所能提供的日常照顾的标准。人们发现无懈可击的父母很少。因此，法院不会理会父母一方对另一方照顾儿童的抱怨（例如，他们直到 8 点才睡觉而他们本应在 7 点上床，或者他们可以在所有人用完餐之前就可离开餐桌等等）。但是，如有证据表明儿童常处于脏乱、饥饿或无人看管的情况或者该父（母）对儿童无纪律可言，那么这将与儿童与谁居住的问题有关。

在考虑儿童的感情需要时，法院将重视儿童与父母或兄弟姐妹联系的亲密程度，并且会考虑打破这种联系会造成的精神创伤后果。法院是不愿意让儿童与兄弟姐妹分离的。然而只有在极少数情况下，在特殊案件中，这种分离措施令才是正确的。

一般并无规则要求母亲应与儿童一起居住。然而，在实践中，母亲一般比父亲更有机会获得居住令，尤其是当儿童年幼或尚为婴儿时更是如此。

在过去很少有案件表明儿童的教育需求具有决定性意义。从广义的角度看，"教育需求"可以包括与儿童成长有关的任何事情。但如教育取"学校教育"之义，那么这仍是一个重要因素。如果儿童因某种原因需就读特殊学校，那么无论儿童年龄几何，这都是一个重要因素。

关于环境改变对儿童可能产生的影响。法院总是不愿让儿童从其目前之家搬迁，除非这样做有充足的理由。在儿童该与谁居住的争议发生时，正照顾儿童的父母一方一开始便占有巨大的优势。这种状况持续越长，优势也就越大。这通常被称为"维持现状"争议。例如，父母双方优势兼具，而其中一方已照顾儿童相当长一段时间，那么法院几乎不可避免会将居住令赋予该方父（母）。

儿童的年龄、性别、背景和相关特征。在决定儿童最佳利益时，年龄常是一个重要因素。例如，对一个婴儿来说，与母亲一起生活是最大的满足，而对一个15岁的少年来说，他已成熟，能决定该与谁一起生活。儿童的年龄和成熟度在法院决定如何重视儿童的愿望时是两个重要的因素。

儿童的性别是另一个平衡因素。例如，在探讨青春期时，母亲的帮助对一个10多岁的女孩是非常重要的。

儿童的背景可以包含许多不同的因素，例如，他的宗教信仰、家庭环境等等。

同样，儿童的相关特征也范围广泛，例如，残疾或严重疾病，还可包括宗教、运动或智力因素。

如果儿童的父母文化背景不同时，法院应考虑儿童将与之一起生活的父母一方的文化背景中普遍的看法和习惯。法院可以通过探视协议以确保儿童从父母双方的宗教信仰中获利。

关于儿童已受的或将受的伤害，"伤害"是一个范围很广的词，它包括肉体伤害和精神创伤。

儿童的父母和其他有关人员满足儿童需要的能力。法院必须评估愿照顾儿童的人在儿童保育方面的能力。如果争议发生在两个都胜任、都能照顾儿童的父母之间，那么决定性因素就是一个是全职工作而另一个则不是。

不言而喻，如果父母一方曾虐待过孩子，这在孩子该跟谁一起生活的争议中是一个重要的因素。

法院可以考虑的其他因素有：（1）精神疾病和身体疾病——父母的精神疾病与儿童保育争议有关。但这是否与案件的结果有关取决于精神疾病的性质。如果有证据证明疾病导致该父（母）的行为对儿童的身体或精神状况有害，或者，如果该父（母）可能需要医院的常规治疗，很明显这是要着重考虑的一点。如果提出精神疾病问题，而该父（母）事实上感觉自己很好或治疗非常成功，那么，明智之举是提供医疗证据以证明效果。身体疾病仅仅只在阻碍该父（母）正常照顾儿童的情况下与案件有关，例如，父或母卧病在床或残废或需住院治疗等情况。（2）宗教观点——父母的宗教观点在儿童保育案件中重要性不强。然而，法院不可能愿意将儿童的抚育交给一个属于一个极端宗教派别的人，且如能证明该派别的影响对儿童是有害的。值得考虑的是，法院有着广泛的权力对 S. 8 中的指令附加条件，并且可以通过这种方法确保儿童不受其父（母）信仰坏的方面的影响。法院还有必要考虑"法院认为与问题有关的任何其他人的"能力。例如，包括配偶一方的新伴侣、儿童的祖父母或家庭的其他成员、儿童的照看者、保姆等。

法院的权力范围。对律师来说，注意 S. 1（3）（9）中规定的因素尤为重要。该规定要求法院注意自身在有关诉讼中的权力范围。因此，即便无人申请，法院也可以选择发出对案件适当的指令。这使法院可以在比旧法更广的范围内处理事件。例如，即使没有向法院提出正式申请，法院也能向某人发出 S. 8 的指令。

法院还有权防止向法院提出进一步申请以获得《1989 年儿童法》中规定的任何类型的指令，如父母责任令、监护权令和未经同意的 S. 8 中的指令。

3. 无指令假设（presumption of no order）

《1989 年儿童法》S. 1（5）规定："在法院考虑是否根据本法作出有关儿童的指令时，法院不应作出指令，除非它认为作出指令比不作出指令对儿童更有利。"这一原则对律师的重要性怎么强调也不过分。当当事人在法庭达成和解时，法院渐渐倾向于不作出指令。如果法院认为当事人已就发生的一切达成一致协议，那么，在父母之间执行达成的协议要比执行法院指令对儿童更有利。这种解决方法可以防止父母一方因接受法院强制安排而感到痛苦。父母越少感到痛苦，他们将来的合作就越容易，而儿童就可以面临更少的不安。《1989 年儿童法》中一条贯彻始终的原则是法院应尽可能不干涉父母就儿童达成的协议，除非为了儿童的利益而有必要干涉。

当然，还可能发生的情况是达成的协议破裂，结果案件重返法院，指令仍须作出。但这说明父母双方至少已尽一切可能在无需法院干预的情况下努力解决问题。

如果负责照顾儿童的人没有正式法律地位并且发现他们的意见被（如教育当局）忽略，那么法院可以发出指令。

4. 延缓原则（the delay principle）

《1989 年儿童法》S. 1（2）要求法院"在任何与儿童有关的诉讼中"注意"一项普遍原则，即在决定问题时的任何延缓可能对儿童的福利不利"。这条规定意义重大，律师必须注意法院希望尽可能快地审理有关儿童的申请。为了使该规定适当有效，《1989 年儿童法》S. 11 要求法院拟订案件进展时间表，以便消除对诉讼不适当的拖延。经验已表明法院希望能遵守时间表并将采取措施强制遵守时间表。这有时意味着，如果法院认为快速审理对儿童的益处超过了无福利报告进行诉讼对儿童的不利，那么，法院将在无福利报告的情况下审理案件。

四、法院指令地方当局进行调查的权力

法院指令地方当局进行调查的权力（power of the court to order investigation by local authority）。如果在审理 S. 8 指令的诉讼过程中，法院明显认为就儿童的状况应作出看护或监管令，那么，法院有权指令地方当局进行调查。如果法院决定发出该指令，那么地方当局必须就儿童的问题进行适当调查，并且必须考虑是否应该采取如下措施：（1）申请看护令或监管令；（2）为儿童或其家庭提供服务或援助；（3）就儿童采取任何其他行动。

如果地方当局决定不申请看护令或监管令，那么他们必须在法院发出调查令之后 8 周内通知法院如下事件：（1）他们作出决定的理由；（2）对儿童或其家庭已提供的或打算提供的任何服务或援助；（3）就儿童已采取或建议采取的任何其他行动。

如果地方当局决定不申请看护令或监管令，那么他们必须考虑今后是否有必要复查案件，如果必要，说明何时复查为佳。

参 考 文 献

一、中文参考书

1. 李双元：《国际私法学》，北京大学出版社 2000 年版。

2. 李双元：《中国与国际私法统一化进程》，武汉大学出版社 1995 年版。

3. 李双元：《走向 21 世纪的国际私法：国际私法与法律的趋同化》，法律出版社 1999 年版。

4. 李双元、徐国建：《国际民商新秩序的理论建构——国际私法的重新定位与功能转换》，武汉大学出版社 1998 年版。

5. 王铁崖：《国际法》，法律出版社 1995 年版。

6. 韩德培：《人权的理论与实践》，武汉大学出版社 1995 年版。

7. 白桂梅等：《国际法上的人权》，北京大学出版社 1996 年版。

8. 张晋藩：《清律研究》，法律出版社 1992 年版。

9. 蒋新苗：《国际收养法律制度研究》，法律出版社 1999 年版。

10. 蒋新苗：《比较收养法》，湖南人民出版社 1999 年版。

11. 莫洪宪、康均心：《未成年人权益保护及救济理论与实务》，武汉大学出版社 2001 年版。

12. 佟丽华：《未成年人法学》，中国民主法制出版社 2001 年版。

13. 朱胜群：《少年事件处理法新论》，台湾三民书局 1976 年版。

14. 万鄂湘、郭克强：《国际人权法》，武汉大学出版社 1994 年版。

15. 邵沙平、余敏友：《国际法问题专论》，武汉大学出版社 2002 年版。

16. 康树华：《青少年法学》，北京大学出版社 1986 年版。

17. 康树华等：《中外少年司法制度》，华东师范大学出版社 1991 年版。

18. 康树华等：《国外少年犯罪及其对策》，北京大学出版社 1985 年版。

19. 康树华、向泽选：《青少年法学新论》，高等教育出版社 1996 年版。

20. 周振想：《青少年法规解读》，中国青年出版社 2001 年版。

21. 肖永清：《中国法制史简编》（上册），山西人民出版社 1981 年版。

22. 苏惠渔：《刑法学》，中国政法大学出版社 1999 年版。

22. 瞿同祖：《瞿同祖法学论著集》，中国政法大学出版社 1998 年版。

24. 国际人权项目组：《国际人权法教程》（第一卷），中国政法大学出版社 2002 年版。

25. 陈光中：《〈公民权利和政治权利国际公约〉批准与实施研究》，中国法制出版社 2002 年版。

26. 萧榕：《世界著名法典选编·宪法卷》，中国民主法制出版社 1997 年版。

27. 萧榕：《世界著名法典选编·刑法卷》，中国民主法制出版社 1998 年版。

28. 萧榕：《世界著名法典选编·民法卷》，中国民主法制出版社 1998 年版。

29. 刘卫政、司徒颖怡：《疏漏的天网——美国刑事司法制度》，中国社会科学出版社 2000 年版。

30. 王益英等：《外国劳动法和社会保障法》，中国人民大学出版社 2001 年版。

31. 郑秉文等：《当代东亚国际地区社会保障制度》，法律出版社 2003 年版。

32. 杨冠琼：《当代美国社会保障制度》，法律出版社 2001 年版。

33. 杨光、温伯友：《当代西亚非洲国家社会保障制度》，法律出版社 2001 年版。

34. 最高人民法院研究室：《保护未成年人法律法规司法解释全集》，群众出版社 1994 年版。

35. 北京大学法学院人权研究中心：《国际人权文件选编》，北京大学出版社 2002 年版。

36. 中国社会科学院法学研究所：《国际人权文件与国际人权机构》，社会科学文献出版社 1993 年版。

37. 王家宠：《国际劳动公约概要》，中国劳动出版社 1991 年版。

38. 刘有锦：《国际劳工法概要》，劳动人事出版社 1985 年版。

39. 朱凤岐、高天虹等：《中国反贫困研究》，中国计划出版社 1996 年版。

40. 周毅：《21 世纪中国人口与资源、环境、农业可持续发展》，山西经济出版社 1997 年版。

41. 李铁城：《联合国五十年》，中国书籍出版社 1996 年版。

42. 中国科学院可持续发展研究组：《2002 中国可持续发展报告》，科学出版社 2002 年版。

43. 李宗锷、潘慧仪：《英汉法律大辞典》，商务印书馆（香港）有限公司、法律出版社 1999 年版。

44. 谢邦宇、周心铭：《青年法律知识手册》，甘肃人民出版社 1987 年版。

45. 米也天：《澳门民商法》，中国政法大学出版社 1996 年版。

46. 张学仁等：《外国法制史资料选编》，北京大学出版社 1982 年版。

47. 王菲：《外国法制史纲要》，工商出版社 2000 年版。

48. 北京大学法律系国外法学研究室：《国外保护青少年法规与资料选编》，群众出版社 1981 年版。

49. 权昌会：《美国农业法》，经济科学出版社 1997 年版。

50. 姜士林、陈玮：《世界宪法大全》（上卷），中国广播电视出版社 1989 年版。

51. 中国社会科学院法学研究所：《宪法分解资料》，法律出版社 1982 年版。

52. 中央人民政府法制委员会：《中央人民政府法令汇编 1949 年—1950 年》，法律出版社 1982 年版。

53. 李启欣：《香港法教程》，中山大学出版社 1990 年版。

54. 张学仁：《香港法概论》，武汉大学出版社 1997 年版。

55. 顾肖荣、杨鹏飞：《劳动比较法》，福建人民出版社 1999 年版。

56. 肖蔚云：《澳门现行法律汇编》第一辑，北京大学出版社 1994 年版。

57. 《十三经注疏》，中华书局 1987 年影印本。

58. 《新旧约全书》，中国基督教协会印发，1989 年南京。

59. 王喜六等：《新编国际组织辞典》，贵州人民出版社 2001 年版。

60. 《礼记·礼运》，《十三经注疏》，中华书局 1987 年影印本。

61. 王杏芳：《联合国春秋》，当代世界出版社 1999 年版。

62. 胡德华、陈玮：《各国妇女儿童权益的宪法保障》，中国民主法制出版社 1991 年版。

63. 宋惠昌、何建华：《全面建设小康社会》，中央文献出版社 2002 年版。

二、译成中文的外国著作

1. ［美］爱德华·劳森：《人权百科全书》，四川人民出版社 1997 年版。

2. ［德］K. 茨威格特、H. 克茨：《比较法总论》，潘汉典等译，法律出版社 2003 年版。

3. ［德］卡尔·拉伦茨：《德国民法通论》，王晓晔等译，法律出版社 2003 年版。

4. ［捷］维克托·纳普：《国际比较法百科全书》（第 1 卷），高绍先等译：《各国法律制度概况》，法律出版社 2002 年版。

5. 詹宁斯、瓦茨修订：《奥本海国际法》（第一卷），王铁崖等译，中国大百科全书出版社 1998 年版。

6. 张明楷译：《日本刑法典》，法律出版社 1998 年版。

7. ［日］牧野英一：《日本刑法通义》，陈承泽译，中国政法大学出版社 2003 年版。

8. 王书江译：《日本民法典》，中国人民公安大学出版社 1999 年版。

9. 冯军译：《德国刑法典》，中国政法大学出版社 2000 年版。

10. 卞建林等译：《加拿大刑事法典》，中国政法大学出版社 1999 年版。

11. 赵炳寿等译：《印度刑罚典》，四川大学出版社 1988 年版。

12. ［英］戴维·M.沃克：《牛津法律大辞典》，北京社会与科技发展研究所组织翻译，光明日报出版社 1998 年版。

13. ［美］马丁·R.哈斯克尔、路易斯·雅布隆斯基：《青少年犯罪》，耿佐林等译，群众出版社 1987 年版。

14. ［荷］亨利·范·马尔赛文、格尔·德·唐：《成文宪法的比较研究》，华夏出版社 1987 年版。

15. ［英］M.米尔恩：《人的权利与人的多样性——人权哲学》，夏勇等译，中国大百科全书出版社 1995 年版。

16. 联合国新闻部编：《联合国概况》，华晓峰、韩少萍等译，中国对外翻译出版公司 1986 年版。

17. ［瑞典］格德·门德尔·阿尔弗雷德松、［挪威］阿斯布佐恩·艾德：《〈世界人权宣言〉：努力实现的共同标准》，中国人权研究会组织翻译，四川人民出版社 2000 年版。

三、英文参考书

1. Tina Bond, Jill M. Black：A. Jane Bridge：Family Law, Blackstone Press Limited, 4th ed., 1997.

2. Ducan John Bloy：Child Law, Cavendish Publishing Limited, 1996.

3. Maulaanaa Dr Muhammad Habiibullah Mukhtaar：Bringing up children in

Islaam, Translated by Rafiiq Abdurrahmaan, Islamic Book Service, Noida Printing Press, 2002.

4. F. Schmalleger: Criminal Justice Today, New Jersey: Prentice Hall, 1997.

5. Diana Kendall: Sociology In Our Times, Wadsworth Publishing Company, 1995.

6. Eastwood Atwater: Adolescence, Prentice Hall, 1992.

7. Philip Briggs: Ethiopia, The Bradt Travel Guide, 3rd. ed. , The Bradt Guide Ltd.

8. Fatman Zohra Ksentini: Draft Principles on Human Rights and Environment in Final Report Prepared by Special Rapporteur to Commission of Human Rights, UN Doc E/CN. 4/Sub. 2/1994/9 (6 July, 1994).

9. G. Terence Wilson, K. Daniel O'Leary, Peter E. Nathan: Abnormal Psychology, Prentice Hall, 1991.

10. Nichalas Bala, Heino Lilles, Judge George Thomson: Canadian Children's Law, Butterworths, Toronto, 1982.

11. B. I. Slomnicka: Law of Child Care, Macdonald Plamouth, First Published 1982.

12. P. J. Pace: Family Law, 2nd ed., Macdonald Plymouth, First Published 1982.

13. Joseph Goldstein, Jay Katz: The Family and The Law, by the Free Press, A Division of Macmillan Publishing Co. , 1963.

14. Walter O. Weyrauch, Sanford N. Katz: American Family Law in Transition, The Bureau of National Affairs, Inc. , Washington, D. C. , 1983.

四、日文参考书

1. 平井宜雄、青山善聪、菅野和夫：《六法全书》，平成十五年（2003年），有斐阁。

2. 日本厚生省：《厚生白皮书》，平成九年（1997年）。

3. 日本儿童保护会：《儿童白皮书》，1995年版。

4. 日本儿童保护会：《儿童白皮书》，1996年版。

5. 日本儿童保护会：《儿童白皮书》，1998年版。

6. 日本儿童保护会：《儿童白皮书》，1999年版。

7. 中久郎、桑原洋子：《现代社会与社会福祉》，信山社，平成十年

（1998 年）第 1 版发行。

8. 日本律师联合会人权保护委员会：《残障人的人权与禁止歧视法》，明石书店，2002 年初版发行。

9. 日本劳动省劳动基准司：《劳动基准法》（下），劳动行政研究所刊，昭和四十八年（1973 年）。

10. 桑原洋子：《佛教司法福祉实践试论——应对现代家庭危机》，信山社，平成十一年（1999 年）第 1 版发行。

五、参考论文

1. 陈孟莹：《台湾之少年保护与法律》，载《青少年犯罪研究》1992 年第 6 期，第 34~35 页。

2. 康树华：《香港的少年司法制度》，载《国外法学》1986 年第 4 期，第 60~63 页。

3. 夏吟兰：《"本地化"后澳门新民法亲属卷刍议》，载《外国法译评》2000 年第 3 期，第 54~61 页。

4. 赵海峰：《欧盟对基本权利的保护和〈欧盟基本权利宪章〉》，载《欧洲法通讯》（第 2 辑），法律出版社 2001 年版，第 23 页。

5. 李琛：《〈欧洲人权公约〉对儿童权利优先性的保障》，载《欧洲法通讯》（第 3 辑），法律出版社 2002 年版。

6. 郑爱青译：《欧洲联盟基本权利宪章》，载《欧洲法通讯》（第 2 辑），法律出版社 2001 年版。

7. 高鸿钧：《论划分法系的方法与标准》，载江平：《比较法在中国》（第一卷），法律出版社 2001 年版，第 285 页。

8. 李步云：《关于法系的几个问题——兼谈判例法在中国的运用》，载江平：《比较法在中国》（第一卷），法律出版社 2001 年版，第 266~302 页。

9. 李步云等：《论宪法的人权保障功能》，载中国法学会宪法学研究会：《宪法研究》（第一卷），法律出版社 2002 年版，第 605~607 页。

10. ［法］勒内·达维、［加］约翰·E. C. 布赖尔利：《美国法的结构》，载《法学译丛》1982 年第 2 期，第 14~15 页。

11. 黄列：《九十年代家庭法的变革与发展》，载《外国法译评》1997 年第 4 期，第 87 页。

12. 杨诚：《〈加拿大刑事法典〉：评价与借鉴》，载卞建林等译：《加拿大刑事法典》，中国政法大学出版社 1999 年版，第 3~8 页。

13. 陆青:《东盟几国的青少年法》,载《国外法学》1987 年第 5 期,第 29~30 页。

14. [印度] 科蒂·辛哈:《印度实现妇女权利的障碍》,黄列译,载《外国法译评》2000 年第 1 期,第 19 页。

15. 王宝来:《完善未成年人保护法体系的构想》,载《青少年犯罪问题》1999 年第 2 期,第 5 页。

16. 虞浔:《我国青少年法制建设必须与时俱进》,载《青少年犯罪问题》2004 年第 1 期,第 60 页。

17. 朱沅沅:《试论健全预防未成年人犯罪的法律制度》,载《青少年犯罪问题》2001 年第 3 期,第 26 页。

18. 温毅斌:《法律条文不应喊口号》,载《中国妇女报》2003 年 11 月 26 日,第 5 版。

19. 朱益民:《正视对男童的性侵害》,载《南方周末》2003 年 12 月 11 日,A6 版。

20. 程晓霞:《〈世界人权宣言〉与中国妇女、儿童、老年人权利的保护》,载《国际法律问题研究》,中国政法大学出版社 1999 年版。

21. 信春鹰:《多元的世界会有统一的人权观念吗?》,载《国际人权法教程》(第一卷),中国政法大学出版社 2002 年版,第 32 页。

22. 章敬平:《社会自治的萌芽》,载《南风窗》2004 年 2 月 1 日,第 19 页。

23. 顾秀莲:《中国未成年人保护成效显著》,载《人权》2003 年第 5 期,第 13 页。

24. 玉篁:《青少年——预防和控制艾滋病的重点》,载《长沙晚报》2003 年 12 月 1 日,B2 版。

25. Eric Berger: The Right to Education under the South Africa Constitution, Columbia Law Review, Vol. 103, Apr. 2003, No. 3, p. 618.

26. Michael R. Anderson: "Human Rights Approaches to Environmental Protection: An Overview" in Alan E. Boyle; Michael R. Anderson, Human Rights Approaches to Environmental Protection, Clarendon Press, 1996, p. 1.

27. African Commission on Human and People's Rights Decision on Human Rights, in International Decisions, edited by Bernard H. Oxman, American Journal of International Law, Vol. 96, Oct. 2002, No. 4, pp. 937-943.

28. Homicide in Ethiopia: Human Rights, Federalism, and Legal Pluralism,

Dolores, A. Donovan & Getachew Assefa, The American Journal of Comparative Law, Vol. LI, Summer 2003, No. 3, pp. 505-552.

29. Unified Family Courts and the Child Protection Dilemma, Harvard Law Review, Vol. 116, May 2003, No. 7, pp. 2099-2122.

30. Aaron Kupchik: Prosecuting Adolescents, in Criminal Courts: Criminal or Juvenile Justice?, Social Problems, Vol. 50, No. 3, Aug. 2003, pp. 439-460.

31. Martin Guggenheim: Somebody's Children: Sustaining the Family's Place in Child Welfare Policy, Harvard Law Review, Vol. 113, May 2000, No. 7, pp. 1716-1750.

32. Elizabeth Bartholet: Whose Children? A Response to Professor Guggenheim, Harvard Law Review, Vol. 113, Jun. 2000, No. 8, pp. 1999-2008.

33. Marsha Garrison: Law Making for Baby Making: An Interpretive Approach to the Determination of Legal Parentage, Harvard Law Review, Vol. 113, Feb. 2000, No. 4, pp. 835-923.